工商管理优秀教材译丛

金融学系列

风险投资、私募股权与创业融资

[美] 乔希·勒纳（Josh Lerner）
安·利蒙（Ann Leamon） 著
费尔达·哈迪蒙（Felda Hardymon）

路跃兵　刘晋泽　译

Venture Capital, Private Equity, and the Financing of Entrepreneurship

清华大学出版社
北京

Josh Lerner　Ann Leamon　Felda Hardymon
Venture Capital, Private Equity, and the Financing of Entrepreneurship
EISBN: 978-0-470-59143-7

Copyright © 2012 John Wiley & Sons, Inc.

Original language published by John Wiley & Sons, Inc. All rights reserved.
本书原版由 John Wiley & Sons, Inc. 出版。版权所有,盗印必究。

Tsinghua University Press is authorized by John Wiley & Sons, Inc. to publish and distribute exclusively this Simplified Chinese edition. This edition is authorized for sale in the People's Republic of China only (excluding Hong Kong, Macao SAR and Taiwan). Unauthorized export of this edition is a violation of the Copyright Act. No part of this publication may be reproduced or distributed by any means, or stored in a database or retrieval system, without the prior written permission of the publisher.

本中文简体字翻译版由 John Wiley & Sons, Inc. 授权清华大学出版社独家出版发行。此版本仅限在中华人民共和国境内(不包括中国香港、澳门特别行政区及中国台湾地区)销售。未经授权的本书出口将被视为违反版权法的行为。未经出版者预先书面许可,不得以任何方式复制或发行本书的任何部分。

北京市版权局著作权合同登记号 图字:01-2013-3719

本书封面贴有 Wiley 公司防伪标签,无标签者不得销售。
版权所有,侵权必究。举报:010-62782989,beiqinquan@tup.tsinghua.edu.cn。

图书在版编目(CIP)数据

风险投资、私募股权与创业融资/(美)勒纳(Lerner, J.),(美)利蒙(Leamon, A.),(美)哈迪蒙(Hardymon, F.)著;路跃兵,刘晋泽译.--北京:清华大学出版社,2015(2024.4重印)
(工商管理优秀教材译丛.金融学系列)
书名原文:Venture capital, private equity, and the financing of entrepreneurship
ISBN 978-7-302-38957-6

Ⅰ.①风… Ⅱ.①勒… ②利… ③哈… ④路… ⑤刘… Ⅲ.①风险投资-高等学校-教材 ②股权-投资基金-高等学校-教材 ③企业融资-高等学校-教材 Ⅳ.①F830.59 ②F275.1

中国版本图书馆 CIP 数据核字(2015)第 005644 号

责任编辑:梁云慈
封面设计:常雪影
责任校对:宋玉莲
责任印制:宋　林

出版发行:清华大学出版社
网　　址:https://www.tup.com.cn,https://www.wqxuetang.com
地　　址:北京清华大学学研大厦 A 座　　邮　编:100084
社 总 机:010-83470000　　邮　购:010-62786544
投稿与读者服务:010-62776969,c-service@tup.tsinghua.edu.cn
质量反馈:010-62772015,zhiliang@tup.tsinghua.edu.cn

印 装 者:三河市铭诚印务有限公司
经　　销:全国新华书店
开　　本:185mm×260mm　　印　张:27.75　　插页:2　　字　数:632 千字
版　　次:2015 年 8 月第 1 版　　　　　　　　　　印　次:2024 年 4 月第 13 次印刷
定　　价:78.00 元

产品编号:049663-02

献给 Oliver 和 Bella——活力双人组
献给 Bluesy、Nell 和 Hank
献给 John 和我的父母

中文版序言

中国经济目前无疑处在一个重大转型时期。过去近三十年来,中国经济在大部分时间都保持了两位数的增长率,依靠大量资本投入推动了基础设施建设、城镇化和工业化进程,以人口红利带来的廉价劳动力投入推动了较低层次的制造业和出口业务,通过市场换技术的战略引入了大量国外资本并消化吸收了大量国外技术。但由于以上发展模式消耗了中国太多能源、资源和环境容量,如果继续以上发展战略,中国经济在近期的高速增长必然不可持续。为此,中国经济转型、产业升级和企业竞争力提升成为未来中国发展的必修课。

未来中国经济转型和产业升级将侧重在以下三大方面展开。

首先,在发展的维度上,中国经济总体面临从高速进入中速增长的转型。增长速度的减缓,要求中国经济实现下列转型:由建立在廉价劳动力优势上,以要素投入为主导的简单外延式增长,向创新驱动方向转型;从大型传统企业在经济中占主导地位向中小型创新企业百花齐放转变从而推动经济升级;由过去增长建立在大量消耗能源和资源、大量排放和污染环境的基础上,向资源节约、环境友好、低排放和低能耗的方向转型;过去的增长多由出口和投资(尤其是政府和国有企业投资)拉动,消费和民营资本投资不足,今后则要加大消费和民营投资对GDP增长的拉动;过去粗放的高速增长造就了拥有大量过剩产能的产业,未来需要通过兼并重组实现产业整合,优化产业的组织结构;过去通过利用外资和出口,发展了大量中低端制造业,今后大量制造业需要升级,互联网+战略新兴产业和中国制造2025将成为引领中国产业升级的重要引擎;中国经济过去以工业尤其是重化工业和一般制造业为主,今后需要加大服务业,尤其是现代服务业的比重;过去的高速发展造成了城乡间和区域间的巨大差距,今后要大力推进城镇化,推进龙头经济城市和相关区域的平衡发展;金融和资本市场的发展由过去依赖以银行为代表的间接融资为主向以股权融资为代表的直接融资为主的方向转化。

其次,在改革的维度上,根据十八大三中全会的精神,要实现政府功能由管理型向服务型政府的转变,让市场在资源配置上起决定性作用;充分认识到民营经济的重要作用,大量发展民营经济;同时,积极推进国有企业的混合所有制改革。

再次,改革开放以来,中国的开放战略一直是利用国内低的劳动力成本和环境成本,利用跨国公司和外国直接投资带来的技术和管理，两头在外，大进大出，从国外进口铁矿、煤炭、石油等资源和能源，在中国实施大规模的生产和制造，然后大量出口衣服、鞋帽、玩具等一般制造产品，形成大量的外汇储备。这种模式曾经发挥了重要的拉动经济和创造外汇的作用，但是受制于能源、资源和环境的压力，受制于劳动力成本的上升，同时和国际市场和主要贸易合作国形成巨大的贸易顺差，未来不可持续。中国的对外开放重点，将转向利用国内外汇和资本力量，在发达经济地区并购技术/品牌/渠道，利用中国巨大的国内市场、齐全的产业基础和一定的技术能力，对并购的技术做适应改进和再创新，在此基础上，输出资本和技术能力，开拓全球市场，实现中国企业和产业的全球布局。因此，中国金融资产实现全球配置，中国产业和企业实现全球布局是中国新的开放战略中的两大任务。这两步必须是协调一致，互相促进，而不应互相割裂。要做到这点，发展外向型私募股权投资便是必经之路。

尽管私募股权投资(PE，这里指广义的私募股权投资，包括风险投资 VC，成长型资本 Growth Capital, 以及并购基金 Buyout Capital)在整个金融资产中所占比例不大，但由于 PE 对资本和资源的高效率配置，并且是积极的投资者，能够有力提升运营效率，其在以上转型升级中发挥着非常重要的作用。具体体现在宏观、中观和微观上的各个方面。

宏观层面，从经济发展视角看，PE 是虚拟经济和实体经济结合，金融和产业结合，智力和资本结合的最高形式，是金融服务实体经济最直接和最有效的方式；从制度视角看，PE 能帮助实现经营权和所有权的最优折衷，完善公司治理，同时强化对投资者、资金管理者和公司管理层的约束和激励。

在中观层面，从金融视角看，PE 是高级别和高收益的金融投资产品，是直接融资中最重要的模式，对提高直接融资比重有重要影响，同时有利于多层次资本市场体系的建立和完善，达到覆盖需求、提供服务、提高效率、优化配置进而促进实体经济增长的作用。从产业视角看，PE 能够推动产业结构调整，通过资源配置功能，对资金、人力资本和技术等重要资源进行优化配置，促进这些资源从落后生产部门向新兴产业部门流动，创业资本的出现及其在催生信息技术产业化中所扮演的角色充分体现了这一点；同时对传统产业和成熟企业进行存量资产盘活和经济结构调整。PE 也能够推动产业重组和升级，私募股权基金为确保其投资回报，有强的约束激励机制，促进优胜劣汰，提高产业运营效率，并改善企业资产质量；重整基金和收购基金可以把资产从失败者手中收购过来，交给成功者管理，从而提高效率、创造价值并推动产业重组和升级。

在微观层面，PE 通过以下两大机制实现对被投企业的改造和增值服务。首先是资本运作的增值，优化被投企业的资本结构，改善公司治理，同时实现对企业的并购重组。其次是产业运营增值，通过对被投企业进行战略梳理，机制调整，引入激励，管理规范和提升，实现企业的运营改善。具体到中国企业的竞争力提升，PE 可以发挥很重要的作用：通过汇聚国际国内资本和国际国内能力，帮助企业实现股权多元化(国际＋国内，民营＋

国有),借助国际先进理念和经验,构建有效的公司治理结构和实施市场化的管理和激励;通过系统化、规模化和专业化的海外并购,把全球领先的创新机制、队伍和技术/产品/商业模式/品牌/渠道,引入中国企业;借助资本市场,帮助企业实施国内外并购,补足短板,做大规模,取得市场领导地位;发挥国际化的优势,在帮助企业获取和利用国际资源/技术/品牌/渠道的同时,协助企业开拓国际市场,实施海外并购和战略联盟,实现企业在产业链上的全球优化布局。

上述PE的作用不仅在西方发达国家中体现得明显,同样适用于中国。由于中国处于发展、改革和开放等众多转型升级的交织之中,PE面临着尤为明显的发展机遇,相比发达国家,机构投资者有理由在中国配置更多的私募股权投资。PE在中国经济的发展、改革和开放的维度上,充满了机会,也必将通过驱动发展、改革和开放的三个轮子,使中国经济避免陷入"中等收入陷阱",把中国经济带入新一轮的景气。在发展维度上,创新驱动发展及战略新兴产业中有大量的VC机会,城镇化和服务业发展中则存在大量成长型资本(Growth Capital,GC)的机会,存量传统产业并购整合需要大量并购基金,制造业的升级需要大量的并购和成长基金;在改革的维度上,民营中小企业的发展需要大量VC和GC的支持,混合所有制及国企的改制需要大量GC和并购基金;在开放的维度上,跨境并购基金在助力中国产业和企业在海外并购技术、品牌、渠道、资源和能源,开拓海外市场,实现全球产业链布局等方面大有作为。

中国的私募股权投资行业尽管发展时间并不长,但也进入了一个转型期。以前简单地通过Pre-IPO投资就可以获取一二级市场间的丰厚套利,而现在由于IPO的不确定性增加以及大量私募股权投资机构的涌现,倒逼整个行业在早期风险投资和后期并购投资上的投入逐年增多。而无论是向产业链的上游还是下游,投资的复杂性和风险性都会增加,即使是成长期的私募股权投资,也需要增强投后管理,提供更多增值服务。这就需要中国的私募股权投资机构着力于加强下列三个方面:第一是PE的专业化。未来PE需要更加差异化、专注和有选择性,专注于一定区域、行业、主题和阶段的投资,增值服务能力成为竞争的关键;第二是PE的市场化。PE要在实现对自身进行市场化改造的同时,对被投企业进行市场化改造,同时注重组织管理能力的提升,在治理、组织和激励三方面予以加强;第三是PE的国际化,PE要具有国际化的视野、资源和能力,具有国际化的网络、交易和整合能力,这会最终反映在资本和项目的国际化上。

在2015年的两会上,李克强总理指出,"当前中国经济面临下行压力,要保持平稳增长,就要激发市场活力,实现大众创业,万众创新,让千千万万的市场细胞活跃起来"。

以上情况都表明,中国的私募股权投资面临新常态,如何适应新形势的需要,是每个私募股权投资从业人员和管理层都需要认真思考的问题。

乔希·勒纳(Josh Lerner)教授等作者编写的这本书正好探讨了以上关于私募股权投资的一些关键问题。该书讲述了私募股权投资的起源和历史及其特点,通过大量案例对其运作机理进行了阐述。在宏观上，阐述了私募股权投资对整个社会的影响,在包括中国和美国在内的不同国家的发展情况，以及该行业的兴衰周期和背后原因。在微观上，则详细阐述了私募股权投资基金的生命周期：从私募股权基金募集资金开始，到对被投资企业进行投资、监督、提供增值服务，直到最后成功退出，并向基金投资者返还资金。路跃兵博士等通过辛勤的工作，将该书翻译呈现给国内同行，非常及时，也十分有意义。

尽管中美两国的经济发展环境和阶段有不少差异，但美国的私募股权投资行业相对成熟，对中国的私募股权投资行业有极为重要的借鉴意义。希望本书对中国致力于和有志于从事私募股权行业的读者朋友有所帮助。是为序。

中国投资有限责任公司副总经理

兼中投海外直接投资有限责任公司

总经理　谢平

2015年8月

致 谢

把 Josh Lerner 教授的著作翻译并呈现给国内私募股权的同行,是一项艰巨的任务。

本书翻译过程中,得到了众多同仁的支持。薛九洲、刘扬、赵博嘉、王丽红等先后参与了部分翻译和协调工作。清华大学出版社对本书的出版给予了大力支持,尤其是梁云慈编辑付出了辛勤工作及给我们不断鞭策。中国股权投资基金协会秘书长李伟群博士和清华大学中国企业成长与经济安全研究中心主任雷家骕教授全程给予了指导。在此一并致谢。

最后,也是最重要的,要感谢 Josh Lerner 先生给予我们的信任,是他和团队对 PE 行业的深入研究造就了本书,我们才有机会将中译本献给读者朋友们。

译者

2015 年 7 月

前 言

正如我们会在导论部分深入讨论到的,编写本书是因为认识到,在过去二十年中,私募股权——在本书中定义为风险投资和并购,但不包括对冲基金——整体上规模不断扩大,并成为全球经济中有影响力的部分。但目前市面上还很难发现有书籍对私募股权行业中的参与者、运作流程和激励机制进行清楚的阐述。

确实,有一些针对金融学术研究人员、投资管理人、创业家和行业传记的书籍,而且多数都非常不错。但看起来需要对私募股权进行全面的介绍。

我们往往对不了解的事物都心存畏惧,或者立法的方式使其价值被扭曲。私募股权确实创造了价值,不论是风险投资为新技术提供资金,还是并购公司让陷入困境的企业起死回生。尽管这些不是什么慈善事业——许多失败的投资已造成私人和社会的损失——但是了解私募股权行业的运作方式有助于理解出错的原因。

在此,我们希望以一种清晰详尽的方式介绍私募股权。本书会讲述私募股权这个神奇世界从开始到结束是如何运作的,如何创造价值,在哪里可能损失价值。随后我们会讨论其未来的各种可能发展方向。作为在私募股权学术研究领域的从业者,我们在此领域共有超过 60 年的经验,我们会解释私募股权是如何和为何这样运作的。我们希望读者会和我们一样喜欢本书。

致谢

一本书籍的完成凝结了许多人的心血,并非只有列出的三位作者。因此在此致谢部分,问题不在于决定包括谁,而是担心会遗漏掉谁。

我们的同事和学生通过问答的方式提供了有价值的帮助。许多私募股权机构、金融机构和企业的合伙人及管理人参与了本书中提及案例的编写。哈佛商学院贝克图书馆的 Chris Allen 在时间紧迫的情况下对我们大量的数据请求提供了支持,他总是很幽默和关注细节。Michael Diverio 为并购部分提供了大量思考题和技术支持,同时他还帮助整理图表。我们还要感谢那些为本书提供建设性意见和建议的诸多评论者们,他们让本书的质量上了一个台阶。Theresa Gaignard、Lauren Coughlin Unsworth 和 Maurie Sudock 在写作过程中管理了大量后勤细节,尤其是"Felda 在哪里,为什么他的章节还没有完成?"此外他们还持续地提供了行政支持。约翰威利出版社的 Lacey Vitetta、Emily McGee 和

Jennifer Manias 在本书制作方面提供了重要支持。

最后，Josh 要感谢 Wendy 多次出差，Ann 要感谢 John 和家人忍耐了一个没有娱乐的夏天，并感谢柏尚风险投资公司（Bessemer Venture Partners）在每周一例会上教给她的每一件事情，Felda 要感谢 Dena 在家庭和事业上对他的无私帮助和坚忍支持，并感谢他在柏尚的同事对他的支持。

目 录

第一章 导论 ·· 1
    风险投资和杠杆收购是什么? ·· 4
    为什么需要私募股权投资? ··· 5
    私募股权投资的历史 ·· 7
    关于本书 ·· 12
    本书的主题是什么? ·· 16

第二章 私募股权的周期——基金募集及选择 ································ 19
    不同种类的私募股权 ·· 20
    LP 是谁? ··· 24
    有限合伙制 ·· 33
    有限合伙协议(LPA) ·· 35
    利益一致化:费用和收益分成 ··· 42
    LP 和 GP 的关系:只可意会,不可言传 ······································· 50
    募资周期:GP 和 LP 的相处之道 ·· 53
    尽职调查和进入 ··· 54
    私募股权募集资金的模式 ··· 55
    结论 ··· 56
    问题 ··· 57

第三章 项目寻找和定价——看着容易做起来却难 ·························· 58
    发现项目 ·· 60
    项目估值 ·· 70
    连续创业家和成功的项目 ··· 84
    决策 ··· 87
    网络和辛迪加 ··· 88
    赢得项目 ·· 92
    后续工作 ·· 93

总结 …………………………………………………………… 94
　　问题 …………………………………………………………… 95

第四章　估值 ……………………………………………………… 96
　　基本概念：投资前和投资后估值 …………………………… 97
　　可比企业法 …………………………………………………… 99
　　净现值方法 …………………………………………………… 102
　　调整现值法 …………………………………………………… 108
　　风险资本法 …………………………………………………… 112
　　期权分析法 …………………………………………………… 114
　　总结 …………………………………………………………… 117
　　最后的一些思考 ……………………………………………… 121

第五章　交易结构建立——私募股权证券及动机 …………… 124
　　基本的私募股权证券 ………………………………………… 125
　　优先股及其变种 ……………………………………………… 128
　　条款 …………………………………………………………… 145
　　了解主要条款清单 …………………………………………… 154
　　风险投资和夹层债权证券 …………………………………… 155
　　构建收购 ……………………………………………………… 157
　　结论 …………………………………………………………… 161
　　问题 …………………………………………………………… 161

第六章　融资结束之后 …………………………………………… 168
　　董事会——公司治理之地 …………………………………… 170
　　董事会权力 …………………………………………………… 176
　　董事会的工作：创造价值 …………………………………… 181
　　风投的价值 …………………………………………………… 184
　　董事会对并购投资的战略 …………………………………… 188
　　企业治理方法 ………………………………………………… 193
　　项目管理：细节 ……………………………………………… 196
　　当意外发生时：重新订立合同 ……………………………… 197
　　结论 …………………………………………………………… 200
　　问题 …………………………………………………………… 201

第七章　获得流动性——退出和分配　203

　　退出的决策　205
　　IPO还是收购？　206
　　退出过程　214
　　其他退出的方式　230
　　分配的细节　236
　　结论　241
　　问题　242

第八章　风险投资和私募股权的全球化　243

　　发达市场的私募股权行业　248
　　欧洲私募股权的生命周期　257
　　其他发达的私募股权市场　258
　　新兴市场的私募股权行业　262
　　新兴市场私募股权周期　276
　　总结　280
　　问题　281

第九章　风险与回报　282

　　为什么私募股权的业绩难以衡量？　283
　　投资业绩通常如何估算？　284
　　这些评估方法存在的问题是什么？　287
　　私募股权和公开市场的比较　293
　　考虑多元化　299
　　最后的想法　309
　　问题　309

第十章　私募股权对社会的影响——这个问题确实重要吗？　311

　　风险资本的影响　313
　　并购的影响　319
　　政府公共干预的影响　326
　　总结　330
　　思考题　331

第十一章　员工、职位和企业文化——私募股权公司的管理　332

　　私募股权职业——它们是什么，你如何谋求一职？　333
　　薪酬　344

管理私募股权公司 …………………………………………………………… 347
　　　文化和战略 …………………………………………………………………… 352
　　　特殊情况：企业风险投资和附属基金 ……………………………………… 354
　　　结语 …………………………………………………………………………… 355
　　　问题 …………………………………………………………………………… 355

第十二章　规模化和制度化 ……………………………………………………… 357
　　　关于增长和规模化的关键事实：定量证据 ………………………………… 359
　　　增长和规模化的关键事实：案例研究证据 ………………………………… 370
　　　尽管有限合伙人有担心，但增长可能还是有帮助的 ……………………… 374
　　　结语 …………………………………………………………………………… 377
　　　问题 …………………………………………………………………………… 378

第十三章　繁荣与萧条 …………………………………………………………… 379
　　　行业周期的本质 ……………………………………………………………… 381
　　　周期背后是什么？ …………………………………………………………… 392
　　　有效管理周期 ………………………………………………………………… 397
　　　总结 …………………………………………………………………………… 401
　　　问题 …………………………………………………………………………… 402

第十四章　结语 …………………………………………………………………… 403
　　　情景 …………………………………………………………………………… 404
　　　一些具体预测 ………………………………………………………………… 410
　　　结语 …………………………………………………………………………… 413
　　　问题 …………………………………………………………………………… 413

术语表 ……………………………………………………………………………… 415

第一章

导论

从20世纪80年代到21世纪初,风险投资和私募股权如雨后春笋般涌现,发展迅速。通过合伙方式专业从事风险投资、杠杆收购、夹层投资、不良债务及相关投资的美元基金的规模从1980年的50亿美元增长到2009年底的5 800多亿美元。

私募股权行业快速增长的原因是显而易见的。生产我们日常使用产品的许多公司——比如苹果、英特尔、谷歌和微软——原先都曾获得风险投资的支持。这些投资不仅从整体上推动着社会的进步和发展,也为个体创造了巨大价值,包括运作公司的企业家、投资于公司的个人和机构投资者,还有私募股权投资者自身。

一些成功投资的规模超出了想象。1999年6月,克莱纳·珀金斯公司(Kleiner Perkins)投资了1 250万美元获得谷歌10%的股份(红杉资本在当时也做了类似的投资)。尽管在2004年谷歌上市后克莱纳向其投资者分配的股份的精确价值难以计算,但总值看起来至少超过43亿美元,也就是原始投资的344倍。① 而到了2009年8月,谷歌的市值已经达到1 410亿美元。

这类成功的投资也并非只局限于斯坦福博士研发出高科技的公司。Thomas H. Lee 公司在1992年4月花费大约1.4亿美元收购了Snapple,一家冰茶生产商。8个月后,Lee将该公司运作上市。1994年,在原始收购仅两年之后,Lee就将Snapple以17亿美元的价格卖给了桂格燕麦公司(Quaker Oats)。在新的管理层运营下,公司业绩不佳,桂

---

① 关于这项交易的具体信息,参见汤森路透私募股权数据库,于2010年6月10日访问。关于Kleiner回报的代表性计算,参见http://billburnham.blogs.com/burnhamsbeat/2005/06/just_how_much_d.html,于2009年8月16日访问。

格燕麦公司随后仅以3亿美元的价格将Snapple出售；当然那是另一个故事了。[①]

私募股权公司由于投资那些足以改变世界的公司而变得越来越有影响力，而且它们的影响力也已经超越了行业自身的边界。许多经营性公司、金融机构甚至是政府机构都效仿风险投资者，设立它们自己的基金投资于组织内和组织外的公司。成熟企业还纷纷效仿并购基金的主要做法，比如将高管的薪酬与绩效挂钩、更多依靠借款以及愿意将业绩不佳的业务出售。

尽管增长迅速，但关于私募股权的许多问题仍然没有得到回答，私募股权的许多特点也一直很神秘。私募股权机构到底在做什么？风险投资和并购基金是如何创造价值的？他们是从本质上改变他们所投资的公司，还是仅仅是一场金融骗局游戏？这些基金获得了什么样的回报？让人头疼的是，私募股权就是这样的……私密！

除了这些基金日常活动的问题之外，风险投资和并购基金募资和投资的模式也会让人产生一些疑问。图1.1显示了美国私募股权基金的募资模式；图1.2则显示了世界其他国家的募资模式。首先，今天私募股权投资的规模远胜于之前的年代，什么可以解释私募股权基金的快速增长呢？当然更让人不解的是其繁荣和萧条的整个过程。20世纪60年代后期、80年代中期、90年代后期以及21世纪前10年中期，募资规模快速增加，而在20世纪70年代、90年代早期、21世纪初和最近的21世纪前10年后期，募资规模则急剧下降。什么原因能够解释这些基金类型的比例变化呢？

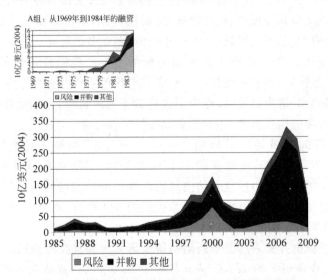

图1.1 美国私募股权基金1969—2009年募资情况

资料来源：Venture Economics，汤森路透，Asset Alternative。

我们需要全球视角。私募股权，不论是风险投资，还是杠杆收购，都起源于美国。在其发展的大部分时间里，私募股权行业都集中在美国和英国。然而在过去10年里，私募

---

① 这些数据来自"Thomas H. Lee in Sanpple Deal"，载于《纽约时报》，1992年4月3日，D3；Barnaby J. Feder 所写的"Quaker to Sell Sanpple for ＄300 Million"，载于《纽约时报》，1997年3月28日，D1；和Snapple向美国证交会提交的各类文件。

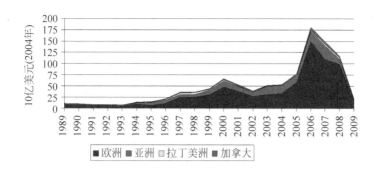

图1.2　1989—2009年美国之外国家的私募股权募资情况

注：亚洲的数据是投资额而非筹资额。

资料来源：各国的私募股权和风险投资协会，Preqin，汤森路透。

股权已在逐步变得更全球化。不仅欧亚大陆的私募股权规模增长显著，新兴国家也开始在私募股权行业占据一席之地。图1.3对于1995年和2007年发生的私募股权投资在全球的分布进行了比较。这种发展同样带来了一些问题。过去几十年中，私募股权的业务模式不断发展和改进，但在多大程度上成功地传到了其他国家，是否只有并购基金能够实现这种跨越？其他形式的投资基金，比如风险投资，能否也实现飞跃？

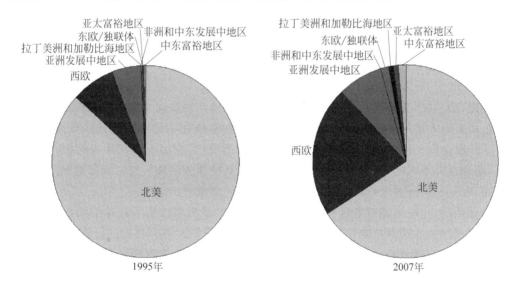

图1.3　私募股权投资在1995年和2007年按区域的分布情况

注："亚太富裕地区"指日本、新加坡、中国香港、中国澳门、韩国、澳大利亚以及新西兰；其余均是"亚洲发展中地区"。"中东富裕地区"指阿联酋、沙特阿拉伯、科威特、巴林、以色列，其余中东国家均为"非洲和中东发展中地区"。"东欧/独联体"指欧洲中东部国家和独联体。"拉丁美洲和加勒比海地区"指所有中南美洲国家和所有加勒比岛屿。

资料来源于Josh Lerner，Per Strömberg L 和 Morten Sørensen，"What Drives Private Equity Activity and Success Globally?"载于 *The Global Impact of Private Equity Report* 2009, in *Globalization of Alternative Investments Working Papers Volume 2: Global Economic Impact of Private Equity* 2009, ed. A. Gurung 和 J. Lerner(纽约：世界经济论坛，美国，2009年)，65-98页，详细参见：http://www.weforum.org/pdf/cgi/pe/Full_Report2.pdf.

尽管私募股权投资与二级市场投资在众多方面可以说都存在不同，最本质的特点应该在于私募股权更强调投资的主动性。私募股权投资者会积极深入地参与管理他们所投资的公司。他们采用合伙制的形式，设计交易架构，并在创造价值的所有环节上和个人以及机构进行互动，通过所有这些，他们的主动性得到了进一步加强。正是通过这种积极参与公司管理，获得风险投资的公司可以站稳脚跟，而被并购基金收购的公司会转变发展方向。这种方式不同于对冲基金或共同基金的基金经理在二级市场上可能使用的"积极管理"策略。但正是这种积极投资的方式使得私募股权投资不仅带来公司的成长，同时也是经济发展的巨大推动力量。私募股权投资运用的工具包括与公司有直接利益关系的投资者对公司运作进行积极监督、收入与绩效挂钩、强调良好的公司治理等，关键在于这些工具如何得到最好的利用。

在本书中，我们将探索这些让人好奇的重要问题，并全面介绍私募股权投资这一积极投资模式。本书将按照投资周期的顺序展开，先后介绍基金募集、投资机会评估、构建和管理交易以及投资退出。本书也并非只关注美国市场，也会重点关注私募股权投资与日俱增的全球化特征。本书将把私募股权投资作为一种业务来看待，并介绍了私募股权公司的关键特征。这些公司如何应对私募股权基金规模增长和全球化程度加深所带来的问题，以及市场周期的破坏性影响，这些都是要关注的问题。此外，我们从两方面来研究这些基金的影响：一方面是这些基金收益如何，另一方面是基金投资形成的更大范围的影响。最后，我们将透过"水晶球"来预测私募股权投资未来的发展。

 ## 风险投资和杠杆收购是什么？

首先我们自然会想到的第一个问题是风险投资和杠杆收购基金由什么构成。许多初创型公司需要大量的资金。但公司创始人自有的资金往往不足以完成这些项目，因此需要寻求外部融资。而这些公司往往只有可观的无形资产，在接下来几年很可能净现金流为负，前景也并不明朗，因而很难获得银行贷款或其他债务融资。与之相似的是陷入困境的公司，这些公司需要进行重组，但可能很难获得外部融资。

与此同时，一些诸如养老金和大学捐赠基金的大型机构投资者在他们的投资组合中常常会寻求加入流动性差的长期投资，比如私募股权投资。他们负责进行较长期的投资，通常能够分配一部分资金进行很长期的投资。通常，这些机构投资者既没有人力也没有专业技能来亲自进行私募股权投资。

风险投资和并购机构（总称私募股权投资机构）正好成为连接这两者之间的最好桥梁。它们从机构和高净值人群筹集投资基金，然后投资于高风险、有潜力高回报的项目。为了保护它们所持有的股权的价值，私募股权投资机构往往会在投资前进行详细的商业和财务尽职调查，并在投资后对公司进行强有力的监管。最终，它们出售所持有的公司股权，并将大部分收益分给它们的投资者。

私募股权让人困惑（几点中）的一点是其用辞。在欧洲，风险投资通常用于表示私募股权投资的全系列，从种子投资到最大型的杠杆收购。而在美国，私募股权投资有时不仅指所有的这类投资（我们这里所指的含义），还指杠杆收购，或者指除种子投资外的所有这类投资。而在其他情况下,私募股权投资指的是介于风险投资和并购之间的一种交易,比如成长期投资和夹层交易。

为什么需要私募股权投资?

私募股权投资在美国经济中扮演着重要的角色,并且在全球其他国家也越来越重要。私募股权投资机构所投资的企业主要分为两类,一类是急需资金的初创期企业,另一类是寻求重组的困境期巨头,由于具有大量的风险和不确定性,其他投资者往往望而却步。

在这一部分,我们首先看一下投资这些企业究竟会面临怎样的风险。然后我们将介绍私募股权投资机构如何控制风险。最后,我们讨论为什么其他的金融机构,比如银行,通常很难像私募股权投资公司那样有效地解决这些问题。

投资于初创期公司和重组中的公司是有风险的。这类公司往往具有不确定性和信息不对称的特征,特别是高科技领域的企业。正是由于信息不对称,使得我们很难准确评估这些公司,并造成企业家在获得投资后出现投机行为。

我们来简要梳理一下在这些环境下可能出现的各类冲突,管理层和投资者之间的冲突("代理问题")会影响债权和股权持有者提供资金的意愿。如果公司从外部投资者获得股权资金,那么管理层有动机进行浪费性的支出(比如奢华的办公室),因为他们可以从外部投资者获得不对称的收益而不必承担任何成本。同样,如果公司举债,那么管理层则可能将风险提高到不利的水平。由于外部投资者意识到了这些问题,相比公司内部积累的资金,他们会要求更高的回报率。①

私募股权投资公司投资的创业企业还会出现其他的代理问题。比如,企业家们可能投资于能为他个人带来高回报,却不能为股东创造现金回报的策略、研究或者项目。试想一下,一家生物科技企业的创始人选择投资于某项研究,这让他在科学界名声大振,但是却不能为风险投资者带来回报。同样,企业家的一款新产品投放市场试用后,可能市场反应冷淡,但企业家却仍然想让公司继续进行生产,因为他会从管理自己的公司中获得巨大的收益。

即使公司管理层有动力最大化股东权益,但是信息不对称的问题可能使得从外部融资的成本更高,甚至完全失去外部融资的可能性。公司发行股票可能会有"柠檬"问题:如果管理者很了解公司的投资机会,并且要尽可能使股东权益最大化,那么只有在公司股票价值被高估的时候,他才会选择增发股票。正如许多研究表明的,增发股票被视为向市场传递的负面信号,增发时股价往往会有所下降。这一"柠檬"困境使得投资者们较少投资于初创期或重组期公司,或者他们干脆直接不考虑这类公司。在债券市场上同样存在

---

① 这些问题的典型解决方法见 Michael C. Jensen 和 William H. Meckling 所写的"Theory of the Firm: Managerial Behavior, Agency Costs, and Ownership Structure",载于 *Journal of Financial Economics* 第3期(1976):305-360页。

类似的困境[①]。

更为常见的情况是，一般的投资者无法验证管理层是否采取了某些行动、结果是否发生，如果合同取决于特定事件的发生，就会使得编写合同变得困难。这导致较高的外部融资成本。许多经济模型[②]表明，当投资者发现很难验证是否采取了某些行为或者某些结果是否发生时——即使投资者严重怀疑企业家采取了某些完全违背初始协议的行动，他们也无法从法律上证明——外部融资可能会变得成本高昂，或者很难获取。

如果信息不对称问题可以消除，那么外部融资面临的障碍就能够克服。金融经济学家认为，像私募股权投资机构这样的专业化中介有能力解决这些难题。这些机构通过积极地参与投资（包括投资前集中审核，投资后严格监管公司）来消除部分信息不对称，从而减少融资困难。在不利的市场环境下公司无法从其他融资途径获得资金，只有私募股权投资机构能帮助公司最终获得外部融资，因此深入理解私募股权投资者使用的工具很重要。私募股权的非金钱的一面对其成功至关重要。这些工具主要包括了投资筛选、发行可转换证券、联合或分期投资、监管措施以及非正式指导，在本书的中间章节我们将就这些工具进行重点介绍。

那究竟又是什么让其他金融机构（比如银行）无法采取同样的监管措施呢？显而易见的是个人投资者往往缺乏足够的专业知识来解决这类代理难题，但人们会想银行信贷工作人员也许能够从事这样的监管。然而就连在银行系统非常发达的德国和日本等国，政策制定者们目前仍在寻求鼓励私募股权投资行业的发展，以保证有风险的创业企业能够获得更合适的外部融资。显然，这甚至已经超出了资深银行员工的能力范围。

银行的局限性根源于其几个关键机构特征。首先，由于美国法律限制银行持有股份，使得银行无法对项目进行股权融资。而私募股权投资机构则可以持有公司股份，并在公司发展顺利时按股份比例享有收益，从而确保了投资者的利益在公司成功运营时能得到保证。其次，对于缺少有形资产和较大不确定性的项目，银行可能没有必要的专业知识对该项目进行评估。此外，因为在竞争市场中的银行无法收取足够高的利率以补偿其面临的高风险，造成银行无法对高风险项目提供融资。最后，私募股权投资公司极具吸引力的报酬机制激励私募股权基金管理人对被投公司进行更严密的监管，因为他们个人的收益与私募股权投资公司的表现紧密挂钩。而对于由银行、公司和其他机构投资的风险基金，

---

① "柠檬"问题的介绍见 George A. Akerlof 所写的 "The Market for 'Lemons': Qualitative Uncertainty and the Market Mechanism"，载于 *Quarterly Journal of Economics* 第 84 期（1970）：488-500 页。这种问题对融资决定含义的讨论参见 Bruce C. Greenwald, Joseph E. Stiglitz 和 Andrew Weiss 所写的 "Information Imperfections in the Capital Market and Macroeconomic Fluctuations"，载于 *American Economic Review Papers and Proceedings* 第 74 期（1984）：194-199 页；以及 Stewart C. Myers 和 Nicholas S. Majluf 所写的 "Corporate Financing and Investment Decisions When Firms Have Information That Investors Do Not Have"，载于 *Journal of Financial Economics* 第 13 期（1984）：187-221 页。

② 重要的例子包括 Sanford Grossman 和 Oliver D. Hart 所写的 "The Costs and Benefits of Ownership: A Theory of Vertical and Lateral Integration"，载于 *Journal of Political Economy* 第 94 期（1986）：691-719 页；以及 Oliver D. Hart 和 John Moore 所写的 "Property Rights and the Nature of the Firm"，载于 *Journal of Political Economy* 第 98 期（1990）：1119-1158 页。

如果不具备有吸引力的报酬机制,一旦基金管理人的回报好到足够成立自己的基金时①,他们要想留住人才就变得困难了。

同时需要强调的是,私募股权投资机构(尤其是并购基金)在全世界引起了不小的恐惧和不安,这一点从全世界各地的立法者正试图通过大量的税收和立法来规范私募股权投资行业可以得到印证。在一些情况下,提议的立法有其合理性,私募股权投资这种金融中介影响力日增,但又缺乏透明度,现有的法律无法对其进行管理。但在另外一些情况下,则是由于墨守成规的"守旧派"为了维持目前低效的现状而提出的立法。

私募股权投资的历史

私募股权投资行业在早期的几十年主要存在于美国。当然,在私募股权投资行业出现之前,快速成长的公司就已在进行融资活动了。银行以贷款的形式提供债权融资,而一些周期较长、风险较大的项目则通常从富有个人手中融资。在19世纪末20世纪初的20年里,富有的家族已经开始成立专门的机构来管理自己的投资。诸如 Phippses、洛克菲勒、范德比尔特、惠特尼等大家族就投资多家企业并作为这些企业的顾问,这些企业包括美国电话电报公司的前身、美国东方航空以及麦克唐纳公司等。

但到了20世纪30年代的大萧条时代,人们普遍意识到为高速成长的创业公司融资的现有方式是不合理的。② 许多高成长性的公司资金短缺,而在同时,手上有大量资金的投资者却没有时间或能力接洽这些公司,以解决对被投公司管理上的缺失。罗斯福新政期间所建立的诸多新机构,比如重组金融公司也很难让人满意。严格的贷款评估标准、烦琐的贷款申请流程以及对于政治干预和立法的担忧等问题都意味着需要寻找新的出路。

因此,第一家正式的风险投资机构成立时,并非只为了赚钱,而是有着一系列的目标。③ "二战"期间美国联邦政府的战争支出急剧上升,这大大刺激了经济,让美国度过了大萧条时期,但是人们开始担心随着战争的结束,经济会很快再次萧条,美国研究和发展公司(ARD)正是在这样的环境下诞生了。1945年10月,波士顿联邦储备银行的负责人拉尔夫·弗兰德斯(Ralph Flanders)提出要避免经济再次萧条,就需要新成立一家公司,专门为初创企业提供融资。他提出这家公司不仅要在"选择最具潜力的项目和分散风险"上比大多数个人投资者更系统化,而且这家公司要想长期获得成功,它还需要引入全国的

---

① 银行融资的局限性在一些理论和经验性的学术研究中进行了探讨,比如 Joseph E. Stiglitz 和 Andrew Weiss 所写的"Credit Rationing in Markets with Incomplete Information",载于 *American Economic Review* 第71期(1981):393-409 页;以及 Mitchell A. Petersen 和 Raghuram G. Rajan 所写的"The Effect of Credit Market Competition on Lending Relationships",载于 *Quarterly Journal of Economics* 第110期(1995):407-444 页。

② 支持创业企业的公众努力有其局限性,参见 Joseph L. Nicholson 所写的"The Fallacy of Easy Money for Small Business",载于《哈佛商业评论》第17期,No.1(1938年秋季):31-34 页。

③ 关于美国研究和发展公司的这段历史主要摘自 Spencer Ante 所写的 *Creative Capital: Georges Doriot and the Birth of Venture Capital*(波士顿:哈佛商学院出版社,2008年);以及 Patrick R. Liles 所写的 *Sustaining the Venture Capital Firm*(剑桥,马萨诸塞州:管理分析中心,1978年)。

"信托基金的巨大积累"(比如养老金和其他机构资金)。①

  为了实现这个目标,ARD 一年后便正式成立。弗兰德斯聘用了许多公民和商业领袖参与其中,包括麻省理工学院的院长卡尔·康普顿(Karl Compton)。但基金的日常管理主要由哈佛商学院的乔治斯·多里奥特(Georges F. Doriot)负责。ARD 在多次沟通中强调其目标在于为新公司提供资金和支持,从而"提升美国人民的生活水平"。尽管盈利性也是公司努力的目标之一,但用 Pat Liles 的话来说,财务回报"并非公司追逐的最为重要的目标,而是被形容为整个过程的必要部分"。②

  在 ARD 运行的最初 20 年中,广泛的社会目标和财务回报之间的矛盾一直存在着。在一定程度上,这一矛盾反映的正是一家公众公司的内在矛盾。尽管弗兰德斯强调公司资金应该来自于机构,但由于对机构客户缺乏吸引力,公司最终还是通过公开发行才筹集了 500 万美元的启动资金(大多数早期的私募股权投资基金都有着类似的情况)。ARD 投资组合中大部分公司都是早期创业公司,为了实现资本利得或其他利润,必须长期持有这些公司,但这却是许多投资者——可能是被过于热心的经纪商说服而购买了股份——并不喜欢的。因此在 20 世纪五六十年代,多里奥特花费了大量的时间维护基金的长期目标。1967 年的《财富》杂志上出现了对 ARD 缺乏同情心的人物描写,引用了多里奥特的话:"你们这些精明的股东们都是赚一把就把公司卖掉。但我们则将公司视作我们的心血,我们就好像孩子患病时候的医生一样。当银行家或经纪商告诉我应该将陷入困境中的公司卖掉时,我会反问他们'如果一个孩子发高烧到 104 华氏度,你是不是就不要他了?'"③ARD 最终成功的投资范围广泛;1957 年,ARD 向数字设备公司投资了 7 万美元,最终该公司升值到 3.55 亿美元,这笔收益几乎达到 ARD 作为一个独立实体 26 年来利润的一半。

  下一个推进风险投资的伟大实验是小企业投资公司(SBIC)项目,这家公司同样存在以上提到的矛盾。这些由联邦政府担保的风险资本池于 20 世纪 60 年代快速增长,并构成这一时期风险资本的重要组成部分④。

  成立这些实体的初衷与最初多里奥特想要解决的问题是相似的:大量具有成长性的公司无法获得资金将他们的想法商业化。但是 SBIC 与 20 世纪 30 年代开拓性的工作有一个明显的差别:立法者意识到,政府人员——无论初衷是不是好的——可能都不是决定哪些企业应该获得投资的合适人选。相反,应该将其交到私营机构的手中。

  SBIC 在 1958 年得到了两项强有力的政策支持:一方面是这类公司可以从联邦政府借入最多相当于其一半资本金的资金,另一方面是公司可以享受一系列的税收优惠政策。

---

  ① Ralph Flanders 所写的"The Problem of Development Capital",载于 *Commercial and Financial Chronicle* 第 162 期,No. 4442 (1945 年 11 月 29 日);2576 页和 2608 页。

  ② 参见 Liles 所写的 *Venture Capital Firm*,32 页。

  ③ 参见 Gene Bylinsky 所写的"General Doriot's Dream Factory",载于《财富》杂志 76 期,No. 2 (1967 年 8 月):103-136 页。

  ④ SBIC 项目的这段历史摘自 C. M. Noone 和 S. M. Rubel 所写的 *SBICs: Pioneers in Organized Venture Capital*(芝加哥:资本出版社,1970 年);Jonathan J. Bean 所写的 *Big Government and Affirmative Action: The Scandalous History of the Small Business Administration*(列克星敦:肯塔基大学出版社,2001 年);和 Liles 所写的 *Venture Capital Firm*。

反过来，SBIC需要将其投资领域严格限制在小企业上。更为严格的是，它的投资结构也受到了诸多限制；比如，SBIC不能持有投资公司的股权（尽管其持有的债权可以转化为股权），对于小企业的控制权也受到了限制。而且，就像风险投资者第二特性一样的步骤——比如向公司员工提供股票期权——也受到了严格限制。

一些有见识的观察家甚至在立法实施这些基金之前就对SBIC项目的这些特点提出了批评。在20世纪60年代早期，大量SBIC获得融资，但通常都审查不足，由此引发对SBIC项目的批评进一步加剧。从联邦政府获得批文和贷款的实体中，有一些由缺乏经验的金融业者运作，业务类型也和国会原先预想的相去甚远——比如房地产开发——这些政府贷款变成了腐败基金，专门用于给朋友、亲戚或者（极少数情况下）有组织的犯罪者经营的问题公司进行"甜心"融资。10个SBIC就会有9个在某些方面违反联邦法规。[①]SBIC项目也因为低收益、欺诈和浪费等问题不断受到来自国会的批评。尽管有些动摇，项目的官方负责人（和执行机构）仍坚持SBIC项目，反对将其废除。尽管在20世纪60年代末期和70年代初期SBIC的市场规模很大，但是项目最终由于激励的问题而迅速衰退。

尽管如此，从事后来看，20世纪五六十年代项目的继承者看起来截然不同。尽管当今的大型基金很少是作为SBIC项目的一部分起步的，但SBIC项目却实实在在刺激了加州硅谷和波士顿128号公路两个地区许多和创业相关的机构的发展，而这两个地区正是企业家的主要摇篮。这些机构专门解决创业公司的需求，包括律师事务所和会计组织。例如，《创业经济学》杂志，在1961年成立之初是提供SBIC报告服务，后来逐渐扩展其服务领域成为整个风险投资行业回报数据的主要来源。此外，像苹果电脑、康柏（现在是惠普的一部分）和英特尔这类美国最具活力的高科技公司，在它们上市前都从SBIC项目获得过支持。继SBIC之后在其他国家推出的项目也有类似的教训，比如中国和新加坡。

1958年，第一家采用有限合伙制的风险投资机构Draper，Gaither，and Anderson诞生。虽然偶尔也有其他效仿者，但在20世纪六七十年代采用有限合伙制的风险投资机构还是凤毛麟角。大多数风险投资机构都会通过封闭式基金或之前提到的SBIC项目来募集资金。在其发展的前30年，每年流入私募股权投资机构的现金从来没有超过几亿美元的规模，一般年份更是大大少于这个数字。在这些年里，尽管有几只基金完成了数量可观的并购以及与成熟企业的其他交易，私募股权投资机构仍普遍被称为风险投资基金。

私募股权投资行业在20世纪70年代末80年代初这一时期得到了巨大的发展。行业观察家普遍将这一转变归结于美国劳工部于1979年就《员工退休收入保障法案》的"审慎人"准则进行的说明。此前，法案禁止将养老金投资于风险投资基金或其他高风险资产类别，而当时劳工部就此准则的说明则明确允许养老金管理人投资于高风险资产，包括私募股权。此后大量专业基金便应运而生，这些基金专注于诸如杠杆收购、夹层融资及风险租赁这类混合投资工具。而这段时期的另一个重大变化是有限合伙制成为了私募股权投资机构主要的组织结构形式。

---

① 参见Bean所写的 *Big Government*，56页。

与此同时,另一个重大改变于20世纪80年代发生,并主要对并购行业产生了巨大影响,这便是由迈克尔·米尔肯(Michael Milken)和德雷克斯投资公司(Drexel Burnham Lambert)创造的高收益债券市场,即所谓"垃圾债券"市场。在这一市场出现之前,私募股权投资机构借钱主要还是通过传统的银行渠道。银行为公司提供融资主要有两大标准:现金流和清算价值(资产抵押贷款)。为了控制它们资本的损失风险,通常银行会确保能有两种方式来应对任何贷款情况(所谓的双保险法)。这样,私募股权投资机构能够获得的并购机会十分有限。

新型的高收益债券通过大大提高获得贷款的可能性,改变了市场格局。有几层债权的复杂金融结构开始变得普遍:优先偿还高级债券,中级债券次之,最后才是垃圾债券(在出现偿债危机时,垃圾债券最后进行偿还)。债券的利率与出现损失的风险成正比。通过德雷克斯公司的设计,并购机构可以制定交易结构,通常包含有公开交易债券,在总的资本结构中杠杆的比例可以高达90%甚至95%。这样并购公司可以提升自己的借贷能力,并提高它们的股权回报。通过使用垃圾债券,私募股权投资机构可以收购规模更大的公司,并且在有些时候,可以从更成熟公司身上获得类似于风险资本或成长资本那样高的回报。德雷克斯公司发明的高收益债券让并购行业从类似家庭手工的小行业,变成了拥有数十亿美元基金的国际巨头,促成了并购行业在20世纪80年代的繁荣发展。这集中体现在KKR对纳贝斯克的收购案上(德雷克斯公司提供了融资),并记录于《门口的野蛮人:纳贝斯克的衰落》[1]一书中。

随后几年对于私募股权投资者来说既是非常好也是非常艰难的时期。一方面,20世纪80年代,风险投资支持了许多可以改变世界的高科技公司,包括思科、基因科技、微软和太阳计算机系统。同时,大量成功的并购,比如Avis、Beatrice、Dr. Pepper、吉布森贺卡公司以及McCall Patten等公司,成为当时人们关注的焦点。但是另一方面,私募股权投资行业的资金募集却非常不均衡。20世纪80年代前半段,每年流入风险投资基金的现金增长了10倍,但却在1987年到1991年逐步下降。并购基金在20世纪80年代的增长更是惊人,但却在80年代末急剧缩减。

这种情况的发生是由于私募股权投资的命运正发生着改变。在经历了20世纪70年代的异常风光之后,风险投资基金的回报在80年代中期出现了急剧下降。很明显,这是由于对某几个行业的过度投资引起的,比如计算机硬件行业,同时也和大量缺乏经验的风险投资者进入行业有关。并购基金的回报在20世纪80年代也经历了类似的下降,主要原因在于行业内对交易的争夺日趋激烈。更为严峻的是,整个市场的融资渠道于1989年近乎枯竭,后来担任美国曼哈顿联邦检察官的鲁迪·朱利亚尼(Rudy Giuliani)说服了大陪审团对德雷克斯公司的迈克尔·米尔肯进行了多达89项控诉,包括欺诈和证券诈骗(1990年,米尔肯对于其中较轻的6项指控表示认罪,并因此入狱2年。大量由存款和贷款投资的垃圾债券出现了违约,最终联邦政府不得不花费大量资金进行救助)。由于投资者不满意私募股权投资的回报,而80年代流行的高杠杆类型的交易又无法获得资金,整

---

[1] Bryan Burrough和John Helyar所著的《门口的野蛮人:纳贝斯克的衰落》(纽约:Harper Collins出版社,1990年)。

个行业的资金枯竭了。

20世纪90年代则见证了这种态势的不断重复，并且达到史无前例的规模。在这十年的大部分时期，几乎私募股权行业的每一个分支都实现了飞速增长和丰厚的回报。造成复苏的原因是多方面的。首先，许多缺乏经验的投资者在90年代初退出了市场，这使得剩下的投资者在获得项目时面临的竞争压力较小。其次，这段时期IPO市场的健康发展使得私募股权投资的退出变得相对容易。此外，以信息技术为代表的技术创新不断深化为风险投资者们带来了新的投资机会。在这种变化的环境下，大量的新资本不断涌入风险投资和并购基金，在90年代末和2000年达到创纪录的规模。

但是和通常的情形一样，这种增长是无法持续的。由于受到风险投资基金超高收益的吸引，机构投资者和个人投资者的资金如潮水般涌向私募股权行业。许多情形下，好公司在资金压力下艰难生存。而在另外的情形下，不应该获得融资的企业则成功获得了数量可观的资金。行业的过快增长导致基金管理人超负荷工作、尽职调查不当以及在许多情况下投资决定不合理。而且，更多的基金投入到市场中导致潜在被投资公司估值偏高，降低了最终回报。21世纪初的头几年风险投资行业开始解决这一遗留问题，合适地"缩减"基金规模成为关注的主要问题。

与此同时，并购行业在2004年和2007年之间繁荣发展。这种爆炸性增长主要是由于几个原因：首先，机构投资者对另类投资的需求逐渐增加；其次，公司董事会和管理层有更强的意愿将公司出售给私募股权机构，尤其是并购基金；最后但同样重要的是，出现大量具有优惠条款和几乎没有保护性限制条款的债权融资。正如之前的许多次繁荣一样，随着资金的逐渐涌入，估值不断高涨，做项目的标准却（通常）越来越低。由于资金量越来越大，全球经济危机到来的速度也过快，并购行业随之而来的衰退尤其显著。风险投资和并购基金及其所投资的企业都遭遇了危机，而投资者（无论是股权还是债权投资者）却不愿意再增加投资。

尽管私募股权投资的繁荣与衰退吸引了公众的关注，但近年来该行业最具革命性的转变还是在于私募股权机构本身的结构上。尽管融资创新层出不穷，但是私募股权机构却从20世纪60年代中期到90年代末期始终坚定地保持有限合伙制形式。然而近年来，许多公司进行了一系列的尝试，希望解决基金结构和规模的问题。这些尝试包括在不同区域和不同国家成立子基金以及扩展基金范围到不动产、夹层融资、不良债权和债券基金等。其中2007年6月黑石集团决定向公众发行股票，只是一段时期以来私募股权机构不断进行结构试验的巅峰之作。

近年来主要私募股权机构突然发生这些改变的主要原因是什么呢？我们认为这种变化反映出了这一行业的更基础层面的转变，私募股权机构在努力提升自身的运行效率。由于竞争日趋激烈，它们在另辟蹊径以实现差异化。

私募股权行业效率提升的证据比比皆是。尽管在较早的几十年中私募股权机构更多是一系列相对小的公司彼此协作工作，有点家庭手工业的味道，但是这个行业今天的竞争则十分激烈。根据行业相关数据显示，目前世界范围内共有4 500家私募股权机构，管理资金规模达到2.3万亿美元,其中美国有2 000家左右,管理资金超过5 800亿美元。①

在这种变化的竞争环境中,行业中的领先投资机构不断追求让自己从大量的投资机构中脱颖而出。它们采用了一系列的措施塑造自己的"品牌",并使其有别于其他投资机构。这些措施包括建立战略伙伴关系、扩展国际化经营、提供增值服务、积极募集资金以及多种其他方式来增强本机构在美国及国外的曝光度。

当然,发生这种转型的机构不仅仅只有私募股权。比如投资银行业就在20世纪五六十年代经历了类似的转型,顶级"大牌"投行巩固了他们的统治地位。顶级投行不断扩大经营范围和增强人员招聘,使得领先投行和跟随者之间的差距不断加大。同样,那段时间主要银行机构的管理模式也发生了转型,比如操作程序系统化和管理结构规范化。类似的转型目前看起来在私募股权行业正在进行,尽管还难以最终判断。

 ## 关于本书

本书是基于哈佛大学商学院于1993—1994学年开始开设的"风险投资和私募股权"这门课程完成的。该课程受到学生欢迎,他们有兴趣成为私募股权投资者、创业公司管理层、投资银行家或者和私募股权公司以及被投资公司一起工作的其他中介机构职员。为该课程开发的各种资料同样也被广泛应用于其他课程,比如哈佛大学的高管教育课程以及许多其他商学院毕业生或本科生的创业课程。

对于一个读者来说,通常会关心自己能从本书中获得什么。本书有四个目标:

1. 私募股权行业是复杂的。行业参与者经常使用高度专业化的术语,让其显得更加高深。这使得风险投资和并购投资对外行来讲显得十分神秘。理解私募股权公司的运作方式以及这些机构间的主要差别是本书的一个重要目标。

2. 私募股权投资者与其他金融投资者面临着同样的难题,只不过形式更加极端。理解所面临的这些难题以及投资者如何解决它们,对融资过程会有更加总体上的了解。由此本书的第二个目标便是回顾并运用公司金融的关键原理。

3. 估值过程是私募股权投资的关键。关于估值的争论在这个行业中是常态,不论是在创业企业和风险投资者之间,还是在正在募集基金的私募股权机构和潜在投资者之间。这些争论的起源是,对早期公司和重组公司进行估值很困难,并且有很强的主观性。本书探讨了各种估值方法,介绍了目前实践中广泛使用的方法以及目前不常用但在未来却可能越来越重要的方法。

4. 最后,私募股权行业正处于一个巨变期。在最近的繁荣发展阶段,并购公司已经筹集到200亿美元的资金,而风险投资基金的规模也已经创造了10亿美元的纪录。私募股权机构运作的国际化程度达到了史无前例的高度,并且试验了像公开交易基金这种组

---

① 机构数量仅包括"投资级"的机构数量,即,从外部实体募资资金的机构。大量的实体则从家庭和朋友那里募集并投资较小规模的资金。全球数据来自于Preqin;美国数据则来自于私募股权理事会和Colin Blaydon教授,Tuck学校,达特茅斯学院,并从相关媒体引用,"Features of the Private Equity Industry",载于《西雅图时报》,2009年8月25日, http://seattletimes.nwsource.com/html/business technology/ 2009736074_apusbanksprivateequityglance. html,访问于2010年11月5日。

织结构。本书还将探讨私募股权机构用于管理全球范围的投资组合和办事机构的方法，如何管理全球间的资金流，这在三年前甚至都是不可想象的。

本书共分十四章。其中第二章到第七章主要讲私募股权投资的流程，可以将其视为一个完整的周期。周期从私募股权基金募集资金开始；然后对被投资公司进行投资、监督、提供价值服务；私募股权从成功项目退出，并向投资者返还资金；私募股权公司再次寻找资金，开启新一轮周期。考虑到不同的教师对于本书的使用会有所不同[①]，因此在一开始简要总结一下本书的大致结构相信是有帮助的。

第二章主要介绍私募股权基金的融资方式和结构。这些基金通常有复杂的特征，相关的法律问题通常晦涩难懂。但是私募股权基金的结构却对风险投资基金和并购基金的投资者行为有深刻影响。因此理解这些问题对于基金的投资者来说很重要，而对于想要从私募股权基金融资的创业企业来说也一样重要。第二章不仅试图解释私募股权基金的特征和募集资金过程中的相关各方，更对这些问题进行了分析。我们会阐述私募股权基金的主要投资者、提供服务的中介机构，以及各类投资结构的细微差别。对于相关合同，我们不仅会解释这些合同的特征，还将分析这些合同如何对激励产生影响，是正面的还是负面的。

第三章主要介绍投资流程。我们在这一章将研究如何对交易机会进行评估。我们首先介绍创业者如何才能最有效地推销自己的公司。如何做一份有效的商业计划？是一次3分钟的"电梯推销"吗？随后我们会分析创业者在评估潜在投资者时应该考虑哪些因素。由于私募股权机构承诺其提供的"不只是资金"，有必要理解好的投资者具有怎样的特征。接下来我们将转换视角，从潜在投资者的角度来考虑。我们会关注尽职调查过程中所使用的主要标准。投资者会问什么样的关键性问题？如何管理这一过程？然后我们将描述私募股权机构决策过程中的主要步骤、决策点以及如何利用其他机构的帮助进行决策。在第三章的最后将会描述投资过程中常见而又重要的两类特殊情境。第一类是连续创业者：他们在募集到资金之前有过创业经历。这类创业者即使之前失败了，也会受到许多私募股权机构的青睐，原因如我们将会看到的，通常非常合乎逻辑。第二类是私募股权机构共同投资项目，我们将会看一下这种"俱乐部项目"能否带来更好的决策。

在接下来的第四章我们将讨论公司估值的问题，这或许是尽职调查过程中最有挑战性的部分。首先我们会讨论造成未上市公司估值困难的各种因素，包括缺少公开市场指标、信息不对称、投资期间可比公司价值可能发生大的变化等。随后将介绍实践中采用的主要估值方法。从倍数估值法、结果表估值法到调整净现值估值法等，每一种方法都各有优劣。我们试图理解每种方法在何种情况下最适用，并提出在很多情况下，也许包含多种估值法的"大帐篷"方法才会给出最佳答案。在这一章最后将会讨论"未来的估值方法"：在许多金融市场中，使用期权定价法或者二叉树定价法等复杂的估值方法已经成为标准；但在私募股权市场中这些方法却并不常见。一定程度上这反映出私募股权行业估值的固有困难，同样也可能反映了从业者对改变估值方法的抵触。

[①] 尽管一些课程可能会严格按照本书的章节顺序讲授，其他课程讲授顺序则可能有大的变化。比如，主讲创业金融的课程可能会把重点放在第三章到第七章，以及第十章和第十四章。

在第五章我们将探讨交易结构的问题。我们从介绍基础知识开始：私募股权交易中主要使用的证券和使用这些证券的动机。随后将介绍在风险投资和并购交易中所使用的各种限制性条款。自始至终我们有两重目标：一方面是理解这些特征如何真正发挥作用，比如我们会介绍各种形式反稀释条款的运作原理；另一方面是分析为什么这些不同特征会成为私募股权交易中的关键部分。关键是为实现同一经济目标，有多种方法。这一章还将探讨风险投资和并购外的交易中所使用的一些特殊条款（比如在风险租赁交易中的"认股权比例"的概念），并介绍这些条款和资本结构是如何随时间不断演进的。

第三章到第五章通过不同维度描述了完成交易的过程，第六章则将介绍投资完成后要做的事情。我们从考虑私募股权机构如何监管所投资的公司开始。公司治理的形式包含正式的（董事会席位和特殊投票权）和非正式的控制。接下来介绍在公司发展各阶段的投资者拥有的特权，特别是当提供资金给早期公司时。我们还将分析风险投资和并购机构对投资进行监管时的主要考虑，并介绍在被投资公司正常运行及发生意外（不幸的是意外几乎全是坏消息）的情况下私募股权机构所发挥的作用。就如我们将要看到的，当意外发生时重新谈判交易是私募股权投资者的关键技能。

第七章主要介绍私募股权投资者的投资退出过程。成功的退出对于保证投资者丰厚的回报很关键，反过来也有助于募集更多的资金。但私募股权投资者对于退出投资的关注和他们在退出过程中的行为，有时会为创业家带来严重的问题。我们采用与第三章非常类似的分析框架，试图理解与私募股权投资退出有关的主要因素：在公开上市、并购、二级市场并购和其他交易方式这些退出方式之间的选择，促成这些选择的参与方。我们同时还将辨别不同退出方式的影响，有的方式将会增加投资的总体收益，而有的方式却可能会将更多收益转向特定群体。

在第七章这一部分的最后，将会明确介绍私募股权交易在全球的发展过程。尽管在之前的讨论中我们会经常引用美国之外国家的例子，但是私募股权在各国的差异程度表明需要仔细研究私募股权的全球发展这一主题。我们首先会介绍全球私募股权发展的历史，政府鼓励私募股权所付出的努力，以及行业带头者遭遇的许多困难。接下来将介绍风险投资活跃市场的主要特征及差异，主要包括欧洲、印度、中国以及中东地区。随后我们将回过来思考一个问题：对于风险投资和并购投资者来说，怎样的市场才算是好市场呢？对交易相对活跃并有更多成功项目的市场进行分析之后，这些特征便凸显出来。

随后的两章被列入"评估"部分，主要描述如何评估私募股权基金的业绩。第九章研究私募股权机构业绩评价指标。我们从讨论为什么这是一个难题开始：主要在于很难计算私人公司的真实价值，因此在退出这些被投公司之前，很难评估基金的业绩。但由于基金要完全收获可能需要10年甚至更长时间，这些退出信息的用处有限。在对这一问题的挑战性进行探讨后，这一章分析了私募股权基金业绩的证据。我们比较了公募和私募股权的业绩。在第九章最后，我们重点关注了投资者如何管理风险而不仅是衡量风险。特别是，我们会重点介绍如何构造基金组合，即如何以一种最大化收益的方式来组合不同的基金。

第十章探讨评分的另一个方面，即从私募股权整体上对社会的影响进行评估。即使私募股权公司为其投资者带来了丰厚的收益，但是如果整体上对社会并无好处的话，就会产生严重的问题。这一章首先分析创业公司获得的风险投资,并探讨风险投资使得创业公司创新更多、成长更迅速的证据。随后我们会转向对更成熟公司的并购投资。这种讨论引发一个问题:对私募股权机构来说什么样的公共政策是最有意义的?这一问题并没有简单的答案,我们将列出仍在进行的争论中的不同观点。

接下来的三章将会介绍"私募股权业务"。如果你阅读媒体报道,你可能会觉得风险投资和并购投资者过着闪耀的生活,他们更像摇滚歌手,而不是银行家。尽管这种说法有一定的道理(至少在市场行情好的时候是这样的),但我们更应该认识到,管理私募股权机构同管理任何专业性服务机构一样,都是一件艰苦的工作。

第十一章分析了这一具有挑战性的领域。我们从回顾私募股权公司员工的典型职业路径开始:从经理到管理合伙人。随后我们介绍了建立和维持一家私募股权公司所面临的挑战。我们先从人的问题开始分析:需要保持稳定的团队。接着我们考虑策略的问题:怎样才是有效的投资方法?最后我们会讨论附属投资机构面临的特殊挑战,比如投资银行或制造业企业的子公司。我们重点指出,尽管管理过程中的许多困难是相似的,附属投资机构还面临着一些这种"自营"基金所特定的难题。

第十二章着眼于私募股权公司如何随时间不断演变以及演变过程中所面临的管理挑战。之前我们提到,私募股权机构在过去10年筹集到了远多于从前的资金,同时这些机构在寻求扩大产品线和业务区域。如果我们回顾私募股权行业的历史,会发现快速扩张通常没有好结果。过快的增长往往会导致投资者获得的回报大幅降低,有时甚至会血本无归。这一章分析了什么时候增长出现问题,以及什么时候后果不会太严重。

第十三章介绍了最近五年并购市场的巨大起伏,应该说特别及时。我们的关注重点在于理解为什么私募股权市场从成立伊始就一直表现为走走停停的态势,刚开始一段时间的成功致使募集了过多的资金,回报率和私募股权交易量随之快速下跌。接下来我们分析在这样混乱的市场上,什么样的管理策略才最为有效。

第十四章是本书的最后一章,我们将展望私募股权行业的未来发展。本书中大篇幅的讨论是为了对私募股权行业发展的历史和现阶段的运作方式有一定的认识。出于需要,之前章节使用的研究和案例全都是在分析过去的事件,对私募股权行业的未来发展缺乏指导意义。风险投资和并购行业在接下来的10年将会如何发展这个问题特别重要,因为这个行业在过去几十年的发展速度非常快,并明显促进了整个经济的发展。很自然会有人问:鉴于全球经济危机和私募股权走下坡路,那么本年代中期私募股权行业的增长是否只是一个偶发事件?投融资的规模是否会恢复到之前的水平?特别是私募股权行业的全球化将会发展到怎样的程度?

本书讨论了许多主题,但同时有必要强调除了本书外还有许多学习风险投资和私募股权的资源。本书的每一章都推荐了深度读物,涵盖了诸多信息源,既有诸如《私募股权分析师》(Private Equity Analyst)和《风险投资期刊》(Venture Capital Journal)这样的商业杂志,也有介绍私募股权流程法律细节的手册,还有对私募股权行业的学术研究。读者如果愿意详细了解私募股权行业的某一个具体方面,可以找到这些信息来源进行阅读。

本书的主题是什么?

尽管各种类型的私募股权机构(风险投资、成长资本和并购)在基金规模、地理区域及产业投资部门上都存在一定的差别,但是通过对各种形式的机构进行分析我们不难发现七个普遍的主题。

缺乏流动性

所有的私募股权交易最开始都是缺乏流动性的(否则就不是私人公司了)。因此私募股权投资必然是长期投资,并要求投资者积极参与被投资公司的事务。例如,如果一个投资者持有大量通用电气上市公司的股份,并且不满意公司的发展方向,那其首选便是简单地将股票出售。而作为私募股权投资者来说,面临同样的情形时则无法这样做。但是根据私募股权投资的条款,私募股权投资者几乎总是可以通过董事会或作为主动参与公司事务的大股东实现对现有管理层的替换。

缺乏流动性也影响投资者的融资和退出决策。由于在一定时间内没有流动性的保障,私募股权投资者必须考虑在一段长度不确定的时间内保持该项投资的能力。因此,他可能会转变为需要较少资金的投资策略,或为了避免融资风险强制提前退出,或者邀请其他私募股权机构进行联合投资来降低风险。缺乏流动性可能会造成投资者被迫做出艰难选择。比如,风险资本投资者可能被迫在一项缺乏吸引力的并购和一项缺乏吸引力的融资之间进行选择。

缺乏流动性同时会影响私募股权基金的结构。几乎所有的私募股权基金采用长期的有限合伙制,长达10年甚至更长。它们依靠利润共享(投资收益分成)的机制来保持有限合伙人和普通合伙人的利益一致。缺乏流动性还会影响被投资公司的结构。大多数风险资本投资采取具有清算优先权和控制条款的优先股形式,而并购公司通常会设计交易架构,使得公司通过举债来发放股利。

不确定性和信息不对称

在私募股权行业,业绩很难进行评估。由于没有像公开市场交易股票那样的连续报价,再加上被投公司的信息通常不完整,使得对公司的估值十分困难。而且就算有了信息,也缺乏估值的工具,因为目前市场上大多数估值方法都是针对有连续报价的市场开发的。

除了绩效评估之外,从业者还必须经常根据极其有限的信息来行事。在风险投资环境中,投资者可能会评估这种投资:缺乏经验的管理层将一项新技术应用到一个新的市场中。而在并购投资环境下,投资者可能在时间有限的情况下,要对一家所在行业为小众行业、进行全球化经营的复杂企业做出判断。

那在这样的环境下,私募股权投资如何才能成功呢?关键在于投资者可以采取多种措施来影响最终结果:通过交易结构(比如增加失败的赔偿代价和加强公司治理),通过增值服务(比如加强合作、提供咨询服务),以及通过重新订立合同(一旦无法达成,便推动重新订立合同)。

周期性

关于私募股权投资的一切都是具有周期性的：IPO、出售股权、估值和募资。由于私募股权基金本身具有很长的募集周期,实现收益也需要很长时间,因此私募股权机构必须在它们可以募资的时候尽可能募资。而被投资公司也必须采取同样的策略,这也强化了整个行业的周期性。私募股权公司必须在行业兴衰成败的变换中做出战略性的应对。它们通常会在不同市场间频繁进行转换,并发现新的细分市场和交易结构。

资质

可以通过不断加强联系来降低信息不对称的风险。比如,一家初创企业在其发展历程中可能只会进行一次 IPO,但是投资该企业的风险投资机构却会经常与承销商和公开市场打交道。私募股权公司可以通过支持他们的被投资公司加强与被投资公司的联系。甚至有限合伙人和私募股权机构之间的关系,也有认证的重要考虑,因为有限合伙人（LP）倾向于与私募股权管理人建立长期合作关系。

但是认证也可能会被滥用。并购公司可能会滥用与债权融资提供者的关系,并过度使用杠杆风险,而风险投资者可能会推动有问题的公司过快上市。因此,在私募股权行业中,声誉是一种有价值的货币。

激励

在一个充满信息不对称,并且缺乏流动性的行业,所有的参与方都是"一条绳上的蚂蚱",而激励机制则有助于保持各参与方的利益一致。由于私募股权行业的特点,从缺乏流动性的投资转换成现金很难。同时,私募股权机构需要大量的自由裁决权来追求在基金募集完毕时没有预见到的投资机会：许多事情无法在合同中进行定义。比如,在20世纪90年代早期,人们不会预料到互联网的蓬勃发展,但许多风险投资基金却在这个时候投入了互联网行业。同样,美国2001年发生"9·11"恐怖袭击后,再保险行业的并购迎来了良好的发展机遇,但这在20世纪90年代末期却几乎没人能预料到。

但是报酬可能是不正常的。管理费和交易费——原本是用来负担基金运营费用——在许多大型基金里已经变得规模很大。高额的管理费和交易费可能会鼓励增加资产和过度保守的投资策略。在一个有许多中介机构（有限合伙人和私募股权公司）的行业里,这些中间人的报酬未必和最后结果挂钩。清晰的比较基准和声誉,是私募股权行业里激励机制的重要方面。

交易环境

在私募股权行业中,两家私募股权公司（A 和 B）以同样的条款投资于同一家公司可能会出现不同的结果。不必惊讶,没有绝对意义上的"好交易"。特定公司和特定时间环境因素,以及公司和行业的特征,都会影响私募股权投资的决策。这一行业比其他大多数投资类型都更容易变化和更加复杂。

职业管理

对于具有商业、金融、咨询和法律背景的人来说，私募股权机构是一个很有吸引力的职业选择。此外，随着行业的不断发展，需要更多训练有素的专业人士。在本书中，我们将重点突出私募股权行业参与者可以做出的职业选择，并分析他们的前景。

正如本书中的描述和案例多次强调的一样，私募股权行业的未来还有许多未知数，但可以确定的是在随后数年全球经济的格局中，这一金融中介将蓬勃发展，并占据重要地位。

第二章

私募股权的周期——基金募集及选择

在第一章里,我们注意到在2000年到2009年末之间,美国的私募股权基金募集的资金达到1.6万亿美元。① 2010年上半年全球管理的私募股权资产已经达到2.7万亿美元(包括现有投资的价值和已经募集但尚未投资的资金)。② 2007年和2008年的该数值分别为2万亿美元和2.7万亿美元,这反映出纵然宏观经济形势不景气,私募股权基金的规模仍在稳步增长。我们自然会问:"这些钱从哪里来?""基金里的双方——私募股权基金的投资者和投资者资金的管理者——是如何发现彼此的?他们希望从彼此身上获得什么?他们如何管理他们的关系?"

在本章中,我们将介绍基金的募集,私募股权周期的第一步。我们将讲述这个过程都有哪些参与者并探究他们的动机,以及使得两个群体——私募股权公司和投资于它们基金的有限合伙人——利益一致的激励机制。我们接着讨论合伙关系如何构建,研究合同中的不同条款,出现这些条款的背景,以及通过这些条款了解各方的担忧和希望是什么。然后,我们考虑基金募集的实际过程。总之,我们研究不同群体之间复杂的关系,这种关系在危机时刻如何运作,这些行为和动机如何在总体上影响行业的动态。

这些信息对于想直接或间接参与私募股权行业的人来说都非常有用。一个寻求私募股权投资的企业家需要知道投资于其企业的基金的动机是什么,同样,私募股权公司需要知道有限合伙人投资于其基金的动机是什么。一个有兴趣加入私募股权基金的学生会学习到更多关于有限合伙人的动机和担心、合伙协议的细微差别、募集基金所面对的挑战。募集资金的需要会影响基金如何运作、合伙人如何投资以及各方如何互相影响。很多人

---

① 汤森路透私募股权数据库,访问于2010年7月1日。
② 汤森路透私募股权数据库,访问于2010年11月10日。

梦想着"募集一只基金",但这其实是一件"鸡生蛋和蛋生鸡"的难题。要募集基金,你必须有业绩记录,而获得业绩记录的唯一方法就是曾经募集或投资过基金。一家位于上海的进行早期投资的风险投资(VC)公司戈壁投资,其创始人在2001年开始募集7 500万美元的时候,他们在其目标行业,中国数字媒体和信息技术产业,已经有接近10年的经验。部分由于宏观环境的变化,如纳斯达克崩盘、世贸中心在2001年9月被袭击以及SARS病毒,他们用了两年时间才筹集到3 500万美元,直到2005年他们才募集到基金要求的最小规模——5 100万美元。在这段时间里,没有一个合伙人拿薪水。他们争论是继续他们堂吉诃德式的探索还是终止他们的努力,就用他们已经募集到的3 500万美元进行投资。如果停止募集不仅会限制他们的投资能力和对优质企业的支持,而且这可能被视为证实市场对他们策略的怀疑。对有限合伙人来说,这漫长艰难的过程——最终是成功的——保证了两件事:第一,有限合伙人信任他们的投资策略;第二,双方的利益高度一致,因为合伙人们毫无疑问渴望赚钱①。

不同种类的私募股权

在探讨有谁投资于私募股权之前,了解关于资产类别的一些情况是有帮助的。就像我们在第一章提到的那样,私募股权是一个大的类别,它下面还有很多子类别。这包括不同种类的投资,不同的持有期,不同的投资规模,小到只有几页PPT雏形的公司,大到已经全面运作的跨国企业。不同类型的私募股权吸引不同的投资者。有限合伙的架构是连接资金提供者(**有限合伙人**,limited partners,LP)与进行投资和管理投资的个体(**普通合伙人**,general partners,GP)的首选组织形式。有限合伙人(LP)之所以这样称呼是因为他们以投资的数额为上限承担有限责任。如果他们投资于一只私募股权基金,该基金又投资于一家正在开发新药的制药公司,而这种药后来被证明有危险的副作用,那么有限合伙人不会由于所造成的伤害被起诉。他们可能会损失对这家公司的全部投资,或者在这只基金里的全部投资,但是如果该基金因疏忽而负有责任,那么法律保护有限合伙人不会损失他们的房产或其他资产。他们获得这种保护是因为他们不直接控制对所投资公司的选择和管理。这会造成另外一系列挑战,因为没有人愿意投资1 000万美元甚至1亿美元长达10年时间,却完全不参与这个过程。在这章的后面部分我们将探讨LP如何在保持自己有限合伙地位的同时去影响GP。

只有GP对投资公司组合的选择和管理负无限责任。为了避免他们自己承担这种风险并且处理好其他法律问题,大部分美国私募股权公司创立了有限责任公司(LLC),对产品故障和其他不利的情况负责。严格意义上来说,这种公司成为了普通合伙人,而自然人投资者则成为公司的董事;但为了简便,普通合伙人指进行投资和管理投资的自然人。

接下来让我们快速回顾一下私募股权投资的不同的规模、阶段和成长路径。作为风险资本投资的案例,谷歌和Staples展示了这样一种情况:一个创业团队为了以一种更好

---

① Felda Hardymon和Ann Leamon所写的"Gobi Partners:October 2004",载于哈佛商学院案例 No. 805-090(波士顿:哈佛学院出版社,2005年)。戈壁投资之后募集了第二只基金,规模1.51亿美元。

的方式做某些事情(搜索因特网或售卖办公用品),建立了初创公司。他们努力融资,在困难中成长,最终主导了他们所在的行业并上市。

联邦快递,也是一家初创公司,创造了一个新产业——翌日派送。联邦快递的创始人努力奋斗了很多年来使自己的事业起飞。联邦快递成立于1971年,并在1973年筹集了9 100万美元开始了它的翌日派送服务业务。在一笔贷款遭到拒绝后,创始人急于付账,他转而到拉斯维加斯赌博。在1976年,联邦快递第一次实现盈利。1977年,联合包裹运输服务公司的罢工间接给了这家初创小公司以声誉,联邦快递最终于1978年上市(纳斯达克代码:FDX)。现在,联邦快递已经成为在快递和文件服务方面的国际力量。[①]

成长股权(growth equity,或**成长资本**,growth capital)针对的是这种情况:公司已经建立起来,但需要为一项有风险的投资融资,而这笔钱无法通过银行贷款获得。一个成长股权投资者提供资金和指导,使得公司业务获得新的成长路径,不论是兼并收购还是进军新产品线。成长股权投资者通常在他们所投资的公司中只占少数股权,这与收购形成鲜明对比——私募股权投资者会持有公司的大部分股权。尽管许多成长股权投资发生在私营企业中,上市公司也可以通过上市股权定向增发(PIPE)交易来获得成长股权投资。成长股权投资者可以通过私营公司公开发行上市(IPO)或者被收购来获利,而投资于上市公司的成长股权投资者的获利,则多是通过上市公司筹集的资金促进公司发展进而导致股价上涨来实现。

Technology Crossover Venture(TCV)投资于旅游整合公司Expedia就是成长股权投资的一个案例。TCV在2000年首次介入这个项目中,当时Expedia收购了TCV资产组合中的一家公司Vacationspot。Expedia在1999年就上市了(纳斯达克代码:EXPE),但是TCV仍然在2000年8月向Expedia投资了5 000万美元,并在接下来的两年里继续增持它的股票。TCV的合伙人是Expedia董事会成员,甚至帮助谈判InterActiveCorp(IAC)对Expedia的收购,该收购案最终在2003年5月以94亿美元完成。[②]

另一个案例是TA Associates,一家总部设于波士顿的私募股权公司,在Lawson Software公司上市之前向其投资4 000万美元,该公司在9个月之后,即2001年下半年上市(纳斯达克代码:LWSN)。TA是Lawson的第一家机构投资者。除了提供资金,包括提供流动资金和向特定股东提供流动性外,TA的合伙人还加入了董事会,为这家已经成立25年并盈利的公司提供公司治理和资本市场方面的建议。Lawson通过IPO募集到1.96亿美元,而TA Associates一直又参与了几年公司的运营[③]。

并购,也就是投资者购买一家在运营公司的大部分股份,有其自身的特点。希尔顿酒店和Equity Office Properties(EOP,办公用房地产投资信托巨头——编者注)就是这样的案例,黑石集团购买了公司公开交易的全部股份,将其私有化后提升运营水平,而且不

[①] 数据来自于 Hoover's Online, FedEx. com 和 http://ecommerce. hostip. info/pages/443/Fedex-Corp-EARLY-HISTORY. Html,访问于2010年3月13日。

[②] 数据来自于 Technology Crossover Ventures 的网站,http://www.tcv.com/invest/cs.html,访问于2009年12月31日。

[③] 数据来自 TA Associates 的网站,汤森路透私募股权数据库和 Lawson Software 的新闻稿,http://phx.corporate-ir. net/phoenix. zhtml? c¼129966&p¼irol-newsArticle&ID¼480065,访问于2009年12月13日。

用考虑上市状态下每个季度的披露要求。相比之下，从 Cadbury 购买其子公司，一家欧洲软饮公司 Orangina，属于公司拆分（"分立"或"剥离"）①，在这种情况下，母公司剥离出运营差或者非核心部门。这种拆分可能是通过重组成为功能上独立的部门，或者是和其他公司合并形成一家更大的企业。在 Orangina 案例中，该部门被重组为一家独立实体。进行此次收购的辛迪加，Lion Capital 和黑石集团，投资于市场营销和产品开发并积极参与到新公司的管理中，Lion 的一位普通合伙人成为公司董事会的非执行主席②。Orangina 在 2009 年 9 月被日本饮料制造商 Suntory 以 38.6 亿美元的价格收购。③

不同类型私募股权的独特属性使得它们适合于不同的 LP。第一点考虑是规模。风险投资（VC）公司投资于小型公司（要求很高的参与度），募集小型基金——少于 10 亿美元。这样，它们无法接受大资金。这种情况的部分原因是担心单个 LP 的过度影响；但总体来说，是缘于目标、方法和行业结构的原因。Metrick 和 Yasuda④ 提到说，在提高运营部门效率方面，风险投资家的作用较之**杠杆收购**（leveraged buyout，LBO）公司的规模可扩展性要差很多。在第十二章我们将更深入地探讨 VC 和 LBO 公司在规模扩展方面所面临的挑战。LBO 公司募集的基金最少 10 亿美元，在高度监督初创公司以及同大量小型投资者处理关系方面没有效率。

并购和 VC 在投资进入的难度和重要性上也有所不同。数十亿美元的 LBO 基金需要大量的投资者。事实上，Preqin 的《2009 年全球私募回顾》中提到，2008 年关闭募资且投资者超过 100 名的基金只有并购基金——相当于当年全部并购基金的 13%。只有 11% 的 VC 基金有超过 50 名投资者。⑤ 对私募股权新的进入者来说，投资并购基金更容易实现对这种资产类别的持有，就是因为这种基金规模更大。

对于 VC，基金规模小，LP 数量也少。事实上，VC 基金在找到新的加入者之前基本会给其现有的 LP 二次出资的机会。这部分源于投资的主动质量：如果 LP 群体一起工作得很好，并且他们有有用的联系人或者容易相处，那么为什么要更换 LP 呢？如果 GP 业绩良好，LP 会乐于投资。选择不参与成功 VC 公司的下一只基金可能会使 LP 永远不能再参与到该 VC 公司的基金中。

以上是它们的不同点，私募股权交易还有四个主要相似点：

1. 低流动性资产。 私人持有的证券没有公开交易的市场。2009 年前十大公开市场的股票交易额为 69 万亿美元⑥，而由私募股权基金管理的资产规模则相形见绌，只有 2.5

---

① 根据现有管理层是否为购买方的一部分，这些交易又可以划分为"管理层收购"（管理层为购买方的一部分）和"外部管理层收购"（管理层被替换）。

② 对于欧洲公司，"执行"董事和"非执行"董事是有区别的，前者是公司的员工，而后者则是独立的。

③ Felda Hardymon、Josh Lerner 和 Ann Leamon 所写的"Lion Capital and the Blackstone Group: The Orangina Deal"，载于哈佛商学院案例 No. 9-807-005，（波士顿：哈佛商学院出版社，2007 年）；Junko Hayashi 和 Naoko Fujimura 所写的"Suntory Buys Orangina from Blackstone, Lion Capital (Update3)"，载于 Bloomberg.com，http://www.bloomberg.com/apps/news? pid¼20601101&sid¼a2yeSW5vtwus，访问于 2010 年 3 月 16 日。

④ Andrew Metrick 和 Ayako Yasuda 所写的"The Economics of Private Equity Funds"，载于 *Review of Financial Studies* 第 23 期，No. 6 (2010): 2303-2341 页。

⑤ Private Equity Intelligence Ltd. 的 *2009 Preqin Global Private Equity Review*（伦敦：Preqin，2009 年），18 页。

⑥ http://www.world-exchanges.org/files/statistics/excel/EQUITY509.xls，访问于 2010 年 11 月 9 日。

万亿美元。非流动资产涉及的领域很广,并展示出私募股权中各方间最基础的相互关系。一旦某个机构投资于私募股权基金,或者基金投资于某家公司,这种关系就开始了并且可能会以年来衡量。进一步说,衡量财务投资成功的方法,不论是绝对的还是相对于其他机会来讲,都不是直观的,并且会有不同的结果,就如我们在第四章和第九章讨论的。

> 从迪克体育用品公司(Dick's Sporting Goods)投资者的情况中可以看出非流动头寸带来的挑战。该公司成立于1948年,已经成长为全国连锁品牌。一家顶级的风险投资公司参与了该公司在1992年的第一轮私募股权融资。尽管公司一直运营良好,但是看起来退出该项投资的机会渺茫;所以GP接受了长期持有该项非流动资产这个现实。让他们惊喜的是,在2002年,迪克体育用品公司以每股12.25美元的价格上市了[①],而当年只有9家有风投支持的企业完成IPO。

2. 长期投资。在某种程度上,这与上文提到的缺乏流动性特点是相关的——没有正式的市场来出售私人持有的资产。这意味着很难找到有意愿的买方。除此之外,私募股权创造价值的过程,不管是建立一家全新的公司还是帮助已经成立的公司转型,都需要很长时间。收购公司通常会为它们的收购做一个"100天计划",但这只不过是和最初的改变有关;接下来则是对经营的漫长微调过程。最近的研究发现,被收购公司的持有期中位数是9年。[②] 而对于初创公司,这个过程一般需要5~7年时间,因为技术要研发、测试、修正、再测试,管理团队也需要招聘、评估、升职等。

3. 普通合伙人积极参与到对投资的管理中。这就是我们所说的"积极投资"的意思。GP通常会参加董事会议,建议或更换执行官,坚持预算和战略规划,监督公司的表现。而LP,尽管不直接参与投资决策或公司管理,他们也可能会间接提供帮助。这可能是介绍潜在客户或供应商,也可能是简单地表达他们对公司的信任。这展现了私募股权和上市股权的巨大差异:通用汽车的主席很少会让某个股东介绍他自己。

在私募股权中,公司治理影响投资结果。谷歌成功的部分原因是它由非常聪明的梦想家创立,他们创造了在因特网上搜索的新方法以及从中获利的新模式。但同样重要的是,公司得到了世界上最棒的两家风险投资公司的支持,红杉资本(Sequoia Capital)和克莱纳·珀金斯公司(Kleiner Perkins),这两家机构为谷歌带去了它们的声誉、公司治理经验以及可以帮助初创公司的各种资源。管理投资的人影响投资的结果,资金的来源会有重要影响。

4. 获得更好的机会需要积极的寻找和谈判。不是所有的投资机会都一样。能经常发现最好的机会是需要积极努力的。这对私募股权公司、它的LP和企业家(其特殊情况

---

① Dick's Sporting Goods 公司,公司概览,http://moneycentral.hoovers.com/global/msn/factsheet.xhtml?COID¼57958。

② Per Strömberg 所写的"The New Demographics of Private Equity",载于 *Globalization of Alternative Investments Working Papers Volume 1*;*The Global Economic Impact of Private Equity Report 2008*,ed. Anuradha Gurung 和 Josh Lerner 主编(纽约:美国世界经济论坛,2008年),3-26 页,参见 http://www.weforum.org/pdf/cgi/pe/Full_Report.pdf。

会在第三章讨论)都是适用的。私募股权公司在他们募集资金时会进行密集的"路演";事实上,募集第一只基金的时间通常会超过一年。对 LP 来说,为了发现足够优质的基金来投资从而达到他们的目标,需要花费时间和精力。对于基金的 GP 来说,发现好的投资机会也需要花费时间和精力,而管理投资直到退出也是这样。发现一个中意的投资目标——不论是一只基金还是一家公司——LP 和 GP 都需要谈判投资的条款,这是一个可能花费数星期甚至数月的过程。总之,私募股权投资对每个人来说都意味着大量的工作。

所以,提供资金的 LP 需要知道他们将资金交给了高水平的投资者。因此他们通常愿意投资于行业中有长期业绩的私募股权公司,这样的 GP 已经拥有了广泛的网络,并且对可能出现的各种情况以及处理这些情况的最佳方式有很好的认识。这引发第二项要求:灵活性。LP 和 GP 必须以某种方式互动,这种方式能为 GP 在寻找和管理投资上提供灵活性。投资了大量基金的 LP 不可能就上千个公司的细节提供建议,这种参与程度会超过他们的有限责任状态应该付出的成本。鉴于 GP 亲自参与的需要和 LP 疏松管理的需要之间的矛盾,私募股权行业回归到历史悠久的一种方法——开明的利己主义,或者叫作"利益一致化"。这样就产生了私募股权中基本的利益分配协议。

总之,GP 用从 LP 那儿筹集到的资金投资于组合公司,并设法退出。在退出时,LP 回收投资于该公司的资本(成本基础),多出的利润则在 GP 和 LP 间进行分配;LP 通常获得 80% 而 GP 获得 20%。LP 还要向 GP 支付费用,以覆盖 GP 开展业务的成本。基本的结构如图 2.1 所示,在本章后面会进行更详细的解释。

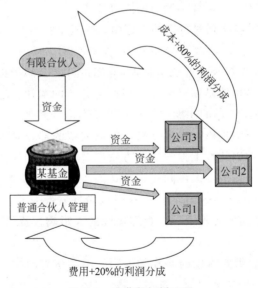

图 2.1 私募股权循环图

 LP 是谁?

在第一章中,我们间接提到了 LP 的一般特点——他们是愿意用私募股权投资的低流动性换取高于市场收益的机构。让我们进一步来研究这些(通常)有耐心的资金提供者。

就如我们在第一章中讨论的,富有家族是第一类准机构投资者,他们通过家族理财室进行投资活动来追求高回报的机会。洛克菲勒家族成立了文罗克公司(Venrock),菲普斯(Phipps)家族理财室是柏尚投资公司(Bessemer Venture Partners)的前身,J. H. 惠特尼建立了以自己的名字命名的公司。这些公司目前已经发展到不仅仅用家族的资金来投资,但是他们是第一批有组织的进行风险投资的力量,并且表现出我们今天在 LP 身上所发现的一些特质:资产池规模大,资产类别上多元化,愿意承受风险和低流动性来换取高回报,以及管理和 GP 关系的能力。

天使投资者

天使投资者是指用他们的净财富进行投资的个人,是与纯粹直接投资模式最接近的例子。他们多数是成功的企业家,自身就接受了私募股权的投资,喜欢考察新的技术和团队。天使投资的规模通常在 1 万美元[①]到 20 万美元[②]之间——足够支持一家刚用尽亲戚和朋友的钱,但产品不足够成型可以吸引 VC 公司的初创企业。天使起到重要的桥梁作用[③],支持企业使其能证明它的理念,足够估计未来成本并形成更详细的商业计划。这使得机构投资者可以更准确地评估这个机会是否可以在培育企业成熟所需的这段时间内提供合适的回报。

个人天使主要依靠个人关系来投资,而不太看重特定的市场或技术。他们可能受某种愿望驱使去投资,这种渴望是希望能回馈创业群体,也可能是不用承担创始人责任而能享有开发新技术的兴奋感。[④]

天使投资交易的架构往往不太正式。Goldfarb 等人对 182 个非常早期的投资进行了研究,这些交易由天使投资人、VC 公司或是他们的组合进行投资,他们发现只有天使投资人参与投资的项目相对于有 VC 参与的项目,控制权更弱。[⑤] 这支持了天使倾向于扮演企业家导师和朋友的论点。绝大部分天使会接受创始人的普通股(在第四章和第五章中有讨论),并且他们不需要董事会席位或者特定的公司治理权利(在第六章中有讨论),而风险投资者则接受优先股。[⑥]

在机构投资者参与后续融资的时候,这种非正式的结构可能会产生矛盾。天使投资

---

① Paul Reynolds 所写的 *Entrepreneurship in the United States: The Future Is Now*(迈阿密:佛罗里达国际大学,2005 年);在 Brent D. Goldfarb 等人所写的 "Does Angel Participation Matter? An Analysis of Early Venture Financing"中引用,载于 Working Paper No. RHS-06-072,Robert H. Smith 商学院,马里兰大学帕克分校。2009 年 3 月 24 日,可参考 http://ssrn.com/abstract 1024186.

② Scott A. Shane 所写的 *The Illusions of Entrepreneurship: The Costly Myths That Entrepreneurs, Investors, and Policy Makers Live By*(New Haven CT:耶鲁大学出版社,2008 年),第 3 页;在 Goldfarb 等人的 The Goldfarb paper 中引用,根据一家已经倒闭的专注于 VC 法律业务的律所的数据,平均天使投资规模在 150 375 美元。

③ Darian M. Ibrahim 所写的 "The (Not So) Puzzling Behavior of Angel Investors",载于 *Vanderbilt Law Review 61*,No. 5 (2008):1405-1447 页。

④ Ibrahim 所写的"Angel Investors",1408 页。

⑤ Goldfarb 等人所写的"Does Angel Participation Matter?",Ibrahim 也发现了同样的结论。

⑥ Ibrahim 所写的"Angel Investors",1422-1423 页。

于小项目,而且通常是在公司会从机构投资者获得新投资的前提下。然而,天使投资人和创始人的密切关系可能会阻碍风险投资者在企业成长时为提升其管理能力所做的努力。因此,VC公司可能不太愿意投资于天使投资占比太高的项目,除非VC可以构建新的融资结构,使他们获得对项目的相当控制权。

在过去的几年里,我们已经看到了软件和面向消费者的互联网行业已经发生了有趣的转变。之前的初创企业如果没有VC的帮助,很少能在合理的时间内成长为较大规模的企业。而基础设施和工具(云计算、高度灵活的劳动力和通过电商进行配送)的问世提供了新的可能,也就是只要天使投资人支持就能使一家种子公司成长为一家具有相当规模企业的可能。最明显的例子就是Mint.com,一家线上个人金融网站。在被大的VC公司拒绝之后,这家公司最终通过所谓的超级天使——关注于非常早期投资的小公司——募集到资金。2009年,公司在成立3年、经历四轮的融资之后——最终包括一家机构VC公司——以1.7亿美元的价格被Intuit公司收购。[①]

超级天使和天使团体在融资历史上占据着比较特殊的地位。最早出现在20世纪90年代中期,在2010年美国的天使团体超过300个,其中包括10 000~15 000个个人投资者。[②] 其中最有名的是硅谷的Band of Angels;其他知名的比如Tech Coast Angels和总部位于波士顿的Common Angels。这些团体由个人投资者组成,他们会定期见面分享潜在的项目。有时他们还会联合起来分担分析师的成本,但是总的来说他们的行事是高度分散的。

基于从社交到财务的目的,他们可能从朋友和家庭那里募集资金。由于他们的资金规模较大,他们的投资金额也较大——有时多达200万美元,相比个人天使会采用更正式的结构。[③] 他们寻找像Mint.com那样小投入高回报的项目。[④] 这是件难办的事情。之前的努力,比如Zero Stage Capital,要么进化成更典型的有标准费用结构和最低投资规模的VC公司,要么退化成标准的天使,起到桥梁的作用。

在2009年,粗略估计,天使总共投资了176亿美元给57 225家公司,平均每家公司获得31万美元[⑤],并且研究表明天使投资市场每年平均可达250亿美元。[⑥] 关于天使投资的可靠数据很难找到,因为存在着巨大的成功偏差。很少有机构跟踪获得小额天使投资但最终失败的初创公司。尽管这样,天使具有两个重要的作用。第一是之前提到的桥梁作用,第二是为初创企业背书,使得机构风投注意到这些企业。Kerr、Lerner和Schoar对Tech Coast Angels和Common Angels投资支持的公司进行了研究,发现这两个团体

---

① Spencer E. Ante 所写的"Mint.com:Nurtured by Super-Angel VCs",载于《彭博商业周刊》,2009年9月15日,http://www.businessweek.com/technology/content/sep2009/tc20090915_065038.htm,访问于2010年9月29日。

② 数据来自于 http://www.angelcapitalassociation.org;在 William R. Kerr、Josh Lerner 和 Antoinette Schoar 所写的 "TheConsequences of Entrepreneurial Finance:A Regression Discontinuity Analysis"中引用,该文载于 Working Paper No. 10-086,哈佛商学院,2010年4月15日,7页。

③ Ibrahim 所写的"Angel Investors",1422-1423页。

④ Ante 所写的"Mint.com"。

⑤ Jeffrey Sohl 所写的"Angel Investor Market Holds Steady in 2009",创业研究中心,2010年3月31日,参见 http://wsbe.unh.edu/files/2009_Angel_Market_Press_Release.pdf,访问于2010年11月。

⑥ Ibrahim 所写的"Angel Investors",1419页、脚注57。

的注资,对公司长期生存和网络访问量都有积极的影响,尽管他们也指出组织的软能力,比如商业联系和业务指导对这些初创企业的最终成功最有帮助①。

鉴于本章的目的,我们更加关注机构投资者。北美拥有数目最多的LP,并且投资于PE这个资产类别的金额最多(在2008年,LP数量上占49%,资本额上占52%),这反映了美国作为PE起源地的现状。在欧洲,特别是西欧,LP数量占到32%,提供了40%的资本,而亚洲和世界其他地区(澳大利亚、亚洲、中东和南美)这两个数字分别是19%和8%(见图2.2)。在2009年,北美LP在投入资金方面略有增加,欧洲略有下降而亚洲及其他地区保持稳定。②应该注意到的是,尽管如此,鉴于目前世界金融市场的动荡,这些数据有可能发生巨大的转变。

不过,LP并不是无差别的群体。每个群体都有不同的动机和制约因素,可能对不同种类的私募股权感兴趣。

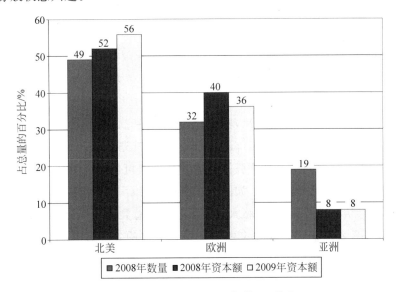

图 2.2 2008 年和 2009 年的 LP 分布

资料来源:摘自 Preqin 的 *2009 Preqin Global Private Equity Review*(伦敦:Preqin,2009 年),78 页和 79 页及 *2010 Preqin Global Private Equity Review* 的数据表。

捐赠基金

捐赠基金(endowments)是指通常用来支持大学和基金会的资金池。相对于养老金,捐赠基金受到的监管审查限制更少,是投资于私募股权的第一批机构之一。捐赠基金通常有很长的投资期,可能由个人管理,使用非传统的方法进行投资管理,如耶鲁大学的

---

① William R. Kerr、Josh Lerner 和 Antoinette Schoar 所写的"The Consequences of Entrepreneurial Finance:A RegressionDiscontinuity Analysis",载于 Working Paper No. 10-086,哈佛商学院(波士顿:哈佛商学院出版社,2010年),24 页。

② Preqin 的 *2009 Preqin Global Private Equity Review* 第 78 页和 *2010 Preqin Global Private Equity Review* 数据表。

David Swensen 所描述的那样。在 Swensen 的《先驱组合管理》(Pioneering Portfolio Management)[①]一书中，他认为信息不对称和缺乏流动性的无效率市场不提供获得高于市场收益率的机会。作为证明，他指出在 1995 年到 2005 年的 10 年中，美国位于四分之一分位点和四分之三分位点的固定收益基金经理的表现差异只有 0.5 个百分点，而风险投资的表现差异为 43.2%。[②] 耶鲁在 1973 年投资了其第一家私募股权机构，并在 1976 年投资了其第一家风险投资合伙企业，这宣告开启了这种资产类别的一段悠久而传奇历史，使得耶鲁的捐赠基金成为世界上第二大此类机构，仅次于哈佛。Swensen 的私募股权哲学还包括支持利益与投资者利益紧密挂钩的主动管理人。部分由于他的布道，捐赠基金，特别是大型高校的捐赠基金，在私募股权投资中变得非常主动，1995 年有 8% 投资于这个资产类别，2001 年为 13.9%，2009 年则达到 15%。[③]

养老金

成熟的私人养老金，比如通用汽车和 IBM 的，同样理解流动性和超越市场回报之间的交换关系。不过与捐赠基金不同，他们关注的不是支持大学或慈善事业，而是向他们的退休员工支付承诺的养老金。

公共养老金比私募股权投资的出现要晚很多，但是它们规模巨大的资金池使其成为了重要的力量。在 1979 年美国劳工部做出声明之后，首先是私人养老金接着是公共养老金，携其管理的数十亿美元进军私募股权行业。其影响可从图 2.3 中看出，在 1981 年承诺投资资金数量突然呈跳跃式上升，如图 2.3 中小图所示。2008 年是基金募集规模相对比较正常的一年，从全球范围来看，私人和公共养老金总共占到投资于私募股权基金全部资金的 45%。[④] 图 2.4 显示了 2009 年投资于私募股权的各类型 LP 的占比情况，包括他们在私募股权投资数量和承诺投资的总资本的占比，以及承诺投资于 2009 年完成募资的基金的资金。我们注意到公共养老金承诺投资于基金的资金在 2009 年呈爆发式增长，这是由于募集基金数量的减少和它们一贯良好的流动性——公共养老金可以从雇员那里获得定期的收入，而捐赠基金，受额外现金需求的限制（后面会进行解释）只占了一小部分。

---

① David Swensen 所写的 *Pioneering Portfolio Management：An Unconventional Approach to Institutional Investment*(纽约：自由出版社，2000 年)。

② 耶鲁大学投资办事处，耶鲁捐赠 2005(纽黑文，CT：耶鲁大学，2006 年)，36-37 页；在 Josh Lerner 所写的"Yale University Investments Office：August 2006"中引用，哈佛商学院案例 No. 807-073(波士顿：哈佛商学院出版社 2007 年)，4 页。

③ 汇编自 National Association of College and University Business Officers 的 *2005 NACUBO Endowment Study*(华盛顿特区：National Association of College and University Business Officers，2006 年)；Josh Lerner 的"YaleUniversity Investments Office：July 2006"，哈佛商学院案例 No. 807-073(波士顿：哈佛商学院出版社，2007 年)，18 页。200 年数据计算自 *2009 NACUBO Endowment Study*(华盛顿特区：National Association of College andUniversity Business Officers，2009 年)，28 页。

④ Preqin 的 *2009 Global Private Equity Review*，80 页。

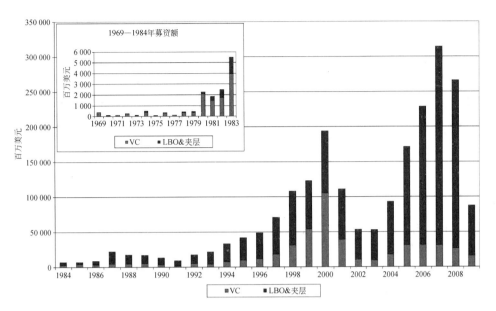

图 2.3　1969 年到 2009 年美国私募股权公司筹资金额

资料来源：汤森路透私募股权数据库，数据截至 2010 年 11 月 10 日。

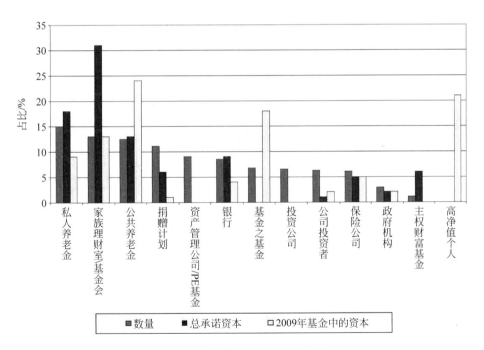

图 2.4　私募股权机构中的 LP

注：为了避免重复计算，在总承诺资本金额数据中，没有考虑基金之基金和资产管理公司。退休金包含在私人养老金数据中（占数量和总承诺资本的 2%）。

资料来源：来自 Preqin *2010 Preqin Global Private Equity Review*（伦敦：Preqin，2010 年）的数据表。

企业

就像在第一章提到的那样,银行、企业和保险公司参与私募股权投资有它们各自的理由。与养老金类似,保险公司用它们销售保险产品获得的保费进行投资,从而对其资产进行保值增值,以应付未来的赔付。作为需要纳税的实体,他们对于从投资的组合公司退出有不同的关注点——如在第七章中所讨论的,税负状况影响其对退出时间和方式的要求。有趣的是,在20世纪六七十年代,一些保险公司——美国好事达保险公司(Allstate)就是其中一个——直接进行了 VC 投资①,而现在大部分都只是作为 LP。

一些企业,比如因特尔、西门子、强生和微软,都有直接进行风险投资的部门。与保险公司一样,它们必须在构建投资结构和管理退出时认识到税务的问题。对于企业附属投资部门,所面临的组织和待遇问题也很困难。传统上,私募股权公司是小规模和反应灵活的组织,它们给从业者提供高度的自治和体面的薪酬待遇,而这些要在大企业里实行则具有挑战性。所以很多企业更倾向于作为 LP 投资于私募股权基金。这使得它们可以追踪感兴趣的高成长领域的发展状况,或者追求某种外包的研发。它们可能与 GP 一道进行投资,甚至收购投资组合中的公司。这种情况经常发生于大的制药公司,它们在历史上收购有前景的初创公司,提升它们的产品开发能力。以并购退出为目的 LP 的目标可能与进行更长期投资的 LP(比如捐赠基金或养老金)的目标相矛盾,前者想以较低价格较快地退出,而后者则希望在长期持有后通过 IPO 最终退出。

商业银行和投资银行也可能作为 GP 参与私募股权,从而为它们的客户配置相应资产类别,或者作为 LP 参与,从而跟上市场步伐。较之参与 VC,银行更有可能参与收购,经常会为交易提供贷款。

主权财富基金

主权财富基金作为私募股权的投资者已经有一段时间了,并且变得越来越活跃。它们附属于政府,如挪威、中国、阿布扎比、文莱、新加坡和卡塔尔等国家的主权财富基金。这里仅举几例。阿布扎比的主权基金,阿布扎比投资局(ADIA),估计有5 000亿美元的资产。② 不同于公共养老金,主权财富基金更倾向于投资缺乏流动性的资产类别,从而实现多元化投资,并保证有长期收入流——实际上,由图 2.4 可见主权财富基金数量所占比例(占全部数量的 1%)和承诺资金所占比例(6%)之间的巨大差别。比如,中国的主权财富基金中国投资公司(CIC),最近用 9.56 亿美元购买了 Apax Partners(一家总部位于伦敦的私募股权基金)2.3%的股份,除此之外还投资了美国电力公司 AES 公司和一家俄罗

---

① "Institutional Investor Profile: Peter Keehn, Head of Alternative Investments, Allstate Investments, LLC",载于 AltAssets.Com,2006 年 6 月 29 日,http://www.altassets.com/private-equity-features/article/nz8835.html,访问于 2010 年 3 月 17 日。

② ADIA 并不披露其资产。该数据来自于 2008 年 9 月联合国贸易发展会议的一份报告;在"Abu Dhabi Wealth Fund Unveils First-Ever Strategy"中引用,载于 Middle East Online,2010 年 3 月 15 日,参见 http://www.middle-east-online.com/english/business/? id¼37836,访问于 2010 年 7 月 4 日。

斯的原油生产商。①

最近的经济低迷显示出了不同类型LP的巨大差异。私人和公共养老金是其中唯一收到定期资金注入的机构。保险公司可能受到影响，因为人们在经济不景气时会取消一些保单。由于基本业务运营困难，一些公司减少了它们对风险投资基金的承诺资金，不论是对公司内部还是外部的基金。捐赠基金和基金会受到的影响最为显著，这源于它们母机构运营对资金需求的增加和它们在私募股权投资上的非流动性状况。

> **世界发生了天翻地覆的变化**
>
> 2008年金融市场的重大打击震动了私募股权LP界。传统上，像耶鲁大学、哈佛大学和普林斯顿大学的捐赠基金被视为是最顶级的LP：智慧、可靠和富有。公共养老金，较晚进入私募股权领域，受到很多事的困扰，包括人员高度流动的管理团队、政治因素以及《信息自由法案》(Freedom of Information Act)的要求（直到政府做出法律声明），都被视为不利因素。不过，在2008年秋季，私募股权退出渠道冰冻，而二级市场则蒸发了40%的价值。而由捐赠基金所支持的运营则需要更多的资金。捐赠基金就此被卡住：它们既不能通过兑现之前的私募股权投资也不能通过出售二级市场的股票为私募股权注入资金。所以，它们试图大幅折价出售它们的私募股权头寸（所谓的二级出售），或者要求它们的GP放慢投资节奏，减少资本缴入（将承诺但尚未划转的资金进行划转的要求）。另一方面，公共养老金继续从员工那里获得定期的资金流入。这样，公共养老金就获得了进入一些少有的非常有潜在价值的顶级基金的机会。当然，这种层次结构的重新排列是否能够持久，并不清楚。

中介

中介包括大量为LP和GP提供辅助和信息的组织。有些组织，如咨询公司，提供信息。另外一些组织，如基金之基金，从它们自己的LP那里募集资金并投资于私募股权基金。有趣的是，尽管世界上许多事是不需要中介的——你直接购买机票或者交易股票，而不用通过旅行社或经纪商——但私募股权行业的中介却很多。

第一家中介组织在1972年由芝加哥第一国民银行创立。尽管允许投资者行使最终的投资决策权，它还是合并了小型投资者的资产放入"基金之基金"中，然后投资于私募股权基金②。

基金之基金，如前所述，扮演着LP和GP的双重角色。从20世纪90年代开始，这些机构不断成长并专业化。许多银行把基金之基金推荐给它们的高净值客户；独立的基金之基金被建立起来服务于小型高校的捐赠基金（比如Common Fund）、家族理财室（比如FLAG），甚至为个人客户设计个性化产品（如Grove Street Advisors）。基金之基金解决

---

① Li Xiang 所写的"CIC Takes Position in Apax Partners"，载于 *China Daily*，2010年2月4日；和 Chris V. Nicholson 所写的"C. I. C. Approved to Buy Stake in Apax Partners"，载于 *New York Times Dealbook*，由 Andrew Ross Sorkin 编辑，2010年2月4日。

② Paul Gompers 和 Josh Lerner 所写的 *The Money of Invention*（波士顿：哈佛商学院出版社，2001年），95页。

非常大的客户（公共养老金）和较小客户都面临的问题：参与私募股权基金的机会并不是对所有人都一样，而且不同管理人的业绩表现也不同。因此基金之基金帮助大型客户找到并评估大量较小的基金，作为类似于共同基金的身份帮助较小客户，获得投资多个基金的机会，实现分散投资的目的，从而进行私募股权投资。基金之基金还提供监督服务并收取费用，管理费一般为承诺资本的1％，再加上收益分成，通常为5％。[1]

关于基金之基金的讨论

大量学术研究[2]已经比较了基金之基金的风险与收益，结论是它们的表现跑输基金平均水平——差额部分为额外费用和收益分成的规模。[3] Andrew Ang、Matthew Rhodes-Kropf 和 Rui Zhao[4]指出，尽管基金之基金业绩不如平均水平，但它们为不成熟的投资者创造了价值。这是因为如果没有它们，这些投资者会采取随机化的策略，而这会造成劣质基金的建立和发展。有的学者因此指出，比较单个基金和基金之基金的回报具有误导性，因为比较忽略了这个事实：如果没有基金之基金的存在，会有很多劣质基金出现，缺乏经验的投资者会随机投资于这些基金。[5]

关于基金之基金还有一种更不利的观点，Josh Lerner、Antoinette Schoar 和 Wan Wongsunwai[6]发现这些基金管理者的业绩低于平均水平，不仅是由于费用原因，还由于基金选取能力差——平均来看，顾问选取的基金（即基金之基金）的**内部收益率**(internal rate of return, IRR)在扣除任何费用之前为－2％。捐赠基金倾向于选取最好的基金，这些基金的IRR为20％。作者们怀疑这部分归因于很多顾问都相对年轻。不只是他们缺乏经验，而且他们可能只能参与缺乏经验的基金。除此之外，一些基金之基金的选择范围由于投资委托书会受到限制，这可能会导致它们的顾问只能做次优选择，达不到经济目标。[7]

---

[1] Matthew Rhodes-Kropf 和 Ann Leamon 所写的"Grove Street Advisors: October 2009"，载于哈佛商学院案例 No. 810-064（波士顿：哈佛商学院出版社，2009年），11-13页。

[2] Carl Ackermann、Richard McEnally 和 David Ravenscraft 所写的"The Performance of Hedge Funds: Risk, Return, andIncentives"，载于 *Journal of Finance* 54, No. 3 (1999): 833-874页; Francois Lhabitant 和 Michelle Learned 所写的"Hedge FundDiversification: How Much Is Enough?"载于 FAME Research Working Paper No. 52, 2002年7月, SSRN: http://ssrn.com/abstract¼322400 或 doi:10.2139/ssrn.322400; G. S. Amin 和 H. M. Kat 所写的"Stocks, Bonds and Hedge Funds: Not a FreeLunch!"，载于 *Journal of Portfolio Management* 30 (2003): 113-120页; 以及 William Fung 等人的"Hedge Funds: Performance, Risk, and Capital Formation"，载于 *Journal of Finance* 63, No. 4 (2008): 1777-1803页。

[3] Daniel Hausmann 等人编辑的 *Dow Jones Private Equity Funds-of-Funds State of the Market*, 2008年编辑（泽西市，新泽西州：Dow Jones & Co., 2008年5月），51页和54页。

[4] Andrew Ang、Matthew Rhodes-Kropf 和 Rui Zhao 所写的"Do Funds-of-Funds Deserve Their Extra Fees?"，载于 *Journal of Investment Management* 6, No. 4 (2008): 34-58页。

[5] Ang 等人所写的"Do Funds-of-Funds Deserve Extra Fees?"；以及 Andrew Ang、Matthew Rhodes-Kropf 和 Rui Zhao 所写的"A New Measure for Measuring"，载于 *Institutional Investor's Alpha*(2006年7-8月)。

[6] Josh Lerner、Antoinette Schoar 和 Wan Wongsunwai 所写的"Smart Institutions, Foolish Choices"，载于 *Journal of Finance* 62(2007): 731页。

[7] Lerner 等人所写的"Smart Institutions, Foolish Choices"，731页。

其他中介机构包括养老金顾问,也称为守门人,他们为公共养老金评估私募股权基金;咨询公司则基于客户的风险承受能力、流动性需求和现金流帮助他们确定最优的资产配置比例,并介绍给私募股权机构;信息供应商,比如汤姆森公司(Thomson)和康桥汇世公司(Cambridge Associates)。这些公司按照管理资产金额的百分比、服务费或年度认购来获取酬劳。

为 GP 服务的顾问行业也迅速成长。募资代理包括如瑞银和瑞信等投资银行,也包括如 Park Hill Group(黑石集团所有)和 Probitas Partners 等精品投行。① 这种机构了解市场的最新情况以及对投资于私募股权机构的基金有兴趣的机构。在 2008 年,超过一半(54%)的完成基金募集的私募股权公司都使用了募资代理,而且规模更大的基金更有可能这么做,不管是为了发现特定地区的投资者还是为了发现新的投资者。② 募资代理的酬劳通常是他们所帮助筹集资金金额的一定百分比。

既然我们对私募股权界的不同参与方都有了一个大致的了解,现在我们来探讨一下统一他们利益关系的架构和协议。很多是可以写下来的,但也有许多是无法写下来的,尽管我们在未来也可以学习到。

有限合伙制

LP 和 GP 已经逐渐采用有限合伙形式,最先试水者是 1958 年的 Draper, Gaither, & Anderson。现在尽管少数私募股权公司是公开上市交易公司,但是大多数都是以有限合伙形式存在。灵活性与责任制相结合——更不用说税务和法律的优势了——很好地满足了对组织形式的诸多要求。甚至连堡垒(Fortress)投资集团和黑石集团在 2007 年上市时也选择了业主有限合伙结构,作为有限合伙的灵活性和公开市场对于责任制和集中化要求之间的折中。

私募股权,尽管掌握着数万亿美元的资金,但是其机会主义的特性却令人不安。这和之前提到的信息不对称有关。很多决定只有在未来才能看出是好还是坏,在 1998 年投资于电信交换机公司是好的决定,而在 2000 年做出这种决定就可能是灾难性的。Skype 最早的机构投资者之一,互联网电话的先驱者,宣布公司以 26 亿美元的价格被 eBay 收购(为他的公司创造了 144 倍回报),他自己自嘲地评论道:"我其实是幸运而不是聪明。"

机会主义在很多维度上都起作用。找到有好创意和需要钱的天才企业家有运气成分在内。私募股权投资积极介入管理的特质要求企业家和投资者要一道合作,共同面对一系列挑战,因为投资者拥有公司的部分股份。这种选择是双向的:GP 要选择企业家,企业家如果有选择机会也会选择 GP(在第三章会有更多这方面的讨论)。

机会主义同样出现在 LP 和 GP 的关系中。在一些情况下,LP 选择 GP。除了财务业绩指标外,选择时还有一个非结构化的因素,也就是某种程度上对声誉和之前行为的考量。另外,还有时机因素:GP 必须募集资金,LP 必须愿意投资。

---

① Preqin 的 *2009 Global Private Equity Review*,130 页。
② 同上,131 页。

私募股权合伙制必须有一定程度的灵活性。这首先从"先募资，再发掘和锁定项目（盲池或者 blind pool）"中可以看出。私募股权公司并没有确定要投资的公司。这部分归因于随机性因素以及 GP 和企业家双方的选择。这主要反映了这种资产类别总体上的不确定性。私募股权公司无法知道在基金的存续期内会有什么样的机会以合适的价格出现。

> 作为一个例子，我们看一下总部位于波士顿的并购基金 Thomas H. Lee(THL)。在 2001 年 9 月 11 日纽约遭到袭击，很多物业被毁坏之后，再保险公司——为销售保单的公司提供保险的公司——看起来很脆弱。THL 之前并没有做过任何金融服务相关的交易，但是公司决定买几家再保险公司，押注市场错误地低估了这些公司。它接连快速收购了两家再保险公司[①]，这可能让其 LP 大吃一惊。

一家公司会根据它对投资阶段、目标地理区域和专业领域的偏好来募集资金——Lion Capital 是一家中型的欧洲并购公司，专门收购和提升消费者品牌，比如 Wagamama Noodles、Wheetabix 和 Jimmy Choo 鞋业。但是它不能确定在何时募集第一只基金投资于这些公司。当 LP 投资于投资早期阶段公司的 VC 基金时，他们甚至不确定哪些公司会成为投资组合的一部分。基金募集书，称为私募融资备忘录（PPM），描述了公司预计会投资的领域，比如信息技术（IT）或者生命科学。但是一些擅长投资 IT 的公司可能会投资于用 IT 这种新兴方式运营的零售行业。柏尚风险投资公司、Adler & Company 和贝恩资本的新兴投资项目曾经这样投资于史泰博（Staple）。柏尚是一家高科技导向的 VC 公司，引入贝恩来为史泰博提供零售行业的专家意见。柏尚的零售投资实践使其之后又投资于 The Sports Authority、Eagle Lawn and Garden、Domain 以及在线零售商，比如 Blue Nile 和 Quidsi。

与管理一只标普 500 指数基金的共同基金相比，私募股权基金具有不精确性。共同基金投资者精确地投资于标普 500 成份股。他们不希望基金经理投资于不在标普 500 范围内的公司——即使其他公司可能看起来前景更好。

共同基金经理受限于只能持有标普 500 指数内的公司股票，而与此不同，有限合伙制中的 GP 受到对其 LP"受托责任"的限制。这种理念，从拉丁语上来讲，是"信托"的意思，指的是出于相信或信任的一种法律或道德关系，其中一方——负责人（在这里指 GP）——被委托以资产，必须永远以促进另一方利益为考虑来行事。受托责任是对盲池灵活性的制衡，这两者都在有限合伙协议边界之内运行。

鉴于 LP 用失去直接控制换取了有限责任，必须有机制向 GP 提供激励，以使其采取双方都能受益的策略。最大的激励就是收益分成。但是双方的利益通过在有限合伙协议中定义的一系列条款进一步得到统一。除此之外，很多合伙关系有 LP 顾问理事会（或者称为 LP 顾问委员会或 LPAC）。这些实体根据它们的活动和对 GP 的影响而有所不同——有些长期 LP 抱怨，顾问委员会成长的过于庞大，而且很多最近投资于私募股权的

[①] 数据来自 Capital IQ。

投资者坚持拥有它们的席位却不提供任何有用的服务。① 不过，LP顾问委员会尽他们所能帮助GP在他们面对困境时提出解决方法。在某种程度上，顾问委员会还是较新LP的培训机构，更有经验的LP就LP行为提供一个最佳实践的模式。

> 当私募股权公司的一个联合创始人不得不解雇他的其他联合创始人时，GP首先会通知重要的LP。这种终止联合创始人的行为会触发"关键人"条款：这是在LP协议中的一个规定，如果其中一个创始人停止将其大部分时间花在基金上时，LP有权撤回其对基金的承诺投资。这会导致基金的终结，而且很可能会导致私募股权公司的终结。在就联合创始人离职背后原因和基金未来可能发生的变化进行长时间讨论后，LP决定支持GP的做法，甚至召集他的同事们。公司生存了下来，并在其专业领域拥有了顶级的业绩记录。

随着行业的规范化，有限合伙协议越来越长，也越来越复杂。简言之，该协议试图向LP保证，GP——不论有无受托责任——在大部分私募股权基金的10年的寿命期内不会胡作非为。尽管每份协议都有其独特之处，但就如我们在下面章节讨论到的，也有某些相似之处。

有限合伙协议（LPA）

LPA从几个主要维度来定义基金：基金的特点，比如其存续期和投资规模；成本和激励机制，比如由LP支付的费用和其计算方法，以及收益分成的比例和基数；GP的行为。有些内容会增加LP对于基金的了解；其他内容则规定花谁的钱，谁赚钱。这些条款所表示的相对力量平衡，反映了私募股权服务总体上的需求和供给以及由特定基金所提供服务的市场。

基金的特征

基金协议的初始条款会规定基金的最小和最大规模，以及GP的出资金额。一方面，LP希望确保GP能募集至少一定规模的基金，以保证基金的可行性。如果GP在一定的时间内无法募集到足够的资金（通常基金在首次融资关闭后的几个月内必须完成最后融资关闭②），那么LP会倾向于基金就此解散。另一方面，LP也希望确保GP募集的基金不要过大，以免超出其投资或管理能力。在许多情况下，只要能够得到现有LP的明确同意，那么GP募集的基金规模可能会超出合同规定最大规模的10%~20%。较晚进入的LP通常必须支付和初始LP一样的费用，而他们可能无法获得初始LP承诺投资资本所获得的收益分成。

---

① Felda Hardymon、Josh Lerner 和 Ann Leamon 所写的"Note on Limited Partner Advisory Boards"，载于哈佛商学院案例 No. 808-169（波士顿：哈佛商学院出版社，2008年）。

② 注意，基金关闭融资在私募股权行业中是一件好事，表示基金不再需要募集资金；"关闭"是对后续投资者关闭，因此，这时就可以开始投资工作了。

基金的另一个特征是GP必须投入的资金金额。在1986年《税收改革法案》实施之前，GP的出资比例是基金规模的1%；自此之后，这一比例由GP自行决定。2007年有法案提议将这一比例提升到5%，虽然最终并没实施，但在2009年有超过45%的基金GP承诺投入的资金都超过了1%（平均为2.5%）；同时有超过30%的基金这一比例保持为1%。[①] GP很少以无息票据的方式投入资本，而是用现金。对于首次募集的基金，GP的出资比例通常高于所要求的比例，以表明他们会努力工作的决心。

LPA也规定了每个LP的最小和最大出资金额。机构投资者的限额通常比个人投资者高。协议这部分反映了LP的几个关注点。如果没有最低出资金额限制，GP可能会从大量小型投资者手中筹集基金，因此会花费大量的时间在文书工作上，而不是将基金投出去。如果没有最大出资金额限制，某个LP的出资占比可能会非常大，从而对基金的策略造成过度影响。LPA还认为LP的总数量应该保持在合理的水平。1940年的《投资公司法案》（Investment Company Act）规定如果基金的合伙人超过几百个（原先的标准是100个），基金必须注册为投资顾问，并满足复杂的监管和信息披露要求。通常来说，随着LP数量的上升，管理一只私募股权基金的成本也会上升。

对于"另袋存放"基金这类特殊工具来说，可能会取消最小出资金额的要求。这类基金专门为私募股权公司的朋友们——家庭、对公司有帮助的人或者成功的企业家设计。这类基金会跟随主基金按照某个比例进行投资。

绝大多数基金有一定的存续期；唯一的例外是长青基金，它会通过回收基金收益或者母机构的投资资金池不断补充资金。对于LP来说，基金有限存续期提供了影响GP的一个关键手段。通常一只VC基金的存续期为10年，并且有两次延期1年的机会。而并购基金的存续期通常较短，一般是7年左右，同样也有延期的机会。有时基金延期需要LP顾问委员会的批准；而在其他情况下，只有额外的延期才需要取得批准。在经济繁荣期间，基金生命周期会压缩：一些VC公司在1997年到2000年之间募集了3只基金，并且同样迅速地投资出去。但是基金的有限存续期也为GP提供了进行投资的时间界限。尽管将投资从一只基金转移到另外一只基金是可能的，但是潜在的利益冲突使得这种情形一般不太受欢迎，合伙协议通常规定类似的情形必须经LP顾问委员会的批准。这种运作系统完成这样几件事情：鼓励GP选择能在合理的时间内实现显著增长的公司；鼓励企业家采取进取的发展战略，而不是创造一家维持优雅生活方式的好公司（称为生活方式公司）；允许LP评估GP在各个时间段的表现。的确，10年是一段很长的时间，但却是有限的时间。在10年结束时，资金又获得了流动性。基金有限生命周期的概念还衍生出了开始投资年份的概念，我们会在第九章对此进行深入讨论。

最后，基金的有限生命周期必然形成责任制。当公司想要募集另外一只基金时，现有的LP有理由问："你为我做了什么？"公司必须给出令人信服的回答，不论是说明已经实现的收益，还是马上要完成一个非常好的项目。

几乎所有的合伙关系都允许基金在极端情况下，可以在10年存续期结束前提前终

[①] SCM Strategic Capital Management 编写的 *2009 Annual Review of Private Equity Terms and Conditions*（苏黎世：SCM Strategic Capital Management AG, 2010年2月），4页。

止,比如 GP 死亡或退出或者基金破产。如果大多数 LP——通常是绝大多数,有时甚至是 100%——认为 GP 正在损害基金的利益,大多数协议会允许 LP 解散合伙关系或者替换 GP。不过在这种情况下,双方最后通常会在法庭上相见。①

曾经有过这样的例子。在 1996 年,拥有 1.2 亿美元资金的并购基金 Davenport Group MG 业绩不佳,由于某些费用使用不当,其 LP 投票解雇了 GP。该公司业绩惨淡;从基金成立后 6 年的时间内其投资组合的价值下跌了 50%。Davenport 起诉了 LP,却输了官司;基金的管理随后由 LP 形成的新 GP 接管。② 最近,几家公司解雇了 GP 的成员,通常这会触发"关键人"条款,意味着 LP 可以减少或者撤出他们承诺的投资资金,或者强迫公司不再进行新的投资。法国并购公司 PAI Partner 在其两位主要高管由于受到来自公司最大投资者及前母公司 BNP Paribas SA 的压力而被迫辞职后,面临将其规模 54 亿欧元(78 亿美元)的基金缩减的压力。为了让 PAI 的新团队得到支持,新任 CEO 不得不暂停投资 6 个月,并为 LP 提供削减基金规模 40% 的机会。据传 LP 还希望获得更多的优惠,比如削减费用,或者甚至收回大部分他们承诺的投资资金。③

基金的管理

可以理解,LP 会担心 GP 对于基金的管理,特别是由于 LP 的有限责任状态使得他们无法积极介入管理。一类主要的担心是基金投资于单一公司的金额。对于 VC 和并购基金,协议中通常都会规定一个"集中度限额",或者基金的百分比(通常基于承诺资本),即限制基金投资于单一公司的资金比例。这种限制可以防止基金对一家企业已经投入了大量资金后,还在该公司身上花费过多的时间和资金。另外一个担忧在于普通合伙人可能会追求高风险策略,将大量资金投资于陷入困境的公司。从 GP 的角度来看,这种行为是合理的。因为在一般情况下,只有在 LP 完全收回其初始投资后,GP 才能得到收益分成(他们的**收益分成**,carried interest)。因此,可以将 GP 的收益分成视为一个买入期权,即有权但无义务在未来按照设定的价格买入一项金融资产。在这种情况下,这项资产为投资组合的未来价值。如果投资组合出现亏损,GP 的收益分成没有任何价值,但他们也不会为损失承担责任。而如果投资组合价值上升,他们可以获得 20% 的资本利得。因此,随着投资组合风险的增加(或者按照学生们所学的期权理论,即投资组合的波动性增加),收益分成期权的价值可能会增加。④ 这样做的一种方式是投资于风险更高的公司;另一种方式是集中投资于单一一家公司(如果在典型的合伙协议中没有被禁止)。当然对于基

---

① 关于这类纠纷的文章包括 E. S. Ely 的"Dr. Silver's Tarnished Prescription",载于 *Venture* 第 9 期(1987 年 7 月):54-58 页;"Iowa Suits Test LPs' Authority to Abolish Fund",载于 *Private Equity Analyst* 第 4 期(1994 年 5 月):1 页和 9 页;"Madison L. P. s Oust G. P., Legal Skirmish Ensues",载于 *Buyouts*(1995 年 10 月 23 日):4 页;和 Andrew S. Ross 的"HRJ Capital Gets Saved by Swiss Equity Group",载于 *SFGate.com*,2009 年 4 月 3 日。

② Barry B. Burr 的"Pension Funds Oust Partner: Chancery Court Backs Limited Partners' Unusual Move",载于 *Pensions & Investments*,1996 年 2 月 5 日,http://www.pionline.com/article/19960205/PRINTSUB/602050717。

③ Anne-Sylvaine Chassany 所写的"PAI's 'Coup d'_etat' Shows LBO Firms' Feuds Over Power, Strategy",载于彭博社,2009 年 9 月 28 日,www.bloomberg.com,访问于 2010 年 6 月 30 日。

④ 关于该讨论以及习题和工具的更多内容,参见 Andrew Metrick 编写的 *Venture Capital and the Finance of Innovation*(纽约:Wiley & Sons 出版社,2007 年),231-249 页。

金经理来说，如果把所有资金都投资于某家高风险公司而损失了整个基金，那这位基金经理将很难再次募集另一只基金，这在一定程度上限制了上述行为的发生。① 私募股权公司通常会采取两种方式来提高"集中度限额"的规定比例，一种是征得 LP 顾问委员会的批准，另一种是允许 LP 对交易进行联合投资。

第二类约束主要是限制债务的使用，尤其针对风险投资基金。由于 GP 的收益分成可以被视为一种期权，因此他们可能会试图通过杠杆来增加其投资组合回报的变化。合伙协议通常会限制私募股权投资者自身的借贷能力，或者限制对投资组合公司的债务（可以被视为等同于直接借贷）进行担保。如果允许借债，合伙协议也可能会将债务规模限定于承诺资本或资产的一定比例，在一些情况下还会要求所有债务都是短期债务。②

第三类约束是针对由公司所管理的较早和较晚基金对同一家公司进行的投资。这是另一种可以造成机会主义行为的情形，因为许多私募股权机构会管理多只基金，且这些基金相隔若干年成立。如果一家私募股权机构的首只基金投资于一家处于困境的公司，那么 GP 可能会让自己的第二只基金也投资于这家公司，从而使公司脱离困境。如果 GP 想为以后成立的基金募集资金，他们需要报告自己的第一只基金获得不错的收益，这样也会造成机会主义行为。许多风险投资基金对于自己投资组合的估值，会按照最后一轮融资时的价格来计算。通过让第二只基金以较高的估值投资于第一只基金所投的公司，GP 可以（临时）提升其第一只基金的报告业绩。正因为如此，第二只或更晚基金的合伙协议中通常会包含这样的条款，要求基金的顾问委员会必须对这类投资进行审查，或者这类投资必须得到大多数（或者绝大多数）LP 的批准。另一种替代安排是，更早的基金或非关联的私募股权公司可能被要求以同样的估值同时进行投资。

第四类约束与利润再投资相关。对于将利润进行再投资，而不是向 LP 分配，GP 可能有这么几个理由。首先，很多 GP 收取管理费是基于管理资产的价值或调整后的承诺资本（资本扣除分配的利润）进行的。利润的分配将会减少管理费。其次，资本利得再投资会为 GP 和 LP 创造更多的利润。③ 将利润进行再投资可能需要得到顾问委员会或 LP 的批准。但是如果过了一定的日期，或者投资了一定比例的承诺资本之后，就不允许将利润进行再投资。

普通合伙人的行为

LPA 也限制普通合伙人（GP）的行为。通常会有五类限制，每一类都反映了 LP 担心

---

① 关于募集另外一只基金的想法如何影响行为的讨论，参见 Ji-Woong Chung、Berk A. Sensoy、L_ea H. Stern 和 Michael S. Weisbach 所写的"Incentives of Private Equity General Partners from Future Fundraising"，载于 Charles A. Dice Center Working Paper No. 2010-003 和 Fisher College of Business Working Paper No. 2010-3-003，2010 年 2 月 17 日，可通过 SSRN 访问：http://ssrn.com/abstract¼1554626。

② 一个相关的条款——几乎在所有合伙协议中可以发现——是 LP 会避免营业外应税收入（UBTI）。免税机构必须就 UBTI 纳税，UBTI 指机构从经常进行的业务之外获得的毛收入。如果风险合伙企业从有债务融资的资产中获得大量收入，LP 可能会产生税务责任。

③ 私募股权投资者可能愿意用利润进行再投资的另一个原因是，一些投资不太可能在基金的存续期结束时足够成熟。太不成熟的投资无法清算，从而成为将合伙企业的生命期延长到典型的 10 年合同期之后的一个原因。在这种情况下，私募股权投资者将继续从 LP 处产生费用（尽管费用计算基数通常在降低）。

GP 对 LP 已经投资的特定基金的关注。

个人资金的投资

跟投于基金所投资的目标公司可能会为 GP 带来巨额的财富。不过,对于 LP,必须小心进行管理。如果 GP 可以从基金的投资组合中选择自己可以参与投资的公司(即所说的"随意选取"),那么 LP 可能担心 GP 会更加致力于有 GP 个人资金投资的公司,并且会牺牲投资组合中的其他公司来为该公司牟利。而且,对于有问题的公司,GP 可能会不愿意终止融资。为了解决这一问题,GP 投资于某一家公司的金额可能受到限制(通常是交易金额的一定比例,或者少数情况下按照 GP 的净资产值来计算)或者 GP 在投资前需要获得 LP 顾问委员会的批准。在一些情况下,合伙协议会要求 GP 对每家投资组合中的公司投资同样的比例,或者直接限制他们对任何公司进行投资。对于跟投来说另一个问题在于 GP 投资的时点选择。某些情况下,风险投资者可以按照非常低的估值购买新成立公司的股权,之后迅速让合伙基金按照更高的估值投资于该公司。因此一些合伙协议会要求 GP 与他们所管理的基金在同一时间、按照同一价格进行投资。

GP 出售合伙权益

第二类限制源于相反的问题:GP 出售合伙权益。在这种情况下,GP 出售自己在基金利润中的份额。尽管 GP 在基金中的权益不能完全与 LP 的权益相比(比如,一般情况下,只有当 LP 收回全部投资后,GP 才能分享资本利得),但这仍可能是一笔不错的投资。LP 会担心这样的交易完成后会减少 GP 继续监管投资的积极性。因此合伙协议可能会禁止 GP 完全出售合伙权益,或者要求得到大多数(或者绝大多数)LP 的批准。

从 20 世纪 90 年代开始,几家并购公司开始对外出售管理公司的部分权益,由此对外分享管理费和利润。凯雷集团于 2001 年以 1.75 亿美元将管理公司 5.5% 的份额出售给了加州公务员退休基金(CalPERS),并于 2007 年以 13.5 亿美元的价格将 7.5% 的份额出售给了一家阿联酋的主权财富基金——穆巴达拉发展公司(Mubadala)。[1] T. H. Lee 在 1999 年将 20% 的份额以 2.5 亿美元卖给了百能投资公司(Putnam Investments);黑石集团 1998 年以 1.5 亿美元将 7% 的份额卖给了保险机构 AIG,并承诺未来 AIG 向黑石的基金投资 12 亿美元。[2] 从 2006 年开始,一些 LBO 公司经过其 LP 的批准,宣布了上市的计划。公开交易的私募股权机构在欧洲更为常见,在美国则比较罕见,直到 2007 年 2 月对冲基金堡垒投资集团(Fortress Investment Group)上市才打破了这一局面,随后的同年 6 月黑石集团也公开挂牌上市。[3] 2010 年 3 月,阿波罗管理公司(Apollo Management)宣

---

[1] Jack Ewing 所写的"The New Financial Heavyweights",载于《商业周刊》,2007 年 11 月 12 日,52-55 页。

[2] Josh Lerner、Felda Hardymon 和 Ann Leamon 所写的"The Blackstone Group's IPO",载于哈佛商学院案例 No. 9-808-100 (波士顿:哈佛商学院出版社,2008 年),2-4 页;和 Peter Truell 所写的"A. I. G. Will Put $ 1.35B into Blackstone",载于《纽约时报》,1998 年 7 月 31 日,D1,可通过 http://www.nytimes.com/1998/07/31/business/aig-will-put-1.35-billion-into-blackstone.html? scp¼1&sq¼AIGtblackstonet&st¼nyt 访问,2010 年 3 月 15 日。

[3] 关于更多细节,参见 Lerner 等人所写的"The Blackstone Group's IPO"。

布了从高盛的私营交易所转移到纽约证券交易所(NYSE)上市的计划。① 同一个月,曾经于 2006 年在阿姆斯特丹泛欧交易所上市的 KKR 集团(Kohlberg Kravis Roberts)宣布公司 30% 的股份将在纽约证券交易所上市。② 这类交易的影响会在第十二章中进行详细探讨。

未来募资

对于 GP 的第三类限制是未来的募资。新募集一只基金会增加 GP 收取的管理费,可能会降低对现有管理基金的重视程度。此外,募集基金活动会严重分化合伙关系,使得 GP 可能进行次优的选择,比如之前提到的交叉基金投资,或者高估投资组合公司的价值。③ 合伙协议可能会限制 GP 发行新的基金,除非现有的基金已经投资了规定的比例或者达到了某个规定的时间。另外一种安排是,募集资金可能被限定于固定规模或专业领域的某只基金(比如,一家风险投资机构可能被允许发行一只并购基金,前提是由其他 GP 进行管理,但是如果要募集另外一只风险投资基金的话,只有现有基金的某一比例的资金进行投资之后才可以)。

GP 用于投资的时间

某些合伙协议的第四类限制是防止 GP 投资其他的项目。因为外部的活动可能降低 GP 对于投资的关注程度,GP 会被要求花费"基本上所有"(或其他比例)的时间来管理合伙企业的投资。这一限制通常存在于合伙企业的前几年,或者基金的资金已经投资了一定比例之前,因为这段时间往往是最需要 GP 全身心投入基金工作的。

新的普通合伙人

第五类限制是关于增加新的 GP。通过雇佣较少经验的 GP,私募股权投资者可能会减轻自身的工作负担,但就向新的雇员介绍公司文化这点来说,引入新的合伙人所付出的代价也是相当大的。而且,LP 通常会选择将他们的资金交给在基金募集书中提到的特定个人来进行管理。因此,许多基金要求,新增任何 GP 需要获得顾问委员会或者一定比例的 LP 批准。很多情况下,为了不破坏合伙协议的规定,新的雇员通常会先以"风险投资合伙人"的身份出现,直到一只新的基金募集,那时他们才成为真正意义上的 GP。关于这一点的更多分析,请参见第十一章。

---

① 数据来自 Megan Davies 的"Apollo Proposes Offering $50 Million in IPO: Filing",路透社报道,2010 年 3 月 22 日。

② 2009 年 11 月,KKR 和公开交易的基金合并,并在 NYSE 泛欧交易所上市。后续在 NYSE 的上市涉及和泛欧交易所上市股份的一比一换股操作。2010 年 6 月,KKR 宣布其第二次推迟上市。

③ 如何对低流动性投资进行估值的问题会在第四章进行详细讨论;但这里,值得指出的是,当 Sierra Ventures 的 Peter Wendell 在确定如何对他的创始基金下的投资组合公司进行估值时,他调研了许多同类 VC 公司。所有的公司按照初始投资成本对其投资组合公司估值,除了几家准长青公司不必担心募资,一般低于投资成本对其所投资的公司进行估值;而那些对外募资的公司则对估值过于乐观。这种倾向对于正在确定未来资产配置和内部预算的 LP 来说是有意义的。

投资的类型

LP 会担心 GP 追求的投资类型。第一个原因是，GP 投资于专业领域，所以获得相当优厚的报酬。如果他们选择投资于股票而非高科技的创业企业，他们获得的报酬就过多了，因为其他人能做得更专业并且管理费更低，比如说共同基金经理。第二个原因是 GP 可能选择投资于其他资产类别来获得在这些方面投资的能力：比如，在 20 世纪 90 年代后期出现科技泡沫时，不少并购公司尝试投资 VC 类型的公司，结果发现并没有看起来那么简单。同样，VC 公司也试图做并购投资，结果也不乐观。LP 希望 GP 将他们的专业能力用在拥有良好投资业绩记录的行业上。

1996 年 Gompers 和 Lerner 发表的一篇文章[①]，探讨了限制性条款作为 GP 和 LP 权利平衡这一指标的作用。根据 140 份合伙协议样本，作者发现每一份合同的限制性条款随着监管难度和机会主义出现的机会而有所不同。此外，限制性条款的数量是风险投资服务的供求关系的函数。从短期来看，VC 公司提供的服务是有限的，因为需要花费时间来成立一家基金、募集资金和形成业绩记录。因此，短期来看，进入 VC 这种资产类别的资金增加，会造成内含价格提高，即 VC 公司可以增加他们收取的管理费，并谈判合同允许他们追求特定的策略，比如牺牲 LP 的利益来为 GP 创造收益。Compers 和 Lerner 从可资利用的这 140 份合伙协议中确定了 14 种类型的限制条款，并发现当流入 VC 的资金超过中位数时，LP 协议中会有其中的 4 种限制条款。当流入 VC 的资金低于中位数时，LP 协议中会有其中的至少 7 种限制条款。由此反映出当 VC 的供给相对需求上升时，VC 服务的有效价格在降低。[②] 图 2.1 显示在三个不同的五年时期里，合同中各类型限制条款所占的比例。最显著的是对允许投资类型的变化：最早五年的协议中没有一份协议限制 VC 公司投资杠杆收购或国外证券，而后面两个五年（分别）有 60% 和 44% 的协议禁止这些类型的投资。[③] 表 2.1 总结了 LPA 中的各种限制条款。

表 2.1　合伙协议中各类限制条款出现的比例

条款限制类型	条款在合同中出现的比例/%		
	1978—1982	1983—1987	1988—1992
基金的管理			
• 限制对单一公司的投资规模	33.3	47.1	77.8
• 限制债务的使用	66.7	72.1	95.6
• 限制对更早期和更晚期基金的联合投资	40.7	29.4	62.2
• 限制合伙企业资本利得的再投资	3.7	17.6	35.6
普通合伙人的行为			

---

① Paul Gompers 和 Josh Lerner 所写的"The Use of Covenants: An Empirical Analysis of Venture Partnership Agreements"，载于 *Journal of Law and Economics* 第 39 期，No. 2 (1996): 463-998 页。

② Gompers 和 Lerner 所写的"The Use of Covenants"。

③ 同上，485 页。

续表

条款限制类型	条款在合同中出现的比例/%		
	1978—1982	1983—1987	1988—1992
• 限制普通合伙人的跟投	81.5	66.2	77.8
• 限制普通合伙人出售合伙权益	74.1	54.4	51.1
• 限制普通合伙人募资	51.9	42.6	84.4
• 限制普通合伙人的其他行为	22.2	16.2	13.3
• 限制新增普通合伙人	29.6	35.3	26.7
投资类型			
• 限制投资于其他基金	3.7	22.1	62.2
• 限制投资于二级市场证券	22.2	17.6	66.7
• 限制投资于杠杆收购	0.0	8.8	60.0
• 限制投资于外国证券	0.0	7.4	44.4
• 限制投资于其他资产类别	11.1	16.2	31.1
样本中协议总数量	27	68	45
每份协议中限制条款类别的平均数量	4.4	4.5	7.9
每份协议中限制条款类别的平均数量(按基金规模加权平均)	4.4	4.6	8.4

资料来源：Paul Gompers 和 Josh Lerner 所写的"The Use of Covenants: An Empirical Analysis of Venture Partnership Agreements"，载于 *Journal of Law and Economics* 第 39 期，No. 2 (1996)：485 页。版权归 *Journal of Law and Economics* 所有，芝加哥大学出版社，1996 年。

利益一致化：费用和收益分成

尽管有前面的诸多限制，但一家基金的存续期通常长达 10 年，这还是给 GP 留下了巨大的操纵空间。鉴于盲池意味的灵活性（"把你们的钱交给我们，我们会投资到特定行业有前景的项目中"）、缺乏实时定价而无法卖出资产的低流动性（"由于很难找到买家，因此我们不能确定这资产到底值多少钱"）和投资的长期性（延长后甚至比美国平均的结婚年限还要长），需要有一定的措施来确保：当需要 GP 为投资和投后管理努力工作的时候，GP 不会在游山玩水。但是如果机构已经投资了许多 GP，投资官要想同时监督很多 GP 是不可能的。

此外，任何一份合同不可能解决每一种可能出现的应急情况，私募股权行业已经慢慢形成了一套体系来让 GP 能够为 LP 的利益工作，而不是靠规定 GP 可以做什么、不可以做什么来实现，这不仅是因为受托责任，也是因为这样做也体现 GP 的利益。让他们为自身的利益而努力。正是这样的一种利益一致化安排，支撑了这一数十亿美元的产业。为了理解其机理，必须了解激励机制系统，即费用和收益分成。

管理费

在早期私募股权机构没实现退出所以无法为 GP 和员工发放工资前，通过设立管理费维持合伙企业开支。费用还包括支付差旅、办公室租金和后台员工的工资。值得注意的重要一点是，LP并不是单另支付管理费，而是从可供投资的基金中直接扣减的。它可以被视作一种税费，减少了GP可以管理的能够带来收益的投资。

管理费在私募股权公司开始募资时就设定好了，几乎很少进行重新谈判。典型的是按照基金承诺资本2%的比例收取。当然也可以按照已投资资本或者管理资产的规模进行计算。每一种计算方式都会造成GP方面的不合适行为：如果管理费的计算是基于承诺资本，那GP会倾向于募集更大的基金；如果是基于已投资资本，那会使得GP进行许多不理想的投资；而如果是基于管理资产规模，那GP会高估所管理的资产。此外，管理费的收取比例也有差异：一些成熟的公司收取2.5%；一些非常细分市场的机构可能会收取更多；而一些大型的并购公司会收得较少。而首次募集的基金为了募集资金，可能会收取较低比例的管理费。

图2.5显示了不同规模的基金在不同年份收取管理费的区间情况。显而易见的是尽管管理费比例会随时间和基金规模而有不同，但2%的管理费还是最常见的。需要特别关注的是基金规模自身的变化情况。在2008年，研究基本不会涉及规模低于5 000万美元的基金；而在早几年，这一门槛是30亿美元以上的基金——更别说100亿美元的基金。2008年，最为常见的管理费比例在1.91%～2.20%之间；2009年这一比例保持一致或略有下降。[1] 对于更大规模的并购基金（规模高于50亿美元），2008的平均管理费是略高于1.4%，并随时间逐步降低。而风险投资基金则更有可能收取高达2.5%的管理费，从而将总体平均水平拉到了略高于2%。[2] 在最近融资市场的动荡环境下，特别是针对并购公司，据传已经开始调低管理费或者执行其他对LP友好的条款。

在一只基金的最后几年收取的管理费通常会逐渐降低，这是假设前期进行项目发掘、进行投资和投后管理这一系列艰苦的工作已经完成，GP现在的工作只是引导被投资公司实现退出。而另一个假设是公司那时候已经募集了另一只基金并在收取全额的管理费。一家私募股权公司完全有可能在同一时间从三只不同的基金收取管理费：一只前期、一只中期、一只后期。

长期以来LP一直都纠结于低风险的管理费和与业绩挂钩的收益分成之间的相对比例究竟应该多少合适。如果基金的规模比较大，那LP会担心GP可能会只是简单地依靠收取管理费生存，而不去追求高于市场平均回报的有风险的投资。对此，GP确立了"基于预算的费用"。在这一体系下，LP或者顾问委员会会与GP共同确定为支付公司各项花费所必需的管理费收入——工资、差旅、房租、营销等——并从基金中分配这些费用。通常这一费用比例会低于2%，于是有更多的资金可以用于投资，GP和LP从而都增加了获得收益分成的机会。此外，这类安排在操作上更为灵活：比如，一家公司如果在某一年需要额外的费用收入在新兴市场建立分支机构，那公司不必等到募集下一只基金，在当时

---

[1] SCM Strategic Capital Management 所著的 *2008 Annual Review of Private Equity Terms and Conditions*（苏黎世：SCM Strategic Capital Management AG，2009年2月），8页和17页；和 SCM Strategic Capital Management 所著的 *2009 Annual Review of Private Equity Terms and Conditions*（苏黎世：SCM Strategic Capital Management AG，2010年2月），6页。

[2] SCM Strategic Capital Management 所著的 *2008 Annual Review* 8页和17页。

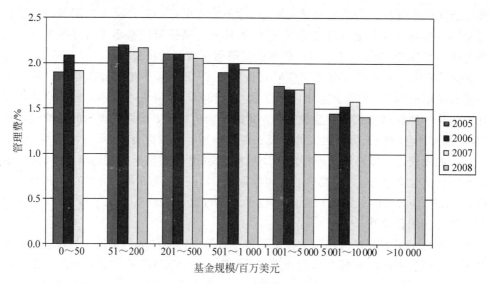

图 2.5 管理费

资料来源：数据来自 SCM Strategic Capital Management 所著的 *2007 Annual Review of Private Equity Terms and Conditions*（苏黎世：SCM Strategic Capital Management AG，2008 年 2 月），8 页和 17 页；SCM Strategic Capital Management 所著的 *2008 Annual Review of Private Equity Terms and Conditions*（苏黎世：SCM Strategic Capital Management AG，2009 年 2 月），8 页和 17 页。引用经过了批准。

就可以收取费用。门罗风险投资公司（Menlo Ventures）、新企投资（New Enterprise Associates）和 U. S. Venture Partners 这样的私募股权公司都采用了基于预算的费用，这通常被视作 GP 体现诚意、操作透明化的信号。[①]

收益分成

收益分成是 GP 分享投资收益的比例。传统上的比例为 20%，源于十二三世纪的威尼斯和热那亚商人，当时他们组成财团为航运企业提供资金。[②] 商人们提供资金，并雇用船长和水手，如果船员能够顺利完成航行，就能获得收益的 20%。对于私募股权合伙企业来说，收益分成是一笔业绩导向的支付。包括 VC 和并购公司在内的大量公司都使用 20% 的比例。并且这一数量仍在增长。图 2.6 对全球 VC 和并购公司在 2007 年、2008 年和 2009 年三年的业绩分成比例[③]与 Gompers 和 Lerner 在更早时间对 VC 公司进行研究

[①] George Hoyem 和 Bart Schachter 所写的 "LPs Should Demand to See a Budget…"，载于 *Venture Capital Journal*，2003 年 12 月 1 日，1 页。

[②] Metrick 和 Yasuda 提供了一些其他的出处，包括《圣经》。意大利商人的说法来自 Raymond Drover 所写的 "The Organization of Trade"，载于 *The Cambridge Economic History of Europe：Volume III—Economic Organization and Policies in the Middle Ages*，由 M. M. Postan、E. E. Rich 和 Edward Miller 编辑（剑桥：剑桥大学出版社，1963 年）；以及 Robert S. Lopez 和 Irving W. Raymond 所写的 *Medieval Trade in the Mediterranean World：Illustrative Documents Translated with Introductions and Notes*（纽约：哥伦比亚大学出版社，1955 年）；在 Gompers 和 Lerner 所写的 *Money of Invention* 中引用，102 页。

[③] SCM Strategic Capital Management 所著的 *2008 Annual Review*，8 页和 17 页；和 *2007 Annual Review*，8 页和 17 页。

的收益分成比例①进行了对比。Gompers 和 Lerner 对 1992 年以前成立的合伙企业的研究表明,当时的数据比最近的数据在分布上的长尾性更明显;一部分公司分成比例达到 25% 和 30%。有意思的是,尽管从 1992 年开始对于私募股权服务的需求在增加,但是收益分成的比例却一直保持在 20% 左右。最近在 VC 公司中越来越多地采用最低回报率(优先回报率),或者在 GP 获得收益分成之前规定 LP 必须先获得的最低回报率。最常见的方式是在 8% 的最低回报率下 20% 的收益分成,而在 LP 获得 15% 的投资回报后,收益分成的比例将提高到 25%。②

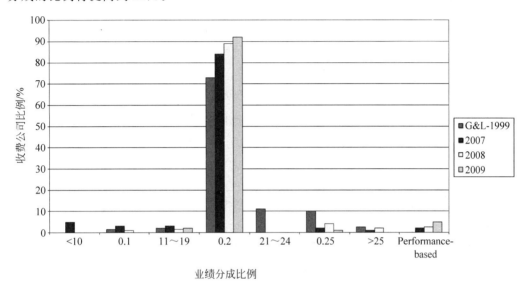

图 2.6 收益分成比例

注:G&L-1999 指 Gompers 和 Lerner 的数据。

资料来源:数据来自 SCM Strategic Capital Management 所著的 *2007 Annual Review of Private Equity Terms and Conditions*(苏黎世:SCM Strategic Capital Management AG,2008 年 2 月),8 页和 17 页;SCM Strategic Capital Management 所著的 *2008 Annual Review of Private Equity Terms and Conditions*(苏黎世:SCM Strategic Capital Management AG,2009 年 2 月),第 8 和 17 页;SCM Strategic Capital Management 所著的 *2009 Annual Review of Private Equity Terms and Conditions* 以及 Paul Gompers 和 Josh Lerner 所写的"An Analysis of Compensation in the U.S. Venture Capital Partnership",载于 *Journal of Financial Economics* 第 51 期(1999):15 页。

总而言之,收益分成通过保证 GP 和 LP 都能分享资本增值带来的收益,使得双方的利益一致。LP 投入资金并承担了流动性不足的压力,希望能够寻找到优秀的 GP,他们回收相当于原始投入的投资,之后享有 80% 的资本利得。而 GP 则能得到 20% 的资本利得,这确保他们能够全心全意投入于选择有前景的公司,并引导这些公司最后成功。因此,如果一家私募股权公司投资 5 000 万美元于一家公司,并以 1 亿美元的价格将公司出

---

① Paul Gompers 和 Josh Lerner 所写的"An Analysis of Compensation in the U.S. Venture Capital Partnership",载于 *Journal of Financial Economics* 第 51 期(1999):3-44 页。

② SCM Strategic Capital Management 所著的 *2009 Annual Review*,5 页。

售,那么LP首先获得之前投入的5 000万美元,然后得到5 000万美元利润的80%,即4 000万美元。而GP则分到1 000万美元(5 000万美元利润的20%)。

与对冲基金经理不同的是,私募股权公司的合伙人只能根据投资成功退出时的价格来获得收益分成(而不是根据账面价值的增长——尽管价值增长了但仍在投资组合中),并且往往投资一旦实现退出就会进行收益分成,而不是等到基金到期后再统一结算。一些机构每年分配收益一次,而有的则每季度一次。GP和LP都能从中获益:GP能够较早开始收取他们的收益分成,而LP收回原始投资(投入项目的资金)并获得他们80%的收益分成。就如我们随后会讨论到的,按照项目(而不是整只基金)进行收益分配还允许LP利用从他们当前持有公司获得的收益,为他们正在进行的私募股权投资承诺提供资金。

然而当市场衰退时,问题就出现了,因为现有投资组合的价值会大幅减少。如果GP因为较早的好项目实现退出而获得业绩分成,那他们会被指责"对自己过度分配"——他们已经获得的收益分成超过了有限合伙协议规定的水平。而LP此时则可能无法获得协议中规定的分成。为了解决这一问题,LPA包括多种名目的**回拨**(clawback)。

> 回拨按照如下方式进行:假设一个GP募集了一只1亿美元的基金,并进行了10笔投资,每笔投资金额1 000万美元。有两笔投资实现了较早清算①,每笔退出价格为5 000万美元,而其他八笔投资则仍在投资组合中,按照原始投入估值。假设基金是按照标准的80%~20%收益分成法,并遵循GP和LP的分成从一开始有收益就进行分配。②那么当前两项投资成功退出后,首先LP将直接收回2 000万美元的原始投入。而对于8 000万美元的资本利得,6 400万美元(总资本利得的80%)将分配给LP,1 600万美元(总资本利得的20%)将分配给GP。这笔分成在前两笔投资成功退出时就进行,而并非在整个基金的存续期结束之后再进行。但是如果剩余的投资组合价值下跌,那就出现GP通过损害LP利益而对自己过度分配的情况。在我们所举的例子中,如果剩余投资组合的价值只有4 000万美元(即最初每1美元的投资现在只值0.5美元),那么GP就对自己过度分配了800万美元(计算为:20%×(8 000万美元-4 000万美元))③,必须将这笔资金在扣除税费后如数偿还给LP。

---

① 注意,对于私募股权,和零售业相反,"清算"事实上是一件好事,表示证券有流动性,可以进行自由交易。

② 清算PE投资组合的不同规定在Josh Lerner所写的"A Note on Private Equity Partnership Agreements"中进行了讨论,载于哈佛商学院案例294-084(波士顿:哈佛商学院出版社,1994年)。

③ Josh Lerner、Felda Hardymon和Ann Leamon所写的"Between a Rock and a Hard Place: Valuation and Distribution",载于哈佛商学院案例No. 803-161(波士顿:哈佛商学院出版社,2003年),6页;以及Lawrence Aragon和Dan Primack所写的"Clawback Woes Hit Battery and Meritech",载于*Venture Capital Journal*,2003年1月1日。

> 这种情况下还可能出现复杂的"共同连带责任"条款,规定每一个合伙人都可能承担全部回拨金额。如果公司的 GP 混合了高级合伙人和初级合伙人,而前者将 1 600 万美元的分成投资于其他项目,后者则用于自身的购房购车等消费,那么这笔欠 LP 的 800 万美元钱款可能无法追回。[①]

在私募股权行业刚兴起时,另一种追回资金的方式是"不动产"模式。在这种模式下,LP 首先将基金中的全部原始投入收回,再进行收益分成。于是在刚才的例子中,前期退出的两笔投资带来的 1 亿美元将全部分配给 LP,而收益分成则只能来自于随后的投资退出。但是这同样会影响合伙人之间的关系。将所投入的资本迅速返回给 LP 并加速 LP 对收益的分成,在这样一种强烈的激励机制下,GP 可能会选择投资于利润不算多,但是回收周期短的项目,而不会投入大量时间和精力去投资那些周期较长,却能带来可观收益的公司。此外,更愿意进行短期就可退出的投资,可能会导致投资于早期项目的基金去投资后期项目,这类项目尽管前景更明朗,但回报并不那么高。

尽管 LPA 要求只有当基金到期后才进行回拨,但是被视为有良好合伙企业行为的私募股权机构,只要看起来"对自己过度分配"的情况短期内不会扭转,他们就会补偿 LP。在纳斯达克股票市场于 2000 年崩盘后,一些 GP 立即从自己的私人账户中提取资金向 LP 进行补偿。而其他 GP 则选择削减管理费或基金规模;这种方法,通过减少承诺资本,降低了 LP 的费用支出。[②]

在私募股权公司内部,收益分成的分配有两种不同的方式。一种是"保险"模式,无论是哪一位合伙人进行的投资,收益分成都会按照事先约定的比例在合伙人之间分配。这种模式认可一位投资者所说的情况,"今天手气好的合伙人明天手气可能就变差了"。另一种是模式是"自食其力",也就是说如果生命科学长期发展缓慢的话,那么生命科学的投资者就会同样遭遇困境。

在为数不多研究 VC 合伙企业补偿机制的论文中,Gompers 和 Lerner[③] 发现了一个有趣的现象,新成立的私募股权公司和成熟的私募股权公司的补偿机制存在差异。从 1978 年到 1992 年成立的 419 家美国 VC 合伙企业获得的证据表明,新成立或较小规模的私募股权公司倾向于使用更高固定基准的补偿(比如管理费),而成熟公司的补偿机制则更为多样化,并且更倾向与业绩挂钩。作者将这一差异归因于业绩的学习模型,即新的 VC 投资者并不知道自己是否会取得成功。因此他们会努力工作来证明自己的能力,并建立良好的信誉,寄望于从后面管理的基金中获得更多的收益分成。这也得到了坊间证据的确认,要提前评估一个新的风险投资家的表现是困难的。

一旦建立了良好的信誉,公司就获得了财务收益良好前景的激励。通常,成熟的公司

[①] 但对于 1998 年后募集基金的顶级私募股权公司,"共同连带责任"条款大部分已经被"连带责任"条款代替,规定合伙企业作为一个整体,而不是每一个单独的合伙人,对回拨负责。另外,回拨金额按照税后金额进行支付,使得回拨金额的净名义价值最多是回拨总金额的 50%。

[②] Lerner 等人所写的"Between a Rock and a Hard Place",6 页。

[③] Gompers 和 Lerner 所写的"An Analysis of Compensation",3-44 页。

会要求更高比例的与业绩挂钩的补偿,而固定补偿则相对比例较低。Gompers 和 Lerner 发现成熟公司的收益分成比例平均比新公司高大约1%,这相当于,如果基金投资成功,成熟公司获得补偿的净现值将比新公司高4%以上。有趣的是,作者并没有发现激励机制与业绩表现之间的关系①。

其他费用

对于大多数 VC 机构来说,它们获得的报酬通常只限于管理费和收益分成,而并购公司还可以从大量的其他费用中获得收入。这种收入的一个主要来源是交易费用,通常由被并购的公司支付。据说,交易费用的比例是总交易金额的1%~2%;唯一公开发表的研究发现,根据公开披露的信息,有费用支付的交易的平均交易费用比例是1.37%。② 理论上来说,这些交易费用可以看作是对并购公司的补偿,因为为了完成交易,并购公司会进行研究分析并咨询专家意见,而这些交易最后可能会无法完成。

此外,被收购公司通常每年会向收购公司支付一定的监管费用。在非正式的谈话中,Metrick 和 Yasuda③ 获悉每年的监管费用相当于息税折旧摊销前利润(EBITDA)的1%~5%;较大型公司支付的费用接近区间的下限,较小型公司支付的费用接近区间的上限。一家 LBO 基金与目标公司的协议约定在某一固定时期提供这些服务。如果在约定的结束日前公司实现退出,那么基金一般将基于合同剩余的现值,获得一笔一次性报酬。2006 年,KKR 从其投资组合公司中共收取了2.76亿美元的交易费和6 700万美元的监管费,总额几乎等于 KKR 从其不同基金中所收取的管理费。④ 大量的并购公司用交易费和监管费抵消管理费,许多公司会将至少50%的管理费返还给 LP。不过,LP 越来越担心这些费用是一种从 LP 到 GP 的财富转移,因为这些费用的收取降低了被并购公司自身的生存能力。因此,用交易费和监管费抵消管理费,对 LP 有利,却不一定对被并购公司有利。

表2.2 VC 和 LBO 基金的费用和收益分成比例以及最低回报率

费用条款	VC	并购基金
初始费用水平的基金比例		
高于2%	43%	8%
等于2%	47%	41%
低于2%	10%	51%
投资期后变更费用基准的基金比例	43%	84%
投资期后变更费用比例的基金比例	55%	45%
投资期后费用基准和比例都变更的基金比例	16%	39%

---

① Gompers 和 Lerner 所写的"An Analysis of Compensation",3-44 页。
② Consus Group 2008 所编写的"Summary of Deal Fees as Percentage of Transaction Values",可从 http://www.consusgroup.com/reports/private_equity_fees/summary.asp 下载;在 Metrick 和 Yasuda 所写的"The Economics of PrivateEquity Funds"中进行了引用,2303-2341 页。
③ Metrick 和 Yasuda 所写的"The Economics of Private Equity Funds"。
④ KKR 公司的 Preliminary S1 Filing,2007 年7月3日,参见 http://www.sec.gov,访问于2007 年7月15日。

续表

费用条款	VC	并购基金
业绩分成条款		
收益分成水平的基金比例		
高于20%	4%	0
等于20%	96%	100%
低于20%	1	0
有最低回报率的基金比例	45%	92%
在有最低回报率的基金中,不同最低回报率的基金比例		
高于8%	12%	14%
等于8%	67%	78%
低于8%	17%	8%
基金总数量	93	144

资料来源:摘自 Metrick 和 Yasuda 所写的"私募股权基金经济学",第 2311 页。

根据私募股权基金行业的一个大型投资者提供的数据集,Metrick 和 Yasuda 分析了私募股权行业的经济性。[①] 利用 1993 年到 2006 年募集的 238 家基金的详细信息,作者通过建模估计了基金管理者收到的预计收入的净现值。作者发现大约 66% 的预计收入来自于固定部分,特别是管理费。如表 2.2 所示,几乎一半的 VC 公司收取的管理费比例超过 2%,而在 LBO 基金中这一比例只有不到 10%。少于一半的 VC 基金在基金存续期内更改了费用基准(无论费用是基于已投资资本还是承诺资本),而有略超一半的 VC 基金在投资期后变更费用比例,而对于 LBO 基金,对应的比例分别为 84% 和 45%。有 16% 的 VC 基金会对费用基准和比例都进行变更,而对并购基金,这一比例几乎是 39%。

就收益分成来看,20% 的比例是目前最常见的水平;只有 4% 的 VC 基金超过 20%,1% 的 VC 基金则低于 20%。样本中的全部 144 家 LBO 基金均按照 20% 的比例进行收益分成。而对于拥有最低回报率的基金(45% 的 VC 基金,92% 的 LBO 基金),8% 是目前最常见的比例。

出资请求

与购买共同基金的份额并全额支付有所不同,LP 只是简单地承诺投资于私募股权基金。通常,当基金"关闭"(随着公司逐步募集资金,这个过程需要花费大量时间)时,LP 必须支付一定比例(10%~35%)的承诺资金。随着公司找到项目并进行投资,承诺资本之后会进行"投入"。一个 LP 可能承诺投资 500 万美元,但在基金关闭时只是缴付了其中一部分。GP 会在协议中大致列出资本支出计划,让 LP 可以预期基金何时会需要全额缴付,但一般不会确定具体的时间和金额。一般而言,私募股权基金预计在第四年之前完成大部分投资,但他们通常也会为成熟较晚的公司预留一定的资金。

这一方法对 LP 和 GP 来说都有好处。对于 GP 而言,能够"请求"资本确保了基金能

---

① Metrick 和 Yasuda 所写的"The Economics of Private Equity Funds"。

够及时投资于拥有高收益机会的项目,从而实现回报。而对 LP 来说,这种方法保证了资金一定的流动性。GP 不必在长期谈判或快速推进的项目完成时,为了确保可获得资金而不得不权衡各种投资工具的到期日。一般而言,出资请求和资金最终投入到公司二者的时间间隔是 30 天,但它最短可以只有两天。

理论上,出资请求的过程中允许 LP 将他们的资本进行多样化利用。承诺资本还未发出出资请求的部分可能来自于之前私募股权投资的收益。只要投资和清算的周期相对平衡,LP 就可以用他们之前投入资本的收益来作为未来私募股权的承诺资本投入。当投资退出的速度远低于历史水平时,正如 2008 年和 2009 年初发生的那样,一些 LP 遭遇了严重的流动性问题。在许多情况下,GP 会通过降低投资速度或协助二次出售等方法来协助 LP 解决这些问题。

LP 和 GP 的关系:只可意会,不可言传

几个关键问题并没有通过合伙协议得到解决。一些问题出现在 GP 之间;其他问题随后出现在 GP 和 LP 之间,必须通过"合伙行为"才能解决。这些问题都反映出一份协议很难面面俱到,解决所有可能出现的问题。

内部的 GP 问题主要在于 GP 的报酬和保留,特别是收益分成的分配和兑现时间表。业绩分成分配,或者在 GP 间的利润划分,在不同的公司和不同的基金间会有所差异。在一些公司,即使较初级的投资者提供了大量的日常管理服务,但是大部分利润会分配给更老资格的 GP。而在其他公司,除了可能给予每位投资团队成员标准的收益分成比例外,每年年底公司还会对业绩突出的个人提供额外分成。

兑现时间表则明确了 GP 获得收益分成的时间。如果一名 GP 在基金存续期间就早早离开私募股权机构,那么他可能会损失全部或者部分所创造的收益分成。这有助于确保在基金成立早期的困难时期,GP 能够留在基金。这类问题通过 GP 之间的协议解决,在 GP 和 LP 之间的合同中则很少提及。

许多 LP-GP 关系取决于"伙伴关系"这一短期概念。在大多数正常情况下,LP 和 GP 是相互绑定在一起的。投资的流动性差,具有长期性和不确定性,而积极的投资可以带来不同的结果。尽管 LP 协议尝试控制基金管理的某些方面,但仍然存在相当大的解释空间。

最大的灰色地带之一是对投资组合的估值。尤其对于 VC 公司来说,对投资组合的估值具有很高的不确定性,对此我们会在第四章和第九章进行更深入的探讨。这反映出公司的发展和前景具有不确定性,尤其是初创期的公司,甚至对于正在经历重大变化的被并购公司来说也是这样。而且,发生的事件可能会证明之前经过深思熟虑后对公司的估值是完全错误的:PA Semi 是一家初创期的半导体公司,当时市场认为苹果公司会采用这家公司的芯片,从而给了这家公司非常高的估值。然而几个月之后,苹果公司决定使用另一家制造商生产的芯片。这时 PA Semi 的估值会如何呢?经过一段时间的恢复,公司

改造其芯片并应用到不同的目标市场。三年之后，苹果公司出资 2.78 亿美元将其收购。[①] 在这段时期，PA Semi 的估值发生了多少次改变呢？在这个过程的每一步，LP 不得不相信 GP 是按照尽可能最好的估计对公司进行估值，既不会为了提高成功退出的可能性而低估投资组合，也不会为了虚假增加基金的价值而高估投资组合。

另一个具有不确定性的领域是，遵循合伙协议中所载的投资授权和机会性投资之间的差异程度。在许多情况下，只有一定比例的基金可以进行机会性投资。有时是因为出现新技术，有时是因为出现一个新的市场区域。如果基金要完全违反协议——某只募集后投资于生命科学的基金决定投资于清洁技术——很明显 GP 需要与 LP 顾问委员会进行沟通，但是要在遵守投资授权而牺牲回报和为追求回报而违反投资授权之间进行权衡会很难。

由此产生了关于基金多元化投资这一更为基础的问题，基金多元化投资应该保持在怎样的水平和维度。不同的 GP 对待多元化有不同的方式。比如顶级的私募投资公司华平投资（Warburg Pincus），募集一只基金，可以投资于不同阶段、不同地域和不同行业的公司。而红杉资本最初募集了许多只不同的基金，一些进行美国早期投资，一些投资于印度，还有一些投资于中国。为了能够投资于美国的基金，比如投资于谷歌和 PayPal（贝宝）等公司，LP 不得不同意同时投资于一只其他的基金，这一情形持续到 2009 年秋季，这时红杉决定将这些基金合在一起。LP 选择一名 GP 是因为 GP 能为他们创造尽可能高的回报，而不论地域或行业？或者说是 LP 决定投资于中国、美国早期高科技公司和欧洲成长股权，而不投资于印度，并希望 GP 能实现他们的想法吗？简而言之，这一问题就是，"GP 应该多主动？应该有什么样的行为？"对这一问题没有统一答案。

对于 GP 的激励机制将问题进一步复杂化，虽然这一机制很有效，但并没有精确的度量方法。尽管"20%的收益分成"看起来非常具体，但收益可以在不同的时间进行度量。正如在第七章讨论到的，收益分成的分配是复杂的。一家公司上市后的价值是在不停变动的，将股票分配给 LP 时的价值和将股票出售从而为 LP 产生真正的价值会差异很大。哪一个价值应该用于计算"收益"呢？这一问题的答案决定了会激励 GP 只是简单地让公司上市，还是尽量保持公司价值，还是为了出售股票后分配现金。此外还存在信息不对称的问题。一名企业家从 GP 那里得到的信息是不同的，而 GP 从 LP 那里得到的信息同样可能存在差异。私募股权中的信息传导并不直接，即使有最好的打算，但一个人所说的可能并不是另一个人所听到的那样。

为了整理 LP-GP 关系的不成文部分，LP 商业组织，即机构有限合伙人协会（ILPA）在 2009 年发布了《ILPA 私募股权行业规则》（以下简称《规则》）。《规则》在 2011 年进行了更新，并得到了大量私募股权公司的认可，围绕利益一致化、公司治理以及透明度等方面列出了一系列最佳做法，如表 2.3 所示。具有讽刺意味的是，你可能会注意到，在私募股权行业中收益来自于良好的治理，而这里所指的治理——主动投资——被认为创造了价值，但是 LP 却几乎没有任何治理权。

[①] Erika Brown、Elizabeth Corcoran 和 Brian Caulfield 所写的"Apple Buys Chip Designer"，载于 Forbes.com，2008 年 4 月 23 日，http://www.forbes.com/2008/04/23/apple-buys-pasemi-tech-ebiz-cz_eb_0422apple.html。

表 2.3　ILPA 私募股权合伙企业最佳做法

利益一致	
基金已有的利润分配机制已经行之有效,但是更严厉的分配条款必须成为标准,以避免出现回拨情况。	普通合伙人应该持有基金相当数量的股权权益,以便与有限合伙人保持高度的利益一致,并且相当比例的股权权益应该用现金投入,而非通过放弃管理费的方式投入。
回拨必须加强,这样当有要求时,回拨能够全额和及时收回。	如果税法的变化对普通合伙人的成员有个人影响,那么这种影响不应该转嫁给基金的有限合伙人。
管理费应该覆盖公司及主要人员的正常运行成本,而不应过度。	基金普通合伙人收取的管理费和收益分成应该大多支付专业员工以及和基金成功运营有关的费用。
普通合伙人收取的交易费和监管费应该为基金带来收益,包括抵消基金存续期内的管理费和合伙人费用。	
公司治理	
普通合伙人应该加强注意责任。"重大过失、欺诈和故意违法行为"的赔偿和辩解的标准应该落到实处,并且应该取得有限合伙人的同意。应避免普通合伙人最近所做的以下努力:(1)法律上最大限度减少所有责任;(2)要求放弃主要类型的利益冲突;(3)即使有冲突,也允许普通合伙人自行决定行事。	代表基金绝大多数权益的有限合伙人应该有能力选择,可以毫无理由地解散基金或者解雇普通合伙人。代表基金绝大多数权益的有限合伙人应该有能力选择,可以毫无理由地提前终止或暂停投资。
普通合伙人进行的投资应该与基金募集时所描述的投资策略一致。	出现"关键人"或"无因"事件应该自动暂停投资,并要求表决方可重新开始投资。
在规定了投资组合的投资期间和行业分布的情况下,普通合伙人应该意识到在规定的投资期内时间分散化的重要性,以及投资组合内行业多元化的重要性。	私募股权基金的审计师应该独立,并重视合伙企业和有限合伙人的利益,而不是普通合伙人的利益。
	应该在全行业采用并标准化有限合伙人顾问委员会的会议流程和程序,使得这一有限合伙人的附属机构能够有效发挥其作用。
透明度	
费用和收益分成的计算应该透明,并接受有限合伙人和独立审计师的审查和认证。	普通合伙人的相关信息应该让私募股权基金的投资者有更多的了解。
和投资组合公司有关的详细估值和财务信息应该每季度根据要求提供。	所有专属信息应该得到保护,免于公开披露。

资料来源:机构有限合伙人协会所著的《私募股权规则:私募股权合伙企业最佳做法》,2009 年 9 月 8 日,3-5 页,http://ilpa.org/ilpa-private-equity-principles/,访问于 2010 年 6 月 30 日。引用经允可。

募资周期：GP 和 LP 的相处之道

一名顶级商学院毕业的学生希望寻找一份私募股权公司的工作，他很明智地意识到他应该先从正准备募资的公司入手。令他非常烦恼的是，他发现没有聚集这方面信息的一个平台。欢迎来到私募股权世界。通常假定，如果公司想让你知道公司正在募资，那么你就会知道。而如果你不知道的话，通常也会有很好的理由。

募集资金的主要文件是一份 PPM（私募股权配售备忘录），这有点类似于标准投资基金的募资说明书，但还是存在一些显著的差异。对于潜在的私募股权投资者来说一个主要的问题是合伙企业的过往业绩。尽管一些大型共同基金的基金经理已经建立了神话般的声望，比如 Magellan 基金的彼得·林奇，但是对于共同基金的投资者来说，却很少有人知道从事日常基金管理工作的人员的背景。在私募股权行业，评价一个团队的表现更多是要依赖于过去的业绩。尽管在每一只基金的募资说明书上都有一则附加提示："过往业绩并不保证未来收益。"但研究已经发现，在私募股权行业，这一点并不太适用，[①]对此我们会在第九章进行讨论。

LP 对过往业绩很感兴趣，因为他们正在投资于有很长持有期的盲池。GP 通过积极投资来影响投资组合的结果。因此，LP 想要了解 GP 进行过哪些投资，获得了怎样的收益，GP 与被投资公司的关系如何。他们在多大程度上锁定自己的项目？（这也称为自营项目流，我们会在第三章详细探讨。）他们除了资金外还能为公司带来什么？他们遇到过怎样的困境，又是如何解决的？LP 不可能对自己的投资置之不理；他们需要知道的是，是否 GP 发现他们自己身处困境时，会尽全力来挽救。

LP 另外一个主要的关注点是 GP 的经验，这一点既针对个体，也针对整个团队。一些公司对于如何获取及审查项目都有具体的流程；LP 希望对此有所了解，而 GP 会对此进行解释，如此这样的一个流程可以区分公司的好坏。GP 会详细解释他们的团队已经一起工作了多久，每一位团队成员给合伙企业带来的独特技能，以及为什么团队作为一个整体会比个体的加和更强大。任何人事变动都必须说明。

LP 不喜欢发生意外。鉴于在一只基金的 10 年期间可能发生多次变化，LP 希望尽可能控制不确定性。一种可行的方法是支持一个过去已经获得了成功并在未来计划继续做和过去完全一样事情的团队。

由于强调过往业绩和经验，初创基金的形势就有很大的不确定性。LP 可是出了名的不愿投资于新的团队，即使是过去曾在大型机构中工作过而现在分离出来的团队。这种担心主要源于业绩归因的困难性。尽管这些个人在他们之前工作的机构中有出色的业绩，但是现在的工作环境却变了。正如一位经验丰富的风险投资家说的："你的合伙人也许无法让你做出聪明的决策，但他们可以避免你做出愚蠢的决策。"也许正是某个人曾经提出的某个问题避免了团队做出愚蠢的决策，而这个人已经退居幕后或者退休了。正如

[①] Steven Kaplan 和 Antoinette Schoar 所写的 "Private Equity Performance: Returns, Persistence, and Capital Flows"，载于 *Journal of Finance* 第 60 期, no. 4（2005）：1791-1823 页。

谚语所说,成功有很多父母。

作为补偿,初创基金通常会为其早期的投资者提供优惠条款。它们可能会收取更低的费用或收益分成。它们通常会努力工作来吸引"基石"投资者,后者投入的资金构成基金的重要部分,它们也因此可以分享费用收入。

所有的初创基金,甚至许多成熟的基金都有经过数年会议后才募集完毕资金的不愉快经历。一些顶级的公司可以在几周或者几个月内募集到资金;但到2010年底,公司首次关闭和最终关闭基金的平均时间是19.8个月,所需时间是2004年的2倍。[①]

不过也有一些LP专门投资于初创基金。比如像Grove Street Advisors和FLAG这类少数的基金之基金,会有意识地寻找有望成为下一代顶级私募股权公司的机构,他们觉得要想投资这类顶级基金只有在其一开始成立时才有机会。据此,可以列出这类LP的清单。因此,这些基金之基金中会有员工专门进行尽职调查,来评估私募股权公司的可取性。还有其他差异化策略比投资于初创基金更好吗?特别是如果这样做可以在未来募资时确保其LP的分配。

尽职调查和进入

之前我们已经提到,基金之基金和其他中介机构提供的服务之一是尽职调查。这一深度追问的过程源于私募股权的信息不对称:有许多层面的真相,存在一定的动机只说出其中的一个版本真相,而不是更深层次的那个版本。一只基金之基金可能会吹嘘自己投资于红杉资本,但经过尽职调查后才发现是两只基金之前发生过的投资。这只是尽职调查过程的一个简单方面。在一定程度上,这像是一个配对的游戏,每个人都希望展现自己最好的一面。

就投资于一家基金进行的尽职调查会同时涉及LP和GP的问题:这对于LP来说是一笔好的投资吗?这对于GP来说是一个好的LP吗?类似的过程还会发生在GP和企业家之间,就像我们会在第三章看到的。

对于LP来说,有两点主要的担心:一是基金目标与LP自身目标是否匹配;二是GP的过往业绩。正如之前所提到的,过往业绩十分重要,因为能够真正作为基金未来收益参考的就是其过去的表现,而未来表现和过去表现之间的唯一联系就是人。如果这家机构在过去表现优异,那么我们可以预期它们会在未来延续其表现。

对于LP来说,目标匹配的问题主要取决于其目标和规模。许多LP对于自己的资产配置都有明确的目标,需要投资一定金额到某一特定类型的私募股权,可能是早期的,可能是国际化的,也可能是并购基金。正如个人投资者会追求投资分散化一样,LP也是如此,希望投资能分散到不同行业、地域、规模和投资阶段的基金。而基金的策略,就如在PPM中详细说明的,必须满足这种需求。LP同时也需要GP管理资金的规模与其规模有效匹配——一只数十亿美元的养老金要管理对VC基金的多笔5 000万美元承诺资本,

---

① 载于"Global PE Fundraising Slow But Improving:Preqin"的Preqin数据,2010年10月1日,http://www.preqin.com/item/global-pe-fundraising-slow-but-improving-preqin/102/3001,访问于2010年11月10日。

会比较困难,而一个1亿美元的家族理财室如果选择将其全部资金投资于一家并购公司,这样集中投资的风险会非常高。

从GP的角度来评估GP和LP是否匹配有时会更微妙。首先GP寻找可靠的LP。基金的持续性非常重要,因为GP不得不相信在发出缴款通知时LP有能力响应。不仅如此,值得信赖的稳定的LP减少了募集后续基金的时间,这使得各方都能获益——GP能够在资金募集回来后更快进行投资,而LP所担心的GP在募集资金上所花费的大量时间也减少了。

LP和GP评估对方是否适合成为自己合伙伙伴的一个标准是声誉。声誉不仅来自于过往业绩,也来自于资格审查。一只新基金如果获得来自耶鲁或普林斯顿的支持,那么将会比获得来自其他不知名的机构支持得到更多的认可。一个有经验的LP有其自己的认可方式,其承诺投资就是对GP信心的体现。对于一个新的LP来说,投资于一只专属基金被视为LP认为其会带来"除钱之外的一些东西"——可能是获得对技术的洞察力或地域上的均衡。对一个二线的GP来说,得到一个知名的LP投资,表明GP在层次上可能有所提升。

不仅仅是简单的品牌意识,私募股权行业认证的重要性源于本章谈论过的两个主题:流动性不足和盲池。对于投资于长期资产的一个LP来说,基金的管理完全置于GP控制之下,声誉表明了对未来收益的期望。对于GP来说,有声望的LP有助于吸引有潜力的创业家,甚至可以帮助引入其他GP,从而为公司创造良好的声誉。优秀的公司声誉可以让合伙企业搭建起一个平台,让公司一代代地传递下去。能够这样做的公司具有更大的灵活性;即使一些项目不在PPM范围内,它们也会被认为找到了好的投资项目,而不会只局限于授权范围内的投资。

 私募股权募集资金的模式

正如我们在图1.1中所看到的,流入私募股权机构总体上的资金,和具体流入VC和并购公司的资金,随着时间的变化有明显的差异,对此我们会在第十三章进行更深入的探讨。在20世纪70年代末期和80年代初期,VC蓬勃发展。受到高回报的吸引(和官方对"审慎人"原则的澄清),大量资金流入VC基金。缺乏经验的VC公司募集了资金,这些资金必须投资出去,从而抬高了公司股权的价格。由于投资成本上升,到20世纪80年代中期,VC的总体收益开始下滑。与此同时,之前一直默默无闻辛勤工作的并购公司则开始产生有吸引力的回报。原本流向VC的资金都流向了并购基金,同时来自公共养老金的资本也流入并购基金,因为他们觉得并购基金的规模更大,更容易进入。并购基金在20世纪80年代末期快速发展,但在20世纪90年代早期随着整个私募股权行业的衰落而衰退。20世纪90年代末期VC开始出现泡沫。VC公司不仅募集到过大规模的基金并投资于高估值的同质化企业,而且它们还将处于发展早期的公司推向二级市场,让这些公司接受公开市场的监督,但同时仍需要私募股权市场的支持或投资。流入VC基金的资金曾在2000年达到1580亿美元的历史最高点,但在纳斯达克指数暴跌后,流入资金量下滑到1/10。同时,受低成本债务融资刺激,并购基金规模曾在2007年达到接近

5 000亿美元的高点,但在2008年市场崩盘。

Paul Gomper和Josh Lerner[①]研究了私募股权行业发展早期阶段1972年到1994年间影响VC募集资金的因素。这些因素包括对养老金监管的变化、资本利得税率的变化、经济增长、研发支出以及特定公司的业绩表现和声誉等,还包括对于VC投资服务的需求。一些影响因素发挥作用的方式比较有意思:比如由于资本利得税率的降低,增强了个人开公司的吸引力,因为一旦成功,就能获得可观的收益。

结论

在期待本书剩余部分之际,我们现在对于LP和GP有了深刻的理解,包括他们各自的关注点以及他们相互关系中的一些细节问题。我们理解了基金是怎样募集的,以及在融资过程中涉及的中介机构。同时我们还引出了一些在本书剩余部分会详细探讨的话题,包括缺乏流动性的影响,利益一致化,信息不对称以及积极监管投资的需要。

缺乏流动性意味着投资者被卡住。如果你有一家上市公司的股票,而你不喜欢该公司管理层的经营方式,那你可以选择出售股票。你也许会有一定的资金损失,但你已从股票持有者的角色中摆脱出来。而如果你想要出售在私募股权基金中的股份,则会十分困难、代价高昂,还可能导致你之后无法再对该基金进行投资。只要有可能,LP和GP就会尽力解决他们之间的问题。然而如果LP-GP之间的问题公开化或者激烈化,那么GP通常会名誉扫地。

信息不对称是另外一个重要的主题。对于一件事了解或不了解到什么程度可能与实际的事实一样重要。一家生物科技公司可能会告诉潜在投资者说它拥有某些专利,然而通过进一步调查之后,GP也许会发现绕开这一领域的专利相对容易,因此专利提供的保护远没有想象中的安全。有限合伙协议的许多条款都是LP为了减少伴随有限责任产生的信息不对称所做的尝试。

为了同时解决信息不对称和缺乏流动性的问题,就必须实现利益一致。尽可能多的共享信息并友好解决困难对各方都有利。如果GP追求自身利益最大化的同时也让LP获得利益,那么就产生了强有力的激励。这便解释了收益分成最直观的吸引力(即使Gompers和Lerner提出,在基金存续期的早期阶段,建立声誉是比财务收益更重要的驱动力)。利益一致的作用解释了建立公司内部风险投资部门和公共养老金投资部门所面临的挑战,因为这些投资者的收益是按固定工资而非收益分成发放。在本书的剩余部分,利益一致都是我们分析问题的重要视角。如果利益不一致,那么就要注意利益偏向于其中一方的方式,并尝试确定纠正利益不一致的方式。

私募股权有许多不足,包括信息上、沟通上和知识上的。为弥补这些不足,就要求积极的监管投资。你不能指望PPM从天而降;也不可能让学生查阅正在募集基金的GP列表。LP要找到有好的过往业绩的GP,需要电话联系,聘请中介机构,并与其他LP和

---

① Paul Gompers和Josh Lerner所写的"What Drives Venture Capital Fundraising?",载于 *Brookings Papers on Economic Activity*, *Microeconomics* 第2期(1998):149-204页。

GP进行沟通。他们需要将自己作为优秀的LP进行推销,这样才能投资于顶级GP的基金,虽然这看起来有些奇怪。而GP想要寻找可靠的LP,也需要动用全部资源——私募顾问、其他GP、朋友以及校友等。投资组合——不论是LP的GP组合还是GP的投资公司组合——都需要进行积极的管理。有人甚至认为GP也需要对LP组合进行管理,通过定期的会议、提供信息以及通过展示合伙关系使得LP在面临不可抗的困境时,还能对GP保持信心。

在接下来的第三章,我们将会讨论尽职调查和交易估值的问题,从中我们会发现LP和GP关系的许多机理也会发生在GP和企业家之间。在此我们再次强调,缺乏流动性、利益一致、信息不对称和积极管理在影响行业参与者的行为方面有重要的作用。

 问题

1. 私募股权行业包括哪些子类?它们的投资方法有何不同?
2. 按照有限责任公司的形式设立私募股权公司有什么好处?
3. 私募股权交易的四大共同点是什么?
4. 在没有任何过往业绩的情况下,GP如何成功筹集第一只基金?
5. 为什么诸如英特尔之类的公司想要进行私募股权投资?
6. 往后哪类LP会倾向于增加其在私募股权投资方面的资金分配?为什么?
7. 基金之基金的主要作用是什么?什么类型的投资者可能投资于基金之基金?
8. 为什么基金之基金会受到批判?
9. 在LPA中,LP和GP的利益如何一致化?
10. 进行"集中度限制"的主要目的是什么?
11. 各类私募股权公司使用的杠杆有何差异?
12. 为什么更大型的私募股权公司(就管理的资产规模来讲)的管理费结构会受到监督?
13. 如果一家私募股权公司募集了一只50亿美元的基金,并且按照2%的管理费比例收取8年,收益分成按照20%分配,基金由于多项成功的投资获得了3倍的收益,那对于LP而言,他真实的投资收益倍数和内部收益率(IRR)是多少?(假设各笔投资在前5年是等额进行的,每笔投资的持有期为5年,并且没有交易费用)。
14. 在问题13中,如果基金的结构为,管理者不是返还已到位资本,而是只返回真实投资于公司的资本(即不包含管理费),那投资收益倍数和IRR将如何变化?

第三章

项目寻找和定价——看着容易做起来却难

私募股权周期的第二部分涉及投资。首先,很多人可能会问投资过程究竟有多难——根据图3.1,我们可以看到,在过去10年,光是美国平均每年获得私募股权融资的企业数就超过4 500家。另外,平均每家企业获得的融资额也在逐年上升。很明显,投资者在找项目,而企业也在找投资者。风险投资(VC)成功案例的背后往往有个如何在车间或者寝室发现"下一个重大机遇"的故事。在戴尔计算机公司的首轮外部融资中,Fostin Capital的Joel Adams投资75万美元,事实上在此之前,迈克尔·戴尔(Michael Dell)在自己的寝室里已制造出计算机。这次投资在2000年价值4.7亿美元。[1] 英特尔、苹果、eBay、康柏和谷歌都获得了VC融资并成为全球巨头。那么投资到底有多难呢?

简短的回答是:非常困难。英特尔、苹果、eBay、康柏和谷歌曾经出现在柏尚风险投资公司(BVP)的"反-投资组合"的列表上,本章的作者之一就是BVP的雇员。BVP曾经有机会去投资这些公司,以及其他现在很有名的公司,包括贝宝(PayPal)、A123 Systems和联邦快递。但由于种种原因,BVP的合伙人拒绝了这些公司。就谷歌而言,反-投资组合是这么写的:

> 戴维·考恩(David Cowan,BVP的合伙人之一)的一个朋友把他的车库出租给瑟奇(Sergey)和拉里(Larry)(谷歌的两位联合创始人),并建议戴维应该去看看这些聪明的斯坦福学生,他们正在创建新的搜索引擎。学生?搜索引擎?戴维把谷歌写入反-投资组合,并问他的朋友:"请问有没有什么方法可以离开你家,但可以绕开车库?"[2]

---

[1] Felda Hardymon、Josh Lerner和Ann Leamon所写的"Adams Capital Management:March 2002",载于哈佛商学院案例No. 803-143(波士顿:哈佛商学院出版社,2003年),2-4页。

[2] www.bvp.com/antiportfolio,访问于2010年3月20日。

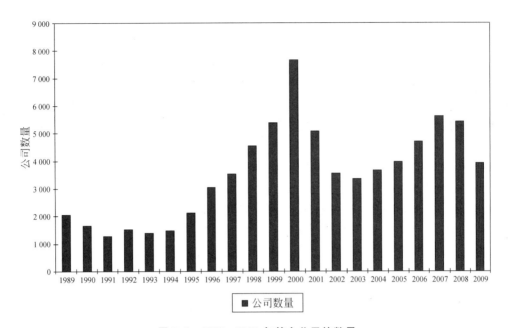

图 3.1　1989—2009 年基金公司的数量
资料来源：汤森路透私募股权数据库，数据截至 2010 年 9 月 10 日。

而对于联邦快递，BVP 的合伙人曾拒绝了七次。前六次拒绝，可以说他们是对的。而这恰恰是困难所在——你可能非常明智地拒绝了这个项目六次，但在第七次拒绝却是错误的。投资对象的挑选其实是一个动态的过程。

像这种顶级 VC 公司错过了这么好投资机会的现象，说明了对项目进行评估的难度。信息不对称的情况很普遍。判断创业企业的前景是非常困难的。对于早期项目，团队之间可能是第一次合作，技术也没有获得验证，而市场也是未知的。创始团队乐观地对未来充满希望，而 VC 投资者可能不会有和创始团队一样的信息或乐观度。

信息不对称不仅仅发生在早期项目。在并购交易中，标的公司经营困难的程度是很难确定的。在企业的资产剥离中，母公司往往会粉饰被剥离资产的前景。即使母公司希望做到实事求是，也很难去确定作为独立实体剥离出来部门的潜在盈利能力。而管理层，由于他们的未来收益取决于实现或者超过各类目标，因而可能会有动力"压沙袋"或压低预期。那么投资者应该相信谁呢？

一家私募股权公司不应该只是去找到一个项目，还要对项目进行评估，并认同事实、未知因素及企业对其前景的影响力。对于创业家来说，找到一个投资者其实很难。而且，一个投资者不应仅仅提供资金：在这里，我们又一次看到积极监管投资的重要性和投资者可以给项目结果带来的重要变化。

为了成功找到项目，私募股权投资者必须对产业、行业和公司所处的位置有一个全面的了解，然后通过对话交流来消除各有关方的疑虑，增进信任。创业家必须清晰传递自己的信息，并诚实反映自己并不确定的地方。如果创业家曾有过其他成功的创业企业或者了解私募股权公司，那将有利于进程的推进。企业需要调查潜在的投资者，并挑选一家合适的——一个处于前期研发阶段的生物科技项目不应该找一个投资后期 IT 项目的投资者。经过一段时间的调查和谈判，投资者可能会列出注明各方利益的投资条款清单（或者在某些情况下是投资意向书或 LOI）。

当几家私募股权公司在竞争同一个项目时，创业家可以轻松地挑选一家投资者。在这个过程中，私募股权公司为了赢得项目，他们会努力向企业管理团队证明他们能最好地完成交易或者为企业带来价值。赢得一个项目，有时候涉及一次招标或者管理投资者辛迪加，这些投资者有时会有不同金额的资本和不同水平的专业知识。最后，特别是在 VC 领域，一个已有的项目可能会需要继续融资。这一章我们会探讨这些涉及交易双方（投资者和创业家）的问题。

在第二章中提到的很多主题——缺乏流动性、信息缺口（不对称）和亲自参与管理的重要性，会在本章继续探讨。并不是所有事情都可以通过书面形式反映——这导致交易双方在长期的关系中会面临很多不确定性。这里必然牵涉到透明度和合伙行为。在投资团队决定是否投资和以什么价格投资前要对企业进行调查和了解时，会有大量的信息不对称，尤其是在尽职调查过程中。最后，部分不确定性和（有些自相矛盾的是）过程的价值来源于投资者的行动和公司治理。一位有威望的风险投资者曾表示，"我从来不会太快地更换 CEO"。管理团队可以改变，目标市场可以转换，技术也可以重新设计。而在并购中，部门可以被剥离出去，产品线可以修改，新的管理团队也可以招聘。在判断潜在项目目前处在什么阶段的同时，投资者通过尽职调查也会确定他们在多大程度上可以改变企业。

公司创始人通常会接受私募股权融资，因为投资者会积极参与管理，创始人希望这种积极参与能帮助他们创造价值。否则，创始人会去申请银行贷款，因为银行贷款不需要企业放弃公司股权。私募股权会带来一系列行动——建议、治理和干预——而这些正是价值所在。选择合适投资者（和企业）的部分重要性体现在：不同的个体有不同的能力和方法，因此不同的投资者或者私募股权公司会给企业的结果带来不同的影响。

本章的结构是这样的：首先，我们考虑私募股权公司如何找到一个项目，一位创业者如何找到投资者。接着，我们会探讨尽职调查的过程，投资者通过尽职调查决定是否要投资他们发现的项目。然后，就新项目融资和 VC 所投项目的后续融资，我们会讨论私募股权公司用于做投资决策的内部过程。最后，当私募股权公司确定这是个好项目后，我们会探讨他们是如何去争取这个项目的。

发现项目

就私募股权而言，发现项目涉及几个方面。投资者必须找到一位正在寻找资金的创业者，而创业者必须找到一个正在寻找投资机会的投资者。也有各种第三方服务机构在促成这种相互发现，这一点我们会在本章进行探讨。

哪里去寻找项目——专业化 vs. 分散化

私募股权公司会在适合自己专业、声誉并符合有限合伙人（LP）规定的领域去寻找投资机会。进行早期投资的 VC 公司通常会专注在有巨变的行业,例如信息技术和生命科学。杠杆收购(LBO)公司则可能把目光放在正经历代季转换的企业,或者是在寻求重组以提高竞争力的公司。而对于一只初创基金,它的早期投资项目应该在私募股权公司用于募集资金的私募备忘录(PPM)上的拟投资行业中寻找。但现在如果有一个很有前景的项目,但却不在目标行业中怎么办呢?私募股权公司应该在多大程度上坚持它的投资策略呢?难道主要追求的目标不是高回报吗?

是选择专业化还是分散化投资,这是一个令人头疼的问题。正如我们在第二章中讨论的一样,LP 常常计划在众多投资机会中配置其资产来达到一定的目标。如果进行早期投资并专注于 IT 行业的 VC 基金突然决定去投资亚洲的后期项目,那么 LP 无疑会很担心。他们不仅可能会怀疑他们的风险投资家们是否有足够的专业能力去推动项目成功,而且也可能发现他们在亚洲项目上的敞口高于他们所希望的。在最坏的情况下,LP 可能会发现自己所在的两只不同的基金在竞争同一个项目。但是,如果某行业经历长时间业绩不佳时——比如 VC 红火时的并购、IT 行业兴盛时的生命科学——这些行业的投资者可能会怀疑坚持他们的投资策略是不是一个合理的选择。

有两篇论文分析了私募股权公司如何考虑专业化和分散化。Edgar Norton 和 Bernard Tenenbaum[1] 调查了 98 家 VC 公司,研究他们投资战略的专业化程度。分散化是一种大家熟知的能降低非系统风险(某家公司或者行业的特定风险)的战略。然而,这篇研究发现,专注早期投资的私募股权公司倾向于专业化(从而增加了风险),而他们这样做是为了能更好地和其他风险投资者分享信息、网络和项目流。接受调查的公司并没有把投资组合分散到处在各种投资阶段的项目,而是专注于某个阶段或者某几个相邻的阶段,比如起步阶段和早期阶段,或者是扩张阶段和后期阶段。该调查结果有直观的意义,这不仅因为有利于信息共享,还因为时间限制:为某个领域的新兴企业及其团队提供建议已经是很有挑战性了;如果同时为两个领域的企业提供建议,那将是极其困难的。另外,作者还发现专业化有助于私募股权公司建立他们的声誉,并提高他们在信息和项目流网络中的地位。

Anil K. Gupta 和 Harry J. Sapienza[2] 的一篇更早的文章研究了 169 家美国的 VC 公司(占 1987 年所有 VC 公司数量的 27%)对于行业分散以及投资项目地域分布的偏好。这些样本公司很好地代表了当时 VC 行业的平均水平。结果表明,专注早期投资的 VC 公司偏向于投资较少的行业和较窄的地域;公司类 VC 机构(公司的风险投资部)则倾向于投资较少的行业但较广泛的地域;而更大的 VC 公司则倾向于投资更多的行业和更广泛的地域。这和我们平常看到的现象一致:从行业和地域角度来看,专注早期投资的 VC 公司投资距离公司总部驱车不超过一小时的少数几家企业,而大型基金的投资范围则更广。作者还认为 VC 公司必须专注它们的投资战略以吸引 LP,还必须提供增值服务和专

---

[1] Edgar Norton 和 Bernard H. Tenenbaum 所写的 "Specialization versus Diversification as a Venture Capital Investment Strategy",载于 *Journal of Business Venturing* 8(1993):431-442 页。

[2] Anil K. Gupta 和 Harry J. Sapienza 所写的 "Determinants of Venture Capital Firms' Preferences Regarding the Industry Diversity and Geographic Scope of their Investments",载于 *Journal of Business Venturing* 7, No. 5(1992):347-362 页。

业知识以吸引优秀的创业者。就如我们将在第六章讨论到的，创业者必须根据 VC 公司的投资组合情况、声誉和 VC 公司预计能为企业提供的帮助，来考虑接受 VC 公司投资的好处。

声誉在私募股权行业中的特殊作用

在私募股权行业中，声誉会反复出现。当一家公司从银行获得贷款，没有人真正关心该交易中涉及的是哪家银行或是哪家公司。但私募股权投资却不一样。美国研究和发展（ARD）公司被视为第一家风险投资公司，其创始人 General D'Oriot 是首位明确私募股权声誉重要性的人。他认识到以下因素密切联系的重要性：选择最佳的投资机会、提供谨慎控制（治理）、增信或提供声誉光环效应。本质上，一位以做过很多优秀项目闻名的外部投资者所创造的声誉，会由其投资组合中的企业分享。如果企业的投资者中有口碑不错的投资者，意味着企业获得了认可。这种现象在风险投资项目中比较常见，因为被投资企业的概念一般都非常新，只能用其投资者的水平来评价。而并购项目也有类似的情况。如果是一家顶级并购公司进行的投资，就能给经营不善的企业带来喘息余地，使其可以提升业绩，并建立其声誉。

声誉会自我加强。一家由有良好声誉的私募股权公司投资的企业，能接触到有更好声誉的客户和服务供应商。它也能吸引更高质量的经理人。这让该企业更可能获得成功，而这份成功又反过来提高了身后投资公司和管理层的声誉。私募股权公司赢得声誉的另一个舞台是在其和 LP 的接触中。LP 基于利益一致和信托责任将他们的资金长期委托到盲池，私募股权公司为 LP 的利益行事，是私募股权公司声誉的重要方面。为 LP 创造良好收益并维持良好关系会建立顶级私募股权公司的声誉，私募股权公司会小心守护，加强被投企业筛选，并加强和被投企业以及 LP 的良好互动。正如哈佛管理公司的彼得·多兰（Peter Dolan）所说的，"信任和声誉是把私募股权行业黏结在一起的胶水"。

总体上对于私募股权公司而言，建立并坚持一系列投资主题的一个更重要原因——除了吸引 LP 和创业者——是效率。在固定的期间（通常是 10 年，如第二章所述），每只基金可以投资的资本是一定的。不过，真正的稀缺资源是合伙人的时间。因此，坚持投资主题使得私募股权公司可以在有效发现、评估和管理公司方面建立专业能力。如 Norton 和 Tenenbaum 指出的，这样的专业化能帮助私募股权公司为基金发现和评估最佳投资机会，也能帮助公司建立声誉和网络。

即使某家企业符合私募股权公司的投资主题，它也必须符合私募股权公司的现有需要、资源和公司投资组合构成。公司的投资组合内是否已有这家企业的竞争对手？如果有，公司可能会避免投资该企业，除非它想把这两家企业合并。如果投资该企业，管理该项目的合伙人是否有足够的时间？有些私募股权公司会限制各合伙人管理一定数量的被投企业，特别是考虑到专业能力不能轻易转移，比如生命科学方向的合伙人在 IT 企业的董事会上就无法发挥太大作用。

有些并购公司在项目上通过特定的方法实现差异化。例如 TPG(前身是得州太平洋集团),以收购和重组红极一时的品牌闻名,比如 J. Crew、Ducati Motorcycles 和 Beringer Wines。而贝恩资本一般是利用它具有丰富咨询经验的合伙人为企业带来战略提升。Thoma Bravo(曾称 Golder Thoma、GTCR)以投资平台项目闻名。

> **平台项目**
>
> Thoma Bravo 在 1980 年创立时叫作 Golder Thoma,公司会在集中度不高的行业收购一家龙头企业,通过提供管理支持,着手战略收购竞争对手以整合市场。企业之后会上市或被出售。一个代表性项目是 2002 年对 Prophet 21 的收购,这是一家企业软件和服务(软件在全公司范围内应用)的供应商。公司帮助 Prophet 21 提高营业利润并收购了另外 7 家公司,在不到三年内,Prophet 21 的收入翻了一番,利润也增长了 4 倍。在 2005 年 9 月,Prophet 21 被出售给 Activant Solutions Inc.;Thoma Brova 在这个项目上获得了 5 倍的回报。[①]

尽管专业化有助于建立声誉和专业能力,但有时也会适得其反。如果过于集中在某一行业或者阶段,私募股权公司会容易受到市场波动的影响,例如许多投资信息技术的 VC 公司,在互联网泡沫破裂后损失惨重。过度集中投资于某行业,会使得合伙人的该行业的专业能力分散到太多的公司,这减少了被投资企业能够获得的帮助和成功的可能性。私募股权公司必须提防这样一个事实:向投资组合中增加公司比向合伙企业中增加投资者要更容易。

对合伙人工作负荷的担心反映了缺乏流动性这一持续被关注的主题。所有的私募股权交易都是长期的。积极投资的价值取决于在监督、帮助和管理投资组合上所花费的时间。创业者从某家私募股权公司接受资金,部分是因为其特定的普通合伙人(GP)能带来的价值。这又一次说明了资金来源的重要性。

吸引项目 vs. 寻找项目

一旦某家私募股权公司确定其投资项目的总体战略——行业、阶段、地域和战略——之后它就必须寻找并评估项目。私募股权公司寻找项目有两种不同的方法:吸引项目和寻找项目。选择用哪种方法与哲学和需要都有关系。

每一家私募股权公司都希望能够吸引项目。前面也提到,顶级私募股权公司能够吸引顶级创业者,是因为和这些公司合作更可能获得成功。实际上,顶级私募股权公司不仅能吸引顶级的项目,更会将所有可投资项目中的大部分都吸引过来,因此使得可供这些公司选择的项目更广泛。增加的项目流数量是私募股权公司业绩记录的函数。Accel、Bechmark、柏尚的反-投资组合、Greylock、Kleiner Perkins、MPM Capital、思颐投资

---

① 参见 www.thomabravo.com/about/history 和 www.thomabravo.com/portfolio/all/prior_investment#prophet,访问于 2010 年 6 月 14 日。

（NEA）、红杉、Sprout都属于吸引项目的VC公司。而在并购公司中，阿波罗、贝恩资本、黑石、凯雷、KKR和TPG吸引最大型的项目；小型项目的市场则较为分散。在细分领域有优秀业绩的私募股权公司——投资于欧洲消费品领域的Lion Capital、投资于欧洲家族生意的Montagu Private Equity、投资于美国西南部家族生意的Brazos Private Equity Partners——都在各自的行业吸引项目。但一般而言，成为吸引项目的公司是一种为之奋斗却鲜能实现的状态。特别是在并购中，大部分项目都是通过竞标获得的。后面会进行讨论。

另一种获得项目的方法就是寻找项目。如果把吸引项目比喻成让苹果掉进你的篮子里，那么寻找项目就是去摇苹果树。就像这个比喻所指出的，寻找项目更困难但也更有前瞻性，这可以带来一些重要的好处。这里，我们会就这两种获得项目的方法进行探讨，并从专有项目讲起。

专有项目

对于一个专有项目，创业家会直接找到私募股权公司或者GP。在项目的推进过程中，GP会密切参与。有一位投资者说过："啊，专有项目。每一方面都有优势，只要进展顺利。"

专有项目的优势在于熟悉程度、差异化和价格。因为创业家已经选择了投资者，GP能密切了解项目。专有项目在VC和并购领域都可见到。一家全新的"种子"期企业——刚刚开始开发技术的企业——可以向私募股权公司展示自己，而一家后期阶段的并购交易也可以这样。有时候GP会成立一家企业，招募创始团队并为其提供资金去开发某项技术。而一家处于后期阶段的企业在融资中可能会明确要求某家私募股权公司投资。创业家决定接触某家私募股权公司，是因为他们已对该公司进行过调查，知道该公司在该领域有专业能力，或者有很高的声誉，或者是企业和GP有私人交情。

做专有项目的GP会获得时间优势，因为这种项目通常是没有竞争的。GP可以非常了解企业的技术或业务，从而降低不确定性。这使得GP可以对项目更好地定价，并更有效率地管理项目。此外，有一个公共关系的因素——如果项目成功了，那么支持该项目的私募股权公司无疑也会成功。

专有项目对于并购公司的重要性就和它们对于VC公司的重要性一样。很多并购交易广泛传播，最后需要通过竞标决定买方，这种方式非常有效率，轻松获利基本没有机会。尽管卖方通过竞拍可能获得最高的价格，但也给各方带来风险。并购公司会担心，它们可能要花大量时间、人力和资金对标的企业做尽职调查，结果却是其他公司赢得项目。① 卖方则担心招标失败，在尴尬之余，还可能由于招标分散了管理层的精力而导致公司业绩下降。

还有一个担心是信息究竟在多大范围内传播。合格的买方，通常是竞争对手，可以从投资银行准备的材料（称为项目建议书或机密信息备忘录CIM）和放置所有企业信息的

---

① 传统上，如果谈判到达一定阶段，标的企业选择了中标公司，那么企业必须向参加竞标的其他企业支付"分手费"，以补偿发生了费用的竞标公司。

资料室(Dataroom,企业信息的绝对宝库)中完全获得企业的内部信息。在2008年,中国地铁传媒公司数字媒体集团(DMG)出现在出售名单上。两名最热情的买方是其主要的两个竞争对手。最终该交易没有达成,而DMG之后却需要和这两个竞争对手争夺上海地铁广告合约。[1]

私募股权公司试图通过"分级"拍卖避免这个问题。在这种情形下,拍卖会有若干轮。例如,初始竞标价必须超过1亿美元,第二轮要超过1.5亿美元,依此类推。随着买方被层层筛掉,剩下来的买方对企业的经营状况和前景会有更多的了解。

拍卖失败带来的尴尬,使得收购标的的管理层或者所有者力图避免流标,哪怕价格上会低一些。企业的所有者可能会直接或者通过投资银行去接触某家收购公司,从而形成专有项目。

像VC公司一样,专有收购项目允许收购公司有足够时间去熟悉交易,并对最终成交价格施加影响。但就收购而言,买方并没有完全自由,因为卖方随时可以将项目转回拍卖程序,或者干脆取消出售。Montagu Private Equity(一家总部在伦敦的中型企业收购公司)的Chris Masterson这样描述和一个家族企业的谈判过程:

> 大部分时候,你会发现创始人想进行一些变现,有的家族成员想参与进来,有的却不想。你不知道他们想要什么。因此我们面对面地会问他们,而这会降低他们的戒备心。他们对他们所在的产业非常了解,但是当他们来到伦敦并进入我们像西斯廷教堂一样的办公大楼,他们会紧张。他们从未进行过并购交易。此时我们问他们想要的是什么,他们很少仅仅需要金钱,而是需要足够的权力。话语权要在他们手上。此时,我们就明确表示,只要要求是合理的,我们就会给他们想要的。而实际上我们也常常能满足他们。[2]

除了定价权,专有项目对于许多方面,尤其是LP来说有强烈的示范效应。大部分私募股权公司的募资文件上会提到专有项目的数量或者积极发展专有项目的计划。这些将把该公司与其他私募股权公司区别开来。而互相邀请参与专有项目使得一家公司可以优惠的价格接触到另外一家公司的交易。我们将在本章稍后讨论这种项目共享(辛迪加)背后的机理。最后,可以吸引专有项目的声誉也会提高公司在服务提供方中的声誉,比如投资银行和其他项目介绍方。

尽管我们觉得专有项目有这么多好处,但也蕴含大量风险。声誉风险非常高,以至于很多VC公司会对他们在极早阶段就投入的项目保密(用行话来说就是"隐身"),直到项目获得第一轮外部融资。对于收购来说,避开竞标所获得的收益以及对卖方动机和状况的更好了解,大过专有收购的风险。不过,一系列不佳的专有项目,会使得LP质疑私募股权公司的判断力。

---

[1] 更多细节请参见Josh Lerner、Felda Hardymon和Ann Leamon所写的"Digital Media Group: The Shanghai Bid",载于哈佛商学院案例No. 810-097(波士顿:哈佛商学院出版社,2010年)。

[2] Felda Hardymon、Josh Lerner和Ann Leamon所写的"Montagu Private Equity(A)",载于哈佛商学院案例No. 804-051(波士顿:哈佛商学院出版社,2005年),第8页。

项目的前瞻性挖掘

大部分私募股权公司都会前瞻性地寻找项目。这要求GP对所在行业有深入了解，一般他们会开发一份所谓的路线图。

在路线图里，GP会描绘他们所专注行业（例如生物科技和健康护理、软件和通信、能源和清洁技术）的未来，以及创新的潜力。他们也会列出行业中各种机会和存在的问题。例如，他们可能会相信印度的房地产是个很好的投资机会，但是仅限于住宅地产领域，因为工业地产可能会有更高的监管风险。

接着，他们会通过不同的方法来寻找目标企业，包括参加会议和行业展览会、阅读行业期刊并与业内的意见领袖建立联系。有时候他们可能会聘用业内专家作为外部咨询顾问或者派驻他们到公司（在第十一章中会有更详细的介绍）以利用他们的专业知识和商业网络。大部分时候，他们问问题并耐心聆听。在饭局上没有比私募股权公司从业人员更敬业的人了。

有些公司已经规范化他们的项目寻找过程。两家总部位于波士顿的成长资本私募股权公司，TA Associates 和 Summit Partners 采用一种叫"打电话找项目"的方法。他们会聘用刚毕业的聪明的大学生，这些大学生要了解清楚某个行业中具有一定规模的未上市企业。然后分析师会主动打电话问企业的CEO或者CFO是否考虑接受私募股权融资。出乎所有害羞的人们的意料，这种方法是有效的；这两家私募股权公司常常位列前25%。很多未上市企业因为各种各样的原因，从来都没有考虑过私募股权融资。有的是因为创始人就没有考虑过，或者他们认为自己不够资格，或者他们太过忙碌于开发和管理业务。不过，只要有人接触他们，就存在可能性。但是，这种方法只适合那些业务已达到一定规模，其业务、前景和财务信息可公开获得的企业。

寻找项目的另一种使用更广泛的方法是从中介机构（比如银行、股票经纪、朋友、会计师、律师和公司内部的业务拓展专员）处获得。每种中介都有他们促成交易的动机和激励，对此GP和创业家都应该牢记在心。

朋友（friends）可能是最坦率的。VC的某个朋友可能出自纯粹的利他主义——"这是一个好的企业/创始人，我的VC朋友应该了解一下它/他"——就像戴维·考恩（David Cowan）的朋友（尽管他最后没有看这个在车库进行的项目）。其他一些朋友可能比较自利，他们可能已经作为天使投入公司或者会收到中介费（通常是融资额的一定百分比）。还有一种可能的激励是VC投资会验证之前投资的正确性，或者是考虑机构投资者可能会向早期投资者购买股份，此时手中的股份可以溢价变现。朋友在收购项目中也有类似作用。

商业银行家（commercial bankers）了解业内各种规模和经营状况的有兴趣的企业。初创企业需要银行服务，而银行也愿意为这些企业的成功贡献力量。当企业需要的贷款服务超出正常银行服务的范围或者会违反标准的贷款操作时，银行可能也会把企业介绍给私募股权公司。

银行可能也希望增加风险资本家的信任，以拓展有VC投资的企业名单。尽管对于投资者来说私募股权是一种缺乏流动性的资产，但是却为银行提供了流动性。一家公司可以融资几百万美元并将资金放置在银行账户或货币市场基金账户中。随着开发产品或者技术的需要,企业会逐渐提出资金,当资金用完后,企业又会进入下一轮融资。因此,这部分企业存款能冲抵银行资产负债表上流动性较低的资产(贷款)。

对初创企业的贷款

加州的硅谷银行(SVB)是世界上最大的技术贷款银行。SVB 与著名的风险投资家保持着良好的关系,并向他们投资的早期阶段初创企业提供风险贷款,在获得利息和本金的同时,还获得认股权证,即在未来以一定价格购买企业股票的权利。有时候 SVB 甚至能获得参加下面轮次融资的权利。通常,传统银行因为担心初创企业倒闭的风险,很少向他们贷款,但 SVB 通过两种独特的方法来保护自己。第一,SVB 清楚,顶级的 VC 公司对它们的投资组合企业几乎都会进行多轮投资,因此银行贷款在企业资金消耗完之前得到偿还的可能性大大提高。SVB 与 VC 公司间的长期合作历史使其成为受尊敬的合作伙伴,投资者也愿意保护其利益。第二,如果企业倒闭了,可以变卖其知识产权作为贷款的第二还款来源,而 SVB 知道如何变现知识产权。这使得 SVB 遵循典型的双保险要求,即一笔贷款必须有两类还款来源。对于 SVB,还款来源是 VC 投入的股权资金或出售知识产权获得的资金;而对于传统银行,还款来源则是运营现金流或者基础资产的价值。①

投资银行家(investment banker)在兼并、收购、并购和首次公开发行(IPO)中提供服务。他们在退出中的作用会在第七章中进行讨论;他们也会帮助寻找投资机会,尤其是为并购公司服务。在实践中,企业的股东或者管理层常常挑选一家投资银行代表企业,通常按照"选美比赛"的方法挑选。挑选过程中,参选的投资银行会展现他们为代表企业所制定的策略和所设定的价格。被选中的投资银行会起草早先提到的项目建议书并向感兴趣的机构进行推介。

投资银行向并购公司推荐标的企业时并不收取费用。但是当一项交易成交时,投资银行会获得各种费用,包括提供融资方案的安排费、提供贷款的承诺费(商业银行也会获得承诺费)以及联合费(当该投资银行联合几家银行提供融资时)。所有这些费用的收取要视交易完成的具体情况而定。但是如果投资银行通过其私募股权基金投资于交易,或者已经推荐其高净值客户投资于这些基金,就可以与并购公司维持更长期的关系。另外,投资银行也希望和 GP 保持良好关系,以期能从他们身上获得更多的业务。

股票经纪人(stockbrokers)会关注各种公司和行业,可能了解哪些企业在寻求出售其某些部门。但他们必须保持必要的监管距离,以确保他们没有从内幕消息中获利。

服务提供方(service provider),例如会计师和律师,是项目的另一个来源。他们往往认识一些有才干的人,这些人拥有有前景的创意,因为这些未来的创业家在创立公司前,

---

① Felda Hardymon、Josh Lerner 和 Ann Leamon 所写的"Silicon Valley Bank",载于哈佛商学院案例 No. 800-332(波士顿:哈佛商学院出版社,2000 年),4 页。

一般会咨询这些会计师和律师。而且，随着企业成长并开始产生收入或者需要融资，创业者们可能会和他们的会计师和律师讨论公司目前的状况，而会计师和律师则倾向于建议企业和私募股权公司接触。

和上面提到的外部中介不同，**业务拓展专员**（bussiness deuelopment officers）是在企业里任职的高管。他们通常负责和供应商、分销商或者伙伴公司建立联系，他们也会将企业作为投资机会向私募股权公司展示。

了解每种情况下中介的动机很重要。商业银行可能是为了增加某特定行业内的客户。投资银行是为了获得服务费用和未来合作机会。律师和会计师希望企业能得以继续生存并继续使用他们的服务。业务发展专员可能是将成功和投资者接触作为提升职业生涯的途径。很多中介可能认为，成功的推荐项目可以增强他们在私募股权行业的影响力。

中介、创业者和私募股权公司都必须清楚，真正稀缺的资源是合伙人的时间。通过推荐符合私募股权公司特点的项目，并筛除不符合条件的项目，中介就会成为私募股权公司重要的合作伙伴。

不过创业家在这个过程中并不被动。通过调查和准备，创业家不仅会对寻找投资者或收购方产生深远影响，而且对发现合适的投资方也有深远影响。这里再次强调，企业与私募股权公司间的匹配水平，对企业未来的经营结果将产生深远影响。

创业家的视角

在寻找私募股权投资之前，创业家必须决定他是否已经准备好进行这种类型的融资。如果做企业的想法还只是在初级阶段，创业家可能最好是寻找技术开发机构或者天使、进行二次抵押或者使用信用卡。虽然仅凭一个创意和几张 PowerPoint 幻灯片就能获得资金，但是许多投资者更希望看到一个成熟的想法。独立开发的想法强调了创业家的投入意愿，而越完善的想法也越值钱，使得创业家能保留更多的股权。

在接受成长股本或者并购投资情况下，股东或者管理团队必须准备好面对随后会讨论到的尽职调查过程以及爱挑刺的股权投资者。如果是家族企业，可能会出现家族变动问题和自我认同问题。如果企业之前有其他投资者，那么企业可能会有复杂的股权结构，并有动力去解决这个问题。

寻找融资的创业家必须准备一次所谓的电梯游说，也就是一份描述想法或者企业、团队和市场的简短（大约是 1~3 分钟）总结，但又要呈现足够的细节吸引潜在投资者。可以在表 3.1 中找到电梯游说的指导建议。

接着，创业家必须决定主攻哪一家私募股权公司和合伙人。从私募股权公司的声誉、所处位置到特定 GP 的声誉和人脉都应该进行考虑。表 3.2 中列出了一些可能需要考虑的问题。除了通过数据库和新闻报道调查，创业家还应该咨询在私募股权公司现在或者之前的投资组合当中的创业家。像 TheFunded.com 这样的在线参考网站也会提供意见。除了合伙人本身，创业家也应该考虑能否获得"可以提供帮助的人"。很多私募股权公司中会有运营合伙人，他们空降到企业，可以担当从临时 CEO 到首席营销官的所有角色。如果企业的未来价值是建立在这些资源的使用上，那么创业家就必须了解能否获得这些合伙人的帮助。

为了和投资者进行面对面的商谈,创业者必须积极参加会议或者研讨会,并参加地方或州一级的创业者项目。收购标的的股东往往需要通过投资银行或服务提供方——或在 TA 和 Summit 工作的分析师接触投资者。

表 3.1　电梯游说法则

---
1. 一开始要表现出兴奋和充满能量。第一句话应该通过强调问题的严重性来抓住听众。"公司数据库以每年××%的速度在增长,花费公司××百万美元。"
2. 表达简洁。用简洁的表达方式解释公司在(或者将要)做什么。"我们的数据压缩系统减少了数据仓库的规模,同时又使得搜索速度和效率提高了 1 倍。"
3. 避免科学细节或者行话。由于创业者通常是技术发明者,他们希望清楚解释他们技术的运作原理。但这会让听众难以理解,会让他们失去兴趣。相反,创业者应该描述解决方案,而不谈及具体的细节。"我们用了一种创新的,超快的压缩技术……"
4. 建立信誉。如果企业的产品或者它解决的问题在一些重要的新闻媒体上被提及,或者知名专家参与其中,一定要说出这个事实!"我们的产品由 MIT 的一位教授开发,并用在美国航天局的火星项目中。"[①]

一旦游说引起了投资者的兴趣,会需要更多的信息。商业计划书会有帮助,但是创业者通常必须进行一次介绍,对计划书进行总结。为此,专家[②]推荐一套不超过 12 页的 PowerPoint 幻灯片,见表 3.3。如果幻灯片实现预期效果,投资者会希望了解更多关于企业的情况——然后就开始进入尽职调查过程。

表 3.2　创业者应该问的问题

---
1. 这家私募股权公司/合伙人有我所在行业的专业能力吗?
2. 这家私募股权公司位于哪里? VC 最好是在当地;LBO 交易不一定这么要求,但是在附近还是更好一些。
3. 这家公司是否已经投资了类似的企业?是否投资了类似于我客户的企业?是否投资了类似我收购过的企业?投资者如果了解更大的商业生态系统并在系统内拥有强大的网络,会有助于投资者指导企业发展。
4. 这家公司/GP 已经让多少家企业上市了?更优秀的业绩意味着这家私募股权公司在投资银行家和上市进程中涉及的其他专家中拥有更强大的人际网络。
5. 这家私募股权公司最近募集基金是什么时候?刚封闭的基金比接近存续期末的基金有更长的时间跨度,接近基金存续期末时,GP 会期待收获好的回报,并募集下一只基金。

[①] 摘自 David Cowan 所写的"Practicing the Art of Pitchcraft," Who Has Time for This?® 2006 年 1 月 23 日,http://whohastimeforthis.blogspot.com/2006/01/practicing-art-of-pitchcraft.html,访问于 2010 年 4 月 25 日。

[②] 见 Matt Cutler 所写的(mcutler@alum.mit.edu) VC Pitch Template v1, www.bvp.com/downloads/VC-Pitch-Template-v1.0.ppt; Mobius Venture Capital 的 Brad Feld 所写的"The Torturous World of PowerPoint," www.feld.com/wp/archives/2004/06/the-torturous-world-of-powerpoint.html; Garage Technology Ventures 的 Guy Kawasaki 所写的"The Zen of Business Plans," http://blog.guykawasaki.com/2006/01/the_zen_of_busi.html#axzz0sYISXXE7;以及 Bessemer Venture Partners 的 David Cowan 所写的"How Not to Write a Business Plan," http://whohastimeforthis.blogspot.com/2005/11/howto-not-write-business-plan.html;以上都访问于 2009 年 8 月 28 日。

续表

6. 其他创业家会怎么说？私募股权公司会乐于提供一份已经投资的企业列表，并通常会将这些投资组合中企业的名字放在其网站上。像汤森路透或者 Capital IQ 这样的数据库也会提供私募股权公司目前或者之前投资过的企业列表。

7. 这家私募股权公司还能提供哪些其他资源？有些私募股权公司有专职的人力资源专家，这些专家能帮助投资组合中的公司招聘企业高管；有些私募股权公司则提供市场营销或公关方面的帮助。虽然企业总是能从外部招聘到这些人才，但内部资源可能更高效。

表 3.3　通过 12 页幻灯片展示企业

1. 首页
   a. 公司名称、电话号码、电子邮箱地址
   b. 一句话描述企业的业务内容
2. 所针对的市场："市场有多大？"
3. 为什么这个市场有痛点？
4. 为什么现有的解决方法不行？
   a. 为什么你的方法能解决痛点？
5. 为什么新的方法比原来的解决方法要好 10 倍？
6. 管理团队构成
   a. 他们在构建你解决方案上为什么是可信的？（有时候也放在第二页幻灯片上）
7. 你有哪些早期的证明点？
   a. 原型产品、证书、早期收入，或有订单、非经常性工程收入
8. 你打算如何出售产品？你如何获得渠道？
9. 通过一个 2×2 的矩阵，用你选定的坐标轴说明竞争对手和你所在公司的情况，你公司应位于右上角区间。
10. 公司成长速度如何？
11. 基本的财务信息：按照季度预测未来 3 年：
    a. 收入、费用、现金、人数等
12. 你现在需要融资多少钱？
    a. 在你进行下次融资前，要达到什么样的目标？

资料来源：Chris Risley，VC 投资过的 7 家公司的系列 CEO 及柏尚投资（Bessemer Venture Partners）的运营合伙人，在其于 2009 年 11 月 9 日给 Maine Center for Enterprise Development's Top Gun Program 的演讲中提到以上内容。使用已经许可。

项目估值

仅仅发现项目是不够的。投资者还必须对项目进行估值。如本章开头所说，一个好的项目并不总是那么明显；不同的风险资本家，即使都有非常成功的业绩记录，他们对不同项目特征所给予的重视度也是不同的。

尽管如此，项目都会经历尽职调查过程中的审查，而几乎与此同时，项目也会经历合伙审批的内部流程。尽职调查包括对团队、技术、市场、分销方法、竞争和客户的调查。而在内部流程中，合伙人希望从合伙企业那里获取投入、问题和关注点等信息。这两个进程

的结果就是决定最终选择投资还是放弃机会。

真正使得 VC 投资者最后决定投资的因素是什么,很久以来一直是困扰从业人员和研究人员的一个问题。Tyebjee 和 Bruno[①] 将风险资本家的行动形容为遵循以下五个连续步骤的有序过程:项目寻找、筛选、估值、构架和管理。作者利用从 90 个风险资本家手上获得的 41 个项目的数据,收集了决定创业企业吸引力的因素的信息。从图 3.2 中可以看出,这些因素大致可以分成五个维度:市场吸引力(规模、成长性、客户);产品差异化(独特性、专利、技术优势、利润率);管理能力(营销、管理、融资的能力和创业家的业绩);环境威胁抵御能力(技术生命周期、进入壁垒、业务周期的稳健性、下行风险保护)、可退出方式(被合并、收购或上市的可能性)。在其分析中,项目的预期回报是由市场吸引力和产品差异化决定的,而感知风险则由管理能力和环境威胁抵御能力决定。有 7 位风险资本家在看过文章中的模型和结论后指出,管理的重要性被低估了。管理对于创业企业吸引力的相对重要性这个问题,则长期存在争论。

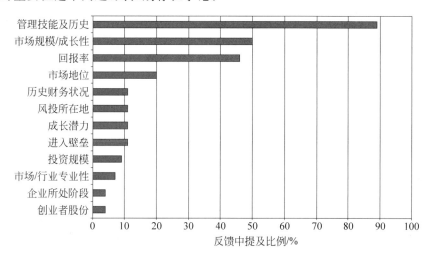

图 3.2　风险资本家对创业者的评估标准

资料来源:摘自 Tyzoon Tyebjee 和 Albert Bruno 所写的"A Model of Venture Capital Investment Activity",载于 *Management Science* 30,No.6(1984):1045 页。

尽职调查

通过尽职调查过程,GP 会评估 Tyebjee 和 Bruno 提到的这些因素。通常,合伙人在至少一位其他同事的支持下,会通过标准化和多层面的过程对项目进行尽可能多的了解。这个过程包括识别项目优势和风险,理解未知因素,以及确定触发再融资或修改措施的标志性事件。投资团队必须确定,综合该创业企业发现的解决方案和无法解决的未知情况,企业是否能活下去。对于很多投资团队来说,判断的准确性在一定程度上取决于对不确定性的影响或控制能力。

[①]　见 Tyzoon Tyebjee 和 Albert Bruno 所写的"A Model of Venture Capital Investment Activity",载于 *Management Science* 30,No.6(1984):1051-1066 页。

风险投资家之间持续存在的一个争论是,到底是投资"骑马师"——管理团队,还是投资"马"——商业创意。Ian C. MacMillan、Robin Siegel 和 P. N. Subba Narasimha 访谈了 100 位风险投资家,希望知道他们是用什么标准来判断是否投资一家新创业企业。结果发现,前 10 个最重要的标准中,有 6 个是属于创业家经验和性格方面的,这支持了 Tyebjee 和 Bruno 对管理重要性的发现。还有两个标准是关于回报的,市场和产品则各占一个。具体情况见表 3.4。最重要的能力包括创业家管理风险的能力、工作的勤奋程度以及对市场的熟悉程度。作者总结说:"是骑马师(创业家)最终决定了风险投资家是否会(在初创企业身上)下赌注,而不是马(产品)、赛道(市场)或者赔率(财务标准)。"[1]

表 3.4 创业家评估标准

标准	针对对象	提到的百分比/%
持续努力的能力	CEO	64
对市场透彻的理解	CEO/市场	62
5~10 年内回报至少在 10 倍	回报	50
以前体现的领导能力	CEO	50
评估/应对风险的能力	CEO	48
投资变现的能力	回报	44
市场成长空间	市场	43
相关业绩记录	CEO	37
清晰表述企业	CEO	31
产权保护	技术	29

数据来源:数据摘自于 Ian C. MacMillan,Robin Siegel 和 P. N. Subba Narasimha,风险资本家衡量新的风险项目的标准,*Journal of Business Venturing* 1(1985):121,123

有些风险投资家赞同这个观点。投资了英特尔和苹果的阿瑟·罗克(Arthur Rock),是这样评论的:"我犯的错误几乎都是选错了人,而不是选错了创意。"[2]

但是相反的观点也得到专业人士和研究上的支持。红杉资本(曾经投资谷歌和贝宝)的唐·瓦伦丁(Don Valentine)说:"我几乎所有的投资决定都是基于市场规模、趋势以及企业所解决问题的本质。"[3]

Steven N. Kaplan、Berk A. Sensoy 和 Per Strömberg[4] 的一篇论文也支持了瓦伦丁的观点。文章研究了 55 家创投支持的企业从制定商业计划到 2004 年发行 IPO,以及此后三年的发展情况。他们发现,研究的企业的业务线几乎都没有发生变化,只有一家改变

---

[1] 见 Ian C. MacMillan、Robin Siegel 和 P. N. Subba Narasimha 所写的"Criteria Used by Venture Capitalists to Evaluate New Venture Proposals",载于 *Journal of Business Venturing* 1 (1985):119 页。

[2] 见 J. Merwin 所写的"Have You Got What It Takes?",载于 *Forbes* 128 (1981 年 8 月 3 日):61 页;引用于 Josh Lerner 所写的 *Expert Testimony*,2008 年 10 月 2 日,第 13 页。

[3] 见 U. Gupta 所写的 *Done Deals: Venture Capitalist Tell Their Stories*,(波士顿:哈佛商学院出版社,2000 年),167 页。

[4] 见 Steven N. Kaplan、Berk A. Sensoy 和 Per Strömberg 所写的"Should Investors Bet on the Jockey or the Horse?"(CRSP Working Paper No. 603,2007 年 8 月),参见 http://ssrn.com/abstract=657721。

了核心业务。如果硬要说有什么区别的话,就是企业在原有的细分市场提高了份额。然而在这段时间里,管理团队和对专业技术的依靠也发生了很大的变化。在业务线中,有一半的企业看重的是专业技术,但 IPO 时和 3 年后,这个数字跌到 16%;在 IPO 时,原来的首席行政总裁有 72% 仍然留任,而再过 3 年后,只剩下 44%。创始人(指首席行政总裁旗下的四位执行官)的留任比率就更低了:只有 50% 坚持到了 IPO 阶段,3 年后又更换了一半。考虑到避免样本的特殊性,作者又检验了所有在 2004 年上市,但一开始没有外来融资的创业公司的核心业务、高级管理层、所有权的变化情况以及最终结论的变化。虽然一个有能力的管理团队对于投资者来说是个很有吸引力的因素,但是人力资源相比于市场或者业务理念更容易发生变化。这可能是企业成长带来的副作用:企业要适应市场的发展,需要管理团队拥有不同的技能,因此管理团队自然发生调整。

挑选好项目的部分困难在于信息鸿沟(信息不对称)(一方,通常是创业家,比另一方知道更多)和道德风险(一方只有有限损失的风险,因此行事会不同于其完全暴露在风险中时)。Raphael Amit、Laurence Glosten 和 Eitan Muller[①] 研究了那些愿意接受 VC 投资的创业家类型。他们发现高素质的创业家更倾向于不接受 VC 投资,因为这样他们就能获得项目的全部回报。由此会产生一个逆向选择问题:只有那些能力较差的创业家才愿意接受和 VC 分享利润的要求,并承受 VC 加入后所带来的干预。没有能力的创业家由于接受了风险融资,他们也就不必承担他们亏损的全部成本。为了盈利,风险投资家必须支持那些有能力的但厌恶风险的创业家。因此,风险投资家的问题就是将没有能力的创业家与有能力但厌恶风险的创业家区分开。

虽然这个观点很极端,但这确实是一个真实的问题。私募股权投资者甚至可以为有才能的创业家管理的公司带来价值提升。否则,TA 和 Summit 的分析师就永远不会有前途,因为管理好公司的有才能的创业者不会愿意和投资者分享他们的收益。不过,因为创业者不会在接触投资者时说"我真的很无能",认真细致的尽职调查是必要的。下面我们会探讨如何做尽职调查。

尽职调查清单

在尽职调查中,投资者会对企业的管理团队、客户、销售渠道、财务和产品进行调查。可能不是所有问题都会得到答案,即使是其中一个方面,也可能没有答案。尽管每家公司的尽职调查模板会略有不同,我们还是会在本节列出调查的主要方面。

管理团队

投资不确定性的一个主要来源是管理团队。早期投资会持有很多年,管理层是必不可少的合作伙伴。虽然并不鲜见,但正如 Kaplan 等人描述的,变更管理团队会成本很高并且棘手。例如,更换一名销售副总裁后,可能会让销售部门陷入瘫痪,直到销售团队评估这个变动对他们工作可能的威胁,对他们薪酬结构的影响,之后才能适应新环境。整个

[①] Raphael Amit、Laurence Glosten 和 Eitan Muller 所写的"Entrepreneurial Ability, Venture Investments, and Risk Sharing",载于 *Management Science* 36,No. 18 (1990):1232-1245 页。

团队追随离职的高管而离开,这种情况并不鲜见。因此,更换一名高管的代价不仅仅是遣散费、支付给猎头的定金、招聘一名新高管的签约奖金和相关费用,还包括寻找新高管期间的组织效率下降,这还是在没有考虑更换其他离职员工产生进一步成本的情况下。当必须更换一名CEO时,这种剧变可能影响更深远,因为组织的整个方向都可能发生变化。同时,过渡期间的CEO可能非常受欢迎,团队会拒绝其他人接任。

杠杆收购公司运营尽管可能更加稳定,但是高管变动也会是破坏性的。有些并购公司通常会用公司内部运营专家组成的团队代替并购公司的高管团队,之后会再招募一个长期性的管理团队。而其他并购公司,尤其是那些专注于管理层友好型交易的公司,会保留原来的团队。尽管如此,企业会突然在一个新环境中经营,面临各种不同的压力,并处理之前隐藏现在暴露的问题。一个经典的例子是1988年KKR以250亿美元收购雷诺兹-纳贝斯克公司(RJR Nabisco)引发的余波,该交易在当时以及之后15年间都一直是最大的收购案。当时的CEO罗斯·约翰逊(Ross Johnson),在交易完成后离开了公司。取而代之的是美国运通的卢·格斯特纳(Lou Gerstner),接着是ConAgra的查尔斯·哈珀(Charles Harper),最后是Dacis Polk & Wardwll律师事务所的史蒂文·戈登斯通(Steve Goldstone)。① 虽然走马灯似地更换CEO并不是雷诺兹-纳贝斯克市场份额和盈利下滑的唯一原因,但对公司确实没有任何帮助。

私募股权投资者——VC或者并购公司——在执行交易前都必须清楚了解管理团队的优劣势。刚开始的时候,大家都希望原有的团队能胜任。如果不胜任,大家会希望团队有自知之明,接受辞退。随着创业公司的成长,会要求他们的领导者具备不同的技能。当企业涉及更多琐碎但又很重要的日常管理任务时,企业中研发了突破性技术的科学家可能并不希望继续留在CEO的位置,他/她一般会成为首席技术官(CTO)。早期的控制人也可能退位让贤,成为CFO。但有时创始人会激烈抗争保持控制权,从而引发一场激烈内斗。GP可能需要投入大量的时间促成更换团队的董事会决议,之后要找到接替者并安抚留任的员工。投资者必须理解高管的能力、个性和积极性,这样就能在交易价格中将更换团队所需的财务和时间成本考虑进去。

为此,投资者需要对团队做详尽的背景调查。主要包括三个方面:
1. 管理团队目前的优劣势是什么?
2. 企业目前需要的是什么?
3. 企业未来需要什么?这个团队/个人具备吗?

投资团队必须根据其经验对团队的风格进行判断。GP接触过各种类型的CEO——销售人员、技术专家、战略家——并且知道他们什么时候胜任或不胜任。所有类型的CEO都能创立一家成功的企业,但是他们必须清楚他们的优势和劣势,并通过聘请一个互补的团队并给予必要授权来弥补劣势。

---

① 见John Helyar所写的"RJR Goes from Ashes to Ashes",载于 *Fortune*,2003年10月13日,http://money.cnn.com/magazines/fortune/fortune_archive/2003/10/13/350888/index.htm,访问于2010年6月15日。

CEO 与公司间的匹配

20 世纪 60 年代,马克·莱斯利(Mark Leslie)的第一份工作是从 IBM 的一名程序员开始做起,然后他到了 Scientific Data Systems and Data General 的销售部门。1980 年,他创立了 Synapse Computer,并从许多家 VC 公司融资 2 600 万美元。他专注于销售,甚至在产品准备好运输之前就建立好了营销部门。1984 年,投资者在投资了最后 800 万美元后将其辞退。① 公司最后倒闭了。

经过一段时间的艰难求职后,莱斯利加入了 Rugged Digital Systems,这是一家面临生存压力的军用电脑供应商。莱斯利大幅度削减了销售计划和开销;到 1987 年,公司营收从 200 万美元增长到计划的 2 000 万美元。② 1989 年,他离开了公司③,并在 1990 年加入了 Veritas 软件。该公司把 Tolerant Systems(在从本土 VC 公司募集 5 000 万美元后最终破产)开发的技术进行重新包装。④ 尽管没有什么明显的成功——几年之后 Rugged Digital 被 DataMetrics 以一个不太高的价格收购⑤——莱斯利后来还是成为了 Vertias 的 CEO。硅谷尊重之前的失败,他从硅谷受益良多。正如红杉唐·瓦伦丁所说的:"在这里,因经验而更加睿智和谦逊的 35 岁到 40 岁的人会不断降低企业的风险,而那些没有经验的 30 岁左右的人却刚愎自用,太狂傲而不懂得听取劝告。"⑥Vertias 需要一名销售导向的 CEO——而莱斯利则擅长销售。他能清醒认识到自己之前的错误。曾经投资 Synapse 的投资者欣赏莱斯利吸取教训的态度,决定支持这家新公司。在莱斯利的带领下,Vertias 于 1993 年在纳斯达克上市(股票代码:VRTS),并于 2004 年以 135 亿美元被 Symantec 收购。⑦ 莱斯利于 2000 年从 CEO 位置上退下。

对管理团队的全面背景调查要通过和他们之前的同事、投资者和相关人员进行交谈。而创业者应该知道会有这样的调查,并提供可以进行咨询的人员名单。不在名单上的人也可能会被联系,尤其是那些曾经和调查对象一起面对过困难的人。投资团队会根据访谈的结果对未来和管理团队的合作作出估计,有可能在投资时就提出更换某些高管的想

---

① 见 Cheryll Aimee Barron 所写的"Silicon Valley Phoenixes",载于 *Fortune*,1987 年 11 月 23 日,http://money.cnn.com/magazines/fortune/fortune_archive/1987/11/23/69875/index.htm,访问于 2010 年 5 月 6 日。
② 同上。
③ 见"Who's Where,Who's Where",载于 *Aviation Week & Space Technology* 131,第 11 期(1989):6 页。
④ 数据来自 Mark Leslie;引用在 Javier Rojas 所写的"Opinion:Conversation with the Founder:Mark Leslie",Sandhill.com,2010 年 3 月 3 日,http://www.sandhill.com/opinion/daily_blog.php?id¼62&post¼609,访问于 2010 年 5 月 6 日。
⑤ 路透社"Datametrics Completes Rugged Digital Merger",*Reuters News Service*,1993 年 8 月 10 日。
⑥ 见 Barron 所写的"Silicon Valley Phoenixes"。
⑦ 见 http://www.funginguniverse.com/company-histories/Veritas-Software-Corporation-Company-History.html 和"Veritas and Symantec Affirm Marriage Vows",载于 *Information Age*,2006 年 2 月 26 日,http://www.information-age.com/articles/285131/veritas-and-symantec-affirm-marriage-vows.thtml。

法，有时还要借助特殊的补偿安排。

> **背景调查清单**
>
> 经验丰富的风险投资家会列出一份问题清单，并以一种开放式的方法问这些问题。例如，他会问"他的沟通能力如何？"而不是问"他是个好沟通的人吗？"随着谈话的继续，有些问题的答案也同时回答了其他问题，访谈者会将回答过的问题勾掉。而在谈话的尾声，风险投资家会再过一遍问题清单，并会直接问那些还没回答的问题。这种方法比一般的谈话更能了解到实际情况，必须加以重视。

对于私募股权行业，背景调查不应该是单方面的。创业家也应该对投资者进行背景调查。管理团队需要理解投资者的动机和方法。他们会管得很细吗？他们的人脉如何？他们的建议有用吗？发生危机时，他们会怎么做？要知道这些问题的答案，最好的方法是问那些曾经和投资者一起面对过危机的管理者。而好的投资者也应该知道创业家会问这方面的问题。

客户调查

投资者也需要访谈公司的客户。但由于客户和投资者的关注点不一致，所以从客户身上获得不偏不倚的信息尤其困难。首先，客户希望从公司获得连续的技术或者服务供应。因此，一个主要的客户不太可能说他正在评估其他公司选项，即使客户想保持选择权利。其次，客户可能会把访谈当作是真诚反馈产品缺点的机会——只是在客户使用该产品时。产品可能会很好地解决 X 问题，但客户希望它能解决 Z 问题。因此投资者必须对信息进行认真的过滤，因为信息可能太广和过于正面，或者可能太窄，局限于某些客户的需求。许多 GP 拥有一个高管网络，这些人会对客户的反馈做出一个更加均衡的评估。这些可信的人可能用过这些产品/技术，也可能他们自己有各种来源可以提供公正的信息。通常，一家私募股权公司的首席信息官（CIO）会维持一个同行 CIO 的网络，大家会分享他们对不同技术的体验。

关于中介机构在尽职调查中价值的讨论一直在继续，尤其是 VC 交易中。在 LBO 交易中，由于大型机构评估的复杂性，如跨国运营等和历史债务，交易通常需要很多中介机构的参与。VC 公司碰到这种情况的可能性要小一些。许多 VC 投资者更愿意通过尽可能多的访谈去挖掘第一手资料。尽管如此，当需要某些专业知识时，咨询顾问通常会参与客户和产品调查。在客户调查中，某领域的专家由于和被访谈人有共同语言，能理解和跟进反馈，并提供一份全面可靠的报告。同样，GP 会让公司的 CIO 去联系其他 CIO，获得市场对不同产品和技术反馈的详细技术信息。

在黑石集团和 Lion Capital 收购 Orangina 期间，其市场直觉来自于 Javier Ferrán，一位 Lion Capital 的 GP，他曾经在 Bacardi 工作，拥有丰富的经验。他非常了解饮料行业——不仅包括商业模式，还包括业内人脉、饮品特色以及欧洲人的饮酒习惯和法律法规的细微差别。例如，他知道，La Casera 是一种起泡的柠檬味道的酒，而且这种酒在西班牙的酒吧是必备品,因此其价格弹性很小。利用他对行业的深厚人脉,Ferrán 可以发现企业的真实情况。[①] 这是尽职调查很关键的一部分,尤其是在并购中,投资者面对的是市场上已有的产品和企业。做出一个好的投资决策所需的信息,其实都在企业的某个地方,但是要找到它们,需要对企业有非常深的接触和了解。

销售管道

销售管道的尽职调查是最难和最关键的部分之一。就好比海森堡的不确定性原理,考察销售渠道的动作会影响其考察质量。当企业出现接受私募股权投资——VC 注资或者收购——的预期时,客户担心产品会出现重大变化,从而降低他们的购买意愿,此时企业的预期销售可能会下降。

这样看起来,直接问销售部门可能更好。但是这样也会产生误导。销售人员是天生的乐观派。为了不断鼓励自己,他们必须告诉自己下一单销售就要谈成了。这些所谓的就要谈成的销售最终会葬送私募股权投资者的希望。

能正确评估销售管道的方法是一步一步地分析销售过程。是否有需求的证据?为了证明这个概念,产品是否已被市场接受?销售人员是否已和对的决策者联系上?我们怎么知道他/她是对的决策者?产品是否在实验室进行了检验?有无竞争对手?有没有人要求项目方案/报价?企业是否被邀请参与投标?最终名单决定了吗?我们是否在其中?我们是否收到了设计中标的通知?我们是否收到了购买订单?

通过以上环节,投资者实际上可以评定销售过程的质量以及是否向决策者提供了其所需的信息,以评估对企业产品的未来需求。这些信息对于评估企业的销售计划非常关键。还有一点也很重要,无论销售过程的质量如何,销售部门都是在按照这个过程进行销售。

财务评估

这方面的尽职调查对企业所处的阶段非常敏感。相比并购对象,初创公司有着不同数量的已有数据,必须关注其财务历史的不同部分。如果投资者尝试将并购尽职调查清单用于初创公司,注定会失败;反之亦然。

- 初创公司。任何一家初创公司都应该有一套基本的财务预测。这套计划能反映公司在募集更多资金前对其所取得进展的估计,并让 GP 对创业者对其业务的理解和未来现金需求有一个基本的认识。另外,这些信息可以帮助团队定位市场、开发销售过程和改善分销方式。例如,在初期通过合作伙伴销售以实现更低成本的销售,一边完善产品,一边推迟招聘和培训销售部门的成本,即使这样可能会让合作伙伴分得一部分收益。
- 并购。并购目标一般是一家运营实体,但其财务状况可能难以理清。如果是收购一系列品牌、某个国家的一系列公司或者某个公司的一个部门,那么这些实体可

---

① Felda Hardymon、Josh Lerner 和 Ann Leamon 所写的"Lion Capital and the Blackstone Group: The Orangina Deal",哈佛商学院案例 No. 805-007(波士顿:哈佛学院出版社,2005 年)。

能从未作为一家公司运营过。在这种情况下,投资者必须将其财务状况还原为完整的公司财务报表。

> **还原财务状况**
>
> 以欧洲并购公司 Apax Partners 收购 BTR Paper Technology(BTRP)为例。BTRP,作为一家为造纸工业供应耗材的全球制造商,其运营非常分散,在 17 个国家拥有 38 家工厂和 18 个办事处。在 1998 年,它与 Siebe 合并,最终改名为 Invensys。当 Apax 在 1999 年开始查看 BTRP 的财务状况时,用参与交易的一位 GP 迈克尔·菲利普斯(Michael Phillips)的话说,Apax 发现:
>
> (BTRP)实际上不算是一家公司,而是很多独立业务单元组成的集团。BTRP Canada 负责加拿大,BTRP Argentina 负责阿根廷。BTRP 没有集团层面的控制系统,只有各个国家账户的加总。总部会做一份合并财务报表,就像存在这样一家公司一样……我们不得不在拿到合并报表后,将其拆分到国家层面,然后再重新合并。在此 3 年期间,汇率波动很大,因此即使是按照一种货币把账户合并或者标准化就已经很复杂了。
>
> 但就是这种高度的复杂性,却形成了 Apax 的竞争优势。虽然团队在法律和财务成本上就花费了 300 万美元,但是他们的投入使得他们能在竞争中脱颖而出,并清楚知道他们可以投标的价格和他们能给企业带来的效率提升。①

LBO 基金面临的另外一个挑战是在公司发生资产剥离或部门剥离时。在这些情况下,所有的公司管理任务——领导力、战略规划、人力资源、税收规划、采购——都在总公司决定。如何对这些情况进行预算确实是一个挑战。如果一个潜在剥离后的部门,在总公司中应承担的成本超过了其实际需要和用途,那么其盈利能力实际被低估。另一方面,剥离的部门可能忽略了协同作用的正面影响,这可能包括分担广告费用、由于批发购买所获得的低价供应、税收抵免或从服务供应商那里获得的优惠价格,这些供应商希望和更大的实体做业务。

许多大型并购基金的会计和财务清单是不一样的。会计清单记录了标准数据,用于在年度审计中支持企业的账目,这些数据更偏向于验证,而不是解释。而不同项目的财务尽职检查清单是不一样的,更多是解释性质。对于某些问题的回答可能引发另外的问题。虽然目标公司的系统和数据结构可能无法提供用于回答某些更加细节问题的信息,但对最重要问题的回答对交易能够继续进行是必要的。例如在收购一家联合有线节目提供商时,问题可能包括订户费用(例如有线运营商的名字、订户数量、每订户单价、价格调整、合同条款等)、广告收入(例如评级,每千条成本,预售、即时销售和直销份额,全部销售)和一份详细的成本结构分析。

---

① Felda Hardymon、Josh Lerner 和 Ann Leamon 所写的"Apax Partners and Xerium S. A.",哈佛商学院案例 No. 804-084(波士顿:哈佛商学院出版社,2005 年),5 页。

对于初创公司，我们很少能获得这么细致的信息，但是投资团队应当清楚哪些是重要指标，以及如何发现这些信息。例如，一家种子期公司计划推出一种新功能，可以取回被遗忘的互联网横幅广告，并向用户重新推送。那么公司可能通过测试客户对这项新功能的接受度来改善成本结构。首先，我们应该清楚，这样做很重要；其次，这项测试会消耗什么资源，是判断管理层眼光和创意可行性的重要方法，也提供了财务方面的数据。

对于大部分早期公司来说，最大的担心必然是其财务是否透明以及是否很好地遵从了一般公认会计准则（GAAP）。GP 的行业知识和模式识别能力——一家企业在其特定发展阶段的财务情况看起来大概应该是怎样的，企业随时间会如何发展——是必要的。哪些数字是重要的，如何去理解它们，这些问题都是决定性的。

随着产业发展，这些都会发生变化。在互联网繁盛时期，"眼球"曾在一个短暂时期内成为一个用于估值的指标。[①] 但是，还有一种估值方法从那个时候坚持到了现在。在 20 世纪 90 年代末期，当互联网企业收入增长速度是每个季度翻番，投资者不再使用传统的连续 12 个月（TTM）财务数据的方法，而是使用期限更短的"营收运转率"，在这种方法下，用最新一季的财务数据来推测未来的财务情况。软件即服务（SaaS）行业不再使用软件公司一般使用的订单指标（已接订单的预期收入），而是使用承诺月度经常性收入（CMRR）——持续性收入扣除取消订单额，来评估一家正在成长企业的即时现金流。

有意义的指标不仅会随着时间或者行业变化而变化，而且也会随着企业所处生命周期阶段变化而变化。对于一家早期企业，现金流是很重要的指标。资产负债表相对则没那么重要，因为这个时候企业的资产主要是无形的人力知识——"他们穿着运动鞋，晚上走路回家"。现金流决定了企业在再次融资前可以取得多少进展，而这种进展将决定企业再融资时的价值。这个时候，早期企业和其团队应该养成良好的会计习惯，注重现金效率。随着企业发展，财务状况的其他方面变得更加重要。一旦企业有了收入，损益表变得重要起来，其次是资产负债表。

在收购中，资产负债表是非常重要的，它能帮助投资者和银行判断企业偿还债务的能力。而另一方面，损益表可以通过提升运营发生变化。现金流是关键的，因为它反映了可以用于支付债务的资金情况。这里必须重申，会计必须是透明的，这样投资和管理团队才能获得准确的可行信息。

我们观察到的一个主题，是领域知识的重要性。风险投资家应该对财务看起来应该是怎样的，收入和成本随时间如何变化有一个大致的感觉。并购从业者必须有一个基本框架，用于理解数据、确定在偿还负债情况下企业的稳定性，以及预测经营的提升等。这可以发展成为一种竞争优势。ABRY Partners 是一家主要在媒体相关行业投资后期企业的顶级并购公司。它对行业动态有深刻理解，能对新兴趋势做出迅速反应，并在表现不佳的资产上发现改进机会。创始人曾在媒体行业做过咨询，这使得他们能对机会做出评估，

[①] 尽管许多还处于亏损的互联网公司实现了上市，天文数字的估值，大量眼球（访问他们网站的流量），它们的长期可持续发展仍然取决于朴素的利润概念。

迅速判断该机会的吸引力。① 知道问什么样的问题,并知道如何就答案进一步行动,是一项关键能力。

产品评估

在产品评估中,领域专业知识极度重要。如果在公司内部缺乏某领域的专业知识,通常会雇佣一名顾问或者外部专家。虽然这种做法某种程度上是有作用的,但也可能产生利益一致的问题。顾问是拿钱干活的;而 GP 是按结果取酬的。另外,合伙企业的预算可能会限制顾问对产品和其基础技术进行详细调查的能力。如果是内部专家,则可以按照需要对问题进行深度调查。

对于专注于较窄领域的 VC 公司来说,更容易在内部获得领域专业知识。而对于 LBO 公司来说,交易的数量和规模,以及产品组合的广度这些因素使得公司无法做到这一点,尽管许多公司会使用外部的专家,而且这些专家和公司利益高度一致。即使是 VC 公司,也会有机会成本——合伙人的时间可能花在另外一个项目上更好,但是如果有一个更有前景的项目出现,合伙人几乎可以零成本地从旧项目转移到新的项目。事实上,在研究第一个项目时所获得的信息,可能提高评估第二个项目的效率。

当问及后续问题时,领域专业知识会产生明显的优势。当菲尔达·哈迪曼(Felda Hardymon)还是 BDSI(GE 的创投部门)的一名投资者时,他投资了 Stratus Computer,一家从事容错计算机生产的早期企业。他这样回忆道:

> 因为我在职业生涯早期做过计算机系统,我可以自己做尽职调查。我和 GE 的计算机人员讨论这项技术,哪些可行,哪些不可行。我投资了这家企业的前两轮,然后柏尚也投资了。柏尚听取了一名顾问的建议,投资了 Stratus 的一家竞争对手。我曾经看过那家竞争对手企业,但我觉得那家企业的方法成本太高。为什么会产生不同的判断?我认为区别在于,我会问后续问题。一名顾问只是问他已经被告知应该问的问题,但没有必要深入发掘;投资者则不同,他们投入了资金和声誉,希望产品有效,并且比竞争对手的更好。

执行风险

评估一个新产品之所以困难,有部分原因是技术风险的很大一部分是执行风险。产品可能没问题,并满足了实际需求,但是它在市场上的成功取决于其执行的如何。例如,Miasole 公司设计了一种新的制造太阳能板的方法,该方法将更普通(成本因此也更低)的材料在可弯折的基板上沉积。在实验室里的转换效率达到了将近 20%。② 由于对太阳能发电的巨大需求(尤其是花园中的灯具),Miasole 获得了 Kleiner Perkins 和很多 VC 公司的投资。管理层预计在 2007 年能实现盈利,并有大量产品出货;但是在 2007 年晚

---

① 关于 ABRY Partners 的更多信息,参见 Josh Lerner 和 Darren Smart 所写的 "ABRY Partners LLC: WideOpenWest",哈佛商学院案例 No. 806-116(波士顿:哈佛商学院出版社,2007 年)。

② http://www.miasole.com/pgs-products/tech-cigs.shtml,访问于 2010 年 4 月 14 日。

些时候,企业辞退了其创始 CEO 和其他 40 名员工,而且没有实现出货。① 直至两年后,在获得 3 亿美元的风险融资后,企业才开始出货。② 投资者应当清楚,执行最好的设计可能很困难,有时候选择一种次优设计,但对市场来说更容易接受的产品可能会获得成功。

执行和技术风险通常合并称为"产品风险",但管理产品风险时需要将它们分开处理。在 Miasole 的案例中,问题不是出在技术上,而是出在生产过程中,企业无法按照宣传中的转化效率连续生产大批量的产品。③ 后来产品导向型的新 CEO 上任后,该问题得到了解决。

对于使用了一项新技术的产品,执行很重要,而对于一项服务来说,执行甚至更重要。Terra Firma 对百代唱片公司(甲壳虫和滚石乐队的唱片公司)的收购,就是一个很好的案例。在 2007 年 8 月,在百代的股价暴跌后,该并购公司以 32 亿英镑(52 亿美元)的价格收购了百代(包含债务)。Terra Firma 的创始人盖伊·汉德斯(Guy Hands),计划理顺百代的业务,削减营销和管理成本,并压缩支付给艺术家的预付款。这些有价值的战略却与该行业的文化相抵触。④ Hands 专注于提高财务效率,却疏远了唱片公司最重要的资产——乐队。⑤ 滚石乐队选择了离开,之后 Radiohead 也离开了,2010 年 5 月,Queen 也离开了。⑥ 随着有名乐队的离开,百代唱片的销售下滑,并违反了债务条款,这些条款规定企业要保持一定数量的股权和现金。为避免企业违约,Terra Firma 在 2009 年 9 月又投入了 8 400 万英镑(1.37 亿美元),并在 2010 年 5 月又投入 1.05 亿英镑(1.548 亿美元)。⑦ 同时,Terra Firma 将企业的价值减记为零,⑧直到本书写作时,该交易的结果仍不确定。与米克·贾格尔(Mick Jagger)吃的这顿午餐,盖伊·汉德斯着实付出了昂贵代价。

法律风险

当然,很多新的创业企业都涉及法律风险。除了专利保护外,创业家还必须考虑计划好的商业模式的法律方面的问题,⑨而投资者必须清楚各种协议的法律结构。在电子商

---

① 见 Jennifer Koh 所写的"Miasol_e: Layoffs Raise Questions About Technology",载于 *Greentech Media*,2007 年 12 月 21 日。

② 见 Ucilia Wang 所写的"MiaSol_e Breaks the Silence, Moves into Production",载于 *Greentech Media*,2009 年 12 月 16 日。

③ 见 Michael Kannelos 所写的"New Solar Technology Hits Snags",载于 *CNET News*,2007 年 5 月 22 日,http://news.cnet.com/New-solartechnology-hits-snags/2100-11392_3-6185572.html,访问于 2010 年 5 月 5 日。

④ 见 Sarah Arnott 所写的"EMI: No Background Music",载于 *The Independent*,2008 年 7 月 8 日。

⑤ 见 Aaron O. Patrick 所写的"EMI Deal Hits a Sour Note",载于 *Wall Street Journal*,2009 年 8 月 15 日。

⑥ 见 Pete Paphides 所写的"Can EMI Pick Up the Pieces?",载于 *Times Online*,2010 年 6 月 20 日,http://entertainment.timesonline.co.uk,访问于 2010 年 7 月 1 日。

⑦ 数据来源于"Owner Averts EMI's Default on Citi, Loan",载于 *NYTimes.com*,2010 年 5 月 14 日。

⑧ 见 Dana Cimilluca 所写的"Terra Firma to Help EMI Avoid Default",载于 *Wall Street Journal*,2010 年 5 月 12 日。

⑨ Constance Bagley 和 Craig Dauchy 所写的 *The Entrepreneur's Guide to Business Law*,第三版(Mason, OH: South-Western College/West, 2003, 2008),从如何离开雇主到行权获得创始人股份、公司设立到避免欺诈的各个方面提供了一份全面易懂的指南。

务的早期,酒的互联网销售牵涉到错综复杂的法律问题,包括在各州之间运输酒精饮料的法律问题。作为一家在线支付处理商,贝宝(Paypal)必须厘清其业务所涉及的监管和法律问题。而那些向在线游戏提供电子资金转移服务的企业在2006年遇到了严重的法律问题,因为这一年美国通过了《非法互联网赌博强制法案》。该法案严重影响了这些企业在美国的业务。投资者必须清楚这些风险并懂得如何去管理这些风险。一些VC公司和大多数并购公司都有自己的律师员工去帮助处理投资、退出和合伙协议中所涉及的各种法律问题。在大型的或者专业的交易中,投资者可能会使用由公司内部团队管理的外部法律专家,这些专家会更清楚各种问题的实质。不能仅仅因为存在法律风险就放弃某些投资;但这些风险应该被考虑到,有时候也应该把这些风险考虑到交易的定价或者回报预期中。

税收问题是法律问题的一个重要方面。在很多收购中,税收是投资计算的关键部分。因为债务利息可以抵税,企业可以用来保护其利润。另外,LBO收购方可以重组他们的企业获得各种税收好处——不动产的售后回租、海外公司设立或者产品转运,因此增强企业的盈利能力。

应该怎么处理所有这些问题?

根据以上长篇幅的讨论,足见尽职调查既要详尽又耗时耗力。单个投资者很难有全面评估一个项目所需要的全部专业知识,这就存在时间上的问题。投资者必须迅速得出结论,以便锁定一个好项目,并通过迅速的回复表示对创业家的尊重。一位天使投资者一般花35~40个小时来评估一个早期项目。[1] 私募股权投资者找到的项目中只有一小部分最后获得投资——一项研究显示,这个比例约为0.6%~4%,另一项研究则估计是1%。[2] 尽管外部专家——会计师、学术研究人员、顾问和其他人——可以提供关键的看法并节约了合伙人的时间,但GP必须确定识别的各种风险的重要性以及这些风险对于整个投资的影响,即这些风险的实质。但不是所有的风险都能解决。

但在这些风险中,哪一种才是最重要的?根据11家VC公司对67家公司的投资备忘录,Kaplan和Strömberg[3]研究了在评估交易可行性时的三类风险的相对重要性。风险被划分为内部风险、外部风险和执行相关风险三类。内部因素——创业者通常会比投资者更了解创业者的自身行为、努力工作的意愿和道德——既是投资原因,又是风险。例如,GP对创业者的技术知识印象深刻,但是对其管理能力却不太确定。外部因素——交易双方都不太了解,比如市场规模或者使用率——会更经常被认为是投资原因,而不是风险。这可能是因为这些因素可以从外部进行评估或者是因不确定性由创业者和投资者共

---

[1] Andrew Blair of Business Angels International,引用于Expert Testimony of Josh Lerner,2008年10月2日,10页。

[2] W. A. Wells所写的"Venture Capital Decision Making"(博士论文,卡内基-梅隆大学,1974年),47页;G. W. Fenn, N. Liang和S. Prowse所写的"The Economics of the Private Equity Market",联邦储备委员会,1996年;引用于Expert Testimony of Josh Lerner,2008年10月2日,10页。

[3] Steven N. Kaplan和Per Stromberg所写的"Characteristics, Contracts, and Actions: Evidence from Venture Capitalist Analyses",载于*Journal of Finance* 69,第5期(2004):2177-2210页。

同分担。执行相关因素——不完全是内部或者外部的方面,比如战略是否能执行或技术是否可行——也很重要,但是不如另外两种因素那么经常受人注意。为解决这种不确定性,投资者会使用第五章提到的技术和证券来构建交易结构。另外一种控制这些不确定性的方法是良好的公司治理,通过董事会和股权分配上达成的一致利益来执行,这些会在第六章进行讨论。这些不仅在投资时很重要,而且应该贯穿整个交易的生命周期。

尽职调查的程序

公司在对项目做尽职调查时会使用各种不同的方法。一些 LBO 公司会使用一个很大的团队来执行交易,团队的每个人都负责一项特定的任务。其他 LBO 公司则会派很多小团队和许多咨询顾问紧密工作,共同执行交易,当几家 LBO 公司一起做一个项目时,它们可能会把工作拆分,使用一家公司的环境顾问和另外一家公司的会计顾问。在其他情况下,各公司会创建他们自己的模型,并使用各自的顾问。这就难怪交易费用会如此之高!人员较少的 VC 公司,一般会让 GP 来领导工作,如果有必要,投资经理和外部专家会提供帮助。

尽职调查永远不会终结,了解这点很重要。如果给我们无限的时间,项目团队总是可以发现新的问题。而交易的艺术,有部分就源于对只能在"时间充裕"时才能回答的问题做出判断。虽然最好的尽职调查也不能预见 2008 年的金融危机,但是对管理团队进行的合理尽职调查却可以让投资者预期管理团队在发生金融危机时的反应。如果对尽职调查问题的回复只是产生了更多的问题——到达一定程度后——这说明交易团队正在学习。一些团队会说,对该交易"感到满意"。赌注很高,因为要处理交易签约后发生的意外往往意味着很高的代价。更加糟糕的是,尽职调查中遗漏的某些方面,说明团队的专业知识还存在缺陷。这也是为什么 LP 希望 GP 能在自己的专业领域内投资的原因之一。

尽职调查需要视野从精确的细节转换到项目全貌。尽职调查的发现必须融入项目全貌中,而投资团队也必须清楚哪些额外信息对于整体决策有实质作用。就好像盲人摸象[①],过度关注未知细节会得到一个错误的全局判断。成功运用尽职调查的关键是建立对项目的全局理解,找到不确定因素,并由此入手。

过度关注细节可能导致错误肯定(即公司的各个方面都足够好,尽管整体上看这个项目应该否定掉)和错误否定(即投资团队基于局部信息否定了一个项目)。很多私募股权机会都有一些缺陷;否则,这些企业就可以获得更低成本的贷款。投资团队可能因为过于在意这些缺陷而忘记了主动投资可以改变这些状况的能力。

管理投资项目会帮助解决一些不可避免的未知情况。和富达投资的账户管理人不同,GP 在投资后并不是简单地持有证券即可。相反,他们管理投资项目,这是一个在初期谈判时就可能已经开始的过程。在 2002 年,DMG(数字媒体集团),一家中国的交通网

---

① 这个故事是关于一群盲人(或者处在黑暗中的人),他们试图各自仅通过触摸大象的某一部分来描述大象的样子。他们都各自断言,大象像锅(象头)、簸箕(象耳朵)、犁(象牙)、喷水嘴(象鼻)、粮仓(象躯干)、柱子(象腿)、茶几(象背)、杵(象尾)或者刷子(象尾末端)。当然,大象的样子和他们说的都不一样。

络大众传媒运营商,找到戈壁投资的 Tom Tsao 寻求融资,当时 DMG 带去的只是一张产品图。Tsao 同意投资,但前提是 DMG 赢得一项合同并聘用一名业务导向的 CEO 替代技术创始人。2003 年,DMG 达到了以上条件,戈壁领投了 A 轮投资并积极引导企业发展,直到企业在 2009 年被华视传媒收购。① 与之相似,Apax 对 BTRP/Invensys 的收购也是考虑到自己能给这杂乱无章的经营带来价值的提升。②

合伙企业的作用

尽职调查的发现必须在相应环境中理解——这里的环境也包括交易是否适合私募股权公司自身。这对于 VC 和 LBO 交易都是适用的。该交易是否提升了公司在某个领域的形象?拥有该领域专业知识的合伙人是否有时间管理该交易?很多问题在尽职调查开始时就会问到,但这并不是说进行简单回复,然后忘记,而是会不断回头再问。GP 启动对某一家公司的尽职调查后,可能突然在现有投资组合中的公司上遇到问题,发现无法再负责这家新的公司,因为这家公司要求每月在东欧举行董事会。或者,负担很重的这名 GP 可能会出售一家企业或者放弃一项难度高的交易,而把解放出来的时间用于一项有前景的交易。

如果尽职调查的结果让团队认为应该放弃一个项目呢?VC 公司对其不满意的项目不会直接拒绝,而是会回复说,"还不行"。③ 一家早期企业,如果有太多没有得到解决的问题,则可能更倾向于在晚些时候再考虑投资,或者私募股权公司可能会投资创业家的下一家创业企业。在一家暂时不适合公司的 VC 项目"边上徘徊",是一种由来已久的传统。对于感兴趣但无法承诺的项目,私募股权公司常常会参与甚至主导下一轮的融资。很多并购公司会从竞标失败的项目中获取专业知识,并用于同行业下一次收购。

连续创业家和成功的项目

创建多家企业的创业家——被称为连续创业家——将这些企业都带向成功,这种情况很少见④。在这样一个充满不确定性的行业里,连续创业家会有过往业绩记录。像之前提到的 Mark Leslie 案例,即使创业失败了,但投资者知道应该关注什么,并能更好地把企业需要和创业家的才能进行匹配。由于 VC 圈子小,这些信息经常会在大范围内得到分享。

连续创业家的现象吸引了很多研究人员。Paul Gompers、Ann Kovner、Josh Lerner 和 David Scharfstein⑤ 利用 1975 年到 2000 年间成立、获得融资并 IPO 的企业数据对连续创业家如何获得成功进行了探讨。只有 5% 的创业家之前就领导过企业,但是那些过

---

① Lerner 等人所写的"Digital Media Group: The Shanghai Bid"。
② Lerner 等人所写的"Apax-Xerium",4 页。
③ Josh Lerner、Felda Hardymon 和 Ann Leamon 所写的"Best Practices: Decision Making Among Venture Capital Firms",哈佛商学院案例 No. 804-176 (波士顿:哈佛商学院出版社,2004 年),7 页。
④ 创建多家企业的创业家,但这些企业都失败了,这种创业家称之为……好吧,我们希望不会那样。
⑤ Paul A. Gompers、Josh Lerner、David Scharfstein 和 Anna Kovner 所写的"Performance Persistence in Entrepreneurship and Venture Capital",载于 *Journal of Financial Economics* 96,第 1 期 (2010 年 4 月),摘要部分。

去曾经成功创业过的创业家,再次成功的概率要高很多(30%),而那些曾经在前次创业失败的创业家,其成功率只有20%,而初次创业的创业家,成功率则只有18%。

研究人员把成功定义为两个方面:时机——选择在一个有望增长的行业中创业——和管理能力,或者不管行业兴衰都能创立成功企业的能力。相比只有管理能力的创业家,有时机把握能力的创业家会更容易在下一次的创业中成功。作者认为,有时机把握能力的创业家能够吸引有才干的员工,并在客户中拥有更好的信誉;简而言之,把握时机的能力是有持续良好表现的充分必要条件。GP会与这些天才的创业家保持联系,并在他们需要融资时尽量投资他们的企业。

有趣的是,对一家由有过成功创业经验的创业家成立的创业企业,顶级VC公司的帮助看起来并没有明显的作用。但对初次创业或者之前创业失败过的创业家成立的新企业,顶级VC公司的参与却能大大提高成功的概率。为解释这种现象,作者这里以新英格兰爱国者队的明星四分卫汤姆·布雷迪(Tom Brady)为例子。在第六轮橄榄球选秀中,布雷迪要求一名优秀的教练来评估他的潜在才能,并帮助他发挥这些才能。当布雷迪在2004年的比赛中名列前茅时,任何人都可以评估他的实力;他也不再需要太多的帮助来发挥自己的潜力。因此,一名强有力的创业家都可以预期获得成功,而与他背后的投资团队水平无关。

连续创业家也会影响投资于他们的VC公司的回报。排名较低的VC公司看起来会愿意向曾经成功创业过的创业家支付溢价,但顶级的VC公司则不会(或许是因为非货币性条款没有反映在投前估值中)。顶级VC公司看起来愿意总体上为新的创业企业支付更多溢价,考虑到他们已经证明过的能力,他们可能预期这样能有更好的结果。关于更高的投前估值意味着更高的成功可能性,分析并没有找到证据支持这个观点,这也进一步说明对项目的先验估值是极其困难的。这样,对于一小部分成功创业家来说,他们之前的成功创业记录并没有反映在他们后来创业企业的估值中。作者认为有两种解释。第一,考虑到他们对市场增长的预判能力,有时机把握能力的连续创业家所创立的新企业,可能会被视为对带有不确定性的新行业的高风险押注。第二,他们之前的成功可能会让投资者质疑创业家对新创业企业的成功能投入多少。

看起来,不仅是创始人有成功经验会让成功概率更高,创业团队中的任何成员如果之前曾参与过成功的创业企业,成功概率也会更高。有些企业不断出现数量惊人的后续创业者,最近的一个例子是贝宝(Paypal)。[①] 对于一些VC公司,他们以前支持过的连续CEO会成为"他们的"CEO,并倾向于投资她的后续项目,甚至在这些曾经成功过的CEO规划其下一个创业企业时,给予她创业家一样的地位。不过有研究表明,VC公司和他们支持的连续创业家之间的关系并不如人们预期的那样直接。Ola Bengtsson[②] 分析了创业管理团队成员(他把所有这些人称为"创业家")和任何一组(高管或者创始人)创立的头

[①] 事实上,Founders Fund就是一家由Paypal员工创立的VC公司,用于投资他们同事所创立的企业。更多信息,参见Paul Gompers和Emily Weisburst所写的"Founders Fund III",哈佛商学院案例No. 211-040(波士顿:哈佛商学院出版社,2010年)。

[②] Ola Bengtsson所写的"Repeated Relationships between Venture Capitalists and Entrepreneurs"(工作底稿,康奈尔大学,2007年3月,未出版),1-38页,http://www2.binghamton.edu/som/pdf/Ola%20Bengtsson%20March%202007.pdf,访问于2010年5月2日。

两家企业之间的关系。他发现,在接近5 000名连续创业家中,只有22%的人会选择之前投资过他们的VC公司中的任何一家,只有5%会选择同一家领投公司。

作者发现,那些之前失败过的创业家再次选择同一家领投VC公司的比例是成功创业家的两倍,而如果新的创业企业是在原先行业并位于加州之外,这种关系就更明显。最后,对于有经验的VC公司,这种关系更可能重复出现。

成功的连续创业家这种明显的反复无常可归咎于公开信号,正如Gompers等人之前所指出的。这好比于2004年时的汤姆·布雷迪,整个世界都知道一家成功企业的创始人有才能。另一方面,投资了失败创业企业的VC团队会清楚创业家的优劣势,并会把新的创业企业看作是从之前痛苦经历吸取教训后赚钱的机会,尤其是(这又一次证实了Bengtsson的发现)所学到的教训能用到相似的行业中时。而在加州相对较低的再次选择率(再次选择之前的VC公司的比率)可能源于该州VC公司的绝对数量很大,这意味着那里有更多关于VC和创业家的信息,也意味着有更多的项目压力。创业家和之前进行过投资的VC公司能持续保持关系,可能是由于彼此更熟悉和满意。另一方面,连续创业家可能会把新的创业企业作为与更有名的投资者"升级交易"的机会,当然这样做会让企业估值较低(根据Gompers等人的研究)。同时,获得顶级VC公司投资的初次创业家,相比获得排名较低VC公司投资的初次创业家,之后更有可能去创立一家新企业——如果由顶级VC投资过,连续创业的概率是5.7%,如果是排名较低VC投资过,则概率是4.8%。这个数字虽然看起来可能很小,但是连续创业家的数量总体不大,因此这个结论是很显著的。

连续创业家

鲁宾·格鲁伯(Rubin Gruber)创立了四家由创投支持的成功企业。他的第一家企业是剑桥科技(Cambridge Technologies),这是第一家将微处理器整合到通信设备中的公司,该公司于1974年成立并获得来自Adler & Co.和Henry Burkhardt的投资。在该企业被GTE收购后,他又创立了Datavox(后更名为Davox,然后又更名为Concerto),该公司开发了第一套数据和语音系统,第一轮融资中获得了来自Hambrecht & Quist的投资。[①] 格鲁伯和他的一位高管之前不仅在行业内有经验,还是之前一家成功企业的合伙人。[②] 这传到了一位风险投资家的耳朵里。Davox于1987年在纳斯达克上市(代码:DAVX)。紧接着Davox,格鲁伯创立的VideoServer,一家多媒体通信企业,获得了格鲁伯之前的几位投资者的投资,并于1995年在纳斯达克上市(代码:VSVR)。在1997年,格鲁伯创立了Sonus Networks,这次又是和许多之前一样的VC一起合作,企业于2000年在纳斯达克上市(代码:SONS),市值22亿美元。[③]

---

① 数据来源于汤森路透。
② 与Felda Hardymon的私人交流,2010年5月2日。
③ 数据来源于汤森路透私募股权数据库,访问于2010年5月2日;Hoovers数据库;和来自Sonus Networks网站的材料,www.sonusnetworks.com,访问于2010年5月2日;路透的"Sonus Networks' Shares Jump 55 Percent in IPO",2000年5月25日,http://www.crn.com/it-channel/18834019m,访问于2010年5月2日。

决策

到现在,关于私募股权公司决策项目的过程还没怎么进行描述。一般情况下,步骤是这样的:①

1. GP 获悉项目,并对感兴趣的项目进行充分的尽职调查。
   a. GP 可能会与合伙企业商量以获得资源(资金和人员)进行更多的调查
2. GP 组织一个项目团队继续尽职调查并和企业见面。
3. GP 在公司内部非正式的推介项目(一般和 1.a 一起)。
4. 公司与合伙企业见面(正式推介)。
5. 合伙企业批准或者放弃项目,或者要求提供更多的信息。
6. GP 发出投资条款清单(或者意向书)。
7. 谈判投资条款清单。
8. 项目签约。

有时实际顺序会和上面描述的略有不同——GP 可能会在创业企业会见合伙企业之前先发出一份预投资条款清单——而一些公司会跳过其中一些步骤。也可能不会有创业企业和合伙企业间的正式会面;而是创业企业可能多次拜访公司内部那些对技术或市场感兴趣的小组。华平是一家管理特别分散化的公司,项目的推介几乎完全是不正式的,就像我们会在第十二章所讨论的。几乎每一家公司都会要求对交易进行论证分析的书面记录。大部分公司都会在合伙企业考虑交易之前提供这种书面记录;只有少数公司会在交易批准后才要求这种书面记录,以记录公司所做的假设。

交易批准的方法五花八门。② 有的采用投票方式;有的采用强一致方式(所有人必须都赞同才可通过);有的采用弱一致方式(没有人表示反对),如图 3.3 所示。一些采用投票方式的公司使用 1~10 的数字评分系统;而一些公司会赋予高级合伙人的投票更高的权重。在有些公司,某位合伙人只要热衷于一个项目,他就可以做,即使其他人都不看好这个项目。鉴于主导这种项目的合伙人要承担的巨大声誉风险,这种情况在理论上很少出现,在实际中就更少出现了。

项目批准必须从整个投资组合的角度考虑,项目能为公司带来什么,公司能为项目提供什么。考虑投资的企业是否会加强公司在行业中的地位?我们从投资组合里其他企业学到的哪些经验可以带给这家企业?

另外一个考虑是计划投资于这个项目的其他公司。项目共享(辛迪加)在创投和并购中都会发生,这些原因我们会在下一节探讨;但简而言之,更多的公司加入会分担风险和工作,它们可以帮助投资项目,并验证估值和投资观点。

---

① Josh Lerner、Felda Hardymon 和 Ann Leamon 所写的"Best Practices in Private Equity Decision Making",哈佛商学院案例 No.804-176(波士顿:哈佛商学院出版社,2004 年)。

② 更多信息,参见 Lerner 等人所写的"Best Practices in Private Equity Decision Making"。

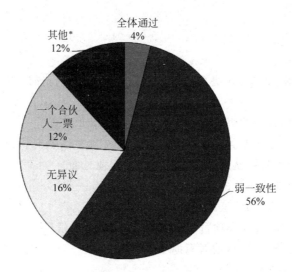

图3.3 决策方法

注:"全体通过"涉及向主导项目合伙人提供意见的决策小组,最后决策由主导项目合伙人做出。

"其他"包括对项目进行排名,而排名则由做出最终决策的主导项目合伙人分配;以及某些合伙人有"超级投票权"的情形。

资料来源:Josh Lerner、Felda Hardymon 和 Ann Leamon 所写的"Best Practices in Private Equity Decision Making",哈佛商学院案例 No. 805-167(波士顿:哈佛商学院出版社,2005年),14页。

 ## 网络和辛迪加

如早先提到的,私募股权行业在个体和集体行动之间表现出有趣的矛盾关系,尤其在辛迪加项目中表现的最为明显。一方面公司会激烈地竞争项目,但另一方面他们也会共享项目。实际上,他们常常需要竞争对手来帮助完善这些创业企业,而在收购中,他们需要竞争对手出资以达到收购价。这是一种制度上的精神分裂吗?

在 VC 行业发展的初期,由于 VC 基金规模都较小,于是产生了辛迪加。一家创业企业如果获得多家 VC 投资,就增加了有足够资金将创业企业带向成熟的可能性。另外,合伙人会向成长中的企业提供建议,并拓宽企业潜在客户、顾问和收购方的网络。随着 VC 基金规模的增长,对于他们投资的企业来说,他们不太可能需要其他公司的融资帮助了,而有趣的是,VC 公司成立辛迪加共同投资项目的案例也少了。

但是成立辛迪加还有其他的原因。和一家在自己不熟悉的行业或是地域有所专长的投资者合作,能让一家公司更容易进入不熟悉的领域,拓展自己的业务范围。再者,还有公共关系的问题。LP 希望投资那些拥有行业内优秀企业的私募股权公司。因此,当高回报不太可能实现的时候,GP 即使是在比较后期的高估值投资轮次中投资一家有望成功的企业,也是值得的。

Josh Lerner[①]在研究VC公司间的项目辛迪加时,通过观察271家生物技术公司共计651个融资轮次的样本数据,发现了一个规律。在早期企业的第一轮融资时,有名气的公司往往和另外一家组成辛迪加。这可能体现了互惠的利益(如果你让我加入你的项目,我也会让你参与我的项目)以及领投公司希望得到外部的支持来肯定其投资决策。在后面的融资轮次,有名气的公司一般会和排名较低的公司成立辛迪加——可能只是想要他们的投资而并不指望他们能提供多少帮助,或者是利用信息不对称,这样企业就能以较高估值融资。[②]不太有名气的公司为了能参与到有名气公司投资的项目中,会支付更高的价格。有意思的是,有名气的公司往往在定价出现激增后的较晚轮次投资。这支持"粉饰门面"的想法,即不管成本如何,公司只是希望在已经证明成功的企业中获得一席之位。[③]

Yael Hochberg、Alexander Ljungqvist和Yang Lu[④]研究了VC公司间的网络如何增加项目流和提升决策。VC公司会分享有前景的项目,不仅是为了确保未来可以预期的互惠,也是为了降低不确定性。另外一家公司如果对项目有兴趣,说明这个项目确实有吸引力,其实相当于一种健康体检。多一家VC公司参与,就增加了有关该领域和地域的专业知识,这使得两家VC公司的知识基础都得到了拓展。[⑤]领域专业知识可以理解,而地域专业知识也很重要,因为VC往往是做本土业务。因此,如果一家VC公司在某个地区没有办公室,那么和一家在这个地区有办公室的公司一起投资,可以拓展这家公司的地域范围。

不过同时,经验表明辛迪加也有缺陷。当参与辛迪加的公司数量增加时,董事会成员之间的关系会变得复杂起来。当不同公司用不同的证券投资于一家企业的不同发展阶段,而这些证券又有不同的价格和权利,那么董事会关系会变得很复杂,这一点我们会在第六章中进行讨论。

辛迪加也在并购交易中发挥作用。当非常大型的交易超出基金规模时,并购行业后期出现了所谓的俱乐部交易。LBO俱乐部交易的平均规模随着业内资金数量的起伏而变化,如图3.4所示。俱乐部交易的平均规模在2007年猛增;由于单笔交易的规模增加到200亿美元以上(Alliance Boots 200亿美元,Alltel 275亿美元和TXU 320亿美元只是其中几个例子),即使在前些年募集的大型基金也无法跟上增长步伐。

俱乐部交易可能减少了对并购标的的竞争,这个现象在2006年引起了美国监管机构的注意。一位记者发现了一组很有意思的数据:在2004年到2006年,"规模在1亿美元到10亿美元间的公司并购(通常不涉及俱乐部交易)的平均溢价是27.4%;而规模超过

---

① Joshua Lerner所写的"The Syndication of Venture Capital Investments",载于 *Financial Management* 23,第3期(1994):16-27页。

② 同上,16页。

③ 同上,25页。

④ Yael Hochberg、Alexander Ljungqvist和Yang Lu所写的"Whom You Know Matters: Venture Capital Networks and Investment Performance",载于 *Journal of Finance* 58,第1期(2007):251-301页。

⑤ 同上,252页。

10亿美元的交易(通常涉及俱乐部交易)的平均溢价率只有16.5%。"[1]这可能只是反映了大型并购公司较少,因此针对大规模交易的竞争也较小的结构性事实,尽管Officer等人发现了令人担忧的影响。[2] 作者使用1984年到2007年9月间美国公开交易公司的并购交易为样本,分析了有两家或两家以上公司参与的并购的价格和特征。结果发现,这些俱乐部交易的最后价格比投标前的股权价值低大约10%,或者说,溢价部分比单一公司参与的并购要低40%。通过降低价格,这样的行为损害了标的公司股东的利益。[3]

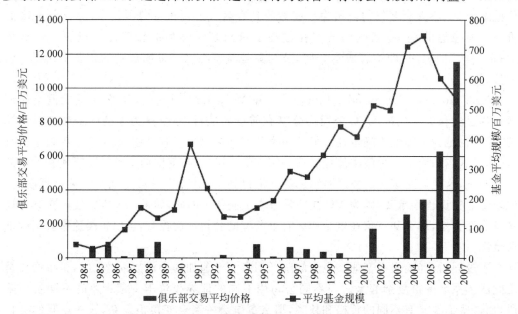

图 3.4 LBO俱乐部交易的平均价格和LBO基金的平均规模

数据来源:汤森路透私募股权数据库,访问于2011年7月12日;
Micah S. Officer、Oguzhan Ozbas和Berk A. Sensoy所写的"Club Deals in Leveraged Buyouts",载于*Journal of Financial Economics*,Vol. 98,No. 2,2010年11月,214-240页。

如果不考虑价格的影响,收购中的俱乐部交易也有我们在VC中观察到的信息共享和验证的作用。一个案例是Lion Capital,前身是顶级美国收购基金Hicks Muse的欧洲运营部门。Lion于2005年募集8.2亿欧元成立其第一只基金,专注于消费品行业的中型并购交易。在与黑石合作计划收购一家酒精饮料企业失败后,两家公司合作成功收购了Orangina。黑石规模为210亿美元的Fund V负责出资,并不需要Lion的资金,而是

---

[1] 数据来自于Dealogic,引用于Andrew Ross Sorkin所写的"Colluding or Not, Private Equity Firms Are Shaken",载于*New York Times*,2006年10月22日,http://www.nytimes.com/2006/10/22/business/yourmoney/22deal.html?_r=1,访问于2010年4月23日。

[2] Micah S. Officer、Oguzhan Ozbas和Berk A. Sensoy所写的"Club Deals in Leveraged Buyouts",载于*Journal of Financial Economics* (JFE),参见 http://ssrn.com/abstract=1128404,访问于2010年5月5日。

[3] 另一项研究则发现了相反的影响——参见Audra L. Boon和J. Harold Mulherin所写的"Do Private Equity Consortiums Facilitate Collusion in Takeover Bidding?"(论文在2009年2月2日召开的AFA 2009 San Francisco Meetings上进行了展示),可通过SSRN访问:http://ssrn.com/abstract=1104224。

需要 Lion 对行业的洞察力。同时,与黑石的合作提升了这家新兴公司的名气。①

辛迪加的重要性不只在于提升名气。辛迪加通过向企业提供更多资源(财务上和建议上的),也能提升企业的经营成果。② 扩展的网络增加了接触到专业服务供应商的机会,比如猎头或投资银行家,可能的客户、合伙伙伴或收购方;而对于 VC 公司来说,则提供了接下来融资轮次的投资者。

在之前提到的文章中,Hochberg 等人也考虑了 VC 公司的网络对于其成功的影响。作者衡量了网络中各方的相对重要性,或者说中心程度。在给定的基金规模和投资竞争环境下,拥有更好网络的 VC 公司的基金表现会好得多。

Sorenson 和 Stuart③ 的研究支持网络能帮助 VC 公司扩展其投资地域范围的观点。作者认为,地理距离和社交网络能帮助确定一家 VC 公司的投资偏好。新公司或者新的风险投资家如果没有信任的网络,往往会投资附近的企业,因为他们必须亲自监管和指导企业。更有经验的风险投资家(比如那些有更广泛网络的风险投资家)和老牌公司(这些公司通过之前成功的投资和跟投,也建立了更广泛的网络)往往投资更远的企业,特别是如果在之前的辛迪加合作过的其他公司在当地有办公室时。如果一家 VC 公司在某个州曾经投资过,那么再次在该州进行投资的可能性也更高——即使给定这家公司位于该州。因此,某个州想增加该州 VC 投资的问题,就变成了如何吸引第一家 VC 公司的问题。

一家拥有广泛网络的 VC 公司也能为投资组合公司提供便利。Hochberg 等人④发现,领投投资者在行业网络内的重要性(中心程度)增加一点,会让被投资企业活到下一轮融资的可能性从 66.8% 提高到 72.4%。显然,这里可能存在偏向——网络更广泛的 VC 公司可能有更好的信息来源,因此他们在开始时就能选择到更好的企业。不过,作者认为,网络广泛的 VC 公司之所以业绩更好,是因为他们向被投资企业提供了更好的服务,而不仅是因为网络能为公司在一开始就带来更好的企业。

由此产生了在私募股权行业内分级的原理。拥有更好网络的公司会倾向于和类似的公司建立联系,而不是自己一家公司承担所有繁重的提升公司治理的工作。这进一步证明了行为对结果的影响。好的 VC 公司能吸引好的企业,因为他们强大的网络能提高企业成功的概率,也能提高 VC 公司自身成功的概率。这加强了认证作用这个观点——能被顶级公司投资的企业,仅凭被选中这一点就有更高的成功概率。

---

① Hardymon 等人所写的"Lion Capital and the Blackstone Group: The Orangina Deal"。
② By 通过向企业提供他们在服务供应商方面的网络,比如猎头、律师、投资银行家和类似的资源,就像在 Michael Gorman 和 William Sahlman 所写的"What Do Venture Capitalists Do?",载于 *Journal of Business Venturing* 4 (1989): 231-248 页和 William Sahlman 所写的"The Structure and Governance of Venture Capital Organizations",载于 *Journal of Financial Economics* 27 (1990): 473-521 页所描述的那样。
③ Olav Sorenson 和 Toby E. Stuart 所写的"Syndication Networks and the Spatial Distribution of Venture Capital Investments",载于 *American Journal of Sociology* 106,第 6 期(2001): 1546-1588 页。
④ Hochberg 等人所写的"Whom You Know Matters",253 页。

赢得项目

当完成尽职调查并安排好辛迪加后,投资团队如何赢得项目呢?这个其实在尽职调查期间互动的时候已经部分在进行了。在项目完成之前,要友善和有耐心、询问好问题、做有用的介绍——所有这些都能帮助公司脱颖而出成为企业长期的合作伙伴。

同时,GP需要建立一个大家愿意分享信息的环境。方法有好几种。有些GP会利用个人魅力吸引其他人,有些GP会通过领域专业知识来吸引其他人。这里也有建立信息共享社区方面的。一家公司的GP会到外面接触另外一家的GP,他们知道对方也会做同样的事情。即使是现在,美国已经有了2 700家私募股权公司,①但这个行业还是个小行业,从业人员在其职业生涯中,常常会碰到彼此。

对于投资者来说,尽可能多地保留选择权是有好处的。一份投资条款清单或者LOI可能会列一个估值区间,并取决于尽职调查的结果。根据最终辛迪加中的公司数量,项目条款可能会有修改。至于如何实现这点,要看投资者对企业未来融资或者各方面专业指导需求的评估。

信息流有部分是涉及在所有参与方中建立合伙意识,尤其是和企业里的人员。GP在董事会里,不直接运营企业。投资者需要清楚企业中的重要人员,并和他们建立富有成效的关系。这些重要人员可能是管理层、供应商或者是客户,并且这是一种长期的关系——对于早期项目来说是5~7年。参与方必须有一定程度的合伙行为,尊重甚至可能是乐于让这种互动顺利进行。

当然,GP作为潜在合伙伙伴也会被评估。公司的品牌和个体GP的业绩记录构成了第一印象。一名投资者的水平,反映在他(或她)所在的投资平台以及他最大名气的项目上。一家公司将其最有名气的项目执行人员派过去,只是让管理团队感到惊艳,而出席董事会和实际的工作则仍是交给其他更低级别的合伙人去做;但如果企业出现困难,公司还是会调动所有专业资源来面对难关。

对LBO公司来说,我们之前提到的多轮拍卖会不断筛选收购方。在Lion和黑石收购Orangina的例子中,感兴趣的投资者(有的联合组成了辛迪加)数量在各轮中从40家减少到7家,一直到两家。卖方关心的不仅仅是一个好价格。可口可乐是早先拍卖的赢家,但监管部门不同意可口可乐收购整个Orangina。这使得Cadbury(Orangina的所有方)在其主要竞争对手很好地了解其财务状况后,只能继续经营这个早先试图卖掉的规模较小的部门。Cadbury想做的就是把软饮部门脱手。因此,收购的首要要求之一是潜在的收购方能确保交易能够完成。

多轮竞标后,根据竞标方的特点和支付意愿,竞标方逐渐减少。通常,投行会向竞标方提供一个预期价格。那些认为价格太高或者在规定期限之前无法对给定价格满意的公司就会退出竞争。随着竞标方变少,其他问题,尤其是融资安排能力,变得更加重要。

---

① 数据来自于美国国家风险投资协会的 NVCA 2009 Yearbook(纽约:汤森路透,2010年),10页;和 Pitchbook,引用于 Private Equity Growth Capital Council,http://www.pegcc.org/,访问于2010年11月12日。

LBO公司必须让企业或其母公司相信他们能购买股权并能募集必要等级的借款。收购标的的供应商和客户都想知道收购方能完成交易,并在合理的时间框架内整理各个部分并达成交易。因此,没有什么比让企业运行在不确定性中更能破坏企业的生态系统了。

最后,企业的管理团队需要清楚收购方能帮助他们创造价值。在收购Orangina中,Lion Capital和黑石频繁和管理团队会面,并计划增加市场营销和产品研发上的投入,接纳管理战略。① 管理团队的薪酬和以下因素挂钩:他们完成收入和息税折旧摊销前利润(EBITDA)增长目标的能力和偿付债务(债务不是由作为收购方的LBO公司承担,而是由标的企业承担)的能力,因此制订能实现这些战略目标的计划是必要的。

VC项目也是如此,有希望的投资者必须能带来价值。创业家和任何现有的投资者都希望能引入以擅长沟通闻名和拥有强大高效网络的投资者。在尽职调查中非常重要的领域专业知识,在和管理团队建立信任上也非常重要。创业家会寻找有经验的VC投资者,这样的投资者清楚新企业如何管理销售过程②,把产品推向市场,开发后续产品,考虑收购,以及在必要时找到一名非常棒的高管。

这里有两个最重要的特质:声誉和领域专业知识。声誉往往与平台相关。如我们之前提到的,尽管Kleiner Perkins只有一名投资者做了网景(Netscape)这个项目,其他在Kleiner Perkins的人员也获得了聪明和有前瞻性这样的投资者光环。领域专业知识,尤其是VC中,以及在并购中提升运营的专业能力,能提高平台的声誉——这些人不仅聪明,而且还很有帮助。这些特质使得公司实现了差异化,也让一家公司比另外一家更受欢迎。

后续工作

之前的许多讨论都是关于新项目。当一家在投资组合中的企业需要进一步投资时,会出现不同的问题。这常常出现在VC行业内;实际上,整个VC的商业模式就是基于企业达到各个阶段目标时进行相应融资所进行的预测。这在并购行业中要少得多。

一般而言,对于后续项目的尽职调查远不及新项目的详细。GP在董事会,可以认为对企业的进展有全面的了解,因此他们的尽职调查只需要总结企业自从上一轮融资后的变化和进展。当企业达到阶段性目标并实现其计划,对后续融资请求的批准几乎是自动发生。而那些没有达到阶段性目标的企业,甚至更糟糕的是那些本可能达到阶段性目标但最后却没有达到的企业,获得后续融资就困难了。公司的名声已经和企业联系在一起,GP常常会有一定程度上的情感投入(GP会使用"你已经嫁给了它","你已经和它堕入爱河","你已经在情感上和它分不开了"等来形容这种关系③)。更何况,此时离成功往往只有一步之遥。

---

① Lerner等人所写的"Lion Capital and the Blackstone Group:The Orangina Deal"。
② Mark Leslie和Charles Holloway所写的"The Sales Learning Curve",载于 *Harvard Business Review*,2006年7月1日。哈佛商学院出版社,产品编号R0607J-PDF-ENG。
③ Lerner等人所写的"Best Practices in Private Equity Decision Making",8页。

VC 公司会使用几种方法来解决这种矛盾,如图 3.5 所示。在某些情况下,VC 公司会建立一只全新的项目团队来评估问题重重的后续决策。在另外一些情况下,VC 公司会向目前的团队中加入新的成员,并让这个人发挥"唱反调"的作用,质疑所有的假设,有些 VC 公司会对项目后续工作提出比新项目更高的标准要求。大部分时候,GP 都相信他们的合伙人会以尽可能好的方式来管理项目。大多数公司都相信,它们的后续决策过程都需要提升——不论现在的决策过程如何,这反映了决策的困难。[①] 后续工作的含义,尤其是当企业没有达到目标时和整个项目可能要重新谈判时后续工作的含义,会在第六章中进行讨论。

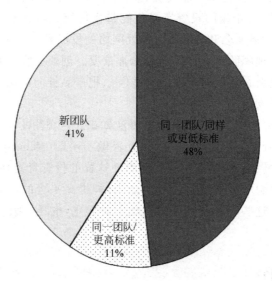

图 3.5 后续决策的方法

资料来源:Josh Lerner、Felda Hardymon 和 Ann Leamon 所写的"Best Practices in Private Equity Decision Making",哈佛商学院案例 No. 805-167(波士顿:哈佛商学院出版社,2005 年),15 页。

总结

项目寻找和批准的方法构成了公司文化的核心部分。发现项目的途径差别很大,可以通过专有途径、主动出击或者被动回应。有的公司可能会就有前景的行业编写白皮书或是建立一个圈子;有的会通过邮件来寻找项目。项目如何推介,如何批准——是投票还是一致同意,是某个人有超级投票权还是每个投票都有同等权重——都会变成公司的秘诀。一个人能很好地融入某种决策系统,也许并不能融入另外一种系统。

整个过程试图利用积极投资来确定和解决存在不确定性的方面。没有一种方法是通用的。唐·瓦伦丁投资技术,而阿瑟·罗克则投资人。重要的是,他们根据他们当时能获得的最好信息做出选择。尽职调查的约束条件是时间,投资者要在有限的时间内和存

---

① 同上,第 9 页。

在不确定性的情况下，做出最佳决策。行动表明了投资者是如何考虑可以创造的最终收益的。

对于创业家，理解公司是在考虑自身实际情况后做出投资决策这点很重要。本章较早提到的例子说明，即使是顶级公司也会错过优秀的企业。他们投资中等的企业，这些企业有的获得巨大成功，有的小有成就，有的则输个精光。投资者的投资组合中，今天"最有前景"的企业，可能明天就会变成烫手的山芋。

尽职调查过程对于有问题企业的投资决策和公司自身都是有价值的。信息来源会随时间而发展，声誉、信任和一系列的互惠关系也是这样。问题、清单和方法都会不断变化，以适应特定公司的需要和敏感度。这个过程对每家公司来说都是独一无二和根深蒂固的，也部分成为行业内划分等级的因素。一家声誉良好的公司在尽职调查中通常能获得更好的或者回应更积极的信息，从而有助于投资决策。但这些都不是天上掉馅饼，需要实际行动。

当然，赢得项目只是过程的一部分。在赢得项目后，投资团队会构建项目——如我们会在下一章讨论到的，并管理项目——如我们会在第六章讨论到的。在每一步，我们都要应对缺乏流动性和信息不对称这些问题，一般会通过利益一致化和积极投资工具来尽量消除。所有这些步骤都会对投资的最终结果产生影响。

问题

1. 为什么投资者会偏好专有交易？为什么创业家或者卖方也青睐这种交易？
2. 基金对行业或者地域的专注在吸引专有交易方面有什么帮助？
3. 在给潜在投资者提供的融资建议书里，应该包含哪些关键信息？
4. 对投资者和卖方来说，拍卖过程分别有什么样的缺点和潜在风险？各方如何减轻这些影响？
5. 投资者寻找投资机会都有哪些渠道？
6. 创业家如何找到投资者？
7. 为什么在企业展示时只用 12 页的幻灯片？
8. 为什么投资者可能会偏好曾经有失败经历的 CEO？
9. 为什么一名普通合伙人想自己完成大部分的背景调查？
10. Kaplan 和 Strömber 描述了哪三种风险？为什么外部风险会更多被视为投资的原因而不是放弃投资的原因？
11. 讨论在创业家成功中时机把握能力和管理能力的影响。对于有时机把握能力的连续创业家，为什么他创立的新企业的价格往往不是特别高？
12. 为什么顶级公司投资过的创业家更有可能去创立另外一家新企业？
13. 列出私募股权公司会组成辛迪加联合投资一个项目的三个原因。VC 公司和并购公司组成辛迪加的原因有什么不同？
14. 为什么很多 VC 公司认为他们的后续决策过程需要改变？你认为最好的方法是什么？

第四章

估值

尽管到目前我们已经讨论了发现项目和就项目做出决策的困难,我们还没有讨论项目估值这个棘手的问题。对未上市企业,尤其是还在早期的企业进行估值是很困难的一件事,而且经常是一个主观的过程。通常,早期企业预测在一段时间内都是负现金流,其预期回报高度不确定却吸引人。即使对于并购交易中更成熟的企业而言,估值仍可能是富有挑战性的,因为企业的价值关键取决于提升运营的能力。在以上两种情形中,估值对所做的假设都非常敏感。

除了不确定性,其他问题也增加了对未上市企业进行估值的难度。一般都会存在信息问题:关于企业实验室内的进展,创业家可能知道的远比风险投资家更多,而风险投资家知道的又远比外部人多。许多早期企业没有多少固定资产。事实上,初创企业的主要资产可能是其员工(这些员工可以随时去其他地方工作)和创意(这通常很难通过专利和其他方式进行保护)。这种无形资产的估值尤其复杂。最后,多变的市场可能意味着某个季度看起来合理的估值在下一个季度看起来却没有什么意义。

而且,这些企业的**资本结构**(capital structures)随着时间而变化。早期企业在其整个生命周期内的不同阶段都在为其发展并减少投资者的风险募集资金。已经被杠杆收购(LBO)公司收购的企业要支付伴随而来的债务。所有这些特点,加上找到数据极为困难,使得应用标准的财务估值方法会很复杂。

这些挑战会导致对同一家企业有非常不同的估值,尤其是在市场环境迅速变化的时期。例如,在2002年,Santera System是许多家陷入困境的通信设备制造商之一。在超过2亿美元私募股权投资的帮助下,由其250名员工开发的先进的电话交换技术,可以节约大量成本并在技术上处于领先地位。但是整个通信行业正深陷衰退中。在此期间,像朗讯(Lucent)和北电(Nortel)这样的业内主要企业(以及主要的潜在客户)发生了巨额亏损和大量裁员,并引发无数关于其生存能力的质疑。

持有 Santera 股份的风险投资公司各自给出了非常不同的估值,这可能反映了对该企业和这个产业的完全不同的看法(可能也反映了这些公司各自所处的不同情形)。在 Austin Ventures 的 2002 年第二季度报告中,对 A 序列优先股(见第五章中关于证券类型的描述)的估值为每股 4.42 美元,反映了 Santera 在上一轮融资的估值(2001 年 7 月由 Austin Ventures 领投的 C 序列融资,企业估值为 3.65 亿美元)。而红杉资本对 A 序列优先股相同股份的估值则仅为每股 46 美分。事后看来,红杉更为谨慎的看法是合理的,因为 Tekelec 于 2003 年到 2005 年间,在一项复杂的多步骤交易中以 7 500 万美元收购了 Santera。(可能即使这样,估值也仍显乐观,因为 Tekelec 在 2007 年将 Santea 和另外两家企业出售,以获得股票和一家未上市企业的少数股权,总价值约 2600 万美元。)①

这确实是富有挑战性的一个领域。但通过严格应用不同的方法学,合理确定企业价值是可能的。在本章里,我们会讨论私募股权中的一系列估值方法。我们的目的是提供一套可以用来解决这些问题的实用工具。

有两个局限应该事先认识到。首先,由于本章只是全部十四章中的一章,我们会略过背后的理论:我们这里讨论的重点是每一种方法的基本原理,并对其优劣势进行讨论。幸运的是,背后的理论在许多公司财务书籍中都有所涉及。其次,我们主要关注目前常用的一些方法。对于更先进的期权定价方法的使用,读者请参考 Andrew Metrick 的著作。② 在本章的结尾,关于进一步阅读的建议,对所讨论的不同估值方法,提供了更详细的信息。

我们从基本概念开始:投资前和投资后估值的概念。然后我们讨论如何得出估值。我们研究可比企业法、净现值法、调整现值法、风险投资法和期权估值法。我们还讨论应用了水晶球软件包的蒙特卡罗模拟方法,以提升估值能力。在最后一节,我们尝试将所有这些信息整合起来,讨论如何调和这些不同的方法。

基本概念:投资前和投资后估值

在我们讨论如何对私募股权所投资的企业进行估值之前,需要考虑的一个问题是交易中的估值通常如何进行分配。为此,我们需要理解投资前和投资后估值的概念。

在许多并购中,这个过程相对直接,因为投资者会收购企业的所有股权。因此,当黑石、凯雷集团、Permira 和 TPG 同意在 2006 年 9 月购买 Freescale Semiconductor 时,他们收购了这家企业的所有股份。Freescale 曾是摩托罗拉的半导体部门,于 2004 年 7 月剥

---

① 这记录于 Ann Grimes 所写的"Little VC Secret:Value Lies in the Eye of the Beholder",载于《华尔街日报》,2002 年 11 月 4 日;汤森路透私募股权数据库,访问于 2009 年 8 月 29 日;Tekelec Systems,Amended 8-K Filing,2005 年 10 月 3 日,http://www.sec.gov/Archives/edgar/data/790705/00009501295012059/v15468e8vkza.htm,访问于 2009 年 8 月 29 日;Tekelec Systems,8-K Filing,2007 年 3 月 20 日,http://www.sec.gov/Archives/edgar/data/790705/000095012407001744/v28652e8vk.htm,访问于 2009 年 8 月 29 日。

② Andrew Metrick 所著的 Venture Capital and the Finance of Innovation(纽约:John Wiley & Sons 出版社,2007 年)。

离出去成为一家公众企业。Freescale 同意以每股 40 元的价格被收购。这相当于股权总价值为 176 亿美元,再加上所承担的 13 亿美元债务。因此,该项交易对企业的估值为 189 亿美元。①

风险投资(VC)交易则更为复杂。例如,GENBAND(Santera 的最终收购方)在 2007 年 4 月进行了其第十轮融资。② 其大型和稳定的风险投资人包括像 Oak 和 Venrock 这样的老牌公司,像 SVM Star 和西门子的投资附属机构 Trellis 这样的较新的公司,以及 PE 二级市场权益买方 Cipio(该类买方从股权所有方手里收购非上市企业的股权,通常股权所有方是不再想或者不能继续持有这些股权的私募股权公司)。在 2007 年 4 月的融资中,风险投资者投资了 1 356 万美元,获得了可转换为 10.43% 普通股的**优先股**(preferred stock)。

该项交易对 GENBAND 的估值意味着什么呢?最简单的答案可以通过用投资额除以如转换优先股后得到的企业**普通股**(common stock)占总股份的比例计算得到。风险投资者将之称为"**投资后**"**估值**("post-money" valuation):

投资后估值=投资额/转换后的股份占总股份的比例
=1 356 万美元/10.43%=1.3 亿美元

(或者,该数值可以通过以下计算得到:如果所有优先股转换为普通股后,将交易中每股普通股的价格乘以发行在外的全部普通股的股数计算得出。)

不过在某些情况下,该数值可能并不是我们想要衡量的数值。特别是,我们可能想要衡量在新资金进入企业之前,该项交易所表示的企业价值。这个概念,即"**投资前**"**估值**("pre-money" valuation),可计算如下:

投资前估值= 投资后估值 − 投资额
= 1.3 亿美元 − 0.135 6 亿美元 = 1.264 4 亿美元

投资前和投资后估值之间的差异可能最好用房地产术语来理解。比如你用 50 万美元买了一栋破旧的房子,然后花 25 万美元对其进行了重新装修,那么投资前估值可以定义为 50 万美元,而投资后估值为 75 万美元。在 GENBAND 案例中,可以确定的一件事是,不论我们使用哪种概念的估值,一定低于企业在 2010 年 8 月第三轮融资中的估值,当时许多之前的投资者投资 4 830 万美元获得了**经转换之后**(asconverted basis)企业全部股份的 19.43%。

应该注意到,在大多数情况下,这种方法对企业估值来说,只能形成一种有误导性(有时是非常有误导性)的印象。这种计算方法假设私募股权投资者像其他投资者一样获得股份。但是就如我们在下一章深入讨论到的,在典型的项目中绝非如此。相反,私募股权机构获得的是优先股,该类股份有很多特殊权利,包括优先获得偿付到关键决策的否决权等特殊权利。就像我们可以想象到的,这些权利非常有价值。

---

① 来源于 Matt Andrejczak 所写的"Freescale Semi Agrees to $17.6 Billion Buyout",载于 *MarketWatch*,2007 年 9 月 15 日,参见 http://www.marketwatch.com/story/freescale-semiconductor-agrees-to-176-billion-buyout and Freescale Semiconductor,Form 8-K,2006 年 9 月 15 日,http://www.sec.gov/Archives/edgar/data/1272547/000118143106053300,访问于 2009 年 8 月 29 日。

② GENBAND 的融资历史从汤森路透私募股权数据库获得,访问于 2009 年 8 月 29 日。

因此,当一名风险投资家投资 100 万美元获得可以转换为 10% **普通股**(common equity)的优先股时,其获得股份的价值可能超过普通股(具体超过多少,将取决于优先股的条款)。所以,我们计算出的 1 000 万美元投资后估值(100 万美元/10%)有误导性。事实上,风险投资家获得了超过 10% 的企业价值,该交易所表明的投资后估值要低于简单的投资后估值方法所计算出来的估值。

可比企业法

在本节,我们会探讨对私募股权所投资企业进行估值的最常用方法。表 4.1 总结了每种方法的优缺点。

表 4.1 私募股权行业中不同估值方法的优缺点

方　　法	优　　点	缺　　点
1. 可比企业法	• 使用快速 • 容易理解 • 行业中广泛使用 • 基于市场	• 可比的非上市企业可能难以找到和评估 • 如果使用可比上市企业,需要调整估值结果,以考虑非上市企业股权缺乏流动性这一情况
2. 净现值(NPV)法	• 理论上合理	• 现金流可能难以估计 • (β和资本结构)可比的非上市企业可能难以找到和评估 • 加权平均资本成本(WACC)假定资本结构不变 • WACC 假定有效税率不变 • 典型的现金流形态是,先是现金流出,然后是远期不确定的现金流入,因此对折现率和末期增长率假设非常敏感
3. 调整现值(APV)法	• 理论上合理 • 适用于(并易用于)资本结构在变化的情况(比如像 LBO 一样的高杠杆交易) • 适用于有效税率在变化的情况(比如存在净运营亏损 NOL 的时候)	• 比 NPV 方法的计算更复杂 • 具有和 NPV 方法一样的缺点,除了克服了 WACC 假设的缺点(比如资本结构和有效税率不变)
4. 风险投资法	• 容易理解 • 使用快捷 • 常用	• 依赖从其他方法得出的终值 • 过于简化(很高的折现率"修正因子")
5. 资产期权法	• 理论上合理 • 克服了 NPV 和 APV 方法在投资经理有灵活调整空间时的缺陷	• 该方法在业内不常用,可能无法理解 • 真实世界的情况可能难以简化成有解的期权问题 • Black-Scholes 模型的局限性

使用可比企业法通常是获得企业大致估值的一种便捷方法。当寻找可比企业的时候,我们需要找到和所感兴趣企业有类似"价值特征"的企业。这些价值特征包括:风险、增长率、资本结构以及现金流的数量和发生时间。通常,这些特征由企业的其他基础属性驱动,可以由某个倍数来反映。例如,一家新的健康维护机构(HMO)的预期现金流可以通过该机构已经注册的会员来准确预计(参见例4.1)。

例 4.1

使用可比企业法进行估值

Private Health是一家私营的区域HMO,其50岁的主席和主要股东正在考虑出售他在企业里的股份,之后他会退休。他让Private Health的首席财务官(CFO)计算企业在第二天早上的价值。他有两个主要选项:将他的权益出售给员工持股计划(ESOP)或者出售给企业的竞争对手,一家上市企业。CFO经常收到投资银行发来的研究报告,这些投资银行热衷于带企业去上市。从这些报告中,CFO汇编了Private Health和在同一区域运营的两家上市HMO的下列信息。2009财年的数据如表4.2所示(除非特别注明,单位为百万美元)。

表 4.2 可比企业法分析的输入参数　　　　　　　　单位:百万美元

	Private Health	Happy Healthcare	Community Health
资产负债表			
资产	160	300	380
长期负债	5	100	0
净资产	80	120	175
损益表			
收入	350	420	850
EBITDA	45	55	130
净利润	30	20	75
市场数据			
每股收益(美元/股)	3	0.67	2.14
市盈率(倍)		21	14.5
发行在外的股份(百万股)	10	30	35
会员数量	500 000	600 000	1 100 000

根据以上信息,CFO计算了倍数和其表示的Private Health估值,如表4.3所示。CFO认为,总体上,倍数对Private Health的价值进行了很好的估计,但是如果基于市盈率(P/E)进行估值就会高估企业的价值。她认为这是因为Happy Healthcare(长期债务占总资产的33%)较之Private Health(长期债务占总资产的3%)使用了更高的杠杆率。如果将Community Health的市盈率14.5应用于Private Health,会得到4.35亿美元的估值。基于她的分析,她确信,如果出售给一家上市企业,Private Health的估值应该在

3.6亿~4.35亿美元之间。如果股份出售给ESOP，她认为，由于企业未上市，折现率假定为15%~20%是合适的，或者说2.9亿~3.6亿美元的估值可以反映企业股份缺乏流动性的情况。

表4.3 可比企业法分析　　　　　　　　　　　单位：百万美元

	Happy Healthcare	Community Health	平均	Private Health 暗含的净资产价值
市盈率	21.0	14.5	17.8	533
市净率	3.52	6.21	4.86	389
企业价值/EBITDA*	9.49	8.35	8.92	397
企业价值/收入	1.24	1.28	1.26	436

* EBITDA = 息税折旧摊销前利润。

不过，非上市企业使用可比企业法会有许多潜在的问题。首先，要确定其他非上市企业的估值通常并不容易。因此会造成无法比较我们的企业和最相似的企业。其次，由于非上市企业的会计和其他业绩信息经常无法获得，关键比率可能无法计算，或者忽略了对于估值的其他重要影响。最后，可比企业的估值可能是误导性的。偶尔的，整个类别的企业估值从现金流法来说都是不合理的，就如在20世纪90年代晚期所看到的互联网泡沫一样。

因此，合理的判断应该推动可比企业法的使用。我们必须寻找价值的潜在衡量方法，可以从一家企业合理应用到下一家企业。在二级市场，常用的比率是：(1)股票价格除以每股盈利(P/E比率)，(2)企业股权的市值除以总收入，和(3)企业股权的市值除以资产负债表上的股东权益(市净率)。不过这些比率可能有误导性。看一下市盈率。盈利(税后收益)反映了企业的资本结构，因为盈利是在扣除利息费用和税后计算出来的。常识告诉我们，当比较两家有相似特征但资本结构差异很大的企业时，使用基于**息税前利润**(earnings before interest and taxes, EBIT)的倍数可能更合适。通过使用后面这种倍数，从而忽略每家企业所发生利息费用的不同水平，我们解决了两家不同资本结构企业间的比较问题。当然，使用EBIT忽略了与资本结构有关的利息避税效果，而这也许是我们希望在比较中进行考虑的。

基于会计的可比企业法，如前文提到的，对于私募股权环境下的通常不盈利或正在快速成长期的企业进行估值，显然不太合适。因此我们必须寻找其他更合理的估值方法。例如，在互联网业务中，估值的一个合理指标可能是企业的注册用户数。生物科技企业估值的一个有效指标可能是企业获得的专利数量。对于一家金矿勘探企业，价值的典型衡量方法是初次钻井结果所显示的黄金盎司数量。这些对企业估值的非财务和特定产业的度量方法，只是几个例子。

有意思的是，一项由Kim和Ritter[①]进行的研究显示，特定产业的倍数对于首次公开发行(IPO)的发行价格有很强的解释力。相反，基于会计的倍数，比如市盈率和市净率，

---

① M. Kim和J. Ritter所写的"Valuing IPOs"，载于 *Journal of Financial Economics* 53(1999)：409-437页。

被发现没有什么预测能力。原因是,同一个行业内的刚上市企业,基于会计的倍数差别很大。表4.4总结了主要结果。① 细心的读者会注意到,虽然市净率看起来有最强的预测能力,但其成功率(定义为在实际结果的15%误差范围内的比例)只有1/5。

表 4.4 Kim-Ritter 分析的主要结果　　　　　　　　　　　　单位:%

	所预测估值在使用下列实际倍数进行估值的15%误差范围内的比例	
	发行价格	市场价格*
市盈率	12.1	11.1
市净率	21.6	21.6
价格销售比	16.2	12.0

* 市场价格是首次闭市价。

资料来源:改编自 M. Kim 和 J. Ritter 所写的"Valuing IPOs",载于 *Journal of Financial Economics* 53(1999):421 页。

使用公开市场的可比企业对未上市企业进行估值则因为股权的流动性而进一步复杂化。这里我们又一次碰到了缺乏流动性这个问题。由于未上市企业的股份较之典型的上市企业缺少流动性,企业估值由于缺乏流动性打一个折扣是合适的。合理折扣的大小则依具体情况而定。调查表明,由于缺乏流动性而造成的折扣在实践中会落在一个很狭窄的区间内,通常为 25%～30%。②

净现值方法

净现值(NPV)方法是最常用的现金流估值方法之一。(其他方法还包括股权现金流法和资本现金流法。下一节讨论的调整后现值(APV)方法是资本现金流法的变种。)本节简要介绍 NPV 方法的基本原理。

NPV 方法将利息支付可以在税前扣除的避税效益考虑在了折现率(即**加权平均资金成本**,weighted average cost of capital 或 WACC)里。在计算 WACC 时,每种资金,不论是普通股还是优先股,债券还是长期债务,都通过合适的比重包含进来。WACC 的增加通常反映了更高的风险。

为避免重复计入避税效应,利息支付不必从现金流中扣除。公式(4.1)表示了如何计算现金流(下标表示时间):

$$CF_t = EBIT_t * (1-\tau) + DEPR_t - CAPEX_t - \Delta NWC_t + other_t \qquad (4.1)$$

其中:

　　CF 指现金流;

　　EBIT 指息税前利润;

　　τ 指企业税率;

---

① M. Kim 和 J. Ritter 所写的"Valuing IPOs",载于 *Journal of Financial Economics* 53(1999):409-437 页。

② S. Pratt 所写的 *Valuing a Business: The Analysis and Appraisal of Closely Held Companies* (Homewood, IL: Dow Jones-Irwin,1996 年)。

DEPR 指**折旧**；

CAPEX 指**资本支出**；

ΔNWC 指净流动资金的增加；

Other 指应付税、应付工资等的增加。

接下来，应该计算**终值**(terminal value)。这个数字非常重要，因为一家企业的大部分价值，尤其是一家早期企业，可能都体现在终值上。估计企业终值的一个常用方法是永续年金法。

假设永续增长率为 g，折现率为 r，公式(4.2)给出了使用永续年金法计算时点 T 的终值(TV)的公式。NPV 方法中使用的现金流和折现率通常都是名义值(即，这些值都没有经通胀调整)。如果预测表明经通胀调整后的现金流是恒定的，终值增长率应等于通胀率：

$$TV_T = \frac{[CF_T \times (1+g)]}{(r-g)} \quad (4.2)$$

实践中使用的其他常用 TV 计算方法包括市盈率法和市净率法，但是这些快捷方法并不鼓励使用。

然后企业的 NPV 按照公式(4.3)进行计算：

$$NPV = \left[\frac{CF_1}{1+r}\right] + \left[\frac{CF_2}{(1+r)^2}\right] + \left[\frac{CF_3}{(1+r)^3}\right] + \cdots + \left[\frac{CF_T + TV_T}{(1+r)^T}\right] \quad (4.3)$$

折现率使用公式(4.4)进行计算：

$$r = (D/V) \times r_d \times (1-\tau) + (E/V) \times r_e \quad (4.4)$$

其中：

r_d 指债务折现率；

r_e 指股权折现率；

T 指企业税率；

D 指债务的市值；

E 指股权的市值；

$V = D + E$。

如果企业目前不在其目标资本结构，D/V 和 E/V 应该用目标值。

股权成本(r_e)使用公式(4.5)中的资本资产定价模型(CAPM)进行计算：

$$r_e = r_f + \beta * (r_m - r_f) \quad (4.5)$$

其中：

r_e 指股权折现率；

r_f 指无风险折现率；

β 指贝塔或与市场的相关系数；

r_m 指普通股的市场回报率；

$(r_m - r_f)$ 指市场风险溢价。

当确定合适的无风险利率(r_f)时，应该尽量将投资项目的期限同无风险利率的期限相匹配。一般会使用十年期的无风险利率。**市场风险溢价**(market risk preminm)的估计可能区间较大;为简便考虑,可以假设为7.5%。

对于未上市企业或者从上市企业剥离出来的企业,贝塔可以用可比上市企业的贝塔来估计。上市企业的**贝塔**(beta)可以在贝塔书或在装载了彭博社的机器上找到。如果企业不在其**目标资本结构**(target capital structure),就有必要对贝塔进行"去杠杆"和"重新杠杆"。使用公式(4.6)可以完成这一过程:

$$\beta_u = \beta_t \times (E/V) = \beta_t \times [E/(E+D)] \tag{4.6}$$

其中:

β_u 指去杠杆的贝塔;

β_t 指带杠杆的贝塔;

E 为股权的市价;

D 为债务的市价。

如果没有可比企业,就会产生一个在创业环境下估值经常遇到的问题。在这种情况下,常识是最好的指导原则。考虑下特定企业的周期性特征,风险是系统性的还是可以通过多元化进行分散。如果可以获得会计数据,另一种方法就是计算和股权贝塔有相关度的"盈利贝塔"。盈利贝塔通过将未上市企业的净利润和诸如标准普尔500的股市指数比较后计算得出。使用最小方差回归法,可以计算出最合适的直线(贝塔)斜率。

例4.2中展示了一个计算NPV的例子。

例4.2

使用净现值法进行估值

Lo-Tech的股东投票决定中止其多元化战略,并将重新专注于其核心业务上。作为该战略的一部分,该企业寻求剥离其还处在早期的高科技子企业Hi-Tech。Hi-Tech的管理团队想要收购企业,并已经接触过风险投资家George并向他寻求建议。他决定使用NPV法对Hi-Tech进行估值。乔治和Hi-Tech管理层已经就表4.5中的预测达成了一致(所有数据的单位均为百万美元)。

表4.5 净现值分析的输入 单位:百万美元

	第1年	第2年	第3年	第4年	第5年	第6年	第7年	第8年	第9年
收入	100	140	210	250	290	380	500	650	900
成本	230	240	260	275	290	310	350	400	470
EBIT	−130	−100	−50	−25	0	70	150	250	430

企业有1亿美元的净运营损失(NOL),可以递延并冲抵未来的盈利。另外,Hi-Tech预计在其早期的运营年份中会产生进一步的亏损,这些亏损也可以递延。税率为40%。5家可比高科技企业的平均去杠杆贝塔为1.2。Hi-Tech没有长期债务。十年期债券的国债收益率为6%。资本支出要求假设等于折旧。市场风险溢价假设为7.5%。净流动资金要求预计为销售收入的10%。EBIT预计在第9年后一直以每年3%的增长率增长。

如表 4.6 所示，George 首先计算了 WACC：

$$WACC = (D/V) \times r_d \times (1-t) + (E/V) \times r_e = 0 + 100\% \times [6.0 + 1.2 \times (7.5)] = 15\%$$

表 4.6 净现值分析　　　　　　　　　　　单位：百万美元

WACC 计算										
税率							40%			
$R_m - R_f$							7.5%			
EN							100%			
β_u							1.2			
十年期国债利率							6.0%			
WACC							15.0%			
现金流										
最终增长率							3.0%			
年份	0	1	2	3	4	5	6	7	8	9
收入		100	140	210	250	290	380	500	650	900
减：成本		230	240	260	275	290	310	350	400	470
EBIT		−130	−100	−50	−25	0	70	150	250	430
减：税		0	0	0	0	0	0	0	26	172
EBIAT（利息前税后利润）		−130	−100	−50	−25	0	70	150	224	258
减：净流动资金变化		10	4	7	4	4	9	12	15	25
自由现金流		−140	−104	−57	−29	−4	61	138	209	233
折现因子		0.870	0.756	0.658	0.572	0.497	0.432	0.376	0.327	0.284
现值（现金流）		−122	−79	−37	−17	−2	26	52	68	66
现值（现金流）	(44)									
终值										2 000
现值（终值）										569
净现值和敏感性分析										
							WACC			
现值（现金流）	(44)							13%	15%	17%
现值（终值）	569				最终增长率	2%		699	476	323
净现值	525					3%		778	525	355
						4%		876	583	391
税的计算										
EBIT		−130	−100	−50	−25	0	70	150	250	430
使用的 NOL		0	0	0	0	0	70	150	185	0
增加的 NOL		130	100	50	25	0	0	0	0	0
税		0	0	0	0	0	0	0	26	172
初始 NOL		100	230	330	380	405	405	335	185	0
结束 NOL		230	330	380	405	405	335	185	0	0
净流动资金（销售的 10%）										
初始 NWC			10	14	21	25	29	38	50	65
结束 NWC		10	14	21	25	29	38	50	65	90
NWC 的变化		10	4	7	4	4	9	12	15	25

然后他对现金流进行了估值,显示企业的 NPV 为 5.25 亿美元。正如所猜测的,企业的所有价值体现在终值(现金流的现值是 −4 400 万美元,而终值的现值是 5.69 亿美元,因此 NPV 为 5.25 亿美元)。

终值计算如下:

$$TV_T = [CF_T \times (1+g)]/(r-g) = [233 \times (1+3\%)]/(15\% - 3\%) = 2\,000$$

乔治还做了情景分析以确定 Hi-Tech 价值对折现率变化和最终增长率变化的敏感性。他还制作了表 4.6 中的情景表格。[①]

乔治的情景分析给出了从 3.23 亿到 8.76 亿美元的一系列估值。显然,这么大的区间无法就 Hi-Tech 的真实价值提供准确的指导。他指出,早期现金流为负、随后一段时间现金流为正的现金流形态使得估值对折现率和最终增长率都非常敏感。乔治考虑将 NPV 方法作为估值过程的第一步,并计划使用其他方法将 Hi-Tech 的可能估值范围缩窄。

净现值法的优缺点

通过折现相关现金流估计企业价值,在理论上得到广泛认可。相对可比企业法而言,所产生的估值会更少受到发生在二级市场尤其是一级市场失真的影响。

鉴于在估值过程中作了许多假设和估计,得出企业的一个单个的或者"点"估值是不现实的。不同的现金流应该在"最佳"、"很可能"和"最差"情境假设下进行估计。然后这些现金流又应该用一系列 WACC 和最终增长率(g)的数值进行折现,以计算出估值的一个可能区间。如果你可以估计每种情景的发生概率,加权平均后可以得出企业估值的期望值。

即使经过这些调整,NPV 方法仍然有一些缺陷。首先,我们需要贝塔来计算折现率。一家有效的可比企业应该具有和所考虑企业相似的财务表现、增长前景和运营特征。具有这些特征的上市企业可能并不存在。类似的,通常运用可比企业估计考虑中企业的目标资本结构——而这样做也存在和寻找可比企业贝塔一样的很多缺陷。其次,典型初创企业的现金流形态是初期支出很大,之后是一段时间的现金流入,这使得企业的大部分(甚至是所有)价值都存在于终值中。终值对折现率和最终增长率假设都非常敏感。最后,最近的金融研究提出了这样的问题:贝塔是否为衡量企业风险的合适指标?大量的研究表明,企业规模或者股权的市净率可能是更合适的指标。[②] 不过,在实际的估值环境中,很少有人会采用这些建议。

NPV 方法的另外一个缺陷是在企业估值中采用变化的资本结构或有效税率。波动的资本结构通常都和高杠杆的交易相关,比如杠杆收购。有效税率由于税收抵免额的消耗可能发生变化,比如 NOL 或者针对初创企业的税收补贴到期。在 NPV 方法下,资本结构和有效税率都包含在折现率(WACC)中,并假定不变。因此,在这些情况下推荐使用 APV 方法。

[①] 敏感性分析可以通过使用微软 Excel 中的命令 Data Table 简便地完成。

[②] 参见 Eugene F. Fama 和 Kenneth R. French 所写的"The Cross-Section of Expected Stock Returns",载于 *Journal of Finance* 47(1992):427-465 页。

蒙特卡罗模拟

当使用表格计算价值时,我们会得到一个单个的或者"点"的估计值。即使进行敏感性分析时,我们也是简单地一次变化一个变量,然后确定估值的变化。蒙特卡罗模拟相对简单的敏感性分析来说是一个提高,因为它考虑了输入变量的所有可能组合。用户定义每个输入变量的概率分布,程序会生成描述可能结果的概率分布。

水晶球[①]就是这样一种程序包。第一步是建立基准情景表格。然后我们定义假设,预测变量,并确定假设单元格中数值变化对预测单元格中数值的影响。假设单元格中包含了诸如折现率、最终增长率和现金流的变量,以数字输入而不是公式或文字。概率分布定义了假设单元格中的数值如何变化的方式。水晶球有一套概率分布,可以从中选择合适的概率分布来描述每个变量的行为。用户需要选择一种合适的概率分布并估计关键参数(例如平均值和标准偏差)。

通过一次突出一个变量并使用命令"单元格定义假设"可以定义假设。类似的,通过突出估值计算的单元格并使用命令"单元格定义预测"可以定义预测。然后使用命令"运行运行"来生成模拟。使用命令"运行生成报告"可以生成一份报告。表 4.6 中进行的 NPV 估值报告摘要可见图 4.1,其中显示了子公司 Hi-Tech 估值的概率分布。报告也指出,定义假设为正态分布,平均值等于单元格中初始数值,标准偏差设定为平均值的 10%。

模拟软件包的可获得性和简易性使其成为有用的工具。相比一般的敏感性分析,模拟软件包可以对可能出现的结果进行更全面的分析。另一个好处是模拟软件包允许使用者考虑不同输入变量之间的相互影响,易于确定不同解释变量之间的相关性。我们必须记住,在现实中,分布的形状和变量之间的相互影响是很难发现的。就如结果分析报告看起来那样复杂,"模型最多和其背后的假设一样好"的老话仍然适用。

统计	数值
试验次数	500
平均值	562
中值	535
众数	—
标准差	194
方差	37 485
偏度	0.89
峰度	4.05
方差系数	0.34
区间最小值	162
区间最大值	1 296
区间宽度	1 134
平均标准偏差	8.66

[①] 水晶球是由 Decisionering 公司生产的一款个人电脑模拟程序包,该公司位于丹佛市的 Arapahoe 街 1515 号,邮编 CO 80202。公司电话 800-289-2550 或者 303-534-1516;传真号为 303-534-4818;网址是 http://www.decisioneering.com。

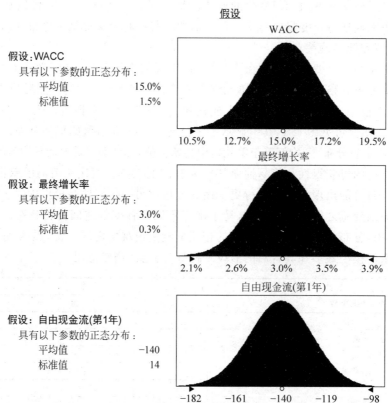

图 4.1 水晶球使用 NPV 例子（例 4.2）中的数据生成的模拟报告

调整现值法

APV 法是 NPV 法的一个变种。如果一家企业的资本结构在变化或者有可以用来抵消应税收入的 NOL，那么优先使用 APV 法，而不是 NPV 法。例 4.3 中可以发现阐述 APV 法的例子。

例 4.3

使用调整现值法进行估值

Vulture Partners,一家专注于投资处于困境中企业的私募股权机构,有兴趣购买 Turnaround。方先生是 Vulture 的普通合伙人,使用表 4.7 中的预测对 Turnaround 进行估值(所有数据的单位均为百万美元)。

表 4.7 调整现值法分析的输入   单位:百万美元

	第 1 年	第 2 年	第 3 年	第 4 年	第 5 年
收入	200	210	220	230	240
成本	100	105	110	115	120
EBIT	100	105	110	115	120
净流动资金变化	3	3	4	4	5

Turnaround 有 2.2 亿美元的 NOL 可用来抵消未来的收益。在第 1 年初,企业有 7 500 万美元的债务,利率 8%,并预计在接下来的 3 年中分成 3 笔 2 500 万美元进行偿还。税率为 40%。方先生认为 Turnaround 合适的无杠杆贝塔为 0.8。十年期国债收益率为 7%,市场风险溢价为 7.5%。净现金流预计在第 5 年后按照每年 3% 的速度增长。方先生采取了下列步骤。

如表 4.8 中所示的,方先生使用 APV 法对 Turnaround 进行估值,鉴于此,使用股权成本作为折现率:

$$股权成本 = r_f + \beta_u \times (r_m - r_f) = 7.0 + 0.8 \times (7.5) = 13\%$$

现金流和终值的计算方式都和 NPV 法一样。方先生使用永续年金法计算出终值为 6.9 亿美元(假设每年的增长率为 3%)。

然后方先生通过将每个期间的利息费用乘以税率 40% 得到利息税务减免额。利息费用通过债务偿还计划表计算得出。按照债务税前成本对每年的利息税务减免进行折现得到利息税务减免的现值,等于 420 万美元。

表 4.8 调整现值分析

折现率计算			
税率	40%	$r_m - r_f$	7.5%
10 年国债收益率	7.0%	β_u	0.8
折现率(无杠杆)	13.00%		
第 1 步:现金流估值			
最终增长率	3.00%		
年份	0	1	2	3	4	5

续表

收入		200	210	220	230	240
减：成本		100	105	110	115	120
EBIT		100	105	110	115	120
减：税		40	42	44	46	48
EBIAT		60	63	66	69	72
减：净流动资金变化		3	3	4	4	5
净现金流		57	60	62	65	67
折现因子		0.885	0.783	0.693	0.613	0.543
现值（现金流）		50	47	43	40	36
现值（现金流）	217					
终值						690
现值（终值）						375
第 2 步：利息税务减免估值						
年初债务		75	50	25	0	0
还款（年末）		25	25	25	0	0
年末债务		50	25	0	0	0
利息费用		6.0	4.0	2.0	0.0	0.0
利息税收减免		2.4	1.6	0.8	0.0	0.0
折现因子	8.00%	0.926	0.857	0.794	0.735	0.681
现值		2.2	1.4	0.6	0.0	0.0
净现值	4.2					
第 3 步：NOL 估值						
EBIT		100	105	110	115	120
利息费用		6.0	4.0	2.0	0.0	0.0
EBIT 减利息费用		94	101	108	115	120
使用的 NOL		94	101	25	0	0
年初 NOL		220	126	25	0	0
年末 NOL		126	25	0	0	0
使用的 NOL		94	101	25	0	0
NOL 税务减免		38	40	10	0	0
折现因子	8.00%	0.926	0.857	0.794	0.735	0.681
现值（NOL）		35	35	8	0	0
净现值（NOL）	77					
第 4 步：净现值和敏感性分析			WACC			
现值（现金流）	217			12.0%	13.0%	14.0%
现值（终值）	375	最终增长率	2%	692	635	589
现值（税务减免）	4		3%	739	673	619
现值（NOL）	77		4%	798	718	655
净现值	673					

为了对 NOL 中的税盾进行估值,方先生首先确定每个期间的应税利润,然后确定 NOL 可以应用的比率。通过从应税收入减去由于债务产生的利息费用,他可以确定每个阶段会被使用的净经营损失。净经营损失税盾可以通过将每一阶段消耗的净经营损失与税率相乘得到。方先生将税前负债成本的净经营损失税盾进行折现。净经营损失的现值等于 7 700 万美元。

敏感性分析显示 Turnaround 的可能估值区间在 6.5 亿~7.5 亿美元之间。数值区间表明估值对折现率和最终增长率假设都一定程度上敏感。

净现值法假设企业的资本结构始终处在一个预先设定的目标水平上。这在 LBO 中是不合理的,在 LBO 中高杠杆比率的初始资本结构将随着债务的偿还而减少。在这种情况下,"目标"资本结构会随着时间而变化。为了说明这个问题,可以考虑这么一家企业,经历了 LBO 并且最终目标资本结构为 0,即在一段时间后还清所有的债务。在净现值法下,折现率(WACC)将通过纯股权资本结构计算得到。这个方法忽略了企业目前的债务负担。现值调整法考虑了由企业资产产生的现金流并忽略其资本结构,从而解决了这个缺陷。然后,对可抵税利息支付所产生的税收节减进行估值。

净现值法还假设 WACC 中所隐含的企业有效税率保持不变。当企业有效税率随着时间不断变化时,这个假设是不合理的。例如,一家典型的初创企业会在有盈利前发生 NOL。在某些情况下,这些 NOL 由于税务目的可以递延,并与应税所得相抵。通过对 NOL 分别估值,调整现值法考虑了企业变化的税收状况产生的影响。

在调整现值法中,估值被分为三个步骤。第一步,对现金流进行估值,不考虑资本结构差异。对企业的现金流进行折现,方法与净现值法相同,只有折现率是不同的。原则上,假设企业完全通过股权进行融资。这意味着折现率应该使用无杠杆贝塔计算,而不是在 NPV 分析中用于计算 WACC 的带杠杆贝塔。式(4.5)和式(4.6)显示了如何通过 CAPM 计算折现率。

然后对和资本结构有关的节税收益进行了估计。可抵税的利息支付所产生的税收节减的净现值对企业是有价值的,必须进行量化。当债务比例上升或下降时,利息支付会随着时间而变化。按照惯例,用来计算节税收益净现值的折现率通常是债务的税前收益率。该折现率将低于股权成本,因为债权人的求偿权优先于普通股东,因此是风险更低的现金流。

最后,企业的 NOL 也是有价值的,必须进行量化。NOL 可以用来抵减税前收入,并且对于刚刚开始盈利的企业来说提供了现金来源。例如,假如一家企业有 1 000 万美元的 NOL 并且税率为 40%,这家企业将获得 400 万美元的税收节减。(不过请注意,这忽略了货币的时间价值。假如企业在其第一年有 1 000 万美元的应税收入,则 NOL 的净现值只有 400 万美元。如果这些 NOL 分年使用,那么折现会使其价值小于 400 万美元。)

用于对 NOL 估值的折现率通常是债务的税前利率。如果你相信一定能从 NOL 中实现节税收益,即企业一定会有足够的利润来消耗 NOL,那么请使用无风险利率。但是如果企业可能会无法产生足够的利润消耗完 NOL,那么就应该使用债务的税前利率进行折现。

风险资本法

风险资本法是常用于私募股权行业的估值工具。前面已讨论过,私募股权投资的一般特点是,现金流和收益初期均为负,而其未来回报尽管可能惊人,但却高度不确定。风险资本法一般通过使用某种倍数在未来某一时点(在这一时点企业已经有正的现金流或收益)对企业进行估值,从而考虑了这种现金流形态。该"终值"用高折现率(一般在40%~75%之间)折现成现值。我们会在稍后讨论这些高折现率的合理性。

风险投资家用折现后的终值和计划投资金额对其在企业中的期望所有者权益份额进行计算。例如,如果企业折现后的终值为1 000万美元,并且风险投资家计划投资500万美元,她会要求获得企业50%的股权。但是这是假设将来经过几轮融资后,风险投资家的股权份额没有被稀释。鉴于大多数成功的有风险资本投资的企业会通过IPO将企业股权出售给公众,这种假设是不现实的。

风险资本法的原理通过下面四个步骤进行说明(例4.4对风险资本法进行了说明)。该方法以估计未来某一年,通常是风险投资家预计企业上市的时点后不久的价值开始。终值通常使用某个倍数计算得到;例如,可以将市盈率和退出年份的预期净利润相乘(参见之前对可比企业法的讨论)。当然,终值也可以用其他方法计算,比如现金流折现法。

如例4.4所说明的,企业经折现的终值,通过对第一步计算出的终值进行折现确定。风险投资家一般使用目标回报率作为折现率,而不是传统的资本成本。目标回报率是风险投资家认为特定投资的风险和投入所对应的必要回报率。方程式(4.7)提供了计算经折现的终值的公式:

$$\text{经折现的终值} = \text{终值}/(1+\text{目标收益率})^{\text{年}} \tag{4.7}$$

第三步,风险投资家计算出要求的最终股份比例[方程式(4.8)]。拟投资金额除以经折现的终值,以确定风险投资家为获得要求的回报率应获得的股份比例(假设投资之后没有被稀释):

$$\text{要求的最终股份比例} = \text{投资额}/\text{经折现的终值} \tag{4.8}$$

最后一步,投资者估计未来的稀释比例并计算要求的目前股份比例。如果没有后续"轮次"的融资稀释风险投资家在企业里的股份,方程式(4.8)就是正确的答案。不过,有风险资本投资的企业,一般在IPO之前都会接受多轮融资。因此,这种假设通常是不现实的。为了考虑未来融资所造成的稀释影响,风险投资家必须计算留存比率。留存比率量化了未来融资对投资者股份比例的预期稀释影响。考虑有一家企业计划进行新一轮融资,出售相当于企业25%股份的新股份,在IPO时出售相当于企业30%股份的新股份。如果风险投资家目前拥有10%的股份,那么在经过这两轮融资后,他的股份比例将是10%/(1+0.25)/(1+0.3)=6.15%。他的留存比率为6.15%/10% = 61.5%。

风险投资家为实现他的目标回报率所要求的目前股份比例可以使用方程式(4.9)计算出:

$$\text{要求的目前股份占比} = \text{要求的最终股份占比}/\text{留存比率} \tag{4.9}$$

例 4.4

使用风险资本法估值

詹姆斯是波士顿一家非常成功的风险投资公司的一名合伙人。他计划对一家生物科技创业企业投资 500 万美元,必须确定他的投资在企业股权中应该占多少份额。他和企业管理层一起做的财务预测显示,第 7 年的净利润为 2 000 万美元。少数几家盈利的上市生物科技企业的平均市盈率为 15。企业目前有 500 000 股流通股。詹姆斯认为这种风险水平的创业企业的目标回报率应该是 50%。他进行了下列计算:

经折现的终值 = 终值/(1 + 目标回报率)^{年份} = (20 × 15)/(1 + 50%)^7 = 1 750 万美元

要求的股份比例 = 投资额/经折现的终值 = 5/17.5 = 28.5%

新股数量 = 500 000/(1 − 28.5%) − 500 000 = 200 000

新股每股价格 = 500 万美元/20 万股 = 25 美元/股

隐含的投前估值 = 500 000 股 × 25 美元/股 = 1 250 万美元

隐含的投后估值 = 700 000 股 × 25 美元/股 = 1 750 万美元

詹姆斯和他的合伙人认为企业需要再聘用 3 名高级员工。根据他的经验,这种高规格的员工需要 10% 流通股的期权。另外,他相信在企业上市时,相当于 30% 普通股的新发行股份会出售给公众。他进行了下列修改:

留存比率 = [1/(1 + 0.1)]/(1 + 0.3) = 70%

要求的现有股份比例 = 要求的最终股份比例/留存比率 = 28.5%/70% = 40.7%

新股份数量 = 500 000/(1 − 40.7%) − 500 000 = 343 373

新股每股价格 = 500 万美元/343 373 股 = 14.56 美元/股

风险资本法的优势劣势分析

风险资本法的一个主要缺点是使用了非常高的折现率,一般在 40%~75% 之间。风险投资家对于使用如此高的折现率主要有如下几点解释。首先,他们认为高折现率补偿了非上市企业由于缺乏流动性所带来的风险。如早先讨论到的,非上市企业股权的市场流通性不如上市企业股票,为了补偿缺乏流动性带来的风险,投资者会要求更高的回报率。其次,风险投资家认为他们提供的服务是有价值的,认为他们的投入需要用高折现率进行补偿。最后,风险投资家认为创业家的预计往往过于乐观,因此他们要求用高折现率来调整这些过高的预计。

金融经济学家建议,尽管风险投资家提到的以上几点或许有一定的道理,但不应通过高折现率来解决。他们提议应该用更客观的方法对每一点分别进行估值。首先,他们认为缺乏流动性而有所折扣是有道理的,但是预计的溢价太高了:许多投资者,包括捐赠基金、基金会和个人投资者,是长期投资者,但是从来没有因为愿意长期持有缺乏流动性的资产而获得超额回报。其次,金融经济学家认为风险投资家提供的服务应该参考市场上同类专业服务的成本进行估值。一旦这类服务的公允市场价值确定后,风险投资家可以获得等同于这些价值的股份。最后,金融经济学家认为不应该用提高折现率的方法来抵消创业家过于乐观的估计。他们认为可以判断不同情景发生的概率以及不同情景下的可能价值,以客观预测企业未来现金流。

使用高折现率反映了风险投资家对一家企业估值时的随意性。更好的方式是对预测仔细检查,并进行现实检验。这包括提出一系列问题:可比企业的业绩如何?为达到其预测的业绩,该企业需要达到多少市场份额?这大概需要多久?主要风险有哪些?是否有替补方案?关键的成功要素有哪些?与简单采用创业家的预计财务数据并用很高的折现率对其进行折现相比,这种类型的分析要有意义的多。

期权分析法

在某些情况下,在对投资机会估值时使用期权定价法更为恰当和可取。在基金管理者或者投资者有"灵活性"的情况下,折现现金流法,比如 NPV 和 APV 法,可能是有缺陷的。这里的灵活性有多种形式,包括提高或降低生产率、延后开发或者放弃某个项目。这些变化都会影响企业的估值,而这种影响是折现现金流法无法准确度量的。对于风险投资家尤其有意义的一种灵活性是指进行"后续"投资的能力。

私募股权投资的企业一般都会有多轮融资。风险投资家使用这种分阶段投资的方式激励创业家"获得"后续轮次的融资,同时这种方式也可以限制基金对投资组合中某家企业的头寸。通常,对于后续融资的优先购买权会写入投资合同中。

进行后续投资的权利与企业股票的买入期权有许多共同的特点。两者都是在某一个特定日期或者之前投入资金购买资产的权利,而不是义务。如我们可以理解的,折现现金流法是无法考虑到这种灵活性的。相反,期权定价理论考虑了基金管理者在未来"等待然后决定是否投资"于某项目的能力。

为了说明使用 NPV 现金流法对期权定价的缺陷,考虑下面简化的例子。一个项目需要现在投入 150 美元,在一年以后获得以下收入的可能性相等,折现成现值后分别为 200 美元、160 美元或 120 美元。那么这个项目的净现值在这三种情况下分别为 50 美元、10 美元或者 -30 美元。期望收益为 10 美元($=(1/3)×(50+10-30)$)。

现在考虑这样一种情况,投资者有能力将其投资推迟到时期 1。[①] 也就是说这位投资者在获取更多信息以后才会投资,这样做可以避免发生收益仅为 120 美元的情况。原则上,通过等待和收集更多信息,投资者把期望收益形态从(50 美元、10 美元、-30 美元)修改为(50 美元、10 美元、0 美元)。推迟投资的期权价值 10 美元,即新预期 NPV 20 美元 $[=(1/3)×(50+10+0)]$ 和之前预期 NPV 10 美元的差值。

本节介绍了金融中一个正在发展中的领域。为了简洁起见,我们假定读者对基本的期权定价理论有一定了解(例如,Brealey 和 Meyers 教材的水平[②])。读者可参考本章最后的推荐书目更深入地了解期权定价方法。

将企业视为期权进行估值

布莱克-斯科尔斯(Black-Scholes)模型通过使用 5 个输入变量对欧式期权[③]进行估

---

① 不论是在时期 0 还是时期 1 进行投资,我们都假设投资的净现值仍然为 150 美元。
② R. Brealey 和 S. Myers 所写的 *Principles of Corporate Finance*(纽约:McGraw-Hill 出版社,1991 年)。
③ 欧洲期权只能在期权到期日执行(即这时可以购买股票)。美国买入期权可以在期权到期日前的任何一天执行。

值。对于一只股票的期权来说，这5个变量分别是行权价格(X)、股票价格(S)、期权到期前时间(t)、股票回报率标准差（或波动率）(σ)以及无风险利率(r_f)。通过使用这些变量，我们可以对在未来某个时点购买一股某只股票的权利进行估值。通过类似的方法，我们也可以对企业投资于某一项目的决策进行估值。两者的对应关系可参见表4.9。

在对输入变量进行估计后，可以使用布莱克-斯科尔斯计算模型或者买入期权估值表对期权的价值进行计算。

将复杂问题转换为期权分析

现实世界中的决策可能很复杂，无法简化成可以用数学解决的问题。但是，试图简化这些类型的问题常常有很大的价值。例如，放弃开发一个金矿的权利和卖出期权类似。金融租赁赋予租赁方两项权利，通过支付一笔费用取消租赁（卖出期权）以及在租赁结束时以某个固定价格购买资产（买入期权）。本节仅考虑使用布莱克-斯科尔斯模型解决欧式期权定价（欧式期权只能在到期日才行权）的问题。

表4.9　金融与企业期权变量

变量	金融期权	企业期权
X	行权价格	项目实施所需投资的现值
S	股票价格	项目预计现金流的现值
t	期权到期前时间	投资决策可以延后的时间长度
σ	股票回报率标准差	基础资产的风险
r_f	货币的时间价值	无风险回报率

在表4.9中，我们描述了对一家企业持有的投资期权进行估值所必需的5个输入变量。X、S、t、r_f这4个变量的近似都较为直观，并通过例4.5进行了说明。估计第五个变量标准差(σ)的过程则值得进一步探讨。估计标准差的一种方法是观察上市企业的股价波动，该上市企业的资产与考虑中的项目或企业具有可比性。这些数值可以从安装了彭博(Bloomberg)的计算机上获取。需要注意的一点是，用这种方法估计的波动率需要进行调整，以考虑可比企业杠杆率的影响。由于杠杆会放大风险，因此如果可比企业的杠杆率比正在考虑的项目高，那么可比企业的风险会更高。20%～30%的波动率对于大多数企业来讲并不算特别的高，许多小型科技企业的波动率在40%～50%之间。

例4.5

使用期权定价方法估值

沙伦·罗克(Sharon Rock)，一位著名的风险投资家，正在考虑是否投资ThinkTank，Inc.，该企业由布雷恩(Brain)先生所有和管理。ThinkTank的新产品已准备好生产和销售。建设研究和生产设施需要花费1.2亿美元。Rock认为Brain先生和他的同事做的预测（见表4.10）是合理的（所有数据的单位为百万美元）。

表 4.10 期权定价分析数据　　　　　　　　　　单位：百万美元

	第 0 年	第 1 年	第 2 年	第 3 年	第 4 年	第 5 年
现金流（扣除资本支出）	0	0	0	10	25	50
资本支出	−120	0	0	0	0	0
总现金流	−120	0	0	10	25	50

罗克使用 25% 的贴现率（WACC）和 3% 的最终增长率进行了 NPV 估值。她对于 −1 155 万美元的估值结果并不满意。

经过更细致的思考，罗克意识到对该企业的投资可以分为两个阶段。第一阶段投资 2 000 万美元需要马上投入，用于购买研发设备和人员招聘。第二阶段投资 1 亿美元，用于厂房建设支出，可以在两年内随时投入。不管项目何时实施，厂房建设支出的现值为 1 亿美元。罗克认为第二阶段投资的决策不应该用折现现金流法进行估值，因为只有在项目第一阶段成功实施后，她才会进行第二阶段的投资。对第二阶段投资决策更合理的方式是将其考虑成第一阶段投资 2 000 万美元和一个两年期的欧式期权的组合，并使用布莱克·斯科尔斯模型进行估值。

最容易估计的变量就是期权到期前时间（t）和无风险利率（r_f）：分别是两年和 7%。"行权价格"（X）等于厂房建设投资的现值，也就是 1 亿美元。"股票价格"（S）可以通过将第二期投资所涉及的基础资产未来产生的现金流折算成现值来计算。这里我们使用 25% 作为折现率，3% 作为每年最终增长率，我们可以计算得到 S 在第 0 年是 1.084 5 亿美元。现在唯一需要计算的输入变量就是标准差（σ）。罗克发现这个数值很难计算，但是她参考了一些可比企业。她估计 σ 的范围可能在 0.5~0.6 之间。

使用以上数据，罗克计算出布莱克·斯科尔斯欧式买入期权的价值介于 3 880 万美元到 4 370 万美元之间。该项目总的 NPV 等于第一阶段投资成本加上买入期权（第二阶段投资机会）的价值，因此该项目的总 NPV 介于 1 880 万美元到 2 370 万美元之间（−2 000 万美元＋3 880 万~4 370 万美元）。

基于以上分析，沙伦·罗克决定投资 ThinkTank，前提是她获得任何新一轮融资的优先购买权。

使用期权定价法对投资机会估值的优缺点

当存在"灵活性"，可以等待、更多了解投资项目之后再决定是否投资时，期权定价理论是有用的。正如之前讨论的，如果使用折现现金流法对存在灵活性的机会估值，会出现价值低估。

使用期权定价法至少有三方面的问题：

1. 首先，许多业务人员并不清楚该方法，尤其是在私募股权行业。就像大部分"新技术"一样，说服投资经理和被投资方让他们相信使用该方法是合理的，并不容易。

2. 该方法的第二个缺陷就是：现实世界中的机会很难被简化成可以估值的简单问题。尽管该方法在企业支付股利或者提前行权的情况下也能够使用，但是计算过程会更为复杂。不恰当地使用期权定价法可能得到比其他方法夸张的估值，这样就会错误地投资一些本不该投资的项目。

3. 最后,一些情况并不适合布莱克-斯克尔斯模型。例如,很难对一系列嵌套(即某一个期权无法在另一期权行权之前行权)的买入期权进行准确定价。在这些情况下,可能最好使用模拟法。

使用期权定价法为私募股权证券定价

期权定价法也可以用于私募股权证券的定价。优先股的许多相关权利(会在第五章讨论到),都可以视为私募股权投资者可行权的买入期权或卖出期权。这样,就可以量化我们之前讨论过的普通股和优先股价值上的差异。

这样的讨论似乎太理论化了。但事实上这些权利是宝贵的。例如,2007 年 10 月微软支付了 2.4 亿美元购买了 Facebook 1.6% 的股份。[①] 根据这个数字快速计算一下,该社交网站的价值达到惊人的 150 亿美元。但是就像任何称职的投资者一样,微软坚持在其持有的优先股上设定了各种保护条款。Facebook 的内部计算考虑了微软享有的许多权利,计算出该笔交易对 Facebook 的真实估值是 37.5 亿美元。

这样的计算可能是一个有趣的学术习题,但是 Facebook 和 ConnectU 的法律纠纷就不那么有趣了。目前已经不在运营的哈佛大学约会网站的创始人宣称,Facebook 创始人(也是其哈佛同学)马克·扎克伯格剽窃了他们的知识产权。作为这个案件的和解部分条件,这位并不成功的创业家同意接受一系列 Facebook 的股票。但是当 ConnectU 的创始人意识到 Facebook 的价值大大低于 150 亿美元(以及他们在裁决中获得的股票价值——除了 2 000 万美元现金外——远低于其律师要求的 4 500 万美元)时,他们寻求重新协商和解条件。尽管进行了一系列激烈的官司,ConnectU 的创始人无法获得更多的赔偿。也许他们应该在下次校友聚会中换个人去起诉。

尽管这些话题都很有趣,但计算私募股权投资者都喜欢的优先股的价值是一项有挑战性的任务。对优先股协议要素如何影响企业估值有兴趣的读者可以参考 Metrick *Venture Capital and the Finance of Innovation* 这本书的第 13 章到第 18 章。

总结

鉴于这么多种估值方法,那么在为企业估值时正确的思路是什么呢?不仅每种方法都对背后所做的假设很敏感,而且不同方法得到的估值结果可能差异很大。这些都是重

[①] 该记述来自 Facebook,"Facebook and Microsoft Expand Strategic Alliance",新闻发布,2007 年 10 月 24 日,http://www.facebook.com/press/releases.php? p=8084,访问于 2009 年 8 月 30 日;Brad Stone 所写的"What is Facebook Worth?(第 37 部分)",载于 *New York Times Bits Blog*,2008 年 7 月 3 日,http://bits.blogs.nytimes.com/2008/07/03/what-is-facebookworth-part-37/,访问于 2009 年 8 月 29 日;Brad Stone 所写的"ConnectU's 'Secret' $65 Million Settlement With Facebook",载于 *New York Times Bits Blog*,2009 年 2 月 10 日,http://bits.blogs.nytimes.com/2008/07/03/what-is-facebook-worth-part-37/,访问于 2009 年 8 月 29 日;Owen Thomas 所写的"When ConnectU's Founders Won,They Still Lost",载于 *ValleyWag*,2009 年 2 月 16 日,http://gawker.com/5153955/when-connectus-founders-won-they-still-lost,访问于 2009 年 8 月 29 日。

要的问题,因为机构会根据企业的估值来评估它们可能会投入资金的私募股权机构的业绩表现,并作出他们自己的预算决策(例如,一所大学每年可能会花费所收到捐赠资金的5%来投资,这使得企业估值特别重要)。

在本节中,我们首先回顾了将系统性实践引入未上市企业估值的持续努力。在本章结束的时候,我们提出了用于解决这些问题的最佳方法的几项建议。

确保私募股权机构的估值做法保持一致的努力可以追溯到1990年,当时美国国家风险投资协会(NVCA)的一个委员会就提出了如表4.11所示的估值指引。尽管从未正式被采用,但是这些指引已经成为行业内公认的标准。简言之,他们认为,当未上市企业变得更像上市企业时,例如,产生收入和利润,那么可以通过对可比上市企业的市值进行折减来对这些企业进行估值。在此之前,未上市企业的价值以其账面成本为准,因为"假设投资成本代表了被投资企业价值"。[①] 如果一家VC公司在企业第一轮融资时以每

表 4.11　美国国家风险投资协会建议的估值指引

风险投资基金须根据GAAP的要求说明他们对投资组合企业的估值。确定估值没有单一的标准,因为估值取决于每笔投资的具体情况。下列指引的目的在于帮助风险投资基金的普通合伙人估计他们投资的价值。

未上市企业

1. 投资成本被认为是代表了企业估值,除非在指引中有其他规定。
2. 如果企业的业绩或者增长潜力严重恶化,企业估值应降低。估值的降低应在财务报表附注中披露。
3. 估值应调整到等于后续重大股权融资的价格,后续股权融资须来自富有经验的非关联新投资者。如果后续重大股权融资的投资者与之前轮次的投资者基本相同,则不构成估值调整的基础。
4. 如果某轮重大投资基本来自某一投资人,且其目标主要是战略投资,则本轮投资价格较之前一轮重大股权融资价格的增长中,不超过50%的部分可归因于企业价值的增长。
5. 如果企业至少在过去两年中都是内源融资且现金流至少一年为正,那么企业通过杠杆收购被并购时,其估值应该调整。调整应该基于P/E比率、现金流乘数或类似企业的其他合理财务指标,通常缺乏流动性应有30%的折价。这样的调整,频率不能高于一年一次,并应在财务报表附注中进行披露。
6. 权证的估值等于基础证券估值超出行权价格的部分。
7. 附息证券的账面价格不应根据利率变化调整。

上市企业

8. 上市交易证券的估值应使用收盘价格或者买方出价,除非指引中有其他规定。
9. 限售交易证券的估值应合理折价,直到可以自由交易。通常,折价率在持有期初应至少高于30%,并随限制交易期随时间缩短而同比例降低。
10. 当持股数量大幅超过季度交易量时,估值通常应折价至少10%。

资料来源:"U.S. 1989 Valuation Guidelines",从John Taylor获得的未发布文档,John Taylor是美国国家风险投资协会负责研究的副总裁。经授权使用。

---

① "Proposed Venture Capital Portfolio Valuation Guidelines (1989/1990)",美国国家风险投资协会(未发表)。

股 50 美分的价格进入,而第二轮融资由一家富有经验的非关联方领投,每股价格 2 美元,那么这家 VC 公司所持股份的价值就会提高至 2 美元每股。经验法则变成"企业估值取投资成本和市场价格更高的那个,除非这家企业减值",在这里市场价格指的是最近一轮独立融资的市场价格。"如果企业的业绩和增长潜力严重恶化",企业估值应降低。[1] 总体上讲,这些标准形成的指引非常模糊,但强调了参考历史成本。

但是由于 NVCA 指引从来没有被正式采用过,各家 VC 公司可以使用它们合伙协议中允许使用的任何估值方法。达特茅斯大学塔克商学院的一项研究显示,在 561 家受访公司中,大约有 1/3 严格遵守了 NVCA 指引。[2] 很大一部分公司遵守了部分指引。[3] 但是,有一小部分受访公司认为"低效和不透明对行业有利……标准要么是限制性的,要么过于模糊"。[4]

同时,在 20 世纪 90 年代初,英国风险投资协会(BVCA)开始了解决风险基金估值问题的努力,以应对本国 VC 行业的业绩下滑。在一批有实力的有限合伙人(LP)支持下,BVCA 引入了一系列业绩标准和统一的估值标准。尽管这些标准更有权威性——1997年以后,英国 VC 行业的监管机构金融监管服务局(FSA)要求公司使用这些标准,但它们都使用了和美国业界一样的模式。

在 2002 年,BVCA 建议了新的估值指引,这一版本的指引与美国根据成本估值的思路不同,规定企业价值应基于公允价值,或者"在一项由懂行且自愿交易的两方公平交易中,一方为获得资产对另一方所支付的金额"。[5] 在超过 16 页的篇幅中对精确的估值方法进行了定义,应该是"合理的……被普遍接受的……根据基于市场的风险回报指标……估值方法在不同时期应保持一致,除非变更估值方法能更精确地估计公允价值"[6]。对非上市企业估值的更好方法包括盈利乘数法、近期投资价格法和净资产法。上市企业则按照其市场价格估值,但如果因为持仓量大或者交易限制而影响到流动性,则估值需有 10%~30% 的折价。[7] 欧洲风险投资协会(EVCA)采用了非常相似的指引。

21 世纪初的会计丑闻,例如安然——使用了估值非常离谱的表外合伙企业,激起了强烈反应,引发更严厉的监管。当美国证券交易委员会(SEC)开始监管对冲基金时,美国私募股权行业为避免被监管,采用了行业自律战略。2002 年 2 月,一批 LP、GP、并购基金和顾问公司成立了私募股权行业指引小组(PEIGG),并在 2003 年 12 月发布了一系列建

---

[1] "Proposed Venture Capital Portfolio Valuation Guidelines (1989/1990)",美国国家风险投资协会(未发表)。

[2] Colin Blaydon 和 Michael Horvath 所写的"GPs Say Valuation Standard is Important but Can't Agree on One",载于 *Venture Capital Journal*,2002 年 10 月 1 日。

[3] 同上。

[4] 同上。

[5] Lisa Bushrod 所写的"New Valuation Guidelines for BVCA",载于 *European Venture Capital Journal*,2002 年 12 月 1 日。

[6] "New Reporting and Valuation Guidelines Exposure Draft",BVCA,www.bvca.co.uk,37,访问于 2003 年 2 月 11 日。

[7] 同上。

议。① 与 BVCA 相同，PEIGG 督促 GP 能在估值上更严格地使用"公允价值"。② 美国 GAAP 将公允价值定义为"自愿交易的非关联双方在一项现时交易中进行投资的金额，强制性清算出售除外"。③ 这意味着，基本上，GP 应该根据自愿交易的购买方目前愿意支付的金额来确定他们投资组合企业的估值。尽管 GP 仍然每季度决定并报告估值，但估值方法不再是自动生成的"成本或者上轮融资价格"。

这些指引引发了非常多的讨论，其中很多都是关于 GP 在所投资企业融资外将企业估值调高的能力。一些 LP 担心，没有第三方对估值的独立评估，GP 可能普遍会调高企业估值，尽管指引已给出变更估值的具体方法。④ 其他观察家则认为，建立公允市场价值是如同科学一样的艺术，并没有一种单一的方法。一位观察家评论道，"PEIGG 认为所有已知的估值方法都是某些情况下适用⋯⋯很难理解这能让我们实现保持一致性的目标"。⑤

尽管指引发布初期有一些反对意见，但当会计监管机构在 2005 年左右转向监管私募股权行业后，采用公允价值会计方法的压力开始增加。在欧洲，相关的指引是国际会计准则(IAS)第 39 号；在美国，相关指引是财务会计标准委员会(FASB)声明第 157 号。尽管这两份准则都试图使估值更透明，但其应用却因过于复杂而困难重重。FAS 157(IAS 39 较之程度略轻)主要关注证券的"退出"价格，与业界之前关注"成本或者上轮融资价格"——基本上就是进入价格——完全不同。FASB 将公允价值定义为"在计量日市场参与方之间的有序交易中，出售资产收到的价格或转让负债支付的价格"。⑥ PEIGG 将该定义解释为"在主要市场(或者如果缺乏主要市场时采用最有利市场)上，假想的自愿市场参与方同意进行交易的交换价格"。PEIGG 进一步解释说，尽管大多数私募股权交易并不存在公开市场，但这样的交换可以而且确实以公平交易的方式发生在有意愿的参与方之间，只要证券本质上是相同的就可以应用这些指引。⑦ 鉴于不同轮次融资中所使用证券的差异，这样的情况可能发生的频率要比我们预想的低。

FASB 将公允价值计算的数据分成三个等级，数字越小表示数据透明度越高。第一等级数据为上市股票价格；第三等级是"不可观测的"数据，通常是模型输出结果或者"报告主体自己对市场参与方在现时交易中对资产定价时所用假设的期望⋯⋯即使市场参与

---

① Jerry Borrell 所写的"Hedge Fund Regulators Set Sights on PE Funds"，载于 *Venture Capital Journal*，2004 年 9 月 1 日。

② 该讨论在 PEIGG 所写的"U. S. Private Equity Valuation Guidelines"和"U. S. Private Equity Valuation Guidelines：Frequently Asked Questions"中有体现，2003 年 12 月，http://www.peigg.org，访问于 2009 年 8 月 30 日；和 PEIGG 的"U. S. Private Equity Valuation Guidelines"，2004 年 9 月，http://www.peigg.org，访问于 2009 年 8 月 30 日。

③ PEIGG 所写的"U. S. Private Equity Valuation Guidelines"。

④ Carolina Braunschweig 所写的"NVCA Balks at Valuation Standards"，载于 *Buyouts*，2004 年 1 月 5 日。

⑤ Susan Woodward；在 Braunschweig 中引用。

⑥ FASB 157 准则第 5 段；在 PEIGG 所写的"2007 Updated Private Equity Valuation Guidelines：Frequently Asked Questions"中引用，http://www.peigg.org/images/2007 _ March_Updated_US_PE_Valuation_Guidelines_FAQ.pdf，访问于 2009 年 8 月 30 日。

⑦ PEIGG 所写的"2007 Updated Private Equity Valuation Guidelines"，http://www.peigg.org/images/2007-March_Updated_US_PE_Valuation_Guidelines.pdf，访问于 2009 年 8 月 30 日。

方的假设与报告主体对假设的期望不同。"①第二等级数据结合了第一等级和第三等级。批评意见认为"公允价值代表了象牙塔学者试图将所有问题硬塞进一种单一简洁的方法中,而忽视了现实世界的复杂性",②并暗示"有意愿的买方和卖方"③的存在,即使公司没有意图或想法出售其持有的证券。

与早先的努力不同,会计标准机构的力量——和有限合伙人与普通合伙人制作由主要会计事务所批准的财务报表的需要——使得这些标准被广泛采用。许多机构,从私募股权机构到主要的金融机构,再到大学捐赠基金,都在为如何将这些标准应用到实践中而头疼。尽管会计专家们费尽心力想要做正确的事情,但还是被告知"真的没有正确的方式"确定公允价值。④"估值问题比我知道到的任何问题都要难",一位资深银行审计师承认。⑤ 一位顶级 VC 公司的 CFO 说:"我除了处理 FAS 157 相关事情外什么都不做。"

最后的一些思考

本章讨论了很有挑战性的一个领域:如何对私募股权机构投资组合中的企业进行估值。我们首先强调了确定合理估值有多困难:非上市企业的特殊情况,尤其是私募股权机构通常投资的这些非上市企业的类型让估值更具挑战性。

然后我们研究了私募股权机构所使用的方法。我们从投资前估值和投资后估值的数学公式入手:公司所持股权如何被转换成估值。我们接下来研究了主要的估值方法,例如可比企业法、净现值法和调整现值法、"风险投资"法以及期权定价法。同时我们也考虑了模拟软件如何加强这些方法。

在讨论这些方法时很重要的一点就是在应用每种方法时所遇到的挑战,更不用提不同方法可能会给出非常不一样的估值。这些挑战可能会让我们预期,任何想统一估值标准的努力都可能让从业者更困惑,不论初衷有多好。

而在同时,我们认为还是可以对私募股权投资的企业进行估值得出几点真实的结论:

- 接近真实是我们希望的最好方式。
- 估值最多和估值所基于的预测一样好。要长时间地认真思考预测是否反映了预期结果,而不是不切实际的美好前景。
- 探讨估值对改变假设条件的敏感性。
- 要宽容,使用多种方法进行估值。如果不同方法给出相近的估值,估值合理的信心会上升。

---

① Center for Audit Quality 所写的"Measurements of Fair Value in Illiquid (or Less Liquid) Markets"(白皮书,2007 年 10 月 3 日),http://www.aicpa.org/caq/download/WP_measuruement_of_FV_in_Illiquid_Markets.pdf,访问于 2009 年 8 月 30 日。

② Jennifer Hughes 所写的"Concept of 'Fair Value' Ignores Stench of the Real World",载于 *Financial Times*,2008 年 2 月 14 日。

③ 同上。

④ "FASB Fair Value Standard Remains Confusing",载于 *Operations Management*,2007 年 11 月。

⑤ Jennifer Hughes 所写的"Valuation is the Big Issue for Auditors Twitchy over the E-Word",载于 *Financial Times*,2007 年 11 月 8 日。

- 不要只坚持过去行之有效的方法。我们在非上市企业估值上仍然处在早期阶段，开发和普及更先进的方法最终可能会有收获。

补充阅读

BREALEY，R. 和 S. MYERS 所写的 *Principles of Corporate Finance*。纽约：McGraw-Hill 出版社，1991 年。

COPELAND，T.、T. KOLLER 和 J. MURRIN 所写的 *Valuation：Measuring and Managing the Value of Companies*。纽约：John Wiley & Sons 出版社，1991 年。

欧洲风险投资协会."The EVCA Performance Measurement Guidelines". Zaventum，Belgium：EVCA Venture Capital Special Paper，1994 年。

FAMA，E. 和 K. FRENCH 所写的"The Cross-Section of Expected Stock Returns"，载于 *Journal of Finance* 47（1992）：427-465 页。

FENSTER，S. 和 S. GILSON 所写的"The Adjusted Present Value Method for Capital Assets"，载于 *Note 9-294-047*。剑桥，马萨诸塞州：哈佛商学院出版社，1994 年。

GREENWOOD，R. 和 D. SCHARFSTEIN 所写的"Calculating Free Cash Flows"，载于 *Note 9-206-028*。剑桥，马萨诸塞州：哈佛商学院出版社，2005 年。

HIGGINS，R 所写的 *Analysis for Financial Management*，纽约：Irwin 出版社，1992 年。

KAPLAN，S. 和 R. RUBACK 所写的"The Valuation of Cash Flow Forecasts：An Empirical Analysis"，载于 *Journal of Finance* 51(1995)：1059-1093 页。

KIM，M. 和 J. RITTER 所写的"Valuing IPOs"，载于 *Journal of Financial Economics* 53（1999）：409-437 页。

LUEHRMAN，T 所写的"Capital Projects as Real Options：An Introduction"，载于 *Note 9-295-074*。剑桥，马萨诸塞州：哈佛商学院出版社，1995 年。

METRICK，A 所写的 *Venture Capital and the Finance of Innovation*，纽约：John Wiley & Sons 出版社，2007 年。

PRATT，S 所写的 *Valuing a Business：The Analysis and Appraisal of Closely Held Companies*，Homewood，IL：Dow Jones-Irwin 出版社，1996 年。

RUBACK，R 所写的"An Introduction to Capital Cash Flow Methods"，载于 *Note N9-295-155*。剑桥，马萨诸塞州：哈佛商学院出版社，1995 年。

SIEGEL，D.、J. SMITH 和 J. PADDOCK 所写的"Valuing Offshore Oil Properties with Option Pricing Models"，载于 *Quarterly Journal of Economics* 103（1988）：473-508 页。

问题

1. 投资者对早期企业估值时面对的困难和挑战是什么？
2. 说明投资前和投资后估值的区别。在什么情况下投资者会看重投资前估值？什么情况下看重投资后估值？
3. GENBAND 在 2000 年 8 月融资时的投资前和投资后估值是多少？
4. 使用可比企业法对非上市企业估值的潜在缺陷是什么？
5. 当资本结构和资本性支出情况都不同的两家企业比较时，使用哪个乘数合适？使用哪个乘数不合适？

6. 使用以下假设计算 WACC：

$D = 2$ 亿美元

$R_d = 4\%$

$R_f = 3\%$

$E = 4$ 亿美元

$\tau = 30\%$

$\beta = 1.9$

$(r_m - r_f) = 7.5\%$

7. 使用表 4.6 中的数据重新计算 Hi-Tech 的 NPV，但假设企业目前还没有达到目标资本结构（30% 负债，70% 股权）。同时假设企业的债务成本为 8%。

8. NPV 方法的缺陷是什么？

9. 在何种情况下 APV 方法比 NPV 方法更好？

10. 使用表 4.6 中的数据计算 Hi-Tech 的 APV，假设在出售时企业负债 1 亿美元。出售后每年的年末，偿还 2 500 万美元。

11. 假设风险投资家持有一家企业 20% 的股份，企业计划未来再进行三轮融资，分别出售 20%、25% 和 20% 的股份。计算留存比率。

12. 用风险投资法估值时使用高折现率的缺点是什么？风险投资家如何解释他们用这样高折现率的原因？

13. 在何种情况下用期权定价法比折现现金流法更合适？

14. 关于投资组合企业估值，监管者面临哪些困难？

15. FASB 和 PEIGG 对公允价值的定义差别在哪里？你同意哪种定义？为什么？

第五章

交易结构建立——私募股权证券及动机

私募基金在决定投资或购买一家公司后,普通合伙人并不单单只是开张支票并手提着一大堆股权协议证书就此而去。私募股权投资基金,无论是风险投资(VC)还是成长基金或是杠杆收购(LBO)基金,都要求建立一种对被投资公司有积极影响的交易结构,在保护投资者免受损失的同时,激励企业家或管理团队为投资人提供尽可能高的投资回报。尽管在这些交易结构中存在一般共性,我们在少数股权投资(风险投资和成长资本投资)和控股股权投资(并购)的交易结构上会发现一些不同,就如同债务工具(夹层融资和并购交易)的使用所带来的不同一样。

所有私募股权基金的关键共性就是这些投资的低流动性。当一家上市公司证券投资者购买了 IBM 的股票后,如果投资者不满意其发展方向,可以直接出售股票。但这对私募股权投资者并不适用。因此,私募股权证券会进行设计以考虑主动投资者保留公司股权并着手改善被投资公司的经营状况而不是简单地进行股权转让。

如我们在第四章所强调的,伴随低流动性的挑战,还有被投资公司管理层与主动投资者间的信息不对称问题。一般来说,企业家或被投资公司的管理层会比投资者了解更多的公司信息。因此,投资者想确信企业家在做正确的事情,他们自己的投资受到了保护。

因此,私募股权证券会进行相应设计,保护投资者在不利情况下不会出现投资损失,并在必要时可以使他们通过改变被投资公司管理层及战略来介入。对一家公司进行股权投资的私募股权基金并不会参与被投资公司的日常执行,但当负责执行的被投资公司管理团队经营不善时,私募股权基金可以得到一定程度的保护。

在初创公司 eDOCS[①] 案例中,公司是一家提供文件及图像管理系统的公司,凯

---

① Paul Gompers,"eDOCS Inc. (A),"HBS Case No. 200-015(Boston:HBS Publishing,2001).

文·拉尔西(Kevin Laracey)是公司的创始人兼 CEO,收到了一份投资条款清单,清单中规定了清算优先权、管理层股份受领权,并在附函中探讨了引入新 CEO 的可能性。清算优先权,在本章后面会讨论到,如果 eDOCS 无法达成预期业绩,会保护投资者查尔斯河风险投资公司(Charles River Ventures,CRV)。该条款允许 CRV 在公司出售或清算时首先收回其投资。股份受领权——公司员工只能逐步获得对授予股票的完全所有权——允许风投在公司经营不善时更换管理层,由于管理层持有的部分股份返还公司,投资者可以利用这些股份聘请和激励新的管理层。同时,由于公司管理层尚未完全持有授予的股份,这也激励管理层追求可以为公司创造长期价值的战略。

本章将对在私募股权交易中采用的主要证券、交易条款的本质进行深入的讲解,并通过案例形式介绍如何应用这些条款。更重要的是,由于所有融资谈判事实上都是投资者和被投资公司管理层之间的对话,因此交易条款是一种信号机制,就各方的预期和担忧以一种非常精确的方式进行信息交换。

风险投资中所采用的条款和证券类似于杠杆收购(LBO)。收购的不同之处表现在两个维度中:由于交易结构中包括债权证券,我们必须理解债权证券与股权证券如何在交易中相互作用;同时,由于收购是控股投资,因此在收购的交易结构中会较少出现特定控制条款。夹层投资是一种后期的少数股权投资,采用了多种灵活的债权和股权证券,我们将分别进行讨论。因此,本章以使用风投模型的基本私募股权证券开始,然后扩展到考虑夹层及收购交易中的其他条款。然后我们将分析一份投资条款清单,并最终建立一个资本结构表。

基本的私募股权证券

让我们用普通股来开头…

普通股是所有权的基本单位。[①] 其权利仅限于公司章程和法律中所规定的内容。它可以通过向券商下单购买获得。普通股使得持有者获得公司所有权,但劣后于:(1)所有政府权力("税");(2)所有受监管的员工权利(比如养老金义务);(3)所有商业债务(应收账款);(4)所有银行贷款;(5)所有形式的优先股。特别是,如果公司将要清算或者在资产出售中被出售,普通股股东在获得剩余价值前排在所有以上其他利益相关方之后。剩余价值是在偿还完所有其他债务后剩余的价值。

通常,风险资本家不购买普通股。主要的原因可通过下面的案例进行解释:山姆(Sam Flash)有一个创立一家新互联网公司的好想法,并找到当地的风险投资家马克斯(Max Finance)。山姆和马克斯同意在公司达到下一个大的估值增长点前向山姆的项目投资 150 万美元,并同意双方占公司股权比例为 50.05%/49.95%,山姆占大部分股份。但是与标准的风投交易不同,可能是由于投资者竞争激烈,马克斯同意了一个全部股权为普通股的交易结构。因此,交易完成后公司的隐含企业价值为 300 万美元(因为公司

---

① 该部分选自 Felda Hardymon 和 Josh Lerner 所著的"私募股权证券笔记",哈佛商学院案例 No. 200-027(波士顿:哈佛商学院出版社,2000 年)。

49.95%股份的市场价值是150万美元),同时还有一位雇员(山姆),一系列有形资产(现金)和一些无形资产(山姆的PowerPoint幻灯片和一份商业计划书)。

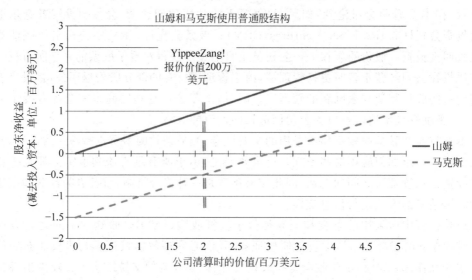

图5.1 全部为普通股的股权结构下的收益图

交易完成的当天,当山姆和马克斯走出律师办公室时,山姆正巧碰上他的朋友伊莎贝尔(Isabel Amazing),他是YippeeZang!公司的业务发展副总裁,该公司是一家上市互联网公司,市值达到12亿美元。为了维持公司的股价,YippeeZhang!需要有更多的想法和灵感,因此伊莎贝尔将山姆拉到一边,提供了公司价值200万美元的要约。看到撰写商业计划书所花费时间快速获得了回报,并担心如果自己拒绝,YippeeZang!会动用其丰富的资源和市场影响力先于自己进入市场,山姆接受了要约。

蛋糕如何划分呢?(参见图5.1中的收益图和表5.1中的收益表。)

山姆和马克斯每方都从YippeeZang!处得到100万美元,因此在短短的几分钟后,山姆的投资从0(人力股权)增值到100万美元,而马克斯的投资则从150万美元(现金)减值为100万美元。马克斯在整个过程中没有任何话语权,因为山姆占公司的股份较多,就公司的出售有多数投票权。注意,YippeeZhang!只用了50万美元就获得了山姆和他的新想法,因为最终的交易价格扣除律师费后为150万美元,而律师费由山姆的公司支付。马克斯如何规避此类风险呢?

表5.1 全普通股股权结构的净收益表

扣除150万美元投资后的净收益	马克斯投资150万美元购买49.95%的股份		
	全普通股股权结构		
	交易价值		
	200万美元	500万美元	1 000万美元
马克斯	(50.1万美元)	99.8万美元	349.5万美元
山姆	100.1万美元	250.3万美元	500.5万美元

收益表和收益图

本章所示的收益图和收益表，显示了每个投资者或每种类型证券在公司出售或清算时收到的收益。通常，收益图会显示一系列可能的估值结果。在我们的案例中，收益图显示了在山姆和马克斯都持有公司普通股的情况下，双方在公司估值区间从0~500万美元时的收益图。我们展示了每个投资者扣除投资后的净收益。在本书中，我们将把净收益图作为一种惯例，因为从投资者的角度看，扣除投资后的净收益（比如收益或损失）比总收益更重要。

大多数的风投证券包含三个特征，任何一个都可以使马克斯免于向合伙人解释为什么在一个下午就损失了50万美元：(1)优先股；(2)创始人、管理层和关键员工对股份的受领权；(3)契约和绝对多数条款。我们简要讨论每个特征，并着重讨论实践中经常使用的主要变形。

这三个特征强调了根据业绩进行奖励的原则。主动投资者让渡了对企业的控制权，获得了不利情况发生时的保护（优先股），而管理团队如果能抓住机会，将由于企业更好的业绩而获得奖励，而且奖励不封顶。不过，条件控制（董事会席位、契约）允许主动投资者在项目出现问题时进行干预并使项目回到正常轨道。这些控制权的操作会在第六章进行讨论。

所有这些交易结构特点的关键是企业家通过创造价值获得股权的概念。在上面的案例中，马克斯是基于山姆公司的潜在价值进行的评估，而不是基于公司现有的有形资产价值。在理想的无摩擦世界里，马克斯的资金可能根据按其占比创造的价值和相应产生的成本进行估值并注入山姆的公司；但是在真实世界，企业家需要在花费之前进行融资——销售副总裁通常在销售增长前就会获得之前约定好的薪水。而且，价值的一次性创造与重要的事件同时发生，比如第一次证明了产品的可行性，第一次向客户出货，以及在市场上获得了重大成功。VC将这些价值增值事件串联在了一起；同时，在公司产生所承诺的价值之前，企业家不应真正拥有其股份。这是与私募股权投资者所使用的普通股典型不同所在。本案例中，在 YippeeZang! 并购山姆公司时，山姆并没有赚到他的股权权益，这违背了根据表现进行奖励的原则。马克斯基于山姆公司潜在的未来价值进行估值，而即刻出售公司则在公司开始增值前阻止了这个过程。

就普通股而言，通过董事会投票、改变公司章程及选择管理层的形式进行的控制和经济利益直接挂钩。如果一方拥有30%的普通股，那么该方不仅拥有30%的经济利益，而且拥有30%的投票权。在典型的私募股权交易结构中，经济利益是和控制权相分离的。事实上，私募股权投资交易结构的目标是(1)使双方利益一致以增加价值，(2)表明双方的承诺（这通常通过股份受领权、业绩保证和业绩基准来实现），(3)预测未来融资需求以及(4)在公司变得更有价值时，如何将增值转移到双方。也就是说，几乎在所有私募股权交易结构中，对于股权投资者和管理层来说向上增值都是无限的。

在私募股权证券中，利益一致化很重要，就像在基金募集和投资中的利益一致化一样。对于证券，利益一致化来自于条款和对公司股权的分割。一方面，股权分割部分是基于业务潜力、其未来现金流以及目前获得的进展——如果这种分割让投资者获得未来价值的足够大份额，以补偿投资者所承担的风险，那么以上三点合起来就可以吸引投资者。另一方面，股权分割需要将足够的未来价值分给企业家，以保证企业家有足够的动力继续努力工作。我们将会看到，私募股权证券的条款可以根据退出时的价值，改变未来价值在投资者和企业家间的分割比例，因此通过调整股权分割比例，可以在保持对企业家向上无限增值的奖励的同时，降低投资者失去所有投资的风险。

 ## 优先股及其变种

特别在一些最发达市场，例如美国和欧洲市场，私募股权投资者（尤其是风险投资者）通常不购买普通股而是购买优先股。优先股有优先于普通股的清算优先权，即如果公司被出售或者清算，优先股先于普通股获得偿还。因此，优先股的面值是在支付普通股之前优先股股东收到的金额。在私募股权交易中，通常优先股的面值以历史成本法计算——投资者购买优先股支付的金额。在原来的案例中，马克斯以优先股的形式投资山姆的公司，之后当 YippeeZang! 购买山姆公司时，马克斯的 150 万美元投资将通过赎回优先股进行回收。但是还留下了 50 万美元剩余。如何进行划分呢？回答这个问题需要讨论优先股的变种。

可赎回优先股

可赎回优先股有时称作"直接优先股"，不可以转成普通股。因此，其内在价值等于面值加上其所附带的股息。股息将在后面进行详细讨论。

在大多数情况下，可赎回优先股更像是深度次级债务（例如，如果公司面临困难，可赎回优先股紧排在银行和其他债权人之后）。但是也有一些变化。可赎回优先股总是附带谈判条款，规定公司何时必须赎回优先股——通常是公开发售股份或 5~8 年后中较早的一个时间。5~8 年的条款符合私募股权投资者通过有限存续期的基金进行投资的理念，并为普通合伙人（GPs）提供了一种保证，即清算事件在基金的存续期结束前发生。

可赎回优先股和普通股或认股权相结合用于私募股权交易中。（认股权就像在第 4 章所讨论的买入期权：它赋予持有人以某一事先设定的价格进行购买的权利，而没有购买的义务。最重要的区别是认股权通常是由发行认股权持有人可以购买的股票的公司发行的。因此，公司发行的认股权有股权稀释作用：当行使认股权时，公司发行新股票，发行在外的股票数量将增加。）让我们看看，如果双方还是同样按照 50.05/49.95 的比例持有公司，只是马克斯的投资以可赎回优先股的形式进行，情况会怎样。在这个案例中，可赎回优先股的面值大概是 150 万美元（这样马克斯就可以收回其投资），而马克斯只花了少量资金就持有了 49.95% 的普通股（在这个案例中马克斯只花了 1 000 美元就购买了整个公司 49.95% 的股份）。在 YippeeZang! 的收购中，直接优先股将首先被赎回——马克斯获得 149.9 万美元——而剩余的 50 万美元将按照普通股的持股比例进行分配（如表 5.2 所示，马克斯和山姆各获得大约 25 万美元）。

表 5.2 可赎回优先股(Pfd)加普通股结构的净收益表

扣除 150 万美元投资后的净收益	149.9 万美元可赎回优先股＋1 000 美元普通股股权结构			
		交易价值		
		200 万美元	500 万美元	1 000 万美元
	马克斯	24.9 万美元	174.8 万美元	424.5 万美元
	山姆	25.1 万美元	175.2 万美元	425.5 万美元

马克斯投资 150 万美元购买 49.95％的股份

如果公司成功上市,马克斯预期通过赎回优先股收回他的原始投资 150 万美元,而这并不影响其对所持有普通股的所有权。事实上,马克斯收回了他的投资,并且保持了他在公司普通股上的投资。如在图 5.2 中所观察到的,可赎回优先股加普通股的股权结构意味着,一旦马克斯收回其投资,对于超过 150 万美元收益的部分,马克斯和山姆按照基本相同的比例(由于他们的股权比例为 50.05/49.95)分享。不过,在马克斯的原始投资收回后,山姆可能很难赶上马克斯的收益:尽管山姆和马克斯分享同样的净收益,但马克斯的总收益更高(由于他通过赎回优先股回收了其投资)。山姆可能认为更合理的一种分配方式是,在马克斯确信可以收回其原始投资后,对总收益进行对等分配。

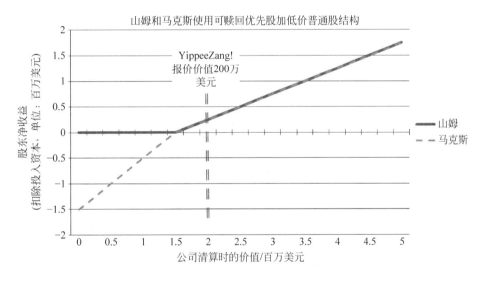

图 5.2 可赎回优先股加低价普通股股权结构的净收益图

表 5.3 可赎回优先股＋高价普通股的净收益表

扣除 150 万美元投资后的净收益	75 万美元可赎回优先股＋75 万美元普通股股权结构			
		交易价值		
		200 万美元	500 万美元	1 000 万美元
	马克斯	(12.6 万美元)	137.3 万美元	387.0 万美元
	山姆	62.6 万美元	212.7 万美元	463.0 万美元

马克斯投资 150 万美元购买 49.95％的股份

在投资者收回投资后企业家却缓慢获得收益问题的可行解决方案是向普通股分配更多的价值。例如，马克斯仍然投资150万美元，只是其中75万美元用于购买可赎回优先股，另外75万美元购买49.95%的普通股。这种情况下，收益对山姆更有利。但是要注意，在YippeeZang!的200万美元交易中，马克斯先收回其75万美元原始投资，并和山姆一起分配留下的125万美元，总收益为137.5万美元，造成一个下午即亏损12.5万美元。尽管较全普通股的交易结构中亏损50万美元有所改善，这仍难说是一项成功的VC投资。山姆在该交易中得到62.5万美元的收益，就像"赚回"了他的投资一样，但在山姆有所行动之前，马克斯的投资仍然亏损（对于本案例，见表5.3中的结果表格以及图5.3中的收益图）。

由于一些原因，在可赎回优先股加普通股的交易结构中，将价值尽可能多地分配给可赎回优先股，尽可能少地分配给普通股，是可以接受的一种方案。

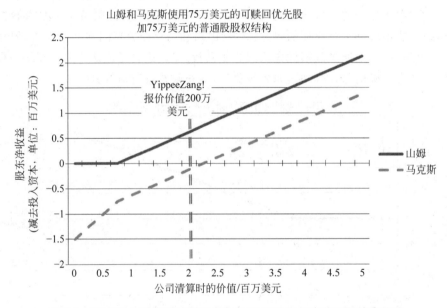

图5.3　75万美元投资可赎回优先股加75万美元投资普通股的收益图

1. 下行保护。就如在之前的案例中介绍过的，使用优先股的意思是普通股本质上在盈利之前是不会获得价值的。从投资者的角度来看，将价值尽可能多地分配给优先股是合理的，因为这样就可以激励企业家为企业创造出更多的价值，从而在投资退出时，优先股投资容易收回，大量资金则留给了普通股。这种结构有助于解决在交易中的一种不确定性因素，即投资人不清楚企业家究竟有多努力工作。如果最初的案例中不采用全普通股结构，而是可赎回优先股加普通股的股权结构，并且几乎所有投资都在优先股上，那么在山姆可以从企业拿到任何回报之前，他需要向马克斯支付收回优先股投资所需要的149.9万美元。山姆不能在一天内快速获得100万美元这样的结构使得马克斯容易相信山姆打算真正努力工作。通过优先收益权，马克斯保护了其149.9万美元的原始投资首先得到回收，而仅剩的1 000美元投资则随普通股最后获得回收。

2. 员工激励股份定价。为购买员工已获期权的股票，员工必须用他们自己的账户埋单。他们可能有更急需的东西要购买(比如食物)。为了鼓励员工持股(此举将员工的利益和公司的成功联系在一起),董事会希望普通股的价格尽可能的低。这样做有两种结果:一是员工买得起股票,二是不论是公司出售还是首次公开募股(IPO),都增加了员工在这些清算事件下获得收益的可能性——考虑一下股票出售价格为5美元时,员工为购买股票需支付每股5美分和每股8美元之间的差异。为自己创造财富的前景将激励员工留在公司并努力工作。董事会可以使用以前交易中的"便宜普通股"作为低股价的基准。例如,如果董事会以每股1美分的价格而不是1美元的价格发行员工激励股票,假设股票出售价格一样,那么每一激励股的内含价值将增加99美分。在不和税务问题①冲突的情况下,董事会可以向员工发行激励股票的价格受普通股的"市场价值"控制,而"市场价值"则通过本轮融资中建立的估值确定。这个机制是使得普通股定价尽量低的进一步原因。

3. 延期纳税。投资者出售其股票获得收益时需要纳税。收益当然等于股票出售价格和购买价格("成本基础")之间的差异。由于资金时间价值的原因,作为一个基本原则,投资者通常愿意延期纳税——即延后纳税而不是尽早纳税。对于可赎回优先股和普通股结构,投资者持有两种证券:优先股和普通股。当赎回优先股时,投资者收到面值(通常为成本基础)。由于赎回优先股只是简单地将资本回收,而不产生收益,因此赎回不需纳税。② 而且,优先股很有可能在普通股出售之前被赎回,把更多的价值放在优先股部分上可以延期纳税。在我们的案例中,马克斯支付149.9万美元购买可赎回优先股,支付1 000美元购买49.95%的普通股。如果后来公司上市,马克斯可以赎回优先股,因此可以将接近全部的资金收回。由于赎回是出于税务目的进行的资金回收,并不产生税务。马克斯可以就他从投资山姆公司获得的收益延期纳税,直到他以低税成本价1 000美元出售他持有的普通股。

但如果优先股的价值过高,也同样会出现问题——就像刚刚提到的案例,马克斯投资149.9万美元购买优先股,而只有1 000美元购买普通股。在IPO中,可赎回优先股通常附带条款规定,其赎回款应该从公开募股所筹款项中提取。由于公众投资者并不喜欢在他们购买公司股票时,老的投资者却在撤资,如果IPO所筹款项的相当大一部分被用于赎回风险投资者的优先股,公司的公开市场价值将受到不利影响。可赎回优先股的这些问题,特别是企业家收益回收缓慢和普通股的定价问题,使得在许多私募股权交易中采用可转换优先股。

可转换优先股

可转换优先股是指可以根据股东的意愿转换为普通股的优先股。这迫使股东在通过清算功能获得收益还是通过持有普通股获得收益之间进行选择。显然,如果报给公司的

---

① 激励补偿计划的税法较复杂,尽管在多数情况下,公司能够维持非常低的普通股价格。关于这个问题的更多信息,参见 E. Bagley 和 Craig Dauchy 所著的《商业法企业家指引》,第三版(Mason,OH:South-Western College/West,2007年)。

② 注意,对于本章后面提到的多倍清算优先权,可赎回优先股的赎回将会产生收益,因为赎回的面值超过了成本基础。

估值超过当时投资时的暗含企业总价值,那么股东为了实现其收益,将把优先股转换为普通股。表 5.4 描述了如果马克斯持有可转换优先股,马克斯和山姆在公司不同退出价值时的收益。

概念上来说,可转换优先股允许企业家在投资者的原始投资得到保障后在收益方面赶上投资者,可以对比可转换优先股的净收益图(见图 5.4)和可赎回优先股的净收益图(见图 5.3)。

在我们的案例中,如果马克斯持有可转换优先股,YippeeZang! 购买公司的报价将迫使他决定是否进行优先股到普通股的转换。如果进行转换,马克斯基本持有公司一半的股份。如果他将优先股转换为普通股,他将收到 49.95% 的 IPO 募资额(大约 100 万美元),这将导致他处于亏损。因此,他不会进行这种转换,而是通过赎回没有进行转换的优先股,收回他的原始投资 150 万美元,而山姆将获得其余的 50 万美元。另一方面,如果 YippeeZang! 向山姆的公司支付超过 300 万美元,为了获得高于 YippeeZang! 报出的 300 万美元隐含企业价值之上的属于他的收益部分(49.95%),马克斯将有动力把优先股转换为普通股。例如,如果 Yippee Zang! 报价 400 万美元,马克斯把很乐意将优先股转换为普通股,从而收到 200 万美元。

表 5.4 可转换优先股结构的净收益表

扣除 150 万美元投资后的净收益	可转换优先股结构		
	交易价值		
	200 万美元	500 万美元	1 000 万美元
马克斯	—	99.8 万美元	349.5 万美元
山姆	50.0 万美元	250.3 万美元	500.5 万美元

马克斯投资 150 万美元购买 49.95% 的股份

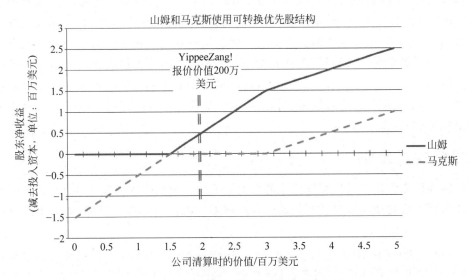

图 5.4 可转换优先股结构的净收益图

可转换优先股结构的一个结果是,直到公司出售价格等于马克斯的优先股价值150万美元,他才可以从出售公司中收回所有投资。之后,马克斯必须决定是转换还是继续持有优先股。在出售价格达到300万美元之前,持有150万美元优先股的结果更好。因此在公司出售价100万美元和300万美元之间,马克斯的收益图有一段"平坦区"。在这个区间,马克斯总是收到150万美元,而山姆则获得由于公司出售价格增加而带来的增值部分。这就是追赶区间,一旦马克斯收回全部投资,山姆的收益就开始追赶马克斯。在追赶区间末端,他们的总(而不是净)收益大体是一样的。

为什么我们在新的上市公司中没有发现这种类型的优先股呢?简而言之,优先股结构在某种程度上比较复杂,较新的上市公司通常会回避它。[①] 公开市场通常希望公司使用简单的资本结构,仅使用普通股和债权。股票承销商几乎总是坚持在IPO时将全部优先股转换为普通股。为避免一轮投资者要求对其将优先股转换为普通股进行补偿的谈判,可换股优先股一般包含一项强制转换条款,作为承销一定(经谈判的)规模和价格IPO的一部分,允许公司强制转换。触发这种转换的必要的最小IPO规模,通常足够大以保证市场的流动性,而最低价通常是投资时价格的两倍或者三倍,足够高以保证投资者有强烈的意愿进行转换。

参与可转换优先股

参与可转换优先股是带有附加功能的可转换优先股,即在该公司出售或清算时,持有人有权收到面值和其股权参与部分,就好像股票已经进行了转换;就是说,参与可转换优先股即使在转换后仍参与股权分配。像可转换优先股一样,参与可转换优先股在公开募集中包含强制转换条款。总的结果就是,这种金融工具在公司上市前表现得像是可赎回优先股,而在公司公开募资时则转换为普通股,如表5.5所示。图5.5中的收益图和可赎回优先股加上可转换优先股结构的收益图一样。

表 5.5 参与可转换优先股结构的净收益表

扣除 150 万美元投资后的净收益	马克斯投资 150 万美元购买 49.95% 的股份			
	参与可转换优先股结构			
		交易价值*		
		200 万美元	500 万美元	1 000 万美元
	马克斯	24.9 万美元	174.8 万美元	424.5 万美元
	山姆	25.1 万美元	175.2 万美元	425.5 万美元

* 和可赎回优先股结构不同,参与可转换优先股结构在IPO后转化为普通股结构。

事实上,强制转换特征是使用参与可转换优先股而不使用可赎回优先股加低价普通股结构的主要原因。参与可转换优先股不会造成在公开发行中强制向私人投资者支付的尴尬,承销商通常不鼓励这样做,因为如果所有募集的资本是用于公司未来的发展而不是支付给现有的股东,公开发行将更容易。

---

① 成熟的上市公司,特别是金融服务类公司,通常存在多种形式的几层优先股机构。

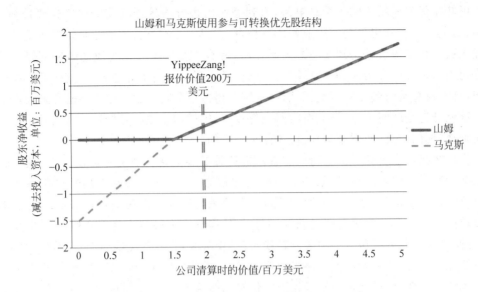

图5.5 参与可转换优先股结构的净收益图

> **参与细节：控制权变化**
>
> 参与可转换优先股的一个关键条款规定参与条款何时生效。通常，条款表达为"在发生出售或者清算事件时"，并经常定义清算为任何合并或构成控制权变化的交易。因此，如果合并后继续存在的私有公司发行了新股份以交换被收购公司之前存在的优先股，两家私有公司之间的合并交易可能引发该条款。参与可转换优先股的持有人可能要求面值等于老优先股的新股份加上参与等价于普通股股东股份转换的新公司的普通股。这反过来又产生所涉及证券的估值问题，因为参与的特征是接收和优先股面值价值相同的私有股份。注意，该交易并不产生任何真正的流动性（没有现金换手），因为这只是交换私有的没有流动性的证券。

多倍清算优先权

参与可转换优先股和可转换优先股的净收益曲线之间的区别表明，这些条款简单来说只是各方期望的一个函数。在我们的案例中，马克斯可能怀疑山姆的最终成功，并坚持参与可转换优先股结构以便在公司价值超过他的150万美元投资时，争取更大的收益分成。就是说，根据市场情况，企业家和私募股权投资公司之间的谈判可能要求一方或另一方在较低的退出价值——市场不利时得到更好的安排。

例如，与参与可转换优先股相比，可转换优先股更有利于企业家，因为其要求在双方分成之前企业家收回其投资。图5.6比较了案例中山姆面临的两种情况。

第五章 交易结构建立——私募股权证券及动机

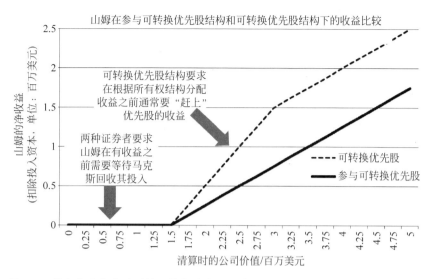

图5.6 从企业家角度看到的可转换优先股和参与可转换优先股的股权结构的比较

表5.6 有2倍可转换清算优先权结构的净收益表

扣除150万美元投资后的净收益	2倍可转换清算优先权结构		
	交易价值		
	200万美元	500万美元	1 000万美元
马克斯	50.0万美元	150.0万美元	349.5万美元
山姆	—	200.0万美元	500.5万美元

马克斯投资150万美元购买49.95%的股份

在没有参与可转换优先股结构情况下,在马克斯收回全部的投资后,山姆参与分配的比例增长得更快。事实上,在马克斯收回其投资的150万美元后,山姆也在得到150万美元前获得所有的收益。从这个点开始,山姆和马克斯开始按照股权比例(50.05%/49.95%)分享他们的收益。但是,在参与可转换优先股结构情况下,一旦马克斯收回他的投资,山姆和马克斯即开始按照股权比例分享收益,即收益分配从山姆转向马克斯。

在可转换优先股中和参与可转换优先股中看到的追赶的差异,是应对企业家和投资者在低价值退出时的不同期望值的一种方式。如果投资者担心在低价值时退出,与没有参与可转换优先股结构相比,参与可转换优先股结构给予他的资本一次额外的转机。修改清算优先股是调整低价值退出风险的另一种方式。我们之前的所有案例都是一倍清算优先权;就是说,马克斯收回他的成本之后,收益分成过程即开始。但是多倍清算优先权允许对不同的期望值进行微调。例如,可以规定可转换优先股有2倍清算优先权;就是说,在与企业家开始收益分成前,这类证券的持有人将获得两倍优先股面值。如果在我们早前的案例中,马克斯有2倍清算优先权,当YippeeZang! 花200万美元购买山姆的公司时,马克斯将收到全部的200万美元。事实上,如果马克斯持有2倍清算优先权,马克斯最多将可以收到300万美元的收益(即他已经投入150万美元的两倍),如表5.6所示。在估值高于300万美元时,山姆将收到退出价值达到600万美元前的所有收益,如图5.7

所示。就是说,即使有多倍优先清算权,企业家收益追赶的概念仍然存在。

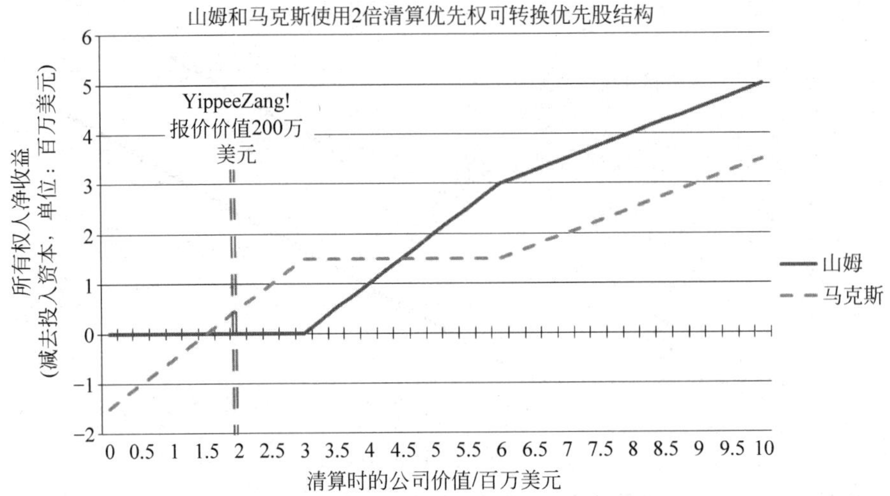

图 5.7 2倍可转换清算优先权的净收益图

通过比较收益图表,你可以看出这些条款(即多倍清算优先权和参与权)只是简单的定价机制,用于在退出价值较低的情况下,改变企业家和投资者之间的净收益分配。表 5.7 表示了 3 倍和 5 倍清算优先权对于我们案例的影响。

在图 5.8 中,我们对比了马克斯持有不同倍数清算优先权的可转换优先股时的收益图。

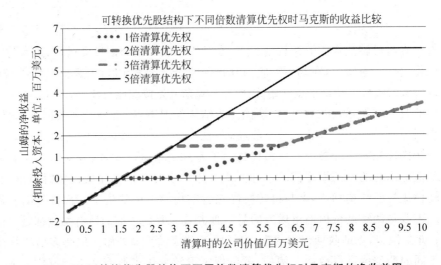

图 5.8 可转换优先股结构下不同倍数清算优先权时马克斯的净收益图

如图 5.8 所示,马克斯通过 1 倍清算优先权获得第一个 150 万美元。之后他必须等待山姆的追赶,因此在公司收益达到 300 万美元之前,他无法分享任何收益。再之后,他获得超过 300 万美元收益的 49.95%。如果马克斯有 2 倍清算优先权,马克斯将先收回 300 万美元("2×"他的 150 万美元清算优先权),之后在分成之前必须等待山姆也收到

300万美元,这就要求退出价值达到600万美元。同样,如果马克斯有3倍清算优先权,马克斯将先于山姆收回450万美元,然后山姆也收回450万美元,在总收益达到900万美元后开始按股权比例分成。最后,如果马克斯有5倍清算优先权,仅为了支付马克斯就要求非常大的退出价值,更别说给山姆留下什么。在这个案例中,马克斯获得首个750万美元,之后的750万美元由山姆获得。只有当公司总计支付1 500万美元后,马克斯才将他的可转换优先股转为普通股,然后双方按照各自的持股比例(50.05%/49.95%)分享收益。

使用不同倍数清算优先权可以视为对市场条件的反应,就像价格谈判一样。比如,在2000年泡沫破裂后的VC市场中,在多轮融资后仍在挣扎的公司会使用6倍甚至更高倍数的清算优先权进行定价,这并不鲜见。在这些案例中,投资者常常试图拯救濒临破产的公司并期待完全通过多倍清算优先权收回投资。通过利用高倍清算优先权,投资者可以保持之前的优先股并创造比之更优先的证券。[①] 这种战略往往简化与之前证券的持有人之间的交易谈判,这很大程度上是由于它不要求之前投资人减记其所持证券——第一是由于之前的证券没有被替代,第二是之前的证券(不太可能)具有价值。

表5.7 3倍和5倍可转换优先股结构的净收益表

	马克斯投资150万美元购买49.95%的股份			
	3倍可转换优先股结构			
扣除150万美元投资后的净收益		交易价值		
		200万美元	500万美元	1 000万美元
	马克斯	50.0万美元	300.0万美元	349.5万美元
	山姆	—	50.0万美元	500.5万美元
	5倍可转换优先股结构			
扣除150万美元投资后的收益		交易价值		
		200万美元	500万美元	1 000万美元
	马克斯	50.0万美元	350.0万美元	600.0万美元
	山姆	—	—	250.0万美元

注意,当清算优先权的倍数变得很大时,较之劣后的证券[②],即更晚获得支付的证券,比如普通股或优先股,没有这种优先条款,将会失去价值。这使得保留管理团队并为之提供更多的激励变得更困难,而公司的任何价值都是管理团队创造的。

异形证券("姜饼")

但是为什么阻止多个清算优先股呢?一个有魄力的投资者可以将多倍清算优先权和参与权结合,制造多种效果以适应市场情况。一个基本结构加上一些条款的证券通常被称为"姜饼"。如果马克斯坚持持有2倍清算优先权的参与可转换优先股,他将不仅从YippeeZang! 收到200万美元,而且在出售价格超过200万美元时,如果山姆没有收益追

---

① 在本章后面的"异形证券"部分将会大量讨论证券的优先的概念。
② 较为劣后的证券称为在更优先的证券"之下",不仅概念上(较晚获得支付)是,而且也反映在资本结构表中的位置上,在资本结构表中,更优先的证券置于列表顶部。就其相对优先权来说,证券的位置有时叫作"优先权栈"。

赶，他还可以对超过清算优先权（2×150万美元＝300万美元）300万美元以上的收益部分进行分成。图5.9显示了这种证券的净收益曲线。

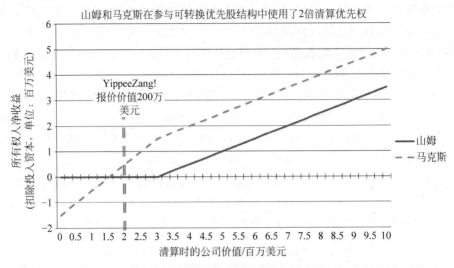

图5.9　2倍参与可转换优先股结构的净收益图

不仅各种条件可以进行组合，还可以是某些条款仅在某种条件下才起作用。例如，马克斯可以坚持持有2倍清算优先权的参与优先股，并且2倍清算优先权在退出价值达到700万美元前都是有效的。之后，这种优先股转变为带有标准清算优先权的参与可转换优先股。这种优先股可能是双方激烈谈判之后的结果，马克斯认为投资风险过高但是潜在收益较小（低于700万美元），而山姆却认为投资更可能获得非常高的收益，如图5.10所示。

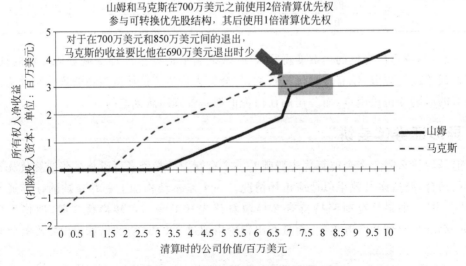

图5.10　变化倍数清算优先权的净收益图

在这种情形下,山姆可能通过接受昂贵的姜饼条款换取了更大的普通股份额,以享有更丰厚的回报,如果——如他所愿——公司的价值远远高于 700 万美元。这种有条件证券(在本案例中,证券是基于公司清算时所获收益)的问题是,这些证券导致收益图的异常。图 5.10 中显示,退出价值在灰色长方形中的 700 万美元至 850 万美元之间时,马克斯的收益将低于他在退出价值低于 700 万美元时所获得的收益。马克斯如果认为公司或者有较低的退出价值,2 倍清算优先权将保护他的利益,或者公司有很高的退出价值,他可以同山姆一起分享,那么他将愿意这样做。

优先股结构不仅用于对交易进行定价,也直接影响激励机制。注意,在我们的案例中,有 2 倍清算优先权的参与可转换证券意味着,当退出价值达到 500 万美元时,山姆才收到第一个 100 万美元。然而,可转换优先股,当公司出售价格达到 250 万美元时,山姆就能收到第一个 100 万美元。同时,在关注向上收益的情况下,马克斯可能有兴趣投资山姆的公司,并使用这种结构——有 2 倍清算优先权的参与可转换优先股——鼓励山姆追求达到较高的退出价值。也有可能是马克斯非常厌恶风险,或者对于山姆的成功可能性非常怀疑,因此在较低退出价值时利用条款保护自己。

最后,山姆可能简单地为了价格用条款去交易,由于放弃了不利一面的许多保护,转而寻求在有利一面得到更大份额的经济收益。可以设想一个对话,马克斯给山姆 150 万美元作为购买公司 2/3 普通股的对价;但是山姆对项目很自信,他讨价还价,提议在发生不利结果时可以给马克斯更多收益,而在发生有利结果时,山姆要分得一半的普通股,而不是只获得 1/3 的普通股。

大多数投资者认为他们并不是通过条款赚钱,但认为条款是一种调整价格的方式,以达到双方都可以接受的风险和收益间的平衡。事实上,本章所讨论的证券允许根据公司出售或清算时的价格和情况,通过调整谁得到什么来就价格进行微调,同时也允许根据公司表现和市场情况进行中途调整。

利益一致化:管理层股权切离

由于管理层股票几乎总是以普通股或基于普通股的期权形式持有,通过增加非常高倍数的清算优先权使得普通股不太可能得到兑现,这造成了管理层激励的问题。如果在普通股有任何价值之前,公司必须以高得离谱的价格出售,董事会经常借助管理层股权切离来激励管理层留下来并创造价值。管理层股权切离是一种管理层和投资者间的合同安排,向管理层承诺如果公司成功出售则享有一定奖金(基本像一种佣金)。通常,奖金同出售价格相联系,并以类似于或和购买公司货币相同的币种进行支付,通常为现金或收购公司的股份。不利的是,由于税收目的,管理层股权切离被视为当期收入,基于股票的管理层激励计划会收取资本利得税,因为这类计划使得管理层变成股东。因此,只有当常规的管理层激励计划由于像优先股上的高倍数清算优先权那样失去价值时,才会使用管理层股权切离。

Ellacoya案例中出现过这样的中途调整。Ellacoya是一家通信公司，成立于互联网泡沫期间的1999年，随后陷入困境。由于一些投资者，尤其是Lightspeed Partners，认为Ellacoya的技术可以重新定位，重新包装用于不同的商业领域，于是在2002年进行资本重组。其他的投资人，比如高盛私募股权，对于公司的前景并不看好，拒绝参与，因为Ellacoya已经消耗了1.11亿美元，几乎是所有已投资的优先股。由Lightspeed领衔的几个新的投资者投资了1 400万美元以使Ellacoya实现转型。[①] 为了让新的投资者和目前的管理层有足够的激励继续进行，在Ellacoya他们需要有最大化的经济利益。老的投资者持有优先股，新投资者必须与老投资者达成和解，因为在新的投资者和管理层收到足够的回报之前，优先股的存在将迫使退出收益减少1.11亿美元。因此，老的投资者和新的投资者谈判达成一个协议，一旦Ellacoya获得巨大的成功，允许老的投资者获得一些回报，但是在其他的情况下，之前的优先股将相对后面的证券贬值。

　　注意持有优先股并不保证老投资者的回报，但却意味着公司在吸收任何新的重大性投资之前，必须同老的投资者进行商讨，即使他们不打算继续进一步投资Ellacoya。后续的谈判允许每一方，包括新的投资者和老的投资者，去发现他们自己在Elloacoya的投资上可以接受的风险和回报间的平衡。如果谈判顺利，老的投资者不增加任何风险而获得了小额的回报，新的投资者由于在Ellacoya的转型上投入新的资金，将有机会获得潜在的丰厚回报。

　　这是一个典型的私募投资，新的投资可以引起现有投资的"合约重订"，就像上面提到的Ellacoya。私募股权优先证券的本质是确保现有的投资者（而不是公司）在新的投资中有很大的话语权。当一家有私募股权投资的公司发生不可预见的事情时，公司的经济利益和控制权经常会通过多边谈判进行重新划分，导致公司进行资本重组。在风投领域内，这被称为对一家公司进行"资本重组"，会在第六章中进行详细讨论。

　　在我们的案例中，如果山姆很确信他的公司将会成功，卖出的价格至少2 000万美元，那么他通过接受2倍清算优先权条款而失去首笔300万美元收益，以换取更大份额的普通股就是合理的。之后，以2 000万美元公司估值退出时，马克斯会将他的优先股转换为普通股，他的清算优先权并不发挥作用。优先股结构及其所有变种，可以用于调整风险和潜在的回报，允许一方放弃在公司发展不利情况下的保护去换取公司业绩增长情况下的更大潜在收益。

不同证券的等级和相互作用

　　许多私募股权投资支持的公司会获得多轮投资。早期阶段的公司尤其如此，因为每一轮投资都设计用于将公司带到下一个价值增长点。因为在每一轮中公司和投资者有不同的风险和回报水平，投资可能有不同的条款和结构。不同轮次的投资之间如何相互作用呢？

　　在对以上所述证券的描述中已有不少定义。多轮优先股中的清算优先权总是明确定义了相对于其他轮次证券的优先等级。优先股通过两种可能的方式进行等级分配：一种

[①] Scott Denne, "Bubble Survivors: Ellacoya Reinvents Itself Yet Again", http://66.162.125.24/News/Stories/LSVP_20070918 a.pdf, accessed August 8, 2010.

证券比另外一种高级,或者相同或集合的等级。当一种证券比另一种高级,而在公司以一定金额被出售从而触发清算优先权的执行时,低等级证券和高等级证券之间的关系就像我们之前谈论的普通股和优先股之间的关系一样。简而言之,先支付高等级证券;如果有剩余的钱,再支付低等级证券,最后支付的则是普通股。如果优先股的优先权集合在一起,每种证券的清算金额按照各自面值在集合中的所有清算优先权金额的比例进行计算。

表 5.8 有集合清算优先权的可转换优先股股权结构的净收益表

马克斯在 A 轮融资中投资 150 万美元购买 49.95% 的股份*
然后 AVP 在 B 轮融资中投资 200 万美元购买 25% 的股份

扣除 350 万美元投资后的净收益	有集合清算优先权的可转换优先股结构		
	交易价值		
	200 万美元	500 万美元	1 000 万美元
AVP	(85.7 万美元)	—	50.0 万美元
马克斯	(64.3 万美元)	—	224.6 万美元
山姆	—	150.0 万美元	375.4 万美元

* 马克斯的股份在 B 轮融资中被稀释到 37.5%。

举一个例子。假设山姆公司成功制造出产品,并需要 200 万美元融资支持营销、销售和一般运营费用。公司可能从私募股权投资者那里募集资金,可能是 VC 或是成长私募股权公司,这取决于实际的情况和市场条件。假设在第二轮的融资("B 轮")[①]中,山姆和马克斯说服 Acme Venture Partners(AVP)投资 200 万美元购买公司 25% 的股份。在收到 AVP 的投资后,山姆和马克斯每人都持有 37.5% 的公司股份。[②] 而且,假设山姆和马克斯通过可转换优先股结构进行了他们的第一轮融资("A 轮"),且 AVP 也同意以可转换优先股的形式投资。表 5.8 显示了各方净收益。

当 A 轮和 B 轮的证券是集合的优先权和 B 轮证券等级高于 A 轮证券时,马克斯的 A 轮证券、AVP 的 B 轮证券和山姆的普通股的最终收益会有什么不同呢?让我们通过图表来了解。

图 5.11 和表 5.8 描述了在 A 轮和 B 轮优先股有集合优先权的情况下,两轮优先股和普通股的净收益。图 5.11 中转换点的相互作用导致一些有趣的转折点。当 37.5% 公司股份的价值超过 150 万美元时,马克斯会将优先股转换为普通股;当 25% 公司股份的价值超过 200 万美元时,AVP 会将优先股转换为普通股。乍一想,在公司出售价格高于 400 万美元(37.5%×400 万美元=150 万美元)时,马克斯应该会进行这种转换。但是,在公司出售价格为 400 万美元时,AVP 并不想进行转换(25%×400 万美元=100 万美

[①] 同一家公司发行的多轮私募股权证券经常按照字母表中的顺序用字母进行标记。因此,A 轮为第一轮融资,B 轮为第二轮,以此类推标记每轮融资,尽管每一轮的投资者可能大体相同。在 LBO 中,经常同时发行多个优先证券,作为收购公司的一项单独大型融资的一部分。在这种情况下,不同轮次的证券(也用 A、B 等进行标记)表示在条款上的不同,比如等级、转换价格或投票权。在 LBO 中,每一轮的证券可能分别出售给不同类型的投资者。

[②] AVP 将持有 25% 的公司股份,剩余的 75% 在山姆和马克斯之间进行平均分配;因此,山姆和马克斯各持有 37.5% 的公司股份。

元,这低于AVP的200万美元成本基础),而是会使用B轮证券的清算优先权赎回其200万美元的优先股(显然,出售公司后有足够的资金支付优先股;400万美元高于投入公司的总金额350万美元)。AVP将带走优先股的200万美元,只留下200万美元在A轮投资者和普通股股东之间进行分配。因此,马克斯不会进行转换,会利用他的优先权带走他的150万美元,留下50万美元给山姆。这种状态将持续存在,直到公司出售价格超过500万美元。由于AVP已经赎回,山姆和马克斯重新回到按50.05%/49.95%的比例分配公司股份;因此,在公司价值达到500万美元时,马克斯将再次有动力将他的优先股转换为普通股,而不是使用他的优先权(500万美元－200万美元 = 300万美元×50% = 150万美元)。当公司价值在500万美元和800万美元之间时,马克斯会将他的优先股转换为普通股,并根据他占公司一半的股份带走他的收益,而AVP会继续使用其B轮清算优先权。如果公司价值高于800万美元,A轮和B轮证券在普通股上的经济收益将高于优先股优先权所带来的经济收益,因此所有的证券持有方将全部转换为普通股,山姆、马克斯和AVP将分别占公司股份的37.5%、37.5%和25%。

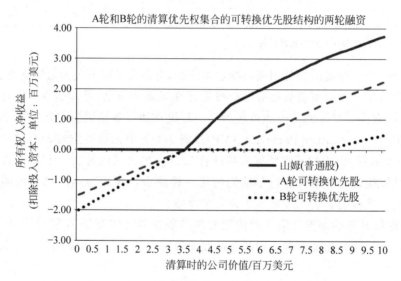

图5.11 有集合清算优先权的可转换优先股净收益图

现在考虑这种情形,AVP购买了和马克斯完全一样的可转换优先股,但有一点不同:B轮证券优先于A轮证券。如图5.12和表5.9所示,现在AVP可以期望先于其他所有投资者首先将其全部200万美元收回。在对所有优先股支付后(也就是说,在支付了350万美元之后),所有证券的收益图将一样。

在新投资者购买股份的价格比现有投资者的成本基础高很多时,证券优先级往往是一个主要问题。如果第一次融资的价格是每股1美元(即,每一等值普通股1美元——可转换优先股的价格除以其转换为的普通股数量),之后的融资是每股5美元,那么早先轮次的投资者,以及公司的管理层,会很乐意以每股4美元的价格出售公司。除非后面轮次的投资者相对前面轮次的股份有清算优先权——即,优先级——那么之前轮次的投资者在这种交易中将损失他们的投资,就像我们之前的案例中马克斯损失他的投资一样,由于山姆的成本基础为0,即使马克斯会损失其投资,山姆仍然愿意接受 YippeeZang! 的报价。

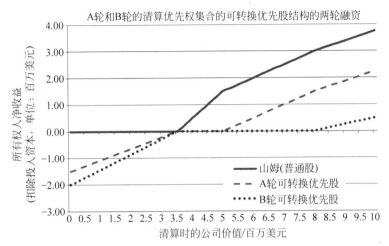

图 5.12　B 轮证券清算权优先于 A 轮证券的可转换优先股结构的两轮融资

表 5.9　B 轮证券优先于 A 轮证券情况下可转换优先股的净收益表

马克斯在 A 轮中投资 150 万美元购买公司 49.95%[*] 的股份				
然后 AVP 在 B 轮中投资 200 万美元购买公司 25% 的股份				
B 轮证券优先于 A 轮证券的可转换优先股结构				
扣除 350 万美元投资后的净收益		交易价值		
		200 万美元	500 万美元	1 000 万美元
	AVP	—	—	50 万美元
	马克斯	(150 万美元)	—	224.6 万美元
	山姆	—	150 万美元	375.4 万美元

[*] B 轮融资后,马克斯的股份被稀释为占 37.5%。

股利

在公开市场,股利总是与优先股联系在一起。在私募股权中,股利则扮演另外的角色。对于 VC,一般避免支付股利或将股利支付大量递延到未来,因为风险投资者是以获得资本利得为导向的——事实上,股利产生的收益并不会用于支付业绩分成。而且,股利可能会限制成长中公司的融资能力,因为潜在的投资者会奇怪为什么公司成长需要现金的时候还把现金返回给股东。最后,股利造成了优先股股东(投资者)和普通股股东(通常是创始人、管理层和关键雇员)之间收益上的不对称,这会引起投资者和公司之间利益的不一致。

为了吸引希望获得高收益的某些类型的投资者,大型上市公司经常发行高股利的优先股,这些股利优先于普通股股利。同样的,在收购和成长融资结构中,股利会出现在某些类型的优先股中用于吸引想获得股利的投资者。这样允许公司以较高的价格出售股份,因为想获得股利的投资者愿意支付更高的价格。例如,Securicor 无线网络(SWN)是一家通信设备制造商,最初由柏尚风险投资公司(BVP)和 Securicor 有限公司(一家公开交易的大型公司,利润微薄,面向服务行业)投资,向 Securicor 和 BVP 分别同时出售和普通股绑定的 A 轮和 B 轮可赎回优先股。[①] A 轮和 B 轮优先股的唯一区别是股利政策:Securicor 持有的 A 轮优先股支付当期股利;BVP 持有的 B 轮优先股则不支付。尽管 A 轮和 B 轮的每股价格是一样的,但 BVP 通过放弃股利,在董事会席位和未来融资的控制权上拥有更多的权利。在其他情况下,有股利收益的股份则可能以更高的价格出售。出现这样的安排是因为 Securicor 是战略投资者,而不是财务投资者。由于利润微薄,Securicor 的内部政策禁止不产生当期收益的投资。

在收购交易中,股利经常以实物支付(PIK)股利的形式出现,尤其在容易获得融资的市场期间,比如 2006 年到 2007 年。这些股利不是以现金形式支付,而是以更多数量的优先股形式支付。通常,带有 PIK 股利的优先股在收购融资的夹层或中间层融资中使用。夹层债券在优先权上高于主要的股权层,但却低于银行贷款(因此,概念上是"中间层",因为填补了银行贷款和风险最高的股权之间的空间)。因为夹层债券较之银行贷款的风险更高,它的投资者会要求更高的资本回报,由其所代表的股权[②]提供,并常常由股利进行补充。由于公司的现金流需要先用于付清银行的贷款,公司通常选择支付 PIK 股利,而不是支付现金股利。在某些方面,收购交易夹层债券中的 PIK 股利提高了持有人的回报,并激励公司的管理层尽快收购夹层债券。这是因为随着时间推移,PIK 可以大幅增加其所依附证券的附加值。我们在本章后面讨论收购证券时会提供一个 PIK 证券的案例。

LBO 投资者经常使用一次性特殊股利更早地收回资本并提高收益。当一家在 LBO 中被收购的公司成功运营时——付清当公司第一次被收购时所发生的债务,并分享企业价值的增值——投资者会选择对部分或全部债务进行再融资。由于现金流的增加和资产价值的提升,新的贷款成本更低,公司可以借入更多的资金。在这样的情况下,投资者可能选择让公司增加负债的比重,并用获得的额外现金向股权投资者支付一次性股利。因此在股权投资者仍然持有公司股票时,他们已回收他们的一部分投资资本。再融资和支付股利(在收购交易中,这称为资本重组——不要和 VC 的资本重组混淆,后者更罕见)有两个缺点:(1)公司承受更大的风险,因为债务的增加使得投资的风险较资本重组之前增加了(请参见第十三章开头讨论的 Simmons Mattress 的案例);(2)与资本利得形式的收益相比,股利形式的收益可能被征收更高的税率。[③] 这种交易将增加公司的风险。因此,

---

[①] Felda Hardymon 和 Bill Wasik,"Securicor 无线网络 1996 年 2 月",哈佛商学院案例 No.899-134(波士顿:哈佛商学院出版社,1999 年),11。

[②] 这种夹层证券股权部分的形式取决于证券本身。如果是可转换优先股,股权部分就是可以转换为的普通股。如果是直接可赎回优先股,股权部分可能是以证券或同时购买的普通股的形式。一些夹层证券以应付利息贷款的形式,通过发行更多贷款(一种 PIK 债权证券);股权常常是以购买低价普通股的权证的形式。

[③] 如果投资者预期他们能够对公司进行资本重组,那么税务上的缺点可以通过创新性的结构解决。当 Apax 购买 Xerium(一家向造纸业供应耗材的公司,现金流非常强劲)时,投资者向他们自己发行普通股,即他们借钱给公司,并以极低的每股价格购买股份(类似于之前讨论过的可赎回优先股加上低价普通股)。管理层也可以用极低的每股价格购买证券的普通股部分,增加管理层普通股的激励价值。当 Apax 之后用更多(和更便宜)的债务对公司进行资本重组时,投资者通过付清股东借款将资本返回给他们自己,这种资本的返还并不征税。当然,投资者为了付清等级低很多的股东借款,必须获得高等级债权持有人的同意。信息来自于 Felda Hardymon,Josh Lerner 和 Ann Leamon 所著"Apax Partners 和 Xerium S.A.",哈佛商学院案例 No.804-084(波士顿:哈佛商学院出版社,2004 年)。

在收购交易中管理层通常并不喜欢资本重组，因为公司不仅会背上更多的债务，还会由于发行更多债务产生额外的费用。如果资本重组规模过大或者过于频繁，可能造成激励的错位。

 ## 条款

至此，我们已经讲述了私募股权证券及其特性。我们现在考虑购买这些证券应遵循的条款。私募股权证券遵守购买协议中的条款，并且这些条款对证券收益的影响常常和对证券本身的影响一样。在本节我们讨论最常见的私募股权条款。

受领权

受领权（vesting）的概念很简单，即一个管理人员为公司工作一定年限之前或一些价值增值事件（比如，公司被出售）发生前，其所持有的股票并非由其"所有"。通常，受领权会在一定的时期内行使（通常在美国是3年到5年；西海岸的受领权时间要短于东海岸，表明受领权反映了市场活动），并且股票按照时间比例进行"受领"（即管理人员获得股份或期权的无限制的所有权）。为了管理的目的，股票通常按照季度进行受领，偶尔按年，有时甚至按月受领。

在我们的案例中，假设马克斯放弃了全部优先股，但坚持山姆的股票在4年内按比例进行受领（每个季度1/16）。在通常的普通股交易中，这样的受领权安排机制包括公司有权按照山姆购买公司股份的价格买回山姆的股票。由于山姆是创始人，他支付了非常低的价格购买公司股票。当YippeeZang！交易发生时，马克斯会坚持让公司以成本价格购买山姆持有的公司股票，并且理论上马克斯可以收到全部200万美元的收益。为什么呢？因为山姆作为仅仅为公司工作了几个小时的雇员，他无法受领任何股票。因此马克斯将持有公司100%的股份，并且获得公司出售时的100%收益。由于在公司出售给YippeeZang！后山姆没有收到任何收益，很有可能反对这次交易，并且由于YippeeZang！想获得山姆的想法，想让山姆乐意成为他的雇员，在这种情况下，交易可能被取消。

已经预见到这种情况，并且因为马克斯想让山姆联系他去投资山姆的下一家公司，在有并购要约的情况下，马克斯可能同意部分加速山姆的受领权——即在公司控制权变化的情况下，受领权的时间表会加速。如果协议要求25%加速，那么山姆持有股份的25%将被受领，由于他拥有公司50.05%的股份，他将收到12.5%的收益（即他持有总股份50.05%的25%），剩余部分将到马克斯手上。在这种情况下，山姆会得到25万美元，而不是在无加速情况下的0美元或没有受领权的全普通股结构的100万美元。

在收购事件中，基于以下理论，风险条款书允许某些管理人员25%到50%的受领权加速：(1)许多管理人员在并购中失去了工作，由于管理人员为股东创造了价值，让他们失去一大部分股份对于他们是非常不合理的；(2)在潜在的收购中最好有管理层和关键雇员的配合，受领权加速可以作为完成交易的激励。特别是，在控制权变化时，首席财务官（CFO）股票的受领权时间经常会加速，以解决重大的利益冲突：CFO的帮助对于完成交易是关键的，尽管收购公司一般会有它们自己的财务部门，并在收购中会关闭被收购公司的财务部门。受领权加速是因为CFO积极参与和支持收购交易而对CFO的奖励,尽管这项交易非常可能让CFO失去工作。

当然,受领权加速和收购公司的利益相冲突,收购公司可能必须花费股票期权份额来重新激励被收购公司的员工,而这些员工已经从受领权加速中获得收益。这也和被收购公司的非管理层股东利益相冲突,因为这实际上增加了要购买的股票池中的股份,稀释了他们的利益。谈判好的固定的股份价格因此由更多的股份进行分配。由于这些原因,受领权加速通常仅限于少量员工,并且每个员工仅加速一部分受领权。

总体上,与有普通股受领权的股权结构相比,优先股股权结构在执行根据业绩表现进行奖励的原则方面效果更好,因为优先股结构强调投资在并购或者IPO时达到的价值。而且,受领权是约定的,即如果受领权要达到和优先股一样的效果,必须预期潜在的事件和情况并写入合同。不过受领权仍发挥着重要的作用,可防止员工离职和拿走与服役公司时间不成比例的价值。当员工遇到其他的工作机会时,受领权有"金手铐"作用,激励员工留在公司。如果公司效益不错,关键员工持有价值不菲的期权或股票,那么如果员工在一定的时间或事件之前离开,他将失去一大笔钱,这样早早离开公司的可能性就大大降低。

受领权还发挥这样的作用:将股份从某种意义上"还未完成工作"的员工手中返回到激励股票池中,并给接替工作的员工提供激励股份。这使得公司可以根据职位和岗位职责规划激励股票,从而在一定程度上减少员工离职率。类似的,受领权保护了士气,较之离职的员工,留下并创造价值的员工将获得更多利益。

限制性条款

也许,私募股权投资者在他们投资公司的公司治理中起作用的最好方法是通过限制性条款。限制性条款是投资者和公司之间签署的协议,分为两个大类:正面限制性条款和反面限制性条款。正面限制条款是指公司同意去做的事情的列表,例如编写审计报告、定期召开董事会、及时纳税、编制年度预算,等等。反面限制性条款则通过明确禁止某类行为或要求必须获得投资者的批准,限制企业家或管理层不利于投资者的行为。例如,通常会限制出售企业的资产,或者在没有投资者批准的情况下,禁止处置一定金额价值以上或者超过公司账面价值一定比例的资产。这样就能防止企业家在未经投资者同意情况下,增加公司的风险状况或者改变企业计划的重点业务范围。同时也防止企业家和其朋友进行私下交易。

另外,私募股权投资者通常会担心控制权变更。限制性条款可能规定创始人在未经投资者同意或者没有首次向投资者出售证券的情况下,不可以出售公司的股票。限制控制权转让是非常重要的,因为风险投资者投资的是人,而收购交易投资者常常投资的是特定的管理团队。如果管理团队决定从交易中削减人力成本或者(通过其股份所有权)减少其投资的力度,投资者将批准转让条款。类似的,限制性条款可以防止在未经投资者批准的情况下的公司合并或出售,因为这样的行为可能伤害私募股权投资者的利益。

限制性条款详情

限制性条款可以有多种形式,可用多种不同的方式来表达。以下是三个例子,说明如何使用限制性条款以及它们可能出现在哪里。

本章开始提到的 eDOCS 主要条款清单,包含一个典型的反面限制性条款列表。eDOCS 是一家 1999 年创立的高科技 VC 初创公司,在主要条款清单中,风险投资者,查尔斯河风险投资公司要求公司下列决定必须至少获得 60% 的发行在外优先股(这实际上是指公司的两家 VC 投资者)股东的批准:(1)支付普通股股利;(2)回购优先股或普通股;(3)向员工提供贷款;(4)提供担保;(5)合并、联合、出售或处置所有财产或资产的相当部分;(6)抵押、质押或形成一种证券利益;(7)产生比 A 轮优先股更高级的债务;(8)改变 eDOCS 的主要业务;(9)投资第三方;或(10)单笔支出超过 25 万美元的资本支出或在 12 个月内的总支出超过 50 万美元。

显然,如果 eDOCS 通过质押、债务或新的股权进行融资,承担额外的风险,那么管理层必须获得投资者的批准。此外,大量的资本支出会提升到需要股东批准的水平,这也是保持 eDOCS 创始团队运营边界的一种方式。在第六章中,我们会从公司治理方面更深入地讨论这些限制性条款。[①]

负面限制性条款的第二个案例是 Incept,一家医疗保健技术生产商,投资于应用其技术的初创企业。Incept 用专利权(而不是现金)投资于这些初创企业中,并反过来用围绕这些专利形成的商业计划书吸引外部资本投资于这些初创企业。Incept 投资于这些分拆出来的公司的专利的一个主要特征就是限制性条款,该条款对这些专利可以应用的市场做出了限制。在 1999 年 Incept 将 Confluent Surgical 分拆出来,这家新公司接收了 Incept 的水凝胶技术;但限制性条款对这些技术可以应用的领域做出了限制:仅在腹部疾病和妇科疾病情况下,可以应用于防止粘连、血管通路封闭和血管栓塞等领域。因此 Incept 可以继续持有这些专利并把它们提供给不同的公司,并仅可在身体的其他部分应用。[②]

使用限制性条款的第三个案例是,在 2007 年获得风险资本后,Yieldex 公司同意马上引入新 CEO。这样的正面限制性条款(公司承诺做某些事情,尽管这种变化在现任 CEO 看来可能是负面的)从几个方面保护了投资者。第一,在短期内留住了现任(尽管显然不完美的)CEO,对于投资者和公司都是巨大的帮助,因为在筹资过程中以及在公开公司能筹集多少钱和从哪里募集之前,公司招聘 CEO 是非常困难的。第二,这种条款确保现任 CEO 不会对未来有任何幻想。通常当公司达到一定规模后,创始 CEO 会变成 CEO 之外的高管(比如首席技术官、设计副总裁、销售副总裁),这是由于管

[①] Gompers 所著的"eDOCS Inc.(A)"。
[②] Bhaskar Chakravorti,Toby Stuart 和 James Weber 所著"Incept LLC and Confluent Surgical(A)",哈佛商学院案例 No. 809-062(波士顿:哈佛商学院出版社,2009 年)。

> 理一家营销和销售一件产品的公司所需要的技能和从一开始生产出一件全新产品所需要的技能是不同的。创始CEO可以开始想象未来,作为现有公司的CTO或一家全新公司的创始人,还可能继续获得同一投资集团的支持。①

在未经私募股权投资者批准的情况下,也可能禁止购买超过一定规模的资产。这样的限制可以是绝对金额或者一定比例的账面价值,书面上则足够宽泛以覆盖资产购买和公司兼并。限制性购买政策可以防止企业家在战略上的分散或者浪费性支出。许多这样的战略变化,由于将公司带入团队并没有专业能力的领域,从而可能损害私募股权投资者所持股份的价值——例如,一家生物科技公司决定从药物开发领域转入健康管理服务领域。

最后,合同通常对于发行新的证券有限制条款。几乎所有的合同都包含一个条款,在未经之前投资者批准的情况下限制发行高等级证券,要求持有大多数优先股的股东投票。限制证券发行——特别是比现有证券更高等级的证券发行——防止未经批准从现有股东向新股东转移价值。

反面限制条款常常与绝对多数投票条款相伴随,在这种情况下,未经过半数以上股东批准或者董事会同意,公司同意不做某些事情。例如,如果马克斯在一开始的交易中坚持,只有在股东投票中有2/3的股东同意公司才可以被出售,那么他在YippeeZang!的交易中就有否决权,就会坚持一项可接受的交易。

几个经常碰到的限制性条款与之前提到的正面和负面限制性条款有所不同。其中一个是强制赎回权。这种限制性条款包括私募股权投资者可以按预定的价格将优先股回售给公司。本质上,风险投资者可以强制公司在未来的特定时点——5年或者8年——支付当时投资的面值。这种机制在理论上可以用于强制公司清算或者兼并。基于两个原因,会经常包含强制赎回条款:(1)大多数私募股权合伙基金的存续期有限,在合伙基金到期前他们必须有强制清算的机制;(2)强制赎回条款有助于防止"生活方式的公司",或者其存在仅仅是为管理层提供好的生活但却没有为投资者创造价值的公司。通过要求赎回,投资者可以收回他们的投资,或者如果公司缺乏足够的资金,投资者可以强制进行谈判,出现清算事件。较之作为拿回投资资金的一种可行方法,强制赎回条款在作为谈判筹码方面更有价值。实际执行这样一种赎回的过程,对一家典型的企业来讲,是极具挑战性的,而且可能大幅降低企业的价值。

造成强制赎回权的原因也促使在少数股权投资中引入注册权。注册权赋予公司股东要求公司在公开市场登记出售其股份的权利。概念上,注册权为投资者提供了创造套现机会的权利,即使管理层反对。这个条款的实用性也有限。IPO是一项非常严肃和复杂的任务,它的成功要求管理层积极和热情的支持。此外,注册权经常要求股东在IPO中能出手相当数量的股份。如果他们不能,公众投资者在IPO中可能不愿意购买这些股票。不管怎样,在投资者进行投资后的一定年份之后,这些权利才能行使。

---

① Toby Stuart 和 Alison Berkley Wagonfeld 所著"Yieldex(A)",哈佛商学院案例 No. 809-090(波士顿:哈佛商学院出版社,2009年)。

尽管注册权的反对者指出，反对 IPO 想法的管理团队可以轻松地阻挠这个条款的意图，支持者则指出，在将公司带到套现阶段方面，股东注册权的存在为投资者提供了同管理层和其他投资者谈判的筹码。

有一种形式的注册权称作背负权（piggyback），即股东有权将股份出售，变为公司已经登记的公众股份。背负权被认为有合理的价值，因为公司已经决定向公众发行股份，这意味着该项权利不必依靠强制公司经历复杂的流程来使得股东可以行使他们的注册权。

私募股权交易的股权购买协议①常常包含一项限制性条款，描述了董事会的规模和构成。这些董事会限制性条款通常声明，私募股权投资者可以选举的董事会席位的明确数字，这是限制性条款的一种特殊形式。不论是风险投资还是收购，在几乎所有的私募股权主要条款单中，董事会的构成是谈判的主要事项，因为公司治理在私募股权交易中是价值增长的核心（第六章包括了关于公司治理的更多说明）。通常，在开始阶段有风投支持的公司，投资者控制董事会；或者，至少董事会的外部（即非管理层）董事占大多数，董事会被要求以绝对多数的方式批准各种重要事项（比如一项收购或者重要资本支出）。即使投资者持有的股权少于公司的 50%，合同可能将董事会的控制权分配给风险投资者。管理团队可能想成为少数股权股东，而董事会的控制权是对管理团队的一种重要牵制。同样，在未来的 IPO 中，外部董事会（即主要由非管理层董事构成的董事会）会增加公司的信誉度。关于私募股权证券的控制权益和经济利益相分离的原则，董事会选举限制性条款是另一个清晰的例子。

另外一套典型的限制性条款是授予信息权利的条款。与上市公司不同，私人公司并没有义务根据一定的标准在特定时间（比如按季度、年度以及发行证券的时候，等等）公开公司的经营成果。私募股权公司在投资的时候谈判这些权利。这些限制性条款，从简单披露经审计的年度财务报表，到赋予投资者在任何时间访问和检查公司账务的权利。它们可能与特定的文件有关，比如要求在新财年开始前 60 天内应完成年度预算，或者要求股份授予员工的记录。在一些情况下，这样的限制性条款授予董事会观察权——即当召开董事会时，投资者有权派代表观察董事会，但是没有投票权。

在公司成为上市公司后，通常限制性条款必须终止。股票交易所的规定保证所有投资者都有同样的权利，这与信息权和允许一个主动投资者影响私人企业的限制性条款相冲突。所以，就像许多私募股权条款一样，当公司上市后，信息权利和董事会控制限制性条款自动终止。

总之，在具有少数股东权利的资本中，限制性条款被经常用于将控股权和对重要事项的控制权相分离。交易的价格和公司的控制权成为分开谈判的事项。通过限制性条款执

---

① 一般来说，在私募股权交易谈判的过程中，投资者和管理层（或卖方）会以主要条款清单的形式就条款达成一致。主要条款清单定义了所有主要条款，并作为完成交易的实际法律文件的路线图。主要的交易文件是股权购买协议，在该协议下进行证券购买。其他法律文件包括公司章程（这个文件描述了发行的证券）、证券本身以及股东协议。总体上，主要条款清单描述了私募股权投资中的商务决定。因此，就交易架构而言，我们在主要条款清单的层面上对交易进行描述。对于法律文件的描述，请参见 Bagley 和 Dauchy 所著的 *Entrepreneur's Guide to Business Law*。最全面的资料是 Michael J. Halloran 所著的 *Venture Capital & Public offering Negotiation*（纽约：Aspen 出版社，2010 年）。

行的控制权事项，以及绝对多数投票条款，可以排除各方的担心。例如，与财务相比，管理层更关注运营，而投资者则相反。一系列谈判好的限制性条款可以让投资者尽量少地参与公司的日常运营决策，但更多地参与公司的财务战略。

反稀释条款

反稀释条款是和限制性条款类似的一个条款。在之前讨论过的可转换优先股自然让人想到，转换比例不确定为佳。许多可转换优先股包括反稀释条款：如果公司出售的股票价格低于现有投资者当时支付的股价，转换价格[①]自动向下调整。这些条款的根据在于，如果公司的业绩不好，公司大概会以较低的价格出售股票（"**降价融资**"，down round）。如果股票有自动调整机制，那么当公司业绩不好特别需要融资，或者私募股权市场困难时，投资者不太可能反对或阻止稀释性的股权融资，公司从而可以募集所需要的资本。而且，反稀释条款体现了私募投资缺乏流动性的基本事实。当上市公司股票的投资者不满意公司的业绩时，他们可以直接抛售股票。但是私募股权投资者不存在这样的机会，他们必须持有股票，直到套现事件发生。反稀释条款就像一个缓冲，可以激励承担风险的投资者。

通常，只有符合反稀释条款的投资者参与新一轮降价融资时，反稀释条款才会发挥作用。这防止了"搭便车"行为的发生，即一家公司有多个投资人，在艰难募集资金时，只有一部分投资人选择在新一轮融资中投资。如果反稀释条款有购买参与权条款（"pay or play"term），参与降价融资的投资者将有反稀释保护，而不参与的投资者将不会获得价格调整机会，从而遭受更多损失。在融资困难时，这被视为对参与投资的所有投资者的一种激励。

反稀释的准确调整机制是一个需要谈判的条款，从对新价格的完全调整（**完全棘轮**，full ratchet）到基于每轮融资的规模和降价的幅度进行调整（**加权平均**，weighted average）。一些反稀释条款仅在低于一定谈判价格水平时才使用，而一些反稀释条款则排斥较小规模的融资和向员工发行股票。

完全棘轮计算方式是这样的：让我们回到最初的案例，假设马克斯和山姆在可转换优先股的结构下进行他们原先的交易，并将普通股的基础数量设定为 10 000。这样，山姆持有 5 005 股的普通股，而马克斯则持有 A 轮可转换优先股，可以在每股价格 300.30 美元时转换为 4 995 股的普通股。

我们可以通过编制一个简单的**资本化表**（capitalization table）或"资本表"（显示公司证券的划分情况）来显示所有权的格局。在第一轮融资之后，所有权结构如表 5.10 和图 5.13 所示。

[①] 反稀释条款不仅限于可转换优先股结构。甚至在全普通股股权结构中，股权购买协议可能规定，如果公司出售普通股的价格低于投资者当时购买的价格，公司必须向投资者发行更多的股份。发行更多普通股的效果和改变优先股转换为普通股的转换价格的效果是一样的。

表 5.10　山姆和马克斯交易的初始资本表

	每股价格/美元	金额/美元	C.E.股数量*	股份比例/%
山姆	—	—	5 005	50.05
马克斯	300.30	1 500 000	4 995	49.95
合计		1 500 000	10 000	100.00

* C.E.代表"等值普通股",即投资者持有的普通股数量或投资者在进行优先股转换后所持有的普通股数量。

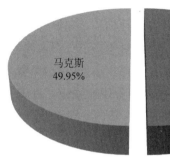
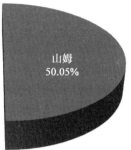

图 5.13　第一轮融资后的所有权结构

现在假设制造出产品比预期的更困难,马克斯和山姆则发现他们的资金快要耗尽了。不过这个项目仍然有足够好的前景,引起了 Acme Venture Partners(AVP)的兴趣,其同意投资 200 万美元。AVP 坚持每股 150 美元,马克斯和山姆接受了该价格。那么在各种反稀释条款的情境下,马克斯、山姆和 AVP 三方之间的相对所有权有何差异呢?

如果山姆和马克斯在第一轮融资中同意无反稀释条款,在 AVP 的第二轮投资中,他们的股份将被同等的稀释。调整后的资本结构如表 5.11 所示,所有权情况如图 5.14 所示。

表 5.11　第二轮融资后的资本表(无反稀释条款)

	每股价格/美元	金额/美元	C.E.股数量*	股份比例/%
山姆	—	—	5 005	21.45
马克思	300.30	—	4 995	21.41
AVP	150.00	2 000 000	13 333	57.14
合计			23 333	100.00

* C.E.代表"等值普通股",即投资者持有的普通股数量或投资者在进行优先股转换后所持有的普通股数量。

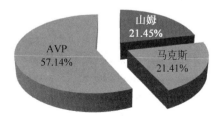

图 5.14　第二轮融资后的所有权结构(无反稀释条款)

现在让我们考虑这种情境：山姆和马克斯同意 A 轮优先股具有完全棘轮反稀释条款。即，如果山姆的公司降价出售股票，马克斯的 A 轮优先股价格将进行调整，或者下调到一个新的价位。在我们的案例中，马克斯的 A 轮优先股从每股 303.30 美元的价格调整到每股 150 美元的价格，这个新的较低价格正是 AVP 支付的价格。所有权结构在第二轮融资后与没有反稀释条款相比有很大的差异，如表 5.12 中调整后的资本表所示。所有权情况如图 5.15 所示。

如之前提到的，以完全棘轮的方式进行降价可能会造成管理层和其他普通股持有人的额外成本，加权平均反稀释条款就是针对这种担心。在加权平均反稀释情境下，如果稀释的降价融资规模更大或者降价幅度过大，将对价格进行更大调整。相反地，如果是降价幅度小的小规模降价融资，价格的调整幅度就比较小。因此，调整会向原价和新价的平均价格收敛，每个价格的权重由其所在轮次的融资规模决定。在我们的案例中，老的一轮 150 万美元的融资，价格为 300.30 美元每股，而新的一轮 200 万美元的融资，价格为 150 美元每股。所有第一轮融资中的股票的价格，将通过 150 美元和 300.30 美元按其融资金额 200 万美元和 150 万美元加权平均调整为

新的价格 ＝（老的价格 × 老的数量 ＋ 新的价格 × 新的数量）÷（老的数量 ＋ 新的数量）

在我们的案例中：

214 美元 ＝［（300.3 美元 × 150 万美元）＋（150 美元 × 200 万美元）］÷（150 万美元 ＋ 200 万美元）

表 5.12　第二轮融资后的资本表（带完全棘轮反稀释条款）

	每股价格/美元	金额/美元	C.E. 股数量*	股份比例/%
山姆	—		5 005	17.66
马克斯	150.00	—	10 000	35.29
AVP	150.00	2 000 000	13 333	47.05
合计			28 338	100.00

* C.E. 代表"等值普通股"，即投资者持有的普通股数量或投资者在进行优先股转换后所持有的普通股数量。

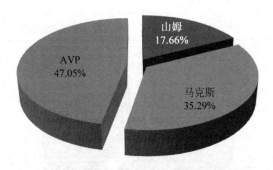

图 5.15　第二轮融资后的股权结构（带完全棘轮反稀释条款）

反稀释和估值

注意,反稀释条款的存在会影响公司的价值,如表 5.13 所示。反稀释条款相当于公司发行了一种期权,使得一些股东有权在未来的某种情境下获得更多的公司股份。这种期权对于股东是有价值的,并将降低未来投资者愿意购买公司股票的价格。[①]

言外之意很清楚。如果 AVP 的合伙人决定他们不会支付比公司估值更多的投资,那么在他们报价时,他们会把反稀释股份考虑在内。如果一定的公司估值触发反稀释条款,公司收到的每股报价将低于前一轮融资没有反稀释条款时的报价。在这种情况下,普通股投资者和第一轮投资者的利益会产生不一致,因为普通股投资者希望公司以尽可能高的价格募集资金,而不会顾及对现有投资者的影响。另外,如果没有一定形式的反稀释保护,马克斯可能也不满足于只获得公司 50% 的股份。条款是有成本的,这种成本常常取决于未来会发生什么。

加权平均反稀释的结果是,马克斯的投资价格调整到了新价格和老价格之间。当第二轮融资的规模增加时,调整后的价格逐渐接近于第二轮融资的价格。调整后的资本结构表如表 5.14 所示,对所有权的影响如图 5.16 所示。

虽然反稀释条款被用于调整可转换优先股的转换比率,但投资者通过让公司在降价融资(使用类似公式)中发行免费普通股,应用了可赎回优先股结构的概念。其他反稀释结构包括在公司没有达到业绩目标时支付实物股利。例如,起初发行的优先股不用支付股利。但是,如果公司没有完成年度计划,应付股利即被激活,在公司完成年度计划之前,每股会得到 10% 的实物支付股利。这实际上将股票价格向下进行了调整,这相当于通过让投资者获得更多公司所有权,抵消了公司不良业绩给投资者造成的影响。基于业绩目标的反稀释条款常常出现在成长资本和夹层投资中。

表 5.13　反稀释成本

	反稀释类型		
	无	完全棘轮	加权平均
B 轮融资后的股份数量	23 333	28 338	25 334
AVP 公司 200 万美元购买的股份份额/%	57.14	47.05	52.63
B 轮融资后的估值*/百万美元	3.50 美元	4.25 美元	3.80 美元
发行反稀释股份的数量	0	5 005	2 001
反稀释股票的价值/百万美元	—	0.75 美元	0.30 美元

* 公司估值为 200 万美元除以 AVP 在此次交易后所占比例(见第四章)。

[①] 关于一系列计算不同类型反稀释条款及其对公司投资前和投资后估值的影响,参见 Andrew Metrick 所著的 *Venture Capital and the Finance of Innovation*(纽约:John Wiley 和 Sons,2007 年),173-176 页。

表 5.14　第二轮融资后的资本表，带加权平均反稀释条款

	每股价格/美元	金额/美元	普通股数量*	股份比例/%
山姆	—	—	5 005	19.76
马克斯	214.41	—	6 996	27.61
AVP	150	2 000 000	13 333	52.63
合计			25 334	100

* C. E. 代表"等值普通股"，即投资者持有的普通股数量或投资者在进行优先股转换后所持有的普通股数量。

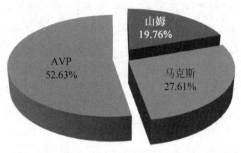

图 5.16　在加权平均反稀释下的第二轮融资后所有权结构

 ## 了解主要条款清单

所有的证券、条款和限制性条款在主要条款清单中都有描述。当风险投资者计划对公司进行投资时，主要条款清单就会呈送给公司。所有的主要条款清单基本都覆盖相似的材料，但是行文可能不同——以反映各方实际关心的问题和其优先次序。如果一家新的风投正计划投资一家已有风投在里面的公司，会产生包括优先级和其他权利差异方面的新的问题。在附录 1 中，我们对比了两份主要条款清单。这两份主要条款清单都呈送给 Endeca Technologies[①]，一家 IT 公司，其在 2001 年进行了 C 轮融资。公司现有的投资者，Venrock 和柏尚风险投资公司已经提交了主要条款清单，而外部投资者 Ampersand Ventures 也提交了一份新的条款清单。对比这两份主要条款清单将能看出，条款是如何调整交易从而反映原有投资者和新投资者总体上关心的问题和预期，以及这些投资公司各自关心的问题和预期。以下是主要条款清单中一些主要的差异（字母 A-G 表示在附录 1 中的注解）：

A. 两笔交易名义上都是为了 1 800 万美元融资，原有投资者愿意自己完成 1 000 万美元的投资，然后尝试在接下来的新一轮融资中找到新的投资者解决剩下的 800 万美元。另一方面，新的投资者则要求，在 1 800 万美元（包括原有投资者的 1 000 万美元）全部募集完成前，不会进行该笔投资。原有投资者已经承诺投资并且可能对公司有更好的了解，因此他们愿意在资金募集并未全部完成的情况下就可以投资公司，这并不奇怪。当然，原有投资者支付的每股价格比新投资者低 20%，这正是由于他们承担了风险而获得的补偿。

---

① Felda Hardymon，Josh Lerner 和 Ann Leamon 所写的"Endeca Technologies（A）"，哈佛商学院案例 No. 802-141（波士顿：哈佛商学院出版社，2002 年）。

B. 新投资者的主要条款清单要求强制赎回计划,在不晚于5年至7年内收回资金。而原有投资者建议赎回时间延长到7年至9年。这样的要求可能意味着新投资者更关注套现的时间表,而原有投资者则更关注让公司在短期内获得融资。

C. 毫不奇怪,原有投资者希望新的C轮投资的清算优先权与现有A和B轮股份合并在一起,但新投资者则希望C轮股份——在融资后他们持有的唯一类型股份——具有优先权。当然,即使交易是由新投资者领投,原有投资者持有的1 000万美元C轮股票也仍有优先权,因此这对于原有投资者来说并不是一个困难的"给予"。不过,他们可能担心,这样的让步可能为接下来的融资开了先例,在新一轮融资中他们可能不是主要参与方,因此会逐渐失去他们的控制力。

D. 原有投资者希望更简单的加权平均反稀释条款,因为对C轮股份的任何额外保护将稀释他们原先的股份。新投资者则更喜欢完全棘轮,因为他们不持有任何A轮和B轮股份,并且新投资者支付的每股价格比原有投资者高出25%。两份主要条款清单都排除了发行给员工的股份和因反稀释调整所发行的即使是很少量的股份,以保持公司的灵活性。

E. 尽管书面表达的方式不同,但负面限制性条款基本上是相同的。一个要求合计66%以上的优先股(即所有A到C轮的优先股共同投票)批准,方能豁免限制性条款;另一个则要求60%。这两个方案的区别很小,因为在任何一种情况下,必须征得三个主要投资者中的两个的同意。常常有这样的艰难谈判,众多投资者中的一个投资者有权阻止豁免负面限制性条款,这看起来并不像是本案例面临的情况。

F. 对于一笔风险投资来说,主要条款清单包含典型的信息权利。新投资者的要求更具体,反映了首次投资于公司的不确定性。原有投资者和新投资者都要求公司提前进行预算并将预算告知投资者——一个主要的公司治理条款。并且都防止这种敏感信息只提供给最大的股东。

G. 这两份主要清单款书反映了注册权的几个不同点。原有投资者愿意将C轮股份注册权和他们已持有的其他类别证券合并在一起。但是他们是股份池中的主要股份的持有人,因此可以控制整个过程。而且,如果限制注册的股份数("缩减"),原有投资者将享有比例更大的股份。新投资者仅将注册权和C轮股份联系,同时如果允许另外两个投资者阻止其注册权,新投资者将会处在更强有力的地位——特别是缩减上。通过规定40%的C轮股份可以阻止新注册权的发行——新投资者持有44%(8/18)的C轮股份,新投资者也可以防止发行新的注册权。

风险投资和夹层债权证券

夹层融资是资本的范畴,通常表现为次级债权[①],收益高于直接债权,风险低于直接股权。在收购融资中,夹层融资填补了高级的银行借款和更高风险股本投资之间的资金

---

① 次级债权是一种清算优先权级别低于高级债权的债权;但由于是债权,其优先级仍然高于股权。高级债权通常是银行债权,并由公司资产担保。次级债权通常无担保或在公司资产上有第二顺位留置权。

缺口。夹层借款的投资者通常是成长型投资者,他们向成长型公司提供资金,成本低于股权资本。作为他们投资的回报,夹层借款投资者不仅收到本金和利息,还可以有"股权收益",通常是购买该公司普通股的认股权。[①] 虽然这种投资不能提供像股权投资者那样高的回报,但是公司的现金流和流动资产提供的保护限制了巨额损失的可能性。

夹层借款在构建交易中的一大特点就是它的灵活性。根据公司预测的现金流,利率和偿还时间差异会很大,甚至根据条件有所差异。例如,投资公司 Lion Capital 和黑石集团从 Cadbury Schweppes 手中购买了软饮制造商 Orangina,一部分资金即来自于2.78亿欧元的夹层过桥基金,控股投资者打算通过出售公司某些资产和扩大银行债务在交易完成后的一年内还清。实物支付利率比伦敦银行间拆借利率(LIBOR[②])高5%。如果一年后过桥资金仍然没有还清,利率将增长到比 LIBOR 高5.5%。通过利用不同的定价机制,Lion 和黑石可以调整过桥资金达到在一年内还清本息的目的。[③]

有时,复杂的买入和卖出条款是夹层借款融资的一部分。这使得公司可以在一定的时间窗口内,按照提前确定的价格或者市场公允价值买回发行在外的认股权,这样就使得管理层和私募股权所有者尽早归还夹层借款,从而尽可能减少对他们股权的稀释。在一些情况下,作为进一步的发生不利情况时的保护,条款允许夹层投资者强制公司回购债务。

除了出现在风险融资中,风险借款与夹层借款类似。夹层借款投资者依赖公司的现金流还款并最终偿清他们的债务,而风险借款投资者则依赖 VC 投资者对公司的持续融资,直到运营现金流可以支付借款利息。风险借款和夹层借款在形式上非常类似,但它们的定价非常不同。风险借款通常要求绝对数额的高利率(根据市场情况在8%~14%),而夹层借款的利率则参考变化的市场利率来定价,比如 LIBOR。

认股权比例详情

认股权比例(warrant coverage)的概念反映了这样的观念,"股权收益"应该和债务数量成比例,并且根据当前市况定价。在私募股权中,当前市况通常指私募股权投资者购买股票的价格。当夹层借款提供者就一笔2亿美元的贷款(收购的一部分,私募股权投资者支付2美元每等值普通股)谈判6%的认股权比例,认股权的总计行权价格等于2亿美元的6%。即认股权的发行数量为1 200万美元除以每股2美元。然后债权人就获得以每股2美元的价格购买600万股的认股权。概念上来说,债权人相当于将其2亿美元投资的6%(无成本基础)投资于股权。通常,作为夹层借款或者风险借款的一部分,认股权比例是为了获得普通股。这是因为,认股权是一种公司获

[①] 一般术语指购买公司股份的"认股权"(复数)。正确的法律术语指购买股份(即一份认股权可以授予购买100万股份的权利)的认股权(单数)。在本书中,我们使用一般术语。

[②] LIBOR 是一种每日参考利率,根据在伦敦批发资金市场上一些银行从其他银行借入的无担保资金利率确定。LIBOR 通常作为对利率进行定价的基准利率,因为 LIBOR 随资金的总体成本每天都在变化,因此和 LIBOR 挂钩的任何利率也随资金的总体成本在变化。

[③] Felda Hardymon、Josh Lerner 和 Ann Leamon 编写的"Lion Capital and the Blackstone Group:The Orangina Buyout",哈佛商学院案例 No. 807-005(波士顿:哈佛商学院出版社,2007)。

> 得成功后对债权人的奖励,并且只有在股票价格高于发行价格时才会行使。在公司业务发展不利情况下,有优先级的债权相比股权有清算优先权,并经常有公司资产做担保(尽管优先级低于银行债权),因此债权人的本金得到保护。
>
> 认股权比例从财务的角度看是个奇特的概念。(布莱克-斯科尔斯)模型(见第四章)告诉我们,如果公司的估值变化较大,期权(或认股权)的价值更大。认股权比例的概念并不符合这点。因此,两个不同交易中的认股权,即使有同样的认股权比例,也可能有非常不同的估值。这种"经验法则"的盛行,反映了私募股权行业的某些部分严重缺乏在金融上的完善程度。

风险借款的认股权比例——即由于进行贷款而获得的在认股权下的股份数量——通常要大大高于夹层借款的认股权比例。通常,夹层借款的认股权比例区间是 4%~8%,风险借款的认股权比例区间是 8% 至 14%。认股权本身的行权价格,是基于股权投资者在最近一轮投资中支付的价格。由于初创公司所固有的风险,尽管风险借款和夹层借款相似,但前者风险要大大高于后者。

构建收购

设计杠杆收购是为了充分利用现有的现金流。因此,构建不同层次的债务和股权,使得价格与风险相匹配,最小化总体资金成本,同时使得交易撮合方可以偿还债务,或者在更容易管理的交易中对公司进行再融资。

这个概念通常显示在资金来源和用途表中。在这里,私募股权公司通过确定资本如何使用——购买公司、完成交易所需费用等等——和交易如何融资,来设立交易结构。即为了进行收购,私募股权公司需要精确地确定,投资者要拿出多少不同的贷款,私募股权公司要出售给自己(可能还有包括管理层在内的其他投资者)何种股权类证券。相比发给买方的主要条款清单(描述了购买公司的条款和条件)和发给卖方的主要条款清单(描述了与银行和各种债务提供者的债务证券的细节),资金来源和用途表提供了全部融资结构的概览,是交易中最重要的文件。

资金来源和用途表及主要条款清单在收购中的作用,与我们通常所描述的成长融资和 VC 交易有些不同,这些交易通常是少数股权交易。对于少数股权交易,主要条款清单在描述少数股权投资者购买股权的条款中发挥着重要的作用,出于保护和控制的目的(别忘了我们就马克斯和山姆案例进行的讨论),他们的权利需要明确阐明。在收购中,私募股权公司通常是控股股东,相比少数股东情况,私募股权公司和被投资公司之间的条款并不那么重要。

Brazos Partners 购买 Cheddar's[①] 是一个资金来源和用途表不复杂的简单收购案例。Cheddar's 是美国西南部的一家连锁餐馆。Brazos 联合管理层,同意以 6 050 万美元购买

---

① Felda Hardymon,Josh Lerner 和 Ann Leamon 编写的"Brazos Partners and Cheddar's Inc.",哈佛商学院案例 No. 806-069(波士顿:哈佛商学院出版社,2006)。

Cheddar's 的资产。考虑费用和其他交易成本 350 万美元,整个交易总支出为 6 400 万美元。Brazos 以公司的全部资产做担保从银行获得 3 900 万美元的贷款。Brazos 的投资人要求留在公司的管理层购买价值 200 万美元的公司股权。[①] 这种股权一方面可以作为增加公司价值的激励,另一方面可以作为"投入的自身利益"以使管理层和投资者的利益一致。Brazos 必须购买剩下的 2 300 万美元股权。投资者将交易构建为全普通股结构,因为 Brazos 拥有公司 92% 的股份(Brazos 持有全部股权 2 500 万美元中的 2 300 万美元),而管理层则和 Brazos 一样通过现金购买股票。表 5.15 为资金来源和用途表。

表 5.15 2003 年 Cheddar's 交易的资金来源和用途表

资金用途	金额/百万美元	资金来源	金额/百万美元
购买资产	60.5	高级债务	39.0
费用和花费	3.5	合计债务	39.0
合计使用的资金	64.0	Brazos 股权	23.0
		管理层股权	2.0
		合计股权	25.0
		合计资金来源	64.0

较大的私募股权交易很少像以上描述的那样简单,即资本结构由一家银行、一家私募股权公司和管理层进行简单的分割。当 Lion 和黑石购买 Orangina 时,他们预测收购之后,由于投资者计划改善公司的运营和分销战略,息税和折旧摊销前利润(EBITDA)将在 5 年内从 1.84 亿美元增长到 2.3 亿美元以上。在这种情况下,EBITDA 近似等于现金流。而且,投资者计划在第一年出售一些非战略资产,并用获得的资金偿还债务。根据这些参数,Lion 和黑石构建了高级债务结构,如表 5.16 所示。

表 5.16 Orangina 交易中的高级债务结构[②]

Orangina 交易中的高级(第一顺位)债务结构			
	金额/百万欧元	高于 LIBOR 的%	借款期限/年
高级债务 A	245	2.25	7
高级债务 B	270	2.75	8
高级债务 C	270	3.25	9
高级债务 D	150	2.25	2.5
合计	935	2.68	7.1
		加权平均	

Lion 和黑石将 9.35 亿美元的高级债务分为四个部分。前三个部分(表中标记为 A 到 C 的部分)的贷款期限略有不同——贷款期限越短,利率越低。最后一部分的贷款期限最短,计划通过出售公司的资产进行偿还。实际效果就是,投资者借入 9.35 亿美元的加权平均贷款期限为 7.1 年,加权平均利率比 LIBOR 高 2.68%。如果投资者通过一笔

[①] 由于管理层成员已经是股东,他们的 200 万美元股权购买资金可以通过向 Brazos 出售 Cheddars 股权获得。

[②] Hardymon 等,"Brazos Partners and Cheddar's Inc.",22 页。

单一的银团贷款借入同样的资金,贷款期限可能更短,但价格会更高(考虑 8 年贷款期限的 B 部分利率为 LIBOR 加上 2.75%)。而且,相比出售一笔单一的 9.35 亿美元的贷款[①],投资者将四个部分分别出售给有不同风险偏好的银行可能更容易。

此外,通过将高级债务进行分层,Orangina 的投资者就有可能在现金流增加时,首先还清成本最高的贷款。这将进一步增加现金流,减少平均利率,同时降低债务总额,形成一种良性循环。

Orangina 的投资人应用于他们资产负债表中高级债务部分的原则,可以应用于整个资产负债表。高级债务的风险比夹层(或次级)债务低,后者风险又比优先股的风险低,优先股风险又比普通股低。因此,次级债务的价格(资金成本)比高级债务要高,依此类推。与每种证券相关的资金成本包括强制性的利息或者股利,以及证券持有者预期从和证券相关的股权收到的回报。因此,在 Orangina 交易中,风险较低的证券要求以利息或者股利的形式进行现金支付,对股权的参与度很低。

通常,如果一家目标公司有更多的现金流,它可以承担(和轻松还清)更多的债务,这意味着私募股权公司对交易只须以股权形式贡献较少的现金。杠杆收购的结构涉及三个因素的平衡:(1)可用于偿还债务的现金流(CFADS);(2)最低成本的证券;(3)对创造价值的强大公司治理维持足够的控制。

因为 CFADS 相比 EBIT、EBITDA 或者净利润是个不太为人熟知的概念,值得我们花时间讨论一下。CFADS 通常定义为公司的息税前利润(EBIT)加上利润表中的非现金项,减去税金、流动资金的增加以及更高级债务所要求的支付。因此折旧作为利润的抵减项,在计算 CFADA 时需要加到 EBIT 数字里。而其他没有对利润造成抵减的支付——比如应收账款的增加额、存货增加额和预期资本支出的增加额——将被减去。在进行计算时,低级证券的提供者通常也要减去更高级债务所要求的利息和本金支付。(因此,夹层借款者计算 CFADS 时,通常关注的是公司在完成银行贷款所要求的支付之后的支付能力。)这项指标与第四章中所描述的折现现金流分析中的现金流指标密切相关,但它也可能反映其他资金来源所要求支付的影响。

相比在媒体报道中更经常讨论到的 EBITDA,债权方更强调 CFADS,因为 CFADS 与公司的实际现金流特征联系更紧密;而最终,是现金流偿还债务。EBITDA 和 CFADS 通常是一样的,但在非现金项(比如,从订阅产品所产生的非现金项)存在或者必须为其他用途(比如,工厂的重要升级)保留现金池的情况下,两者会有不同。

在构建一项收购中,私募股权投资者自然是想投资尽可能少的现金。不过,一家公司在一项收购中可以承担的债务会受到限制。这些限制由债务限制性条款规定。

债务限制性条款

在一项收购中,私募股权公司通常持有超级多数的公司股份。私募股权投资者可能被认为也掌握了全部公司治理的权利。但是债权人同样需要保护他们的利益。为了防止房主拆除房子,银行会在抵押贷款合同中加入一些条款,同样的,债权人(银行、保险公司、

---

① Hardymon 等编著的"Lion Capital and the Blackstone Group"。

债务基金等)也会使用债务限制性条款保护他们的利益。

债务限制性条款表现为多种形式。很多限制性条款和我们之前讨论过的风险投资家和企业家之间的协议相似。从积极的角度看,公司会被要求向银行及时提供信息,遵守法律和纳税以及维护资产(不论是硬件设备还是知识产权)。从消极的角度看,公司可能会被限制借入新的债务、出售现有资产、控制权发生变化、向股东支付股利以及实施新的收购(通常会有一个收购金额的限制)。这些条款的理由和之前是一样的:高级权益持有人不希望管理层(或其他权益持有人)做任何减少他们所持权益价值的事情。

LBO 所特有的是财务限制性条款:这些条款规定了同意提供资金的债权人所要求的公司的财务实力。这些条款规定了公司必须保持的最低程度的财务指标(表现为绝对数字或比率)。例如,可能采取的形式包括最小覆盖率(例如 CFADS 占利息和本金支付额的比重)、总负债的最高水平(比如总负债和 CFADS 或 EBITDA 的比率)和/或 EBIDA 或净资产的绝对最小金额。如果违反了这些财务限制性条款,债权人将从借款协议中获得一定的控制权,使得债权人可以掌握经营控制权,甚至强制公司破产,股权持有者则出局。因此,即使一家公司可以支付所要求的利息和本金,仍可能被发现已处于违约中。

这些限制性条款反映了银行对于收回贷款的关注。资产负债表的比率(比如债务上限额)反映了对资产是否能覆盖负债的关注,而覆盖率则反映了对现金是否可以还清债务本金和利息的关注。由于债权人只有很少的公司治理权利,他们通常要求两类还款来源:现金流和资产出售(之前被称为"双保险")。如果现金流无法还清债务,债权人希望通过出售资产来收回他们的资金。在危机后的 2009 年和 2010 年,许多债权人增加了第三个还款来源:接管私募股权公司的股权并由他们自己来管理交易。① 作为简单的强制公司出售并获得收益的一种替代方案,时间将证明这种方法是否成功。

私募股权公司投资的公司自然会担心它们是否已违反限制性条款,这意味着它们必须筹集资金、偿还债务或者增加现金流(比如削减研发项目),以防止债权人夺走控制权。注意,在收购交易中,只要公司经营良好,私募股权公司和债权人的利益是一致的。但是,如果发生了足以违反债务限制性条款的问题,双方的利益会出现分歧。主要的债务限制性条款是覆盖率和资产负债表比率。

通过规定覆盖率(coverage ratio)或 CFADS 和债务支付的比率,市场情况和具体公司的特点会限制私募股权公司可以在交易中使用的债务金额。在债务成本低的市场,比如 1987—1989 年或者 2003—2007 年,覆盖率也低:在一些情况下,所要求的比例低至 1.1∶1——债权人仅要求 CFADS 比可用于偿还债务的现金额多 10%。对于债务和 EBITDA 的比率,这些市场的限制性条款也很宽松。这种宽松条款下的贷款被称为"低门槛"贷款。在 2008 年和 2009 年的后经济危机市场,债权人经常要求 2∶1 甚至更高的覆盖率;就是说,债权人要求公司的 CFADS 要两倍于偿还债务所需现金。在一个流动

---

① Toby Lewis 所著的"Banks Seize D 50 Billion Worth of Private Equity-Backed Companies,"《金融新闻》,2010 年 8 月 2 日,www.efinancialnews.com/story/2010-08-02/banks-seize-private-equity-backed-companies;2010 年 8 月 4 日访问。

性有很高价值的市场,债权人对更高的覆盖率更有兴趣,而不是股权——定价机制会提供增值空间,因为前者针对公司存在的运营风险提供了安全边际。我们在第十三章会就这些周期进行更详细的讨论。

结论

私募股权证券和其所伴随的条款,已经发展成为对这种资产类别许多特点的有针对性的反应。基本证券、优先股及其变种,针对的是这些投资的长期性和所伴随的不确定性。通过清算优先权、股权受领权和使用限制性条款,利益实现了一致化。反稀释条款以及 VC 和收购交易中所包含的其他条款,反映了对于长期性和资产缺乏流动性的关注。限制性条款也有助于收购公司减少债权人的担心。

交易结构总体上的一个重要特点是确立公司治理的方式。就像我们在第六章讨论到的,公司治理是投资者帮助公司从开发产品、引入清晰报告系统和透明财务到重组糟糕的运营,从而创造价值的过程。投资者在投资时通过谈判获得的权利,以及在交易结构中所包括的管理层激励,为专注和一致的工作,从而创造价值,并最终实现有利润的退出打下了基础。

问题

1. 为什么风险投资家使用优先股?
2. 如果你是一名企业家,你如何看待优先股+低价普通股的股权结构和可转换优先股股权结构的区别?
3. 在使用优先股时受托责任的概念是如何发挥作用的?
4. 为什么在风险投资交易中使用股权受领权?为什么管理层会同意?
5. 为什么 eDOCs 的凯文·拉尔西会同意包含清算优先权、管理层股票受领权以及可能替换他的这样一个交易?为什么查尔斯河风险投资公司提议这样?
6. 再次作为风险承担方,马克斯投资了山姆的另外一家公司。这次,他支付 300 万美元获得 30% Special Stuff(SS)的股份。计算收益表并按照下面的情况画出山姆和马克斯的收益图:

a. 交易为全普通股的股权结构,PredatoryPurchaser(PP)对山姆公司的报价是 350 万美元;

b. 交易为可赎回优先股带有低价普通股的股权结构,且 PP 对山姆公司的报价是 350 万美元;

c. 交易为可转换优先股股权结构,PP 对山姆公司的报价是 500 万美元。在什么价格上,马克斯会将优先股转换为普通股?

d. SS 以 2 000 万美元的估值上市,马克斯持有参与可转换优先股。

e. OtherStuff,一家私有公司支付 700 万美元购买 SS 公司。马克斯持有参与可转换优先股。

7. 为什么一个投资者甚至会投资一家愿意接受 5 倍清算优先权的公司?

8. 考虑你持有一家公司的证券,这家公司的投资前估值为 300 万美元,刚刚接受了带有 6 倍清算优先权的 1 000 万美元投资。如果你是新的投资者,如何对这家公司进行估值?如果你是之前的投资者,又将如何估值?

9. SS 又需要 300 万美元。Acme 很满意从山姆的第一家公司获得的回报,非常乐意参与,并投资 400 万美元获得公司 20% 的股权。假设第一轮投资如问题 6 中所述,山姆和马克斯持有可转换优先股。

    a. 马克斯和山姆现在持有的股权价值是多少?

    b. 假设是集合优先级情况,在退出价格是 400 万美元、800 万美元、1 200 万美元和 2 000 万美元时,为各参与方创建收益表。

    c. 假设是 Acme 优先于马克斯和山姆,在以上退出价格时,为各参与方创建收益表。

10. 反稀释条款为什么有意义?

11. 在下面的情形中,计算马克斯持有股权的区别:SS 第一轮优先股的价格是每股 1.5 美元。马克斯投资 150 万美元购买 100 万股,同时占公司 30% 的股权。现在 SS 公司进行第二轮融资,但是由于市场不好,Acme 只支付每股 1 美元购买 100 万股。(假设马克斯完全不参与第二轮,只有 Acme Ventures 投资)

    a. 如果马克斯有完全棘轮反稀释权,马克斯持有多少股权?

    b. 如果是加权平均反稀释权呢?

    c. 如果马克斯按其股权比例参与第二轮投资,11a 和 11b 的答案会如何变化?

12. 如果一个夹层投资者已经收到认股权比例为 5% 的 300 万美元贷款,股权投资者每股支付 2.5 美元,他可以买多少股?每股价格是多少?

13. 假设马克斯和山姆在 SS 公司的第一轮融资中进行谈判。山姆确认需要的全部资金是 300 万美元,但马克斯认为至少需要两倍的资金。在这轮融资中,马克斯同意投资 300 万美元获得 25%~40% 之间比例的股份。你认为交易最终会是什么样子?为什么?

附录1 竞争风险投资间的主要条款清单比较[①]

	之前投资者	新投资者
项　　目	Venrock/BVP 主要条款清单	Ampersand Ventures 主要条款清单
金额和证券	第三轮最高1 800万美元的可转换优先股("C轮",与Endeca的第一轮可转换优先股,"A轮",及第二轮可转换优先股,"B轮",共同称为"优先股") 最低完成融资额:1 000万美元。后续融资允许在初次融资完成后的60天内。	以每股1.25美元的价格购买1 800万美元的第三轮可转换优先股("C轮股票"),可转换为公司的普通股。
买方 字母对应"了解主要条款清单"中所对应的评论 →		由下列实体或其附属机构("买方")进行所示金额的投资: —Ampersand　　　800万美元 —Current Investors　1 000万美元 —合计　　　　　　1 800万美元
价格	C轮优先股以每股0.985美元的价格出售。根据持有人的选择,每一股C轮优先股可转换为一股普通股(受制于反稀释调整和股票拆分)。	
可赎回 通常会回去协调之前轮次融资的条款,以符合本轮融资的条款	在2008年1月1日至2010年12月31日期间,优先股可以按照季度等份额赎回。 注意:B轮优先股会进行修改以符合C轮优先股的强制赎回权。 	优先股的每个持有者可以根据自己的意愿,选择在第五、第六和第七个年度分别赎回最多33.3%、50%和100%的发行在外的C轮优先股,价格为每股1.25美元,加上任何累积的但是尚未支付的股利。如果任何股份在某年可以被赎回,但是C轮优先股持有者在当年选择不赎回,他可以选择在下一年赎回,前提是这样的选择不能晚于融资完成后的第七个年份。

[①] 改写自 Felda Hardymon、Josh Lerner 和 Ann Leamon 所著的 "Endeca Technologies (A)",哈佛商学院案例 No. 802-141(波士顿:哈佛商学院出版社,2002年),17-22页。

续表

项　　目	Venrock/BVP 主要条款清单	Ampersand Ventures 主要条款清单
投票权	优先股就像转换为普通股一样,有投票权	所有问题一般提交给普通股持有者投票,C轮优先股持有者有一定数量的投票权,数量等于该类股份持有者所持有的C轮优先股在合适的日期可转换为普通股的数量。A轮、B轮和C轮优先股(合称为"优先股")的持有者将和普通股的持有者作为同一类别投票人就提交给普通股股东进行投票的所有事情进行投票。
清算优先权	C轮优先股有清算优先权,等于其初始购买价格,在Endeca合并、出售或清算时可支付。 注意:A轮和B轮优先股会进行修改以使得C轮优先股和A、B轮优先股的优先级相同。	在公司清算、解散或者清盘事件发生时,在向公司的A轮和B轮优先股、普通股或者其他资本股票的持有者支付之前,C轮优先股的持有者在每股上收到的金额等于其购买价格加上累积的但是尚未支付的股利。如果在清算时,公司资产不足以向C轮优先股持有者支付每股1.25美元加上累积但尚未支付的股利,资产应该按所持股份比例在C轮优先股的持有者间进行分配。与其他公司的合并或者出售公司的全部或基本上全部资产被视为公司清算,除非在这样的事件发生前至少15天60%C轮优先股的持有人书面通知公司。
强制转换 基本上一样;两者都坚持在合理的公开发行后实施转换的原则。唯一的问题是对价格和发行规模"合理"的定义。注意:需要修改之前的A轮和B轮优先股以符合C轮优先股。	公开发行股票的金额不低于1 000万美元,且每股价格不低于__美元(股票拆分调整后)时,C轮优先股必须转换为普通股。 注意:在强制转换情况下,A轮和B轮优先股将进行修改以符合C轮优先股。	根据优先股持有者的意愿,在任何时间,每一股C轮优先股将转换为普通股,转换价格为每股__美元(受制于下面所述的调整),加上所有已累积但尚未支付的股利。在公司的普通股公开发行时,且发行价格等于或高于每股__美元,公司收到的净收益等于或高于__百万美元时,公司可以要求全部(但并不少于全部)C轮优先股进行转换。

项　　目	Venrock/BVP 主要条款清单	Ampersand Ventures 主要条款清单
反稀释条款	在将来的股份发行中，如果是至少 20 万美元的融资，且发行价格低于 C 轮等同普通股股份价格（除了员工股票激励计划或董事会批准的股票激励计划），只有在投资者按照等同普通股的比例参与融资时，针对 C 轮优先股持有者才会有广泛的加权平均保护（比如，对转换价格的调整）。 现有的 B 轮优先股的转换价格将被调整为每股 0.985 美元，并进行修改，变成和 C 轮优先股有相同的加权平均反稀释权。	只有 C 轮优先股股东按照他们等同普通股的比例参与融资，他们才有权受到完全棘轮反稀释保护。 C 轮优先股的转换价格和转换为普通股的数量，也将进行合适的调整，以反映股票拆分、股利、重组、重新分类、合并、兼并或出售，以及类似的事件。在公司的股票激励计划下向员工发行股份的数量不超过 __ 股的情况下，不对转换价格进行调整。 本轮融资的同时，B 轮优先股的转换价格将被调整到 C 轮股份的价格，即每股 1.25 美元。
负面限制性条款 （Venrock/BVP） 限制性条款和限制 （Ampersand Ventures）	以下事项需要 66% 面值优先股的批准：(1)正常业务之外的组织变更；(2)Endeca 的出售、清算或兼并；(3)董事会席位的任何增加或选举程序的变更；(4)发行任何比 C 轮优先股更高级的股权证券。	C 轮优先股的购买协议将包含惯常的限制性条款和限制，并将规定只有在 60% 发行在外优先股（对于修改或变更任何单一系列优先股的优先权或权利要求该系列 60% 发行在外股份持有者同意，则除外）持有者同意情况下，公司才可以采取的行动，包括但不限于，批准、创建或者发行任何债权或者股权证券［向公司员工发行为员工保留的股份（或购买股份的期权）除外］；兼并或收购另外一个实体，或出售基本上全部的公司资产；对除优先股外的任何证券支付股利或进行其他分配；从事任何在融资完成时公司所从事业务之外的业务，或从事任何在商业计划书中所描述业务之外的业务，或实质性偏离商业计划书中所述的经营策略；增加或减少组成董事会的董事数量；除了在董事会批准的限制性股票协议下同员工进行的回购，回购或者赎回任何证券；通过出售、许可或者其他方式，转移公司的任何知识产权。

续表

项目	Venrock/BVP 主要条款清单	Ampersand Ventures 主要条款清单
声明和保证	标准格式。 声明和保证通常描述为"标准格式",是指这些条款包含所有合适的法律样板语言,以保证所有权合法转移,并且公司满足所有税务和监管要求。有时,当涉及一家成熟公司时,投资者会要求现有管理层关于公司状态的某种保证,证明管理层对公司没有隐性负债的信心。	在这种类型交易惯常的股票购买协议中,公司将声明和保证,就以下包括但不限于的事项进行的声明:适当的组织、资格和信誉、章程文件和规章制度、公司权力、股票购买协议和相关协议的可执行性、子公司、资本化、授权、适当发行、收益使用、诉讼、合同和承诺(包括关键员工和前雇主间的合同)、财务报表、后续发展、资产所有权、专利信息和环境事项。
财务报表	向持有超过 300 万股(经拆分调整)的持有人发送:全国知名会计师事务所进行的年度审计报告、月度实际和计划财务情况对比、前一年度实际和计划财务情况对比、(在下一财年开始前的 60 天内)下一财年年度预算。所有财报的接收人必须签署 Endeca 法律顾问可以接受的保密协议。	不迟于每个财季结束后的 60 天内并且不迟于每个月度结束后的 30 天内,公司向至少持有 300 万股的优先股股东提交未经审计的财务报表,包括利润表、资产负债表、现金流报表、预订和未交付汇总,和预计情况的对比以及和前一年情况的对比。不晚于每年结束后的 90 天内应提供经审计的年度财报。不晚于每个财年开始后的 30 天内,公司应提供下一年按月准备的年度运营计划,以及对此年度计划进行的修改。公司应及时提供其他惯常信息和材料,包括但不限于,报告发展不利的业务、管理建议书、与股东或董事的沟通、新闻稿以及注册声明。
注册权	和 A 轮、B 轮优先股集合在一起。500 万美元和 10 万股可触发的两(2)次请求注册、无次数限制的附带注册权以及永续的 S-3 注册权,如果被要求和可能的话。所有以上所产生的费用由 Endeca 承担。	1. C 轮优先股股东有权按 S-1 或 S-2 表格或者任何接续表格进行两次请求注册,费用由公司承担,可在不少于 50%发行在外 C 轮优先股的持有人要求时进行执行。为此目的,注册将没有价值:(a)除非它注册有效,且持有人可以至少出售他持有的 50%的股份(持有人设法将这些股份包括在注册中),或(b)如果公司同时选择按照注册声明出售股票。未取得参与优先股股东同意的情况下,将没有附带注册权。

续表

项 目	Venrock/BVP 主要条款清单	Ampersand Ventures 主要条款清单
股利		2. C 轮优先股股东有权取得按照 S-3 表格或任何接续表格的无次数限制的注册。 3. C 轮优先股的持有者有无次数限制的附带注册权,费用由公司承担,并且优先级高于所有其他出售股东。 4. 未经 60% 优先股股东的同意,公司不可以将注册权给予任何其他方。 当公司董事会宣布时,每股 C 轮优先股上将累积股利,必须在向任何其他轮次的优先股或普通股支付股利前,以及在公司发生清算、解散或停业之前进行支付。
期权和股权受领权	为将来的员工留出 __ 股,且在四(4)年内按年等额受领,一年锁定期。 在公开发行股票前,Endeca 对所有员工受领的股份有优先购买权。员工可以将股份转让给直系家庭成员、信托或类似机构。	融资通常会触发对期权池适当性的考虑。向期权池内加入股份可能是深入谈判的话题,因为这实际上提高了公司的估值(比如,就 Ampersand 交易而言,在这种情况下增加 20 万股,投后估值将增加 25 万美元)。
员工协议	所有员工必须签署专利信息协议,所有关键员工必须签署竞业协议。协议必须以董事会满意的形式。	公司创始人和主要管理层应当以买方满意的形式签署协议:(1)不与公司竞争,(2)在公司员工被雇佣期间和终止雇佣关系后一段时期内,不直接或间接诱导公司员工终止与公司的雇佣关系。公司所有员工和顾问应与公司按照买方满意的格式,签署标准的保密和发明转让协议。
成交	尽快完成,唯一受制于各方认可的明确法律文件的完成。 注意,Ampersand 是新投资者,在成交前为更多尽职调查留了空间,而之前的投资者愿意在完成法律文件的情况下尽快成交。	不晚于 2001 年 9 月 14 日。股票购买协议将包含惯常成交条件,包括完成法律尽职调查。

第六章
融资结束之后

　　投资条款书签订以后,投资并不会自行运转。投资者会加入董事会并参与项目管理。项目管理是私募股权投资过程中重要、令人着迷但却隐蔽的一个环节。项目管理是积极的股权投资与其他类型投资的区别:股权投资的收益由其能创造的价值决定。如果创业家获得的是银行贷款,下一届董事会不会出现满怀期许的新面孔。价值是通过积极的项目管理和企业治理创造的——如果企业已经充分发挥其价值,那么它就不会到投资者那里。不管交易是收购还是种子阶段投资,用罗伯特·弗罗斯特(Robert Frost)的话来说,创业家和投资者"离安心睡觉还有好长一段路要走"。[①]

　　一个人的行动是对另外一个人的干预;但在本书里,我们称之为治理。治理能够给企业带来纪律性、透明度、问责制以及确保执行战略规划中项目的外部视角。俗话说得好,"说起来容易,做起来难"。不少伟大的计划被很多还在求生存的企业束之高阁;私募股权的强大之处就在于经验丰富的投资者会监督计划的执行,因为投资者的利益与企业紧紧绑在一起,希望计划能够成功执行。

　　显而易见,初创企业需要治理;毕竟,风险投资(VC)是"有附加条件的钱"。这些附件条件——建议、推荐、流程、报告——是创业家愿意用企业的相当一部分股权交换的部分原因。[②] 在1982年,Sevin-Rosen公司的本·罗森(Ben Rosen)投资了莲花公司(Lotus Development Corporation),该企业创造了 Lotus 1-2-3,这是一款早期的市场领先的电子表格软件。作为成交条件的一部分,罗森要求这家创业企业参加即将到来的计算机经销

[①] Robert Frost 所写的"Stopping by Woods on a Snowy Evening",载于 *The Poetry of Robert Frost*, ed. Edward Connery Lathem,(纽约:Henry Holt & Co.,1969年),第224页。

[②] 另一个原因是创业家通常无法通过较低成本的银行贷款募集到足够资金。

商博览会(Comdex)。莲花公司的人没有一个知道 Comdex 是什么或者参展会涉及些什么，①但是在 1982 年 11 月，Lotus 1-2-3 在 Comdex 一经亮相便拿下了 100 万美元的订单。② 软件在 1983 年的销售额达到 5 300 万美元，比计划要高出 5 000 万美元。③ 尽管创始人米奇·卡珀(Mitch Kapor)和乔纳森·萨克斯(Jonathan Sachs)有先见之明，创造了能和刚刚研发的 IBM PC④完美配合的快速直观的产品，但罗森的行业知识和营销建议使得莲花公司一举跃入大公司行列。

治理在收购中也很重要。投资者不仅仅会实施一个可以提升企业业绩的计划，还会建立一套治理系统来保证执行和问责。这套系统的某些部分——利益一致激励、奖金支付和股权持有——有助于提高雇员的主人翁意识。

在并购中创造价值的方法有很多种。有时，投资者只是简单地帮助管理团队更好地执行已有战略。当 Brazos Partners 投资 Cheddar 连锁餐馆时，⑤合伙人们知道他们是在投资一位有能力的创业家，并且商业模式已得到证明。为提升企业的增长率，合伙人们聘请了一位富有能力的 CFO 加入到管理团队中，并建立了更加集权化的系统。此时，年过 70 的创始人兼 CEO 奥布里·古德(Aubrey Good)由于其个人财富已经多元化并拥有了更宽广的视野，他愿意承担新的风险去发展企业。企业也变得更像一家公司；会议不再是在其自家餐馆的某个包厢里进行，CEO 会在一座朴实的建筑中租一间简单实用的办公室进行会议，这相当于向外界发出了一个信息：这是一家真正的企业。私募股权合伙人们并没有改变企业原来的扩张战略，也没有加速该战略。

在其他一些情况下，投资者会改变企业的战略。2007 年，黑石集团以当时创记录的 390 亿美元价格收购了 Equity Office Properties(EOP)，黑石利用它在私募股权和房地产行业的综合专业能力使得 EOP 的物业组合更加合理化。EOP 改变了之前无差异化发展的战略，保留了核心的高利润率物业，并出售了其余物业。如我们在第五章学习到的，这也使得黑石能够支付它在一开始的收购中承担的许多债务。⑥

创造价值的公司治理来自于董事会。私募股权的董事会是由投资者、管理团队和一些外部董事组成。关于董事会的权力、成员甚至一些投票程序的细节都是同交易一起进行商量的。大部分情况下，投资者利用董事会成员绝对数量优势或者(我们之后会讨论到的)特殊投票权来控制董事会。董事会自身对股东有受托责任，直接代表大部分股东。这

---

① 与 Lotus Development Corp 的 Sonia Dettmann 的私人交流，她是该企业的第八位员工。
② William Asprey 所写的"Oral History of Mitch Kapor"，载于 Computer History Museuem Reference No. X3006. 2005, 2004 年 11 月 19 日，第 16 页，http://archive.computerhistory.org/resources/text/Oral_History/Kapor_Mitch/Kapor_Mitch.oral_history.2006.102657943.pdf，访问于 2011 年 7 月 15 日。
③ 同上，第 13 页。
④ Ibid. 以及 Christopher Hartman、Carole Gunst 和 Gil Press 所写的"History of Lotus 1-2-3"，载于 *High Tech History*，2010 年 1 月 26 日，http://hightechhistory.com/2010/01/26/history-of-lotus-1-2-3/，访问于 2011 年 7 月 15 日。
⑤ Josh Lerner、FeldaHardymon 和 Ann Leamon 所写的"Brazos Partners and Cheddar's"，载于哈佛商学院案例 No. 806-069(波士顿：哈佛商学院出版社，2006 年)。
⑥ Dan Levy 和 Hui-yong Yu 所写的"Blackstone to Sell 10 Buildings to Morgan Stanley (Update1)"，载于 Bloomberg.com，2007 年 2 月 23 日，www.bloomberg.com/apps/news?pid=newsarchive&sid=aRxhPzTdizs8&refer=home，访问于 2010 年 11 月 15 日。

和上市公司形成鲜明对比,后者的股东基础是分散并且——大部分都是——被动的。而私募股权是主动投资;因此,董事会也是主动的。

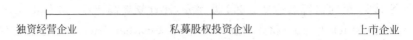

独资经营企业　　　　　私募股权投资企业　　　　　上市企业

图 6.1　治理的连续性

让我们看一下公司治理的连续性,如图 6.1 所示。在一家独资经营企业,个人承担全部责任。治理是完全一体化的,在股东、董事会和管理层之间没有任何断层。只有这个人足够聪明,他才有可能把"Moe 的车库"发展成为"Moe 的世界领先的车库"。在最右边,是上市公司。上市公司的股东们和董事会间有很远的距离,同管理层也是分离的。上市公司有时候是以管理层而不是股东的利益在运营,就比如在企业业绩不佳时高管仍能获得高得离谱的薪酬。① 位于中间的是私募股权投资的企业,其治理可能是最强的。这类企业会有一个专业和主动的投资者(或者是几个投资者),投资者(们)对企业有控制,并非常希望企业获得成功。为了实现企业的成功,他(们)选择策略、组织资源并联合管理层。在股东、董事会(通常或者相当程度上和股东是一样的)和管理层之间几乎没有断层。

对于早期阶段的企业,价值创造是指建立企业发展方向,决定企业能发展到多大规模,能以多快的速度发展,产品如何发展,要募集多少资金以及何时进行。在收购中,价值创造可能指通过收购或者裁减(当出售各种部门以专注于核心业务时)实现业务增长。不论哪种情况,其想法都是要创造价值。

在本章,我们会探究资金到位后会发生什么。我们专注于治理所在的董事会层面,并研究所涉及的结构、权力和决策。我们会探讨分期融资如何影响企业的发展。接下来,我们会花一些时间来讨论成功和失败的项目管理案例,看看价值是如何被创造或者破坏的。然后我们会研究私募股权公司在整个项目管理中所发挥的正式和非正式作用。最后,我们会来了解当整个交易要重新订立合同时会发什么。

随着讨论的进展,我们要注意交易结构(从证券类型到董事会席位数量)和公司治理之间的联系。在投资生命周期开始时看起来可能是小事的一些事情,却可能对最终结果产生巨大的影响,或者需要大量的努力来改变。

董事会——公司治理之地

董事会代表全体企业股东,并为企业的整体利益做出决策。交易结构将权力交到投资者手中,以换取他们投入的资金。通过谈判后的交易条款,投资者并不需要持有企业多数股权就可以获得对企业的有效控制。

企业的日常运营其实就是管理层执行董事会决策的过程。高级主管们会向董事会报告,而董事会则不会直接干预企业运营的大多数方面。如果企业由于销售部门表现不佳

---

① Alice Gomstyn 所写的"Top Five Highest-Paid, Worst-Performing CEOs",载于 ABCNews.com,2005 年 9 月 22 日, http://abcnews.go.com/Business/top-highest-paid-worst-performing-ceos/story?id=8642794,访问于 2010 年 7 月 20 日。

而导致收入不及预期,董事会可能会解雇销售副总裁,但不会解雇某个销售人员。另一方面,董事会推荐的战略变化可能意味着销售人员要使用不同的销售方法。

董事会的规模各不相同。在种子阶段的初创企业,可能董事会只有2~3个人;而对很多未上市企业而言,5~7人比较常见;对于被收购的企业,可能会有7~9个人。投资者一般拥有大多数席位——在一些被收购的企业中,并购公司会在董事会的5个席位中占据4个,CEO则占据第5个席位。在绝大多数情况下,私募股权投资者占有大部分席位,或者在关键问题上有多数投票权。

不过,不是所有的投资者都会获得董事会席位。有时这来自于优先权:私募股权公司有权指定一名代表,可能会选择一名外部专家或者跟投方作为董事会成员,原因可能是这个人地理位置上接近企业或者其具备相关专业能力。在其他一些情况下,投资者可能没有足够的投资或足够强硬的谈判,无法获得席位(这称之为被动投资者)。一些公司设有观察员席位,但没有投票权。一些观察员有知情权,可以获得董事会全部信息;其他一些观察员可以出席全体董事会议,但不能参加执行会议,也不能获得会上所讨论的材料。拿微软的 IP Ventures 为例,其专门帮助微软来建立一些企业,这些企业会将微软已经开发出来但决定不再继续的技术进行商业化。由于微软深刻理解新企业的技术,并持有其股权,并为其提供市场营销和公关服务,微软希望知道该企业的进展;但它并不想因为有投票权而控制公司。[1]

一般,董事会成员数量会随着时间而增加;由于越来越多的公司投资而有更多的投资者加入董事会。过于庞大的董事会不免笨重,但是要将一名已有投资者赶出董事会并不容易,因为在一名投资者职业生涯的早期阶段,董事会成员经历被视为一个晋升标志。而处在职业生涯中后期的成功投资者可能想减少在董事会的职责,因为这时仅凭声誉和行业人脉,就能让这个人非常有价值。私募股权公司如何处理这种矛盾属于其内部结构范畴,会在第十一章讨论。

就并购而言,并购公司会控制大部分的董事会席位,因为它持有企业的大部分股权。CEO 占据余下席位中的一个。如果还有剩余的董事会席位,可能会由这些人员占据:联合创始人、另外一名高层或者一名独立董事,后者可能是重要客户或公认的行业专家或经理。CFO 则通常是观察员。尽管这些企业和收购公司努力与他们的借款人保持良好的关系,但极少看到银行代表出现在董事会上。如果有限合伙人(LP)跟投了该项目,它可能会有董事会席位;但一般来说,董事会通常仅由收购公司和管理层构成,这简化了决策过程。当几家公司组成的财团实施收购时,相互冲突的目标会使董事会功能复杂化,就像在 VC 项目上发生的那样。

董事会组成及职责

在一篇研讨会论文中,Michael Gorman 和 William A Sahlman[2] 探讨了私募股权环

---

[1] 关于 IP Ventures 的更多内容请参见 Josh Lerner 和 Ann Leamon 所写的"Microsoft's IP Ventures",哈佛商学院案例 No. 810-096(波士顿:哈佛商学院出版社,2010 年)。

[2] Michael Gorman 和 William A. Sahlman 所写的"What Do Venture Capitalists Do?",载于 *Journal of Business Venturing* 4,no. 4(1989年):第231-249页。

境下的董事会成员及其责任。在1984年底,他们向100家VC公司发放了调查问卷,收到49份反馈,这些给出反馈的公司管理着行业约40%的资本。董事会成员有平均七年的VC行业经验,这些VC公司平均已有十二年历史,因此这些个人和公司都有一些年头了。如图6.2所示,大部分的受访者有超过一半的时间花在监控他们的九家被投企业并且在五个董事会上有席位。每一个董事会席位每年要求80小时的现场时间和30小时的电话沟通,或者大约每周两小时的直接出席时间。投资者最经常帮助企业的事情是募集资金和建立投资者机构;下一个最常见的任务包括战略分析和管理层招聘,如表6.1所示。

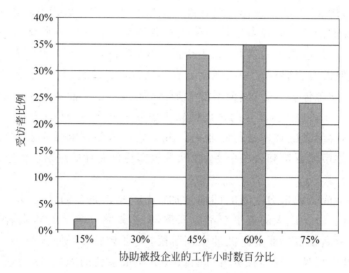

图6.2 风险投资家所花费的时间

资料来源:改编自Gorman和Sahlman所写的"What Do Venture Capitalists Do?"第236页。

表6.1 对企业的协助

协助类型	重要程度	接受协助企业的比例/%
帮助进一步融资	1	75.0
战略规划	2	67.5
招聘管理	3	62.5
运营规划	4	55.0
介绍给潜在客户和供应商	5	52.5
处理薪酬问题	6	55.0
充当CEO的知己	7	NA
介绍给服务提供商	8	NA
管理投资者机构	9	NA
招募董事会成员	10	NA

资料来源:改编自Michael Gorman和William A. Sahlman所写的"What Do Venture Capitalists Do?"第237页。纵向栏"接受协助企业的比例"中列为"NA"的单元格表示仅有一或两位受访者在其回复中提及;企业接受这些协助的真实频率是未知的。

如果投资者并不是领投方,在董事会上花费的时间就要少得多。非领投VC投资者报告说,他们每周花费45分钟在他们的被投企业。平均而言,领投方每年到访企业19次,每次花费5个小时。非领投方每月仅到访一次,每次只花3小时。在企业发展后期进行投资并且不是领投方的投资者每季度仅参加一次四小时的会议。

Gorman和Sahlman接着探讨了VC投资的早期项目高失败率的原因。如果董事会成员是在提供真正的服务,为什么更多的早期项目没有获得成功?

作者给出了三个可能的解释。第一,早期项目的本质决定了其提出的[关于技术功能和顾客接纳(程度)的]问题只有实践才能得到解决。如果技术开发得不到投资,那么没人能判断这项技术是否可以解决问题。第二,因为风险投资者是在企业达到某特定目标后进行投资,企业家清楚只有个人股权被稀释后才能获得更多融资,因此企业员工数量少,在出现问题的时候适应力较差。第三,存在一种快速涌入热门市场行业的趋势。在Sahlman和Stevenson[1]的一项研究中,43家创业企业在过去六年中进入磁盘驱动市场,尽管这个行业容纳超过四家的企业非常不可能。我们注意到这是发生在1984年的事,远在1999年互联网泡沫和注定会失败的在线宠物食品商场激增之前。

有趣的是,风险投资家往往把失败归罪于企业的高级管理层。Gorman和Salman推测,这大部分是因为董事会成员主要和高级管理层进行沟通。在困难时期,风险投资家希望保留资本并在有限的时间资源内获得不错的回报,这可能与创业团队的利益有冲突,因为后者希望的是企业能生存下来。平均来说,投资者在其职业生涯中每2.4年就会更换一个CEO。

在之后的一篇论文中,Josh Lerner[2]研究了1978年到1989年间的271家早期阶段的生物科技企业,包括他们的董事会组成和CEO更换后的变化。表6.2显示了董事会成员数量随着投资轮次的增加而增长,第一轮刚刚超过4名,第二轮则几乎达到6名。平均而言,风险投资家在第一轮后控制了1.4个席位,在第四或者是更后的轮次时增加至2.12个。随着企业发展,会发生两件事情。更多的公司加入投资该企业的行列,并想获得董事会席位。而董事会可能也希望引进行业专家(在表中用"其他外部人"表示),或者更多的高管("内部人")。从CEO转为首席技术官(CTO)的创始人可能仍会保留董事会席位,即使在新的CEO加入后。Lerner还发现董事会成员有很强的地理因素:如果公司办公室距离企业在五英里之内,投资者出任董事的可能性是公司远在五百英里外时的两倍。担任企业董事会成员的大部分风险投资家,其办公室距离企业都在60英里内。

---

[1] William A. Sahlman 和 Howard Stevenson 所写的 "Capital Market Myopia",载于 *Journal of Business Venturing* 1, no. 1 (1985年):第7-30页。

[2] Josh Lerner 所写的 "Venture Capitalists and the Oversight of Private Firms",载于 *Journal of Finance* 50, no. 1 (1995年):第301-318页。

表6.2 非上市生命科技企业在各融资轮次中的董事会成员构成

融资轮次	董事会成员平均数量			
	风险投资家	其他外部人	内部人	准内部人
第一轮	1.40	0.86	1.28	0.52
第二轮	1.87	0.86	1.40	0.56
第三轮	2.09	1.02	1.61	0.67
更晚轮	2.12	1.27	1.73	0.54

注：该样本反映了1978年到1989年间271家生物科技企业的653轮融资，其中能确定董事会成员资格的有362轮。"风险投资家"包括普通合伙人、全职附属机构或者VC机构的投资经理。"其他外部人"包括企业投资者和其他投资者，后者某种程度上是持有至少5%企业股权的某机构的一员，也不是企业职员，也不隶属于和企业是合作方的机构，该机构与企业没有任何其他关系。"内部人"是指在企业工作的高级或初级经理。"准内部人"是指那些不直接为企业工作但是与企业有持续关系的个人。

资料来源：Josh Lerner所写的"Venture Capitalists and the Oversight of Private Firms"，载于 *Journal of Finance* 50, no.1(1995年)：第308页。

Lerner还就企业上市或者被收购前最后一轮融资时董事会的组成进行了研究。表6.3显示，相当一部分风险投资者仍然在董事会中（尽管他们通常会在企业IPO的时候离开董事会）。企业也从生物科技行业引入了不少外部专家，这反映了关注点从典型的早期阶段增长问题转向更多和行业有关的问题。

表6.3 最后融资轮的董事会成员职业

	所占百分比/%
外部董事	
风险投资家	36.2
企业合伙人	6.4
其他投资者	3.1
其他医疗/生物技术企业的高管	3.5
退休的医疗/生物技术高管	3.6
没有企业附属关系的学者	0.9
没有企业附属关系的律师、顾问或投资银行家	1.4
其他/未定义的	5.1
内部董事	
高级经理	20.3
初级经理	7.1
准内部董事	
和企业有附属关系的学者	8.9
和企业有附属关系的律师	0.5
和企业有附属关系的投资银行家/商业银行家	1.0
企业前任经理	0.6
相关方/其他	1.3

资料来源：Josh Lerner所写的"Venture Capitalists and the Oversight of Private Firms"，第308页。

最后,Lerner 观察了样本中 CEO 更换(与退休截然不同)的 40 个案例。很明显,更换 CEO 会让风险投资者付出很大的代价。平均而言,如果一名 CEO 在两轮融资之间被更换,1.75 名风险投资家会在下一轮融资中加入董事会。如果 CEO 没有被更换,这个数字只有 0.24。这表明,一名 CEO 的失败会被认为需要更多的投资者干预,这主要通过增加董事会的规模和专业能力,或者增加 VC 公司数量,由此增加可用于支持企业发展的资金额,以支持正经历成长困难或方向改变的企业。

关于有风投投资的企业在其生命周期较晚阶段的董事会规模,Baker 和 Gompers[①] 对 Lerner 的研究成果表示了支持:在 VC 投资的企业 IPO 之际,风险投资家平均拥有董事会的 1.7 个席位,而董事会此时平均有 6 个席位。他们分析了 1978 年到 1987 年间上市的 1 116 家企业的 IPO 招股说明书,认为董事会的组成是 CEO 和投资者之间谈判的结果:CEO 的能力和 VC 公司的声誉都会影响最终结果。在任时间更长或者有更多投票权的 CEO 会减少由 VC 投资者控制的董事会席位,而如果有声誉更好的 VC 公司(研究中用公司存在的时间近似),投资者控制的董事会席位数量会增加。当 VC 公司的声誉更好时,创始人在 IPO 时仍然是 CEO 的可能性会下降。作者认为,产生这种现象的原因是声誉更好的 VC 公司从之前的投资中获得了一群稳定的有才能的 CEO 候选人。因为公司声誉让其成为一家理想的投资者并有成功的业绩记录,CEO 愿意减少对企业的控制,并承担更高的被更换的风险。

注意,我们之前讨论过 VC 公司声誉对其能从 LP 获得更优惠条款的影响;之后,我们会探讨声誉对 LP 回报的影响。这是基本原理的一部分——声誉更好的公司通常可以组建让其有更多控制的董事会。

Baker 和 Gompers 还发现,与样本中其他企业的董事会相比,有 VC 投资企业的董事会规模会小 27%,"提供帮助"的董事——外部顾问,比如顾问、投资银行家、律师和会计——少 20%。VC 董事会通过监管管理层和向管理层提供建议来增加企业价值,并通过缩小董事会规模来提高其效率。

对于被收购企业的董事会的分析较少。在其中一项分析中,Robert Gertner 和 Steven Kaplan[②] 分析了 1987 年到 1993 年 6 月间的 59 家企业的董事会构成及董事的信息,这 59 家企业进行了反向杠杆收购(LBO;企业先在收购中被私有化,然后所有者再让其重新上市),而其所有者在 IPO 后继续持有企业股份。这种经历——企业被收购、提升业绩,然后又再次成功上市,而所有者也继续参与——表明,在并购公司承担信托责任的情况下,企业运营是为了最大化企业价值而构建的。与那些在同一时期上市的企业相比,LBO 企业的董事会往往规模更小:他们有 8.19 名董事,内部人略少且董事们持有的股权份额更多。虽然正式会议的频率较低(5.73 次/年,而其他上市企业是 6.62 次/年),但作者认为,非正式的沟通在对被并购企业监管和提供建议中发挥着更大的作用。

---

① Malcolm Baker 和 Paul Gompers 所写的"The Determinants of Board Structure at the Initial Public Offering",载于 *Journal of Law and Economics* 46, no. 2 (2003 年):第 569-598 页。
② Robert Gertner 和 Steven N. Kaplan 所写的"The Value-Maximizing Board",1996 年 12 月(未出版),http://faculty.chicagobooth.edu/steven.kaplan/research/gerkap.pdf,访问于 2010 年 7 月 13 日。

总体来说,有私募股权参与的董事会往往规模更小,更多由投资者控制,并且更倾向于提供企业监管和咨询服务。这些都会创造价值。董事们见多识广,深度投入(所有意义上的投入),并提供正式和非正式的指导。在下一节,我们会研究董事会如何获得其权力。

董事会权力

董事会权力——席位、投票权等——是作为交易结构的一部分进行谈判的。这些权力并不是简单地和投资所有权成比例,尽管股权比例可能会起一定作用。回忆一下Baker和Gompers的观点,他们认为董事会组成是CEO(或者创始人)和风险投资家进行讨价还价的结果,双方的相对力量和声誉会影响结果。一个超级明星的技术专家兼创始人有时可以利用他的名声组建一个他喜欢的董事会。如果他是和两个经验不是很丰富的"追星"投资者进行谈判,他可能会实现其想法,形成一个由创始人和其所控制的人员组成的董事会。而私募股权投资者通常会组建一个对投资者更加友好的董事会。

私募股权投资者控制董事会的方法之一是通过投票权。有些董事会使用"每名董事一票"的制度;有些董事会则根据所有权比例决定投票权比重;有些则仍按照股权类别进行投票。而且,也可能存在特别投票权,即在某些情况下,一些代表的投票权比其他代表有更高的权重。例如,投资者可能控制了董事会五个席位中的两个,但像预算或者招聘一名高管这些事情必须同时得到这两名董事的批准。而在其他情况下,这两名投资者董事就只有两票。

在决定某些特殊问题时,比如新CEO、预算、收购、增加债务或者被收购,可能要求超过简单多数的赞成票,比如绝对多数甚至是全体通过,而不是赋予某些代表特殊权利。不同类别的股份——不同融资轮发行的股份——也可能有不同的投票权。一家初创企业发展到后期,因此董事会由持有非常不同价格股票的投资者组成时,这种情况会特别常见。在这种情况下,较后期的投资者希望确保早期阶段的董事们不会批准这样一项收购,即该项收购的价格可以让持有较低价格股份的早期投资者获得很好的回报,但会让持有较高价格股份的后期投资者出现亏损。因此,较后期的投资者可能会坚持他们的股份类别在这种交易上必须有批准权或者否决权。

每一项VC交易都规定了优先股持有者必须投票,才允许发行比他们所持优先股等级更高的优先股。也就是说,要在资本结构中替换你自己,你必须同意。董事会也必须批准对其自身结构的任何变更。

这些情况在多大程度上实际发生,决定于企业的业绩。如果企业业绩不错,新一轮的融资往往不会太复杂,投资者之间的关系通常也会比较融洽。之后的任何挑战都会涉及战略,这一点我们会进行探讨。当事情没有按照计划发展并且企业耗完资金时,特别投票权所赋予的权力会产生极具争论的情况。如我们之前提到的,有做大蛋糕的机会,也有简单索要更大份额的机会(寻租)。在企业困难的时候,有不同权利的不同类别股份为寻租行为埋下了伏笔。

分阶段融资

在VC环境中，不同融资轮会产生不同类别的股份。对于并购来说，通过银行贷款进行融资，分阶段融资的决定常常要综合考虑不同的贷款期限和利率水平以及应该首先偿还哪笔贷款。再次融资很少见，如果发生，也常常是通过和银行重谈贷款的方式完成。

但是在VC中，分阶段融资——融资以达到某种目标——是整个过程的核心部分。它为投资者提供了一种控制的方法，并通过避免创始人股权过分被稀释为他们创造了价值。让我们来看一个例子。

Suzy Smartboots萌发了一个创业的好点子。她认为，要实现这个想法需要1 000万美元。Victor Ventureguy打算以投资前估值（即我们在第四章讨论的企业在融资前的估值：融资前企业在外已发行股份数量与本轮融资每股价格的乘积）300万美元进行投资。如果Suzy一次性筹集1 000万美元（假设Victor愿意做这么一个轻率的决定而他的合伙人们也愿意让他这么做），那么企业的投资后估值（投资一经发生后的企业价值）为1 300万美元，假设没有特别条款，Suzy将持有23%的股权。但如果Victor的合伙人们说服Victor使其理性投资，Suzy可能会以300万美元的投资前估值获得200万美元的第一轮融资，投资后估值为500万美元。这使得Victor持有企业40%的股权；而Suzy则持有60%。两年后，当产品在四名客户处进行了概念验证后，Smartboots Software以1 200万美元的投资前估值进行了300万美元的融资（投资后估值为1 500万美元）。Victor在1 500万美元中持有300万美元，即20%的股权。融资后，Suzy和她的团队持有企业48%的股权。一年后，产品进行了大范围发售，她又以2 500万美元的投资前估值融资500万美元（3 000万美元的投资后估值）。现在管理团队持有40%的企业股权，总共融资1 000万美元；而Victor持有60%的股权。

以上的第二种情况尽管让创业家获得了更高的股权比例，其实这对投资者而言也是有利的。第一，投资可以在达到某些目标后进行——注意，第二轮融资是软件已经在客户处获得应用后发生的，而第三轮融资是软件大范围发售后进行的。对于Victor而言，这降低了交易的技术、市场和执行风险，并提高了灵活性。如果他真的非常看好企业的前景，他可以用更高的价格获得更高的股权比例。如果他认为企业需要更多资金或者专业能力，他可以引进新的投资者。此外，为了保有更多的股权，创业家也会在每轮融资实现尽可能大的进展。投资者和创业家可以随着时间检查和调整其进展。在进行下一轮融资之前，企业有望解决任何问题。分阶段融资使得创业家能与投资者和市场保持接触，因为产品、企业和其推进目标在不断被评估。

从实践的层面上看，分阶段融资也有助于企业治理，因为董事会和管理层在共同的目标下进行合作。在风投投资企业的CEO中有这么一句箴言："如果你在亏钱，风险投资家就会控制你，因为你不得不向他们要更多钱。如果你在赚钱，没有人会找你麻烦。"各方都知道目标是什么，并尽可能高效和经济地去完成它们，因为他们知道如果企业成功了，企业就能以更高的估值获得更多融资，从而减少对现有股东的稀释。

分阶段融资吸引了学者们的大量注意。Paul Gompers[①]指出分阶段资本注入的作用和在高杠杆交易中债务的作用是很相似的，因为两者都使得管理团队完全专注在创造价值上。Gompers认为，分阶段融资帮助减少了创业家使用投资者的钱谋取私利但却无助于投资者财务回报的可能性。这相当于节约了投资者维持持续监管的成本。通过分阶段投资，投资者可以对项目进行定期检查，同时又保留了放弃项目的选择权。

放弃项目的选择权对于说服风险投资家第一时间进行投资很关键。通过分析1961年到1992年间随机抽取的794家VC投资企业的2 143个投资轮次和投资规模的数据，Gompers总结出，风险投资家运用他们的监管能力和行业知识（在第三章中提到的规律识别）投资具有高度不确定性的项目。他认为，在三种情况下会产生更频繁的监管：当企业变得更有价值时；当产生更多的研发时；以及当资产变得更无形时（即资产价值不易通过离散测量进行验证，就比如一家正在开发知识产权密集的技术或者生命科学产品的企业）。资产价值测量的困难增加了利益冲突的范围，尤其是当创业家可能发现继续运营企业能增加个人收益，却不顾投资者的财务回报有问题时。

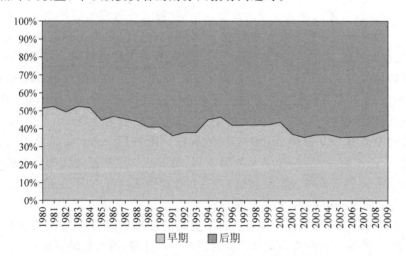

图6.3 1980—2009年投资于早期和后期企业的比例

注：早期指种子期、初创期和早期，后期指扩展期和晚期。

数据来源：汤森路透私募股权行业数据库；http://banker.thomsonib.com/ta/? Express Code=harvard university，数据截至2010年11月8日。

Gompers给出了两个例子：风险投资家使用分阶段投资，每股最终价格反映了他们对企业所取得进展的评估。[②] 苹果电脑在1978年1月以每股0.09美元的价格进行了第一轮融资。在1978年9月，第二轮融资时每股价格0.28美元。在1980年12月，最后一轮融资的价格为每股0.97美元，这反映了苹果未来不确定性的逐步降低。联邦快递是一家隔夜送达的企业，其股权价格更加起伏。它在1973年9月第一轮融资时，每股价格是

---

① Paul A. Gompers 所写的"Optimal Investment, Monitoring, and the Staging of Venture Capital"，载于 *Journal of Finance* 50, no. 5 (1995年)：第1461-1489页。

② 这些实例论述于Gompers所写的"Optimal Investment, Monitoring, and the Staging of Venture Capital"，第1465页。

204.17 美元。这是一个即使在今天也让人瞠目结舌的数字。但是在 1974 年 3 月由于企业业绩惨淡不得不进行第二轮融资时,每股价格暴跌到 7.34 美元。在 1974 年 9 月的第三轮融资中,价格进一步跌到 0.63 美元/股,这反映了企业业绩的持续恶化。当企业在 1978 年上市的时候,股价恢复到每股 6 美元,这对第三轮融资的投资者来说是一个不错的回报。除非前两轮投资者有很强的反稀释保护,联邦快递不会成为他们的一项好投资。

在这些研究的基础上,可以观察到有趣的现象:如图 6.3 所示,对早期企业的投资比例会随着时间而变化,而这些企业需要进行大量的监管。注意,在繁荣时期,例如 20 世纪 80 年代早期和 90 年代后期,VC 公司投资了不少需要大量工作的早期企业。而在经济下行时,他们往往投资较后期的企业。这部分反映了他们当时的投资组合构成——在萧条时期,他们仍然努力工作,但通常是试图去拯救一家在挣扎的企业,而不是把一家新的企业带向成功。

现在,我们从这些相当实用的例子转到更加理论的研究中,来看看创业家和投资者双方的利益如何在分阶段投资中取得一致。利益一致化的一种主要方法是可转股。

Francesca Cornelli 和 Oved Yosha[1] 在 2003 年探讨了在分阶段投资中创业家和投资者之间的动态过程。他们发现,随着时间进行投资为风险投资家提供了在项目净现值变负的时候放弃项目的选择权。这种放弃项目的选择权非常重要,因为创业家永远不会放弃用别人资金投资的企业。而投资者可以放弃项目的可能性会激励创业家最大化价值和实现经营目标。不过此时关心的问题则又变为,创业家可能会过度专注于取得短期目标,牺牲企业长期目标,从而在短期内实现次优化,以说服投资者支持困境中的项目。

作者认为,避免这种事情发生的一种重要工具是可转换证券,因为它能根据不乐观的信息防止进一步融资。当一家业绩不佳的企业获得融资时,可转换证券可以减少创业家的预期回报,因为投资者在清盘时对证券进行转换的可能性增加(即,把证券变为普通股,稀释创业家的回报)。虽然这种短期次优化的做法会使得投资者更难辨认出业绩差的项目,但是对于通过人为提升业绩来成为业绩好的企业,则得不偿失,这种工具能让更高质量的项目更容易被发现。

Dirk Bergemann 和 Ulrich Hege[2] 也探讨了分阶段融资的问题,以及它在涉及学习和创新环境下的重要性。他们指出,在释放资金投资于项目和放弃项目之间存在矛盾。创业家控制了资金的配置和提供给投资者的信息流,这样投资者就无法观察到投资工作。如果创业家把资金转为私人用途,投资者对企业前景的评价会下降,因为并没有发生所期望的进展,这时投资者会提早结束本来可以获得成功的努力。

为解决这个问题,创业家必须能够获得足够大的回报份额,以保证资金是按照预期进行投资。风险投资家获得控制权以监管和更换管理团队,但是这种更换的最佳时机是很难确定的。

---

[1] Francesca Cornelli 和 Oved Yosha 所写的 "Stage Financing and the Role of Convertible Debt",载于 *Review of Economic Studies* 70,no. 1(2003 年):第 1-32 页。

[2] Dirk Bergemann 和 Ulrich Hege 所写的 "Venture Capital Financing, Moral Hazard, and Learning",载于 *Journal of Banking and Finance* 22(1998 年):第 703-735 页。

作者认为,虽然监管有成本,但是它能提供关于资金使用的准确信号,从而减少道德风险(即,创业者因为不用承受全部成本而去做一些谋取私利的事情的可能性)。另外,监管还有一个临时好处——在某个时期的监管意味着资金在上个时期的错误分配也会被发现。因此,分阶段融资是向有不确定性项目投资的最好方法,因为信息是顺序到达并触发再融资的。

Erik Berglöf 的论文[①]研究了可转换证券在约束创业家胡作非为时的作用。他假定 VC 投资各方会设计企业的资本结构,减少从企业最终销售中所获得收益的分配问题。Berglöf 认为,控制和激励在 VC 中是不可分割的;创业家的个人利益是其激励机制的重要组成部分,资产是很难通过合同进行保护的。而可转换证券提供了根据可观察到的但不可证实的信息来构造合同的最好方法,即,如果投资者观察到企业正在获得进展但是却无法证实,可转换的特点使得投资者可以持有证券直到这样一个时刻:投资者可以证实企业业绩得到提升,此时投资者就会把证券转换为普通股来分享收益。最后,对未来融资的需求给投资者提供了改变所持有证券的类型从而增加对投资控制力的机会。

虽然分阶段融资有理论和实践意义,但是它也有实践上的限制。制定这些协议有交易成本——法律文件更为复杂并且常常需要更长的时间去谈判和完成。另外,每一轮(或者每一期——某轮融资被进一步分成小块,每个小块都要在完成某个目标中的某个步骤后才能投入)都会增加风险投资公司中管理文本工作的后台的负担。而对于企业本身,融资会使得管理团队极大分心,这一点无论是投资者还是创业家都想极力避免的。

一般投资估计有三轮或者四轮融资。如果融资轮次超过这个数量,可能会发生几件事情。第一,初始投资者会感到厌烦。他们可能会失去兴趣或者企业在公司中的支持者会离开,把企业交给一位前同事,而这位同事缺乏前任的背景和热情。如果投资者的基金到达存续期末,另外一个问题又出现了。如果企业业绩不佳,要把企业转卖给下一只基金将非常困难。公司可能会想方设法从投资中抽身,如提前退出、把股份卖给其他投资者或者是不参加下一轮融资。为募集更多资金,投资者可能不得不接受苛刻的条款。任何一种情况都会制造与其他投资者和管理层的矛盾,如下面 Metapath 案例所提到的。

Metapath

高科技创业企业 Metapath 的创始人认为企业即将 IPO。[②] 为在上市前保持发展态势,企业在 E 轮融资中以每股 6 美元的价格从两位后期投资者 Robertson Stephens Omega Fund 和 Technology Crossover Ventures 那里筹集了 1 175 万美元。而更早的投资者、VC 公司和 Metapath 的母公司持有的股份价格在每股 1.05 美元到 1.62 美元之间。作为对企业投资的条件,E 轮投资的公司要求获得参与可转换优先股(当企

---

① Erik Berglöf 所写的"A Control Theory of Venture Capital Finance",载于 *Journal of Law*, *Economics*, *and Organization* 10, no. 2(1994 年):第 247-267 页。

② Felda Hardymon 和 Bill Wasick 所写的"Metapath: September 1997",哈佛商学院案例 No. 899-160(波士顿:哈佛商学院出版社:1999 年)。

业发生清算时,允许他们作为优先股股东先获得投资款返还,然后以普通股的形式分享余下的资产,详见第五章中的讨论)。如果企业成功IPO,这种情况就会消失,因为所有的股份都会转换为普通股。E轮投资者(和后面的F轮投资者)不仅获得优先权和参与权,也获得了在企业控制权发生变化时要求清算的权利,从而触发参与权。

最终Metapath没有上市。在1998年,它与一家私人企业MSI进行了换股合并。这是企业控制上的变化。E轮和F轮投资者行使了他们要求清算的权利,除了等值普通股外,他们还获得了MSI股票的面值,即,他们的股份被视为收购(而不是IPO)中的参与可转换优先股。合并后的企业于1999年被Marconi收购。E轮和F轮投资者获得了三倍的回报率,这些收益直接来自于本应是由更早的投资者和管理层分享的收益。[①]

从Metapath中可以吸取很多教训,包括资金短缺的危险、过度乐观和分阶段融资的影响。Metapath的A到D轮融资都是以每股低于2美元的价格进行的。而E轮则定价较高,从而减少了对现有股东的股权稀释并反映了企业所取得的进展。但是管理层也必须为此付出代价:更高的定价意味着更苛刻的条款,因为企业当时仍在亏损。一旦这些条款被加入到E轮股份持有者的资本结构中,就不得不延伸到F轮投资者。F轮投资者是一些投资于较后期项目的公司,他们需要为他们的投资者产生相对稳定和较低风险的回报。因此,一有机会——MSI收购——他们就行使了他们的参与权。这对他们来说是完全可以理解的,但是这也打击了创业家。

这强调了我们在第三章提到的一个问题:创业家和投资公司之间的匹配。Metapath从一家非常早期的企业开始发展。两家投资于早期技术企业的公司对它进行了投资。此时从进行较后期投资的公司进行融资是一个冒险的做法。对创业家和投资者来说,知道各方动机所在并努力使得这些动机一致很重要。我们稍后会讨论当不同动机阻碍退出时会发生什么。

董事会的工作:创造价值

董事会使用其权力来创造价值。价值创造不是从资金到位和第一次董事会会议时开始的。投资者在他们开始评估项目的时候,就已经开始考虑他们如何能够创造价值。每一个私募股权项目都有风险。在对项目做尽职调查、建立投资主题和谈判项目的过程中,投资者会建立创造价值的路线图。

Achim Berg和Oliver Gottschalg[②]在其论文中探讨了价值创造的阶段。在资金到位后的持有期,会实施计划好的增值战略。这里有几个增值维度。有的是在企业运营业绩

---

① Felda Hardymon、Josh Lerner和Ann Leamon所写的"Metapath: September 1997—Teaching Note",哈佛商学院案例No. 5-802-051(波士顿:哈佛商学院出版社,2002年),第7-8页。
② Achim Berg和Oliver Gottschalg所写的"Sources of Value Generation in Buyouts",载于 *Journal of Restructuring Finance* 2, no. 1(2005年):第9-37页。

外部的维度——某个行业或者整个市场的情况可能获得了改善,从而增加了所有企业的估值。比如,我们可能会在清洁技术行业看到这种现象,随着监管变化和汽油价格上升,在清洁技术行业的企业会变得更有吸引力。一个整体处于上涨行情的股市,反映了投资者信心和上市企业良好的盈利,使得人人情绪高涨("水涨众船高")。因此,私募股权公司购买价值增长的企业可能仅仅是因为行业或者市场火热。图 6.4 显示了纳斯达克指数在过去 30 年的表现。显然,如果在 1996 年购买企业并在 1999 年卖出,就会轻松获利,即使并没有实施什么特别的价值创造战略。

另外一种外部增值来自于并购公司能力或洞察力所形成的不同证券间的套利。例如,如果一家专门投资处于困境中企业的公司,以一个很高的折扣投资了一家这样的企业,而企业之后复苏并偿还了所有的债务,投资公司就这样创造了价值,仅仅是因为其更好地理解了债务的实际价值,而不是因为有任何其他方面的提升。

最后一种外部增值来源可能是投资公司达成交易的能力,这样公司就能获得一个更好的购买价格。这种能力可以是开发自营交易的网络,或者是发现企业如果拆分后会更加高效的洞察力(也称作"企业经营范围优化")。

而在内部创造价值的方法是指直接影响企业财务表现的方法。这些方法包括优化债务和资本金水平的金融工程(方法)或者能提供税务减免并能促进运营业绩、降低资金成本、减少运营所需的固定或流动资产以及增加企业运营效率或战略特色的战略。最后一种类别包括"代理成本的降低",或者为管理层出谋划策,提高管理层和股东之间激励的一致性。

图 6.4　纳斯达克指数 1980 年 1 月—2010 年 6 月 30 日走势情况

资料来源:数据来源于 Global Financial Data,https://www-globalfinancialdata-com.ezp-prod1.hul.harvard.edu/platform/ Mainform.aspx,访问于 2010 年 10 月 12 日。

最后一种能创造价值的方法是退出,我们会在第七章进行讨论。当然,没有任何一种方法是孤立发生作用的。企业运营绩效的反馈会告诉投资者以何种方式退出;但即使是在早至建立投资主题的时候,普通合伙人(GP)就对企业未来会成为收购目标还是上市会有一定的判断。在收购中,计划退出方式更可能影响在项目管理期间所选择的战略;而对于一项早期的 VC 投资,头几年的任务主要是让产品投向市场。VC 投资主题中确实包括了退出想法,但直到项目较晚阶段才会影响项目管理战略。

为分析收购中价值创造的来源,我们会采用 Berg 和 Gottschalg 的分析框架,如表 6.4 所示。我们把财务套利——称作"骑行倍数"——归类为企业外部方法。在一个不错的行业中投资一家被低估的企业是一个获得高回报的完全可以接受的策略,但这并没有为企业创造内在价值。尽管如此,这是为投资公司和其 LP 创造价值的一个来源,因此我们会考虑使用这种策略。下一个创造价值的来源是那些发生在内部并提高企业财务表现的变化。金融工程,即优化企业的资本结构,不能说是提高了企业的运营效率,因此金融工程要单独归到一类。不过,这样的变化帮助企业降低了资金成本,使得企业可以进行更多支出(例如,购买新设备)并转而提高其运营效率。战略上的重新定位、扩大规模(生产更多的东西)、拓宽经营范围(为更多客户生产东西)和管理层招聘都会提升运营效率。这里,我们把 Berg 和 Gottschalg 所提出的广义上的"减少代理成本"划分为利益一致化和外包,再加上对管理层的辅导,构成了间接提高企业运营效率的变化类别。

表 6.4 价值创造框架

外部	治理								
	内部								
	直接提高运营效率						间接提高运营效率		
金融套利	金融工程	降低成本	战略重新定位	扩大规模	拓宽经营范围	管理层招聘	利益一致化	外包	辅导

资料来源:改编自 Achim Berg 和 Oliver Gottschalg 所写的"Sources of Value Generation in Buyouts",载于 *Journal of Restructuring Finance* 2,no.1(2005 年):第 13 页。

对于 VC 投资,价值创造的方式更为直接。Gorman 和 Sahlman 指出,董事会成员最常常汇报的事情是他们在帮助企业募集资金;下一个最常见的工作包括战略分析和管理层招聘。如果在更大范围内考虑这件事情,风险投资家的工作涉及企业融资安排、战略制定和团队建设,而团队建设又可分成管理层招聘和辅导。第三章中关于"骑马师"(创业家或是 LBO 中的管理层)或"马"(技术)的争论,反映了在初创企业中哪个因素更为重要的问题,或者反过来说,投资者是更容易提供管理层招聘和辅导服务还是制定战略方向。在这里,我们并没有包含金融套利,因为尽管选择一个不错的行业很重要,但是很少有投资者可以直接通过购买早期阶段企业股份而不用提升运营就能获利的。

在收购和 VC 的框架中,治理是保证所有这些事情实际发生的充分条件。它可以通过经常性的电子邮件,每天的电话或者是每周、每月和每季度的会议进行。但对于投入了大量资金并承受声誉风险的投资者(其在业务上也有一定经历)来说,这种个人的介入带来了独特的紧迫感。而且,由于私募股权投资者不会永远提供业务上的指导,他们会帮助企业建立起内化问责机制和良好治理的必要系统和汇报职能。

我们现在看一些早期投资和并购投资的案例研究,看看投资者是如何管理这些项目,以及他们是从哪些地方创造(或者没有创造)价值的。在他们失败的地方,我们也许会发现有哪些方法没有使用或是过分使用。虽然我们可能不会明确提及,不过要注意治理如何激发这些变化发生的环境。

 ## 风投的价值

在 VC(风投)投资的企业中创造价值通常和帮助企业建立管理团队、定位目标市场和开发产品是同一个意思。另外,VC 投资的企业一般需要制度化,包括为目标设定、责任归属和治理建立体系。

大部分 VC 投资的企业在其获得首笔投资之前,通常对其第一个产品已经有战略了(其首笔投资也是据此获得)。投资者通常在产品投放到市场的时候就参与其中。初创企业的特质决定了其定位于细分市场或大市场中的细分需求。很少有初创企业会有一个产品或者服务足够使其成为一家成熟企业。

如果第一个产品成功了,企业必须完成下一个目标,一般是增加产品线或者扩大所服务的市场。董事会会决定企业下一个可以开发的大市场,整合必要的资源,并评估企业的财务表现和管理团队的能力,确定任何必要的改变。董事会会为下一次融资做好计划和精心准备。最后,董事会会确定最好的退出策略。这是一个互相依托并不断迭代的过程。在下一节,我们会探讨董事会和投资者在企业好或不好的时候如何与其进行合作。

Avid Radiopharmaceuticals

Avid 是一家生物科技企业,研发作为标记物的分子显像剂,可以展现各种疾病过程。[①] 其最先进的化合物能帮助患者诊断老年痴呆症。在 2005 年 1 月,该企业从一只国有的生物科技初创基金和投资非常早期企业的风险投资公司 RK Ventures 那里募集了 150 万美元资金。[②] 来自 RK Ventures 的 Matthew Rhodes-Kropf 目前是董事会成员,曾在企业发展初期担任临时 CFO,并在当时亲手帮助企业融资并提供辅导。在 2005 年末,Avid 在 B 轮融资中,从制药巨头礼来(Eli Lilly)和辉瑞(Pfizer)的风险投资部门募集了 980 万美元。我们能从这里看到价值创造的具体例子——这些投资者的参与是一种信号,一般表明风投行业认为该初创企业是有价值的。RK Ventures 无疑帮助该企业的 CEO 找到了一名可以代替 Rhodes-Kropf 的 CFO,并扩充了团队。此外,还将该领域的其他顶级科学家招入企业。企业逐渐开发出一种可以诊断老年痴呆症和其他诊断帕金森病和糖尿病的高质量候选化合物。该行业的一类决策常常是"购买或开发"——企业是自己

[①] 更多内容请参考 Matthew Rhodes-Kropf 和 Ann Leamon 所写的"Avid Radiopharmaceuticals & Lighthouse Capital Partners",哈佛商学院案例 No. 810-054(波士顿:哈佛商学院出版社,2010 年)。

[②] www.avidrp.com/aboutus/aboutus_boardofdirectors.html,访问于 2010 年 7 月 19 日。

开发指示剂还是从大学实验室获得授权？这种战略方向的选择主要是来自投资者。

到 2008 年 9 月，Avid 面临在融资紧缺环境下成长的挑战。当时该企业三种非常有潜力的产品（老年痴呆症、帕金森病和糖尿病的生物指示剂）正在食品及药物管理局（FDA）进行不同阶段的测试，企业需要更多的空间和资金。当 CEO 在考虑不同方法的风险和优势时，与董事会成员保持了经常性的联系。他可以关闭除老年痴呆症外的所有产品生产，以充分利用企业目前的现金，或者找到募集更多资金的其他方法（理想情况是在最近的临床试验结果出来时股价上涨后）再进行推进。在董事会的指引下，Avid 的 CEO 和 Lighthouse Capital Partners 谈判了一个风险债务包。

请注意董事会在这里的作用。Avid 的产品系列从一种指示剂变成三种。董事会必须平衡不同推进战略的成本和收益：推迟会给财大气粗的竞争对手追上的机会；在试验结果出来前募集资本金会稀释现有投资者的股份；而募集风险债务虽然不会造成稀释，但有成本。在 2010 年末，礼来公司同意以高达 8 亿美元的价格收购 Avid。[①]

Endeca Technologies

Endeca 创建于 1999 年，开始时专注于电子商务搜索应用。[②] 之后，企业发展成为更加完整的电子商务平台，后来又转为向大型机构提供综合业务信息产品，比如美国国防情报局、波音、西格玛奥德里奇和雷神公司。从企业第一次融资开始，投资者便密切参与 Endeca 的战略制定和成长。创始 CEO Steve Papa，在董事会的指引下，在 2000 年衰退时充分利用 B 轮所募集的资金长达 18 个月。

但是，C 轮募资非常困难[③]，董事会深度参与其中。在 2001 年 3 月，当募资开始时，董事会建议 Papa 以 9 000 万美元的投资前估值融资 1 000 万美元，以反映企业已经实现了所有目标，（在董事会的联系帮助下）吸引了顶级的管理团队，并取得了主要客户加快发展的事实。但是当时技术市场不景气的情况下，董事会高估了 VC 投资者对创业软件企业的胃口，即使是那些已对 Endeca 进行过投资的 VC 投资者。三个月后，董事会将投资前估值降到 6 000 万美元，然后是 4 000 万美元，最后降到 2 500 万美元，这比 800 万美元 B 轮融资时的投资前估值 2 700 万美元还低。后来美国在线（AOL）愿意投资 200 万美元，条件是 Endeca 找到一家外部投资者（即一家目前在该企业还没有投资的公司）领投该轮，董事会成员联系他们的网络后产生了所要求的投资条款清单。最后，ABS Ventures 提交了一份投资条款清单，对企业的估值比 A 轮价格还低。然后董事会提交了一份条款更友好的内部投资条款清单（如第五章所述）。最终 C 轮融资由 Ampersand Ventures 领投，有效投资前估值为 3 250 万美元。

---

① Peter Loftus 所写的"Lilly to Acquire Avid Radiopharma"，载于 *Wall Street Journal*，2010 年 11 月 8 日，http://online.wsj.com/article/SB10001424052748703514904575602241265151042.html，访问于 2010 年 11 月 15 日。

② 更多关于 Endeca's strategic evolution 的相关内容，请参见 Paul Gompers 和 Kristin Perry 所写的"Endeca Technologies：New Growth Opportunities"，哈佛商学院案例 No. 206-041（波士顿：哈佛商学院出版社，2006 年）。

③ 关于 Endeca 的 C 轮投资的更多内容，请参见 FeldaHardymon、Josh Lerner 和 Ann Leamon 所写的"Endeca Technologies(A) and (B)"，哈佛商学院案例 No. 802-141 及 Case No. 802-142（波士顿：哈佛商学院出版社，2002 年）。

之后董事会着手建设管理团队。在 2005 年初，董事会将职业经理人 James Baum 从总裁提升为 CEO。Papa 成为董事长和业务发展负责人。但是，在不到一年后，Baum 就下课了，而 Papa 则重新担任 CEO 帮助企业实现更快速的成长。[1] 在 2007 年，Endeca 宣布收入超过 1 亿美元。[2] 虽然从结果看之前换人的决定非常明智，但在当时看 Endeca 在战略和人事上的改变是风险很高的决策，因为 Papa 之前从来没有领导过一家大企业！

最近，董事会开始考虑退出选项。有传言说微软曾考虑过购买这家企业[3]，也有传言说企业正在考虑 IPO。[4] 直到 2010 年中，企业还未整理材料准备 IPO，尽管其扩大了董事会，增加了常和上市公司联系在一起的高知名度董事。[5]

Endeca 和 Avid 都阐释了成长中的成功企业的价值创造和治理。但是处在困境中的企业也需要治理和干预，从而创造价值或减少损失。管理层可能会被更换（一位之前是创业家的风险投资家认为，辞退 CEO 是投资者可自行处理的唯一方法[6]），产品战略也可能会改变。

当企业没有实现其计划的时候，融资成为最大的挑战。如果是分阶段融资，现有投资者常常会假设企业需要更多的资金；但问题是企业的前景是否能保证接下来的投资。当然，恰当的治理能及早发现企业发展中的问题并进行纠正。决策的关键在于投资者对团队、产品和市场的判断，就如在第三章中的后继融资所提到的。如果企业在募集新的资金上正在取得进展，但是该轮融资还未完成，现有投资者（内部投资者）可能会预先支付部分股份作为参加最终融资的手段，有时会获得较低的价格或者认股权证。

如果企业苦苦挣扎了一段时间，它可能募集不了任何资金。在这种情况下，内部投资者必须决定是对企业进行资本重组（即，把企业当作全新的项目进行投资）还是关闭企业。对于需要指引的所有成长中的企业，处于困境中或走偏方向的企业——总是差一个季度或一个客户才能达到盈利——占据了投资者大部分的时间。

第五章中曾简单提到过的 Ellacoya Networks 就是这方面一个典型的例子。在 1999 年到 2002 年间，该企业募集了 1.11 亿美元来开发可以让本地电话企业能提供点播宽频服务的技术。但是在那段时间，其三分之二的客户都倒闭了。[7] 在 2001 年 2 月，董事会引进一名新的 CEO 代替了创始人，而创始人则成为 CTO；在 3 月，负责销售的副总裁辞

---

[1] Scott Kirsner 所写的"As It Turns Out, You Can Go Home Again (If You're a CEO)"，载于 *Boston Globe*，2008 年 1 月 14 日。Baum 于 2006 年 8 月成为数据存储公司 Netezza 的 CEO。

[2] "Endeca Reports 19th Consecutive Quarter of Year-over-Year Growth"新闻稿，2007 年 11 月 15 日，www. endeca. com/799133b2-f822-49c8-a162-3d629aa6e804/news-and-events-press-releases-2007-details. htm，访问于 2010 年 11 月 15 日。

[3] Wade Roush 所写的"Microsoft Passed Over Cambridge Enterprise Search Firm Endeca Before Acquiring Norway's Fast"，载于 Xconomy，2008 年 1 月 10 日，www. xconomy. com/boston/2008/01/10/microsoft-passed-over-local-enterprise-searchfirm-endeca-before-acquiring-norways-fast/，访问于 2010 年 7 月 17 日。

[4] Tim Mullaney 所写的"Searching for an 07 IPO"，载于 *Bloomberg Business Week*，2006 年 3 月 31 日，www. businessweek. com/the_thread/dealflow/archives/2006/03/searching_for_a. html，访问于 2010 年 7 月 17 日。

[5] www. endeca. com，访问于 2010 年 7 月 16 日。

[6] Jeffrey Bussgang；引用于 Kirsner 所写的"As It Turns Out, You Can Go Home Again"。

[7] Scott Denne 所写的"Bubble Survivors：Ellacoya Reinvents Itself Yet Again"，载于 *Venture Wire*，2007 年 7 月 3 日，访问于 2010 年 7 月 16 日。

职。这使得企业向客户交付产品进行测试的计划推迟了6个月。有说法认为Ellacoya每月烧掉200万到300万美元。① 在整个2001年里,企业——毫无疑问一直被董事会督促——进行了两次裁员,最后只留下相当于2000年末员工总人数一半的员工,并在只有内部投资者参与的融资轮中获得2500万美元。② 企业将其业务重心转向电缆供应。在2002年,Ellacoya的董事会对企业进行了资本重组,那些没有参与的投资者变成了普通股股东。重组刚完成,董事会就引进了一名新的CEO并把目标市场从电缆供应商转移到顶级电话企业。另外,技术也从提供点播服务转变成做网络交通的深层封包检测,帮助服务供应商根据对带宽和速度的特定要求优先发送。③

即使到了2007年中,企业还没有实现盈利。④ 它自从重组后又融资了2650万美元,而投资者认为"公开发行还是有可能的",尽管他们也认为被大型网络企业比如Juniper或者思科收购也是可以接受的。Ellacoya在过去9年内一共融资1.58亿美元,于2008年1月和另外一家风投投资的技术企业Arbor Networks合并。这两家企业的产品有互补性:Arbor的设备能监视一个网络内的安全事件,而Ellacoya的设备则可以识别出个体信息的需要。⑤ 投资者仍然抱有进行IPO的希望。Ellacoya的两家竞争对手,融资额远远低于Ellacoya,但已经上市了。⑥

总之,Ellacoya试图为客户提供某种产品,但是这些客户却消失了。产品自身也因此被淘汰了。大部分早期风险投资者在再融资时都选择了逐步离开,只有Lightspeed在其所有7轮融资中都投资了该企业。通过资本重组,企业重新上路,拥有了新的管理层、新的技术和新的客户。对Ellacoya来说,能偶然获得英国电信公司这样的大客户已经是很不错了,但是企业却无法实现盈利。最终,企业和另外一家私人企业合并,而投资者还是没能收回资金。

以上过程中创造价值了吗?董事会应该关闭该企业吗?显然,董事会在降低企业烧钱速度上行动迟缓,即使到2001年初每月亏损额仍达到200万到300万美元即显示了这一点,特别是在上一阶段目标没有达成后。当CEO最终降低烧钱速度时,尽管已经实施了两轮裁员,但力度还不够。但董事会又再次犯错。董事会聘请了3-Com(一家大型上市企业)的一名资深高管;但是这名新成员并不是那种可以在发生重大问题时能做出迅速有效决策的人。董事们已经忘记了识人,或者是他们在科技泡沫中待的时间长了,已经对

---

① Marguerite Reardon 所写的"Ellacoya Loses Sales VP",载于 *Light Reading*,2001年3月30日,http://www.lightreading.com/document.asp?doc_id?=4518,访问于2010年7月16日。
② Marguerite Reardon 所写的"Ellacoya Snags Third Round",载于 *Light Reading*,2001年11月26日,www.lightreading.com/document.asp?doc_id?=9465,访问于2010年7月16日。
③ "Ellacoya Networks Attracts New Investors in $13.5 million Financing",载于 *BusinessWire*,2005年7月18日,访问于2010年7月16日。
④ Denne 所写的"Bubble Survivors:Ellacoya Reinvents Itself"。
⑤ Scott Denne 所写的"Bubble Survivors Arbor Networks and Ellacoya Combine",载于 *VentureWire*,2008年1月18日,http://www.lightspeedvp.com/News/releases/LSVP01182008.pdf,访问于2010年7月16日。
⑥ Denne 所写的"Bubble Survivors:Ellacoya Reinvents Itself"。Sandvine 自2001年成立后已募集了3800万美元的资金。企业已经盈利,2006年收入为3200万美元;其2007年的市值为7.25亿美元。Ellacoya的另一个竞争对手是一家以色列的企业,当时正处于困境中。

困难时刻感觉陌生了。

那些在资本重组后转变成普通股股东的投资者又如何呢？他们所投资的其他企业可能需要他们稀缺的合伙资源，比如时间和资本。他们可能认为 Ellacoya 相比其他企业会走得更艰难，或者他们 1.11 亿美元的 Ellacoya 股份不会获得任何回报。甚至 Lightspeed 的 Barry Eggers 也曾经说过，"有好几次我们面临是否继续投资的艰难决策。但是 Ellacoya 总能抓住新的客户"①。不过这些新客户始终没有让 Ellacoya 实现盈利。

如果 Ellacoya 和 Arbor 的合并实体能最终上市或者以有流动性的证券（现金或者上市企业股票）的方式被收购，那么现有的投资者起码能拿回一些资金。在 2002 年将其股份转换成普通股的投资者损失了所有的资金，但他们可能也不会一无所获。显然，Lightspeed 认为支持 Ellacoya 而不是关闭它对其 LP 们更有利。

Lightspeed 对 Ellacoya 的投资证明了，投资者有时可能会选择投入更多的资金，希望至少能获得一些回报。即使获得了顶级 VC 公司的投资，一家致力于交流政治意见的早期在线平台还是在 2001 年中期接近了倒闭。当董事会的一名成员告诉他的合伙人们，他们不仅会亏掉全部投资，还需要为搬运费（清除垃圾和打扫办公室）再投入几十万美元的时候，合伙人问道，"如果我们再投入 100 万美元会怎么样？你能找到其他人来购买它吗？"这是风险投资和银行贷款之间的差别：银行会在企业还有足够的资金偿还债务的时候关闭企业。而对于风险投资者来说，只要有一线希望可以获得一些回报，他们就愿意投入更多的资金。

董事会对并购投资的战略

从一开始，被并购的企业和 VC 投资的企业就有几点明显的区别：被并购目标是已经在运营的实体，私募股权公司持有大部分股份。如在我们框架中指出的，此时可以使用更多的工具，但是某些方面也变得更加复杂。在下面的简短案例中，我们会讨论创造（和破坏）价值的不同方式。

Montagu Private Equity

Montagu Private Equity 是一家位于英国的投资中型企业的并购机构，其在 2002 年初收购了 Dignity Caring Funeral Services②，这是英国最大的殡葬服务供应商。当时，该企业的美国母公司需要快速募集资金，而 Montagu 由于对管理团队和行业规律非常了解，因此可以快速行动。死亡的可预测性使得 Dignity 的现金流可以大量运用杠杆。③ 在 2002 年 12 月，即距离上次 2.35 亿英镑（3.525 亿美元）的交易不到一年，企业通过再融资

---

① Denne 所写的"Bubble Survivors: Ellacoya Reinvents Itself"。

② 资料来自 Montagu Private Equity, Video Case Studies, Dignity Funeral Services, www.axisto.com/webcasting/montagu/casestudies-230306/dignity-en/index.htm，访问于 2010 年 7 月 7 日。

③ "Funeral Services Provider Dignity Sees Double-Digit Growth"，载于 *Times Online*，2009 年 5 月 14 日，http://business.timesonline.co.uk/tol/business/industry_sectors/need_to_know/article6289055.ece，访问于 2010 年 7 月 20 日。

获得2.5亿英镑(3.75亿美元),并且"条款非常吸引人"①,使得投资者可以收回其97%的投资本金。② 董事会因此实现了金融工程上的提升,并降低了Dignity未来的融资成本。Montagu向管理团队提供了股权激励、运营业务的权力并提供进行小型收购的支持。Dignity采用了向上汇总战略,即收购当地小型殡葬运营商并用他们自己的名字来继续运营,这样就能保持当地客户,同时母公司向他们提供后台基础设施并购买豪华轿车等物件。③ 企业也提供预付的殡葬计划和火葬服务。在2004年,企业以3.94亿英镑(7.21亿美元)的总市值,每股2.3英镑(4.21美元)的股价上市。到2010年7月末,股价上升到每股6.64英镑(10.56美元)。

除了金融工程外,我们可以认为Dignity是通过收购来扩大市场份额,尽管其并没有拓宽经营范围。请注意,Montagu向管理层提供了股权激励和建议,这是Montagu所宣称的收购战略。Montagu的主管合伙人克里斯托夫·马斯特森(Christopher Masterson)这样说:

> 一个非常努力的人,有商业计划但却被距离遥远并且不参与运营的总部限制,那么谁还能建立一家企业并把其提升到一个更高层次呢?但光有计划是不够的,关键是执行。我们已将执行作为聚焦点……我们只看这家企业能否运用杠杆(债务股权比不高于65%)并注意到它是在我们价格区间内的成熟北欧企业。之后,推动企业发展的动力就是持有企业股份的CEO了。④

然后,Montagu的董事会战略是把跑道清理干净,保证所有的激励都到位,然后离开让企业自主发展。

Clayton & Dubilier

Clayton & Dubilier(C&D,后成为Clayton, Dubilier & Rice)在1986年收购了草坪护理产品制造商O. M. Scott & Son。⑤ 像Dignity一样,O. M. Scott & Son的母公司希望剥离非核心部门,并让其资产拿到最好的价格。

George Baker和Karen Wruck在他们的研究中详细阐述了Scott在私募股权投资下所发生的变化。因为91%的股权收购资金是通过债务筹集的,允许犯错的空间很有限。虽然管理层并没有参与最初的交易,但是高级管理层被强烈要求用他们自己的钱购买股权。图6.5显示了管理层和员工最终持有企业17.4%的股权。另外,C&D改变了奖金制度,根据所实现的企业、部门和个人目标,给予管理层最高相当于底薪100%的奖励。C&D依靠管理层各自在公司中的知识实现所需的运营改变,以支付债务。这种薪酬体

---

① 资料来自Montagu Private Equity, Video Case Studies, Dignity Funeral Services。
② "Dignity Caring Funeral Services",载于 Montagu Private Equity, www.montagu.com/portfolio/? id=807,访问于2010年7月20日。
③ "Funeral Services Provider Dignity Sees Double-Digit Growth"。
④ Felda Hardymon、Josh Lerner和Ann Leamon所写的"Montagu Private Equity",哈佛商学院案例 No. 804-051(波士顿:哈佛商学院出版社,2004年),第8页。
⑤ George Baker和Karen Wruck所写的"Creating Value in Leveraged Buyout: The Case of O. M. Scott",载于 Journal of Financial Economics 25(1989年):第163-190页。

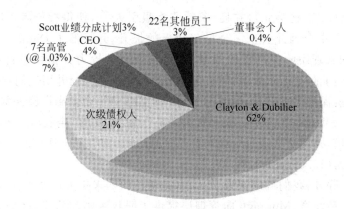

图 6.5　O. M. Scott 被并购后的所有权结构

数据来源：改编自 George Baker 和 Karen Wruck 所写的"Creating Value in Leveraged Buyout：The Case of O. M. Scott"，载于 *Journal of Financial Economics* 25（1989 年）：第 174 页。

系有助于保留管理层，并根据息税前利润（EBIT）和流动资金目标完成情况来支付奖金，使他们意识到产生现金的重要性。而高比例地持有企业股权也使得员工和投资者在避免债务违约上利益一致，因为一旦违约，他们的声誉和股权份额就会受损（考虑到如果 Scott 需要再融资时股权就会发生稀释）。

值得一提的是董事会构成。CEO 是管理层成员中唯一在董事会有投票席位的人，因为是董事会来评估管理层，而 CEO 几乎不会由下属评估。开始时，董事会由 C&D 的三名合伙人、CEO 和一名外部投资者组成。在 Scott 于 1988 年上市前，C&D 增加了三名董事：一名草皮研究人员，一名有消费者产品专业知识的个人和 Hyponex（C&D 在类似行业中收购的一家企业）的 CEO。全体董事会每季度进行一次会议；执行委员会（两名 C&D 的合伙人和 CEO）每个月进行会议，处理政策和人事问题，并向 CEO 提供建议。

C&D 还指派了一名运营合伙人担任 CEO 的高管培训人员。这名人员帮助 CEO 从一个强调满足预算的大型集团的一分子，转变成参与私募股权运营的一分子，CEO 需要站到更高的战略选择高度（只要能帮助企业提升）。差异是明显的：任何部门副总裁（CEO 之前的职务）如果需要向总部寻求建议，那在这个岗位上是做不长的；向 C&D 的运营合伙人寻求建议则是受到鼓励的。

Scott 的运营业绩在 1986 年末（该交易完成的时候）到 1988 年 9 月间获得了巨大的提升。EBIT 增加了 56%，销售收入增加了 25%。此外，研发费用增加了 7%，营销费用增加了 21%，资本开支增加了 23%。流动资金需求下降了一半，只占销售收入的 18.4%。员工减少了，但是属于正常流失，而不是大规模裁员。

这些提升归功于激励和管理控制系统方面的改善。从运营合伙人获得直接反馈以及股权激励和奖金制度创造了一个鼓励改善的环境。现金和库存管理都得到了改善；而企业也拓展进入专业草皮护理市场，然后又通过收购 Hyponex 进入量贩渠道。

激励和监管并举，加上 LBO 造成的治理，显然创造了巨大的价值。收购后 18 个月内，Scott 进入到不同的市场（经营范围和规模上的变化），完成了一次收购（金融工程）并减少了流动资金和库存的成本。

TPG

　　TPG 在 1997 年收购私人服装企业 J. Crew① 则是一个更加丰富多彩的案例。这是一项典型的自然成长交易，并购公司认为其金融、战略和运营资源可以使得这家家族企业变成一家多渠道零售商，并可在 2000 年进行 IPO。进行交易的企业包含三个实体：J. Crew、Popular Club Plan 和 Clifford & Wills，交易价格为 5.28 亿美元，是息税折旧摊销前利润（EBITDA）的 9.8 倍。董事会包括 TPG 的三名合伙人、联合创始人（他也进行了投资）和六名外部人员。

　　对于扭转受损品牌的困境，TPG 有一套标准的方法：引进运营专家并写好运营"剧本"，以设定清晰战略方向、运营优先事宜、关键业绩指标（KPI）和目标。企业的"100 天"计划包括分析产品线的盈利情况和重新设计建立新店的流程。目标设定围绕增长率、EBITDA 和店铺数量。这种过程研究致力于提高设计效率，减少 10% 的劳力，修改降价过程并增加用于设计流行服装和规划合理库存的商业问责。产品走样数量减少了，从而减少了间接成本和生产成本，提高了库存效率，并且也减少了需要向客户做出的解释。

　　但截至 2002 年，J. Crew 还没进行 IPO。实际上，TPG 这项投资正面临相当大的困难。在 5 年时间内共有 3 任 CEO。零售额受纳斯达克指数暴跌影响也急速下滑。Popular Club Plan 部门以 4200 万美元的价格出售，但是对 Clifford & Wills 感兴趣的买家却没有出现，最终被关闭。J. Crew 在 TPG 的领导下，为应对客户的冷淡反应，引进了美容产品、高尔夫用衣和一系列有生气的外套。TPG 尝试出售 J. Crew，但是三名潜在买家中的两名在进一步调查时失去了兴趣，而最后一名潜在买家持续降低出价，最终价格跌到 5 亿美元。②

　　一直到 2002 年末，TPG 也没有在 J. Crew 上创造什么价值。增加经营范围的尝试失败了，招聘管理层的尝试也失败了。TPG 错把 20 世纪 90 年代目录销售的总体兴起认为是 J. Crew 独特的质量造成的。为追求运营效率，TPG 降低了产品和品牌等级。首席设计师说她"被告知主要根据价格来设计服装。'我们有一份清单——6 种 55 美元的短裤，7 种 70 美元的短裤……这完全扼杀了创造力。'"③为扩大规模，企业将产品目标群体设定为更年轻的顾客，但是这个群体消费不起这类衣服，反而将核心顾客疏远。④

　　但是之后 TPG 却峰回路转。在 2003 年 1 月，在企业债务接近降级边缘时，TPG 聘请了拯救过 The Gap 和 Ann Taylor 的 Millard(Dickey)Drexler，给予他重新振作企业的自由控制权。Drexler 不仅担任了 CEO，还向企业投入 1 000 万美元。他改进了服装，增加了儿童系列，并减少了店铺数量——企业业绩提升了。当 J. Crew 在 2006 年 6 月 28

---

　　① Mike Roberts、William Sahlman 和 Lauren Barley 所写的"Texas Pacific Group—J. Crew"，哈佛商学院案例 No. 808-01（波士顿：哈佛商学院出版社，2008 年）。

　　② 同上。

　　③ Meryl Gordon 所写的"Mickey Drexler's Redemption"载于 *New York Magazine*，2005 年 5 月 21 日，http://nymag.com/nymetro/news/bizfinance/biz/features/10489/index1.html，访问于 2010 年 7 月 15 日。

　　④ Roberts 等人所写的"Texas Pacific Group—J. Crew"。

日上市时，TPG又购买了价值7350万美元的股票。①

TPG做对了一件事情，它聘请了Mickey Drexler，然后其他事情变得有条不紊。当然，它对运营的提升是有帮助的，但如果没人愿意买服装，那么高效设计、生产和运输这种事实是无关紧要的。最终——尽管比原先预期的退出时间要长得多——TPG还是创造了价值。②

Kohlberg Kravis Roberts

当Kohlberg Kravis Roberts（KKR）收购Beatrice③（Meadow Gold牛奶、Avis Car Rental、Fisher's Nut以及更多其他产品的母公司）时，它创造的价值几乎全部是通过金融套利。Beatrice自从在1890年建立以来，实行分散化战略，进行了400次收购。KKR认为Beatrice各个单独部分的价值之和比整个Beatrice的93亿美元的标价还要高。在短短一年内，资产剥离产生了足够偿还Beatrice全部银行贷款的现金，而且管理成本上又节约了1亿美元。Beatrice的拆分过程创造了110.6亿美元的价值。④

价值破坏

在1998年5月，KKR和Hicks，Muse，Tate & Furst这两家当时的顶级并购机构，收购了Regal Cinemas⑤[美国第三大（按照屏幕数量）的连锁影院]，价格约为行业水平的2倍⑥。投资者认为，他们会从该行业向巨型影院发展的趋势中获利，而小型影院运营商无法获得资金升级其设施，因此会采取向上汇总战略。获利的另一个来源则是Regal注重成本节约的管理理念。

被收购后，Regal的董事会采纳了收购、建设新设施和巨型影院创新的战略，这使得Regal的屏幕总数量在18个月内几乎翻了一倍。很多被收购的剧院都被转变成"娱乐中心"，有的还装有IMAX 3D播放机。在一段时期，好莱坞罕见地出现了轰动大片的稀缺，企业的债务迅速增加。而且，原来人数较少的总部在Regal独立时是企业的关键竞争优势，现在却难以跟上发展的步伐。⑦ 在2000年11月，企业承认违反了借款协议，技术上

---

① Aaron Pressman 所写的"J. Crew's Tidy Turnaround Story"，载于 *Business Week*，2006年6月20日，www.businessweek.com/investing/insights/blog/archives/2006/06/j_crews_tidy_turnaround_story.html，访问于2010年7月15日。

② 该交易有趣之处在于，2010年11月末，TPG、Leonard Green & Partners 以及 Micky Drexler 出价30亿美元再次将 J. Crew 私有化。

③ George P. Baker 所写的"Beatrice：A Study in the Creation and Destruction of Value"，载于 *Journal of Finance* 47, no. 3 (1992年)：第1081-1119页。

④ 同上，第1109页。

⑤ Malcolm Salter 和 Daniel Green 所写的"Regal Cinemas (A)"，哈佛商学院案例 No. 902-019（波士顿：哈佛商学院出版社，2002年）。

⑥ Allen R. Myerson 和 Geraldine Fabrikant 所写的"2 Buyout Firms Make Deal to Acquire Regal Cinemas"，载于 *New York Times*，1998年1月21日。

⑦ Bruce Orwall 和 Gregory Zuckerman 所写的"Box Office Blues"，载于 *Wall Street Journal*，2002年9月27日，A1；引用于 Salter 和 Green 所写的"Regal Cinemas (A)"，第8页。

违约。① 虽然 KKR 和 Hicks Muse 尝试对企业进行资本重组,但他们却无法和债权人达成协议,最终企业以破产告终。后来企业又被其中一家非常坚持的债权人买下。

虽然其消亡肯定有一些外部因素——好莱坞出现大量烂片,但 Regal Cinema 交易失败的原因可能是董事会并不明白,该企业价值的真正来源是它对成本敏感的管理方法和稳步增长的步伐。虽然投资者实现了规模上的增长,并在一定程度上实现了经营范围上的扩大,并帮助管理层实施金融工程,以收购其他院线,但是基本的成本结构已经非常低了,运营上的提升无法产生必要的现金来偿还债务。

最近的研究

在最近的收购热潮中,关于收购交易中的价值创造,做的研究工作并不多——鉴于是在这么短的时间跨度下观察这些结果,这就不奇怪了。其中一篇由 Shourun Guo、Edith S. Hotchkiss 和 Weihong Song② 所写的论文对这些问题进行了细致研究,作者只能看到截至"收购泡沫"开始(2006 年)时的交易;但是结果很有趣,同时也给私募股权投资者敲响了警钟。样本选择了在 1990 年到 2006 年间完成的价格超过 1 亿美元的 192 次收购,与 20 世纪 80 年代的收购相比,定价显得较为保守,杠杆率较低——在该期间末期的杠杆率为 60%,而在 80 年代时像 O. M. Scott 这种交易 91% 的杠杆率在当时并不罕见。而最近的交易常常涉及不止一家股权投资者,而且常常在企业还是私有的时候需要经历重大重组(资产出售或者收购)。

利用 94 家收购后可获得数据的样本交易,作者发现由于在二级市场交易的债务或者 IPO,运营的回报和没有经历收购的标杆企业是可比的或者略微占优。现金流的增长实际上比 20 世纪 80 年代的交易要少一些。外部提升(行业改善和市场估值倍数增长带来的收益)和金融工程(债务带来的税务减免)所创造的价值看起来和运营业绩提升所创造的价值是同样重要的。考虑到 2007 年后发生的萧条以及随之带来的股权价值下跌,作者提醒私募股权公司可能再也不能在退出投资时获得巨大的收益。

企业治理方法

我们已经讨论了创造价值的框架组成部分——金融套利、金融工程、降低成本、扩大规模和经营范围以及管理层招聘、激励和指导。企业治理环境是一个贯穿始终的永恒主题。下一节,我们会讨论投资者在企业治理中所使用的工具。

信息收集和监测

在项目管理中一个贯彻始终的问题是投资者在评估管理团队的业绩时有困难。董事

---

① Malcolm Salter 和 Daniel Green 所写的"Regal Cinemas (A) and (B)",哈佛商学院案例 No. 902-019 和 Case No. 902-020(波士顿:哈佛商学院出版社,2002 年)。

② Shourun Guo、Edith S. Hotchkiss 和 Weihong Song 所写的"Do Buyouts (Still) Create Value?"载于 *Journal of Finance* 66, no. 2(2011 年):第 479-517 页。

会需要有持续的信息流来准确指导企业。无论是监管 Endeca 的发展战略还是 Beatrice 的拆分计划,董事会都需要收到执行与计划间差别的持续反馈。如果 Ellacoya 的董事会能够更早说服 CEO 果断减少成本,可能 Ellacoya 会成为一个更成功的投资故事。那么董事会如何执行其指引呢?他们如何保证能得到想要的结果呢?董事会会有一些反馈点来帮助他们决定企业的下一步发展,以免事情恶化到必须放弃的地步。

预算

对所有私募股权投资的企业,预算(或者计划)是一类关键文档。无论企业是全新的初创企业,曾经上市最近又被私有化的大企业,抑或是被出售的部门,管理团队和董事会必须在预算和 KPI 设立上达成一致。KPI 会贯穿整个企业,甚至涉及个人目标和评估。

很多收购都会有一个 100 天计划,就像 TPG 为 J. Crew 设计的。这类计划设定了企业在其新股东下的目标和方向,包含了一系列衡量进程的指标。风险投资者很少使用这些,因为他们的时间期限更长。

由于对预算影响很大,因此预算测量的指标以及如何测量必须直观和可以理解。目标和报表必须透明,能让高管和投资者——无论是现在的还是未来的——轻松确定企业业绩与计划间的差别。这可以帮助所有人明白需要做什么。显然,直接的定义和目标追踪是必要的。

董事会会参与预算的编写并批准它,然后再考察企业业绩和计划间差异。董事会也会在业绩偏离预期时帮助提供应对策略。通过透明化的报告和良好沟通获得的早期信息是关键的。如果实际超过预算,相当于给董事会一个信号,董事会需要响应。是什么引起的?是世界经济像 2008 年那样下滑了吗?世界上最好的营销计划可能也帮不了 Realogy①(一家房地产和搬家服务供应商)。Realogy 在 2007 年 4 月以 85 亿美元的价格被 Apollo Global Management 私有化,这时其必须重新谈判债务。最后,Apollo 不得不向企业投入更多的资本,而企业也担负了更多的债务。

超出预期的增长也会是个麻烦事。增长的花费很大,需要更多的员工和原材料。一旦收入超过预算,董事会就必须开始思考所有这些问题。这是一个一次性的突破还是市场拐点的开始?董事会有四种应对超出预期增长的方法:(1)投入更多资金;(2)通过提高价格或改变目标市场来放缓增长;(3)早于预期出售企业;以及(4)从其他渠道筹集更多资金。当 Avid 的董事会面临管理其增长的问题时,采用了第四种方法并募集了风险债务。

关键绩效指标

KPI 能帮助董事会把预算目标分解成更多的小模块,确保企业不仅是沿着正确的方向在发展,而且是通过聚焦于正确的事情获得发展。例如,如果 Dignity Caring Funeral

---

① Andrew Ross Sorkin 所编写的"Realogy, Owned by Apollo, Sells Debt in Deal with Icahn",载于 *New York Times Dealbook*,2009 年 9 月 30 日,http://dealbook.blogs.nytimes.com/2009/09/30/apollos-realogy-sells-debt-in-deal-with-icahn/,访问于 2010 年 6 月 29 日。

Services 想扩大其在火葬市场的份额,其董事会就需要知道相对于火葬,多少比例的收入来自于葬礼,并追踪这两类收入的增长情况。

阶段性目标

预算和 KPI 显示了董事会所批准阶段性目标的完成进程。这些阶段性目标一般会跨越几次预算,如果是 VC 投资的企业,则可能会和资金募集联系在一起,如果是被收购的企业,则可能会和债务到期日联系在一起。对于 VC 投资的企业,阶段性目标可能要求有 10 个客户进行了产品测试,招聘了一名营销高管,或者是药物应该进入第三阶段试验。企业也可能会设置达到现金收支平衡或者和投资银行家开始对话的目标。而被收购企业可能需要完成某项资产的出售,或者实现更高的运营利润率。例如,Scott 的团队实现了在两年内减少 42% 流动资金需求的阶段性目标。[①]

管理层绩效考核

因为管理层是向董事会汇报,董事会必须对管理层绩效进行评估。董事会成员可能是亲自考查高级管理层或者聘请顾问来做这件事。希望上市的被收购企业和 VC 投资的企业会有一个薪酬委员会进行正式考查并设立整体薪酬战略,就像他们也会有一个审计委员会来监督财务事项一样。董事会不会考查更初级员工的绩效,但是它可能会参与设置总体工资增长幅度。

CEO 们可能会有夸大自身业绩的动机,因此,董事会成员在企业内有一个可以提及问题的网络非常重要。例如,C&D 在 Scott 的交易中建立的激励和监管机制,使得 CEO 几乎不可能去夸大其业绩(如果夸大,结果会适得其反)。

独立会计审计

早期阶段企业董事会的部分作用就是建立一套可复制的透明流程。其中之一就是由独立会计师事务所进行的年度审计。董事会必须让会计师事务所提供一份管理建议书,出具其对企业控制和管理的意见。虽然一般来说是枯燥和正式的,但是它能以外部机构的身份与类似规模的企业进行比较。例如,这份意见可能会建议企业将其财务主管提升为 CFO 以管理更复杂的财务问题,或者建议企业改变收入确认的方法——当新兴行业内的一家初创企业在考虑如何让其独特的财务状况符合 GAAP[②] 时经常碰到的问题。Endeca 的财务报告职能在企业收入增加到超过 1 亿美元并建立了国际分支时就需要完善。

定期战略评估

战略评估是董事会为企业所带来价值的一个重要组成部分,不论企业发展到哪个阶

---

① Baker 和 Wruck 所写的 "Creating Value in Leveraged Buyouts"。
② 软件企业收入的确认一直是一个棘手的问题,因为通常会预先支付,交付则需一段时间,有时产品定制化和员工培训则会让情况复杂化。

段。任何运营良好的私募股权所有企业都会举行这种多日的外出静思战略评估会议。这些会议是使利益和期望一致、描绘目标和战略以及创建适当企业文化的重要机会。

 ## 项目管理：细节

在本节，我们会讨论项目管理的实际具体细节。Gertner 和 Kaplan[①] 发现，创造了大部分价值的董事会，是通过正式董事会会议之外的大量沟通实现了价值创造。根据从业者，这种非正式互动能建立强大的联系；这种非正式的联系越强，正式的沟通机制就越有效。在考虑各种战略的选择并最终创造价值的机制上，理解如何发展这些非正式的联系很重要。

如我们在本章中始终提到的，一项投资通常会有一家领投公司和一些非领投公司，前者会安排交易和管理参与的公司。即使有投资额相同的跟投公司，也会有一名 GP 由于其名声、专业知识、较早接触或者是个性成为创业家的"第一联系人"。这个人会是创业家所信任的顾问。在 Scott 交易中，这个人是 C&D 的运营合伙人。这种接触对投资者和 CEO 来说都很重要，它能提供洞察力和方向。提供给董事会的正式信息和董事会考虑的决策或者战略可能是创业家和某些所信任的顾问间多次会谈的结果；在一项正式推荐意见出现在董事会会议前，重要的是对提出推荐意见的过程施加影响。如果投资者不是第一联系人，她（他）应该找到是第一联系人的董事，并按照上面的方式行动。

私募股权投资的企业中的关系比较复杂，因为这些企业正在经历巨大的变化。创业家越早拿起电话联系投资者，投资者就能越早发现潜在的问题。这让董事会有更多的时间去制定应急方案。在一个健康的董事会环境下，信息共享深入到机构当中。但在一个不健康的董事会环境下，董事会只和 CEO 沟通。不幸的是，当 CEO 感觉到压力太大时，他们往往会逃避，而不会分享那些能最终帮助企业恢复的信息。这种情况下，很少有人能最终获益。

一种典型的沟通不足情况是：在一项早期阶段投资中，CFO 打电话给领投公司，说支付周五工资的资金不足。而 CEO 此时正在越南度假。像支付工资这类事情是完全可以预见的；但 CEO 并没有向董事会反映这种情况，则说明企业出现了机能障碍。尽管投资者确实提供了足够的资金支付了工资，但 CEO 旅游回来却发现他已经被开掉了。

正如创业家必须理解投资者，投资者也必须理解创业家和团队、团队能承受的风险水平以及如何读懂他们的反应。有一位初创企业的 CEO，在凌晨 2 点发电子邮件并在 7 点打电话给他的首席市场官。他和企业住在一起，连做梦和呼吸都和企业一起。他缩减了目标，仅仅是因为董事会说服他让他的员工轻松一些。"我喜欢投资他的企业"，其中一名投资人说道，"但是我肯定我讨厌为他工作"。另外一位同样成功的 CEO 推进得则相对谨慎。他没有设立很高的目标然后努力去实现它，而是设立合理的目标并超越它们。同一位投资者可能会出现在由许多不同 CEO 经营的企业的董事会上，他必须理解每一位创业

[①] Robert Gertner 和 Steven N. Kaplan 所写的"The Value Maximizing Board"（1996 年 12 月）。可通过 SSRN 查询：http://ssrn.com/abstract=10463，访问于 2010 年 7 月 13 日。

家是如何思考的。

另外一个重要的技巧是达成共识的能力。即使董事会上大部分投资者来自于同一家公司，想法也必须能够让其同事接受。在成长性股权或者风险投资中，投资者个体上是持有少数股权，整体上也可能仍只持有少数股权，这进一步强调了需要在董事会成员中以及与管理团队达成共识。

当然，投资者越多，共识就越难达成。我们曾经注意到 Metapath 不同轮次的投资者有不同动机，而这种情况甚至在同一轮次的投资者中也会发生。不同的公司会根据他们各自投资组合的运营表现对企业有不同的估值。对某位投资者而言，这家企业可能是其表现不佳的投资组合中最有前景的。她想支持这家企业。但这家企业也可能是另外一位投资者投资组合中表现最差的，他想退出，不管价格如何。一位需要融资设立基金的投资者可能希望维持企业的价值或者以任何价格脱手，以避免发生基金交叉投资。被另外一家公司邀请投资某项目的投资者可能会听从"主人"的安排。而一家资金接近用完的公司会尽可能少地参与。虽然董事会应该时刻以企业（和其 LP）的利益为先，但这些优先考虑的事情之间会有冲突。明白这种动机和担心可以帮助董事会成员达成共识，即使是一次艰难的改变。

对于收购而言，管理一个辛迪加交易中的董事会也比较复杂。无论是为企业寻找再融资、支付股利、更换高管或是接受某项收购，投资者必须就该行动如何创造价值达成共识。从一开始，投资者就必须一直向董事会其他成员和管理团队推销自己的想法，从而达成共识。有了共识就能把事情做好，而把事情做好（我们希望！）会创造价值。

当意外发生时：重新订立合同

不过，有时候创造价值就像把柠檬变成柠檬水。之前我们讨论的分阶段融资假设投资者有两个选择：继续投资或者放弃项目。然而在实际中其实有第三种选择：投资者可以重新谈判现有合同。有时这可以通过达成共识完成，但有时也会按照私募股权的黄金法则来进行：有钱的人说了算。如果一家企业面临非常困难的境况，为获得资助，企业会给予新的投资者他们想要的优惠条款——就像 Ellacoya 在 2002 年资本重组时所发生的那样。

重新订立合同最常发生在 VC 中，尽管在收购中也不是没有发生，但因为在收购中并不常见，所以重新订立合同在收购中往往更有争议。在收购中，对交易的任何修改都会涉及银行，但银行在重新谈判贷款前，通常想让投资公司可以投入更多资金。

重新订立合同意味着经典的沉没成本经济理论不适用了。沉没成本——也就是不可恢复的历史成本——在理论上不应该影响是否在项目上投入更多资金的决策。这个决策应该只需要考虑未来收益。但是，人类往往厌恶损失，这意味着我们确实会考虑沉没成本。在重新订立合同的情况下，之前交易的条款会进行重新谈判，从而改变今后的关系和成本结构。重新订立合同的公司会对其现有投资重新定价以提高股份占比。在取得以上进展后，风险应该会下降，同时回报也会增加。而这种重新定价的最极端形式是我们在 Ellacoya 案例中看到的资本重组（有时候也被称作"强迫接受"，因为那些不参与其中的公司会被"强迫"变成普通股东）。因为 Lightspeed 继续支持企业，它之前在 Ellacoya 的投资被重新定价并保留；而其他投资者如果转变成普通股东，他们在资本结构中的地位会大幅降低。因此，当企业的技术已经进入实际运用阶段并安装在少量用户那里时，Lightspeed 会在企业股权中持有更大份额。Lightspeed 最开始的投资都是在技术不完善、管理团队资历浅和用户基础不确定的初创企业中。那些中途退出的公司已经为这些技术的开发提供了资金，如果开发成功，Lightspeed 将从中获益。如果开发失败了，其他公司的损失则会比 Lightspeed 的少。

一家公司是否愿意重新订立合同来给它之前的投资重新定价，是由这家公司对企业管理层、产品和市场的认识以及它运用时间和资金上的其他选项来决定的。显然，Lightspeed 认为 Ellacoya 的前景非常好，因此选择继续支持 Ellacoya。

重新订立合同——Summit 案例

Summit Microelectronics 生产具有容错能力的节能半导体。企业在1997年创立，在1998年到2001[①]年从机构进行了4次融资，并开发了一种针对数据通信和无线电通信行业的产品。[②] 当市场在2001年崩溃时，Summit 刚刚从5家 VC 公司那里融资1 800万美元。在2005年，企业好像实质上已经改变了其发展方向。其网站上提出一个不同的目标市场，描述为"通信、计算、汽车、消费者和军用市场"[③]。在当年5月，企业的新任 CEO，Patrick Brockett，一位在 National Semiconductor 工作了20年的资深人员说道，"Summit 董事会问我是否有兴趣把企业转向消费者市场。"[④] 一年后，Summit 募集了接近1 000万美元的股权和债务。董事会进行了改组，好像反映了投资者组成的变化，增加了两名之前没有出现过的投资公司的代表。[⑤] Summit 之后获得了数个行业奖项[⑥]，并在2007年由诺基亚风投部门领投的一轮融资中获得1 000万美元。[⑦]

[①] 基金募集、时机、金额和参与方信息来自汤森路透私募股权数据库，Summit Microelectronics 公司简介，http://www.summitmicro.com，访问于2010年4月22日。

[②] 数据来源于 Summit Microelectronics，http://www.summitmicro.com，截至1999年11月11日，可在 www.waybackmachine.org 查询，访问于2010年7月8日。

[③] http://www.summitmicro.com，截至2005年2月，经 www.waybackmachine.org 访问，2010年7月8日。

[④] "Summit Appoints Patrick Brockett as President and Chief Executive Officer"，2005年5月12日新闻稿，http://www.summitmicro.com/comp_info/press/051205/SummitPR_051205.pdf，访问于2010年4月22日；以及 Paul Rako 所写的"Voices：Summit Micro's Pat Brocket [sic]"，载于 EDN，2007年3月15日，http://www.edn.com/article/461528-Voices_Summit_Micro_s_Pat_Brocket.php，访问于2010年4月22日。

[⑤] http://www.summitmicro.com/comp_info/company.htm

[⑥] EN-Genius Products of the Year，2010年2月，http://www.en-genius.net/site/static/EN-Genius_Products_of_the_Year_2009，访问于2010年4月22日。

[⑦] John Walco 所写的"Nokia Investment Arm Backs Summit Microelectronics"，载于 Dr. Dobb's，2007年2月5日，http://www.drdobbs.com/197003346;jsessionid? MUKQOAILZPFAPQE1GHRSKH4ATMY32JVN，访问于2010年4月22日。

重新订立合同也会在退出时出现，常见于有风投参与的退出。可以回忆一下，管理层持有普通股，而投资者则持有有清算优先权的优先股。这些清算优先权可以超过1倍，尤其是资金是在困难的时候筹集而投资者需要下行保护。有时，投资者会在企业无法偿还全额的优先股加上优先权时接受收购要约。为了鼓励管理层接受要约，投资者可能会放弃约定好的一定数量优先权。这样做可能是对管理层在企业困难情况下出色表现的奖励，或者是鼓励管理层在未来能继续为这些投资者工作。

Brian Broughman 和 Jesse Fried[①] 探讨了这种现象。通过调查55家VC投资并在2003到2004年间被收购的硅谷企业，作者研究了从创业家和投资者那里收集的关于收购交易细节的第一手数据。55家企业中，有11家的投资者重新订立了他们的清算优先权，以使普通股股东获益。平均减少的优先权金额为370万美元，也就是风险投资家现金流权利的11%。作者认为这是由于普通股股东在风险投资家没有占据董事会多数席位的情况下有"搁置（事项）"权，也可能是因为州公司法赋予股东更多的影响力（加利福尼亚的法律要求收购要约要通过投票方可接受，包括普通股股东）。

这项研究的时间范围很有趣，刚好是在纳斯达克崩盘之后。很多公司曾经试图通过有多倍清算优先权的投资来保证从处于困境中的企业获得回报。VC公司迫切地想出售企业，几乎不论价格，只要能给LP返还一些资金就行。这可能使得投资者为了能退出，而愿意放弃一些收益，因此，这项研究可能高估了普通股股东的"搁置"权。

如果必要，并购公司也会重新订立合同。和VC投资一样，是否重新订立合同还是要看投资者对市场、企业、发展前景以及时间和资金的其他用途的综合考虑。银行在企业还有足额偿还贷款能力时能从关闭企业获得既得利益，因此会鼓励投资者增加他们的股权投资。如果银行放松条款或者重组贷款——可能是接受一段时间内只有利息的支付或者是降低利率——那么投资者可能愿意这么做。因为银行是受监管的，他们灵活度有限。另外，相比于风险投资者，银行往往更厌恶风险（银行要求本金和利息；风险投资者关心的是回报），他们可能更加抵触改变，而不管这些改变是否对企业有好处。例如，在第四章提到的2006年最大的收购标的之一，飞思卡尔半导体，在2008年的信贷紧缩中苦苦挣扎。在2009年3月，该企业计划用其最高总值30亿美元的次级债券（风险更高的一种债券，支付更高利率但在企业破产时返还的现金更少）换取价值10亿美元的优先债务。这会大大减少其利息支付。那些持有企业优先债务（风险最低的债务，在飞思卡尔破产时对资产有第一索赔权）的机构为此把企业所有者告上了法庭，他们不满于在企业最终破产时他们获得的收益会被新的债券稀释。[②]

尽管优先债务的持有人不满，还是进行了交换，从而减少了企业1.4亿美元的年息支

[①] Brian Broughman 和 Jesse Fried 所写的"Renegotiation of Cashflow Rights in the Sale of VC-Backed Firms"，载于 *Journal of Financial Economics* 95(2010年): 第384-399页。

[②] Steven Davidoff 所写的"Freescale's Debt War with Its Noteholders"，载于 *The New York Times Dealbook*，2009年4月2日，http://dealbook.blogs.nytimes.com/2009/04/02/freescales-debt-war-with-its-noteholders/，访问于2010年6月18日。

付,每年的支付下降到了5.6亿美元,同时长期债务总体上减少了19亿美元。① 但是,在2010年5月,作为评级机构之一的穆迪,报告说飞思卡尔可能再一次需要大量工具来减少其债务②——谁知道这可能又会牵扯出什么事。

结论

  私募股权专注于价值创造,这是通过交易管理和治理实现的。无论是250万美元还是250亿美元的投资,都是长期和缺乏流动性的。唯一能确保投资可以产生回报(投资公司需要这种回报以募集下一只基金)的方法是积极参与其中。交易管理——通过进入董事会、设定战略、参与(管理)以及与管理层和其他董事会成员达成共识等,都是在创建好的治理环境,这是私募股权的核心。

  对私募股权行业来说,交易管理重在细节。理解合约很重要。企业可以做什么?什么是禁止的?理解其他股东的动机也很重要。

  我们建立的架构会帮助我们定义在财务、运营和管理架构方面创造价值的一般方法。不过,整体环境必须包括治理。当确定J. Crew的色板时,Mickey Drexler可以忽略TPG主导的董事会,但是他必须保证企业能偿还债务。毕竟他曾经投资了这家企业,他的利益和投资者是一致的。我们在O. M. Scott案例上看到相同的情况。在Endeca案例中,董事会用创始人代替了CEO;接下来的一年,Endeca的收入超过了1亿美元。这些人明白,他们的声誉和薪酬与企业业绩紧紧联系在一起。

  但是这种利益一致化的方法在Regal Cinema案例中并不适用,因为萝卜里是挤不出血的。不论是董事会成员没有被告知还是没有注意到相关信号,该交易都面临重大挑战。

  价值创造是多阶段过程的结果。从交易评估和构建交易结构的过程中收集到的信息会对战略实施及评估方法产生影响。董事会层面的治理混合了灵活性和利益一致化。董事会结构来源于交易结构,并强化了后者。最终的退出会对交易如何发展产生影响。每一个人都希望企业成功;但如果有必要,我们可以重新订立合同。利益出现分歧的地方,有可能会出现问题。

  我们再次看到了认证的作用。声誉更高的投资公司在董事会有更多影响力,因为他们被认为拥有稳定的CEO候选人才库。这使得他们有更大的控制权,仅仅只是因为更换CEO的能力。对合伙关系更有经验后,模式识别应该会提高,从而提供更好的建议和有根据的治理。对于一项成功的私募股权投资,每一位真正有才能的董事会成员,都会使用代词我们来指代项目,因为没有哪个人能完成所有事情;但每一位董事会成员都可以用详细的细节描述其错误和所导致的成本。

---

  ① David Manners 所写的"Freescale Reports Operating Loss: To Close Two Fabs",载于 ElectronicsWeekly. com,2010年4月23日,http://www.electronicsweekly.com/Articles/2009/04/23/45952/freescale-reports-operating-loss-to-close-two-fabs.htm,访问于2010年7月5日。

  ② Michael J. de la Merced 所写的"Troubled Borrowers May Need New Round of Debt Exchanges",载于 The New York Times Dealbook, Andrew Ross Sorkin 版,2010年5月18日,http://dealbook.blogs.nytimes.com/2010/05/18/troubled-borrowersmay-need-new-round-of-debt-exchanges/#more-227967,访问于2010年7月5日。

关于私募股权,一直以来的一个问题是其为企业所创造的价值在多大程度上和为整个社会所创造的价值相等。这些企业是否运营得好并为更多人带来好处——就业、创新——是值得思考的问题,并在第十章中进行讨论。

在下一章,我们会考虑私募股权周期的最后一个阶段,退出,不管是 IPO、并购、二次出售还是破产。所有的董事会必须面临退出的问题。企业达成皆大欢喜结果的能力和董事会能以富有成效和合作的方式做出选择的能力,都会证明每个参与者的能力和奉献。

问题

1. 风险投资主导的董事会与那些并购主导的董事在构成上有什么区别?
2. 哈迪·史密斯(Hardy Smith),一位著名的风险投资家,在 Walt's Widget 的董事会中有席位。当部件销售持续低于预期,下面哪一种(也可能几种)做法是哈迪最可能采取的? 为什么?
   a. 亲自去销售
   b. 提议采用不同的销售渠道和定价策略
   c. 重新设计产品,提议使用不同的方案和颜色
   d. 辞退销售副总裁
   e. 出示投资条款书,触发反稀释保护条款
3. 为什么董事会有特殊投票权?这些特殊权利是如何体现私募股权的基本原则的?
4. 如果 Walt 以投资前估值 800 万美元募集了 1 200 万美元,或者两年后以如下方式增资:(1)以 300 万美元的投资前估值融资 300 万美元;(2)以 900 万美元投资前估值融资 300 万美元;(3)以 2 400 万美元投资前估值融资 600 万美元,分别计算他的最终所有权。
5. 从风险投资家的角度,分阶段融资的三个理由是什么?
6. 考虑价值创造的框架(表 6.4)。为什么外部市场的变化没有被考虑进去?
7. 价值创造在风险投资和并购投资中的区别是什么?为什么?
8. 像 KKR 分拆 Beatrice 那样的情况为什么被认为是创造了价值?
9. TPG 能让 J. Crew 成功 IPO 是因为好的交易管理还是运气?为什么?你认为为什么 TPG 会想再次私有化 J. Crew?
10. 从这一章提到的案例中,请尽可能解释不同的交易管理风格如何造就了 O. M. Scott 的成功和 Regal Cinemas 的失败。
11. 为什么 Endeca Technologies 的董事会认为职业经理人替换创始人是正确选择?为什么这位职业经理人其后能在另外一家企业取得成功?其能力更适于什么样的企业?
12. 为什么达成共识是董事会成员工作的重要部分?
13. 分阶段融资是如何让风险投资项目管理更复杂的?一位在早期投资中加入董事会的成员如何处理这些问题?

14. 为什么有限合伙人会支持他们的 GP 向处于困境中的企业投入更多的资金？而银行对于这样的企业有什么不同的态度？这如何帮助解释选择风险投资的企业和选择银行贷款企业间的差异？

15. 如果你是飞思卡尔的次级债券持有者，是什么让你接受提出的要约？如果你是飞思卡尔的优先债券持有者，你如何会被说服同意接受新的要约？

第七章

获得流动性——退出和分配

企业治理的最终目的是创造足够的企业价值,其投资者从而能够退出。退出是私募股权募资、投资并创造价值周期的最后一个重要环节,因为没有退出就没有回报。投资公司如果太长时间没有得到回报,就无法募集下一只基金。所以从一开始,投资者目光就会放在退出上。正如 CDC Capital Partners(Actis 的前身)的 Allan Gillespie 所说,"我们必须在进入交易的时候就盯着退出信号"。[①]

退出有很多种方式。企业可以上市(首次公开发行或 IPO),可以被另外一家企业或者私募股权投资公司收购,可以回购投资者的股份,或者清算。其中有些退出策略可能不会带给投资者收益,但是它们都很重要,因为有时候最好的收益就是释放资源,把资源放在更有前景的地方。

退出是另外一件私募股权中碰到的令人抓狂的事情,因为多种利益在此交织。首先,企业必须做好被退出的准备,足够有价值吸引收购者,或者有能力独立出现在公开市场上。在互联网泡沫或杠杆收购(LBO)的短暂疯狂中,我们可以看到很多过早上市的企业的例子。尽管一般而言,私募股权会按常规在长期创造价值的实际工作之后再退出,但也必须有能实现退出的途径。正如某句行话说的,"企业是被买的,而不是被卖的"。必须要有人想购买它;或者,如果是 IPO,那也要市场愿意接受一家新的企业。因此,供给和需求条件必须都合适。

私募股权公司的内部需要也会影响退出。如果投资公司需要创造流动性来募集一只新基金,企业可能在更早的发展阶段就被出售,因此出售价格也比原先有保证的价格低。

---

① Josh Lerner、Felda Hardymon 和 Ann Leamon 所写的"CDC Capital Partners",哈佛商学院案例编号 800-133(波士顿:哈佛商学院出版社,2000 年)。

同一家企业董事会中的不同投资公司，关系可能会变得紧张——有的想以较低的价格在早期出售，目的很简单，只是想体现一些收益，而有的可能想继续持有，以期未来可以获得一个更高的价格。在其他一些情况下，有的公司可能想关闭企业，但其他公司坚决保持企业运营，并愿意"双倍下注"。在 IPO 里，对交易所的选择也会让管理层和投资者，或者投资者和有限合伙人(LP)之间产生矛盾。LP 可能不想让企业在一个知名度不高或者波动剧烈的交易所上市。最后关于退出还有一些涉及 LP 的问题，他们可能对退出的时机和收到支付的方式有自己的偏好。

当华平投资(Warburg Pincus)在 2007 年决定退出 EMGS[1]——一家挪威石油勘探企业时，一系列有趣的挑战出现了。EMGS 有点像混血儿，因为它拥有成熟的技术(主要是利用雷达透过水和岩石确定海床沉积上油的方位和储量)，但是却把技术用在为传统石油行业进行研究上，而该行业以不愿接受新技术而著称。石油股票在当时很流行。在投资后的 3 年，EMGS 获得了良好的进展，并需要新的投资来购买新设备。当时企业可以选择从其主要股东华平那里得到进一步的投资或者通过上市募集资金。上市能给这家年轻的企业带来名声上的好处，而流动性对华平而言也具有吸引力，即使华平仍会保留其所持股份的大部分。

最大的问题出现在对交易所的选择上。纽约交易所，流动性最强，分析师最专业，可能会给企业带来最好的价格。反对在纽约交易所上市的意见则集中在上市过程和持续合规所涉及的成本问题上。挪威的奥斯陆(Børs)交易所市场周期性显著，因为有很多石油相关的上市企业。它的流动性不及纽约交易所；该交易所能解释 EMGS 业务细微差别的技术分析师也不多；华平在当地的网络也没有在纽约的大。但是 EMGS 的管理层是挪威人，他们并不想到纽约上市，他们以能在家乡的交易所上市而骄傲。因为华平会保持较大的股权比例并且需要管理层在岗，因此让 EMGS 在奥斯陆上市。

Alnara Pharmaceuticals[2] 则阐述了收购一家有风投支持的生命科学企业的过程。在 2010 年，也就是 Alnara 成立两年后，礼来以 1.8 亿美元收购了这家企业，并决定在企业完成某些特定目标时再投资 2 亿美元。[3] Alnara 的风险投资者只投资了 5 500 万美元(这个金额在当时对一家生命科学创业企业来说不算高)，当时 Alnara 正在推广 Liprotamase 这种药物，风投支持的更早一家企业开发了该种药物，该企业后来上市但最终失败。Liprotamase 用于治疗囊状纤维症：患者无法消化脂肪、蛋白和碳水化合物从而营养失调。该药物当时正在接受美国食品及药品管理局(FDA)的检测，进展顺利，并预计在 2011 年上半年获得批准。Alnara 认为该药品目标市场较小，只需要一个较小的销售队伍，但 Alnara 后来发现，该药品还能应用于很多其他的病症，包括糖尿病和胰腺癌。如果

---

[1] Felda Hardymon 和 Ann Leamon 所写的 "Warburg Pincus and EMGS: The IPO Decision (A)"，哈佛商学院案例编号 807-092(波士顿：哈佛商学院出版社，2007 年)。

[2] Trista Morrison 所写的 "Alnara's Late-Sage Pancreatic Enzyme Drive Lilly Acquisition"，载于 *BioWorld Today*，2010 年 7 月 6 日。

[3] 此类条款通常被称为对赌协议。"Eli Lilly Completes Alnara Pharma Purchase"，载于 *PEHub*，2010 年 7 月 21 日，http://www.pehub.com/77832/eli-lilly-completes-alnara-pharma-purchase/，访问于 2010 年 7 月 22 日。

没有一个合作伙伴,这家小企业无法应对这么巨大的目标市场;礼来公司的销售队伍则是把 Liprotamase 推向其新目标市场的理想选择。对礼来公司来说,收购 Alnara 是做研发的另一种途径。

退出能解决私募股权缺乏流动性的问题。对很多私募股权来说,对退出(包括时机和方式)的选择权落在少数几个人手上,这些人的利益跟管理层的利益基本上是一致的。虽然利益可能会不一致,我们很多之前章节提到的许多证券有助于解决这个问题。LP 和 GP 之间的利益也可能发生分歧。而解决这些问题,更多需要的是合伙行为。

书中提到的其他问题仍会出现。信息不对称(信息鸿沟)意味着,企业出售或上市方通常比买方掌握的信息要多,不论买方是收购企业还是在 IPO 中购买股票的机构。研究机构对这些差异的含义进行了探讨。市场的周期性决定了 IPO 能否成功。最后,信誉的作用又再一次出现,它有助于证明企业在市场或者收购者眼中的价值,甚至有助于增加企业长期良好业绩表现的机会。

这一章,我们先看看投资公司是如何考虑退出企业的。何时会认为企业已经做好准备了呢?投资者如何选择?是出售企业还是让企业上市?创业家在决策中扮演什么样的角色?私募股权投资者会有什么样的影响?接着我们会探讨已经介绍过的不同的退出方法,并描述退出过程中的实际运作方式。最后,考虑到股权分配的困难和现金的复杂性,我们会从 LP 的视角来探讨退出(确切地说是退出的收益)。

退出的决策

当私募股权公司普通合伙人(GP)评估他们组合中的企业时,他们无一例外都会考虑获得流动性之前的时间长度和所采取的方式。有的收购要约会意外出现;有的企业会因为没有达到某个阶段性目标或者遇到了一个技术难题而突然倒闭。不过,大部分的退出需要大量工作来创造机会并接着说服其他投资者和管理层来接受它。许多因素——企业业绩、二级市场状况、行业前景和私募股权公司自身内部情况——都会影响退出决策和途径。

企业业绩在做决策时扮演重要的角色。企业通过一些特定步骤提高其价值,呈现出如图 7.1 的增长曲线。最终,他们会达到一个点,现有投资者投入更多时间却不会带来更多收益;用 Douglas Cumming 和 Jeffrey MacIntosh 的话来解释,这个点是"当 VC 投入带来的预计边际价值,在某个给定的度量区间内,低于这些投入的预计成本"。[①] 假设董事会里的投资者都赞成这个判断,他们必须决定最佳的退出途径:IPO;合并或收购(通常称为 M&A,合并指两家企业合并,并以新的合并企业的名义来发行股票,而收购是收购企业吸收目标企业全部的股份并用自己的股份或者现金支付给其他企业,相比较而言,收购更为常见);通过股息实现部分退出;二次出售;或者清算。如果有不同意见,投资

---

① Douglas J. Cumming 和 Jeffrey G. MacIntosh 所写的"A Cross-Country Comparison of Full and Partial Venture Capital Exits",载于 *Journal of Banking and Finance* 第 27 期(2003 年):第 512 页。

者可能会尝试说服对方,有的可能会将股份出售给其他投资者,或者他们可能利用投资协议赋予的特殊投票权。但是在接下来的讨论中,我们会假设董事会已经同意退出意见,只是简单讨论他们可能使用的每种方法的含义。

IPO 还是收购?

上市被普遍认为是退出的黄金标准。历史上,最成功的投资——不论是 Kleiner Perkin 和红杉对谷歌的投资还是 Ripplewood 对日本长期信贷银行(后改名为新生银行)的收购都是以上市的方式退出的。不过,收购是退出中使用最多的方式,如表 7.1 所示。Lerner、Sørenson 和 Strömbeg[①] 在其 2009 年的研究中评估了全球的退出策略,发现 1995 年到 2005 年可知的退出中超过 75% 是通过收购的方式(VC 是 78.2%,成长型资本是 75.1%,LBO 是 83.6%)。只有很小一部分企业上市(VC 是 3.5%,成长型资本是 10.4%,LBO 是 7.1%)。而清算占据了 VC 退出的 18.2%,成长型资本的 14.6% 和 LBO 的 9.3%。在北美,收购占到了可知的私募股权退出方式的 72.6%,IPO 占 11.7%,清算占 15.7%。西欧收购略微多一些(75.1%),IPO(10.4%)和清算(14.6%)则较少。有相当数量企业(超过半数)的退出方式未知,或者他们仍然是私有的。

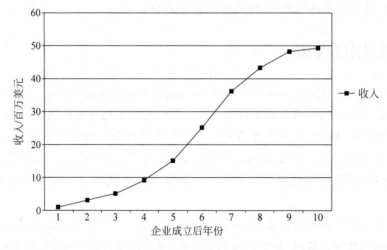

图 7.1 S 型曲线增长

最新的数据也支持这种收购为主的结论。表 7.2 中汤森路透的数据显示,在美国由 VC 投资的企业,自从 2000 年开始,每年被收购的家数都比 IPO 多,类似的情况也出现在 LBO 中(除了 2004 年)。

---

① Josh Lerner、Morten Sørenson 和 Per Strömberg 所写的"What Drives Private Equity Activity and Success Globally?"载于 *Globalization of Alternative Investments Working Papers Volume 2*:*The Global Economic Impact of Private Equity Report* 2009,Anuradha Gurung 和 Josh Lerner 所编(纽约:美国世界经济论坛,2009 年),第 81-112 页,可于此阅读 http://www3.weforum.org/docs/WEF_IV_PrivateEquity_Report_2009.pdf。

表 7.1　全球私募股权交易退出途径　　　　　　　　　　　　单位：%

	风险投资	成长型资本	LBO	全部
收购	78.2	75.1	83.6	78.7
IPO	3.5	10.4	7.1	6.0
清算	18.2	14.6	9.3	15.3

资料来源：数据来自于 Josh Lerner、Morten Sørenson 和 Per Strömberg 所写的"What Drives Private Equity Activity and Success Globally?"载于 *Globalization of Alternative Investments Working Papers*，第 2 卷：*The Global Economic Impact of Private Equity Report* 2009，Anuradha Gurung 和 Josh Lerner 编辑（纽约：美国世界经济论坛，2009 年），第 111 页，可于 http://www3.weforum.org/docs/WEF_IV_PrivateEquity_Report_2009.pdf 阅读。

通过 IPO 而不是收购的方式退出，对创业家和投资者有很多不同的影响。在 IPO 的情况下，创业家会保持其职位；而在收购中，创业家可能会被辞退或者成为收购方某个部门的负责人，但却无法保留其之前的影响力。IPO 一般比收购的估值更高——有研究[①]发现 IPO 估值与收购相比有 22% 的溢价。但 IPO 的不确定性也更高。市场和企业可以获得的价格可能在上市登记过程中发生变化，甚至在后面的"锁定"期[即主要投资者和管理团队（"内部人"）被禁止出售其大部分股票的时间段]内也可能发生变化。

表 7.2　美国 VC 投资企业的收购 vs. IPO

年份	收购数量	IPO 数量
2000	8 920	385
2001	6 544	99
2002	6 054	92
2003	6 576	85
2004	7 359	248
2005	8 026	214
2006	8 942	209
2007	9 571	229
2008	7 751	33
2009	5 643	62

资料来源：数据来自于汤森路透私募股权数据库，http://banker.thomsonib.com/ta/? ExpressCode = harvarduniversity，访问于 2010 年 7 月 29 日。

一些研究就选择上市还是被收购进行了探讨。Douglas Cumming[②] 发现 VC 投资企业的创业家更倾向于 IPO，因为，简单来说就是这样能让他们保住工作。不过，创业家是否能留任，很大程度上要看 VC 投资者和创业家之间的相对实力，就如在最初投资条款书中商定的。根据 1996 年到 2005 年 223 家欧洲 VC 投资企业的退出数据，Cumming 发现：VC 投资者选择能带来最大收益的退出方式，而 CEO 倾向于选择 IPO 则是因为运营

---

① James Brau、Bill Francis 和 Ninon Kohers 所写的"The Choice of IPO versus Takeover"，载于 *Journal of Business* 第 76 期，(2003 年第 4 期)：第 583-612 页。

② Douglas Cumming 所写的"Contracts and Exits in Venture Capital Financing"，载于 *Journal of Financial Studies* 第 21 期，(2008 年第 5 期)：第 1947-1982 页。

一家上市公司能带来的私人利益。他发现，VC 投资者的控制权越强，企业最终选择收购的概率越大，选择 IPO 或者清算的概率越小。当风险投资者有董事会控制权和更换创始人的权利时，收购发生的概率上升 30%，而清算的概率则降低 30%——这可能是因为风险投资家能带来更多的运营改善。而在创业家有更多控制权、风险投资者经验较少或投资者股份是普通股而不是可转换优先股（显然，有些人还不知道马克斯和山姆）的情况下，IPO 发生的概率上升 12%。

收购还是 IPO 这个决策，可能有部分是个人投资回报的问题。创业家可能是从单一一家企业开始（只有 5% 的创业家一开始就有多家企业[1]）；而风险投资家每年会投资几家企业。因此，即使 IPO 的回报更高，风险投资家也可能倾向于通过收购选择一种相对可预测的退出，而一名追求风险的创业家可能更喜欢利用手上这一次机会，用一种风险更高的方法来冲击"大奖"。越来越多的经济类文献也发现，创业家可能对他们的机会过分乐观，而这可能导致他们在 IPO 不现实的时候依然坚持选择 IPO。[2]

除了相对控制权和个人野心外，还有其他一些因素影响退出方式的选择。和一些被收购企业相比，选择上市的企业有一些特点。这些特点已经成为很多研究人员感兴趣的研究方向。

Onur Bayar 和 Thomas J. Chemmanur 建立了一个退出选择的理论模型。他们预测，有更多拳头产品的较大企业往往会选择上市，而那些在市场竞争中赢面较小的企业会选择被收购。像 Cumming 一样，他们认为，如果管理层看重控制权带来的特殊利益，企业会更愿意选择上市；但如果下一步产品开发需要大量的投资并且潜在的收购方有很强的议价能力（这会降低收购价格），市场估值是否高也会对选择有影响。如果行业已经存在占有主导地位的企业（只给其他企业留下较少的市场份额去竞争），并且潜在收购方能带来重要的协同效应，比如营销和分销上的帮助，收购的可能性会提高。

Bayar 和 Chemmanur[3] 认为，相比被收购所获得的估值而言，企业上市的平均估值会更高。这部分是因为去上市的企业是有更加稳定的现金流的较大企业。另外，因为 IPO 市场的信息不对称程度更高，投资者可能高估企业的前景；但是一家潜在的收购方会做更彻底的尽职调查，因此最终的收购价会更加接近企业的实际价值。

除了和企业相关的因素，宏观经济情况也是决策中一个考虑因素。在 2008 年，12 家私募股权投资的企业通过在美国 IPO 退出；这是 20 年来的最小退出数字。这意味着尽管私募股权投资者特别擅长将企业带上市，但是数以千家由私募股权投资的企业因为市场冷清而不得不作罢。James Brau、Bill Francis 和 Ninon Kohers[4] 探讨了宏观经济因素

---

[1] Paul Gompers、Anna Kovner、Josh Lerner 和 David Scharfstein 所写的 "Performance Persistence in Entrepreneurship"，载于 *Journal of Financial Economics* 第 96 期（2010 年）：第 18-32 页。

[2] Augustin Landier 和 David Thesmar 所写的 "Contracting with Optimistic Entrepreneurs：Theory and Evidence"，载于 *Review of Financial Studies* 第 22 期（2009 年）：第 117-150 页。

[3] Onur Bayar 和 Thomas J. Chemmanur 所写的 "IPOs or Acquisitions? A Theory of the Choice of Exit Strategy by Entrepreneurs and Venture Capitalists"（工作底稿，2006 年 12 月，未出版），http://www.eu-financialsystem.org/fileadmin/content/Dokumente_Events/ninth_conference/Chemmanur.pdf，访问于 2010 年 8 月 2 日。

[4] Brau 等人所写的 "The Choice of IPO versus Takeover"。

和行业特点对未上市企业选择被收购还是 IPO 的影响。通过研究在 1984 年到 1998 年的两个样本，其中一个样本的企业上市，而另外一个样本中的企业被收购，他们考虑了流动性、所有权、控制权、股票市场情况、债务成本和行业具体问题的影响。他们发现，如果企业在集中度高的行业（反垄断问题可能排除并购）或者高科技行业，如果债务成本很高（否则就可以支持收购的融资），IPO 市场"火热"，企业很大（考虑到 IPO 的固定成本高），或者内部人有很高的所有权比例，此时 IPO 发生的概率更高。而在下列情况下发生收购的可能性更大：企业所在的是一个高杠杆行业（收购方可能很容易借到资金）或者是金融服务行业（意味着行业管制放松会出现快速的产业整合）。当内部人想更迅速地获得流动性时，收购也更可能发生——虽然收购的平均价格较低，但是目标企业的所有者能以现金形式获得交易价值的 60%，而 IPO 退出时内部人收到的现金平均只有融资额的 11%。[1]

利用行业和宏观经济层面的数据，Annette Poulsen 和 Mike Stegemoller[2] 调查了能决定选择 IPO 还是收购的企业自身特点。利用在 1995 年到 2004 年的两组数据，分别是 1 074 家进行 IPO 的私人企业和 735 家被收购的企业，并取一个根据企业资产、所在行业和退出时间等特点进行匹配的子集，他们发现，企业的规模是一个重要因素。在他们的样本中，收购是退出小企业的主要方式；只有较大的企业才会有 IPO 还是被收购的选择。

表 7.3 表明了选择被收购企业和选择上市企业之间的差别。对于选择上市的企业，交易的美元价格更高，企业时间更短，企业雇佣人数的中位数更小，并且有风险投资的企业更多。请注意内部人在 IPO 交易完成后仍然持有的股份比例——因为只有一小部分股份被出售，内部人无法直接退出他们的全部股份。

表 7.3 1995 年到 2004 年 IPO 和收购的描述性统计

企业特点	中值				显著性
	收购	IPO	收购	IPO	
交易前收入/百万美元	38.5	26.9	100.3	196.9	0.000 5
交易前总资产/百万美元	27.7	26.3	79.1	159.5	0.000 1
交易价格/百万美元	127.4	171.5	234.9	412.0	0.003 8
交易前 EBITDA	4.0	1.6	7.8	15.7	0.002 1
资本支出	1.5	1.9	8.2	27.8	0.001 9
研发费用	—	1.7	2.2	6.0	0.000 1
无形资产	—	—	10.0	29.5	0.008 1
运营年份	7	6	15.6	10.1	0.000 1
员工数量	269	235	996.4	1 449.2	NS
风险投资比例/%	41.4	55.5	41.4	55.5	0.000 1
交易前内部人股权/%	75.4	65.1	68.4	64.5	NS
交易后内部人股权/%	0.0	50.1	5.6	49.4	0.000 1

注：NS 表示不显著。
资料来源：摘自 Annette Poulsen 和 Mike Stegemoller 所写的"Moving from Private to Public Ownership"，载于 *Financial Management*（2008 年春）：第 90 页。

---

[1] Brau 等人所写的"The Choice of IPO versus Takeover"，第 600 页。
[2] Annette Poulsen 和 Mike Stegemoller 所写的"Moving from Private to Public Ownership"，载于 *Financial Management*（2008 年春）：第 81-101 页。

作者总结到，这些企业往往有更高的成长性和估值，而且他们需要非债务的融资渠道来保持他们的增长。他们的无形资产更少——也就是商誉和专利在资产中的比例更低。理论上，高科技专利和商誉更难向大量的公开市场投资者解释；而有这种资产的企业会发现向一家成熟的收购方解释这些资产的价值更加容易。

在一些情况下，选择进行IPO还是收购并不明显——一家企业可能登记IPO只是为了推动收购，或者在完成IPO后又迅速被收购。James Brau、Ninon Sutton和Nile Hatch[1]认为第一种情况的出现是因为在pre-IPO过程中可以获得的信息越来越多。由于证券交易委员会(SEC)登记而更容易获得关于企业的信息，以及即将发行所带来的市场热度，收购方可以出一个更高的价格，因为这时其更相信自己已经准确地评估了企业价值。登记IPO的过程还能证明企业有吸引力的发展水平。这种pre-IPO过程的准公开性质也可能吸引一些潜在收购方，从而造成更多竞争，提升了交易价格。

第二种选择，即企业上市然后在几年内被收购，却并不直观。毕竟，IPO的成本是非常高的。而且信息不对称也不存在——潜在的收购方可以透过企业常规上市过程的报告和股票公开交易价格来了解企业的进展。当收购方提出收购要约时，企业一般希望看到股票价格上涨，然后企业就可以选择接受收购或者保持上市地位。不管是哪种选择，都会增加投资者和管理层的利益。作者发现，那些登记IPO但在上市前选择被收购的企业与选择直接被收购的企业相比，可以获得22%～26%的溢价；而那些上市然后再被收购的企业与未上市时被收购的企业相比，可以获得18%～21%的溢价。

研究显示，一般情况下，如果企业在市场占有重要位置，业务有高成长性，并需要非债务融资进行持续投资时，更倾向于IPO。如果CEO有特别强的控制权或投资者计划保留他们的地位，企业也往往会选择IPO。而如果企业拥有的资产复杂、资产负债率高或投资者希望快速获得流动性，企业会倾向于被收购。

上市能给企业带来其他一些好处。公开上市能提升企业的影响力，给企业戴上可靠和值得信任的光环。这可能成为一个竞争优势，因为成熟企业可能不愿意把关键业务系统委托给刚起步的初创企业，担心他们关门和无法为客户提供维护和更新服务。如果企业发展到能成为上市实体的程度，其预期寿命就会更长。

上市的企业也会提升其在市场中的可见度。正如前文所提到的，这会导致企业在IPO后迅速被收购，但它也能帮助企业提升市场意识和提高融资能力。对一家外国企业来说，在纳斯达克或者纽交所(NYSE)上市能让它接触到新的资本市场，并提升其在分析师、机构投资者甚至是潜在客户中的形象。

当然，IPO也有一些不利之处。IPO过程成本很高——仅仅是直接费用(承销商的佣金；法律、打印和审计费用；以及其他现金成本)就能轻易达到总融资额的10%[2]甚至更高比例。对于习惯私营状态的企业来说，和上市有关的持续披露和审查可能会让他们感到情绪上的不安——更不用说成本很高，以至于越来越多的企业选择在伦敦另类投资市场(AIM)上市，而不是在美国上市，因为在美国上市要遵守萨班斯-奥克斯利法案的要求。

---

[1] James Brau、Ninon Sutton 和 Nile Hatch 所写的"Dual-Track versus Single-Track Sell-Outs：An Empirical Analysis of Competing Harvest Strategies"，载于 *Journal of Business Venturing* 第25期(2010年)：第389-402页。

[2] Jay Ritter 所写的"The Costs of Going Public"，载于 *Journal of Financial Economics* 第19期，(1987年第2期)：第269-281页。

最后，市场对新上市企业的喜好会随时间有显著变化。在下降周期时，投资者和管理层可能被迫选择取消交易，从而对各方都有声誉上的影响。如果企业得到有经验的风险投资家的支持，这种情况发生的可能性就没那么高，这在 Josh Lerner[①] 针对 1978 年到 1992 年 350 家风投支持的生物科技企业的研究中得到了证明。他发现，风险投资者似乎很擅长解读市场。他们会在股权估值很高的时候让企业上市，在估值较低时募集私人资金。另外，经验老到的风险投资者（用投资公司的年限来衡量）似乎特别精于让企业在市场接近顶峰时上市。

VC 公司对 IPO 的兴趣是可以理解的，因为 IPO 往往比（次优选项）收购能产生更高的回报。*Venture Economics* 上一篇关于 VC 退出[②]的早先研究表明，对选择上市的企业投资 1 美元，平均能获得 1.95 美元的净现金回报（在投资的本金之外），平均持有期限为 4.2 年。如果这 1 美元是投资于一家被收购的企业，只能产生 40 美分的现金回报，平均持有期则为 3.7 年。

> **回报——注解**
>
> IPO 平均产生的回报比收购要高，部分是因为选择效应的影响。上市的企业一般更大，更成功，对独立运营也更有准备。收购是为两类企业提供退出途径：一类是表现好的，一类是那些虽处于困境，但已经创造一些价值并出售的企业，结果可能是获得较小的收益，也可能是重大（但不是全部）损失。企业被象征性地出售是为了两个目的：一个是提供少量的回报，而更重要的是，能让投资公司抽身，避免更多的时间和资金投入。这种有少量回报收购的数量很难确定，因为收购的价格并不需要公开宣布。尽管一些收购能创造高额回报，例如 eBay 对 Skype 的 26 亿美元收购或者谷歌对 AdMob 的 7.5 亿美元收购，其他收购给风险投资者带来的最大好处可能只是可以把企业从其投资组合中去掉。收购的回报如果较低，部分原因是因为这类交易的对象是糟糕的企业。

IPO 所带来的信誉会从企业延伸到投资者。Kleiner Perkins 和红杉对谷歌的投资很著名；但是谷歌收购 Accel 投资的 AdMob 则没那么有名气，因为 AdMob 是被其收购方吸收。把一家粗糙的初创企业发展成上市企业，能证明投资者创造价值的能力。这些声誉上的好处似乎能影响 VC 公司对退出方式的考虑，甚至他们执行 IPO 的方式。

根据 1978 年到 1987 年 433 家有风投支持的 IPO 数据，加上 62 家 VC 公司第一次让企业 IPO 的信息，Paul Gompers[③] 分析了驱动风险投资者选择 IPO 的原因。这些原因看

[①] Joshua Lerner 所写的 "Venture Capitalists and the Decision to Go Public"，载于 *Journal of Financial Economics* 第 35 期（1994 年）：第 293-316 页。

[②] "Exiting Venture Capital Investments"，载于 *Venture Economics*（尼德姆，马萨诸塞州：Venture Economics，1988 年）；引自 Lerne 所写的 "Venture Capitalists and the Decision to Go Public"。

[③] Paul Gompers 所写的 "Grandstanding in the Venture Capital Industry"，载于 *Journal of Financial Economics* 第 42 期（1996 年）：第 133-156 页。

起来会根据 VC 公司的年限而有所不同。创立不久的 VC 公司（创立时间少于 6 年）投资的企业中第一家上市的,往往还是在企业不够成熟的时候,明显是将此作为基金募资手段。如表 7.4 所示,创立不久的投资公司的风险投资家平均待在董事会的时间,会比那些创立时间较长的投资公司的风险投资家待的时间短 14 个月;前者在 IPO 后持有的股份更少;而且让企业上市的时间会比后者要早近两年。前者会给企业一个更低的价格——也就是出售给初始公开投资者的股票价格会比在发行当天的交易价格低很多（在这一章后面我们会探讨这种现象,一般被称为"折价"）。有趣的是,这些年限更短的 VC 公司经常会在接近 IPO 的时候募集一只新的基金。一家创立不久的 VC 公司从其首家企业 IPO 到筹集一只新基金之间的平均时间是 16 个月,但中位数只有 12 个月,这意味着有大量这类公司在第一次 IPO 后不到 1 年的时间就募集到一只新基金。此时,IPO 可以成为私募股权投资者和企业的一个认证事件。当 VC 公司这么做时,其实对双方都不利,因为相比 VC 公司持有企业更长的时间从而创造更多的价值或者企业定价更高这种情况,企业能融到的资金较少。而对于风投公司来说,流失的资金代表将一家企业送上市的认证成本。另一方面,对于经验更加丰富的风险投资公司来说,再有一家企业 IPO 并不是什么大事。有经验的投资公司在更多参与到其所投资企业后,会选择在企业更加成熟的时候让企业以一个更高的价格上市。对这些投资公司而言,IPO 的时间选择对于下一只基金募集的时间几乎没有影响。Peggy Lee 和 Sunil Wahal[①] 拉长了 Gompers 的分析区间,发现这些特点在 1980 年到 2000 年也依然显著。创立时间较短的投资公司和那些进行过较少 IPO 的投资公司往往会有更多"折价"项目。

表 7.4 创立时间不久与较长时间的 VC 公司所投资企业 IPO 的特点

	少于 6 年的 VC 公司		多于 6 年的 VC 公司	
	均值	中值	均值	中值
IPO 到下一只基金募集时间/月	16	12	24.2	24
下一只基金的规模/百万美元	44.2	55.9	120.4	99.9
IPO 时 VC 支持企业的时间/月	55.1	42	79.6	64
领投 VC 公司在董事会中代表的任期/月	24.5	20	38.8	28
IPO 时折价率/%	13.6	6.7	7.3	2.7
发行规模/百万美元	16.1	11.5	21.8	16.8
承销商的 Carter-Manaster 排名	6.26	6.5	7.43	8
之前 IPO 的数量	1	0	6	4
IPO 前所有 VC 投资者的股权比例/%	32.1	28.7	37.7	37.1
IPO 前领投 VC 投资者的股权比例/%	12.2	10.0	13.9	12.0
IPO 后领投 VC 的股权市场价值/百万美元	8.4	3.79	12.93	7.65

资料来源：摘自 Paul Gompers 所写的"Grandstanding in the Venture Capital Industry",载于 *Journal of Financial Economics* 第 42 期（1996 年）：第 140 页。

---

① Peggy Lee 和 Sunil Wahal 所写的"Grandstanding, Certification and the Underpricing of Venture Capital Backed IPOs",载于 *Journal of Financial Economics* 第 73 期（2004 年）：第 375-407 页。

但企业何时才算是做好了上市的准备？此前引用的文章也提到，很多上市的企业已经实现了盈利，事实上比那些被收购的企业盈利能力更强。但不是所有的情况都这样。Poulsen 和 Stegemoller 发现，可以获得非债务融资成为选择上市的一个重要原因。这在生命科学企业中是一种由来已久的方法，这些企业把 IPO 更多是看成一种融资事件，而不是退出；这对特斯拉也同样成立。

> **特斯拉——不盈利也没问题，因为我们是上市企业！**
>
> 当高端电动跑车制造商特斯拉于 2010 年 6 月 28 日上市时（纳斯达克代码：TSLA），它的股票价格从开盘价 17 美元开始上涨了 41%——开盘价本身就已经高于 14 到 16 美元的预计区间。企业出售了 1 110 万股新股，而其当时的股东出售了 220 万股。[1] 不过，该企业只在 2009 年 7 月实现过一次盈利。企业在 2010 年第一季度亏损 2 500 万美元，而在 2009 年总体亏损 5 570 万美元。自从 2003 年创建以来，该企业从包括 Capricorn Management、Compass Technology Partners、Draper Fisher Jurvetson 等投资机构以及像谷歌创始人和连续创业家（也是特斯拉的 CEO）埃隆马斯克这样的个人投资者那里，总共募集了 3 亿美元的资金。特斯拉上市是作为一次融资事件——企业需要为他们更便宜的 Model S 募资。Edmunds GreenCarAdvisor.com 的资深编辑 John O'Dell 说道，"这为他们提供了急需的现金"。[2]

特斯拉能成功 IPO，是因为它的前景好，而不是其当时的经营状况。另外，当时的市场情况也有利。风险投资家常常谈论"IPO 窗口"，或者说投资者愿意考虑购买新企业股票的时间。特斯拉幸运就幸运在，其良好前景、对清洁技术行业的专注和有利的市场状况同时凑在了一起。

通过 IPO 实现投资退出实际上是个两阶段的过程，理解这一点很重要。在初次发行时，企业一般会出售大部分"初次发行"股，也就是为投资于企业未来进一步发展需募集资金所发行的新股。这在 VC 和美国尤为常见，就比如特斯拉的例子。就算是有一些股票是以"二次发行"股（也就是投资者和管理层现在所持有的股票）的形式出售，投资者常常也会继续保留企业的大量股份（根据 Poulsen 和 Stegemoller 的研究，包括管理层和董事在内的所有内部人的股权比例之和平均从 65% 跌至 50%[3]）。私募股权投资者通常只是在一段时间后通过二级市场出售股票和股票发行释放股权，而不是把股票立即变现，这一

---

[1] Lynn Cowan 和 Matt Jarzemsky 所写的"Tesla Roars Out of the Garage"，载于 *Wall Street Journal*，2001 年 6 月 30 日，http://online.wsj.com/article/NA_WSJ_PUB;SB10001424052748704103904575336853549268476.html，访问于 2010 年 7 月 30 日。

[2] Chuck Squatriglia 所写的"Tesla IPO Raises ＄226.1 million"，载于 Wired.com，2010 年 6 月 29 日，http://www.wired.com/autopia/2010/06/tesla-ipo-raises-226-1-million/，访问于 2010 年 7 月 30 日。

[3] Annette Poulsen 和 Mike Stegemoller 所写的"Moving from Private to Public Ownership"，载于 *Financial Management*（2008 年春）：第 81-101 页。

点我们会在后面讨论。一些有经验的风险投资者说,"IPO 并不是退出,但是它创造了退出的机会"。

 退出过程

我们已经讨论了对 IPO 和收购的选择,我们认为对这些退出实际是如何发生的有一个了解是有帮助的。退出过程涉及很多经久不息的私募股权主题:流动性缺乏、声誉的考虑、周期性和信息不对称。而针对每个问题所用到的技能值得好好观察。

IPO 过程

一旦管理层和董事会决定了要让企业上市,会发生几件事情。首先,企业必须做好成为上市企业的准备。它必须有良好的财务状况。不仅财务报告要遵守公认的国家标准——美国 GAAP、英国 GAAP 或者国际财务报告准则(IFRS),企业还必须要实现二级市场所期望的稳定增长的财务表现。这并不是让企业通过某些不法方式"管理"其财务数据——实际上有研究发现,相比没有 VC 投资的企业,有 VC 投资的企业在上市时操纵利润(例如,通过操纵像存货和应收账款这类会计账户)的可能性更小[①]——而是让企业通过采取措施保证其收入和利润能展现一个有说服力的成长故事。

其次,管理团队必须合适。在一些情况下,创始人(例如,一名技术专家)可能在企业初期是合适的,但是作为一名要经常与分析师和机构接触的发言人就不一定合适了。再如一名能干的私营企业 CFO 对上市企业被详细审查的要求可能感觉不舒服,决定辞职去参与其他的项目。

最后,董事会可能会被重组。因为证券法通常会限制董事会成员出售其股份,私募股权投资者有时会在 IPO 时(或者 IPO 之前)离开董事会,以便其公司能更快出售企业股权。但一般领投的投资者会选择留下。相当数量的董事需要外部人来担任,以满足常常会碰到的关于企业治理的要求。投资者通常会吸收一些大牌董事进入董事会,例如企业所在行业的意见领袖或者有在大型上市企业工作经验的个人。另外,一些国家可能有特定要求,如在挪威,董事必须有一定比例是女性。

在这个过程中,我们会再一次看到投资者声誉对企业结果所产生的影响。一家更优秀的私募股权公司会接触到更优秀的董事会成员。另外,随着企业在退出过程中的推进,更优秀的投资者会提供其他重要的帮助,包括接触更优秀的投资银行,它们会代表企业,以及会计事务所。Megginson 和 Weiss[②] 针对 1983 年到 1987 年上市的 640 家企业的研究中,把 320 家 VC 支持的企业和 320 家在类似行业、融资规模类似但没有 VC 投资的

---

① Yael V. Hochberg 所写的"Venture Capital and Corporate Governance in the Newly Public Firm"(文章展示于 AFA 2004 San Diego Meeting 上,2003 年 12 月 8 日),可于 SSRN 阅读:http://ssrn.com/abstract1/4 474542,访问于 2010 年 7 月 30 日。

② William L. Megginson 和 Kathleen A. Weiss 所写的"Venture Capitalist Certification in Initial Public Offerings",载于 *Journal of Finance* 第 66 期,(1991 年第 3 期):第 879-903 页。

320家企业进行对比,发现风险投资家在董事会的存在能给企业带来一些优势。首先,如表7.5所示,风险投资公司在过去就曾让不少企业上市,他们的业务都集中于一小撮投资银行手中。这种和声誉不错投行间的经历加上对这些投行的了解,会使得整个过程变得更加顺畅。因为VC公司清楚整个过程,并希望保护他们的声誉和关系,他们会及时提供准确的信息,因此折价较少,这意味着企业和投资者能持有更多市场对他们的估值。VC投资的企业也能吸引来自机构投资者的更多关注,这些机构投资者不像散户投资者那样容易被热潮驱动,因此他们有助于形成一个稳定的股票价格。VC投资的企业比没有VC投资的企业上市时间更早,利润水平较低但成长性更高,如表7.6所示。市场明显对此接受,因为VC投资者在企业IPO后仍然会继续保留相当数量的企业股份。

一旦企业有了合适类型的董事会并满足盈利要求,IPO过程就开始了。首先,董事会会选择一家投资银行作为承销商。这可能是若干家有兴趣的投资银行间的**选美比赛**(beauty contest),他们会描述他们向投资者的推介计划,他们曾经让哪些可比企业上市以及他们是如何完成的,一旦上市哪些分析师会对企业进行关注,还有股票价格可能的位置。分析师的关注极其重要;如果投资银行拥有企业所在行业的有名气的分析师,该投资银行无疑会有优势。

表 7.5 IPO 中风险投资者的特点

公司名字	1983—1987 年 IPO 数量	董事会成员有 VC 的 IPO 比例/%	使用最多的承销商
KPCB	22	50	Robertson,Colman(9);摩根斯坦利(7)
花旗集团风险资本(现为 Court Square)	15	40	Alex. Brown(4)
Mayfield 基金	15	80	Robertson,Colman(9)
Venrock Associates	14	86	Robertson,Colman(5)
Greylock Partners	13	77	Hambrecht & Quist(8);摩根斯坦利(5)
橡树资本	13	69	Alex. Brown(7)
Advent Funds	11	82	L. F. Rothschild(3)
TA Associates	11	55	L. F. Rothschild(3)
Bessmer Venture Partners	10	70	Robertson,Colman(3);罗斯柴尔德(3)
新企投资	10	90	Alex. Brown(5)
Charles River Ventures	9	44	Hambrecht & Quist(3);Roberson,Colman(3)
红杉资本	9	67	Hmbrecht & Quist(4)
Norwest Growth Fund	8	63	Alex. Brown(2)

资料来源:摘自 William L. Megginson 和 Kathleen A. Weiss 所写的"Venture Capitalist Certification in Initial Public Offerings",载于 Journal of Fiannace 第 66 期,(1991 年第 3 期):第 888-889 页。© Journal of Finance,1991 年。

表 7.6 有 VC 投资和没有 VC 支持的 IPO 的均值和中值统计

企业特点	有 VC 投资		没有 VC 投资	
	均值	中值	均值	中值
发行金额/百万美元	19.7	15.0	13.2	9.2
发行价/百万美元	11.2	10.5	10.2	10.0
前一年收入/百万美元	37.1	16.2	39.4	13.0
EPS 每年成长率/%	76.8	61.1	65.5	42.1
企业成立日到发行日的年份	8.6	5.3	12.2	8.1

资料来源：摘自 William L. Megginson 和 Kathleen A. Weiss 所写的"Venture Capitalist Certification in Initial Public Offerings",载于 *Jounal of Fiannace* 第 66 期,(1991 年第 3 期):第 886 页。© Journal of Finance,1991 年。

  投资银行的服务收费差别不大：至少在美国,费用通常约为融资额[①]的 7%,加上法律成本和上市企业承担的其他成本,IPO 的总成本一般达到融资额[②]的 10%。个别非常大的发行可能会收取 5% 的费用；有些时候,水准较低的投行对非常小的发行会在 7% 的费用基础上要求认股权证。利用其市场力量,黑石集团(纳斯达克股票代码：BX)在 2007 年 6 月 IPO 时谈成了一个超低的费用比例,仅为 3.75%。[③]

  当有多家承销商时,会有一家成为主承销商或"簿记"承销商。在企业细分市场或者行业有专长的较小机构,可能会和一家较大的银行如高盛或摩根斯坦利合作,这些大银行可以接触到许多机构买方。主承销商会负责最重要的职能,即管理想要购买股份的机构名单并在他们之间分配股份。主管银行或共管银行会雇佣其他银行和经纪行形成一个承销团把发行股份出售给他们的客户。尽管实际上只有一到三家银行承销股票发行,但在这个出售过程中会有更大量的金融机构参与其中。

  选择一家有影响力的承销商(最有影响力的被称为"大牌投行")意味着向市场发出该企业可靠的信号。[④] 因为机构投资者只有少量的资源来评估正要进入市场的陌生企业,他们会依靠承销商自己的研究和其声誉来认证该投资的低风险。而很有影响力的投资银行与新企业的合作意愿会向市场释放一种积极信号,减少部分信息不对称——信息不对称通常会让投资者给予新股较低的估值。正如 Megginson 和 Weiss 所指出的,私募股权投资者能雇佣到一家很有影响力的投资银行承销发行的能力是企业非常大的优势。

  承销商要在发行上市前完成几件重要的任务。它会对企业做尽职调查以确保不会发生任何不愉快的会计或者运营上的意外,并确定发行规模和准备推介材料。它还要和代表企业的律师事务所一起帮忙准备监管文件。

---

  ① 详细内容请见 Hsuan-Chi Chen 和 Jay R. Ritter 所写的"The Seven Percent Solution",载于 *Journal of Finance* 第 55 期(2000 年):第 1105-1131 页。

  ② 引自 Jay Ritter 所写的"The Costs of Going Public",载于 *Journal of Financial Economics* 第 19 期,(1987 年第 2 期):第 269-281 页,上市直接成本的规模经济效益十分可观。超过 1 000 万美元的交易,直接成本平均占 9.3%；对于小额交易(募集资金低于 200 万美金)会占将近 20%。

  ③ Joseph A. Giannone 所写的"Goldman, JP Morgan Take Minor Blackstone IPO Roles",载于路透,2007 年 6 月 13 日,http://www.reuters.com/article/idUSN1339631720070613,访问于 2010 年 7 月 28 日。

  ④ Richard Carter 和 Steven Manaster 所写的"Initial Public Offerings and Underwriter Reputation",载于 *Journal of Finance* 第 45 期,(1990 年第 4 期):第 1045-1067 页。

在大部分主要的工业化国家,企业上市需要来自至少一个监管实体的批准。在美国,这个关键角色的扮演者是证券交易委员会(SEC)。SEC 审查主要关注企业是否披露了所有重大信息;它并不评估发行价格。自 1996 年以来,所有在美国主要交易所上市的股票都免于州一级的监管。而在此之前,各州会进行各自审查,有时会出现奇怪的结果。例如在 1980 年,马萨诸塞州监管部门最初禁止苹果电脑的 IPO 在该州推介,理由是股价太高了——即使企业盈利能力很强并且当时建议的 IPO 市值仅为 16 亿美元(在 2010 年 8 月,苹果的市值为 2 380 亿美元)。

根据发行规模和企业的不同,需要披露的程度也有不同。很多国家允许较小的企业或者那些在较小交易所上市的企业提交较简单的说明。在美国,如果一家计划上市的企业的收入低于 2 500 万美元,可以使用 SEC 的 SB-2 表,而不是要求详尽的 S-1 表;那些融资额低于 500 万美元的企业可以使用 Regulation A 提交文件,而 Regulation A 要求的披露甚至更少。

企业还必须遵守其他法规。在美国,SEC 会把 IPO 之前和之后一周的时间命名为"静默期"。监管静默期的法规在过去会严格限制企业与潜在投资者进行沟通,除了分发发行材料(称为招股说明书)和向投资者进行正式介绍(路演)。在 2005 年,SEC 修订了这条规定,允许企业高管向媒体讲话,只要他们讲话的内容是准确的而且向 SEC 提交了讲话副本。电子版的路演现在也是允许的,只要路演能对读者无限制开放;否则企业就必须向监管机构提交文件。

推介发行

投资银行通过向可能购买大量股份的机构投资者分发初步招股说明书来推介发行。初步招股说明书在美国也被称为**红鲱鱼**(red herring,因为这份说明书的封面是红色的),而在其他国家会被称为初步招股说明书或者探路者招股说明书。有影响力的承销商会知道更多富有经验的投资者;[①]请读者回忆一下 Megginson 和 Weiss 关于风投支持的 IPO 会有更高机构持有率的发现。因为机构往往消息更加灵通并且投资期限更长,他们更可能成为股票的长期持有者,这有利于市场价格的稳定。这也让企业自身有了经营稳定的名声。

在很多情况下,企业管理层会向机构投资者进行**路演**(road show)介绍和描述企业及其前景。除了会回答关于企业的问题,路演会向投资银行提供投资者如何看待企业及其前景的信息。[②] 在 2008 年市场低潮期间,信用卡处理商 Visa 在纽交所上市。除了其投资银行 J. P. 摩根和高盛外,企业组织 3 支团队进行路演,赴三大洲的 10 个国家共 24 个城市进行了 36 次投资者会议(一共有 1 700 名投资者参与)。[③] Visa 在 2008 年 3 月以每股

[①] Tim Jenkinson 和 Alexander Ljungqvist 所著的 *Going Public*,第二版(牛津:牛津大学出版社,2000 年),第 13 页。

[②] 同上,第 14 页。

[③] http://www.imagination.com/work/casestudy/visa/;访问于 2010 年 8 月 9 日。

44美元的价格上市,融资总额达到179亿美元。① 一般情况下,企业高管们会访问企业所在主要市场的知名金融中心。如果企业位于一座二线城市,它可能还会访问地区中心;一家位于亚利桑那州凤凰城的企业,可能会访问盐湖城和图森。②

发行定价

给发行定价的方法有很多。在美国,最常用的方法是"累计投标询价法"。在这种情况下,投资银行家们会利用他们的初步研究为股票建立一个价格区间,并把它写在红鲱鱼上。在**累计投标询价**(book building)过程中,潜在投资者向承销商提交他们在某个价格下愿意购买股票数量的投标。如果需求看起来特别旺盛或者不足,价格可能会被修改,而投资者会重新投标。基本上,通过这种方式承销商就能收集信息画出企业股票的需求曲线。③ 主承销商会编撰一本中心"账簿",上面记录了所有的利益指标。如果在建立的价格区间内,没有对企业的足够兴趣,企业和投资银行就必须决定是调低价格还是延迟发行——也就是缺乏兴趣是由于在该价格下的企业特点还是当时的市场问题。

在一些国家,例如新加坡、芬兰和英国④,股票价格在收集需求信息之前就被设定了。这叫做"固定价格"法。在推介期间,承销商会知道在该价格下股票的需求量。然后股票就会在这些有兴趣的投资者中间进行分配。如果新股认购超额,很多国家允许企业按照投资者申请比例进行分配,有时候需要预付以减少战略性过高出价。另外一种分配股票的方法是随机分配。⑤

最后,拍卖也在美国进行了尝试。拍卖之前在英国很普遍,直到20世纪80年代中期突然被停止;这种方法也曾在法国、以色列和很多其他国家使用(虽然在很多地方他们很快就被终止了)。Christine Hurt是这样评价累计投标询价法的,"主承销商在所有时间都拥有全部的控制力"。⑥ 而拍卖则与累计投标询价相反,股票平等分配给所有投标者。投资银行在投资者提交一定数量和价格时确定需求曲线。价格设定为能出售所有股票的最高价格。⑦

拍卖的费用一般为总融资额的3‰~4‰⑧,这对企业来说更加合算;但这种方法还

---

① Katie Benner 所写的"Visa IPO Prices at Record $17.9 Billion",载于 CNNMoney.com,2008年3月19日,可于此阅读 http://money.cnn.com/2008/03/18/news/companies/visa_ipo.fortune/index.htm,访问于2010年8月9日。

② Ross Geddes 所著的 *IPOs and Equity Offerings*(柏林顿、马萨诸塞州以及牛津:Butterworth-Heinemann 出版社,2003年),第167页。

③ 更多关于累计投标询价法的信息参见 Jenkinson 和 Ljungqvist 所著的 *Going Public*,第18页。

④ Bruno Biais 和 Anne Marie Faugeron-Crouzet 所写的"IPO Auctions: English, Dutch, French, and Internet",载于 *Journal of Financial Intermediation* 第11期,(2002年第1期):第9-36页,引自 Christine Hurt 所写的"What Google Can't Tell Us About Auctions (And What It Can)",载于 *University of Toledo Law Review*(2006年):第403-438页,访问于2010年7月28日。

⑤ Jenkinson 和 Ljungqvist 所著的 *Going Public*,第16页。

⑥ Christine Hurt 所写的"What Google Can't Tell Us About Auctions"。

⑦ Randall Smith 所写的"Heard on the Street",载于 *Wall Street Journal*,2005年7月6日,C1,http://schwert.ssb.rochester.edu/f423/WSJ050706_IPO.pdf,访问于2010年8月2日。

⑧ 同上。

没有在美国得到广泛采用,并在很多市场中陷入困境。拍卖的支持者说他们能覆盖更多的小投资者。而批评者则认为,小投资者不太可能充分了解企业,因此会支付过高的股票价格,这会导致发行后股票价格的下跌。这些担心已经导致可能出现的"柠檬"问题——企业选择拍卖这种方式是因为他们无法通过更传统的方式上市。①

晨星拍卖

虽然在美国最为人知的拍卖 IPO 可能是谷歌,但更成功的一个例子是晨星,一家做投资研究的企业。晨星的承销商是精品投行 WR Hambrecht + Co.,拍卖共募集了 1.62 亿美元,以每股不低于 18.5 美元的价格出售了 875 万股股票。股票在第一个交易日上涨了 8.4%。② 尽管 IPO 后股票价格上涨是普遍的,但平均水平是上涨 18.4%③。这意味着晨星的折价率低于惯例,因此晨星可以保留更多的价值。有意思的是,大机构投资者富达一般会在 IPO 中获得大量股票分配,但这次却没有获得晨星的股票,因为其投标价格是 17.5 美元,低于市场出清价。④

在美国,口碑不错的投资银行一般只接受"包销"发行。此时,和"余额包销"发行不同,投资银行会承诺以一个设定好的价格向投资者出售所有的股票。不过,这个价格直到发行前一天的晚上才会确定下来;因此投资银行无法出售所有股票的风险是很小的。在"定价会议"上,投资银行和企业会将所有获得的需求信息综合在一起决定企业上市的价格。在做决定的时候,投资银行家还会对可比企业的估值予以考虑,并辅以企业预计现金流的折现现金流分析。之前提到的特斯拉上市,最终股票价格是每股 17 美元——超过了 14 美元到 16 美元的区间,因为大众对特斯拉热情高涨。要出售的股票随后被分配给买方。有些买方可能会由于其提供的高质量定价信息,分得特别多的股票。

发行日及之后

不管发行价定的如何,股票价格一般会在下一个交易日上涨——实际上,即使是第一笔交易也常常会在 IPO 价格上有很大的溢价。图 7.2 显示了大量文献在长时间范围内计算的平均**折价**(underpricing)率。美国折价程度最高的 IPO,如折价率达 900% 的 TheGlobe.com,大量出现在网络热潮时期。折价并不是美国交易所特有的现象,对各国交易所的研究表明,从澳大利亚到希腊,到尼日利亚,到英国⑤都存在这种现象。虽然在美国有不少数量的企业会有非常大的股价上涨,但是中值位置企业的股价跳跃很小。

折价对企业和他们的投资者而言,代表大量损失,因为它"把钱留在了桌子上";也就

---

① Nayantara Hensel 所写的"Are Dutch Auctions Right for Your IPO?"载于 *Harvard Business School Working Knowledge*,2005 年 4 月 11 日,http://hbswk.hbs.edu/archive/4747.html,访问于 2010 年 7 月 28 日。

② Smith 所写的"Heard on the Street"。

③ Jay R. Ritter 所写的"Differences in European and American IPO Markets",载于 *European Financial Management* 第 9 期,(2003 年第 4 期):第 421-434 页。

④ Smith 所写的"Heard on the Street"。

⑤ Ritter 所写的"Differences in European and American IPO Markets"。

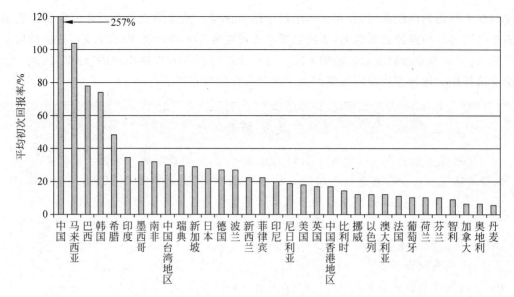

图 7.2 平均股价增长

资料来源：摘自 Jay R. Ritter 所写的"Differences in European and American IPO Markets"，载于 *European Financial Management* 第 9 期，(2003 年第 4 期)：第 423-424 页。

是说投资银行本来可以设定一个更高的价格，使得企业和投资者能募集更多的资金。之前也提到过，更有影响力的投资银行和富有经验的私募股权投资者能减少折价率。同时，折价会长期存在。

这种效应引发了很多学术研究。一系列解释被提出，从担心法律诉讼到累计投标询价过程的本质都有。下面是三种主流的解释：

1. 对信息不对称的补偿。如果企业是一家初创的技术公司，没人听说过，为说服投资者购买企业的股票，就可能需要折价。① 信息不充分或经验不足的投资者可能担心有更多信息的投资者会去购买更值得买的股票，而留下他们去购买那些缺乏吸引力的股票。这可以用 Groucho Marx 对 IPO 的思考来概括："我可不想持有所有我能买到的 IPO 股票。"为诱使这些潜在投资者购买股票，他们必须获得一定折扣，这就产生了折价。投资者开始时获得的这种好处，可以作为对之后任何价格下跌的补偿。

2. 从众效应②。经济学家对"随大流现象"越来越感兴趣，这是个人根据其他人的行动而不是他们自己的信息来做出决定的现象。IPO 可能就是这种现象的其中一个例子。在 IPO 情况下，如果发行看起来需求旺盛，其他投资者就可能会争相购买；如果发行的需求不旺，投资者就会避而远之。为造成这种"随大流"迹象，投资银行可能会以一个较低价格向有经验的投资者出售 IPO 股份。看到这种情况，经验不够丰富的投资者就会涌入，并在二级市场上以更高的价格出手购买。

---

① Kevin F. Rock 在"Why New Issues are Underpriced"一文中提出此理论，该文章载于 *Journal of Financial Economics* 第 15 期，nos. 1-2(1986 年)：第 187-212 页。

② 该理论首先由 Ivo Welch 在"Sequential Sales, Learning and Cascades"中提出，该文章载于 *Journal of Finance* 第 47 期(1992 年)：第 695-732 页。

3. 投资银行的市场力量。该解释认为投资银行故意把价格定低,把财富转移给允许参与 IPO 的精品客户。为回报投资银行,这些投资者会按照投资银行的方法去行事。这并非没有讨论价值,针对投资银行把 IPO 股票"钓"给自己更喜欢客户的法律诉讼就证明了这一点。①

> ### IPO 钓鱼
>
> 在 20 世纪 90 年代末的科技股票 IPO 狂潮中,投资银行把股票出售给他们更喜欢客户的做法为人所知。即,投资银行会把受到市场追捧 IPO 的股票分配给另外一家企业的高管,有时会在股票已经开始交易并且股价上涨后以 IPO 价格出售给他们。例如②,Roberston Stephens,一家有名的投资银行,把皮克斯动画 IPO 的 10 万股股票分配给 GT Interactive Software 的 CEO 兼大股东 Joseph Cayre。Cayre 的皮克斯股票在第一天交易就增值 77%。一个月后,GT Interactive Software 上市,任命 Robertson Stephens 为主承销商,并使用该银行为后面一些收购提供顾问服务。Robertson Stephens 通过为 GT Interactive Software 工作获得了超过 500 万美元的收入。和典型的向机构投资者分配 IPO 股票不一样,这些"钓鱼"股票落入了那些未来可能会和投资银行合作的企业高管口袋中。一些观察员把这种行为称作贿赂;有些则把它当成是一种类似于高尔夫活动的营销技巧。不管看法如何,这种做法是有效的,正如 Liu 和 Ritter 针对 1996 年到 2000 年上市的 56 家企业(这些企业高管从其他热门 IPO 中获得股票分配)的研究③发现:只有 6% 收到钓鱼股票的高管在其后的发行中更换了投资银行,而其他(没有获得钓鱼股票)的发行企业则有 31% 选择更换投资银行。此外,Liu 和 Ritter 还发现这些有钓鱼的发行比没有钓鱼的发行会产生更严重的折价——平均而言,比同时期的市场平均折价率要高 23%。

在 IPO 之后的一段时期(常常是 30 天),美国的承销商会承诺稳定股票价格并努力使得股价保持在发行价之上。为此,投资银行几乎都会使用"绿鞋"期权,这是一种复杂的机制,名字来源于 1963 年的一次发行。大体上,投资银行会保留出售超过声明发行规模 15% 股票的权利。也就是说,如果发行规模是 200 万股,投资银行可以出售 230 万股。如果发行后股票价格上涨,投资银行会宣布发行规模要比开始预计的增加 15%。不过,如果价格跌破发行价,投资银行会回购这 15% 额外的股票。这种做法,是希望能推动股价上涨,使得投资银行可以完成维持股价的任务。同时,投资银行会从 IPO 股票的出售价和回购价之间的差额中获得盈利。如果投资银行特别担心股价下跌,它可能会出售超过绿鞋期权允许的 15% 的股票。这会使得投资银行处于"裸空"的位置,而之后不管股价如何变动,它都需要回购股票。如果股票价格继续下跌,投资银行也会再次支持股价,还会

---

① 对这种做法影响的全面研究,请见 Xiaoding Liu 和 Jay Ritter 所写的"The Economic Consequences of IPO Spinning",载于 *Review of Financial Studies* 第 23 期,(2010 年第 5 期):第 2024-2059 页。
② Michael Siconolfi 所写的"The Spin Desk",载于 *Wall Street Journal*,1997 年 11 月 12 日,A1。
③ Liu 和 Ritter 所写的"The Economic Consequences of IPO Spinning"。

从价差中获得利润；但是如果价格上涨，投资银行就必须承担损失，回购股票。①

承销商会继续和企业互动，为他们提供分析师关注，并作为一级市场做市商确保有序的日常交易，一般也会继续为企业提供财务建议。承销商和企业间的关系看起来是一种长期的关系。约有70%的企业会在IPO三年内聘用相同的承销商来执行股票增发。②

私募股权对IPO的影响

我们之前已经指出VC支持对承销商选择和企业认证的影响。另外，VC支持看起来会影响企业在IPO时及之后的表现。一些研究表明，那些在企业IPO时拥有相当数量股票并在之后继续持有的VC投资者，其参与有助于减少企业的折价损失，之后还会帮助企业在发行后表现得更好。虽然有时候私募股权公司会匆忙让企业上市。让我们看一些研究，这些研究评估了私募股权公司对他们组合中新上市企业的整体贡献。

Barry等人③考察了从1978年到1987年的433家有VC支持企业的IPO，发现VC公司持续参与和陪伴治理的价值随着VC公司的质量不同而有不同。折价率随着投资于企业的风险投资家数量和他们持有的股权比例的增加而降低，这可能是因为投资银行想和这些风险投资者建立良好的关系。同时，折价率也会随着这些因素的增加而降低：领投风险投资家参与董事会的时间；领投VC公司的年限；领投投资者投资组合中进行过IPO的企业数量——这些都是VC的质量指标。在证实了Megginson和Weiss发现的同时，Barry等人发现VC支持的IPO比没有VC支持的IPO的价值中位数更高，而且往往由更有影响力的承销商承销。另外，VC公司往往会在企业发展的更早阶段就让企业上市，这可以从企业IPO后的第一年仍然亏损看出。他们能这么做是因为，如之前指出的，风险投资者会留在董事会继续提供监管和顾问服务。

但是长期来看会发生什么呢？如果VC支持对IPO有正面影响（降低了折价率），那当VC公司出售他们的股票并离开董事会后，所有事情会反过来吗？VC支持的企业是准备在公开市场上更加成功呢，还是他们过早进入公开市场会使得他们如神童一般很快江郎才尽呢？而市场在企业持续亏损（这在时间不长的高增长企业中经常出现）后会做出什么反应？

有大量的研究证实在过去20年中，IPO整体表现远远不及市场。这可能表明公开市场的投资者对这样的新上市企业过分乐观。④ 如果是这样，我们可能要反问自己，VC的

---

① 关于投资银行在做市方面发挥哪些作用的讨论，见Katrina Ellis、Roni Michaely和Maureen O'Hara所写的"When the Underwriter is the Market Maker: An Examination of Trading in the IPO Aftermarket"，载于 *Journal of Finance* 第55期(2000年)：第1039-1074页。

② Laurie Krigman、Wayne H. Shaw和Kent L. Womack所写的"Why Do Firms Switch Underwriters?"载于 *Journal of Financial Economics* 第60期, nos. 2-3(2001年)：第245-284页。

③ Christopher B. Barry、Chris J. Muscarella、Josh W. Peavy Ⅲ和Michael R. Vetsuypens所写的"The Role of Venture Capital in the Creation of Public Companies"，载于 *Journal of Financial Economics* 第27期(1990年)：第447-471页。

④ 记录于Jay Ritter所写的"The Long-Run Performance of Initial Public Offerings"，载于 *Journal of Finance* 第42期(1991年)：第365-394页；以及Tim Loughran和Jay Ritter所写的"The New Issues Puzzle"，载于 *Journal of Finance* 第50期(1995年)：第23-52页。

支持是否加剧了这种趋势。

在对 1972 年到 1992 年 934 家 VC 支持的 IPO 和 1975 年到 1992 年 3407 家没有 VC 支持的 IPO 进行比较后，Alon Brav 和 Paul Gompers[①] 认为，如果回报率的权重相等（即，不是根据企业的市场价值分配权重），VC 支持的企业在 5 年内的整体表现比没有 VC 支持的企业要好。如果用市值作权重，没有 VC 支持股票的表现会提升，从而缩小了两者的差别。在对问题进一步分析后，作者们发现整体 IPO 的表现不佳是由于没有 VC 支持的小企业，并且不论企业是否最近已经上市，这种不佳表现会继续保持。简单来说，VC 支持的 IPO 不会输于市场；相反，IPO 表现数据被拉低是因为包含了没有 VC 支持的小企业。

此外，就像在私募股权中太多其他因素一样，参与其中的风险投资家有重要的影响。根据 1991 年到 2001 年的投资数据，Rajarishi Nahata[②] 认为有更知名风险投资家支持的企业，往往其表现会超过市场，至少在 IPO 后的四年内。不仅企业在开始时更有前景，而且 VC 公司也改善了运营。基于一家给定 VC 公司所支持 IPO 的累计市值，Nahata 开发了一个声誉因子，他称之为"IPO 市值份额"。如果企业获得有更高 IPO 市值份额的 VC 公司支持，企业失败的可能性会更低，进行 IPO 的可能性会更高。顶级的 VC 公司（按照 IPO 市值份额排名）会与更多 IPO 有关，中等水平的 VC 公司会与更多收购有关，而最不知名的 VC 公司则与更多企业关闭有关。企业如果得到顶级风险投资者支持，不仅他们上市的可能性会更高，而且他们会在其更早的发展阶段上市，而这些发行表现也会更好。

LBO 中的 IPO 退出

虽然我们目前已经讨论了来自 VC 投资的 IPO，其实收购公司也会使用 IPO 作为他们从企业中退出的方式。对于那些使用平台向上汇总战略的投资，出于监管考虑，IPO 通常是唯一可行的退出方式。

Jerry Cao 和 Josh Lerner[③] 在他们其中一篇文章中研究了最近的 LBO IPO［也称为**反向 LBO**（reverse LBOs），或 RLBO］。通过研究 1981 年到 2003 年 526 家 RLBO 的数据，他们发现在这段时期平均有 12.7% 的 LBO 是通过 RLBO 方式实现退出，尽管该比例从 1982 年的 0% 变化到 1992[④] 年最高的 30.7%。表 7.7 显示，进行了 RLBO 的企业一般会在 IPO 前约 3.5 年被私有化。在这里，相对可比企业，私募股权投资者看起来通过降低折价率的方式再次认证了企业。收购机构在企业 IPO 前平均持有 59% 的企业股份，但在之后会被稀释至 40%。在这样的股权比例下，投资公司依然享有企业继续发展带来

---

① Alon Brav 和 Paul Gompers 所写的 "Myth or Reality? The Long-Run Underperformance of Initial Public Offerings: Evidence from Venture and Nonventure Capital-Backed Companies"，载于 *Journal of Finance* 第 52 期，（1997 年第 4 期）。

② Rajarishi Nahata 所写的 "Venture Capital Reputation and Investment Performance"，载于 *Journal of Financial Economics* 第 90 期（2008 年）：第 127-151 页。

③ Jerry Cao 和 Josh Lerner 所写的 "The Performance of Reverse Leveraged Buyouts"，载于 *Journal of Financial Economics* 第 91 期，（2009 年第 2 期）：第 139-157 页。

④ 同上，第 144 页。

的既得利益。作者们总结道,RLBO往往规模更大,并有更富声誉的承销商承销(风投在IPO中的认证作用也指出了这一点)。虽然相比其他IPO,企业会使用更多杠杆,但他们却更赚钱。

表 7.7 RLBO 的特点

特点	均值
LBO 后私有年份数	3.46
RLBO 前收购机构融资规模/百万美元	4 452.13
IPO 前收购机构股权比例	58.9%
IPO 后收购机构股权比例	40.5%
IPO 前董事/管理层股权比例	54.6%
IPO 后董事/管理层股权比例	38.0%
收购机构的董事会比例	44.0%
和没有收购机构支持的 IPO 相比	
总收益:RLBO/百万美元	105.73
总收益:没有收购机构支持的 IPO/百万美元	55.52
RLBO 折价率	12.88%
没有收购机构支持 IPO 的折价率	22.18%

注:样本包含 1981 年 1 月到 2003 年 12 月 526 次 RLBO 和 5706 次其他 IPO。

资料来源:摘自 MJerry Cao 和 Josh Lerner 所写的 "The Performance of Reverse Leveraged Buyouts",载于 *Journal of Financial Economics* 第 91 期,(2009 年第 2 期);第 144 页,表 2 和表 3。

另外,Cao 和 Lerner 发现 RLBO 的总体表现在大多数情况下比其他 IPO 和可比企业的表现要略好。不过发行之间也有差别:特别是"快速翻牌"企业——那些在 LBO 的一年内上市的企业——表现明显不及其他企业。作者们推测,这种不佳的表现可能反映了"翻牌"企业在私募股权所有下并没有花足够的时间进行许多运营上的提高。那么,在债务增加和改进不多的情况下,他们的表现不佳并不意外。

收购

我们之前也曾讨论过,收购是从私募股权支持的投资中退出的另一条可行途径。事实上,自从 1990 年以来,收购占美国私募股权支持的企业退出途径的 65%。[①] 收购在收益最大化和损失最小化(与 IPO 不同,IPO 中的企业几乎都有不错的前景)中扮演重要的角色。[②]

[①] 数据来源于汤森路透。

[②] 当然,也有大量私募股权支持的企业,原本有着积极前景,却因市场冲击或外界因素在上市后倒闭。这其中就有 eToys、WebVan 和 Pets.com(参见 "20 Worst Venture Capital Investments of All Time",载于 *InsideCRM*,2007 年 11 月 19 日,http://www.insidecrm.com/features/20-worst-vc-investments-111907/,访问于 2010 年 7 月 30 日)。对于 LBO 案例,2004 年 Thomas H. Lee 以 5 亿美金收购了金融服务公司 Refco, Inc.,并于 2005 年 8 月上市;两个月之后该公司申请了破产保护;其他公司如 Regal Cinemas 和 Simmons Bedding 在 IPO 前夕申请破产保护。

合并和收购

收购常常被称为合并和收购(M&A)。虽然相似,都是把两家企业合并起来实现退出,但这两个术语有各自的定义。在收购中,一家企业只是简单地以股票、现金或者股票加现金来购买另外一家企业。被收购企业的管理层可能会被保留在收购方的不同职位上;但被收购企业的董事会会被解散,股东会获得现金或者收购方的股票。在对等合并交易中,两家企业通过换股交易成为一家新企业。新的董事会包括从两家企业来的董事;双方的 CEO 会制定出一份权力分配协议。对等合并交易已经变得相当少见,最近的一次是 2009 年的 TicketMaster 和 NationLive 的合并交易,而上一次则是 2007 年的 Sirius 和 Xm 卫星雷达的合并交易。虽然在 20 世纪 90 年代末也发生了几笔大型的合并交易,包括摩根斯坦利和 Dean Witter 的合并,以及 Travelers 和花旗集团的合并。[1]

通过收购实现成长是一种常用战略。企业可能会收购其他企业来获得技术、产品、客户群、地区分支、品牌或者分销渠道。在互联网泡沫时,大型电信企业收购初创企业从而获得他们的技术,使得他们不会被其竞争对手收购。在对上市企业间收购的背后原因进行深入分析后,Gregor Andrade、Mark Mitchell 和 Erik Stafford[2] 发现,这种做法是分行业扎堆的,常常是作为对外部冲击的反应。他们提到的最大冲击是放松监管,尽管其他人认为技术创新和供给上的突变如汽油价格上涨也属于巨大冲击。

不过,我们更关注的是对私营企业的收购。对于私募股权投资者而言,选择收购这种退出方式的最大挑战是一个巴掌拍不响。找到一个收购方可能并不容易。即使企业在告示牌上写下如此口号"如果你不买这家企业,我们就射杀它(毛茸茸的小动物)[3]",也无法保证成功。收购的主要工作其实就是找到这家收购方。

当投资者和管理层同意出售企业,通常会雇佣一家投资银行来代表企业。投资者的声誉会再次对投资银行的质量产生影响,并影响投资银行对潜在收购方的了解。投资银行和董事会双方会确定出售过程战略——他们是要尽快脱手还是要获得最高的价格?投资银行会准备初步报告以及更详细的发行备忘录(也被称为机密信息备忘录 CIM)。投资银行一般会进行估值演算,给出企业价值的粗略估计(仅供内部使用),建立可能买方的名单。根据企业的规模,投资银行会建立一个(实体或电子的)信息库,向潜在买方提供财务信息。

在收到载有概况信息的"简介书"后,有兴趣的潜在买方会联系投资银行。在接收机

---

[1] Steven M. Davidoff 所写的"The Return of the Merger of Equals",载于 *Deal Blog—The New York Times*,2009 年 2 月 17 日, http://dealbook.blogs.nytimes.com/2009/02/17/the-return-of-the-merger-of-equals/,访问于 2010 年 7 月 31 日。

[2] Gregor Andrade、Mark Mitchell 和 Erik Stafford 所写的"New Evidence and Perspectives on Mergers",载于 *Journal of Economic Perspectives* 第 15 期,(2001 年第 2 期):第 103-120 页。

[3] 在此向 *The National Lampoon* 致歉,1973 年 1 月封面。在此澄清,这种方法从来没有被尝试过——至少据笔者所知是这样。

密信息备忘录和对整个进程有一个基本了解前,他们通常必须签订保密协议。投资银行会安排买方和企业之间最开始的会议,并和企业配合一起回答尽职调查问题。接着企业和各个潜在买方会进行一系列会议。在第一轮报价后,企业管理层会向那些初次报价落在可接受范围内的买方介绍企业的业务和前景。接着就会是进一步的尽职调查。随着买方的范围缩窄,留下的买方可以获得更详细的信息。

一旦买方获得充分的信息,他们通常会提交投资意向和/或意向书(LOI)以及投资条款书。董事会和买方会在投资银行协助下谈判这些条款。最终,首选交易会被接受。

一旦交易原则上达成一致,还有很多点需要谈判。收购方可能想购买企业的股票,收购包括未来债务在内的整个实体,或者是想通过资产交易,仅仅购买企业的资产(这些选择可能还会有不同的税收影响)。时机可能是一个问题,以及管理团队在新企业中的地位。而以现金还是收购方的股票来支付,通常也是一个需要考虑的问题。相比于获得大量股票(可能需要几年才能出售),被收购方的投资者可能更喜欢马上变现的现金,而买方可能更倾向于以股票来进行支付,而不是减少其持有的现金。这里假设收购方是上市企业;至于私营对私营的收购我们会在后面进行讨论。这其中可能会有盈利后支付计划,即部分支付要根据某些运营指标的实现结果而定。平均而言,整个收购过程的时间略多于6个月。①

私营对私营的收购会更加复杂,因为这涉及对两笔没有流动性的资产进行估值。有时是现金交易;有时,收购方则会使用自己的股票,尤其是在收购方取得了重大进展时。通常,被收购方的董事会会被解散;但有些时候,部分成员会加入收购方。将企业出售给另外一家私营企业并获得对方的股票,通常是一种损失最小化的策略,因为投资者不仅继续持有没有流动性的证券,而且他们会在一家他们没有影响力的企业中持有较小比例股份。

即使在最后,买方也会做一个最终的尽职调查。交易可能会在最后一刻功败垂成,如最后流产的美国大陆航空和美联航空在2008年的合并(2010年重启),但这种情况很罕见。最终协议谈妥,向相关监管机构提交必要的表格,然后就会公布交易。

不过,有些收购的完成会快得多。在2009年9月,日本饮料企业三得利从利安和黑石以38.2亿美元的价格收购了Orangina,因为三得利希望多元化其产品组合并希望利用Orangina的分销系统进入欧洲市场。② 为极力避免拍卖,三得利设定了一个条件,即Orangina的管理层和投资者不得向外推介企业(这是增加对交易兴趣和提高最终价格的一种由来已久的策略)。同样罕见的是双方——私募股权公司的主导合伙人和利安的GP Javier Ferrán(也是Orangina的董事会主席)与三得利在谈判开始之前就已经就交易条款达成一致。

整个过程异常迅速,只用了两个月时间,因为三得利是一家很可靠的收购方,其资产

---

① 特许金融分析师 Hamilton Lin 所写的 "M&A Process Timetable", http://www. wallst-training.com /WST_M_an d_A_Process and Timetable. pdf, 访问于 2010 年 8 月 4 日。

② Marietta Cauchi 所写的 "Suntory of Japan Makes Binding Offer to Acquire Orangina", 载于 *Wall Street Journal*, 2009 年 9 月 23 日, http://online. wsj. com/article/NA_WSJ_PUB:SB125360946080930345. html, 访问于 2010 年 7 月 29 日。

负债表上拥有充足的现金,且有日本银行愿意承销交易。① 通过限制私募股权投资者向外推介 Orangina,三得利在谈判中获得了巨大的优势。不过,请读者回忆一下,当交易在 2009 年 9 月发生时,那时的流动性对于任何一家私募股权公司来说都是一种稀缺的商品,而且投资者当时尤其怀疑"巨型基金"。另外,黑石当时正在筹集其第六只私募股权基金,基金规模因为全球金融危机的爆发而从原先的 200 亿美元下调至"100 亿到 150 亿美元"。此时这样一个变现事件会帮助黑石用其持续的投资见地说服投资者。

通过选择收购一家在其自己行业(饮料行业)内的私营企业,三得利证实了 Laurence Capron 和 Jung-Chin Shen② 的发现。Capron 和 Shen 使用来自多个国家共计 92 例上市企业收购交易(其中收购目标是上市企业的有 52 例,私营企业的 40 例)作为样本,研究了信息在收购方选择收购上市企业还是私营企业中的作用。他们发现,收购方由于寻找和准确评估新企业的困难而选择收购在熟悉行业内的私营企业。而相比不了解该行业的企业来说,收购方的自有知识能让其更准确地给企业估值(并带来更大范围的价值创造)。而当一家企业希望扩大其行业领域时,它会更倾向于选择收购上市企业,因为信息随时能获得。尽管这种观点很有趣,但却有很多这样的案例:很多企业因为选择收购或者合并一家它们不熟悉行业中的上市企业,而最终导致灾难性结果,如时代华纳和 AOL 在 2000 年的合并。

在把自己挂出作为收购目标之前,私营企业可以采取一系列步骤来表明自身价值,这可以通过接受来自企业风险投资(CVC)部门的投资③或者建立战略联盟的方式实现。目前已有研究表明,这些策略在退出中对企业和收购方会有不同的影响。

直觉上,一家企业的 CVC 实体在母公司收购该创业企业之前就进行投资是有意义的。通过"先试后买"这种方式,投资专业人员收集到的信息应该能减少存在的信息不对称问题。David Benson 和 Rosemarie Ham Ziedonis④ 研究了 431 家在 1987 年到 2003 年被 CVC 母公司收购的创业企业(成立时间少于 12 年,员工规模低于 1 000 人的企业),其中有 81 家之前曾经获得 CVC 投资。他们发现了一个有趣的规律:市场对没有 CVC 投资企业的收购是正面反应,在扣除市场影响(即,进行了整体市场回报的调整)后母公司的估值提高了 0.76%。而市场对曾获得 CVC 投资企业的收购则是负面的,下降 1.01%。一种可能的解释是,如果 CVC 之前已经投资了收购目标,CVC 的母公司可能会高估收购目标的价值,因为它已经"爱上了"该投资。

这些结果与 Matthew Higgins 和 Daniel Rodriguez⑤ 的发现差异很大。这两位学者的研究目标是 1994 年到 2001 年 160 笔在生命科学行业的收购,这里,企业与收购方已有

---

① David Rothnie 所写的"Suntory Adds Fizz to Orangina Takeover",载于 *Institutional Investor*,2009 年 11 月。

② Laurence Capron 和 Jung-Chin Shen 所写的"Acquisitions of Private vs. Public Firms",载于 *Strategic Management Journal* 第 28 期(2007 年):第 891-911 页。

③ CVC 是由寻求投资私营企业的企业子部门,通常更注重战略而非经济回报。英特尔投资、微软 IP Ventures、Eli Lilly Ventures 和强生 Ventures 是 CVC 项目的一些例子。

④ David Benson 和 Rosemarie Ham Ziedonis 所写的"Corporate Venture Capital and the Returns to Acquiring Entrepreneurial Firms",载于 *Journal of Financial Economics*(即将出版)。

⑤ Matthew J. Higgins 和 Daniel Rodriguez 所写的"The Outsourcing of R&D through Acquisitions in the Pharmaceutical Industry",载于 *Journal of Financial Economics* 第 80 期,(2006 年第 2 期):第 351-383 页。

同盟关系。相比之前不是联盟合作伙伴的收购目标,市场对那些之前就是联盟合作伙伴的收购目标反应更为正面,而当收购方的产品线特别窄时,反应尤其正面。由于生命科学企业只占了 Benson 和 Ziedonis 样本企业的 12%,因此这两个研究之间的差异可能反映的是行业间的不同规律。特别是,制药企业可能更容易无缝整合被收购的产品,并可能更依赖这种外部的研发力量。

Playdom 是 CVC 母公司收购的一个例子,这是一家社交游戏公司,迪斯尼于 2010 年 7 月以 5.632 亿美元外加 2 亿美元的可能追加投资额收购。Playdom 在一个月前才刚完成了投后估值为 3.45 亿美元,投资额为 3 300 万美元的联合融资轮,投资方中就包括迪斯尼的风投部门 Steamboat Ventures。[①] 自从 2008 年初成立以来,Playdom 总共融资了 7 600 万美元。而迪斯尼已经决定在社交游戏行业要有所作为,当时 Playdom 在该行业是三大龙头之一。当时市场领导者 Zynga 传言估值是 50 亿美元,Playdom 的估值与之相比很有吸引力。[②] 另外,迪斯尼已经有了这家企业的大量信息。收购的时机和价格是否与迪斯尼从 Steamboat Ventures 员工获得的信息有关系,我们无法确定。

与 CVC 投资相比,探讨同盟关系是否在收购方之间产生不同的影响是很有趣的。这两种情况确实都有助于企业吸引其他企业的注意。Laura Lindsay[③] 利用 1987 年到 2001 年跨行业的企业数据(包括上市和私营企业,并且有联盟关系),描述了风险投资家在建立战略同盟上的影响,并指出那些由同一位风险投资家联系在一起的同盟投资组合企业,更可能实现成功退出,不论是通过收购还是 IPO 退出。她认为这是风险投资家的监管作用保证了所有同盟成员尊重知识产权(IP)并总体上"公平行事"。

收购的另外一个方面是它所使用的货币。有时收购价格以现金支付(如 Orangina 和 Playdom)。而其他情况下,收购全部或者部分用母公司的股票进行支付。Andrade 等人发现用股票支付的方式对上市企业进行收购,在扣除市场影响后,会给收购方股票造成负回报,而给(公开交易)的收购目标带来正回报。该结果可能表明收购方被认为是支付了过高的收购价。

一种特殊的收购——二次收购

二次收购(secondary buyouts)是指一家收购公司从另外一家收购公司的投资组合中收购一家企业,这种方式越来越普遍。实际上,在英国,二次收购的交易额在 2010 年上半年就达到了 48 亿英镑(73 亿美元),交易数量在这半年内是 21 笔,比 2009 年全年的 14

---

① Michael Arrington 所写的"Playdom Pulls Down $33 Million More in Funding",载于 Techcrunch.com,2010 年 6 月 21 日,http://techcrunch.com/2010/06/21/playdom-steamboat-bessemer-venture-round/,访问于 2010 年 7 月 30 日。

② Michael Arrington 所写的"Playdom Acquired by Disney for up to $763.2 Million",载于 Techcrunch.com,2010 年 7 月 27 日,http://techcrunch.com/2010/07/27/playdom-acquired-by-disney-for-up-to-763-2-million/,访问于 2010 年 7 月 29 日;以及 Tomio Geron 所写的"Playdom Investor Jeremy Liew on Why Disney Stepped Up",载于 *Wall Street Journal—Venture Dispatch*,2010 年 7 月 28 日,http://blogs.wsj.com/venturecapital/2010/07/28/playdom-investor-jeremy-liew-on-why-disney-steppedup/,访问于 2010 年 8 月 9 日。

③ Laura Lindsay 所写的"Blurring Firm Boundaries: The Role of Venture Capital in Strategic Alliances",载于 *Journal of Finance* 第 63 期,(2010 年第 3 期):第 1137-1168 页。

笔交易还要高。① 在美国,二次收购的作用也越来越重要,交易数量占2010年第一季度收购活动的三分之一。② 而在整体上,Per Strömberg指出2000年到2007年期间发生的所有收购交易中30%是二次收购。③

让我们先看两个例子。在2010年7月,BC Partners和银湖同意从凯雷集团和Welsh, Carson, Anderson & Stowe手中购买MultiPlan。MultiPlan是一家美国的医疗保健管理公司,在2006年先被凯雷集团等公司收购。该交易对企业的估值为31亿美元;④ 凯雷估计从中获得了超过初始投资三倍的回报率。同一时间在欧洲,利安资本宣布从BC Partners手中收购Picard(这是一家法国的冷冻食品制造商)。⑤ 有传闻说企业估值接近19.4亿美元,几乎是BC初始股权投资的两倍。BC Partners自己就是于2004年从Candover手中以二次收购方式购买的Picard,收购价格为13亿欧元(11.6亿美元)。而在更早的2001年,Candover以9.2亿欧元(7.91亿美元)的价格收购了Picard,而Picard当时是从家乐福中分拆出来的。⑥

LBO公司认为这些交易是双赢的。企业的新东家是熟悉收购结构特性的专业投资公司。并且,新东家可能拥有能满足企业当前发展阶段所需的知识和网络。在Picard交易中,利安对消费者品牌和食品企业的专注(其投资组合中包括Jimmy Choo鞋业、Wheetabix和Wagamama餐厅)可能会为Picard提供支持,因为Picard计划在法国再开300家新店,并使经销和供应链运营⑦流程化。BC Partners给MultiPlan提供了欧洲的网络,尽管并不清楚这个网络在医疗保健这种有着国家独特性的行业能发挥多大作用。

在某种程度上,作为一家发展中企业的接力股东,有不同能力的不同收购方可能真的可以提升企业价值。这个观点已在VC中长期存在——一家早期企业由一家资金规模较小并擅长管理早期企业成长的VC公司支持,当企业发展到一定阶段后,会进入一家更大

---

① "UK Buyout Values Overtakes 2009 by 45% in First Half of 2010",载于 *Centre for Management Buyout Research*,2010年6月28日,http://www.nottingham.ac.uk/business/cmbor/Press/28June2010.html,访问于2010年7月29日。

② 来自Dealogic的数据,引自Selina Harrison所写的 "Uptick in Private Equity Secondary Buyouts",载于 *Financier Worldwide*,2010年6月,http://www.financierworldwide.com/article.php?id=6721,访问于2010年7月29日。

③ Per Stromberg所写的 "The New Demographics of Private Equity",载于 *Globalization of Alternative Investments Working Papers*, Volume 1: *The Global Economic Impact of Private Equity Report* 2008,Anuradha Gurung和Josh Lerner编辑(纽约:2008美国世界经济论坛),第3—26页。可于此阅读 http://www.weforum.org/pdf/cgi/pe/Full_Report.pdf。

④ Peter Lattmann所写的 "Buyout-Shop Swap MultiPlan in \$3.1 Billion LBO",载于 *Wall Street Journal*,2010年7月9日,http://online.wsj.com/article/NA_WSJ_PUB:SB1000142405274870360900457355392787558722.html,访问于2010年7月29日。

⑤ Quentin Webb和Victoria Howley所写的 "Lion to Buy Picard in Biggest French LBO since 2008",载于 Reuters.com,2010年7月26日,http://in.reuters.com/article/2010/07/26/us-picard-idINTRE66P27B20100726,访问于2011年7月8日。

⑥ Marietta Cauchi所写的 "Lion Buys BC Partners' Picard",载于 *Dow Jones Newswires*,2010年7月27日,http://www.efinancialnews.com/story/2010-07-27/lion-picard-bcpartners,访问于2010年8月1日;以及 "Candover Realizes Investment in Picard for Euro 1.3 Billion",载于 *PR Newswire UK Disclosure*,2004年10月24日。

⑦ Webb和Howley所写的 "Lion to Buy Picard in Biggest French LBO since 2008"。

公司的投资组合中,这家公司资金实力更强,可以支持企业开展成本更高的营销和销售。不过,在 VC 情况下,新的投资机构一般是购买企业发行的新股,稀释已有股东的股权比例,而不是购买原有股东的份额。利安在消费者品牌上的专业能帮助 Picard 创造更多的价值。对于二次收购的卖方,交易能为他们的投资者创造收益。急需流动性的 LP 们可能会乐意接受任何形式的回报,而更早的回报会帮助 GP 实现良好业绩,并用于募集另一只基金。最后,二次交易执行起来比出售给战略性买方(这可能不得不进入一个漫长的谈判中)或者公开发行(这需要合适的市场时机)更容易。① 对于购买企业的投资公司来说,企业之前获得私募股权公司的支持可能意味着该企业的财务状况清晰健康。

不过,LP 对于二次收购会有一些顾虑。首先,同一家 LP 可能投资了很多大型并购基金。因此,LP 可能会从其中一家投资公司获得某家企业的回报,但同时另外一家投资公司却因同一家企业要求资金投入。哪些情况是一家投资公司知道而另一家投资公司却不知道的呢?第二,在某些情况下这是有问题的,比如是否仍有额外的价值创造空间或者是否所有的"唾手可得的水果"都已经被拿走。② 不过,最大的问题是关于费用。二次收购中的被收购企业不得不支付两套交易费用:第一套是给上一买家,第二套是给出价更高的第二个买家。另外,企业常常需要给卖方投资公司支付一笔分手费,因为它不会再购买该投资公司的顾问服务,即使该投资公司已经从这笔交易中获得了收益。③ LP 可能认为,这种通过减少企业价值,而不考虑给 LP 带来任何费用补偿的行为,是一种从企业(和希望获得回报的 LP)身上把价值转移给 GP 的寻租行为。④

其他退出的方式

除了收购和 IPO 外,还有其他类型的退出方式。有的只是返还投资者投资额的一部分——例如通过股息。而其他方式如清算则回报更少,但是能让私募股权公司停止对糟糕的企业继续投入时间和资金。

部分退出:股息

通过股息,企业会把一部分资金返还其投资者。支付股息是部分退出的一种方式:企业仍然在私募股权公司的投资组合中,仍需要指引和监管,但是由于减少了实际投资的金额,投资公司减少了该交易的风险。在一些情况下,企业可能是因为没有赎回优先股的足够现金而选择支付股息。在其他一些情况下,收购公司可能会让企业支付股息以收回他们的大部分股权价值,同时还能保持自己对企业的所有权不变。例如,汽车租赁企业赫兹,在其私募股权所有者(Clayton, Dubilier and Rice、凯雷集团以及美林私募股权)持有

---

① Lattmann 所写的"Buyout-Shop Swap MultiPlan in $3.1 Billion LBO"。
② 迄今为止很少有针对这个问题的研究。Stefan Bononi 所写的"Secondary Buyouts",(2010 年 5 月 15 日,未出版,可于 SSRN 阅读: http://ssrn.com/abstract=1571249,访问于 2010 年 7 月 23 日)建议,根据一个小样本,尽管首次收购确实创造了价值,二次收购却很少能这样。
③ 自 2008 年金融危机以来这种情况就不太常见了。
④ 如第二章所指出的,有些交易费用由 GP 和 LP 共同承担。LP 通常会收到这些费用以补偿所支付的管理费。

该企业的 14 个月内,通过发行新债务支付了 10 亿美元的股息。但这些付款也有其不利的一面:赫兹的利息成本因此加倍。① 在 2010 年第一个季度,LBO 公司控制的企业举债 108 亿美元来支付这样的股息,而在 2009 年全年的股息支付仅有 10 亿美元。②

正如第五章指出的,支付股息在创业家和投资者之间有利益分歧——创业家希望将资金留在企业中,而接收股息的投资者希望把股息支付给他们。不过,股息也有一些用处。如 Michael Jensen 的经典著作中提到的,③自由现金流——超出用于投资项目所需现金的现金流,这里的项目在相关折现率下的净现值为正——会在管理层和股东之间产生利益冲突,主要是当管理层投资一个无用项目因而降低企业效率时。此时,如果把自由现金流用来支付股息,能在回报股东的同时提高企业的效率。

因此,支付股息有两面性。作为一种向 LP 返还资本的方式,只要用作股息的资金不影响企业的运营,那么股息就能给各方都带来好处。但另一方面,如果股息不是来自于自由现金流,而是通过大幅提高企业债务或者放弃有价值的长期投资,或者损耗了必要的财务储备来获得,那么股息分派会让企业在面对外部冲击时更容易受到伤害,长远来看企业会变得相当脆弱。

损失最小化退出

Orangina 和 Playdom 的投资者在他们的企业被收购时无疑赚到了钱。在上面提到的二次收购的出售端也是一样的。但在某些情况下,通过收购退出提供了一种最小化损失的策略。如第六章中提到的,Aror Networks 对 Ellacoya 的收购代表了两家企业投资者的努力,他们试图建立这样一家实体,有足够的市场影响力去上市或者成为一家更大规模企业的收购目标。但实际交易完全不是一件变现事件,因为两家企业的投资者获得的是新合并公司的股权,而新公司仍是私营的。尽管 IPO 不是一种退出但却创造了退出机会,一笔私营对私营的合并会提供一种退出的希望。

每个投资组合中都包括了永远不算太失败或者永远不算太成功的企业。他们没有按时完成阶段性目标,但就差一个季度;他们可能就差一个客户就能实现现金流平衡;一家非常感兴趣的潜在收购方正准备发起收购。在某些时候,投资者认为他们对企业所投入时间和资金的边际价值并不能带来正回报。董事会必须决定是关闭企业并注销投资,还是好好包装一下企业然后假手于人。理论上,这种交易能有一定量的变现,即使亏损;但最重要的是,它能释放时间和资本,从而投入到更有前景的机会中去。

例如,在纳斯达克崩盘后,很多 VC 公司终止了对陷入困境的高成本企业的投入,这些企业已经失去了很多潜在客户。虽然根据已开发技术的价值出售这些企业,通常只能收回一点初始投资,但仍然好过直接关闭企业而失去所有投资或者继续大量投入。正如

---

① Chris Kirkham 所写的"An IPO in Overdrive",载于《华盛顿邮报》,2006 年 11 月 14 日,http://www.washingtonpost.com/wpdyn/content/article/2006/11/13/AR2006111301295.html,访问于 2010 年 8 月 5 日。

② Tim Catts、John Detrixhe 和 Kristen Haunss 所写的"LBO Firms Extracting Dividends as Blackstone's Apria Sells",载于 *Bloomberg*,2010 年 4 月 15 日。

③ Michael C. Jensen 所写的 "Agency Costs of Free Cash Flow, Corporate Finance, and Takeovers",载于 *American Economic Review* 第 76 期,(1986 年第 2 期):第 323-329 页。

一位投资者说的,"在那个时候,让我呆在一个没有收入的私营科技企业的董事会中,就好比前面挂着一个大大的'待售'牌子。[1]"

如之前指出的,当收购被提到董事会时,就必须谈判价格和条款。特别是对一家陷入困境的企业,如我们之前在第五和第六章中讨论的那样,我们会发现有不同投票权的不同投资者之间的相互影响。一家入股价格较低的早期投资者为了获得收益并募集一只新基金,可能会愿意接受一个较低的价格。如果这家投资者还有优先权,他可能会强迫其他入股成本较高的投资者接受交易。不过这种情况不多见,因为VC是一个小圈子;投资公司常常会在后面的交易中遇到对方,与共同的投资者闹僵从来都不是一个好主意。

出售知名度较低或者市场惯性不足的企业不是一件容易的事。这里会再次看到风险投资家的声誉和其关系网的质量是有用处的。那些曾经和投资者合作过并希望继续在更成功退出上合作的投资银行,会代表这些困境中的企业去接触可能的收购方,并分享最终的收益。那些曾经和投资者一起工作过的高管可能本身就在企业工作,或者知道对该企业技术感兴趣的企业。在一定的价格下,有些企业可能会找到一家收购方,或者在公司壳已经关闭的情况下被拆分成不同资产(主要是所获得的 IP)。在这种情况下,初始资本结构可能会被重新谈判,以挖出一块可以奖励管理层。

股权回售

有时,投资者会利用我们在第五章提到的"看跌期权",将其股份回售给企业。当然,作为初始协议的一部分,一般必须谈判条款;这对初创企业或 LBO 也同样适用。

看跌期权允许投资者将其股份回售给企业,有时会有溢价,使得私募股权机构可以实现一个适中的回报率。一般这种交易在初始投资 5 年到 8 年后,并且只有在企业没有经历一次变现事件时才允许发生。Motilal Oswal Financial Services[2] 是一家印度股票经纪商及财务顾问企业,它在 2006 年从一家对冲基金和一家美国的早期阶段投资者手中获得了投资。这家对冲基金坚持的一个条款是,如果 Motial Oswal 没能在 5 年内上市,则允许该基金以某个事先讲明的最低回报率回售股份。对冲基金希望保护自己,不会因为持有没有流动性的资产而被卡住。而事实是,后来企业在 2007 年上市,为投资者提供了回报丰厚得多的退出方式。

有时投资者会在没有正式看跌期权的情况下将其股份回售给企业。一家初创企业已经达到现金流平衡,尽管有几家收购意向,创始人兼 CEO 会拒绝出售企业。另外,创始人不喜欢那些接前任(前任已经离开公司)在董事会席位的 VC 投资者。最后,VC 公司的第三位投资者(注意,三位投资者,一家 VC 公司,一家企业)会试图谈判一份协议。创始人兼 CEO 会以其成本的一半回购投资者的股份,而那位争吵不休的董事则会离开董事会。对于 VC 公司,收回成本的一半算是一个不错的结果,主要是因为该董事会成员现在可以将精力投入潜力大很多的企业中。但在很多创业企业中,执行看跌期权或者把股份

---

[1] 与 Felda Hardymon 的私人沟通,2003 年。

[2] 更多细节请见 Felda Hardymon、Josh Lerner 和 Ann Leamon 所写的"Motilal Oswal Financial Services:An IPO in India",哈佛商学院案例编号:807-095(波士顿:哈佛商学院出版社,2008 年)。

回售给企业是很难的,因为企业缺乏足够的资金回购这些股份。

另外一种部分退出的方式发生在投资者把股票出售给其他投资者的时候。这种情况发生在融资进程中,或者当基金到存续期末,或者由于一些其他原因需要退出,比如从投资者的健康问题到投资公司的专注领域变化等。一家企业决定放弃一个企业 VC 项目可能会引发这类企业出售。通常,转让价格会根据融资轮中购买股份的成本来定。有时,会有一份协议,允许原来的所有者在一定程度上分享最终退出的收益。这种机制更接近于提供一种退出渠道而非一种收益。

关闭

当然,有些企业不得不关闭。如 Tolstoy 倒霉的投资组合,每一家失败的企业都有各自的问题。Amp'd Mobile 是一家移动服务企业,获得了高原资本、Columbia Capital Equity Partners 及其他投资公司共计 3.6 亿美元的融资,但由于瞄准高风险客户,最终一半客户无法付清他们的账单而不得不倒闭。[①] Coghead Inc. 是一家网络应用企业,在发展知识产权上取得了一些进展,但却无法筹集足够资金偿还其风险贷款。之后它把其知识产权出售给了其中一名投资者 SAP,然后倒闭。[②] Sequoia Communications 是一家移动电话收发机开发商,错过了市场时机。该企业创建于 2001 年,无法和那些大型运营商如 Qualcomm 进行竞争,这些运营商生产满足特定国家要求的多种移动电话零部件。投资者已经投入了 6 400 万美元,他们不愿意投资更多资金——企业离实现收支平衡估计还有一年的时间。其中一家擅长逐步关闭企业的投资公司计划通过拍卖出售企业的资产和知识产权。[③]

但不是所有的关闭都结束得那么平静。Terralliance Technologies 是一家石油和天然气勘探企业,从包括 Kleiner Perkins、高盛、迪拜 Ithmar Capital 及其他几家公司在内的投资联合体获得股权融资 3 亿美元,债务融资 1.5 亿美元。由于财务会计核算问题和对技术精确性存在疑问,使得来自新加坡淡马锡控股的 11 亿美元融资在 2008 年 8 月彻底泡汤,董事会对创始人兼 CEO 做了降职处理,并在 2009 年 5 月将其解雇。几个月后,董事会控告创始人滥用企业的知识产权,成立了两家竞争企业。在 Kleiner 的明星交易执行人 John Doerr 的斡旋下,企业最终重组为 TTI Exploration(获得了 5 420 万美元的进

[①] Matt Marshall 所写的"What Were They Thinking? Amp'd Mobile's Mad Credit Strategy",载于 Venturebeat.com,2007 年 7 月 20 日,http://venturebeat.com/2007/07/20/what-were-they-thinking-ampd-mobiles-mad-credit-strategy/,访问于 2010 年 7 月 29 日。

[②] Timothy Hay 所写的"Turning Out the Lights: Sequoia Communications",载于 *Wall Street Journal—Venture Capital Dispatch*,2009 年 8 月 20 日,http://blogs.wsj.com/venturecapital/2009/08/20/turning-out-the-lights-sequoia-communications/,访问于 2010 年 7 月 29 日。

[③] 同上。

一步投资)①,以项目方式为客户提供勘测服务。

在私募股权里有句话说:"你最多只是损失100%的投入",但这句话并不完全对。当VC投资者关闭一家企业时,他们可能不得不投入进一步的资金来支付遣散费、薪金税或可能拖欠的假期补偿,他们还必须付清长期租约,甚至还需要支付搬清办公室的费用(运费)。每个参与过的人都会深深体会到这些麻烦。

即使LBO交易涉及的都是实际在运营的企业,他们也可能遇到麻烦。在某些情况下,企业无法支付债务的利息或者无法遵守贷款合同。此时,投资者和债权人(银行和债券持有者)会尽量重新谈判协议。债权人希望LBO公司投入更多资金,提高其股权比例和降低其回报。而LBO公司则希望债权人放宽条款,给予利息宽限期(即,企业在此期间不需支付利息),或者进行债务掉期。有时这种重新谈判会成功,但有时却会破裂,此时私募股权机构会以损失全部资金收场。让我们看几个例子。

Harrah's是一家赌场运营商,于2006年12月以278亿美元的价格被阿波罗投资和TPG收购。受消费者可自由支配收入下滑的影响,在2008年11月,赌场和其私募股权所有者请求2010年到2018年到期债券的持有者能以40%到100%之间的折价率同他们进行交换。新的债券比之前的清算优先级更高,但是到期收益率较低(之前的债券是40%,新的债券则是10%),并且赎回期更靠后。债券持有者并不愿意进行这样的交换,但是最终于2009年3月,价值50亿美元的债券被交换成总值28亿美元于2018年到期的新债券。②

另一方面,有些收购最终是以破产法案第11章破产收场,而不是进行庭外重组。在美国,这给股东一个重组企业债务、摆脱繁重租约或其他长期协议的机会,从而使企业更精简和更有竞争力。收购公司也可能不得不注入更多股权投资。

最差的情况下,企业无法重组和继续经营。Linens'n Things就是这样的情况。这是一家家具零售商,在2006年2月被阿波罗投资领衔的投资联合体收购。在交易时,Linens'n Things是美国当时第二大的家居商品零售商,在美国和加拿大共拥有17 500名员工和589家分店。阿波罗投资总共支付了13亿美元,每股28美元,比前一交易日的收市价高出6%。③

债权人合同要求零售商满足特定的财务目标,包括息税折旧摊销前利润(EBITDA)

---

① Adam Lashinsky 所写的"How a Big Bet on Oil Went Bust",载于 Fortune.com,2010年3月29日,http://money.cnn.com/2010/03/26/news/companies/terralliance_tech_full.fortune/index.htm,访问于2010年8月3日;以及 Zoran Basich 所写的"Let's Hope Joe Lacob's Golden State Warriors Is No Terralliance",载于 *Wall Street Journal-Venture Capital Dispatch*,2010年7月15日,http://blogs.wsj.com/venturecapital/2010/07/15/lets-hope-joe-lacobs-golden-state-warriors-is-no-terralliance/,访问于2010年8月3日。

② Caroline Salas 所写的"Harrah's Bondholders Get as Low as 40 Cents in Swap",载于 *Bloomberg*,2008年11月17日,http://www.bloomberg.com/apps/news?pid1/4 21070001&sid1/4 apPgoV5YfmwA,访问于2010年8月4日。

③ Jonathon Keehner 和 Jason Kelly 所写的"Apollo's Linen 'n Things Unit Files for Bankruptcy",载于 *Bloomberg*,2008年5月2日,http://www.bloomberg.com/apps/news?pid=newsarchive&sid=aIibQcTFLkgY,访问于2010年8月9日。

至少1.4亿美元,而且门店销售不能低于前一季度的94%。① 但是在接下来的两年,Linens'n Things经营陷入困境,做了一些错误的战略改变,面临消费者支出减缓。在2008年4月,企业6.5亿美元的高级债券以面值35%到39%的价格进行交易,这意味着即使是最有保障的债券持有者预计也仅能收回三分之一的资金。投资联合体6.48亿美元的股权投资看起来有麻烦了——投资者也仍未获得任何特殊红利。

2008年5月,在尝试和债权人协商并找到一个买家后,企业没有支付某期利息,并申请破产。它宣布了关闭120家门店并辞退2500名员工的计划。在2008年10月,在不断加剧的金融危机形势下,由于找不到买家,Linens' Things将其价值5亿美元的剩余库存以95%的折价(约4.75亿美元)出售给一系列清算人。企业债务为6.5亿美元。在2010年2月,因为留下的公司实体无法与债券持有者达成共识,企业以破产法案第7章申请破产并结束营业。②

在欧洲,有证据显示银行越来越抗拒与私募股权公司进行重新谈判,并以最终变成企业股东收场。苏格兰皇家银行的全球重组团队负责人Derek Sach这样说道:"如果私募股权公司想继续留在游戏里,他们就必须愿意投入更多的股本资金。否则我们会选择抛弃他们。"在20世纪90年代,上一波LBO热潮过后,银行调整了贷款条款。不过,自2009年初起,已有估计总值500亿欧元(665亿美元)的企业由于违约而部分或全部被银行收购。③

其中一个例子是瑞典的旅行拖车和游船的内部配件生产商Dometic。债权人以债转股的方式从BC Partners获得了该企业的控制权。④ BC Partners在2005年以二次收购的方式,以11亿欧元(16亿美元)的价格从斯堪的纳维亚公司EQT手中收购了Dometic。⑤ 之后,BC Partners通过股息资本重组收回其100%的股权投资,而将13亿欧元的债务负担留给了企业。由于全球萧条导致需求不足,企业在2009年1月违反了借款合同。2009年9月,25家银行的联合体获得了企业的控制权,把债务降低到7.8亿欧元,并减少了70%的利息支付,从而获得70%的股权。最高管理层获得了Dometic 25%的股

---

① "Linens 'n Things Agrees to \$1.3B Buyout",载于USAToday.com,2005年11月8日,http://www.usatoday.com/money/industries/retail/2005-11-08-linens_x.htm,访问于2010年8月9日。

② 材料来自Andrew Ross Sorkin所写的"Linens 'n Things Lands in Chapter 11",载于 New York Times DealBook,2008年5月2日;Andrew Ross Sorkin所写的"Linens 'n Things: Don't Expect a Soft Landing",载于 New York Times DealBook,2008年4月11日;Andrew Ross Sorkin所写的"Linens 'n Things to Liquidate After Failing to Find a Buyer",载于 New York Times DealBook,2008年10月14日;以及Ajay Kamalakaran所写的"Linens 'n Things Plans Bankruptcy Exit: Report",载于Reuters.com,2008年8月18日,http://www.reuters.com/article/2008/08/18/us-linensnthings-plan-idUSBNG24752420080818,访问于2011年7月8日。

③ Toby Lewis所写的"Banks Seize 50 Billion Worth of Private Equity-Backed Companies",载于 Financial News,2010年8月2日,http://www.efinancialnews.com/story/2010-08-02/banks-seize-private-equity-backed-companies,访问于2010年8月4日。

④ Paul Hodkinson所写的"Large Buyout Restructuring to Last through Summer",载于 Financial News,2009年7月31日,http://www.efinancialnews.com/story/2009-07-31/large-buyout-restructuring-to-last-through-summer,访问于2010年8月9日。

⑤ Mark Leftly所写的"BC Loses Control of Dometic in Equity Deal with Lenders to Ease £1.1Bn Debt",载于 The Independent,2009年9月6日,http://www.independent.co.uk/news/business/news/bc-loses-control-of-dometic-in-equity-dealwith-lenders-to-ease-16311bn-debt-1782297.html,访问于2010年8月9日。

权,而剩下的5%留给了董事会。① 至于银行能否为企业创造价值,这是另外一个问题。

当投资以陷入困境告终时,是否创造了价值呢？Steven Kaplan认为虽然Robert Campeau对联合百货的收购中支付了过高的价格,而且企业无法支付其利息,②但是它还是创造了价值。Kaplan把联合百货在被Campeau收购前和破产后的价值进行了比较。破产后,联合百货的资产扣除通胀因素后是31亿美元,高过之前。不过,他的计算可能没有充分考虑很多利益相关方所处的困境,比如损失投资的债券持有人和那些失去工作的员工。私募股权所有权的整体影响问题,我们会在第十章讨论。

分配的细节

当企业上市或被收购后,私募股权公司必须把收益分配给LP。③ 这些"分配"可以是以交易的货币(现金或股票)进行。有一种变化形式是现金分配,不是因为交易以现金形式发生,而是因为投资公司把获得的企业股票出售,再把现金转移给LP。实际上,很多竞争性利益的存在使得分配并不简单。这个过程困扰了LP很多年,正如《创业经济学》杂志在1987年的一篇文章中所说："在风险投资基金管理中,很少有问题能像股票分配的时机和执行引起这么多争论。风险投资基金经理(和投资者)在股票何时分配以及如何分配上的观念有不少差异。"④

分配的形式随着时间和投资的类型不同而变化。在2000年,股票分配占到了所有私募股权分配的近60%；而在2009年,这个数字跌到了7%,⑤如图7.3所示。1990年到2009年,股票分配在VC分配中平均占比46%,在2000年达到峰值72%。对于收购来说,股票分配占比要低得多,在1990年到2000年平均占比5%,其中1994年达到峰值20%。投资者选择分配股票还是现金取决于退出交易的性质,而且通常取决于当时市场的主流做法。任何分配形式都会给LP带来挑战,因为如果是股票分配的形式,他们需要决定是持有还是出售证券,而现金形式下,他们需要考虑税收的影响。尤其是近期分配很少的情况下,这种两难就更明显了；但决定仍然有极高的风险。

从企业宣布上市到资金进入LP口袋,分配会经历一个曲折的过程。首先,会有一个**锁定期**(lock-up period,一般是180天),这是一个投资银行、上市企业与其投资者间的承销协议的标准要素。在这个期间内,所有的高管和大部分的私募股权投资者(取决于他们

---

① "Dometic：Banks Take Control",载于 *IBI Magazine*,2009年9月6日,http://www.ibinews.com/ibinews/newsdesk/20090807153729ibinews.html,访问于2010年8月9日。

② Steven N. Kaplan所写的"Campeau's Acquisition of Federated",载于 *Journal of Financial Economics* 第25期,(1989年第2期)：第191-212页；以及"Campeau's Acquisition of Federated：Post Bankrupty Results",载于 *Journal of Financial Economics* 第35期,(1994年第1期)：第123-136页。

③ 这部分基于Josh Lerner、Felda Hardymon和Ann Leamon所写的"Between a Rock and a Hard Place：Valuation and Distribution in Private Equity",哈佛商学院案例编号：803-167(波士顿：哈佛商学院出版社,2003年),第14-18页；以及Felda Hardymon、Josh Lerner和Ann Leamon所写的"The Plummer Endowment：The Distribution Question",哈佛商学院案例编号：802-174(波士顿：哈佛商学院出版社,2001年)。

④ "Stock Distribution-Fact, Opinion and Comment",载于 *Venture Capital Journal* 第27期(1987)：第8页。

⑤ 数据来自汤森路透私募股权数据库,访问于2010年8月10日。

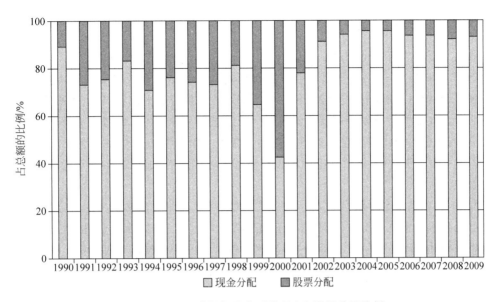

图 7.3 美国私募股权退出时的现金和股票分配比例

资料来源：数据来自汤森路透私募股权数据库，访问于 2010 年 8 月 10 日。

的股权比例和所掌握的内部信息数量）通常被要求持有他们的股份。

一旦锁定期期满或之后，GP 会向 LP 发送一份分配通知。这些通知会详细列明股票分配数量、成本基数、分配价值以及必须遵守的一些限制。其中可能包括如果分配股票超过流通在外股票的 1%，或者持有时间少于两年，或者如果需要去掉出售限制标签时（这里应该用的词是"去标签"），在单一期间内的出售量限制。① GP 会在分配经纪人（经纪交易商）处开立一个账户，并把股票存放在那里。通知函会让 LP 去联系经纪人，并决定是出售、转移给保管人或分配管理人，还是等待另一方的指令。经纪人应 LP 的要求提供这项服务，因为他们在执行交易时会收取费用。

如果 LP 想让经纪人出售股票，中间会存在一些延后，因为实物证书转交到过户代理人需要一些时间。过户代理人和律师以及 GP 会共同协调将大额股票分拆成更小份额给每位 LP。有时，实物股票证书送往经纪人处还会产生更多的延后——在互联网泡沫期间，这需要 6 个星期甚至更长时间。如果股票受 SEC 限制，当经纪人收到出售要求时，他还需要收到一些必要的书面材料。之后，经纪人会执行交易，但是结算可能会延迟。很多银行会提供在完成所有材料之前就执行交易的服务，这相当于银行给 LP 提供贷款，并收取一定费用。可以预见，LP 对这种服务并不是很感兴趣。如果企业上市，然后被收购或者在锁定期有股票分拆，那么分配过程会尤为复杂，就像 1999 年到 2000 年发生的那样。2000 年后，LP 倾向于在分配的股票到手后尽快出售。但有一些 LP 也会选择性地管理分配到的股票。

---

① 私营企业股票通常会被打上标签，限制进行交易。在可以交易之前，必须将证书换成没有标签的证书。

为什么分配股票？

股票分配发生有三个原因。首先，SEC规定限制了企业成员（高管、董事和持股比例在10%以上的股东）的出售规模。私募股权投资者一般是符合成员定义的，这是因为他们在董事会的作用和他们持有股权的比例。对于VC投资者来说，出售一家成立不久、交易不活跃企业的大量股票会需要很长时间。通过把股票分配给LP（他们并不会被视为企业成员，因此能自由出售股票），投资者能迅速脱手大量股票。这是主要出现在IPO中的一个考虑；而对于收购，被收购企业的投资者远不可能持有大量股权，通常能自由出售他们的股权。

其次，税收动机会激励合伙人分配股票。如果GP出售股票然后分配现金，LP和GP自身可能会承担资本利得税。LP常常会有很多避税实体（例如养老金、捐赠基金和基金会），而有一些LP则没有（个人和企业）。这些投资者可能在股票出售时机上有不同的偏好。此外，GP自己可能会希望通过晚一点出售股票来延迟支付个人所得税。

最后，投资者可能希望分配股票，是想避免股票价格的任何下跌是由于其出售股票所致这种看法。GP担心其投资组合中已上市企业的股价会降低，原因有两个。正如我们在第九章对回报和业绩的讨论，外部基金追踪机构（如《创业经济学》杂志和剑桥咨询）和很多LP会根据分配股票当天的收盘价来计算基金回报。[①] 如果投资公司等着出售股票换取现金，而基金回报是根据出售股票所获得的现金来计算，现金价值可能会低于股票分配时的股票市值。当LP出售其股票时，股票分配时的价格可能并不是实际收到股票时的价格（即使接近）。股票可能会在宣布分配后两到三天，或者更长时间才能到达LP手中。如果市场对分配的反应是负面的，或者如果由于供应增加而导致价格下跌，LP的实际回报可能会大幅低于计算出的回报。应LP的要求，为了让GP的业绩数字和股票的实际表现更紧密对应，很多GP在其报告中已经采用了五天平均定价法——即，股票在之前五天价格的平均值。一些LP已经开始根据实现价格（即，LP收到的价格）而不是分配时的价格对GP进行评估，这进一步鼓励GP在他们认为LP能收到更好价格的时候才出售股票。

第二个对股价担心的原因和GP的薪酬有关。分配更高价值的股票，而不是已实现的现金，会为LP带来更高回报，至少在账面上是，并让GP可以早日收到收益分成而不用担心被追回。

LP认为，最大化分配后价值的最大挑战之一是，大部分GP会在同一天内分配股票。几乎所有的投资公司追求尽快分配；但事与愿违的是，他们可能会持有表现弱的股票，并寄望于其股价一旦稳定就立即分配。有一位LP这样抱怨道：

> 我们的一位GP在一家企业持有很大股权比例，在锁定期结束时股票价格为100。我们以95的价格收到大约25%的股票。当然，我们也希望价格在100，但这并不是一笔多大的交易。然后他们在股票价格下跌时持有股票。最终股价稳定在80。

[①] 很多分配在闭市后下午5点宣布。

当我们收到其余分配部分时,股票价格是81。他们说他们不想分配一个价格在下跌的股票。部分原因是尊严,但部分是因为他们以分配前10天股价的平均价或者分配时的价格来定价,孰低为准。当他们第一次分配股票时,股票就在下跌。我认为我会更愿意在股价还是95的时候收到股票,然后可能以90的价格出售所有股票,而不是稳定时的81。谁会要81而不是90?至少我不会!

很多机构投资者可以把分配后股票价格迅速下跌的故事联系起来,尤其是在泡沫期间。例如,互联网玩具零售商eToys在1999年10月巅峰时期市值超过103亿美元,股票交易价格为84美元每股。在12月,当IPO锁定期期满,股票价格仍然高于50美元每股。几家VC投资者开始分配股票,这让CEO十分烦恼。[1] 两个月内股票下跌到每股不足20美元,60天的跌幅超过60%。在2001年3月,企业宣布破产,股票变得一文不值。CEO和eToy领投方红杉资本,只能眼看着他们的股票失去价值。红杉资本在eToys宣布破产时仍然持有800万股。[2]

Crosspoint Venture Partners和Institutional Venture Partners(IVP)在处理他们投资组合中企业Foundry Networks(一家互联网交换设备生产商,于2000年初上市)的股票分配时,采用了不同的策略。Crosspoint于2000年10月在平均价格为87美元每股时,尽快将其1600万股分配给了投资者。IVP则以每股100美元的价格分配了一半的股票,但在2001年2月股票价格为10美元每股时仍然持有400万股。[3]

有些私募股权公司,包括LBO和VC,坚持长期持有他们企业的股票。他们坚持这是为了证明IPO只是另一种融资事件,企业在IPO后价值还会继续增长。GP可能也会继续持有他们已经上市的企业股票,以避免给LP和卖空者信号。通常,GP会仍然持有大量的份额;而如果LP将内部人出售股票解读为对企业前景缺乏信心,股票的下行压力会减少GP的回报。

困难在于私募股权投资者通常并不想管理公开交易的证券。那些正确抓住市场时机的能力和给私营企业创造价值的能力是完全不同的。GP常常会把证券转移给LP来保管或者出售。不过,GP确实会催促他们的CEO出售股票,担心CEO把他们的财富集中在一家企业是一种糟糕的财务策略。为加强利益一致性,GP可能会建立一个未来股票授予的系统。

GP通常会希望分配价值持续增长的股票,不仅是为其内部收益率(IRR)增色,也是为了减少由于供给增加而导致股票恶性下跌的可能性。然而经济学原理指出,在给定其他条件不变的情况下,供给增多会导致价格下跌。分配股票时,如果股票到达LP手中并被他们迅速出售,会产生供给上升价格下降的波动现象。Gompers和Lerner在1998年

---

[1] Michael Sokolove 所写的"How to Lose $850 Million-And Not Really Care",载于 *New York Times Magazine*,2002年6月9日,http://www.michaelsokolove.com/michael_sokolove/howtolose850million.htm,访问于2010年7月22日。

[2] Luisa Kroll 所写的"In the Lurch",载于 *Forbes*,2001年7月2日,第54页。

[3] 同上。

对接近800次分配的研究[①]表明,关于分配和股票价格之间的关系,有更多系统性的证据。股票价格在分配后会持续下跌,而结果也支持风险投资家会选择股票分配时机的观点。图7.4显示了扣除市场回报后的平均股票价格[②]在VC基金进行分配前后三个月的表现。即使在作者控制某些因素后,包括企业是由更老牌还是新成立的私募股权机构投资,企业上市承销投资银行的影响力是高、中还是低,私募股权投资者在分配时是否离开董事会,以及分配的规模,上述的发现还是很明显。

股票分配会给各参与方造成大量的管理负担,尤其是在保管记录和税务计算上。另外,LP很难决定如何处理分配到的股票。私募股权投资者一般不会宣布股票分配;他们认为,在SEC监管下,LP这样做会更安全。此外,GP会尽量避免向对冲基金经理提供信息,这些人可能会在分配前卖空股票,使得股价下跌。然而,这也意味着时间不长企业的股票在分配时只有很少的支持信息和很少的推荐买入意见。为解决这个问题,有些GP会安排CEO和一系列LP会面,让他们得到更多的新企业信息。

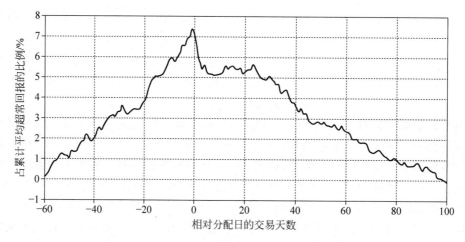

图7.4 股票分配前后的价格走势

资料来源:Paul Gompers 和 Josh Lerner 所写的"Venture Capital Distributions: Short- and Long-Run Reactions",载于 *Journal of Finance* 第53期,(1998年第6期):第2174页。

处理分配的股票

LP已经形成了一系列策略来处理股票分配。有些策略能在主要大学捐赠基金管理人所采取方法的演变中看到。[③] 最初,私募股权基金管理人一旦收到分配的股票时会全部出售,因为大部分VC支持的股票价格会在分配后迅速下跌,部分原因可能是上市交易股票(分配前企业股票可用于二级市场交易的部分)的规模不大。[④] 第二种方法则是观察

[①] 结论的更多信息请见 Paul Gompers 和 Josh Lerner 所写的"Venture Capital Distributions: Short- and Long-Run Reactions",载于 *Journal of Finance* 第53期,(1998年第6期):第2161-2183页。

[②] 根据相关股票指数的转换进行调整。

[③] 来自 Hardymon 等所写的"The Plummer Endowment: The Distribution Question"。

[④] 没有被完全捕捉到的一个现象是,在分配后的交易日,这些股票的买卖价差经常会变得很大。

股票的表现并在股价上行时出售股票。虽然这种方法结果更好,但它需要一段较长的持股时间,而这也会减少投资组合的回报。最后,基金经理采取了第三种方法,一种混合式的处理分配的股票的方法,在收到股票后随即出售,但会在(一般是)五天内逐渐增加出售的股票量。

其他主要的捐赠基金会有许多可能规定:"我们可能会分批出售,可能会以每周25%的比例在4周内售罄。如果我们有担心,可能会加速出售,相反如果放松,则会放缓出售进度。我们会关注(交易)量;如果交易量萎缩,我们就撤回。我们不想给市场带来消极影响,而且我们必须知道还有谁在出货。"①

如果LP规模足够大,有一个上市企业的投资组合,它可能还会使用另外一种方法。在这种方法下,负责研究小盘股的分析师会评估每次分配的价值。分配的股票常常是立即出售,有时是因为认为分配的股票不值得持有,有时是因为股票份额太小,无法引起注意。但如果股票有吸引力,私募投资组合基金经理也会以主流价格把股票"出售"给他们的二级市场同行。

较小的LP可能会使用股票分配管理人。这些中介会从LP获得分配的股票,然后根据LP的输入信息决定是出售还是持有。这样的公司包括Shott Capital Management、S-Squared Technologies、JP摩根和T. Rowe Price。使用股票分配管理人长期存在的一个问题是为他们的表现找到合适的衡量标准。由于这些管理人不是选择购买哪只证券而是选择出售哪只证券,因此本质上没有可比性。另外,使用这些管理人会产生额外的费用。

在20世纪90年代末,这些公司在分配领域变成重要的参与方。尽管有费用,但是一个股票分配经纪人会把为LP节省的即使没有数十亿也有上百万美元归功于这些股票分配管理人,他们会保持对企业的客观分析。另外,分配管理人会跟踪在锁定期内发生的股票分配、股票分拆和合并,并为他们的客户处理这些伴随而来的复杂问题。即使在一个下行的市场,当市场的关注点是流动性时,分配管理人也会以管理组合实现回报最大化而不是损失最小化而自豪。

一个激烈争论的问题是对冲。耶鲁大学捐赠基金开始对其私募股权公司组合中的股票或其他类似企业的股票,在分配前进行对冲,明显取得了巨大成功。② GP难以接受这样的做法,他们并不希望他们的股票有出售压力——尤其是来自表面上看来和他们一伙的LP的出售压力。另一方面,有些LP会怀疑这样的策略对他们是否特别有效。

结论

对于私募股权来说,退出并不清晰。这取决于很多因素,包括从初始投资的条款到创造的价值以及市场情况都要考虑。一小部分集中持有企业股权的人会决定退出时机和退出方式。在这个过程中会有多个参与方,利益一致性变得更难实现——投资银行希望确

---

① Lerner等所写的"Between a Rock and a Hard Place: Valuation and Distribution in Private Equity",第18页。
② Josh Lerner所写的"Yale University Investments Office: July 2000",哈佛商学院案例编号:201-048(波士顿:哈佛商学院出版社,2000年)。

保能出售所有承销的 IPO 股票，因此有折价的动机；而企业希望在交易中融资越多越好；私募股权公司希望能确保募集下一只基金。有时，私募股权公司更倾向于收购，但是 CEO 希望保留其位置从而更倾向于 IPO。在收购中，卖方可能会为了速度和确定性牺牲价格。

由于我们已经对退出过程进行了说明，各位读者应该已经清楚私募股权周期的每个步骤有多大程度上是取决于上一步。募资周期和 LP 的优先权可能会影响退出的时机。在第五章中讨论的术语会影响收购要约是否会被接受。在第六章中提到的价值创造会影响价格。治理方式会影响企业选择 IPO 还是使得企业对收购方有吸引力。退出方式会影响投资公司募集下一只基金的能力。

很大程度上，私募股权也有类似的作用。不管选择哪种退出方式，其投资者都会非常积极。首先，他们必须做出决定；然后，他们必须执行这个决定。这可能会涉及找到一家好的投资银行然后进行路演，也可能是投入更多的资金来逐步结束企业。继续参与企业能发出一种信号。关闭企业是令人不愉快但却是关键的一个步骤，因为它能让投资者专注下一笔投资。破产规定（能阻止资金继续流入已处困境中的企业）是私募股权良性环境的重要部分。退出是创造出来的；它们很少是靠发现出现的。大部分退出都需要很多次电话，大量人际网络，最终涉及一些变现问题。即使是在退出后，正如我们讨论到的，利益分配的过程也需要大量的时间并涉及很多参与方。

如果没有退出，私募股权就是一种非营利性的事业。如我们在 2008 年看到的，当退出停止时，很多其他事情也停止了——大学建筑项目、为艺术筹资、开发新技术以及扭转处于困境中企业的努力。私募股权过程不会因退出而停止；退出产生收益；LP 会花费一部分，也会投资一部分；CEO 会创立新的企业；投资公司会募集另一只基金。

在本书的下一章，重点会转移。我们不会更详细地研究私募股权周期，而是会讨论私募股权的更广泛应用及相关的一些问题。我们会讨论其国际化应用；公司业绩的评估；更广泛的含义；私募股权公司自身管理和发展的途径；私募股权周期；及私募股权的未来。我们希望前七章的内容能让读者对基本规律、激励和各参与方的特点有了一个很好的理解。现在我们会从新的视角去观察私募股权。

 问题

1. 退出是私募股权公司实现投资回报的最后一步。请描述私募股权公司退出投资的不同方式。
2. 在决定是否让企业上市时有哪些重要的考虑因素？
3. 与 IPO 相比，收购在退出中所占的比例更大，请给出一些可能的解释。
4. 私营企业的哪些特点可能增加选择 IPO 的可能性？
5. 私营企业的哪些特点会阻碍其上市？
6. 为什么对 IPO 的追求能吸引战略收购者更大的兴趣和/或报价？
7. 成为上市企业的主要优势是什么？劣势是什么？
8. 为什么上市企业更愿意机构持有人来占据股权的较大比例？是谁负责吸引这些投资者？

第八章

风险投资和私募股权的全球化

到目前为止,我们已经把私募股权作为一种普遍现象进行了讨论,并没有充分考虑到国家之间的差异。在本章,我们将回顾私募股权在世界范围内的发展。凯雷集团的联合创始人兼董事总经理戴维·鲁本斯坦(David Rubenstein)指出,甚至早在2004年,包括并购交易中债务在内的私募股权已经是美国第四大的出口商品。[1] 并不是只有并购基金走向了海外,根据美国国家风险投资协会在2009年进行的一项调查,在725家做出回复的风险投资公司中,有52%的公司已经在本国之外的国家进行了投资。[2]

尽管这种国际性的扩张多数是从20世纪90年代后期开始的,有些公司在进行国际性投资方面其实有丰富的经验。英联资本是最早的国际私募股权公司之一。1948年成立时,英联资本只是英国专注于项目融资贷款的援助机构的一个部门,到了20世纪90年代后期其业务才完全转变成股权投资,并快速发展成为一家独立的私募股权合伙企业。[3] 英联资本的孟买团队于2003年从旁遮普省政府手中收购了 Punjab Tractors 23.5%的股份,并成功完成了印度第一个私募股权支持下的私有化交易。英联资本完成这项交易的

---

[1] David Rubinstein 所写的"Is America's Burgeoning Export of Private Equity Capital a Plus or Minus for the Global Economy?"(2005年12月6日,于彼得森国际经济研究所发表的演讲),http://www.iie.com/publications/papers/rubenstein1205.pdf,访问于2011年7月11日。

[2] 美国国家风险投资协会编写的 Results from the 2009 Global Venture Capital Survey,2009年6月,http://www.nvca.org,访问于2010年5月29日。

[3] 关于英联资本的更多信息,请参考 Josh Lerner、FeldaHardymon 和 Ann Leamon 编写的案例系列"CDC Capital Partners",哈佛商学院案例编号:801-333(波士顿:哈佛商学院出版,2001年);"CDC Capital Partners: December 2002",哈佛商学院案例编号:803-167(波士顿:哈佛商学院出版,2003年);"Actis: January 2008",哈佛商学院案例编号:808-130(波士顿:哈佛商学院出版,2008年);以及 FeldaHardymon 和 Ann Leamon 编写的"Actis and CDC: A New Partnership",哈佛商学院案例编号:805-122(波士顿:哈佛商学院出版,2005年)。

方法与任何市场的任何投资者都是类似的：英联资本多年来一直保持对 Punjab Tractors 的关注，并且清楚管理层和企业的竞争优势。与典型的成长型股权投资唯一的区别就在于，英联资本作为一家国外实体，在印度国内的借款能力受到法规的限制。①

2007 年，赢得该项交易后的第四年，英联资本将持有的股份出售给 Mahindra & Mahindra，印度国内最大的拖拉机制造商。通过将 Punjab Tractors 介绍给全球的分销商，英联资本成功地帮助企业扩大了国际市场份额。不仅如此，英联资本还帮助企业改进运营和采购过程以及新产品的开发。整个企业的价值从英联资本投资时的 94.8 亿印度卢比（2.04 亿美元）增长到英联退出时的 220.9 亿印度卢比（5.42 亿美元）。②

在风险投资（VC）领域，Accel Partners，一家总部设于美国的投资于早期阶段的 VC 公司，于 2000 年在伦敦成立了办事处。2001 年伦敦团队进行了第一笔投资，他们对 Cape Clear Software 进行了注资③，该企业是一家由 IONA（爱尔兰在高科技领域的首家成功企业）资深人员创立的总部在爱尔兰的软件企业。Accel、Greylock 和一家爱尔兰公司 ACT 加入了由 InterWest 发起的后面几轮投资，从 2001 年到 2007 年，这几家公司共同向 Cape Clear Software 投资 3638 万美元。④ 对于 Greylock 这家著名的美国公司来说，Cape Clear Software 是它在北美之外的第一笔投资。Accel 领投了这次交易，并由它的伦敦办公室进行日常监督。2008 年 Cape Clear Software 被 Workday 收购，Workday 是一家由 AneelBhusri⑤（正好是 Greylock 先前的合伙人）参与创建的公司，他在七年之前对 Cape Clear Software 进行过投资。

很多政府对私募股权持欢迎的态度，主要有以下几点原因。就像在 Punjab Tractors 交易中所看到的，私募股权公司在私有化的过程中有重要的作用。通过收购一家企业或是竞标收购，私募股权从业者提出了客观的并购价格并为这种业务的价值进行了背书。此外，一些政府资金短缺，难以为基础设施和其他投资提供融资支持，这时私募股权可以提供所需资金。各种研究指出，尽管关于并购公司创造就业还没有一致的意见，但 VC 公司确实提供了创纪录的就业机会⑥，我们会在第十章对此进行讨论。

然而在私募股权的国际化扩张过程中，并不总是受欢迎或是成功。在鲁本斯坦发表

---

① 来自英联资本网站的信息：http://www.act.is/732,49/punjab-tractors，访问于 2009 年 5 月 26 日。

② Sanatu Choudhury 和 Anand Krishnamoorthy 所写的"Mahindra Agrees to Buy 43.3 Percent Stake in Punjab Tractors"，载于 Bloomberg.com，2007 年 3 月 8 日，http://www.bloomberg.com/apps/news?pid=newsarchive&sid=aCFvMp7B2CUk，访问于 2010 年 5 月 26 日。

③ 关于 Accel 伦敦办事处和 Cape Clear Software 的更多信息，请参考 FeldaHardymon、Josh Lerner 和 Ann Leamon 所写的"Accel Partners' European Launch"，哈佛商学院案例编号：803-02（波士顿：哈佛商学院出版，2003 年）。

④ 数据来源于汤森路透私募股权数据库，截至 2010 年 5 月 25 日。

⑤ Mary Hayes Weier 所写的"SaaS Start-Up Workday Acquires Cape Clear"，载于 *Information Week*，2008 年 2 月 6 日，http://www.informationweek.com/news/sofrware/soa/showArticle.jhtml?articleID=206105347，访问于 2010 年 5 月 27 日。

⑥ 更多相关文献，请参考 Florence Eid 所写的"Private Equity Finance as a Growth Engine"，载于 *Business Economics*，第 3 期（2006 年），第 7-22 页；以及美国国家风险投资协会所编写的"Private Equity Finance as a Growth Engine"，2007 年 3 月，http://www.nvca.org/index.php?option=com_content&view=article&id=255&Itemid=103，访问于 2007 年 8 月 3 日。

评论几个月前,德国副总理弗兰茨·明特费林(Franz Müntefering)将私募股权公司(说法存在差异;一说对冲基金)形容为"像蝗虫一样落在企业身上,把企业压榨干净后飞向下一个目标"。[①] 私募股权对于 GDP 的贡献在不同的国家之间存在巨大的差异。是什么让一个国家或地区更可能接受私募股权作为一种融资机制呢?20 世纪 90 年代 10 年间的大部分时间,新兴市场的回报率十分糟糕,又是什么情况让私募股权交易获得成功呢?

全球性的私募股权公司,像那些总部在美国的私募股权公司,具有强周期性。如图 8.1 所示,自从 1990 年以来,经历了三个盛衰周期。从 2000 年开始,私募股权公司一致向新兴市场进军;到了 2010 年(图片中并未显示),新兴市场的私募股权行业看起来比发达市场恢复得更快。尽管一些公司的总部在美国,本土公司已增加了他们在全球的布局——红杉资本在印度、以色列和中国布局;华平投资在中国大陆、中国香港、印度和新加坡都有布局;凯雷在 20 个国家设有 26 个办公室。总部在英国的 Candover、Apax 和 3i 在欧洲和全球市场都很活跃,总部在卢森堡的 CVC Capital Partners 以及德国公司 Early Bird 也有类似表现。在其他地区,这样的例子还包括中东地区的 Abraaj Capital 和 Citadel Capital;以色列的 Jerusalem Venture Partners;印度的 Chrysalis Capital 和 ICICI Ventures;在中国则有弘毅资本、戈壁投资、软银赛富以及许多其他公司。2010 年,根据过去五年募集基金规模排名的私募股权国际(PEI)排行榜上首次出现了总部在北美和欧洲以外的公司——总部位于迪拜的 Abraaj Capital。在榜单的前 50 名公司中,有 34 家总部位于北美(2 家位于加拿大),9 家在伦敦,2 家在瑞典,2 家在法国,1 家在荷兰,以及 1 家希腊公司。2010 年私募股权前 50 家的完整名单及各家公司前三年排名请参考表 8.1。

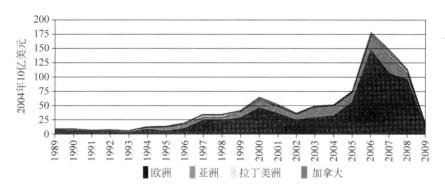

图 8.1　美国之外 1989—2009 年私募股权融资额
数据来源:各国的私募股权行业组织、汤森路透和 Preqin Global。

---

① Tracy Corrigan 所写的"Recession: We Need Private Equity to Weather the Storm",载于 Telegraph.co.uk,2008 年 11 月 17 日,http://www.telegraph.co.uk/finance/comment/tracycorrigan/3474851/Recession-We-need-private-equity-to-weather-the-storm.html,访问于 2011 年 7 月 11 日。

表 8.1　PEI 的排名前 50 名私募股权公司

2010 年排名	公司名称	总部	过去 5 年募集的资金/百万美元*	2009 年排名	2008 年排名	2007 年排名
1	Goldman Sachs Principal Investment Area	纽约	54 584	2	2	3
2	The Carlyle Group	华盛顿	47 826	3	1	1
3	Kohlberg Kravis Roberts	纽约	47 031	4	4	2
4	TPG	沃斯堡（得克萨斯州）	45 052	1	3	5
5	Apollo Global Management	纽约	34 710	5	6	12
6	CVC Capital Partners	伦敦	34 175	7	5	10
7	The Blackstone Group	纽约	31 139	8	10	4
8	Bain Capital	波士顿	29 240	6	7	8
9	Warburg Pincus	纽约	23 000	9	11	14
10	Apax Partners	伦敦	21 728	10	9	7
11	First Reserve Corporation	格林尼治（康涅狄格州）	19 064	11	23	22
12	Advent International	波士顿	18 180	16	13	43
13	Hellman & Friedman	旧金山	17 300	14	25	16
14	Cerberus Capital Management	纽约	14 900	21	18	34
15	General Atlantic	格林尼治（康涅狄格州）	14 700	18	21	18
16	Permira	伦敦	12 963	22	8	6
17	Providence Equity Partners	普罗维登斯（罗德岛州）	12 100	15	16	9
18	Clayton Dubilier & Rice	纽约	11 704	23	28	47
19	Terra Firma Capital Partners	伦敦	11 645	17	14	15
20	Bridgepoint	伦敦	11 203	26	27	36
21	Teachers' Private Capital	多伦多	10 891	30	29	20
22	Charterhouse Capital Partners	伦敦	10 762	29	30	24
23	Fortress Investment Group	纽约	10 700	19	20	27
24	Madison Dearborn Partners	芝加哥	10 600	28	47	32
25	Oaktree Capital Management	洛杉矶	10 562	37	36	49
26	TA Associates	波士顿	10 548	51	41	39
27	Citi Alternative Investments	纽约	10 197	48	NA	NA
28	Thomas H. Lee Partners	波士顿	10 100	31	32	30
29	Riverstone Holdings	纽约	9 800	34	NA	NA
30	Cinven	伦敦	9 607	32	26	11
31	AXA Private Equity	巴黎	9 535	35	34	NA
32	JC Flowers & Co.	纽约	9 300	36	40	NA
33	Silver Lake	门洛帕克	9 300	20	17	19
34	BC Partners	伦敦	8 897	38	33	29

续表

2010年排名	公司名称	总部	过去5年募集的资金/百万美元*	2009年排名	2008年排名	2007年排名
35	3i	伦敦	8 341	12	12	13
36	Nordic Capital	斯德哥尔摩	8 341	41	NA	NA
37	HarbourVest Partners	波士顿	7 954	NA	NA	NA
38	PAI Partners	巴黎	7 930	25	22	35
39	Lindsay Goldberg	纽约	7 800	43	NA	NA
40	NGP Energy Capital Management	达拉斯	7 519	45	35	NA
41	Lone Star Funds	达拉斯	7 500	NA	NA	NA
42	Alpinvest Partners	阿姆斯特丹	7 399	46	NA	NA
43	EQT Partners	斯德哥尔摩	7 372	27	24	21
44	Welch Carson Anderson & Stowe	纽约	7 309	40	NA	NA
45	Onex Partners	多伦多	7 278	33	49	33
46	Marfin	雅典	6 955	49	37	NA
47	WL Ross & Co.	纽约	6 900	42	45	NA
48	Oak Hill Capital Partners	斯坦福德（康涅狄格州）	6 607	56	NA	NA
49	Sun Capital Partners	博卡拉顿（佛罗里达州）	6 500	44	38	28
50	Abraaj Capital	迪拜	6 459	54	NA	NA

*从2005年1月1日到2010年4月募集的资金。

数据来源：摘自 The PEI 300 Executive Summary，2010年5月，http://www.abraaj.com/mediacenter；和Wanching Leong 和 David Snow 编写的 The Largest Private Equity Firms in the World（Dealogic & PEI Media，2008年），第7页，http://www.peim.com。

然而，海外扩张并不是一蹴而就的。在扩张的进程中也有过错误的开始，这些美国"侵略者"回到自己的领地舔舐伤口、消化损失，最终再次尝试。他们在美国国内的努力也遭受了挫折，同时也有成功。私募股权在各个国家的发展也有不同的形式。在一些地区——比如说欧洲，并购占据主导地位。在其他地区，比如说大部分新兴市场，成长股权投资最为成功。以色列则是VC行业很繁荣。为什么不是所有类型的私募股权都得到繁荣发展，像无名杂草一样平均分布在全球呢？目前为止私募股权的发展历史又是怎样的呢？

在本章，我们会探讨私募股权全球化中一个更宽泛的主题——发展历史和在全球不同地区的扩张。我们会考虑美国和欧洲间的差异，以及欧洲各国之间的差异。我们还会延伸到新兴市场，看看那里充满活力的私募股权发展。在整个讨论中，我们会考虑一个良好私募股权市场的各个方面。不可避免，这种讨论是在一个非常高的层面进行的。关于这个话题，甚至关于在某个国家的私募股权行业，已经有非常多的报告和书籍。如有任何纰漏，我们先在此表示道歉。

发达市场的私募股权行业

尽管私募股权的构成要素——举例来说,像 Montagu 和 Schroders[①],威尼斯式的利润分成,伊莎贝拉女王向克里斯托弗·哥伦布提供的风险资金——都于几个世纪之前就出现在欧洲,私募股权真正成为独立的资产类别却是在 20 世纪 80 年代。从那时开始,欧洲成为了继美国之后世界第二大发达的私募股权市场。

历史经验

和美国一样,欧洲的私募股权公司也在盛衰周期里遭受了严重的损失,因为高回报率会吸引更多的资金注入,更多的资金则抬高了定价,进而降低了回报,资金流入因此减少。在 20 世纪 80 年代后期,第一轮 VC 热潮发生在欧洲。这轮热潮与发生在美国的类似,那时美国市场经历了温和的繁荣期,该国私募股权公司走向海外寻找定价合理的新项目。在这轮热潮中,欧洲的银行也起了推动作用,他们将早期投资视为建立新企业的机会,而这些企业会成为他们银行服务的客户。Advent International 欧洲业务负责人约翰·辛格(John Singer)曾说:"这个行业的人员配置完全错误,不是银行家就是会计师。他们在交易结构构建方面确实不错,但是在评估趋势和技术方面以及增加价值方面缺乏专业能力。"[②]

缺乏经验,再加上募集的大量资金,意味着投资者以高价投资低质量项目。他们往往无法建立健全的治理体系——积极投资中的关键部分。20 世纪 90 年代初期的经济衰退彻底击垮了整个行业。机构投资者,尤其是养老金和保险公司,退出了私募股权行业;欧洲的公司则关闭其 VC 业务;美国的公司不是关闭就是大幅消减在欧洲的业务。风险投资行业几近崩溃让其形成了流动性不足的名声,并一直延续到 20 世纪 90 年代中期。[③] 结果也证实了这一点:1980 年到 1994 年间,欧洲大型并购基金的表现出色,剔除费用后的回报率比中等规模基金的平均水平高出几乎 9 个百分点(23.1% VS 14.7%),比 VC 基金的平均水平高出 19 个百分点(23.1% VS 4%)。[④]

直到 20 世纪 90 年代后期,在美国由 VC 推动的互联网泡沫所产生的惊人高回报率重新激起了人们对于私募股权的兴趣,欧洲的 VC 才得以从流动性不足的名声中翻身。[⑤] 当美国的风险投资基金走向海外寻找定价更合理的投资机会时,海外资本也进入了欧洲市场,有时会为了这个目的募集专项基金。[⑥] 除此之外,VC 的表现也得到了提升。到 1999 年底,欧洲 VC 基金十年间的表现(17.2%)已经几乎与并购基金相同(17.5%)。[⑦]

---

① Schroders 是一家创立于拿破仑战争期间的商业/投资银行,最终产生了 Schroder Ventures 和之后的 Permira。Montagu 成立于 1853 年,在 2003 年独立之前换过很多名字和股东。
② Rick Butler 所写的"Europe Comes Under Pressure to Perform",载于 *Global Investor*,2000 年 4 月,第 13 页。
③ 同上;数据来源于汤森路透私募股权数据库,http://www.venturexpert.com,访问于 2010 年 8 月 3 日。
④ Josh Lerner 和 Paul Gompers 所写的 *Money of Invention*(波士顿:哈佛商学院出版,2001 年),第 195 页。
⑤ Butler 所写的"Europe Comes Under Pressure to Perform";数据来源于汤森路透私募股权数据库,http://www.venturexpert.com,访问于 2002 年 6 月 7 日;和 Datastream 数据服务,访问于 2002 年 6 月 28 日。
⑥ Butler 所写的"Europe Comes Under Pressure to Perform"。
⑦ Venture Economics 所编写的 *Investment Benchmark Reports*:*International Private Equity*(纽瓦克,新泽西州:Venture Economics,2000 年)。

3i：投资公司中的"大黄蜂"

英国的 3i 是欧洲最早期的 VC 类型公司之一，并且是稀有类型的一员：上市的私募股权公司。① 3i 虽是由英国政府于 1945 年创建的，却得到了来自英国各大银行的支持，旨在防止像 20 世纪 30 年代那样的大萧条再次发生，并协助英国进行战后的重建。3i 发展了提供扩张资本的能力，大部分是面向高风险企业——不在大型银行业务范围内的中小型企业——提供的长期债务。3i 在整个英国已发展至 29 家办事处。3i 有很强的技术投资传统，像早期由 3i 投资的庞德直升机公司（Bond Helicopters）、苏格兰航空（后来的英国金狮航空）以及牛津仪器［核磁共振成像（MRI）领域的先驱］。从 1982 年开始，3i 开始在美国和欧洲设立办事处；然后进入了澳大利亚和日本市场，但是在 80 年代末终止了这些业务。不久之后的 1994 年，3i 在伦敦证交所发行上市，并成为了富时 100（英国领先的股票市场指数）的成分股之一。从 1997 年开始，3i 管理层重新审议了国际扩张的计划；到 2003 年，3i 在 13 个国家共有 31 个办事处。它是第一批通过收购进行发展的私募股权公司之一，在芬兰和德国都进行了收购。到 2010 年，3i 在 12 个国家有了办事处，并实现了产品线从 VC 向成长股权、基础设施以及中小型并购的转换。②

在那一段时间，欧洲的基金在 VC 领域表现得更为活跃，像 Atlas Ventures 这样的现有机构，募集了规模大得多的基金。新设立的公司，多数情况下仿照美国投资公司的模式进入市场（包括英国的 Amadeus Capital 和德国的 Early Bird）。最后，这种综合型基金回归 VC 领域，比如，在 20 世纪 90 年代后期，3i 将其配置在技术方面的投资从 15% 提升至 40%。③ 资金的供应也由于英国政府对 VC 信托进行授权获得了增长。这些上市的风险投资公司为他们的投资者节约了大量税款，而且不是特别富裕的人也可以购买到少量股份。在授权之后的 1994 年到 2002 年间，155 家 VC 信托共募集了 16 亿英镑（接近 30 亿美元）。④

在 2000 年的大崩盘之后，许多风险投资公司退出了 VC 业务或是回归到并购业务。风险投资和并购投资在历史上的回报率不对称再次出现在欧洲，2001 年到 2006 年间，风险投资基金的平均回报率为负的 9.6%，而并购基金则赚了 18.5%。⑤ VC 投资所面临的一些困难可能是由于不鼓励创业和承担风险的文化态度，或是由于不同的退出机会——更倾向于通过一级和二级市场的并购退出而不是更赚钱的首次公开发行（IPO）——但是许多欧洲的私募股权投资者可能认为早期阶段投资并不值得承担增加的风险。

---

① 关于 3i 的更多信息，请参考 Josh Lerner、FeldaHardymon 和 Ann Leamon 写的"3i Group plc"，哈佛商学院案例编号：803-020（波士顿：哈佛商学院出版社，2003 年）。
② Lerner 等所写的"3i Group plc"；和 http://www.3i.com，访问于 2010 年 5 月 27 日。
③ http://www.3igroup.com，各年度报告。
④ 数据来源于英国皇家税收与关税局/英国国家统计局，http://www.hmrc.gov.uk/stats/venture/table8-6.pdf，访问于 2011 年 7 月 27 日。
⑤ 数据来自剑桥联合研究顾问有限公司，2007 年 8 月 2 日。

在欧洲私募股权市场上,后期投资占据主流位置,而长期以来并购基金和 VC 基金之间回报率的差距是造成这种现象的一个原因,如表 8.2 所示。另一个原因是,从历史上看欧洲的商业结构更有利于并购基金。20 世纪 80 年代,撒切尔政府的私有化方案令英国的并购公司在成功进行控制型交易方面发展了能力,取得了领先。20 世纪 90 年代,当其他的国家开始私有化进程时,英国的并购公司已经在之前经验的基础上,建立了泛欧洲的业务。到 90 年代中期,英国公司 Apax 和 Schroder Ventures(现在的 Permira)已经成为著名的欧洲并购机构。①

表 8.2 欧洲风险投资基金和并购基金的募集情况　　　　单位:百万美元

年份	风险投资基金	并购基金和其他私募股权基金	总计	并购基金所占比例/%
1984	0.12	0.28	0.40	71
1985	0.27	0.78	1.04	74
1986	0.32	1.05	1.38	76
1987	0.39	2.88	3.28	88
1988	0.51	3.57	4.08	88
1989	0.46	4.24	4.71	90
1990	0.45	4.81	5.25	92
1991	0.40	5.34	5.74	93
1992	0.36	5.73	6.09	94
1993	0.23	4.59	4.82	95
1994	0.37	6.09	6.46	94
1995	0.41	6.77	7.18	94
1996	0.55	7.95	8.51	94
1997	0.80	10.10	10.91	93
1998	1.82	14.42	16.24	89
1999	3.45	23.30	26.75	87
2000	6.15	26.14	32.29	81
2001	3.74	18.05	21.79	83
2002	2.76	23.40	26.16	89
2003	2.40	30.55	32.96	93
2004	2.96	42.96	45.93	94
2005	3.02	55.52	58.56	95
2006	9.24	80.18	89.41	90
2007	10.73	90.43	101.16	89
2008	10.05	69.54	79.59	87
2009	2.40	16.20	18.60	87

数据来源:欧洲风险投资协会(EVCA)数据,EVCA Yearbook(扎芬特姆,比利时:EVCA,2007 年及更早年份)和汤森路透私募股权数据库,截至 2010 年 11 月 26 日。

---

① Schroders(有时被称作 Schroder Group)是一家基金管理机构。Schroder Ventures 是由 Schroders 于 1983 年建立的,但之后逐渐与 Schroders 脱钩,在 2000 年被剥离后成为 Permira。关于 Schroder Ventures 演变过程的更多信息,请参考 Josh Lerner、Kate Bingham 和 Nick Ferguson 写的"Schroder Ventures:Launch of the Euro Fund",哈佛商学院案例编号:597-026(波士顿:哈佛学院出版社,1997 年)。

由于欧洲的许多大型企业都是为了国家经济和社会目的或者商业效率而建立的大型企业集团，因此他们有足够的交易空间。比如，电信类公司就以人员超编、不可靠以及运营成本高而闻名。① 当欧盟(EU)督促形成更公开的市场并要求公司进行私有化改革时，这种状况才开始发生转变。像 Hoechst 和西门子这样的企业开始出售子公司，专注于其核心业务。② 世代交替也发挥了作用：从父到子的过渡不再自动完成，出售给一家并购公司也变成了可选项。在现金流为正的企业和擅长金融工程从业者的参与下，并购交易获得了蓬勃发展。不论是由于文化态度还是历史商业结构，并购交易在欧洲获得了高于 VC 的回报，并且波动性也较低。在最近的周期性衰退后这种声誉是否会持续下去，却是一个开放性问题。

欧洲的大多数并购公司脱胎于金融机构，尽管许多这类公司自身都经历过管理层收购并成为独立的公司。这其中就包括 Doughty Hanson(Charterhouse 和西德意志地方银行)，BC Partners(巴林)，Industri Kapital(瑞典北欧斯安银行)，Permira(Schroder Ventures)，Charterhouse 和 Montagu Equity Parnters(分别在 2001 年和 2003 年出自汇丰银行)，以及 Cinven(政府煤炭局养老金)。另一方面，CVC Capital Partners 和 Apax Partners 从一开始就是作为私募股权投资机构建立的。

私募股权行业自 2000 年来的发展

总体上看，欧洲作为私募股权目的地的受欢迎程度得到了提升。2000 年时基金募集金额创造 440 亿美元的纪录③，在 2002 年到 2005 年间崩溃，之后恢复至 2006 年的最高点 1410 亿美元，如表 8.3 所示。最近，尽管基金募集再次遭遇低谷——2009 年基金募集规模为 186 亿美元，达到了从 1996 年以来的最低谷。大多数资本流向并购基金——风投基金很少占到年度募集基金总金额的 13% 以上。三个国家贡献了大部分的风险投资基金：英国和德国各自募集了总额的 25%，法国募集了总额的 17%。④ 传统上，斯堪的纳维亚国家也有相当额度的风险投资。

表 8.3 欧洲私募股权募资总额　　　　　　　　　　单位：十亿美元

年份	募资额
1986	1.85
1987	3.40
1988	4.12
1989	5.63

---

① Michael Watkins 和 Ann Leamon 所写的 "Telecom Italia (A)"，哈佛商学院案例编号：800-363(波士顿：哈佛商学院出版社，2000 年)，第 4 页。

② Andy Thomson 所写的 "European Venture Capital"，载于 *European Venture Capital Jonrnal*，1999 年 12 月 1 日，S9。

③ 除了特别标注，数据来源于欧洲私募股权与风险投资协会，2009 *EVCA Yearbok*(比利时扎芬特姆：欧洲私募股权与风险投资协会 & Coller Capital，2009 年 6 月)，并使用从 http://www.oanda.com 获得的适当年平均回报率进行转换。

④ 同上。

续表

年份	募资额
1990	5.84
1991	5.19
1992	5.46
1993	4.01
1994	7.94
1995	5.69
1996	9.97
1997	22.60
1998	22.84
1999	27.06
2000	44.35
2001	35.84
2002	26.05
2003	30.60
2004	34.15
2005	89.36
2006	141.15
2007	111.58
2008	117.10
2009	18.10

数据来源：EVCA 编写的 *EVCA Yearbook*
（扎芬特姆，比利时：EVCA，2009 年及之前年度）

2008 年（2009 年比较特殊）募集的资金中略多于一半（54%）来自欧洲内部，30%从国内募集（即公司所在国）。欧洲之外的投资者中，大部分在北美，形成资金格局上的平衡。① 私募养老金和母基金是 2008 年两类最大的有限合伙人（LP）。养老金由于代扣工资，获得定期的现金流入，从而可以投资于有意思的基金，有时还可以改进投资条款。同样的趋势促进了母基金（通常代表养老金）的参与度。②

对私募股权的总体态度，以及对 VC 的特定态度，在一个大陆内也有差异。欧洲并不是一整块。尽管欧洲地区使用统一的货币，语言、商业习俗、税法、会计准则和进出口法规却并不相同。私募股权融资金额——风险投资或是并购——在各个国家间也并不相同。

为了更好说明，让我们比较某个国家在 2008 年的私募股权投资金额与其 GDP 的比例，③如图 8.2 所示。欧洲规模最大和最发达的私募股权市场是英国，私募股权投资金额

---

① 数据来源于 Preqin 的 2009 *Global Private Equity Report*（伦敦：Preqin，2009 年），第 34 页；和 2009 *EVCA Yearbook*，第 26 页。

② 2009 *EVCA Yearbook*，第 26 页。

③ 我们使用 2008 年而不是更为近期的 2009 年的数据，是因为金融危机使 2009 年（我们希望影响仅限于 2009 年）的数据是异常的。即使这样，小国的结果也会被单笔投资严重影响。数据来源于各国的私募股权协会；如果不存在类似协会，就从地区性机构获得；最后的方法，则是从类似于 EMPEA 这样的国际性机构获得。GDP 数据来源于经济学人智库。

占到 GDP 的 0.73%。2008 年，英国所募集的私募股权基金超过全欧洲私募股权基金的一半。尤其是美国的养老金，被英国相对熟悉的立法和财政情况所吸引。

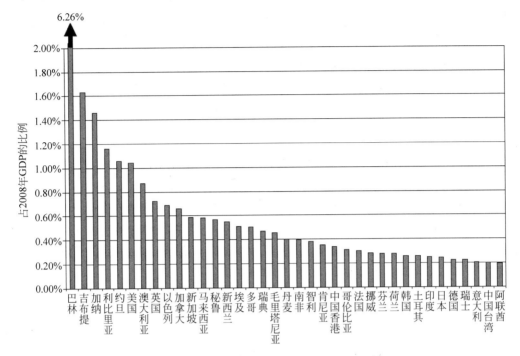

图 8.2　2008 年私募股权投资占该国 GDP 的比例

数据来源：各国私募股权或风险投资行业协会及地区性报告。排名前五的国家因为 **GDP** 较低，使得比例很大。

　　根据私募投资金额占 2008 年 GDP 的比例来排名，在英国之后依次是瑞典、丹麦和法国，而挪威、芬兰和荷兰则不相上下。根据募集资金额，法国名次上升到第二位，在英国之后；但是因为瑞典和丹麦的 GDP 规模相对较小，在私募股权投资额占 GDP 比重方面，则处于领先地位。作为欧洲最大的经济体，德国的排名在提升，与瑞士并列第六；私募股权投资占其 2008 年 GDP 的 0.22%。在排行榜的末尾主要是东欧国家；考虑到该地区最近在进行的经济改革，这个结果并不意外——尽管匈牙利私募股权投资额占 GDP 比重为 0.17%，超过了市场化的比利时(0.13%)。

　　瑞典是一个有趣的案例，这个小国有着相当体量的私募股权行业。和英国一样，瑞典国内私募股权公司募集到的资金，大部分实际上投向了欧洲的其他国家。瑞典私募股权市场的诱惑力就在于它持续的高回报率，这种高回报率得益于优惠的企业所得税、国内受过良好教育并具有国际视野的人口，以及企业从一开始建立时就需要为全球竞争做好准备的事实。①

---

①　Charlotte Celsing 所写的"Foreign Venture Capital is Pouring into Sweden"载于 *Sweden. se*,2007 年 1 月 1 日,http://www.sweden.se/eng/Home/Business/Economy/Reading/Riskkapital/,访问于 2010 年 8 月 12 日。

德 国

私募股权行业通过艰苦努力在欧洲最大的经济体德国建立了起来。Müntefering 的"蝗虫"论,再加上欧洲风险投资协会对于德国税收和监管环境在西欧最差的评论,① 勾勒出一幅黯淡的图景。然而最近,德国的私募股权行业获得了进步。2006 年和 2007 年,政府通过了一些法律,明确了私募股权基金的税务处理,并发生了一些重要交易,这其中包括堡垒投资集团(Fortress Investment Group)对德雷斯顿城所有流通股份的收购。② 尽管行业于 2008 年和 2009 年出现了停滞,就像在全球范围内发生的那样,但到 2010 年,又出现了谨慎的乐观情形:接近 1 200 家企业获得了融资,仅仅比 2008 年下降了 10%。这被归因于更难获得银行融资。但是,基金募集金额下降至比 2002 年和 2003 年更低的水平,达到 10 年新低,VC 市场的发展尤其缓慢。③

欧洲分化的监管环境一直是私募股权的一个壁垒,使得跨境交易变得更为复杂。欧洲委员会将减少跨国投资的障碍作为他们改善私募股权工作的核心,但是很多人对于欧洲委员会实现这项必要转变的能力持怀疑的态度。④

更进一步的威胁是可能会有监管限制。欧洲委员会最近制定了另类投资基金管理(AIFM)指令,并针对指令实施了一系列广泛的监管。由于各个成员国都按照各自的法典解读 AIFM 指令,还有很多细节上的问题留待解决,尽管如此,很多人都将该指令看成是对行业未来前景的一项挑战。特别值得关注的是覆盖范围广的条款 30,该条款通过限制被并购企业前两年的业绩分成或是股利支付,寻求解决"资产剥离"的问题。⑤ 评估欧洲并购行业现状后,Eilis Ferran 认为应该协调这种在经济上有意义的并购活动——促进世代更替、改善运营、精简大集团和提升效率——同时减少滥用杠杆、利益冲突和市场操纵行为。⑥ 不过,我们并不清楚监管者能否成功管理这种平衡法案。这些新政策可能会很大程度上限制私募股权行业未来在欧洲的发展。

---

① European Private Equity and Venture Capital Capital Association. 2007 *EVCA Yearbook* (zaventum, Belgium: Enropean Private Eauity and Venture Capital Association &. Coller Capital, June 2008), 151.

② Carter Dougherty, "The Bu22 On German Private Equity," *New York Times*, October 20, 2006, http://www.nytimes.com/2006/10/20/business/worlabusiness/20iht-Wblo cust.html, accessed May 30, 2010.

③ Data from BVK, the German private Equity and Venture Capital Associaion in "German companies Rely on Private Equity Even in the Gredit Crunch," the German Private Equity and Venture Capital Association, March 8, 2010, http://www.bvkap.de/privateequity.php/cat/67/aid/599/title/German_Companies_rely_on_private_equity_even_in_the_credit_crunch, accessed May 30, 2010.

④ 欧洲委员会编写的 *Expert Group Report on Removing Obstacles to Cross-Border Investments by Venture Capital Funds*(布鲁塞尔,欧洲委员会,2007 年)。

⑤ 年利达律所编写的"AIFM Directive: Asset Stripping",2011 年 7 月 8 日,http://www.linklaters.com/Publications/20100218/Pages/15_Asset_Stripping.aspx,访问于 2011 年 7 月 26 日。

⑥ EilisFerran 所写的"Regulation of Private Equity-Backed Leverage Buyout Activity in Europe",欧洲企业治理研究所(法律工作论文 No.84/2007),通过 SSRN:http://ssrn.com/abstract=989748 访问。

为什么会有这些差异？

是什么有助于创造一个强大的 VC 市场呢？当私募股权行业在德国艰难前行时，为何却在英国生机勃勃呢？在本章的后面部分，当我们对发展中国家进行探讨时，是哪些特点表明该国的环境有利于私募股权行业发展呢？

Leslie Jeng 和 Philippe Wells[①] 在他们 2000 年发表的一篇文章中探讨了 IPO、GDP、市值增长、劳动力市场刚性、会计准则、私人养老金和政府项目对于确定 21 个发达国家中 VC 投资额的重要性。他们发现，IPO 对 VC 投资的影响最大。鉴于企业上市后可以获得高知名度以及他们通常拥有较高的回报率，这个结果并不意外。奥地利在 2008 年的榜单（私募投资占 GDP 的比重为 0.03%）中的排名接近末尾，Jeng 和 Wells 的分析表明，从 1991 年到 1995 年，奥地利的 VC 投资没有通过 IPO 实现退出的；而同一时期，在英国则有 35% 的 VC 投资通过 IPO 实现退出。

更进一步研究 IPO 之后，Jeng 和 Wells 发现，IPO 对早期阶段的投资影响很小，可能是因为任何一种退出途径看起来都如此遥远，但是 IPO 对于确定不同国家间较后期 VC 投资的差异却有非常重要的影响。这可能反映了两种情况：第一，对于通过 IPO 退出的更为切身的关注；第二，作为和战略并购方谈判的筹码，拥有这样一个选择的重要性。正如所预期的，政府出资的 VC 并不像非政府出资的 VC 那样对 IPO 敏感。

并且，文章作者发现私人养老金的参与会随着时间推移而不是国家不同而影响 VC 投资的水平。[②] 比如说，在爱尔兰，政府建议养老金计划投资于私募股权后，基金募集金额从 1993 年的 3240 万美元升至 1994 年的 2.321 亿美元。[③] 美国的经历也证实了这个观点——养老金作为有限合伙人进入私募股权市场，大大提高了可供投资的资金额。劳动力市场刚性——指工人在不丧失威望及利益的情况下有多容易放弃工作——对早期风险投资（种子期和早期）不利，但是对较晚阶段的投资则没有影响。这会降低工人创业的意愿，但是对于已经度过关键初期发展阶段的企业来说则没有多少影响。

对于并购公司来说，劳动力市场刚性是对他们重组投资组合中企业能力的一项最大挑战。Ant Bozkaya 和 William Kerr[④] 在 Jeng 和 Wells 研究的基础上，将劳动力市场刚性分解成两部分：劳动力市场支出（LME，比如失业保险）和就业保护法规（限制解雇工人的法律）。他们建立了一个对各个劳动市场就业保护法规水平进行排名的指数，并就这两个因素对欧洲各国私募股权行业的影响进行了研讨。就业保护法规会限制私募股权活动，因为私募股权公司会调整其投资组合企业的聘用情况，如果有必要会关闭相关企业，

[①] Leslie Jeng 和 Philippe Wells 所写的 "The Determinants of Venture Capital Funding: Evidence across Countries"，载于 *Journal of Corporate Finance* 第 6 期（2000 年）：第 241-289 页。

[②] Leslie Jeng 和 Philippe Wells 所写的 "The Oeterminants of Venture Capital Funding: Evidence across Countries"，载于 *Journal of Corporate Finance* 第 6 期（2000 年）：第 242 页。

[③] 同上，第 278 页。

[④] Ant Bozkaya 和 William Kerr 所写的 "Labor Regulations and European Private Equity"，（哈佛商学院工作论文，编号 08-043，2009 年 12 月）（波士顿：哈佛商学院出版社工作论文系列）。

而就业保护法规就像是对私募股权公司的这种能力征税。另一方面，LME鼓励更多的私募股权活动和更高的投资，尤其是对VC。

这影响了主动投资的执行。并购公司一般通过提升运营来提高企业的效率，短期内会通过裁员来实现。[①] 合并和收购中通常会为了消除机构冗员进行人员缩编（比如，会有两位首席财务官）。对于VC投资的企业，人员也会随着企业的成长而减少和流动。即使雇员总数保持不变，当企业从产品开发阶段转向营销阶段后，就需要解雇工程师并招聘营销专家来进行调整。降低这种灵活性的法规会减弱投资者进入市场的兴趣。另一方面，LME成本得到更大范围的分担，并不影响投资者改变企业发展路线的能力，只不过影响雇佣工人的整体成本。

除了劳动力市场法规，很多其他因素也有助于形成有利的私募股权环境，政府因素就是其中之一。税务和法律结构确实有重要的作用。就葡萄牙而言，Jeng和Wells发现当政府合法化有税务优势的VC公司后，私募股权投资在一年中增加了38倍。[②] 当然，至于这些投资是不是好的投资，就是另外一个问题了。

在基金募集方面，政府也有几个作用。当允许或鼓励养老金参与私募股权时，国内的资金来源大大得到了拓宽。例如，在芬兰政府鼓励国内的银行和养老金投资VC之后，它们的参与度从1994年的20%增加到1995年的79%。[③] 政府也可以直接投资或是建立机构来增加投资资本或投资机会，就像我们将在以色列的创新行动中看到的那样。我们会在第十章中对政府项目的影响进行更详细的讨论。

其他政府政策，比如支持经济稳定发展的政策和法律法规，也有助于建立对私募股权行业有利的环境。有些贡献因素可以被视为自然禀赋，比如国家大小、强有力的大学体系或是资源财富，如果进行合理利用，可以产生用于再投资的资金。不过，如果没有相关立法，私募股权的发展会很艰难。

文章还对不同法律体系对VC的影响进行了探讨。Jeng和Well的分析支持这样的结论：像法国和德国这样的大陆法系国家，其风险投资活动水平往往低于像英国这样的英美法系国家。我们会发现，不同法律体系对VC和并购投资活动的影响看起来在全世界都是一样的。

另一个障碍可能是一个国家的管理文化。虽然财务激励在英国和美国很有效，但是由于股份制意识并没有深刻融入整个社会，这个概念在欧洲大陆并不是那么受重视。文化态度也是一个因素；在一份未发表的研究中，从业者指出"在欧洲，为大公司或是政府工作会更受人尊重。在美国，母亲们则希望她们的儿子能成为下一个比尔·盖茨；而在

---

① Steven J. Davis、John Halitwanger、Ron Jarmin、Josh Lerner和Javier Miranda在其所写的"Private Equity and Employment"中进行了详细说明，该文载于 *Globalization of Alternative Investments*（工作论文第一卷：*The Global Economic Impact of Private Equity Report* 2008，2008年瑞士达沃斯世界经济论坛），第43-64页。作者们认为，从长期来看，实施并购的企业创造了更多就业机会，让相当数量的失业人群找到了工作。

② Jeng和Wells所写的"The Global Economic Impact of Private Equity Report 2008"，第277页。

③ 同上，第279页。

欧洲,母亲们则希望儿子成为下一任交通大臣"。①

 ## 欧洲私募股权的生命周期

不考虑地域因素,私募股权遵循相同的生命周期:募资、投资、退出和再募资。尽管在有限合伙人(LP)类型、公司(VC 或 LBO)投资企业所处阶段、项目来源以及退出方式方面可能存在区域上的差别,但总体模式是相同的,不论是在美国、英国还是欧盟。

募资

欧洲私募股权基金的来源传统上按国家边界进行划分。私募股权机构从银行、保险公司、本国政府机构以及少部分其他投资者那里募集基金。唯一的例外是英国,基金的募集更为国际化,会有美国机构投资者的大量参与。

由于以下两个原因,这些边界现在正迅速被打破:第一,机构投资者——尤其是美国的机构投资者——正寻求通过提升对欧洲基金的参与度来实现投资的多元化;第二,大多数国际私募股权公司现在充分参与到欧洲市场中,并且建立了完善的本土化网络。

Mayer 等人②研究了在四个发达市场——以色列、德国、日本和英国——不同基金来源(银行、企业和养老金)对于 VC 基金投资活动的影响。他们发现不同来源基金的投资方向是不同的,比如,与基金来源为个人和企业的风投公司相比,基金来源为银行和养老金的风投公司更倾向于投资较后期阶段的企业。不过,该研究并没有解释风险投资活动在不同国家之间存在差异的原因。

投资

在欧洲,针对并购交易的竞争十分激烈。这直接导致了所谓的二次交易——某只私募股权基金将一家投资组合企业出售给另一只私募股权基金——的快速增加。除此之外,很多交易都是通过拍卖启动。投资银行让拍卖过程变得非常高效,几乎没有机会用低于市场价值的价格去购买一家企业。

欧洲的私募股权交易通常是收购大企业下的子企业或者家族企业,而不是私有化交易(私募股权公司收购公开上市企业)。在某种程度上,这是由一些国家严格的企业控制法规造成的,比如,在法国,只有在持有一家企业 95% 及以上股权的时候,债务利息费用才可以扣除。

美国和欧洲的风险投资也会出现很大的差异,尽管这些差异正在逐渐消失。传统上,欧洲的很多风险投资家是财务或咨询背景,并没有运营经验。也许是这个原因,风险投资家和投资组合企业之间往往比较有距离感,更加看重评估财务表现而不是亲自进行积极

---

① Felda Hardymon,Josh Lerner 和 Ann Leamon 所写的"Venture Capital in Europe"(工作论文,2002 年 7 月 1 日,未发表)。

② Colin Mayer,Koen Schoors 和 Yishay Yafeh 所写的"Sources of Funds and Investment Activities of Venture Capital Funds",载于 *Journal of Corporate Finance* 第 11 期(2005 年):第 586-608 页。

投资。①

另一个差异则与投资的地域分布有关。就像在并购投资中那样,风险投资家往往喜欢在基金所在地进行投资。传统上,不愿意进行跨国界的共同投资反映了立法和监管障碍上的遗留问题(现在已大幅度减少)以及欧洲很多国家独特的商业文化。在欧洲,人们很难发现 VC 公司或是风险资本投资的企业在地域上的聚集现象,就像是美国的硅谷或是 128 公路那样——可能最相似的就是英国的泰晤士河谷。这使得交易谈判和管理企业成长的过程变得更加复杂。

退出

出售给一家企业收购方——也被称作同行交易——仍然是英国和欧洲大陆最常见的退出形式。就像之前提到的,另外一种流行的退出方式是二次出售,即将企业出售给另外一家私募股权公司。英国较之其他欧洲国家而言,在退出方面有优势,因为其资本市场十分发达。为了加强证券监管,美国在 2002 年颁布了《萨班斯-奥克斯利法案》,此后,伦敦的替代投资市场(AIM)成为通过收购进行退出的可选项。

在欧洲大陆,几乎每个国家都有其自己的股票市场。泛欧交易所 Euronext,在兼并了阿姆斯特丹、里斯本、巴黎和布鲁塞尔的证券交易所之后成为欧洲第二大交易所。上市股票会同时在 Euronext 和本国交易所进行交易。2005 年,Euronext 成立了 Alternext 作为伦敦 AIM 和纳斯达克之外的一种选择;2006 年 Alternext 被纽约证券交易所收购。

其他发达的私募股权市场

虽然欧洲是世界上第二大私募股权市场,其他发达国家也有自己的私募股权生态系统。如果我们不讨论加拿大、以色列、澳大利亚和日本的私募股权市场,就太马虎了。

> **加拿大的私募股权行业**
>
> 尽管本书重点关注美国,但在它的国界北面还存在一个私募股权市场。加拿大的私募股权行业管理的资金在 2008 年有 845 亿加元(693 亿美元),②虽然与南边的邻居相比只是一小部分,但是私募股权投资总额占 GDP 比例却高达 0.66%。该行业由一些具有很强国际视野的并购公司主导;③2008 年,VC 投资达到 14 亿加元(11.4 亿美元),

---

① 比如,参考 Gavin Reid 所作的案例分析 *Venture Capital Investment: An Agency Analysis of Practice*(伦敦:劳特利奇,1998 年)。

② McKinsey & Co. and Thomson Reuters, *Private Equity Canada 2008*(Toronto: Venture Capital and Private Equity Association, 2009),http://www.cvca.ca/files/Downloads/Private_Equity_Canada_2008.pdf.

③ Robert Palter, Sacha Chai, and Jonathan Tétrault, *Private Equity Canada 2009*(Toronto: McKinset & Co. and Thomson Reuters, 2010),5.

但与 91 亿加元(7.44 亿美元)的并购总金额相比则显逊色。① 2009 年基金募集和投资活动在全球范围内都呈直线下跌,尽管直到 2010 年初投资者们对可再生能源行业还持乐观态度。② 加拿大更有创业精神的观念要归功于黑莓设备的开发商 ResearchIn Motion。像德国、日本、瑞典和英国一样,加拿大也实施了很多政府项目来支持 VC;还允许个人参与投资于 VC 的共同基金,像劳动者赞助投资基金(Labour-Sponsored Investment Funds,LSIFs)。Ddouglas J. Cumming 和 Jeffrey G. MacIntosh③对这些工具的效率进行了研究,却发现他们收益率比较差(甚至排在低风险的国债之后)并且费用很高,主要是由于组织结构设计的原因。但是,加拿大的私募股权行业远非政府 VC 项目。加拿大是一些最大和最活跃 LP 的所在地,包括加拿大退休金计划投资委员会、安大略教师养老金计划和安大略省城镇雇员退休系统。这些机构大多关注后期阶段的投资,比如并购和基础设施,同时表现出跟投甚至是领投的意愿。

以色列:硅溪

以色列可能是美国之外最为活跃的 VC 市场。④ 私募股权投资——各种情况下均指 VC——占 2008 年以色列 GDP 的 0.7%。政府政策帮助创造了这个市场。1992 年,政府设立了 Yozma 项目直接投资于基金和企业。四年后,私募股权行业已经募集了 10 亿美元,政府终止了在这方面的投资,尽管政府出台了税收优惠的法案。以色列风投资本支持的企业往往是在高科技领域,其雇员通常是在服兵役时相识,并在年轻时就大权在握的个人,或是移民到以色列的工程师和科学家。以色列贸工部负责实施《鼓励工业研究和发展法》,许多企业获得该部门的拨款。尽管特拉维夫证券交易所也是可行的退出渠道,以色列企业通常还是选择在美国的交易所上市,或是被国际性企业收购。

全球金融危机使令以色列的募资和退出都遭受了严重打击。2009 年,只有三家基金募集到接近 2.29 亿美元,是十年来的第三低募资总额。红杉资本以色列公司募集的第四只基金达到 2 亿美元,占募资总额的绝大部分;其余额度则由两家进行非常

---

① Thomson Reuters and Canada's Venture Capital Association,"Canada's Private Equity Buyout Industry in 2008,"January 2009,http://www. cvca. ca/files/Downloads/Final_English_Q4_2008_PE_Data_Deck. pdf; and "Canada's Venture Capital Industry in 2009,"January 2010,htpp://ww. caca. ca/files/Downloads/Final_English_Q4_2009_VC_Data_Deck. pdf,accessed August 15,2010.

② Canada's Venture Capital Association,"Venture Capital Investment in 2009 Lowest Recorded in 13 Years," press release,February 17,2010,http://www. cvca. ca/files/News/CVCA_Q4_2009_VC_Press_Release_Final. pdf; and Pav Jordan,"Canada Venture Capital Drawing Big-Name Investors,"*Reuters. com*,June 6,2010,httP://www. reuters. com/article/idUSN04148004201006060.

③ Douglas J. Cumming and Jeffrey G. MacIntosh,"Mutual Funds That Invest in Private Equity? An Analysis of Labour-Sponsored Investment Funds,"*Cambridge Journal of Economics* 31(2007):445-487.

④ Jeng 和 Wells 所写的"Determinants of Venture Capital Funding",第 280-282 页。

早期投资的公司获得。与2008年8.02亿美元募资总额相比,2009年减少了72%,这反映了一直以来作为以色列国内基金领投方的国外机构投资者经受了损失。① 2009年的退出也大幅放缓,只有一家以色列企业在特拉维夫证券交易所上市,募集了2200万美元。②

澳大利亚的私募股权行业

澳大利亚的私募股权行业有时与新西兰和巴布亚新几内亚的私募股权行业合并考虑(通常被称为澳大拉西亚,虽然不太上口)。由于澳洲大陆对邻国处于支配地位,为表尊敬,我们将这个区域放到一起进行讨论。澳大利亚的私募股权行业在截至2009年6月30日的过去一年中共募集了174亿澳元(130亿美元),而上一年度则募集了176亿澳元(158亿美元)。几乎所有的LP都是澳大利亚公司,其中养老基金超过一半。③

绝大部分资本都流入了并购基金——实际上,2003年以来完成的交易中,并购平均占80%的交易总值和30%的交易数量。交易数量从2008年上半年的26笔急剧下降至2009年同期的13笔;但是交易总额却几乎翻倍,从36亿美元升至66亿美元。不过,交易总额的增加是由一笔额度高达50亿美元的交易造成:加拿大退休金计划投资委员会收购麦格理通信基础设施集团。在澳大利亚较为积极的基金包括:国内的Pacific Equity Partners, Archer Capital, Ironbridge和CHAMP;总部在美国的凯雷亚洲和CCMP Capital Asia,以及CVC Asia Pacific和Catalyst这样的欧洲公司。④

澳大利亚政府已经启动了一系列促进早期阶段企业发展的计划,最近的一项计划是于2009年8月启动的创新投资跟进基金(IIFF),是为应对投资于VC项目的资金出现短缺的状况。⑤ 2010年年中,政府对税收法规做出进一步的修订,向那些在本地设立了管理投资信托的私募股权机构提供税收优惠。⑥

---

① "IVC: Only $229 Million Raised by Israeli VC Funds in 2009",载于 *Israel Venture Capital*,2010年3月8日新闻稿。

② "Israeli High-Tech Mergers and Acquisitions in 2009— $2.54 billion",载于 *Israel Venture Capital's 2009 Exits Report*,2010年3月22日新闻稿。

③ Brian Pink 所写的"Venture Capital and Later Stage Private Equity Australia"(堪培拉,澳大利亚统计局,2010年2月)http://www.ausstats.abs.gov.au/Ausstats/subscriber.nsf/0/B11D2DAAD8D2B357CA2576C6001CC57D/$File/56780_2008-09.pdf,访问于2010年7月12日。

④ "Regional Review: Australasia",载于 *Asian Buyout Review*(伦敦:亚洲风险投资期刊,2009年),第17-19页。

⑤ EIU,*Country Finance: Australia*(伦敦:经济学人智库,2009年)。

⑥ 澳大利亚私募股权和风险投资协会有限公司编写的"Government Introduces Revised Definition of MIT in Tax Laws Amendment"(2010 Measures No 3) Bill 2010,2010年5月26日,http://www.avcal.com.au/news/details/policynews/government-introduces-revised-definition-of-mit-in-tax-laws-amendment-2010-measures-no-3-bill-2010-/1292,访问于2011年7月27日。

日 本

私募股权在日本竭力前行,但从2010年上半年的情况来看,仍没什么希望。半年中,只有11笔交易达成,总额仅有7.578亿美元,而2008年同期交易额却有87亿美元,最高同期交易额则出现在2006年,为106亿美元。[1] 风险投资方面也急剧缩水;2009年的全年总投资额仅为4.04亿美元,比2008年要少几乎三倍。日本规模最大的三家风险投资公司的总损失额达到2.6亿美元。[2]

在日本活跃的私募股权机构包括本土公司和许多总部位于国外的国际性公司的分支机构。国内机构一般同时从国内和国外的LP那里募集资金。日本的LP看起来更可能投资于本土公司,而国外的LP在对基金管理人的选择偏好方面则基本上是分散的。[3] 尽管日本国内一些像SBI Holdings、集富亚洲和日本亚洲投资这样的大型风险投资公司是公开上市交易的,[4] 其他公司却都是典型的合伙企业。尤其对于国外的私募股权公司来说,交易流一直是一个挑战。总部位于英国的3i集团尝试了多种在日本开展业务的方式,从建立合资企业,然后到专门的办事处,最后才决定专注于对日本国内的基金进行投资。[5]

不过,还是出现了一些积极的趋势。尽管日本对于外来资本和建议有强烈的文化抵触情绪,使得很多并购公司的梦想触礁,[6] 但是现今的日本有众多迫切需要进行整合的企业,并且"二战"后的这一代创始人已经准备退休。此外,日本政府已经通过立法,以减轻风险投资支持的初创企业的税负,并且面向"成熟"投资者的私募股权基金,在监管方面也更加的宽松。[7] 并购市场也似乎在逐渐解冻,KKR于2007年完成了其在日本的第一笔交易,并于2010年初圆满完成了在日本的第二笔交易,即以3.56亿美元的价格收购一家名为Intelligence Ltd.的招聘服务企业。这是2010年上半年国际私募股权公司在日本的交易中交易额超过6 000万美元的三笔中的一笔。[8] 四年前在日本几乎闻所未闻的管理层收购如今也变得越来越常见。最后,即使是来自中国公司的交易要求也会被日本公司接受,因为他们正在寻找进入中国市场的途径。[9]

---

[1] "The Waiting Years",载于 *Asia Private Equity Review*,2010年7月,http://www.asiape.com/aper/aper_issues/aper1007.html,访问于2010年7月12日。

[2] EIU编写的 *Country Finance：Japan*(伦敦：经济学人智库,2010年),第41-43页。

[3] Coller Capital编写的 *Global Private Equity Barometer：Japanese Snapshot*(纽约：Coller Capital),2007年。

[4] EIU编写的 *Country Finance：Japan*,第42页。

[5] "3i Group plc",哈佛商学院案例编号803-020(波士顿：哈佛商学院出版社,2003年),http://www.3i.com,访问于2010年11月27日。

[6] Alison Tudor编写的"Deal Journal：China Firms Scaling the Walls of Japan",载于 *Wall Street Journal*,2010年7月6日,C1。

[7] EIU编写的 *Country Finance：Japan*。

[8] "The Waiting Years",载于 *Asia Private Equity Review*。

[9] Tudor编写的"Deal Journal：China Firms Scaling the Walls of Japan"。

新兴市场的私募股权行业

过去的几年中,发展中国家的私募股权活动经历了快速的增长。虽然中国和印度得到了最多的关注,不过即使之前是所有人(除了最无畏的投资者和有限合伙人)梦魇的地区——俄罗斯、中东欧、非洲和中东——也成了投资目标,并不仅仅是机会主义投资的目标,甚至是从国内外募集来的专项基金的投资目标。即使是2008年的金融危机,尽管最初导致了"资本飞向安全",但很快就变成"资本飞向增长",这吸引了私募股权投资者重新回到新兴市场。

自20世纪90年代以来,新兴市场一直从两方面受益:一是自身为了增强吸引力而做出的行动;二是一些外部变化降低了发达市场的吸引力。内部改革,比如更加以市场为导向、提升财务透明度以及降低对国外投资的限制,与发达国家降低贸易壁垒的外部政策转变同时发生。新兴市场的成长远远超过发达市场。1999年到2009年,当发达国家经通胀调整后的复合年增长率为2%时,新兴市场的增长率则达到5.8%。① 两个组别中一些国家的增长率如表8.4列示。

表8.4 1999—2009年实际GDP的平均增长率　　　　　　单位:%

1999—2009年实际GDP的年均复合增长率
(按2005年美元计价)

新兴市场	增长率
中国	10.3
尼日利亚	8.7
印度	7.0
俄罗斯	5.3
印度尼西亚	5.1
埃及	4.9
巴基斯坦	4.8
马来西亚	4.8
南非	3.6
发达市场	
以色列	3.5
巴西	3.3
澳大利亚	3.1
美国	1.8
西欧	1.5
欧盟	1.4
欧元区	1.3
日本	0.7

数据来源:经济学人智库数据。

---

① 数据来自国际货币基金组织的世界经济展望数据库,2010年10月。

最近全球对于新兴市场的兴趣高涨并不是第一次,但看起来却是最为广泛的一次。更早的一次是在 20 世纪 90 年代的早期,由许多发展中国家的高速成长以及对于国外投资的限制放宽所致。同时,90 年代中期时,很多机构投资者认为在美国的私募股权投资收益率可能会下跌。然而在过去的 10 年中,这两种看法发生了转变。发展中国家的私募股权基金募集也因此受到挑战,直到 2003 年才开始恢复。

私募股权的第二次浪潮与第一次有一些相似,不过也有重要的差异。一些发展中国家看起来已经在 GDP 增长轨道上走到了拐点。世界上拥有最多人口的两个国家,印度和中国,以及较小范围的发展中世界,中产阶级正在产生。用一位将顶级风投公司引入印度的风险投资家的话来说:"其他地方的每一名中产阶级消费者需要什么,他们也就需要什么。"政府也正意识到能否创造工作机会是政府自身生存的关键,而一些研究发现私募股权投资能够帮助创造工作机会。①

意识到这一点,一些国家的政府已经采取具体步骤来增强自身吸引私募股权的能力。一些国家,比如墨西哥,就尽力在增加企业治理的透明度。也有不少政府实施了针对小股东的保护。中国在深圳设立了创业板,为那些还不够成熟的企业提供了退出通道。很多国家已经放松了资本管制,并向国外投资者开放了一些经济领域。例如,鉴于有 2 470 万套住宅的短缺,印度于 2005 年 3 月向外资开放了房地产投资领域,该领域立即获得了爆发性增长。②

新兴市场私募股权行业过去一段时期的发展

新兴市场的私募股权最早出现在 20 世纪 70 年代,③通常是由附属于政府的发展金融机构(DFI)推动的,比如世界银行以营利为目的的金融分支国际金融公司(IFC)。从历史上看,这部分投资的相当部分是贷款和赠款。

在这些国家发展私募股权市场面临众多挑战。很多发展中国家不仅缺乏金融市场,甚至还缺乏基本的商业基础设施。投资者们很难找到投资机会,尤其是那些有规模经济效益的投资机会。在一些地区,比如非洲,来自 DFI 尝试进入市场的资金额度远远超出了可以合理利用的部分。一旦发现交易机会,大型交易所需的足够贷款却很难获得。按照发达市场的标准来看,新兴市场中企业的管理能力可能是薄弱的,有时是由于缺乏培训,有时是因为当地环境可能认为某些特质——比如人际关系和人脉资源——比追求利润更有价值。90 年代中期开始的俄罗斯和亚洲的金融危机,造成市场的下滑,严重动摇了崛起中的新兴国家金融市场。即使是在 90 年代后期,一些新兴市场的文化还是不鼓励透明,而这却是投资者愿意承诺资本之前私募股权所需要的。一名 IFC 的官员发现:

---

① 一些研究表明,与没有私募股权投资的企业相比,那些有私募股权投资的企业往往能创造更多的工作机会。这些企业已经投入运营,并非初创企业,因此数据并不是来自小样本。要了解更多信息,请参考 Florence Eid 所写的 "Private Equity Finance as a Growth Engine",载于 Business Economics 41 期,第 3 期(2006 年);以及美国国家风险投资协会编写的"Venture Impact:The Economic Impact of Venture Capital",2007 年 3 月,http://www.nvca.org,载于 2007 年 8 月 3 日。

② 由住房和城市减贫部部长 Kumari Selja 引用自"Shortage of Housing in India? 24.71 mn only!",Rediff,2009 年 2 月 26 日,http://www.rediff.com/money/2009/feb/26bcrisis-shortage-of-housing-in-india.html,访问于 2010 年 5 月 31 日。

③ 这部分来源自 Lerner 等人所写的"CDC Capital Partners",第 2-5 页。

在一个法制不确定的国家，你并不想挣很多钱，因为你的孩子有可能被绑架并被要挟赎金。当地的官员可能是腐败的，认为你有足够资金向他们行贿。同样的，如果税务机关并不健全，那么财务透明会是一个竞争劣势，因为你可能要缴税，而你的竞争对手却可以避免缴税。在新兴市场会有一大堆很好的理由保持低调，创业家通过股权投资得到的资金也许还抵不过那些成本。[①]

尽管存在差异，基本的私募股权周期仍然遵循本书提到的模式。资产很难估值，一家企业是否成功也极其难预测。投资者发现项目，获得股份，最后希望能够在恰当的时机得到合适的回报之后退出。由于许多发展中国家缺乏进行 IPO 的有效股票市场，退出本身就十分困难；兼并收购也变得复杂，因为收购方群体小，通常的方式也有限，并且都很清楚投资者退出的需要。

从历史上来看，新兴市场的回报率波动极大，有以下几点原因，包括：汇率波动、政治不稳定、不合理的法律体系、会计标准薄弱，有时候还会受到来自于获得补贴的国有企业的竞争。[②] 除此之外，从 20 世纪 90 年代后期到 21 世纪初期，发达市场的失控情况也让新兴市场的表现黯然失色，使得投资于发展中市场更难有竞争力。如图 8.3 所示，一直到 2003 年，发达市场二级指数的五年年化收益率都超过新兴市场的收益率，但是之后情况发生了逆转。到 2009 年，摩根斯丹利资本国际新兴市场指数（MSCI Emerging Market Index）的五年年化收益率为 16%，而英国的富时 100 指数（FTSE100）收益率为 3%，纳斯达克指数收益率为 1%，标普 500 指数的收益率为 0。[③] 这些指数都是二级市场的指数，因此有流动性；人们认为私人投资者会要求更高的回报率，以平衡对新兴市场私募股权的投资。

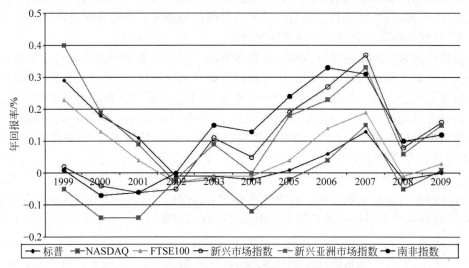

图 8.3　发达市场和新兴市场主要指数的 5 年回报率

数据来源：Datastream 的数据。

---

① 私人沟通，2002 年 12 月 18 日，来源自 Lerner 等人所写的"CDC Capital Partners"，第 4 页。

② James C. Brenner 所写的"Direct Equity Investment Funds：Public-Private Partnership Experience"（为国际金融机构投资基金专家论坛准备的论文，1999 年 2 月 8-9 日），第 34 页。

③ 数据来源于 Datastream。

新兴市场：2000 年以来的私募股权发展

尽管新兴市场投资绝对是一个高风险的游戏，如果在错误的时点在错误的国家或地区进行投资（2002 年的阿根廷、1998 年的俄罗斯以及 1997 年的亚洲）会严重降低回报率，但新兴市场从 2003 年开始却红火起来。跨国企业开始积极地收购新兴企业——例如，IBM 在 2004 年收购了印度的 Daksh。新兴市场的很多企业也完成了上市，不论是在国内的交易所还是发达市场的交易所。

这种趋势一直延续，甚至更为明显。如图 8.4a 和 8.4b 所示，2001 年到 2009 年，发达市场私募股权募资和投资有很大的增长，而新兴市场的增长速度和发达市场类似甚至更高。① 2009 年，新兴市场的募资额占总额的 16％，投资活动占所有市场的 22％。此外，从百分比角度来看，新兴市场的投资活动从峰值到 2009 年的下降要小于发达市场：发达市场募资额下降了 75％，而新兴市场则下降了 66％。②

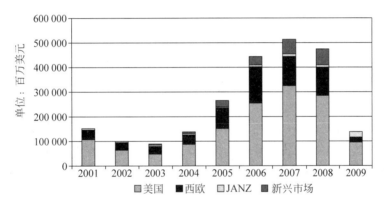

图 8.4a　新兴市场和发达市场募资规模

注：JANZ 指亚洲发达国家，包括日本、澳大利亚和新西兰。

数据来源：新兴市场私募股权协会（EMPEA），*EM PE Industry Statistics Review：Fundraising, Investment, Performance Through Q4 2009*（华盛顿：EMPEA，2010 年），更新于 2010 年 4 月 7 日。

新兴市场的恢复看起来也更为迅速。国内的高速增长和金融危机始发于发达市场的事实共同创造了一个有吸引力的投资故事，尤其对于成长型私募来说。2009 年底，151 家主要的机构 LP 中，有 67％的公司报告称，预计他们在 2006 年和 2007 年成立的新兴市场基金（于泡沫期间募集）的回报率将超过发达市场基金，并且这些 LP 大多数预计回报率将超过 16％。只有 29％的 LP 预计他们的发达市场基金会有这样的表现。根据这样的预计，超过一半的 LP 希望增加在新兴市场的资本配置并将平均配置水平从"6％～10％"提升至"11％～15％"就不奇怪了。③

---

①　数据来源于新兴市场私募股权协会（EMPEA），*EM PE Industry Statistics Review：Fundraising, Investment, Performance Through Q4 2009*（华盛顿：EMPEA，2010 年），更新于 2010 年 4 月 7 日。

②　同上。

③　同上。

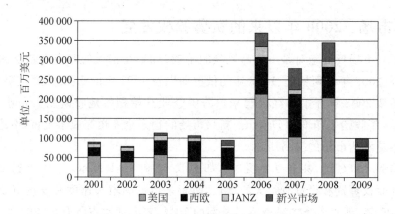

图 8.4b　新兴市场和发达市场的投资规模

注：JANZ 指亚洲发达国家，包括日本、澳大利亚和新西兰。

数据来源：新型国家私募股权协会（EMPEA），*EM PE Industry Statistics Review：Fundraising, Investment, Performance Through Q4 2009*（华盛顿：EMPEA，2010 年），更新于 2010 年 4 月 7 日。

在许多新兴市场中，大多数的私募股权投资是作为企业的成长资本注入。直接投资于已经有现成市场和产品的企业可以减少初创企业所需的密集一线监督，也可以避免杠杆收购(LBO)可能需要的政府批准和债务融资。由于中型规模交易市场的竞争越来越激烈，私募股权公司转向了另一端。一项针对 2008 年完成募资并投资于新兴市场的基金的研究发现，成长阶段投资占据主导地位(有 86 支基金，占总体数量的 41%，募资金额 183 亿美元，占总资本的 26%)，紧接着就是 VC(有 64 只基金，占总体数量的 30%，募资金额 76 亿美元，占总资本的 7%)。基金数量最少的就是并购基金，有 32 只基金，占总体数量的 15%，但是募资金额却占绝大部分(310 亿美元募资金额，占总资本的 45%)。[①]

自从 2001 年，为新兴市场募集的资金额增长了十倍，从 66 亿美元增长到 2008 年的 665 亿美元，只是在 2009 年降至 226 亿美元，如图 8.5a 和图 8.5b 所示。总体上来说，最受欢迎的地区就是"新兴亚洲"(这里的亚洲不包括日本、澳大利亚和新西兰，因此主要是指中国和印度)，2008 年和 2009 年募集的基金中分别有 59% 和 70% 以这里为目标。在新兴市场中，中国和印度获得了最多的新闻报道，并有最知名的公司在这两个国家运营基金。其他新兴地区的数据只有少量的样本，这使得结果对某只大型基金在某一年完成募集比较敏感，容易模糊更大范围内的趋势。不过，在新兴亚洲之外，2008 年的基金以中东和北非(MENA)，中东欧和独联体(CEE/CIS)，拉丁美洲和加勒比海，以及撒哈拉以南非洲为投资目标地区，从而使得跨地区基金募集了大量资金。在 2009 年整体缩水的情况下，与其他新兴地区相比，MENA、CEE/CIS 和跨区域基金则不再受青睐。[②]

---

①　数据来源于新兴市场私募股权协会(EMPEA)，*EM PE 2008 Fundraising and Investment Review*(华盛顿：EMPEA，2009 年)。

②　数据来自新兴市场私募股权协会，*EM PE Industry Statistics Review：Fundraising, Investment, Performance Through Q4 2009*。

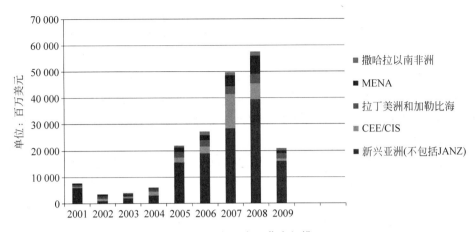

图 8.5a　新兴市场募资规模

注：JANZ 包括日本、澳大利亚和新西兰。CEE/CIS 指中东欧和独联体。MENA 指中东和北非。

数据来源：新型国家私募股权协会（EMPEA），*EM PE Industry Statistics Review：Fundraising，Investment，Performance Through Q*4 2009（华盛顿：EMPEA，2010 年），更新于 2010 年 4 月 7 日。

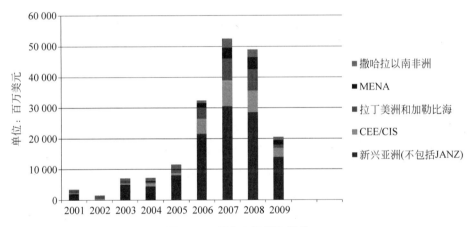

图 8.5b　新兴市场投资规模

注：JANZ 包括日本、澳大利亚和新西兰。CEE/CIS 指中东欧和独联体。MENA 指中东和北非。

数据来源：新型国家私募股权协会，欧洲私募股权行业协会文献：2009 年 4 季度投融资表现回顾（Washington DC：EMPEA，2010），数据截至 2010 年 4 月 7 日。

为什么新兴市场吸引了如此多投资者的兴趣？[①]　一部分归功于市场自身，另一部分则与外部趋势有关。最近的市场崩溃使得许多 LP 开始寻找新的投资领域——实际上，凯雷的戴维·鲁本斯坦（David Rubenstein）曾说："（在私募股权方面）美国占主导的局面大约在未来五年就会减弱。现在，所有大型私募股权公司都是美国的。情况并非一定要这样不可。"[②]

[①] 根据世界银行，新兴国家是指那些人均收入偏中下水平的、资本市场不发达、还没有实现工业化的国家。不过需要注意，这些标准的使用有时具有一定程度上的主观性。

[②] David Rubenstein 在瑞典私募股权和风险投资协会大会上的演讲，瑞典斯德哥尔摩；由 Johan Nylander 在 *China to Become Biggest Private Equity Player* 中引用，Tribune Business News，2010 年 4 月 28 日。

新兴市场的重大经济改革是其吸引投资者注意的最重要原因之一。我们很容易忘记在25年前,世界上只有十亿人口处于资本主义经济中;而今天,只有少数国家还存在中央计划经济。即使是中国这个最大的中央计划经济体也大量采用了资本主义市场结构。

由于一些外部变化,比如美国的布雷迪计划(大幅减少了拉丁美洲的债务,加强了该地区的经济发展),以及本国发起的内部改革,新兴市场的经济大部分实现了平稳发展。在很多国家,资本利得税和国外投资限制都得到了降低,而会计和信息披露标准则得到了加强,从而鼓励国外投资者。

即使是面对2008年的经济衰退,新兴市场也没有陷入混乱或是发生剧变。当杠杆"不再被视为一定会带来回报的东西",[1]LP开始寻找有高速成长性的地区。到2010年第一季度末,新兴市场的一些基金募集完成,这其中就包括Advent International的金额为16.5亿美元的第五只拉美基金和凯雷最近金额为25.5亿美元的亚洲基金;尤其值得关注的一点是许多发达市场公司在募集投资于美国和欧洲的基金时遇到了困难。

其他国家的私募股权市场

在这一部分,我们将会简要介绍所选取国家和地区的私募股权状况,比如中国、印度和非洲。其他市场确实存在,但是限于本书篇幅所限,不在本书中讨论。我们会研究私募股权投资者在每个市场中遇到的关键挑战和机遇,以及它们与发达市场的相似和差异之处。

中国

中国解除管制的过程从1980年的第一次市场改革开始。[2] 中国在1990年建立了自己的第一个证券交易所,到2000年代中期,中国企业的IPO创造了多个"迄今为止世界最大"的纪录:2006年10月中国工商银行同时在香港和上海上市,募集了220亿美元,估值为1 565亿美元[3];中国农业银行的资本市场首秀,也是在香港和上海两地上市,在上市的第一个交易日募集到192亿美元,这意味着尽管全球市场较弱并对该银行资产质量有担忧,农行仍然获得了1 280亿美元的估值。[4] 为了向中小型企业提供退出的机会,政府在2004年建立了中小企业板(SME)和创业板,类似于美国的纳斯达克和伦敦在2009年建立的AIM。

中国被一些私募股权投资者视为"世界上最具吸引力的市场"。[5] 中国有庞大规模的

---

[1] Ken McFadyen 所写的"LPs Bullish on Emerging Markets",载于 *Mergers & Acquisitions Report*,2010年4月26日,第5页。

[2] 材料来自 FeldaHardymon 和 Ann Leamon 所写的"Gobi Partners and DMG",哈佛商学院案例编号 810-095(波士顿:哈佛商学院出版社,2010年),第2-5页。

[3] "China Finance: The World's Largest IPO Update",载于 *EIU ViewsWire*,2006年10月27日。

[4] Richard McGregor 和 Patrick Jenkins 所写的"China Banks Fear Falling Confidence",载于 FT.com,2010年7月11日;Michael Wines 所写的"China Bank I.P.O. Raises $19 Billion",载于纽约时报,2010年7月6日,http://www.nytimes.com/2010/07/07/business/global/07ipo.html,访问于 2010年7月26日。

[5] SCM Strategic Capital Management AG 编写的"State of the Asia-Pacific Private Equity Markets",是由 SCM Strategic Capital Management AG 准备的分析,2010年4月,第14页。

市场、世界上最多数量的人口和高经济增长速度,这都为中国仅依靠服务内需就可以创造世界级大企业提供了机会。在中国,成长型股权是最常见的私募股权投资类型。

2006年,中国政府批准建立人民币(RMB)基金,可以从当地自然人或机构进行募集,一般都和政府有联系。2009年,人民币基金首次在募集的基金数量和总金额两方面同时超过美元基金。国内的机构(鼎晖、戈壁和弘毅资本)和国际公司(凯雷和黑石)都在募集人民币基金,尽管其长期成功还是一个问题。中国的LP基础被认为还比较分散,承诺资本期限不够长,对私募股权才刚刚接触。① 新成立人民币基金的新GP往往经验并不丰富,尤其是在主动投资的细节方面。

中国的私募股权环境仍在发展中。针对人民币基金及其与国外基金合作建立的合资企业的法律、监管和管理架构也仍在发展中。立法可能是多年的过程,而之后的实施则是在一夜之间。一位经验丰富的中国私募股权投资者曾说过:"有一个政府政策的网站。我们每天都看一遍,就像查看天气情况一样。"②

不过,中国的私募股权市场总体上看是向好的。不断增加的中产阶级迫切需要从汽车、移动电话到度假的所有东西。③ 和许多新兴市场一样,缺乏成熟的技术类基础设施让中国直接跳过了中级技术阶段。退出不断发生,不论是在国外或国内市场的IPO,还是直接出售。④

中国的私募股权市场并不是没有风险的。2008年中期,凯雷集团放弃了长达三年的对徐工集团(中国最大的工程设备制造商)的收购历程。2005年10月,凯雷集团同意以3.75亿美元购买徐工集团85%的股权,消息被公布之后,就因为向外国公司出售重要国家资产的问题引起了各界(尤其是徐工集团的主要竞争者)的不满。⑤ 尽管凯雷提出降低收购比例和提高估值两个方案,仍然无法获得中国政府的批准。⑥ 当然,这种事件并不只在中国发生,2005年中国海洋石油公司(CNOOC)投标收购美国的优尼科公司也引起了强烈的反对;中海油最后撤回了收购要约。

有趣的是,到2010年后期,中国政府非常积极地邀请国际私募股权公司来中国投资,并且给北京和上海这样的城市发放配额,允许国外公司能够绕开货币管制并为人民币基金募集离岸资金。凯雷的鲁本斯坦(Rubenstein)说道:"中国政府,意识到(私募股权公

---

① York Chen 所写的"China VC Market from 2009 to 2010"(ID TechVentures 幻灯片,2010年2月10日),http://www.idtvc.com.cn/documents/129125770356718750.pdf,访问于2010年6月3日。

② FeldaHardymon、Josh Lerner 和 Ann Leamon 所写的"Gobi Partners: Raising Fund Ⅱ",哈佛商学院案例编号807-093(波士顿:哈佛商学院出版社,2007年),第6页。

③ Suzanne McGee 所写的"China's Open Door",载于 *Investment Dealers' Digest*,2006年9月11日,第1页;并由 FeldaHardymon 和 Ann Leamon 在"Digital Media Group: The Shanghai Bid"中引用,哈佛商学院案例编号810-099(波士顿:哈佛商学院出版社,2010年),第3页。

④ Danielle Fugazy 所写的"2008: Year of the Rat Race",载于 *Mergers & Acquisitions*,2008年3月,第50-51页;并由 FeldaHardymon 和 Ann Leamon 在"Digital Media Group: The Shanghai Bid"中引用,第3页。

⑤ Zachary Wei 所写的"China SASAC Approves Carlyle's Bid to Acquire 50 pct of Xugong",载于 *Forbes*,2006年11月12日,http://www.forbes.com,访问于2006年12月13日。

⑥ "China's Xugong Says Carlyle Investment Deal Dead",载于路透新闻网,2008年7月22日,http://www.reuters.com/article/idUSSHA32313820080722,访问于2010年1月24日。

司)如何能够帮助国内的企业并购西方的竞争对手和技术,那是他们非常感兴趣的部分。"[1]

私募股权投资者经常会提到投资于中国遇到的其他挑战,包括找到和留住适应西方企业风格的管理层、不透明的企业财务信息和语言障碍。尽管有这些挑战和不确定性,中国政府看起来在支持私募股权上是不遗余力的。[2] 戴维·鲁本斯坦(David Rubenstein)对于中国在私募股权领域会成为领头羊的预测看起来并不是不着边际的,实际上,他认为2010年末的中国市场"对于私募股权资本来说比大多数其他市场都有利,甚至比美国市场还要有利。"[3]

印度

印度的成长故事则与中国截然不同。从1991年开始,经济管制逐渐减少。从那时开始,尽管政府存在不同的政党,但印度持续创建了更友好的商业环境,尤其是在吸引国外投资方面。[4] 印度还夸耀自己拥有亚洲最古老的证券交易所,法律体系继承英国,以及广泛使用英语作为商务语言。

印度的第一波私募股权热潮发生于1999年和2000年,那时对于280家企业的总投资达到了11.6亿美元的峰值。[5] 这次热潮主要是风险投资赶上了美国的科技浪潮并将项目外包给印度工资低但教育水平高的劳动力,不论是编程、数据分析还是呼叫中心。当纳斯达克的网络泡沫破裂时,投资者对印度的兴趣也开始减退。

印度的第二波私募股权热潮始于2004年。在2008年,私募股权投资者为印度募集了77亿美元,[6]大部分投资于成长股权项目。[7] 成长股权的流行是因为早期投资的风险较高,而这种不确定性可以通过投资已有成功运营记录的企业降低,并且印度的法律禁止通过借贷进行并购,也基本上排除了LBO的可能。[8] 各种海外基金,比如凯雷、黑石、3i、红杉、柏尚风险投资公司和KKR都已经在印度设立了办公室或是募集了投资于印度的基金。他们加入了国内投资者行列,比如 Chrysalis Capital、ICICI 和 India Value Fund,再加上之前已在印度市场活跃的国外公司,比如英联、摩根斯坦利和华平投资。除此之外,新玩家也进入了印度。印度的主要企业和金融机构已经建立了自己的私募股权业务,或是计划募集外部基金建立私募股权业务。[9] 国内的公司开始在国内募集资金,由于国

---

[1] JamilAnderlini:"中国为私募股权铺起红毯",金融时报,2010年11月26日,第18页。
[2] EMPEA 编写的 *Insight China*,2009年9月,第7页。
[3] Anderlini 所写的"China Rolls Out the Red Carpet for Private Equity"。
[4] 本段根据 FeldaHardymon 和 Ann Leamon 所写的"Motilal Oswal Financial Services:An IPO in India",哈佛商学院案例编号 807-095(波士顿:哈佛商学院出版社),第3页。
[5] 印度风险投资协会所写的"Venture Capital and Private Equity in India"(幻灯片展示,2007年10月),http://www.indiavca.org/IVCA%20Presentation_October2007.pdf,访问于2010年7月11日。
[6] EMPEA 编写的 *Insight China*,2009年7月/8月,第1页。
[7] 数据来源自 Evalueserve 的报告;在"Venture Capital Stages Resurgence in India"中引用,载于 *Asia Pulse*,2006年9月11日。
[8] KPMG 编写的 *Insight:India*(伦敦:KPMG,2009年7月),第3页。如果交易架构在印度之外,可能允许有一定水平的杠杆,但杠杆率仍然低于典型的西方并购交易。
[9] EMPEA 编写的 *Insight India*,2009年7月/8月,第3-4页。

内的私募股权业务不受针对国外公司的借款上限和行业禁止限制,这预示着国际公司将面临更多的竞争。①

印度的发展给私募股权带来了更多的机会。中产阶级渴望为他们的孩子购买教育机会,并想购买10年前还无法想象的金融产品。② 世代交替为买进或是收购完全家族企业带来了机会,家族企业出售在之前被视作是承认失败。③

作为成熟的标志,在印度市场上出现了向特定行业基金转变的趋势,而不是以整个国家作为投资目标的基金。科技和印度最为需要的基础设施吸引了最多关注。尽管印度的私募股权前景看起来不错,仍然面临不少障碍。印度落后的基础设施和复杂的监管体系是最令人关注的领域。

非洲

尽管一直到2005年为止还是被很多投资者忽略,但撒哈拉以南非洲俨然已经取得显著的成长。④ 新兴市场私募股权协会(EMPEA)在2010年一项针对主要LP的研究发现,这些LP中的28%(2006年只有4%)正在对非洲进行投资。⑤ 不过,非洲私募股权资金中的相当部分还是来自于DFI。

尽管非洲GDP增长部分是由于飙升的石油、矿产和商品价格,内部的变化也发挥了很大的作用。大部分冲突的终止和国内经济改革的实施共同创造了一个稳定得多的经济环境。国有企业进行了私有化,法律和监管体系得到了加强,透明度获得了提高,物质和社会基础设施都得到了提升。⑥ 正在成长的中产阶级促进了国内消费,劳动力也在不断增加。

但非洲仍面临着挑战。基础设施和电力都非常短缺,熟练工人也是这样。经济改革的基础十分脆弱,20世纪90年代"失去的十年"仍然记忆犹新。不过,私募股权已经开始以非洲为目标,从历史上来看私募股权的关注重点一直是在法制得到认可、经济增长强劲和资本市场活跃从而受到最多关注的南非,但是现在私募股权将投资范围扩大到南非以外。针对波特瓦纳、尼日利亚和纳米比亚这些特定国家的基金已经募集完成。⑦ 早在2009年初,总部位于伦敦的标准银行私募股权就在尼日利亚设立了投资团队,加入在尼日利亚进行投资的先驱私募股权机构African Capital Alliance和英联的行列中。不过,大多数基金还是以子区域为投资目标,在这些区域,经济以文化或语言为纽带。非洲本土的基金也在进入这个市场。

对于非洲市场的持续兴趣一定要有退出作为支持。大多数的IPO都被限制在约翰

---

① EMPEA 编写的 *Insight India*,2009年7月/8月,第7页。
② Hardymon 和 Leamon 所写的"Motilal Oswal Financial Services: An IPO in India",第5页。
③ KPMG 编写的 *Insight: India*,第3页。
④ 我们很难将这些国家中的任何一个缩减到几个段落中,但是对这个大陆可以这样进行说明。
⑤ EMPEA 编写的 *Insight Sub-Saharan Africa*,2009年10月,第1页。
⑥ AchaLeke、Susan Lund、Charles Roxburgh 和 Arend von Wamelen 所写的"What's Driving Africa's Growth?"载于《麦肯锡季刊》,2010年6月。
⑦ EMPEA 编写的 *Insight Sub-Saharan Africa*,第3页。

内斯堡证券交易所进行,大部分的退出通过出售股份(已经上市的企业通过增发股份)或者是股份回购(在这种情况下企业重新买回投资者持有的股份)来实现。不过,战略性出售正在开始出现。① 非洲大陆仍然是一个比较前沿的市场;但是就像一份麦肯锡报告中所指出的:"如果最近的趋势保持下去,非洲将在全球经济里扮演越来越重要的角色。"②

中东和北非(MENA)

私募股权是最近才到中东和北非的,在 2001 年,整个地区仅有三只基金募集了总共 7 800 万美元。但是中东和北非地区的私募股权基金募资额从 2005 年(20 亿美元)到 2008 年(69 亿美元)实现了超过三倍的增长。③ 迪拜的 Abraaj Capital 是该地区最大的基金,在 2009 年进入了世界私募股权基金前 50 排行榜。考虑到该地区数量众多的家族企业,中东和北非地区的很多基金以中型成长型股权交易为标的。不过,企业所有者往往对投资十分谨慎。私募股权公司 Ithmar Capital 的管理合伙人、一家大型家族企业的成员 Faisal Belhoul 解释道:"海湾地区的商业其实是自我实现和提升家族社会地位的问题,而不是市场驱动的一种完全的财富聚集行为。"④鉴于有质量交易流的不确定性和成功退出的难度,在该地区风险投资非常少见。⑤

中东和北非地区的一些基金专注于投资海湾合作理事会(GCC——卡塔尔、沙特阿拉伯、阿曼、阿拉伯联合酋长国、巴林和科威特)国家,其他的基金则专注投资北非的大部分国家(摩洛哥、埃及和阿尔及利亚),也有其他一些基金将投资触角伸向了约旦和黎巴嫩。传统上来看,私募股权行业由一些对整个中东和北非地区进行投资的本土公司所主导。然而在 2009 年,美国公司凯雷和 KKR 以及法国的 BNP Paribas 进入或宣布进入该地区。

中东和北非基金的 LP 一般来自该地区。其中包括主权财富基金、家族理财室和高净值个人,尽管最近的金融萧条迫使很多基金经理到别处寻找投资者。

GCC 国家的政府向私募股权开放,旨在为他们不断增长的人口创造就业机会,并创造一种后石油时代可以存在的经济。该地区还计划建设或私有化有高价标签的基础设施资产。⑥

全球的金融危机给了海湾国家一记重击,尤其是迪拜,其陷入债务困境并有会计透明度上的问题,而会计透明度则是私募股权可以贡献的一个关键领域。退出在某种程度上来看仍然是不确定的,尤其是在 2008 年股市大跌,股票市场受到严重打击的情况下。

---

① EMPEA 编写的 *Insight Sub-Saharan Africa*,第 6 页。
② Leke 等人所写的"What's Driving Africa's Growth?"第 11 页。
③ EMPEA 编写的 *Insight:MENA*,2010 年 3 月;Josh Lerner 和 Ann Leamon 所写的"Ithmar Capital",哈佛商学院案例编号 809-032(波士顿:哈佛商学院出版社,2008 年),第 3-5 页。
④ 在港湾风险资本协会和 KPMG 编写的 *Private Equity and Venture Capital in the Middle East Annual Report* 2008 中引用,(迪拜:KPMG,2008 年),第 20 页。
⑤ 同上,第 39 页。
⑥ 同上,第 38 页。

IPO一直以来都是投资者偏好的退出方式,但战略性出售也是一种途径。①

中欧和东欧(CEE)

由于和西欧的紧密联系,中欧和东欧(CEE)国家②往往成为寻求在新兴市场进行投资的LP的第一选择。遗憾的是,这些投资者在2008年撤回投资,原因是担心欧洲金融市场萎靡不振会影响中欧和东欧,或是倾向于投资世界其他地区更新的新兴市场。尽管投资于该地区的基金从2003年(2.3亿美元)到2008年(28亿美元)实现了十倍的增长,2009年却只募集到了6亿美元资金。③ 即使是这样,金融危机对于各个国家影响的差异非常大;波兰有增长,而拉脱维亚勉强躲过了破产。总体上看,最早加入欧盟的国家——波兰、匈牙利和捷克——往往最吸引私募股权的注意,尽管最近土耳其从想要执行CEE和MENA双战略的基金经理那里获得了大量的私募股权投资。④

与其他新兴地区不同,由于并购在这里并不鲜见,并且借入了大量现在有问题的债务,因此一些公司募集基金是为了瞄准经济下滑之后中欧和东欧地区的不良债务机会。同欧洲其他地区一样,风险资本在中欧和东欧比较少见;但是却有一个由孵化器和政府援助项目推动的强大的创业集群。

十分有趣的是,中欧和东欧国家最早的投资者之一,却是美国政府,1989年美国政府通过了两项授权在中欧和东欧国家和苏联对十只所谓的企业基金投资12亿美元的法律中的第一部。⑤ 这些基金向美国国际开发署(USAID)汇报,但是由私营董事会进行监督,董事会由美国和东道国拥有丰富商业和政府经验的个人组成。基金的目标是通过向公私合营合伙企业提供贷款和投资,鼓励自由市场的发展。

许多这类基金最后都大获成功。截至2007年,企业基金已经对500家以上的中小型企业进行了超过15亿美元的投资和再投资,并参与到国有企业的私有化进程中。截至2009年,设立于1992年总额为5 500万美元的保加利亚—美国企业基金已经获得了超过4亿美元的收益。⑥ 项目包括对本地需求的贷款和技术支持,例如业务和财务培训。基金在很多现在处于领先地位银行的创建过程中给予了协助,包括抵押贷款业务,并且帮助吸引来自国外的投资者,比如Euronet Worldwide(EEFT)、通用金融和惠而浦。企业基金也向其他私募股权基金提供种子资金,私募股权基金当时募集了20多亿美元投资于该地

---

① EMPEA编写的 *Insight:MENA*,2010年3月,第6-7页。
② CEE国家包括阿尔巴尼亚、波斯尼亚和黑塞哥维那、保加利亚、克罗地亚、塞浦路斯、捷克、爱沙尼亚、匈牙利、拉脱维亚、立陶宛、马耳他、黑山共和国、波兰、马其顿共和国、罗马尼亚、塞尔维亚、斯洛伐克、斯洛文尼亚和土耳其。
③ EMPEA编写的 *Insight:CEE*,2010年1月/2月,第1页。
④ 同上,第3页。
⑤ 企业基金的背景介绍来自John P. Birklund所写的"Doing Good While Doing Well",载于 *Foreign Affairs*,(2001年9-10月);第14-20页;USAID所写的"The Enterprise Funds in Europe and Eurasia",2007年7月,http://pdf.usaid.gov/pdf_docs/PDACL255.pdf;和"Enterprise Funds in Central and Eastern Europe and Central Asia, 1990-2007",载于 *The Enterprise Funds Exchange of Experience*,http://www.seedact.com,访问于2010年7月13日。
⑥ AshtarAnaleed Marcus所写的"Bulgarian-American Enterprise Fund Pays U. S. Back $ 27 Million",载于 *USAID Frontlines*,2009年2月,http://www.usaid.gov/press/frontlines/fl_feb09/p5_enterprise.html,访问于2009年6月19日。

区,其中包括中欧和东欧地区最大的私募股权基金管理人——总部位于波兰的 Enterprise Investors、专注投资于罗马尼亚和保加利亚的 Balkan Accession Fund、俄罗斯的 Delta Private Equity Partners 以及匈牙利的 MAVA。①

2009年发生了中欧和东欧地区最大规模的并购,卢森堡的 CVC 资本以30亿美元(假设所有预先设定目标都达成的话)收购了安海斯-布希英博集团在捷克的业务单元。② 战略性出售在2009年提供了大部分退出机会。与很多新兴市场不同的是,在中欧和东欧地区,还发生了二次交易(私募股权公司之间的互相交易)。③

阿根廷:为私募股权哭泣

直到2000年,阿根廷都吸引了拉丁美洲私募股权基金中的绝大部分。然而当阿根廷在2001年12月债务违约,并在之后使其货币贬值,私募股权公司遭受了严重的损失。Hicks Muse Tate 和 Furst 在对阿根廷科技和媒体企业的投资中损失了至少10亿美元。④ 阿根廷自此一直没能走出困境。在"对并购和VC的业务友好程度"排行榜上,阿根廷的排名在过去两年中一直处于持续下跌中;2010年,阿根廷与萨尔瓦多并列,在12个拉美国家之中排名第10。⑤ 基金设立法律方面的重重问题、不利的税收体系和腐败都抑制了私募股权的发展,不过,2008年阿根廷对本国的养老金实行了国有化,禁止投资于私募股权,才是对私募股权极大的打击。阿根廷仅有的优势就是在会计准则上的高标准以及政府扶持中小企业发展的一些项目。遗憾的是,拉美地区大多数其他国家都有更受欢迎的私募股权投资环境。

巴西

如果阿根廷是为何无法吸引私募股权的案例,那么巴西已经从中吸取了教训。巴西在拉丁美洲私募股权领域处于主导地位;2002年到2008年,巴西获得了对该地区投资的2/3——募资金额从2004年(60亿美元)到2008年(280亿美元)增长了四倍还多。⑥ 早在1974年,巴西就尝试建立私募股权行业,后来由于高通货膨胀率和法律的不确定性,这

---

① "Enterprise Funds in Central and Eastern Europe and Central Asia,1990-2007",载于 *The Enterprise Funds Exchange of Experience*,http://www.seedact.com;访问于2010年7月13日。

② "Anheuser-Busch InBev and CVC Capital Partners Announce Completion of Sale of Central European Operations",2009年12月2日新闻稿,http://www.ab-inbev.com/press_releases/hugin_pdf%5C330959.pdf,访问于2010年7月13日。

③ EMPEA 编写的 *Insight:CEE*,2010年1月/2月,第7页。

④ Mike Esterl 所写的"Private Equity Falls in Latin America",载于《华尔街日报》,2002年8月21日,http://www.bain.com/bainweb/Pulications/printer_ready.asp?id=8612,访问于2010年7月13日。

⑤ 拉丁美洲风险投资协会编写的 2010 *Scorecard:The Private Equity and Venture Capital Environment inLatin America*,http://lavca.org/wp-content/uploads/2010/05/scorecard2010-updated-for-web-1.pdf,访问于2010年7月13日。

⑥ EMPEA 编写的 *Insight:Brazil*,2009年6月,第7页;Spencer Ante 所写的"Brazil:The Next Hotbed of Venture Capital and Private Equity?",载于《商业周刊》,2009年6月26日。

个行业很快就消失了。① 一直到1998年,Cardoso政府对电信业垄断者进行了私有化,巴西的私募股权行业才真正再度苏醒。

巴西市场的优势包括有利于基金设立和运营的法律、有利于私募股权的税务处理、对少数股东权利的保护、破产流程以及政府对于该行业的大力支持。② 2004年,金融监管部门出台法律要求更高级别的公司治理和透明度。除此之外,允许国内的养老金将自身最多20%的资产投资于本地的私募股权基金,从而提供了一个巨大的资金池。③ 从投资者的角度来看,巴西有很多值得推荐的地方:正在增加的中产阶级、受控的通货膨胀以及世界上第五多的人口数量。不过,巴西的高税收和严格的劳动法律却令人沮丧。

巴西在2008年EMPEA有限合伙人兴趣排行榜上居于首位,在2009年排名第二,仅次于中国。④ 为了进入巴西,很多国际公司和巴西运营方成立了合资公司。国内的公司同时从国内和国外投资者募集资金。⑤

该国的可再生能源行业吸引了大量投资。政府鼓励技术发展的项目支持不断成长的VC行业,尽管大多数投资都是成长资本。虽然发生了一些并购交易,但在巴西的大多数交易几乎都没有杠杆。⑥

大多数投资通过出售退出,通常是出售给跨国企业。Buscape.com是一家拉美地区的在线购物和比价服务网站,由于环境不佳在2009年9月以3.42亿美元的价格出售给南非的Naspers。不过,国内企业也被证明对并购有强烈的兴趣。通过IPO的退出则较少,尽管安宏资本(Advent International)旗下公司Cetip SA Balcao Organizadao de Ativos e Derivativos(一家向金融机构提供后台服务的公司)于2009年10月在博维斯帕证交所上市,并募集了4.5亿美元。传统上看,二级市场的并购交易不是那么重要,但如今也开始为投资者提供退出机会。⑦

俄罗斯

2008年俄罗斯的基金总额达到42.7亿美元;其中的三只基金就贡献了总额的几乎一半。有限合伙人包括像捐赠基金、家族理财室和国外养老金这样的标准机构投资者,以及像欧洲复兴开发银行和世界银行的国际金融公司这样的发展金融机构。俄罗斯政府已经建立了支持早期阶段企业的项目,但是法规则禁止国内的养老金投资私募股权。⑧ 到

---

① "Venture Capital in Brazil"(在风险资本会议上递交的论文,蒙特雷,墨西哥,2010年4月21-22日),http://www.mvcc.mx/wp-conten/uploads/2010/04/VC-in-Brazil-MVCC2010.pdf,第1页。
② 同上,第8页。
③ EMPEA编写的 *Insight:Brazil*,2009年6月,第7页。
④ Coller Capital LP研究,2009年4月,在Ante所写的"Brazil:The Next Hotbed of Venture Capital and Private Equity?"中引用。
⑤ EMPEA编写的 *Insight:Brazil*,2009年6月,第3页。
⑥ 同上,第5页。
⑦ 安永编写的 *Private Equity in Brazil:Ready for Its Moment in the Sun*(安永,2010年),第12页;参考http://www.ey.com/Publication/vwLUAssets/Private_Equity_in_Brazil/$FILY/EY_Private_Equity_in_Brazil.pdf。
⑧ David Wack 和 Christopher Rose 所写的 "Private Equity 2010:CountryQ&A—Russian Federation",载于 *PLC Cross-border Private Equity Handbook* 2010(伦敦:Practical Law,2009年);访问于 http://www.practicallaw.com/privateequityhandbook。

2008年底,共有155只并购和VC基金,管理143亿美元。大多数私募股权基金被设计成有限合伙制,设立在像百慕大群岛这样以税收优惠著称的地方,并在俄罗斯设立一家本土投资顾问公司。

2008年间,有报道的交易有120笔,总额大约为20亿美元。大多数交易(89%)是扩张阶段投资。绝大多数的退出是通过出售给战略投资者进行。①

鉴于最近市场经济的引入,俄罗斯的金融体系和税制仍在不断演变中,并且私募股权公司面临着投资于新兴市场的所有典型挑战。管理技能稀缺,会计准则不确定,企业治理薄弱,并且资本市场也不发达。除此之外,资本退出面临挑战,并经常在国际交易所进行。

EMPEA最近的研究表明,俄罗斯在对LP吸引力方面落后于其他新兴市场,考虑到俄罗斯私募股权所面临的这些挑战,更不用说该国不确定的政治环境,这个结果可能并不意外。2009年和2010年,LP都将俄罗斯排在吸引力榜单的末位,计划降低在该国资本配置的LP数量是计划增加配置LP的两倍。②

新兴市场私募股权周期

在我们目前为止的讨论中,我们认为新兴市场资本的主要来源基本上与发达国家相同,除了一些地区出现的开发金融机构和一般投资于国内实体的主权财富基金。例如,阿布扎比投资委员会,作为主权财富基金阿布扎比投资局(ADIA)的国内投资管理人,曾投资过阿拉伯联合酋长国的一些基金。

我们还发现了新兴市场追逐的一些投资类型。在大多数新兴市场,**成长型股权**(growth equity)交易是最为常见的,因为它们降低了投资者的风险,并且企业所有者也更容易接受。对于投资者来说,企业已经进入运营阶段;在一些国家,比如说印度,企业也可能已经上市交易,虽然流动性很低。对于企业所有者来说,成长型股权交易允许他们继续保持对企业的控制权,测试和外部合作伙伴一起工作的计划,并且获得通过其他途径无法或者很难得到的融资支持。其他投资机会的来源是前国有企业的**私有化**(privatization)、**企业重组**(corporate restructurings)和**基础设施融资**(infrastructure finance)。在基础设施融资中,投资者向桥梁、码头和高速公路这样的项目提供资金。③基础设施项目在中国比较少,但在印度却很常见,印度政府对这个行业的国外投资持欢迎态度。最少见的是**战略联盟**(strategic alliance),通过结成联盟,公司向已经在发展中国家进行了战略投资(收购、合资和联盟)的主要企业提供实地指导。

投资

出于一些原因,发展中国家的私募股权投资者并不愿意对早期的技术密集型企业进

---

① David Wack 和 Christopher Rose 所写的 "Private Equity 2010:CountryQ&A—Russian Federation",载于 *PLC Cross-border Private Equity Handbook* 2010(伦敦:Practical Law,2009年);访问于 http://www.practicallaw.com/privateequityhandbook。

② EMPEA 编写的 *Emerging Markets Private Equity Survey*(华盛顿:Coller Capital,2010年);参考 http://www.collercapital.com/assets/images/press/Emerging_Markets_Private_Equity_Survey_2010.pdf,第9页。

③ 不过,最近发达国家政府也在出售其基础设施业务,例如,加拿大养老金计划投资局收购了 Anglian Water,一家威尔士的水系统企业,Global Infrastructure Partners 并购了伦敦外的 Gatwick 机场。

行投资,而进行这种投资却是美国风险投资家的特色。首先,这些国家经过培训的技术人才和必要的基础设施(例如,先进的科研实验室)一般都比较缺乏。第二,很多国家对于知识产权的保护较弱,或是这些权利的执行有问题。第三个挑战是找到能够理解私募股权公司的有才干的管理层。第四个因素就是投资的退出比较困难。最后,很多投资者认为在发展中国家进行投资本身就是一种高风险。再承担其他商业风险的话,就太鲁莽了。因此,很多公司专注投资于有业绩记录的成熟企业。

不过,在最近,真正的 VC 投资已经在发展中国家变得越来越常见,主要分为三大类。第一类是寻求向发展中国家提供在发达国家已有的产品和服务,这包括移动电话服务和手机,在线游戏,在线市场,广告以及金融、经纪和旅游服务。第二类是寻求将发展中国家的人力资本与缺乏劳动力的欧洲企业进行对接。一个较早的例子是,美国公司对印度的业务流程外包企业进行投资。在俄罗斯,俄罗斯纳米技术公司管理着 44 亿美元的政府基金,用于设立 VC 基金和直接投资于那些转移到俄罗斯的企业,从而促进俄罗斯纳米技术产业的建立。[1] 最后一类交易是寻求将源于发展中国家的技术商业化,并在全球市场上出售。

交易识别和尽职调查

发现合适的交易是发达市场和新兴市场的私募股权基金共同关注的焦点。像印度和中国这样的国家有大量令人眼花缭乱的机会。不过,发现好的交易却需要积极的策略,因为投资者与当地的商业和社会机构关系密切。与没有这种关系的竞争对手相比,这经常会让他们获得先发优势。

评估机会的标准是相似的。在受访过程中,除了像市场规模、淘汰的威胁和退出投资的能力外,两类投资者都将管理层评定为任何一家创业企业成功的决定性因素。

不过,在对潜在交易进行评估时,发展中国家的私募股权投资者注重两类通常不会在发达国家遇到的风险。第一类是国家风险。一场战争可能会严重影响投资的前景。但是更为常见的威胁却是没有预见到的监管变化,这种变化会直接影响现金流,或者会实际影响交易的可行性。投资者需要对机构、法律框架和行业法规进行仔细分析。一个例子就是中国政府于 2006 年秋季颁布的十号文。该规定赋予政府对外国投资者在中国特定领域进行兼并收购业务的审批权,这些领域涉及"国家经济安全、中国驰名商标或中华老字号"[2],并允许政府对国内企业的境外 IPO 审批和时间进行控制。[3]

私募股权投资者关注的第二类风险是汇率风险。一国货币的严重贬值,就像 2001 年阿根廷发生的那样,会导致外国投资者回报率的急剧下跌。降低这种风险的方法包括:进入货币掉期、购买基于相对货币价格的期权或是购买远期外汇。对于私募股权投资者

---

[1] Wack 和 Rose 所写的"Private Equity 2010:Country Q&A—Russian Federation";和 James Tyrrell 所写的 "RUSNANO Attracts Nanotechnology on an Industrial Scale",载于 nanoweb.org,2009 年 9 月 29 日,http://nanotechweb.org/cws/article/indepth/40545,访问于 2010 年 7 月 27 日。

[2] Peter Neumann 和 Tony Zhang 所写的"China's New Foreign-funded M&A Provisions",载于《中国法律与实务》,2006 年 10 月,第 1 页。

[3] Hardymon 和 Leamon 所写的"Gobi Partners:Raising Fund II",第 5 页。

来说,由于未来的支付在类型和时间点上都是未知的,这造成一些实际挑战。尽管对冲工具吸引了越来越多人的兴趣,对于发展中国家的私募股权投资者来说,目前为止它们的实际应用看起来还很有限。

交易结构设计

发达市场和发展中市场在选择金融工具方面也存在着差异。就像我们在第五章中提到的,发达国家的投资者会使用各种工具。这些金融工具让私募股权投资者能够分阶段投资、分配风险、控制管理层、向高管提供激励以及划定所有权。

在许多发展中国家,私募股权投资者主要使用简单的普通股。这反映了几个因素。首先,在一些国家,尤其是亚洲,不允许有不同投票权的不同类型股票存在。因此,投资者必须寻求其他控制公司的途径。这类方法通常极其重要,因为大多数企业都是家族企业或是受家族控制。这类控制权可能允许投资者在发生纠纷时进入,比如在两个儿子就谁应该继承父亲的总裁位置发生争吵时。

Josh Lerner 和 Antoinette Schoar[1] 的一项研究通过对来自发展中国家各类私募股权机构的 210 个交易样本进行分析,对这个问题做出了解释。研究评估了交易结构以及它们是如何随着国家不同而变化的。文章发现,新兴市场使用了比美国广泛得多的证券种类,在美国,优先股几乎是普遍存在的。不过,保护私募股权投资者权利的条款(比如反稀释权),使用却要少一些。此外,证券种类的选择同时受到私募股权机构和投资所在地的影响。在普通法国家(例如印度,其法律体系基于英国法律体系)的投资以及美国和英国私募股权机构进行的投资,更有可能使用优先股。普通法国家也更有可能向私募股权公司提供合同保护,例如反稀释条款。在非普通法国家,在法院执行这些保护条款的难度降低了它们的有用程度。在法律体系不够完善的国家,私募股权机构会强调持有大量股权,这要视企业的业绩而定。交易结构通常会设定为,在企业处于困境时要保证公司持有企业的大部分股权。至少部分是因为投资者可以对这种投资结构感到更安心,普通法国家成为有更高估值的大型交易的归宿。

Steven Kaplan、Frederic Martel 和 Per Stromberg[2] 的另一项研究对一个更小的样本进行了研究,样本来源于 1992 年到 2001 年 70 位领先风险投资家在 23 个国家中进行的面向 107 家企业的 145 项投资。与 Lerner 和 Schoar 一样,Kaplan 等人发现在美国之外进行投资的风险投资家,一般其投资流动性和退出能力都要差得多,因为他们一般并不或者不能使用可转换优先股。这降低了他们对业绩不佳的投资进行积极参与的能力。他们也不能够使用像里程碑或者反稀释权这样的或有事件,这样会减少让企业所有者放弃控制权以期获得更好业绩的现金流激励。该文作者还指出,与大陆法系(非普通法系)国家相比,在普通法系国家的投资所使用的合同与标准的美国 VC 合同更相似。具体的法律

---

[1] Josh Lerner 和 Antoinette Schoar 所写的 "Does Legal Enforcement Affect Financial Transactions? The Contractual Channel in Private Equity",载于 *Quarterly Journal of Economics* 第 120 期(2005 年):第 223-246 页。

[2] Steven N. Kaplan、Frederic Martel 和 Per Stromberg 所写的 "How Do Legal Differences and Experience Affect Financial Contracts?"载于 *Journal of Financial Intermediation* 第 16 期,(2007 年第 3 期):第 273-311 页。

措施,例如债权人保护和税务处理,并没有对这些差异进行解释。

通过研究具体的风险投资者所采用的措施,Kaplan 等人发现,那些较大或是经验更为丰富的公司和那些与美国有更多接触的公司更可能采用美国的合同条款。对于一家经验丰富的风投公司来说,法律体系(大陆法系还是普通法系)并无影响。老牌公司是简单地将他们最熟悉的条款强加到合同中,还是选择那些更符合实际情况的条款呢?为了回答这个问题,作者对样本中 70 家领投投资者的生存情况进行了研究。截至 2003 年 8 月,有 11 家公司关门,除一家外,这些公司从来没有在合同中使用过可转换优先股。这些不走运的风险投资家中的一位曾说,他"不认为它(合同)那么重要"。[①] 专门使用了可转换优先股和美式合同的 37 家公司则至今都还在运营。同时采用非美式合同和美式合同的公司也逐渐倾向于使用后一种。作者认为,这强有力地证明了不论在哪种法律体系下,美式合同长期来看都会获得成功。合同确实重要。

定价

风险投资家对一家发展中国家企业的估值往往是有问题的。在多个层面上都大量存在挑战。例如,许多发展中国家缺乏及时和准确的宏观经济和金融信息。有时,中央银行公布的宏观经济变量会被政府操纵,以对外展示出一种更加健康的经济状况。这些不确定性与政治和监管风险结合在一起,可能使得做出理性准确的预测变得极为困难。由于许多私营企业,特别是家族经营企业,可能没有经审计的财务报表,进一步增加了不确定性。而且,会计准则和实务尽管在改善,仍然与西方的标准差异很大。

退出

最近,尽管全球金融危机之后出现了经济的下滑,但是针对解决新兴市场中退出这个棘手的问题取得了进展。在新兴市场,不论在国内或国际交易所(有时是同时)公开上市,还是被国外和国内的企业收购,都提供了既赚钱又高效的退出途径。南非的 Old Mutual 同时在约翰内斯堡和伦敦证券交易所上市,而中国的游戏公司盛大和印度的 Infosys 则在纳斯达克上市。Abraaj Capital 将其拥有的埃及化肥公司的股权出售给一家埃及私募股权公司;科威特的 MTC(现在是 Zain)收购了泛非洲的移动电话服务提供商 Celtel。发达国家的企业也提供了退出选项,例如,亚马逊收购了中国的在线售书商卓越,eBay 收购了中国的在线拍卖企业易趣,[②] 巴西公司 Gávea 将其持有的 Ipanema Coffee 的股份出售给了挪威的 Kaffehuset Friele。[③] 这些证明了私募股权所有者确实提升了治理和创造了价值,也证明了退出通道的存在。

在一些情况下,收购者本身就是在私募股权投资的上市企业,比如中国数字广告牌企

[①] Steven N. Kaplan、Frederic Martel 和 Per Stromberg 所写的"How Do Legal Differences and Experience Affect Financial Contracts?"载于 *Journal of Financial Intermediation* 第 16 期,(2007 年第 3 期),第 308 页。

[②] 数据来源于清科;在 York Chen 所写的"China VC Industry at a Turning Point"(2004 年 10 月未发表的演讲)中引用;在 Hardymon、Lerner 和 Leamon 所写的"Gobi Ventures: October 2004"中引用,哈佛商学院案例编号 805-090(波士顿:哈佛商学院出版社,2005 年),第 5 页。

[③] EMPEA 编写的 *Insight: Brazil*,2009 年 6 月,第 6 页。

业分众传媒。该企业获得了 3i 和其他私募股权公司的投资,2005 年①在纳斯达克上市,从此之后收购了有风险投资支持的好耶集团(AllYes)和凯雷集团投资的聚众传媒。

以 Jeng 和 Wells 的研究为基础并拓展 Kaplan 等人的研究,Douglas Cumming、Grant Fleming 和 Armin Schwienbacher② 分析了在亚太地区一国法律体系的质量(称为法制)对 VC 退出的影响。通过使用从 1989 年到 2001 年 12 个亚太国家的 468 家有 VC 投资的企业的数据,他们发现一国的法律体系质量比其股票市场规模更直接地促进了 IPO。主要的原因是法制增加了透明度,而这是良好企业治理的基本部分,同时法制也减少了利益冲突或提供了一种解决纠纷的途径。他们还发现,新兴市场在法制上的小小提升,与较发达国家法治指数方面相似的提升相比,会让 IPO 的可能性得到更多的提升,这表明了法制方面的小改善也能大幅增加 IPO,因此也会带动私募股权活动的增加。

总结

现在我们已经探讨了全球的私募股权市场,很清楚的是,私募股权行业在一些国家比其他国家更为成功。当然,政府的监管会帮助或不利于私募股权的发展,禁止使用可转换优先股的法律会阻碍私募股权投资,而提高财务信息透明度的严格要求则会鼓励私募股权投资。不过,我们的走马观花的结论应该是,对于私募股权及其从业者和创业家的坚持不懈精神怀有敬畏之感。1999 年,当华平投资对印度的 Bharti Telecom 进行投资时,印度全国共有 360 万个手机用户,其中 Bharti 拥有 104 000 个。当华平投资在 2005 年收回投资时,Bharti 的市值已经达到了 150 亿美元,评论员估计华平投资实现了 16 亿美元的收益。③ 在发达市场,具有同样变革性的事件也跨越国界在发生,这些国家在不到一个世纪之前还试图打败对方。积极投资(主要关注良好的治理、透明度、对少数股东权利的尊重)和法制,都鼓励并奖励向充满生气的创业文化发展。正因为如此,积极投资对于经济发展有正面影响,即便是纯粹出于财务动机而进行的投资也有正面影响。

通过前面几章,我们探讨了私募股权机构在发达市场和发展中市场的运作方式,现在我们会研究这些投资活动的结果。在接下来的几章里,我们将考虑这些投资活动的影响,同时还将讨论私募股权会如何以及以哪种方式演变。首先,我们将关注点转移,研究如何评估私募股权活动的风险和收益。接着,我们会考虑私募股权公司的管理以及私募股权活动对于更大范围社会的整体影响。最后,我们会解决私募股权展望未来时将面临的问题。

---

① AFX 新闻有限公司所写的"China's Focus Media Gains Bullish Response in US Debut",载于福布斯新闻网,2005 年 7 月 14 日,http://www.focusmedia.tv/pdf/forbes.pdf,访问于 2011 年 7 月 27 日。

② Douglas Cumming、Grant Fleming 和 Armin Schwienbacher 所写的"Legality and Venture Capital Exits",载于 *Journal of Corporate Finance* 第 12 期(2006 年):第 214-245 页。

③ "Why Are Private Equity Firms Looking Hard at India?",载于 *Knowledge@Wharton*,2005 年 11 月 2 日;在 Hardymon 和 Leamon 所写的"Motilal Oswal Financial Services:An IPO in India?"中引用,第 5 页。

问题

1. 欧洲商业环境有哪些特点,使其成为对并购基金有吸引力的市场?
2. 在整个欧洲进行投资时,欧洲的并购公司面临的挑战有哪些?
3. 尽管德国是欧洲最大的经济体,为什么德国的私募股权市场仍面临挑战?
4. 为什么发展中国家正在寻求吸引私募股权投资?
5. 一国IPO活动的水平会对风险投资产生什么样的影响?与劳动力市场刚性的影响相比如何呢?
6. 尽管在新兴市场进行投资会面临很多困难,为什么私募股权公司会持续关注这些市场的投资机会呢?
7. 以本国货币计价的基金有哪些优势呢?
8. 为什么在凯雷集团提高估值和降低收购比例后,中国政府还是反对其对徐工集团的收购呢?
9. 中欧企业基金成功的因素有哪些?
10. 比较和对比阿根廷政府和巴西政府对私募股权的政策。
11. 投资者们为什么不愿意在发展中国家进行VC投资?
12. 哪些风险与发展中国家私募股权投资有关,但在发达国家却并不常见?
13. 在发展中国家对交易进行定价有哪些挑战?

第九章
风险与回报

到目前为止,我们一直在着重理解风险投资者和并购投资者以及其他与之相关的人员所起的作用。在接下来的两章中,我们将考虑一个更需要评估的问题:这些基金的效益如何?本章会从讨论私募股权公司的财务表现开始;在下一章里,我们将考虑私募股权基金对社会的更广泛影响。

私募股权业绩的衡量是一个棘手的问题。要想了解这一点,让我们考虑一个非常真实的基金管理人的经历,我们在此称作乐观投资公司(Optimistic Venture Partners,尽管应该指明,但是为了保护隐私,我们暂且这样称呼,而且在当前风险投资行业中,他们并不是唯一的违规者)。该公司成立于20世纪80年代后期,专注于通信行业的投资。2001年3月,公司募集完成了第四只基金,总额达8亿美元,这只基金主要基于该公司的第二只和第三只基金的业绩记录募集。在注明的日期为2001年1月的四号基金的募集说明书中,公司显示的1995年第二只基金的内部收益率(IRR)为31%,而1999年第三只基金的内部收益率则为11%。但是乐观投资公司截至2010年年中的业绩表现却截然不同:根据Preqin数据库,其第二只基金最终的收益率仅为1%;1999年第三只基金的IRR仅为4%——业绩完全不出色,对于新投资者来说也不具有吸引力。

为什么会出现这种状况?为什么在2001年看起来很有获利前景的两只基金,最后的表现如此令人失望?我们在此总结出以下几点原因。第一,众所周知,21世纪初期对于高科技公司,尤其是对那些新成立的通信公司来说是个非常艰难的时期。"纳斯达克泡沫"的破裂造成这些公司的客户也进入了艰难关头,并大大减少了他们之间的商业活动,致使多数私募股权公司的收入和利润锐减。因此,乐观投资公司收益率的大幅下降可能是因为旗下所投公司相继陷入困境引起的。

但还有另一种不太令人愉快的可能性,那就是私募股权收益的衡量方法非常不准确,甚至可以说是不恰当的。私募股权公司可以虚报他们的收益,不论是无意的还是有恶意的。评估方法和结束日期的选择(例如,第四章中我们对投资组合公司估值的讨论)可以对评估结果产生重大的影响。人们可能会感到好奇,乐观投资公司合伙人是否会故意误导投资者更早基金的收益,从而让四号基金募集的规模尽量大。

更近的一个例子发生在2008年9月金融危机发生之后的并购行业。Cambridge Associates的报告显示,在2008年第四季度私募股权基金的收益率为16%。[①] 这个结果看起来似乎已经很糟糕了,但是许多业内人士对该结果持怀疑态度。质疑者特别指出,同一时期标普500指数下跌了将近22%,很多其他比较基准的表现甚至更差。此外,在大多数案例中,并购基金的股本被高倍杠杆放大,因此一旦发生任何损失,其影响都会被放大。

基于上文的介绍,很多读者可能最后会赞同得克萨斯大学基金会负责人Bob Boldt的看法,他在探讨得克萨斯大学披露的私募股权基金收益率指标时指出:"我希望当有人应用这些指标的时候,他们能够加上类似香烟包装上的那种警告——如果你关注它们,它们可能会损害你的健康。"[②]无可否认,私募股权基金回报率的计算并不容易,但是回报率的评估在很多方面都很重要。普通合伙人(GP)的酬劳以其为基础;有限合伙人(LP)的当前开支决策以及未来投资决策也以其为基础;即便是立法者在确定该行业监管提案时也会参考这些数据。本章后面的部分将对这些问题进行系统的讨论。

本章大部分会介绍如何衡量风险,在最后会讨论风险管理。文中将特别强调私募股权分散化投资会有助于解决这些问题。

为什么私募股权的业绩难以衡量?

为什么投资私募股权会比投资其他类资产(例如政府债券或是欧洲股票)的决策更困难?主要问题就在于GP所做投资的本质。正是因为私募股权公司受以下三个主要问题的影响,使得私募股权的评估尤其棘手:

1. 缺乏流动性的问题一直存在。私募股权基金资本支持的企业往往在获得资金后的几年里仍未上市。正因为如此,这些公司不能提供可观察的市场价格。此外,通常为私人合伙制的私募股权基金很少在有组织的公开市场上交易。因此,投资者无法观察到它们的估价。

2. 投资组合公司估值的信息不确定性(不对称)。尤其是对于早期创业企业来说,由于企业可能没有之前的盈利数据或是真实可靠的项目数据,私募股权公司对所投企业的估值往往并不以量化的指标(例如,市盈率和贴现现金流)为基础;相反,合伙人往往依赖

[①] Cambridge Associates LLC 编写的"Cambridge Associates Private Equity and Venture Capital Market Commentary for Quarter Ending December 31, 2008",2009年7月新闻稿,http://www.cambridgeassociates.com/about_us/nes/press_release/Fourth%20Quarter%202008%20Cambridge%20Associates'%20Private%20Equity%20and%20Venture%20Capital%20Benchmark%20Commentaries.pdf,访问于2009年8月21日。

[②] Dan Primack 所写的"Opening Up a Private World: U. of Texas Invest Company Bares All, Shocking the VC World",载于 Investment Dealers' Digest,2002年9月30日,第36-37页(引用在37页)。

于对创业企业的技术、预期的市场潜力和管理团队实力的复杂且主观的评估。并购基金可能有更多的典型评估数据,但其可靠性也可能是有问题的,因为被收购的企业正在经历一段时期的重大变化。

3. 周期性。从总体上来看,私募股权的估值水平似乎会随着募资环境的变化而急剧上升或下降。例如,当大量的资本流入私募股权基金时,对所投公司的估值水平会大幅度提升,反之亦然。一项针对美国风险投资行业的研究结果明确指出:募资金额每增加一倍,对新投资(或是对基金投资组合原有公司的再投资)的估值会提高7%～21%。该结果表明,1991年到2000年间单是美国风投基金募资总额四十多倍的增长就促使其基金估值实现了六倍的提升。①

 投资业绩通常如何估算?

尽管估算投资业绩时有很多困难,但由于前面提到的报酬、预算、投资分配与决策等一些原因,我们还是要对其进行估算。有限合伙人、GP以及私募股权行业里的中介机构主要用两种方法进行估值:IRR法和现金回报倍数法。与此同时,还有少数的一些人会采用其他的方法,业界并未对"最佳估值方法"达成共识。迄今为止,还没有"行业标准"出现,因此我们需要理解各种不同的估值方法。

现金回报倍数法

现金回报倍数法(cash-on-cash returns)可能是最直接的方法。② 从本质上来说,这种方法考察收回的资金和(或)基金中还有的资金与已投资金的比率。更为精确地说,一个常见的变量——分配与实收资本比率——考察了LP回收的资本与其投入资本的比率。第二种常用的方法是计算LPs的资本回报加上其拥有的基金股权现值之和与投入资本的比率。根据这些估值方法,有相同期限(即在同一年进行募集)的基金之间,可以互相比较。

内部收益率

大多数私募股权投资者也会利用投资年份分析某一特定的私募股权基金的**内部收益率**(internal rate of return, IRR,使基金现金流的净现值为0的贴现率),将其与该私募股权基金相同募集年份的其他基金的收益率进行比较。这种方法虽然比较简单,但是也受IRR计算特点的困扰。我们在下面的方框中讨论IRR的计算方法。

---

① Paul A. Gompers 和 Josh Lerner 所写的"Money Chasing Deals? The Impact of Fund Inflows on Private Equity Financings",载于 *Journal of Financial Economics* 第55期(2000):第281-325页。

② Carolina Braunschweig 所写的"LPs Consider 'Cash-In and Cash-Out' Policy",载于 *Journal of Financial Economics*,2002年4月1日,参见 http://www.altassets.net/private-equity-knowledge-bank/article/nz2510.html,访问于2009年8月9日。

内部收益率计算方法

在讨论 IRR 的优、缺点之前,让我们先回顾一下它的计算方法。在测算现金流时,IRR 与 NPV 密切相关。

计算 NPV 时首先给定某一贴现率——通常是投资者愿意接受的最低回报率。其次,确定每段"现金流"(进入和流出某投资基金的资金)的时点和金额。

在私募股权体系中,基金资本的支出被视作负向现金流,其收益被看作正向现金流。考虑这样一个案例,有三笔现金(x_0, x_1 和 x_2)分别在 t_0, t_1 和 t_2 三个时间点上流入。在贴现率为 r 的情况下,计算这些现金流在时间 t_0 的 NPV 的公式为

$$\mathrm{NPV} = x_0 + \frac{x_1}{(1+r)^{(t_1-t_0)}} + \frac{x_2}{(1+r)^{(t_2-t_0)}}$$

NPV 计算的实质是对未来的现金流赋予更少的权重进行贴现。这反映了"货币的时间价值",也就是说在同一时间段我们可以将资金投资于其他任何可以获得有吸引力回报的地方。只要按上述公式计算所得的项目的 NPV 为正,就应该承接。

IRR 的计算可以看作是将这个问题反过来考虑:我们令 NPV 为 0 计算贴现率 r。考虑刚才的例子,不是将贴现率 r 作为已知条件来计算 NPV,而是将 NPV 设为 0,然后就可以计算使等式成立的贴现率 r。

因为计算方法非常相似,难怪两种方法在简单的案例中得出的结果一样。例如,考虑某基金在最开始时支出 100 美元现金,在第一年末收入 50 美元现金,第二年末收入 150 美元现金。为了计算 IRR,我们将 NPV 公式设为等于 0:

$$0 = -100 + \frac{50}{(1+r)} + \frac{150}{(1+r)^2}$$

(注意,公式右边第一项为负,因为这是由投资者提供的现金流;其他的现金流是流向投资者,因此为正。)在尝试了多种可能的结果之后,我们发现 $r = 0.5$,或 50% 的贴现率能够解开这个方程。如果我们想要计算 NPV,相反的我们需要首先决定贴现率 r,然后解如下方程:

$$\mathrm{NPV} = -100 + \frac{50}{(1+r)} + \frac{150}{(1+r)^2}$$

图 9.1 展示了我们使用不同贴现率解方程时得到的结果。只要我们使用低于 50%($r < 0.5$)的贴现率,NPV 就是正的。如果贴现率高于 50%,贴现后的现金流就不足以覆盖最初的成本,NPV 就为负。交叉点 50%,正好是计算 IRR 产生的结果。因此,对那些有具体现金流的项目或是基金进行估值时,选择 NPV 还是 IRR 对结果并没有影响。

作为衡量业绩的方法,IRR 法与现金回报倍数法相比有很多优点。最重要的一点是,IRR 法在考虑了货币的时间价值的同时,允许投资者对一系列正、负不一现金流的表现进行评估。

这两种估值方法因为经常被使用,很快成为了私募股权行业从业者必须掌握的方法。表 9.1 展示了不同类型的私募股权基金在不同时间段的业绩表现,并显示了已分配和剩

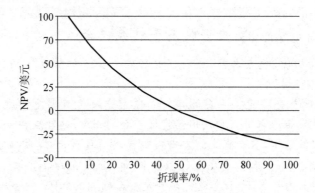

图 9.1 净现值与折现率呈反比

余基金价值与实收资本的加权平均比率以及综合 IRR(后面会详细介绍)。这些数据从汤森路透私募股权数据库获取,这个数据库是业绩和投资数据的标准来源之一。

表 9.1 不同私募股权基金的"现金的现金回报率"和"IRR"

美国	初始现金的现金回报率	不同时间段的 IRR/%				
		1 年	3 年	5 年	10 年	20 年
早期/种子期 VC	1.50	16.9	NA	3.0	25.5	22.1
后期 VC	1.49	7.9	7.7	8.1	7.3	14.7
所有风投	1.50	17.5	2.5	5.7	13.4	17.2
小型并购	1.67	13.0	2.5	7.4	4.6	12.3
中等规模并购	1.49	24.1	6.4	11.1	7.5	11.4
大型并购	1.47	13.7	3.4	6.8	6.1	10.6
特大并购	1.12	27.4	1.0	6.1	4.7	8.0
所有并购	1.21	26.4	0.2	6.7	5.2	9.3
所有私募股权基金	1.29	24.4	1.3	6.5	7.1	11.5
欧洲	初始现金的现金回报率	不同时间段的 IRR/%				
		1 年	3 年	5 年	10 年	20 年
早期/种子期 VC	0.91	12.5	2.8	0.5	2.5	1.1
后期 VC	1.23	18.4	0.4	3.4	2.8	6.9
所有风投	1.06	18.4	0.7	1.5	0.3	2.2
小型并购	1.41	3.5	7.0	8.3	8.7	12.0
中等规模并购	1.54	23.4	6.9	12.4	13.7	14.6
大型并购	1.39	15.4	11.2	11.7	19.8	19.7
特大并购	1.04	34.2	1.2	11.3	9.2	9.1
所有并购	1.17	31.0	3.8	11.1	11.2	12.5
所有私募股权基金	1.16	30.2	2.8	8.3	7.9	9.4

注:美国数据截至 2009 年 3 月 31 日,欧洲数据截至 2008 年 12 月 31 日。
所有现金的现金回报率数据都是已分配资金和基金价值与实收资本的资本加权平均比率。
所有的 IRR 都是综合年化的 IRR。
NA=数据不可得。
资料来源:汤森路透私募股权数据库,于 2009 年 9 月 5 日访问。

从上表中我们能看出几种模式。第一，不同类别和不同区域的基金效益并不相同。需特别指出的是，不管是使用现金的现金回报率法还是 IRR 方法进行估算，结果都表明欧洲风险投资基金的效益很低。第二，用 IRR 计算的回报率随着时间不同有很大的变化。在一些时间段内，比如 2008 年，数据显示私募股权基金的效益很差；而其他时间段，例如 90 年代后期和 21 世纪前 10 年中期，则有非常好的业绩。第三，在特定的时间段，风险投资(VC)和并购基金会表现更好或更差：VC 基金在 90 年代发展壮大，大的并购基金在 21 世纪前 10 年中期繁荣发展。然而，在过去的 10 年中，VC 的效益在领域内处于落后状态。从长远来看，美国的风投基金比其他类型的基金的效益要好很多。长期来看，在并购基金中，那些最大的基金效益也是最差的。

这些评估方法存在的问题是什么？

尽管上述评估方法被广泛地使用，但并不全是好的。两种方法都存在很严重的问题，我们将在这部分进行讨论。

现金的现金回报率方法虽然十分简单，但正是因此产生了一些问题。由于这种方法没有考虑想要进行比较的现金流发生的时点，这一点违背了金融学的信条"今天的一美元比明天的一美元更有价值"。使用现金的现金回报率方法，并不能够辨别出资本的回报是按时间平均进行分配的，还是前期权重大，或者是后期权重更大。很明显的，其中有一个最好的方法，但是现金的现金回报率方法未对此做评判。

图 9.2 用示例说明了这个问题，图中展示了各募集了 10 亿美元的两只基金。第一只基金在第 5 年向有限合伙人分配了 30 亿美元收益，第二只基金在第 10 年向有限合伙人分配了 40 亿美元收益。如果依靠现金的现金回报率方法计算收益，我们会选择第二只基金。但是这个选择并没有考虑第 5 年得到的收益可以进行再投资，并且可能会得到更高的回报。例如，如果我们按照 15% 的贴现率计算 NPV，第一只基金总计给投资者产生了接近 10 亿美元的回报。然而，按照 NPV 的计算结果，第二只基金的投资者实际上在亏损。由此可知，忽略了货币的时间价值，以现金的现金回报率方法计算的收益会给出误导性的答案。尽管我们可以避免对"野兔"的不合理支持，却也有选择奇慢的"乌龟"的风险。

虽然 IRR 对时间点的不同做了更好的考虑，但它也不是完美的。它也有四个被我们分别称为(为了讨论的目的)龟兔赛跑[①]问题、缺乏系统性、多个 IRR 悖论以及加总问题的缺点。

---

① 伊索的"龟兔赛跑"寓言叙述了一个速度快但是懒惰的野兔在赛跑中被一只速度慢但是保持稳定前进的乌龟打败的故事。

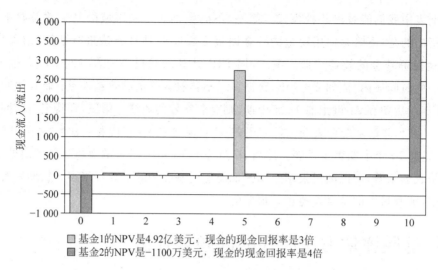

图 9.2 强调现金的现金回报率可能会导致有问题的决策

业绩评估中的"龟兔"问题

首先考虑"龟兔赛跑"问题。实际上,IRR 计算方法奖励了私募股权群体中的"野兔们",也就是那些能快速回报投资者资本的私募股权机构。原则上说,在其他条件相同的情况下,现金快速回流的想法是一件好事,投资者更喜欢较早而不是较晚得到投资回报,因为他们可以将收回的资本投到另一个基金。但是,该方法的缺点是投资者对高 IRR 的追求,最终导致在这些"野兔"上投入过多的资金。

几乎所有情况下,投资者为了获得高 IRR 选择快速退出基金,即使最终的回报率会低于同类基金。这种现象在风险投资市场火热的 20 世纪 90 年代后期最明显,那时,公司可以在很短的时间内从初创期走到首次公开发行(IPO)。

让我们考虑两只私募股权基金,每只投资额 10 亿美元。在一个案例中,投资者收回的总资本为 20 亿美元;而在另一个案例中,投资者收回的总资本为 40 亿美元。两个案例中,资本回收都相对迅速,但是第一只基金的成功较快(例如收购),一个季度之后就收回了大部分资金。图 9.3 描述了这两只基金的业绩表现。

大多数投资者,在以上两种情况下,一般都会选择第二只基金,因为其资本利得比第一只基金的三倍还要多(30 亿美元 VS10 亿美元)。此外,如果我们用 15% 的贴现率计算 NPV,第二只基金也会胜出(由于第一只基金的部分资金回流早于第二只基金,会导致两只基金 NPV 的比值小于 3∶1)。但是 IRR 的结果受到了第一只基金"快速回流"的严重影响,其年化 IRR 比第二只基金的两倍还要多。投资者考虑的关键是快速回报投资可以重复的程度。如果投资者预期可以经常接触到快速回报的投资机会,那么第一只基金更为可取,因为他们可以将快速得来的收益迅速再投资于另外一个可以得到快速回报的机会。

上述问题使得现金回报倍数法成为很受欢迎的备选方法。如果从资金回收的角度看,投资者将会选择分配收益最多的私募股权机构,而不是最早进行分配收益的那些私募股权机构。通过考察实际现金支付,LP 希望避免业绩衡量问题和"操纵"问题,两者有时会不利于 IRR 的评估。

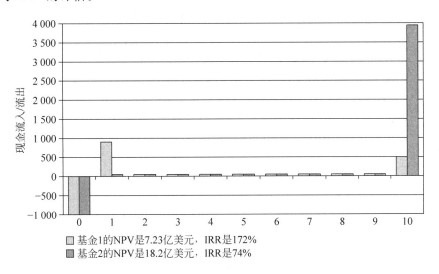

图 9.3 IRR 计算方法可能会选择快速的现金回报,而不是更多却更慢的回报

缺乏系统性

对于将 IRR 作为计算业绩的行业标准方法来使用的第二个问题,归根结底是,没有一个正确的计算 IRR 的方法。我们在前面的方框中列出了计算方法,按照里面的指示计算 IRR 看起来似乎是非常简单,而且还能够得出一个站得住脚,甚至是"正确"的结果,但是该方法的一个小小改变会对结果产生巨大影响。

不同私募股权机构关于投资时机的选择、退出投资的估值、旗下投资组合公司的估值、税收的影响、计算 IRR 的其他细节等方面的差别非常大。我们首先关注现金流发生的时间是如何影响 IRR 的。

计算 IRR 时常用的两种方法是"日历时间"法和"时间零点"法。日历时间法(在私募股权行业新闻报道中有时被称为"美元权重法")列出所有实际发生年份(或是季度、月,甚至是天)中的资本流入和流出。例如,如果基金设立的第三年投资者通过 IPO 收回了 1 亿美元,而他们为此在这一年共投入了 1.5 亿美元,那么这一年的现金流就会被记为负的 5 000 万美元。如果第三年做出的投资最终在第八年为有限合伙人收回 4 亿美元,那么现金流的发生会被记录在基金的第八年。

时间零点法假设所有的投资都是在基金设立的最一开始进行的,因此,第三年发生的投资都会被转到最开始的那年(第一年)。类似地,交易也会被向前移两年,如果交易在第八年发生,那么就会被记成是在第六年。如表 9.2 所示,这些不同的方法会得出完全不同的 IRR。在例 1 中,从日历时间法到零时间点法的转换将 IRR 从 22% 提升至 26%。在例 2 中,转变导致了大幅度下跌(从 43% 到 34%)。这些难以预测的变化以及计算 IRR 的标准化方法的缺乏,使得比较不同群体之间的 IRR 变得十分具有挑战性。

表 9.2 "日历时间"法和"时间零点"法计算的 IRR

例 1a：日历时间法计算 IRR

	第 0 年	第 1 年	第 2 年	第 3 年	第 4 年	第 5 年
投资项目 A	−100					
投资项目 B		−100				500
合计	−100	−100	0	0	0	500
IRR	22％					

例 1b：时间零点法计算 IRR

	第 0 年	第 1 年	第 2 年	第 3 年	第 4 年	第 5 年
投资项目 A	−100					
投资项目 B	−100				500	
合计	−200	0	0	0	500	0
IRR	26％					

例 2a：日历时间法计算 IRR

	第 0 年	第 1 年	第 2 年	第 3 年	第 4 年	第 5 年
投资项目 A	−50			400		
投资项目 B		−100				
投资项目 C			−100			200
合计	−50	−100	−100	400	0	200
IRR	43％					

例 2b：时间零点法计算 IRR

	第 0 年	第 1 年	第 2 年	第 3 年	第 4 年	第 5 年
投资项目 A	−50			400		
投资项目 B	−100					
投资项目 C	−100			200		
合计	−250	0	0	600	0	0
IRR	34％					

注：在每种情况下，我们都假设资金在投资前可从投资者那里即时提出。

多个 IRR 悖论

正如我们前面发现的，当现金流比较简单时，使用 IRR 计算方法是非常容易的。如果所有的资本都在基金设立初期流入，而且之后就只是一系列的资金分配，那么计算 IRR 并没有任何问题。

问题是，现实中会存在一系列更为复杂的现金流——尤其是我们会看到资金流入与流出的几个序列——揭示出 IRR 方法在衡量基金业绩时的另一个缺陷。上述情况对于私募股权基金来说很常见，这经常会造成产生多个 IRR 的副作用。

为什么会有多个 IRR 出现？

考虑这样一个例子，有一只承诺资本为 2 500 万美元的基金，在基金开始时投入 500 万美元，在基金运行后的第二年投入 2 000 万美元。第一次投入的资本被用于投资一家公司,当年年底这家公司以2 225万美元的价格被收购,这笔交易的收入被立刻返还给投资者。然而,第二次投入的资本所投资的公司并没有获得成功,最后被清算并由基金承担全部损失。在这种情况下,计算IRR的方程式为

$$0 = -5 + \frac{22.25}{(1+r)} - \frac{20}{(1+r)^2}$$

(由于第一段和第三段现金流是有限合伙人为基金的注资,因此为负;而其获得的收益为正。)可惜,这个方程式是有多解的:$r=25\%$和$r=220\%$都会使NPV为0。

为什么会出现这种情况呢?图9.4提供了一种理解这个结果的方式。与图9.1一样,它显示了使用不同的贴现率计算的上述现金流的NPV。当贴现率非常低时,第二年负的现金流被赋予足够大的权重,使整个投资变得不那么具有吸引力。当贴现率非常高时,第一季度和第二季度的现金流都被大打折扣,以至于它们相对于初始投资变得无关紧要。然而,在这两种极端之间的情况,显示出这只基金的现金流实际上是有吸引力的。如图所示,使得NPV为0的点有两处,因此有两个IRR。

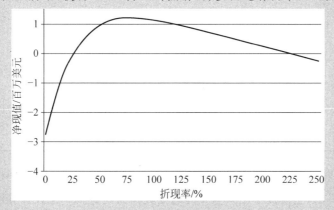

图9.4 净现值法会给出多解

电子表格计算IRR的方式直接显示出一个结果,而并没有提醒投资者会有多个IRR存在,这就加剧了多个IRR的问题。在之前举的例子中,如果电子表格从默认值0开始,它就会认为IRR是25%。但是,如果我们选择100%作为初始的IRR估计值,那么程序就会产生一个220%的结果。总之,确实存在着这样一种真实的风险,那就是做出错误的结论以及不利的投资决策。

这是一个非常重要的问题,因为复杂的现金流模式是普遍存在的。例如,从20世纪90年代后期一直到2000年,许多风险投资机构能够在基金的早期就实现投资退出,2000年代中期的并购基金也是这样。在很多情况下,投资者能够在最后一笔资金注入之前收回现金或是股份,也因此会产生很多可能的IRR。在这些情况下,我们确实不能够将IRR视作基准,最好是使用能够反映我们对私募股权预期回报的贴现率,计算不同基金现金流的NPV,或者是简单地计算现金回报倍数。

加总问题

在本节我们将要强调的最后一个问题就是:IRR 汇总多个现金流信息的特殊方法。一般来说,私募股权基金会投资很多项目;相比而言,机构投资者又会投资多只基金。可是用 IRR 方法处理多只基金结果的方式一点也不明显。

表 9.3 IRR 和多只基金

基金名称	承诺资本规模/百万美元	2002	2003	2004	2005	2006	2007	2008	2009	2010	2011	IRR/%
Abracadabra Ventures	100	−50	−50	0	0	30	0	300	20	0		22
Boring Private Equity	800	−400	20	−380	50	100	150	50	75	75	0	−9
Complete Balanced Fund	500	−250	−250	0	0	100	200	250	150	300	120	14
混合现金流		−700	−280	−380	50	200	380	300	525	395	120	
平均 IRR												9
加权平均 IRR												2
混合 IRR												7

这个问题最好是举例进行说明,而不只是抽象地描述。考虑某个大学捐赠基金投资机构,如表 9.3 所示,它投资了三只基金并想要计算其收益率。该投资机构的首席投资官提出了计算 IRR 的三种方法:

1. 计算每一只基金的 IRR,然后计算平均值。
2. 计算 IRR 的加权平均值,权重由每只基金的注资金额决定。
3. 将所有现金流加总到一起,假设是一只基金,并计算这些现金流的 IRR。这种计算方法的结果通常被称为"混合 IRR"。

正如表 9.3 所示,三种计算方法的结果明显不同。简单平均法得出的 IRR 最高,因为金额最小的那只基金效益最好。而比较令人费解的就是,混合 IRR 计算得出的结果是加权平均 IRR 的 4 倍。如果我们使用不同的数据,那么所得结果又会不同。IRR 估值方法对计算的方式十分敏感,它的这种特质目前还没有得到满意的解释。

正如我们在得克萨斯大学的例子中所看到的,对于私募股权投资者来说,基金业绩效益的评估缺乏行业标准将会产生很严重的问题。总之,衡量基金业绩是私募股权投资决策中很重要的一部分。尽管从上至下的资产配置决策很关键,但是,衡量基金业绩以及挑选最好表现的基金的能力,对于私募股权项目的成功来说也是至关重要的。

有更好的方法吗?

在现金的现金回报率法和 IRR 法计算都存在局限的情况下,有评估私募股权基金回报的更好方法吗?虽然上述两种方法在实践中占据主导地位,但问题的答案几乎毫无疑问是"是的"。

比较可行的方法就是计算基金的 NPV,并用募集资本的金额进行标准化。与现金的现金回报率方法不同,NPV 考虑了货币的时间价值,同时也避免了计算 IRR 时遇到的许多问题。例如,由于少量资本的快速回流并不会产生一个巨大的 NPV,因此它也避免了"龟兔赛跑"问题。两段现金流各自的 NPV 之和与混合现金流的现值相同,因此加总问题没有出现。除此之外,NPV 法对于多解问题也是免疫的。

NPV 法最关键问题就是找到合适的贴现率。正如我们在第四章讨论到的,使用私募股权投资者所采用的非常高的基准收益率是不对的,该比率反映了投资者的资金成本和创业者过度乐观的预期所做的调整。相反,反映了出资的投资机构和个人真实预期收益的贴现率——可能是 12%~18% 之间的某个数字——看起来要合适得多。我们将在下一节里对这个问题进行探讨。

私募股权和公开市场的比较

目前为止,我们集中于私募股权基金的相互比较。当然,对私募股权基金业绩评估时比较它们之间的效益是很重要的,但是很多机构想要将私募股权基金的业绩与其他资产类别的业绩进行比较。特别是,他们自然想知道私募股权基金的业绩与上市股票业绩相比会是怎样的。

首先,我们可以通过比较同一时间段内的收益率来对其进行评估。例如,表 9.1 显示了过去 20 年中私募股权行业整体的收益率为 11.5%,而标普 500 指数在同一时间段的收益率为 7.4%。因此我们可能会得出:私募股权基金比上市股票表现更好一些。

但是上述对比有一定程度的误导性。特别是,如图 1.1 所示以及其他地方所讨论过的,过去 10 年里私募股权经历了资金潮,因此私募股权投资者在近 10 年内的可用资本比 15 年前更多。如果我们对公开市场 20 年间每年的业绩都赋予相同的权重,然后简单地加总其收益并与同时间的私募股权的业绩进行对比,结果可能会有误导性。

如果我们将某只私募股权基金与公开市场进行对比,也可能会存在误导性。考虑一只在 1997 年到 2009 年间活跃的基金,它的 IRR 是 7.5%。在同一时间段,标普 500 指数的年度平均收益为 7.2%。我们开始可能会认为基金的表现很好。但是基金存续期的最后,市场的表现非常糟糕,基金里只剩下很少的资金。也许我们应该关注基金存续期的早一些年份,大部分资金的投资和返还都是那时进行的。那么,这种情况下针对基金效益正确的估算方法是怎样的呢?

上述问题引出了**公开市场等价**(public market equivalent,PME)方法的开发,以比较私募股权基金投资与公开市场指数的表现。这种方法最先由 Austin Long 和 Craig Nickles 提出,将私募股权投资基金的收益与投资到标普 500 的等量资本(或者另一种指数)所产生的收益进行比较。如果比率大于1,那么私募股权基金是更好的投资选择;如果比率小于1,那么公开市场投资更合适。

我们可以用一些例子更好地说明这种方法。① 例如,考虑这样一个例子,一只并购基金在2004年6月得到1亿美元的资本注入,并在2007年4月返还2亿美元的收益。投资者本来是可以选择投资公开市场,但是在2004年6月以等额资本投资于标普500指数,到了2007年4月只能获得13 952万美元。该投资的PME为1.43(或者是200/139.52),表明投资私募股权更佳。在另一个例子中,1993年1月向风险投资基金注入1 000万美元资本,到了1999年12月基金清算时收回4 000万美元,投资回报看起来非常惊人。但是在同一时间段,若用等额资本对标普500指数投资,最后也会在1999年12月收到3 916万美元,因此PME是令人失望的1.03(40/39.16),表明对风险基金的投资收益勉强超过了具有流动性的公开市场证券。②

表9.4给出了Steve Kaplan和Antoinette Schoar对私募股权基金、风险投资基金以及并购基金的PME的计算结果。他们的计算强调了使用加权和未加权数据的影响。我们使用未加权的数据(平等对待每只基金)时,风险基金和并购基金的业绩几乎没有差别。虽然处于中位数的基金PME远低于1,典型基金的PME却接近于1。这种差别是由PME的偏斜分布引起的,一些收益较高的基金拉高了平均值。

使用加权的数据之后计算得出的PME看起来完全不同,此时私募股权基金的PME基本上都大于1。这个变化由风险基金驱动,它们的PME都远大于1。但是,并购基金的平均PME实际上却低于1。出现上述情况的原因是,虽然规模最大的风险基金表现优于其他基金,但规模最大的并购基金实际上业绩很差(我们也可从表9.1中看出)。然而我们需要注意到,此处样本包括成立于1980年到1995年之间的746只基金。然而,在随后的许多年份,并购基金的效益要比风险基金好很多,由此可知,任何对总体趋势所做的结论都需要谨慎。

表9.4 私募股权基金、风投基金和并购基金的PME

	未加权数据			加权数据		
	所有私募股权基金	风投基金	并购基金	所有私募股权基金	风投基金	并购基金
平均数	0.96	0.96	0.97	1.05	1.21	0.93
中位数	0.74	0.66	0.80	0.82	0.92	0.83
下四分位数	0.45	0.43	0.62	0.67	0.55	0.72
上四分位数	1.14	1.13	1.12	1.11	1.40	1.03

注:所有数据均为公开市场等价。

资料来源:Steven Kaplan和Antoinette Schoar所写的"Private Equity Performance:Returns, Persistence, and Capital",载于 *Journal of Finance* 60(2005年):1798页。

---

① 这些例子来自于Steve Kaplan和Antoinette Schoar所写的"Private Equity Performance:Returns, Persistence, and Capital",载于 *Journal of Finance* 第60期(2005年):第1791-1823页。

② 这并不奇怪,当基金的现金流入和流出非常多时,尤其是当私募股权基金在基金的存续期内进行大规模的收益分配时,这些计算会变得更复杂。这些例子中计算的详细过程在 http://www.alignmentcapital.com/pdfs/research/icm_aimr_benchmark_1996.pdf 特别是附录B中有详细的解释,访问于2009年8月21日。

衡量标准的问题

到目前为止一切还算顺利。但是对于私募股权而言这种简单的解决方法过于简单了。这种公开市场证券和私募股权之间的对比,甚至是私募股权基金之间的对比,可能都不够公平。

"衡量标准"的问题反映出这样一个问题:在许多方面,私募股权基金之间及其与公开市场证券之间都有着根本上的区别。这些不同方面包括投资策略、债务的使用、发展阶段、地域投资模式、投资类型以及相关风险。理论上来说,评估私募股权基金的回报应该考虑这些差异,但是PME却并未对此考虑。

这个观点可以通过对某只私募股权基金的讨论来进行说明,让我们称其为快车资本(Hotshot Capital),其公司整体价值的变化完全模拟市场的变动。快车资本的投资严重地依赖债务,注入的每一美元资本,都对应9美元的负债。例如,假设在过去一年里市场收益率上升了10%。快车资本将全部资本10亿美元(并借入其余的90亿美元)投资于顶级行业公司(Acme Industries),在过去一年,顶级行业公司整体(企业)市值也提升了10%,从100亿美元增长到110亿美元。年底,快车资本卖掉对顶级行业的投资并实现了非常好的收益:在偿还了90亿美元债务之后,原有的基金从10亿美元增长到20亿美元。(我们假设顶级行业在当年的利润只能够覆盖债务利息以及付给投资银行家和会计师的服务费用。)用PME的分析方法得出的结果是1.82(=2/1.1),这说明快车资本的表现超出了标准水平。

但是我们知道这个结果并不正确,快车资本表现良好并不是因为他们真正创造了价值,而是因为他们承担了更多的风险。如果市场的收益率为-10%,公开市场的投资者只会损失10%的资本,而快车资本的LP们则会血本无归。一定会有针对衡量标准问题的解决办法!

在公开市场中,标准的评估方法是使用一个常数项和一个或者多个测量公开市场收益的指标对基金的收益率进行回归分析。在这些回归系数中,有两个非常有趣的关键项。第一个是市场收益率的系数,我们通常称之为"贝塔"。如我们在第四章讨论过的,贝塔为1说明了基金与市场的风险水平相同,贝塔小于1说明基金的风险相对市场要小,贝塔大于1说明基金的风险更大。贝塔——和基金宣称是业绩优胜者之前的要求回报率——随着基金所承担风险的增加而增大。

回归方程中第二个非常重要的元素就是常数项。在相同的市场运行条件下,回归分析试图判定常数项到底是正的,负的,还是零(例如,按照市场调整后的基金业绩与所选衡量市场业绩的标准相比是更好还是更差,或是两者差别很小以至于无法辨别)。

以这种方法,分析师可以避免对不同投资经理人成功与否做出错误的判断。举例来说,考虑两只共同基金,一只基金持有小型高科技公司的股份,另一只持有公共事业公司发行的证券。虽然在给定的时间段内,投资高科技公司的基金的绝对收益可能会更高一些,一旦考虑到该投资组合有较高风险(较高的贝塔),它的收益可能并不是更好的。与之相类似,使用更多债务的共同基金,在定义为收益更好的基金之前,应该考虑到它的贝塔和要求回报率也更高一些。

最近几年,金融方面的学术文献关于把衡量市场表现的指标作为回归中的控制变量这方面问题做了大量的讨论。关于这个问题的一致看法最早由 Gene Fama 和 Ken French 提出,他们认为在分析中应该使用以下三个比较重要的措施:(1)市场整体效益;(2)小盘股与相对的大盘股效益;(3)成长型股票与价值型股票效益(例如,那些股权市值与账面价值比率不同的股票效益的差别)。换言之,我们必须将单只基金的业绩从市场的总体变化("水涨船高")以及影响不同规模和特点的公司的特殊机理中分离出来。一旦市场影响投资组合的这三个方面可以控制在相同条件下,常数项系数就能够对基金的相对业绩作出合理的解释。

在私募股权环境中,投资者一般并不像共同基金投资人那样尝试调整收益。换句话说,他们往往满足于简单地将基金的 IRR 和现金的现金回报率与业内同类基金进行比较,而不是与同时期的市场总体收益进行比较。出现这样情况的部分原因是私募股权行业的保守主义:很多投资者认为现金的现金回报率和 IRR 已经给出了足够好的结果,没有进行改变的必要。但是这种保守也会造成麻烦,在此总结出以下几点原因。如果基金之间存在其他差异,假设一只基金的风险高于其他同类基金,将它们进行比较的时候如果单纯只看现金的现金回报率和 IRR,就会产生有误导性的结果。此外,私募股权基金整体表现有时会比公开市场表现好很多或是差很多。但是还存在另外一个困难:由于历史价格特性和不连续性,计算私募股权基金和公开市场之间的关系十分困难。

随着时间推移,在各种基金以及不同资产类别之间进行比较时,历史价格特性就成为了一个严重障碍。我们能够观察到公开市场指数每一天(每分钟)的变化,但是却只能够在很长时间之后才能观察到私募股权公司价值变动的情况。即使作为被投资公司董事会成员的 GP 可能也要到下一次的董事会才知道某项技术有了突破,而 LP 可能是在第二年看到上年年报时才知道这些技术消息对公司价值的影响。更为通常的情况是,信息延时会比上述情况更长:私募股权公司可能是在所投公司 IPO 实现大幅增值时才会公布这些公司价值的变动,而不是在这些公司发展过程中定期发布。这意味着,某家公司总市值按照"投资成本和上一轮定价的较低值"(如我们在第四章讨论到的)定价,突然可能以 20 倍该价值的价格上市发行。当然,这是一个令人愉快的惊喜,但是这也使得定价模型变得无用。同样的情况,并购也能使一家公司的估值高于其在投资组合中账面价值的许多倍。

这些历史价格使得公开市场证券和私募股权的收益率很难进行比较。因此,我们很难知道私募股权的收益在何种程度上反映的是上市股票的走势或是其创造的真实超额价值。对共同基金和对冲基金的业绩进行评估时通常采用的分析方法的难度更高,因此我们不在此进行介绍。

为了说明这一难度,考虑这样一个世界,在这个世界里,我们按月观察标普 500 指数的变化情况,但是我们并不经常收到其他资产类别(为了说明这种难度,我们将使用 IBM 和 GE 的股票,同时还有标普 500 指数本身)的报告。除此之外,即使我们按月得到其他资产的报告,大多数情况下我们得到的都是"历史价格"——连续两个月都是同样的价格——而不是实际价格。如果我们没有意识到历史价格问题的存在,或者是忽略了这个问题,那么我们就会使用月度数据对标普 500 指数与其他资产的相关系数进行简单的估计,计算出的结果必然会存在缺陷。

表 9.5 说明了上述问题。在这张表中,我们列出了假设的资产和市场指数六个月的价格。第一行记录了每个月月底的真实价格,但是如果资产存在历史价格的问题,那么我们只能断断续续地观察真实价格。

表 9.5 历史价格问题

月回报率,无历史价格问题/%					
第 1 月	第 2 月	第 3 月	第 4 月	第 5 月	第 6 月
5	−1	3	−4	−2	4
月回报率,延时一个月的历史价格问题/%					
第 1 月	第 2 月	第 3 月	第 4 月	第 5 月	第 6 月
0	4	0	−1	0	2
月回报率,延时两个月的历史价格问题/%					
第 1 月	第 2 月	第 3 月	第 4 月	第 5 月	第 6 月
0	0	4	0	0	1

例如,第二行,显示的是当资产的真实价格每隔一个月被观察一次时发生的情况。第 1、3 和 5 月显示了资产的真实价格。第 2、4 和 6 月报告的是基于前一个月的价格(即历史价格,而其并不等于当月的真实价格)。在第三行,我们看到如果我们只能每三个月观察一次时会发生什么。第 1 月和第 4 月,我们观察到了真实价格,可是在另外几个月份我们观察到的都是历史价格。

图 9.5 说明了这类问题的影响。如果从 1950 年 1 月到 2002 年 12 月,我们每个月都观察到真实价格,我们将会发现资产的相关系数非常高。标普 500 指数和 GE 股票的相关系数是 0.73,而标普 500 指数与 IBM 股票的相关系数是 0.60。(标普 500 指数和自身的相关系数为 1。)但如果我们只能每两个月接收到其他资产的正确价格,而在这些月份之间使用历史价格,那么标普 500 指数与 GE 的相关系数将降至 0.4 而与 IBM 的相关系数降为 0.3。实际上,即使是标普 500 指数与"历史"标普 500 指数之间的相关系数也降低至 0.53。如果我们只能每三个月(在每个正确的价格之间都有两个月得到的是历史价格)接收到一次正确的价格,标普 500 指数与 GE 的相关系数下降至 0.23,与 IBM 的相关系数下降至 0.16,与"历史"标普 500 的相关系数下降为 0.34。

回到第四章我们讨论过的问题,私募股权公司的估值会受到历史价格的严重影响。部分原因是由于这些公司价值增加很缓慢,且具有不确定性;另一部分原因是由于这些公司只是偶尔披露其价值增加的信息。对于有风投资金投资的公司来说,当外部投资者设定了新一轮的竞买价格时,公司的估值通常会发生变化,这种情况一般两到三年会发生一次。我们刚才看到了只是有三个月延时的历史价格对相关系数的影响,即便是标普 500 指数与自身的系数也降低了 66%。根据财务会计准则(FAS)第 157 条规定,相比于每轮融资时对被投资公司的估值来说,投资者应该更加频繁地回顾公司的估值。但是即使是这样,人们又如何准确地对一家可能会成为下一个谷歌或倒闭的公司进行评估呢?并购公司并不太倾向于进行这样的估值,因为他们的投资组合公司一般都已经产生收入

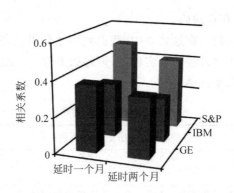

图 9.5 标普 500 指数与通用电气、IBM 及其自身历史价格的相关系数

和利润或者拥有可比较的公开上市交易,但是"按投资组合市值计价"仍然是一个饱受争议的热点话题。第四章关于估值方法的讨论指出了在私募股权领域正在进行的哲学探讨。很明显的,这是一个需要进行大量研究的领域,且该领域需要一个严密的量化方法。

私募股权机构价值投资与该问题的矛盾增加了该问题的复杂程度。即使是在像 FAS157 这样的改革施行之后,成熟的风投机构在实践中还是强调使用保守的假设进行估算。至少在理论上,这些程序使投资者免于被过于激进的假设误导,但是这种保守的假设使投资者对私募股权和其他资产类别收益率的比较变得特别困难。因此,虽然私募股权公司可能可以证明他们的基金比其他在相近时间(例如,创立年份相同)成立的合伙企业的表现要好,但是他们却很难解释其基金表现与股票市场和债券市场相比会如何。同时,不太成熟的私募股权公司在进行实际的估值时并没有那么保守。不同的估值方法会产生这样的现象:一些中期表现优异的公司,其长期表现与其他公司相同(甚至更低)。正如我们所看到的,在私募股权基金之间建立一致性的努力也不是特别成功。

解决衡量标准的问题——看着容易做着难

那么,如何解决在众多的私募股权基金之间及其与其他资产类别间业绩比较的衡量标准的问题呢?解决该问题的一种方法就是对私募股权公司的投资组合"按市值调整",而不是直到"重大"事件发生(例如,新一轮融资或 IPO)才对一家被投公司进行重新估值,这就像某些私募股权机构可能做的那样,对投资组合里的所有公司的价值进行定期复查。如果将按市值调整的私募股权基金(或是基金的投资组合)与公开市场进行对比,就会产生适当的相关系数。

这些季度或年度的评估能够整合该季度或年度内发生的各种变化的信息。最初的两个选择会是该时间段内可比上市公司的市值变化以及盈利能力变化。例如,如果从 2008 年到 2009 年投资组合内的一家公司的利润提升了 10%,并且同行业上市公司股票的市盈率攀升了 20%,我们就会想要将对公司的估值提升 21%(= 1.1 ∗ 1.2)。

但是我们也希望将很多其他指标纳入考虑:
- 再融资之后的私募股权公司估值的变化。

- 私募股权和公众股票市场作为一个整体的相对价格变化。
- 股票市场分析师通常用来对某些相似公司进行估值的某些特质的变化(例如,对于年轻的生物科技公司来说,被授予的专利数量)。
- IPO和并购市场的整体变化。
- 市场对公司的兴趣,反映在公司筹措更多资金的能力。

通过进行这样的计算,从某种程度上可以解决历史价格的问题。这些修正后的估值,以及来自投资组合的现金流能够得出有意义的用来与同一时间段的公开市场收益率进行对比的收益率。用这种方法,我们就能够避免前面进行总结时提到的对一般的私募股权基金以及个别基金业绩的估算偏差。

这种方法从理论上听起来很简单,但是实际操作起来非常有挑战性。表9.6总结了一些尝试计算私募股权基金风险调整后的业绩的学术研究。这些论文在关注点、观察的时间段以及研究方法方面有一些不同。

对于私募股权收益率来说,我们很难确定存在一个绝对正确的回答。总体上来看,我们有理由说大多数研究表明风险投资公司与公开市场基准相同或稍微超过了基准,大多数的研究结果还表明并购基金的收益率落后于其他基金。但是基本上没有研究考虑了2000年代中并购基金的景气时期,因此,考虑之后的结论可能会有不同。此外,当对私募股权投资组合的价值如何变化进行建模时,这些结果看起来对基本假设特别敏感。

 考虑多元化

理解私募股权的风险性对于另一项任务也是必不可少的:决定投资组合的合适投资结构。在许多情况下,投资者看起来更多地是依靠直觉而不是系统性的分析来做出针对私募股权的投资组合分配。

当私募股权投资只代表投资组合的很小一部分,比如说1%或2%时,那么这种方法可能不会产生任何问题,但是最近几年,投资组合中对私募股权的分配逐渐增加。图9.6通过机构投资者(高等院校)①对私募股权配置的一系列变化说明了这个观点。随着私募股权在投资组合结构中变得越来越重要,深入全面了解私募股权投资如何适应投资组合中其他资产也变得同样重要。

虽然确定对私募股权的总体资产配置非常重要,我们认为有必要指出一个成功的私募股权投资项目并不单单只是对这些基金进行合适的资产配置那么简单。在不同年份间选择合适的基金对实现投资者获得的具有吸引力的风险调整后的收益率非常重要。

---

① 该图整合了美国全国学院和大学商务办公室联合会(NACUBO)的多项出版内容。虽然对私募股权的资产配置有轻微的下降,其中包括投资于杠杆并购基金及风险投资基金的资金(最近几年,它们的金额逐渐下降,部分原因是私募股权机构的收益分配以及资产减值),但还是保持在远高于历史水平之上。

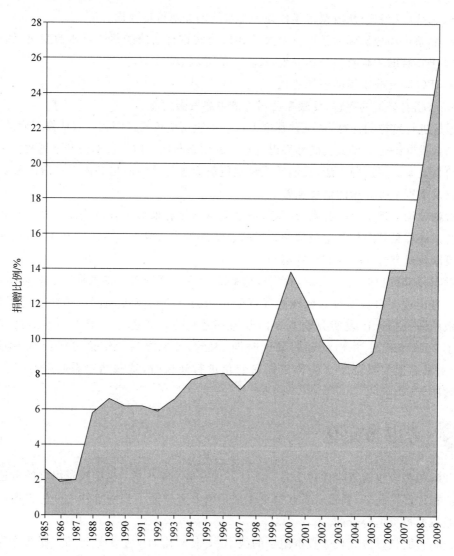

图 9.6 主要大学在私募股权上的资产配置

资料来源:美国全国学院和大学商务办公室联合会,各年捐赠研究,参考网址:www.nacubo.org。

表 9.6 风险与回报率文献研究摘要

作者和文章	PE 类型	方法	贝塔	阿尔法(或者注解中提及的其他异常回报衡量指标)
Reyes, "Industry Struggling to Forge Tools for Measuring Risk", 1990 年	VC	数据样本包括 175 只 VC 基金;不过,不对选择的数据或丢失的中间数据进行相关性计算。不计算 α。	1.0~3.8	

续表

作者和文章	PE类型	方法	贝塔	阿尔法（或者注解中提及的其他异常回报衡量指标）
Gompers 和 Lerner,"Risk and Reward in Private Equity Investments: The Challenge of Performance Assessment",1997年	VC	该研究检视了单一基金下的96笔VC投资的调整风险后的表现,并按市价调整每笔投资,以便按季度获得基金的市值。对得到的毛收益时间序列与资产定价因子做回归分析。	1.08～1.40	8%
Peng,"Building a Venture Capital Index",2001年	VC	数据序列包括1987年到1999年间有VC投资的5 643家公司的12 946次VC融资。使用倾向加权平均法获得对标普500和纳斯达克的β。	1.3～2.4（标普500）0.8～4.7（纳斯达克）	55%
Jones 和 Rhodes-Kropf,"The Price of Diversifiable Risk in Venture Capital and Private Equity",2003年	VC	1980年到1999年间866只风险投资基金的数据序列包括基于GP对资产价值估计进行计算得到的回报,而不是基于实际的现金流计算。	1.11	4.68%
Jones 和 Rhodes-Kropf,"The Price of Diversifiable Risk in Venture Capital and Private Equity",2003年	BO	1980年到1999年间379只风险投资基金的数据序列包括基于GP对资产价值估计进行计算得到的回报,而不是基于实际的现金流计算。	0.81	0.72%
Ljungqvist 和 Richardson,"The Cash Flow, Return and Risk Characteristics of Private Equity",2003年	所有PE	论文分析了一家大型LP在73只风险投资基金和并购基金中投资的回报,这些基金于1981年和1993年间募集。对β和独特的经风险调整的盈利指数(PI)的平均值进行了报告,并将标普500的事前估计值和事后值作为基准值,0%代表没有异常收益。	1.09	32.23%,24.00%(PI)
Ljungqvist 和 Richardson,"The Cash Flow, Return and Risk Characteristics of Private Equity",2003年	VC	论文分析了一家大型LP在19只风险投资基金中投资的回报,这些基金于1981年和1993年间募集。对β和独特的经风险调整的PI的平均值进行了报告,并将标普500的事前估计值和事后值作为基准值,0%代表没有异常收益。	1.12	28.08%,15.11%(PI)

续表

作者和文章	PE类型	方法	贝塔	阿尔法（或者注解中提及的其他异常回报衡量指标）
Ljungqvist 和 Richardson,"The Cash Flow, Return and Risk Characteristics of Private Equity",2003年	BO	论文分析了一家大型LP在54只并购基金中投资的回报，这些基金于1981年和1993年间募集。对β和独特的经风险调整的PI的平均值进行了报告，并将标普500的事前估计值和事后值作为基准值，0%代表没有异常收益。	1.08	33.69%，27.13%(PI)
Woodward 和 Hall,"Benchmarking the Returns to Venture Capital",2004年	VC	数据序列从1987年到2001年，持续再投资于所有风投支持的公司和类似的上市前公司根据价值加权平均的投资组合。	0.86	8.5%
Kaplan 和 Schoar,"Private Equity Performance：Returns, Persistence, and Capital Flows",2005年	所有PE	数据样本包括1980年到1997年间的746只基金。β假定等于1；标普500作为PME。PME=1表示没有异常收益。		1.05(PME)
Kaplan 和 Schoar,"Private Equity Performance：Returns, Persistence, and Capital Flows",2005年	VC	数据样本包括1980年到1997年间的580只基金。β假定等于1；标普500作为PME。PME=1表示没有异常收益。		1.21(PME)
Kaplan 和 Schoar,"Private Equity Performance：Returns, Persistence, and Capital Flows",2005年	BO	数据样本包括1980年到1997年间的166只基金。β假定等于1；标普500作为PME。PME=1表示没有异常收益。		0.93(PME)
Cochrane,"The Risk and Return of Venture Capital",2005年	VC	文章分析了1987年到2000年间7 765家初创企业的16 613次观察数据。	1.7	32%
Hwang、Quigley 和 Woodward,"An Index for Venture Capital 1987-2003",2005年	VC	数据序列报告了50 734次融资事件，包括1987年到2003年间9 092家私募股权公司在19 208次披露中的同期估值。对风险投资项目和纳斯达克以及标普500的β进行了估计。	0.4~0.6	≈1%

续表

作者和文章	PE类型	方法	贝塔	阿尔法（或者注解中提及的其他异常回报衡量指标）
Phalippou 和 Zollo,"Performance of Private Equity Funds: Another Puzzle?",2005 年	所有PE	数据样本从1980年到2003年,包括了1980年到1996年间募集的2 844只基金。收益基于所有基金的加总现金流。	1.3	1.05～0.95（PI when compared to S&P 500 = for the same time period.）
Ewens,"A New Model of Venture Capital Risk and Return",2009 年	VC	数据样本覆盖了1987年到2007年间的超过55 000次融资事件和10 000个收益数据。	2.4	27%
Phalippou 和 Gottschalg,"The Performance of Private Equity Funds",2009 年	所有PE	数据样本包括1980年到1993年间的1 328只基金。β假定等于1。		−6%～−3%
Woodward,"Measuring Risk for Venture Capital and Private Equity Portfolios",2009 年	VC	数据样本包括1996年第1季度到2008年第三季度的调整后的51个观察数据。每个季度的α值。	2.2	0.5%
Woodward,"Measuring Risk for Venture Capital and Private Equity Portfolios",2009 年	VC	数据样本包括2002年第1季度到2008年第3季度的调整后的27个观察数据。每个季度的α值。	1.1	−0.6%
Woodward,"Measuring Risk for Venture Capital and Private Equity Portfolios",2009 年	BO	数据样本包括1996年第1季度到2008年第3季度的调整后的51个观察数据。每个季度的α值。	0.96	1.4%
Woodward,"Measuring Risk for Venture Capital and Private Equity Portfolios",2009 年	BO	数据样本包括2001年第3季度到2008年第3季度的调整后的29个观察数据。每个季度的α值。	1.1	2.1%
Franzoni、Nowak 和 Phalippou,"Private Equity Performance and Liquidity Risk",2010 年	所有PE	数据样本包括1975年到2006年间4 403笔清算投资的现金流,包括了成功和不成功的项目。	0.7～1.3	≈0%
Driessen、Phalippou 和 Lin,"A New Method to Estimate Risk and Return of Non-Traded Assets from Cash Flows: The Case of Private Equity Funds",2010 年	VC	数据样本包括1980年到2003年间686只成熟的VC基金。一个小而好的资产样本用来通过一系列现金流数据来评估非交易资产的异常收益和风险敞口。α和β值为每年包括费用在内的数值。	3.21	−1.24%

续表

作者和文章	PE 类型	方法	贝塔	阿尔法（或者注解中提及的其他异常回报衡量指标）
Driessen、Phalippou 和 Lin,"A New Method to Estimate Risk and Return of Non-Traded Assets from Cash Flows: The Case of Private Equity Funds", 2010 年	BO	数据样本包括 1980 年到 2003 年间 272 只成熟的并购基金。一个小而好的资产样本用来通过一系列现金流数据来评估非交易资产的异常收益和风险敞口。α 和 β 值为每年包括费用在内的数值。	0.33	0.49%
Jegadeesh、Kräussl 和 Pollet,"Risk and Expected Returns of Private Equity Investments: Evidence Based on Market Prices", 2010 年	所有 PE	文章使用 1994 年到 2008 年间公开交易的私募股权公司（投资于 PE）的两个样本：第一个样本包括 24 只公开交易的基金之基金，这些基金主要投资于未上市的 PE 基金；第二个样本包括 155 只上市的 PE（LPE）基金。研究使用 MSCI World 指数或标普 500 指数作为市场的近似。	≈1	0.5%（对于未上市的 PE）到 0%（对于上市的 PE,扣除费用后）
Korteweg 和 Sorensen,"Risk and Return Characteristics of Venture Capital-Backed Entrepreneurial Companies", 2010 年	VC	数据样本包括 1987 年到 2005 年间 18 237 家企业的 61 356 次融资。β 和 α 有三个时间段的平均月度值：1987 到 1993 年,1993 年到 2001 年和 2001 年到 2005 年。	2.8	1.6%（1987—1993 年） 5.8%（1993—2001 年） −2.7%（2001—2005 年）

来源：作者在此感谢 Vladimir Bosiljevac 对编制此表所做的工作。

资产配置困境

大多数机构投资者通过决定合适的资产配置（例如,他们资本中的多少用于投资公开市场股票、政府或公司债券、房地产以及私募股权）开始他们的货币管理决策过程。资产配置模型的出发点是：投资者未来从投资组合中的提现需求,以及不同资产类别收益率水平及其变动的历史信息。通常情况下,这些模型不仅使用各资产类别收益率水平及其变动信息,还使用不同资产类别的收益率变动的相关程度的信息（它们是如何互相影响的）。这个信息之后通过分析模型进行处理,进而决定最佳的投资组合结构。例如,根据资本资产定价模型（CAPM）设立的分析模型会找出高收益率和低组合风险的结合点——更技术的解释是,拥有高"夏普比率"——使其最符合投资者的需求。

通常情况下,投资者会根据自己愿意承担的风险制定投资决策并决定对私募股权的资金分配。在这种情况下,风险被看作是某个投资组合收益率的波动性。收益率在范围很广的极端的损益之间变动的投资组合要比那些收益率在小的区间内变动的投资组合的风险要高。一般来说,高风险意味着高回报。然而,现代金融学证明的观点是:唯一的一种能够产生更高预期收益的风险是那种不能够通过投资组合分散化来降低的风险。换句话说,能够产生更高预期收益的风险是那种波动不能够与其他投资收益率的变动互相抵消的风险。

一个例子能够帮助我们说明这个概念。考虑两家公司,一家出售雨伞,另一家出售防晒霜。第一家公司的股票价格在持续多雨期会升高,然而第二家的股票价格会下跌。在晴天日光充足的时候,模式则相反。但是尽管单只股票的价格变动单独看来没有规律可循,一个同时拥有这两只股票的投资组合的价值却十分稳定,这两只股票的价格变动的大部分都可以互相抵消。在这种情况下,尽管两只股票单独看来都非常具有波动性,每一只股票的预期收益率都不会很高。

因为资产之间的相关系数衡量了两笔投资之间的变动是如何互相影响的,对任何一个资产配置模型来说,相关系数都是一个很重要的元素。资产配置模型用不同类型资产之间的相关系数决定在一定的风险水平下能够得到最高收益率的投资结构。(当然,在决定是否投资私募股权以及决定他们愿意承担的风险水平时,投资者面对多种限制。最重要的就是流动性需求、税务筹划、法律限制、目标分配与基金规模的比值以及投资者接近最想要投资基金公司的能力。我们在第二章中对这些问题进行了讨论。)

投资分散化对于投资活动非常重要,因为这是一种降低投资组合风险的重要方法。从私募股权投资者的角度来看,投资项目分散化对私募股权收益的帮助有多大,取决于特定投资和其他投资是如何联动的(也就是它们的收益率有多相关)。如果两项投资的相关系数相对较低,将这两项投资组合在同一个投资组合中就会降低整体收益率的波动性。正像历史数据和投资组合经理人的实际经验所表明的那样,分散化程度越高的投资组合中的资产收益率的波动性越小,因此,风险也更小。

不要做什么?——波士顿大学的恐怖秀

波士顿大学 VC 投资方面的经验展示了大型投资者的投资组合没有进行分散化投资会发生的事情。1987 年,波士顿大学基金会的资产为 14 200 万美元,那时它的 VC 子公司投资了一家私人持有的生物科技公司,这是一家由隶属于该机构的一些科学家们于 1979 年建立的公司。大学在 1987 年的最初的交易中买下了几个独立 VC 投资者的全部股权,在一系列融资环节之后,这些投资者明显认为所投资公司的前景没有吸引力。

在 1987 年到 1992 年之间,波士顿大学和大学职员以及受托人一同进行投资,向该生物科技公司提供了至少 9 000 万美元(超过 1987 年大学捐赠基金的 60%)。[1] 尽管该生物科技公司最后成功完成 IPO,但它遭遇了一系列产品上的缺陷并最终以几百万美元的价

---

[1] 这个数字来自于 Seragen 向美国证券交易委员会提交的文件。根据 1992 年的一份与美国马萨诸塞州总检察长办公室的协议,波士顿大学同意不再进行进一步的股权投资。然而,大学在 1995 年做出了 1 200 万美元的贷款担保(后来转为股权),并在 1997 年的资产购买中部分支付了 500 万美元。

格被出售给一家圣地亚哥的生物科技公司。因此，波士顿大学损失了超过 9 000 万美元以及本来可以将大部分资产投资于别处得到更好的回报的机会。大学集中投资于单一行业内的某家公司的决策给投资组合带来很大的风险，并最终对大学基金会造成了极其负面的影响。显然，这引出了恰当的资产配置的问题以及在同一资产类别适当分散化的问题。将所有的鸡蛋放到同一个篮子里的做法会降低收益率。

私募股权分散化的要素

对于传统证券来说，分散化需要购买一系列可能创造出一个最优收益的投资组合：上市股票、债券和现金工具，或者它们的代表物。因为这些投资工具都是自由交易并且具有充足的流动性，完成分散化的任务就是对不同证券进行选择的练习。关于公开上市股票的研究发现，一般的，分散化的最大收益来自于给定投资组合的前二十只到三十只股票。[①] 除此之外，增加股票数量能够进一步降低投资组合的整体风险，但是减小的量是递减的。

然而在私募股权行业的分散化需要对影响私募股权投资组合整体风险的元素进行缜密的思考。至少从四个非常重要的方面考虑：(1)私募股权基金设立年份不同的分散化；(2)不同行业部门的分散化；(3)私募股权不同子资产类别的分散化（例如，VC、并购、夹层融资、有问题资产收购等）；(4)地理区域的分散化。

基金设立年份的分散化

由于私募股权基金投资资本的方式，私募股权基金通常以设立年份（或者是基金开始的年份）进行特征划分。私募股权基金在某一特定年份收到来自投资者的资本承诺，然后在接下来的几年里对资本进行投资。这些投资构成了部分投资组合，在上市、被收购或是清算之前，这些投资会持有 5 年到 10 年。因此投资人在某一特定年份将资本投入基金，在资金被占用的情况下，会面临接下来的几年的经济环境和其他机会。这些经济环境和其他机会每一年都可能不一样，因此不同设立年份的基金也面临着不同的宏观经济环境。两只基金设立年份差距越大，它们的前景越可能会不一样。

哪些因素会对不同设立年份基金的前景产生影响呢？对于风险资本来说，给定年份的投资前景受到市场中新技术的极大影响——某年是基因科学，下一年可能又是无线企业软件的突破。与公众市场股票不同，在某年出现的新技术可能极大影响 VC 基金的分散化并因此增加持有不同设立年份基金的好处。由于技术股票基金经理可以在任何时候买进或卖出拥有新技术和不同技术的公司股份，基金经理因此可以实现针对不同技术周期的分散化。但是 VC 基金缺乏流动性：它们不能够自由买卖投资组合公司的股份。一旦资金全部投资完毕，即使出现令人兴奋并可能具有盈利能力的新技术，也无法对其投资。

[①] M. Statman 所写的"How Many Stocks Make a Diversified Portfolio?"，载于 *Journal of Financial and Quantitative Analysis 22*，第 3 期(1987 年)：第 353-364 页。

因此，那些投资了不同设立年份的 VC 基金的投资者就可以在新技术机会出现时由此受益。例如，设立于 1991 年的一只生命科学 VC 基金可能因为那段时间的科技机会，会在生物科技领域进行大量的投资。而 1995 年设立的一只生命科学基金可能会在医疗器械领域发现更多的机会，因此将更多的资金投资于这类公司。

由于并购交易的成功大大取决于交易定价和投资者获得债务资本进行融资的能力，因此基金设立年份的分散化也会影响并购投资。此外，在任何给定领域，并购机会的估值一直受公开市场活动影响。例如，如果公开上市的健康护理类股票价格在某一年很低，这时并购专家可能就会发现定价上有吸引力的机会。类似的，如果小型公共服务提供商发现他们处于一个他们的股票价格正快速升高的经济环境，专注于整合小型服务提供商的并购机构可能不得不为这种类型的交易支付更高的价格。而且，因为特定行业和机会的公开市场定价可能会剧烈波动，公开市场的波动性会影响私募股权市场。

在所有条件相同的情况下，并购公司可能会因发现了价格有吸引力的投资机会而得到更高的基金回报。因为在某一年影响并购公司的交易定价可能与三年后募集的并购基金差别很大，设立年份不同的并购机构的收益率之间可能几乎没有关联性；换句话说，它们之间可能相对不相关，因此对于投资组合降低非系统性风险很有价值。

与股票市场非常类似，债务市场利率波动性的变化也很大。如果在某一年货币政策趋紧，或是利率较高，投资者可能就不太愿意借钱给并购交易。例如，在 20 世纪 80 年代后期，美国高收益的债务市场的崩盘令并购交易很难得到要求金额的贷款。通过投资于不同设立年份的并购基金实现分散化，使得投资者可以投资于不同债务融资环境和收益潜力的交易。

设立年份分散化投资的另一个方面就是各年份是否有某种类型的基金。不同年份所募集的并购基金，投资策略可能非常不同：某一年市场上可能大量涌现进行后期投资的电信基金，而另一年市场上可能是大量软件基金。随着经济环境每年的变化，对于投资于不同设立年份基金的投资者来说退出机会也可能发生很大的变化。这意味着，与公开市场股票投资经理能够在任何时候买入或卖出各种投资组合中的股票不同，私募股权基金经理需要在不同设立年份的基金和不同基金类型之间以及不同的经济周期中寻找广泛的分散化的机会，并且尽可能发现不同的退出机会。

其他形式的分散化

随着私募股权行业的不断成熟，私募股权也衍生出了很多独特的子类别（例如，VC、并购、夹层、不良资产等）。投资者同样可以通过这些资产子类别的分散化来受益。

表 9.7 使用汤姆森路透的设立年份数据来观察并购基金和 VC 基金收益率的相关性。如表所示，这两类私募股权领域的相关系数很低。在美国，VC 和并购基金收益率相关系数的平均值和中值都在 0.5 左右或者更低。只有在对美国风投和并购的下四分位收益率数据进行观察时，才发现两者之间的高相关性。这些结果表明同时投资于美国的风险投资基金和并购基金能够实现很好的分散化收益。

表 9.7　不同私募股权资产类别间的相关系数

	美国风投与美国并购间的相关系数	欧洲风投与欧洲并购间的相关系数
权重相同的平均收益率	0.19	0.62
资本加权平均收益率	0.41	0.45
混合收益率	0.26	0.49
最高收益率	−0.17	0.47
上四分位收益率	0.11	0.63
收益率中值	0.54	0.81
下四分位收益率	0.85	0.45
最低收益率	0.66	0.44

注：表中数据均为年化 IRR 间的相关系数。

对于欧洲的 VC 基金和并购基金，我们也发现了类似的结果。这些相关系数虽然相对较低（0.4～0.6 之间），但比美国的要高。对这种结果有以下几种可能的解释。第一，与美国的同类风险基金相比，欧洲的很多 VC 基金会投资于更加成熟的公司，这意味着欧洲 VC 基金投资组合中的公司可能和欧洲并购基金中的公司有更多的相似性。而在美国，这些公司可能会更加不同。第二，在该研究中，欧洲风险投资基金和并购基金的收益序列比美国的要短。因此，较高的相关系数可能反映了所选择的时间区间较短；更长期来看，收益率的相关系数会较低。

私募股权投资组合的分散化策略也需要考虑在不同地理区域进行投资可能带来的潜在好处。过去 20 年间，在不同地理区域进行投资是公开市场上广泛接受的分散化手段。现在的问题是，同样的地理区域分散化原则是否也适用于私募股权投资领域。

我们有理由相信答案是肯定的。例如，不同国家的 VC 基金可能有机会投资不同类型的技术。某一市场的技术基础可能会提供不同于其他市场的机会。例如，无线应用在欧洲比在美国要多，因此欧洲的 VC 基金比美国的 VC 基金会更多投资于无线公司。类似的，以色列 VC 市场可能特别看重软件领域，这可能会影响专注该区域投资的风险基金的投资组合构成。

不同地区的并购机会可能会显示类似的模式，但是风险的相关性可能不会太高。并购机会相当程度上取决于经济大环境，而每个国家的情况都不一样。类似的，不同国家公司内部的相对低效性变化也不一样，从而使跨地区的分散化有增值的机会。

让我们探讨一下在不同市场间进行分散化投资的好处。如表 9.8，显示了欧洲和美国 VC 基金和并购基金内部收益率之间的相关性。美国和欧洲风投基金间以及美国和欧洲并购基金间的相关系数都在 0.7～0.9 之间。这些相关系数高，但并不值得奇怪。我们也看到，与之相反，美国的 VC 和欧洲的并购基金，以及美国的并购基金和欧洲的 VC 之间的相关系数非常低。虽然我们知道欧美的私募股权市场并不是完全独立的，不过看上去存在跨地区投资基金的分散化好处。整体经济情况、监管环境、消费者需求和品味以及退出投资能力方面的差异，都意味着私募股权在不同国家和大陆间的收益率会有很大的差别。

表 9.8 不同地区不同私募股权资产类型之间的比较

	美国风投与 欧洲私募	美国风投与 欧洲并购	美国并购与 欧洲风投	美国并购与 欧洲并购
权重相同的平均收益率	0.89	0.61	0.23	0.78
资本加权平均收益率	0.89	0.4	0.45	0.72
混合收益率	0.87	0.36	0.25	0.61
最高收益率	0.71	0.5	−0.09	0.15
上四分位收益率	0.58	0.46	0.34	0.83
收益率中值	0.63	0.74	0.46	0.81
下四分位收益率	0.73	0.73	0.59	0.72
最低收益率	0.36	0.38	0.53	0.40

说明：表中数据均为年化 IRR 间的相关系数。

最后的想法

本章我们围绕私募股权目前在许多方面所面临的最有挑战性的问题进行了探讨。关于如何评估该领域内的风险和回报，还没有非常明确的答案。这个领域正在快速变化；新的想法和方式每一年都在涌现。

根据这些讨论，我们现在已经非常了解判断业绩时现金回报倍数方法和 IRR 方法的缺陷。像 PME 这样的方法还没有被普遍接受，并且也有其缺陷。尽管没有一种完美的计算方法，不过使用多种方法计算是非常重要的——不是要选择最有利的答案，而是这样对问题会有更加全面的认识。理解这个领域的关键问题以及最近的研究发现，会在日后产生很大的帮助。

类似地，私募股权领域内风险调整的方法也不够完美和准确。尽管如此，我们不能低估这个问题的重要性。正像最近的金融危机所揭示的，对所承担的风险进行理解是绝对必要的。为了更好地理解风险，我们必须理解投资组合的构成，甚至需要了解感兴趣的行业和地区的情况。因此，方法不准确绝不是不对其关注的借口；实际上，正是由于方法不准确反而需要更多的关注，因为这对于全面评估私募股权投资的风险和业绩十分重要。

问题

1. 使用账面价值衡量私募股权回报率会带来什么风险？
2. 解释私募股权公司基金募集与其私募股权投资估值水平之间的偶然相关性。
3. 用 IRR 方法评估基金业绩的优势是什么？为什么投资者会倾向于使用现金的现金回报率方法？
4. 使用现金的现金回报率方法对基金业绩进行评估时，我们还需要考虑什么？
5. 长期来看，表现最差的并购基金是规模最大的基金。为什么会出现这种现象？
6. 解释日历时间法和时间零点法在计算 IRR 上的差异。哪一种方法更可能提高回报率?

7. 使用同样的方法,计算同一项投资的IRR,为什么可能产生两个IRR?

8. 什么是综合IRR?什么时候使用综合IRR?

9. PME能够解决什么问题?

10. 如果一只并购基金在2005年3月31日投资3亿美元,并于2008年6月30日收回8亿美元,计算这段时间内的PME。(使用标普500作为基准。)

11. 历史价格问题是指什么?由此产生的问题是什么?

12. 为什么私募股权公司对投资估值时趋向保守?如果他们更为乐观地估值,优点和缺点分别是什么?

13. 2009年,在全球金融危机的情况下,一些捐赠基金声称他们提高了对于私募股权的资产配置。请解释。

14. 投资者对私募股权投资进行分散化的方式有哪些?

第十章

私募股权对社会的影响——这个问题确实重要吗？

很明显，风险投资（VC）和私募股权基金对个别公司的发展产生了重大的影响。但是所有这些募资、投资、治理及其退出会对整体经济形势产生何种程度的影响呢？

回答上述问题时遇到的部分挑战是：投资活动的绝对数量和许多变量都会对结果产生影响。由于私募股权公司的活动影响其投资的结果，人们很容易认为他们应该对投资结果负责，不论结果是好是坏。本章中我们能够发现很多这样的案例，即风险投资和并购机构为其所投资的公司提供了增值服务，也会有案例的结果远称不上圆满。

一方面，很多案例研究表明：风险投资者使得一些企业家实现了他们原本无法实现的价值。我们以灵图[①]的发展为例对此进行说明。这家北京公司为个人和公司制作电子地图。由于中国城市的街道像是一个充满了拐弯和小车道的迷宫，这些快速增多的街道导致纸质的地图在印刷之后很快就过时，因此该公司提供的服务在中国特别重要。2003年1月，灵图的创始人决定在战略选择方面寻求专业帮助。基于此，灵图公司的团队与戈壁投资进行了接触，戈壁投资是一家成立于2001年，专门为中国的数字媒体和信息技术公司提供早期融资的风险投资公司。在进行了详尽的尽职调查之后，戈壁投资对灵图投资了200多万美元。在之后的几年里，戈壁在以下几方面对灵图提供了帮助：

- 首先，戈壁帮助灵图优化了资源配置。
- 其次，戈壁将灵图引荐给作为其有限合伙人（LP）的许多公司。这其中就包括

[①] 讨论以James T. Areddy的"风险资本涌入中国"（Venture Capital Swarms China）为基础，华尔街日报，2006年3月14日；《中国初创企业灵图与IBM合作开拓新市场》，美通社，2006年6月28日；FeldaHardymon，Josh Lerner，以及Ann Leamon：《戈壁资本合伙公司：募集资本二》哈佛商学院案例编号No.807-093（波士顿：哈佛商学院出版社，2007）。

IBM,IBM与灵图合作开发导航及网络地图搜索程序,并且帮助这家初创的公司在中国联通以及日本电报电话公司(NTT DoCoMo)的招标中赢得项目,NTT DoCoMo在之后的一轮融资中还是领投方。

- 最后,第一轮和后续融资使灵图扩大了在技术和营销方面的投资。

与之相似,私募股权交易方面的案例研究发现了这样的情形:目标公司通常是通过对现有的业务进行改进,达到提高生产率的目的。例如,在对赫兹(Hertz)公司的收购中,凯雷集团、克杜瑞公司(Clayton,Dubilier & Rice,CD&R)和美林全球私募股权(MLGPE)使得赫兹摆脱了之前业务中存在的低效情况,以帮助提高其盈利能力。[1] 更具体地说,这些投资者通过缩减无效率的人工支出以及将非资本性支出降低到行业标准水平,减少了公司的间接成本。公司股东也让管理层激励与资本回报率紧密挂钩。与之相似,对O. M. Scott & Sons公司的收购,对其现有业务有重大的改进,一部分原因是收购为管理层提供了强有力的激励,另一部分原因则是由于私募股权投资者提出的具体建议。[2] 在诸如此类的案例中,被投资公司盈利能力的提高和私募股权价值的创造可能都源于公司生产率的提高。

但是还有其他案例表明,这些私募股权交易给所投公司只带来很少的长久收益,而给整个社会带来的长久收益则更少。在一些案例中,由于各种原因,私募股权机构有时并不能使所投公司达到既定目的。例如,当伯克希尔合伙公司(Berkshire Partners)收购"威斯康星中央铁路"项目时,制定了提高项目生产率的雄伟规划。[3] 但是就在收购之后不久,项目出现了技术问题,这使得对实施规划极为关键的计算机化控制系统无法应用。除此之外,最初的商业计划忽视了某些成本因素,并高估了项目削减成本的能力。因此,野心勃勃的商业计划并没有成功,公司在贷款条款上出现了技术违约。[4]

在另外一些案例中,比如Revco交易,沉重的债务负担加之管理层的混乱,杠杆收购(LBO)发起人实力较弱且经验不足,以及公司战略在中途灾难性的转变,导致最终没有实现业绩目标。[5] 这项交易创造的私募股权价值,看起来是来自于节税而不是业务上的改进,因此它并不能够产生任何持久的社会效益。最近并购热潮中的其他案例无疑也是如此。[6]

很明显,对单个案例进行探讨只能够让我们在这种程度上回答问题。为了能够真正回答VC和私募股权究竟对社会整体产生何种更广泛的影响这一问题,我们需要设法找

---

[1] Timothy Luehrman《赫兹公司(A)》哈佛商学院案例编号No.208-030(波士顿:哈佛商学院出版社,2007)。

[2] George P. Baker和Karen Wruck"杠杆收购中的组织变化以及价值创造:O. M. Scott & Sons公司的案例",《金融经济学》25(1989):163-190。

[3] Michael C. Jensen, Willy Burkhardt和Brian K. Barry《威斯康星中央铁路有限公司和Berkshire合伙人(A):杠杆收购和金融危机》哈佛商学院案例编号No.9-190-062(波士顿:哈佛商学院出版社,1990)。

[4] 然而在之后的几年里,公司和投资者共同努力修正了业务上存在的缺陷,业绩逐渐恢复。1991年,威斯康星中央铁路实现公开上市发行。从那时开始,它在国内和国际上进行了业务的扩张,并于2001年被加拿大国家铁路收购。如果没有私募股权的介入,它的发展是不是会更加平稳?当然,这是一个开放式问题。

[5] Karen Wruck"Revco哪里出了错?",《应用公司金融》3(1991):79-92。

[6] 可参考"TH Lee对Simmons收购失败",Julie Creswell"公司债务膨胀时收购公司的利润",《纽约时报》,2009年10月4日,A-1。

到系统性的证据。广泛的研究虽然不如研究某个公司案例那么引人入胜,但却是我们理解风投和并购基金影响的关键步骤。有以下两方面原因:

1. 从就业者的角度看,只有当风投或是并购行业的发展可能会在未来几十年内有真正的"持久性"时,选择这类公司就业才会有意义。然而,如果这个行业只是通过重组资产来赚钱,那么其长期的发展前景就会有一定局限——想一下2006年时,投资银行家们通过次级贷证券化大赚了一笔后的长期职业前景。而且,尽管我们可能会被斥为理想主义者,我们还是会有自然和美好的愿望,追求一份不只是提供薪水的工作。因此,你自然会问私募股权行业是否为社会带来了效益。

2. 政策制定者对私募股权也非常感兴趣。不论是寻求对可能会给经济带来风险的并购基金的有问题操作进行监管,还是鼓励更多的风投基金对初创企业进行融资,政策制定者的决策都可能会深刻地影响私募股权行业。但是如果他们对这个行业是如何影响经济的没有清晰的认识,那么就不会清楚所做的决策是否恰当。

本章将对这些重要的问题进行探讨。我们将从一些学术文献开始,尝试理解文献中所介绍的VC对于经济增长和创新的影响。接着我们将会探讨后期私募股权投资的影响。最后,我们将考虑上述研究对公共政策的影响,因为政策制定者为了限制私募股权投资公司对资金的滥用,会通过法规对其进行监管,而这些法规会影响未来私募股权行业和经济的发展。

风险资本的影响

为了评估VC的影响,我们必须看一下对美国——具有最发达和成熟VC行业的资本市场——经验的研究。(如我们在第八章中讨论到的,VC在其他国家的比例要小得多,我们无法就VC在其他国家的影响讨论太多。)[①]尽管美国的风投行业最为发达,读者们可能还是会怀疑它能否对创新产生显著的影响,因为在过去三十年的大多数时间里,整个VC行业的总投资少于单个公司(如IBM、通用汽车或默克集团)的研发(R&D)和资本支出预算。

我们可以从风险投资对于各行业财富、就业和其他财务指标的累积影响开始探讨。追踪每一家有VC融资的公司的发展命运,并发现创新或技术在哪里终结,尽管这会对研究很有帮助,但在现实中我们只能对那些已经上市的公司进行追踪研究。对于那些虽然获得VC融资,但已经被收购或是倒闭的公司,这样的统一信息却不存在。例如,微软收入和利润的增长该有多少归因于网络邮件服务Hotmail(一家最开始由风投公司Draper Fisher Jurvetson进行投资的企业,后来被微软收购并整合到旗下MSN业务中)和Visio(一家最开始由风投公司Technology Venture Investors和Kleiner Perkins进行投资的企业,后来被整合到Microsoft Office e套件中)。但是一般情况下,对于风投资本家来

---

① 然而,有一些研究确实对美国之外的风投市场进行了分析。Dirk Engeland 和 Max C. Keilbach 在"早期风险资本投资在公司层面的含义——实证分析"中将德国的有风险资本支持的和没有风投支持的初创企业进行了比较,《实证金融学》14(2007):150-167。

说，那些最终上市的公司的投资收益比那些没有上市（被收购或是仍保持私有）的要高很多，因此聚焦于上市公司这一子类可能会让我们对 VC 的累积影响有一个合理的认识。

表 10.1　2009 年年底有 VC 融资企业与没有 VC 融资企业的相对状况

	企业数量	市值	雇员数量	销售额	折旧前运营收入	净利润	平均利润率
有 VC 融资	794	1 946 561	3 334	974 631	182 153	75 042	7.7%
没有 VC 融资	4 842	10 980 893	34 715	11 296 722	1 611 619	510 288	4.4%

注：所有美元单位都是以百万美元计，所有的雇员数据都是以千计。
数据来源：Compustat。

虽然受到衡量方法的局限，我们还是发现有 VC 融资的公司对美国的经济产生了不容置疑的影响。评估 VC 行业整体影响的一种方法就是观察有 VC 支持的公司在更大的经济背景下的经济"权重"。[①] 如表 10.1 所示，在 2009 年晚些时候，大约 794 家公司得到风投资本的支持后在美国上市。（这其中并不包括那些上市后又被收购或是退市的公司。）获得风投资本支持后上市的公司占美国所有上市公司的 14% 以上。VC 支持后上市的公司市值达 1.9 万亿美元，占美国上市公司总市值（14 万亿美元）的 13.7%。

风投资本支持的公司的销售额（接近 9 750 亿美元）也占到美国所有上市公司总销售额（22 万亿美元）的 4% 以上。与人们普遍认为的风投所支持的公司不盈利的看法相反，这些公司的运营利润率平均达到 7.7%，和上市公司的平均利润率 4.4% 接近。最重要的是，这些由风投资本支持的上市公司的就业人数占美国上市公司总就业人数的 8.8%，而且其中大多数岗位是高科技领域的高薪、技术性职位。显然，风险投资对推动美国经济发挥了重要的作用。

当然，风险投资对经济中各行业的影响并不完全相同。对于那些由成熟型企业主导的行业（例如制造类行业）来说其影响比较微弱。然而，在高度创新的行业，风险投资对行业的影响就很大了。例如，那些在构思期就得到风投资本支持的计算机软硬件行业的公司，占该行业总价值的 75% 以上。风投资本投资的公司在生物科技、计算机服务和半导体行业也发挥着关键作用。在最近的几年里，风险投资机构的活动范围已经快速扩展到了关键的能源和环保领域，尽管这些投资的影响还有待考察。考虑到这些未来新兴行业的经济影响有可能极其重要，以上计算实际上低估了 VC 的经济影响。

先前的讨论使我们对 VC 更广泛的影响有了总体的认识，但仍然忽略了很多细节。ManjuPuri 和 Rebecca Zarutskie 提出了一种更为精确的方法来观察由风投资本投资的企业的业绩。[②] 他们采用美国人口普查局纵向商业数据库（LBD）中的详细信息——该数据库追踪美国几乎所有的营利性机构，不管是上市的还是私营的公司。这些丰富的信息使得我们可以对风投支持的公司和没有风投支持的相似公司进行细致的对比。

---

① 分析以作者的表格为基础，表格中数据为来自 SDC 风险经济学的未公开数据以及来自 Compustat 和证券价格研究中心数据库的补充信息（CRSP）。

② "On the Lifecycle Dynamics of Venture-Capital and Non-Venture-Capital-Financed Firms"（工作底稿，杜克大学，北卡罗来纳，Durham，2009 年，未发表）。

在他们的论文中,作者对LBD中所有成立于1981—2005年间风投支持的企业和没有风投支持的企业,按照企业成立年份跟踪它们的平均员工数和销售额。他们对这些公司进行跟踪研究直到其首次投资退出事件——投资失败、收购或首次公开发行(IPO)——发生的那年。由此他们获得了两个重要发现:在投资退出之前的年份中,风投支持的公司比没有风投支持的公司的员工数量和销售额更多。除此之外,两类公司之间的这种差距随着时间逐渐增大,也就是说,风投支持的公司的平均增长率较高。

各位读者可能会问,有风投支持的公司之所以有更大的规模是否仅仅由这些公司的失败率更高所造成。如果风投资本家在关闭小公司时更为无情,那么我们可能会看到相似的模式,即:有风投资本支持的公司增长更快,是因为那些业绩不佳的公司从样本中被剔除,风险投资家没有做什么特别积极的事情来帮助后者。

然而,论文中的分析并不支持上述观点。根据LBD中显示的数据,风险投资家不太可能在公司得到风投资本后的四年内关掉它们。然而,超过四年以后形势会发生反转——那些风投资本支持的公司更可能被关闭。作者认为风险投资家给了那些公司一定的发展时间;但是如果有公司没有在规定时间达到某种目标,那么风险投资家就会失去耐心,业绩不佳的公司会相对快地被关闭。总之,上述分析表明了这样一种观点:风险投资家作为积极投资者,似乎真的有一种能够促进被投公司发展的"秘方",然而,如果最终他们的作用在某些公司没有发挥出来,他们就会停止对其投资。

确实,Yael Hochberg提供了一些具体的证据来说明这种"秘方"是更好的公司治理。[1] 她从三个方面研究公司治理:用可操纵会计盈余平滑利润的波动;在恶意收购发生时用股东权利协议(毒丸)保护管理层;以及董事会的独立性。她研究了1983—1994年间上市的公司和期间发生的2827笔IPO,其中大概有40%为风投资本支持的公司。

她研究发现:与那些没有风投支持的公司相比,风投支持的公司更可能采用保证透明度和企业价值最大化的政策。通过操纵会计盈余可人为平滑季度利润波动,而风投支持的公司收益结果不太可能受这种因素干扰。因此,股东们对这些公司的收益有更清晰的认识。同样,采用像是"毒丸"这样的股东保护条款既可以通过增加公司私有化的难度来保护在职的管理层,还可以保证所有——不管持有多少股份——的股东得到平等的对待。因此该条款可能会提升有风投资本的公司的股价。此条款的实施得到积极的反应,也表明该条款考虑了所有股东的利益。

Hochberg还对董事会的独立性做了研究。因为由外部成员主导的董事会被认为更有可能监督、检查公司管理层的行为,并且会在业绩不佳的情况下更换CEO,也更乐于服从像是收购兼并等重大的重组活动,因此由外部成员主导的董事会被认为是保护股东权利的另外一种方式。她表示风投支持的公司董事会中外部人士要比内部人还多很多。此外,这些公司中影响力很大的审计与薪酬委员会很可能全部由外部成员组成,进而能使审计与薪酬委员会摆脱管理层的影响。CEO与董事长的分立也是实现公司内制衡的一种方法,这在风投支持的公司中更为常见。因此,即使是在公司上市之后,风投支持的公司

---

[1] Yael V. Hochberg"新上市公司的风险资本和公司治理"(在美国金融协会2004年圣地亚哥会议上发表的论文,2003年12月8日),SSRN: http://ssrn.com/abstract=474542。

也是公司治理的良好范本。

目前为止,上述研究表明了风投支持的公司比没有风投支持的公司成长得更快、公司治理也更加完善。但是我们还想知道这种快速的成长和良好的公司治理是否能对公司收益起到任何作用。如果风投支持的公司与其他公司没有其他区别,那么我们是否还应该庆幸这些金融家的存在?一个引起越来越多关注的问题就是 VC 对于技术创新的影响。如果 VC 创造了高成长、运营良好的公司,而这些公司又能够针对世界未来几十年可能面临的紧迫问题——全球变暖、环境退化、迅速扩散的流行病、恐怖主义及其他类似的——提出创新性的解决方案,我们就能够找到 VC 对社会整体有贡献的更令人信服的例子。

但即使 VC 支持的公司不能够解决上述难题,创新仍有其特殊的社会重要性。自从有了 Morris Abramowitz 和 Robert Solow 在 20 世纪 50 年代开创性的研究[1],我们了解到技术创新对于经济增长的重要作用。技术进步不仅使得我们的生活比祖辈们的更加舒适和长久,也使我们的国家变得更加富有。许多的研究都表明:随着时间的变化,各国技术创新和经济繁荣之间有着紧密的联系。这种联系在发达国家——那些不能依靠模仿别国技术以及人口增长来实现经济增长的国家——更为明显。

有些读者可能会认为我们应该以更严格的方法评估 VC 对技术创新的影响。例如,我们可以在控制研发费用不变的情况下,通过不同的行业和时间的数据,研究 VC 基金是否对创新的各个维度产生影响。但是即便是一个关于 VC、研发和创新三个变量的简单模型也表明上述方法会给出误导性的估计,因为风险基金和创新都可能与第三个没有被观察到的变量——未来的技术机会——正相关。因此,VC 活动较多时可能会有更多技术创新,并不是因为 VC 促进了创新,而是因为风险投资家对能够引发更多技术创新的基础技术革命做出了反应。

VC 和技术创新之间的关系确实非常复杂。例如,美国仙童半导体公司在 1958 年发明出第一个硅半导体,仙童半导体公司是仙童摄影器材公司的一个分支机构,他们开发硅半导体项目仅仅是由于公司创始人舍尔曼·菲尔柴尔德的兴趣。半导体行业过去主要依靠更昂贵的"锗"进行生产,硅半导体的出现彻底改变了之前的行业格局。此后不久,风投家就参与了开发硅半导体的项目。然而,半导体项目最著名的风险投资却是在十年之后才发生的,即阿瑟·洛克对来自仙童半导体的罗伯特·诺伊斯和戈登·摩尔创建的英特尔(Intel)的投资。由此来看,风投家对半导体行业技术创新的贡献有多大呢?

确实,有些风投家认为他们赚钱,并不是通过发明事物,而是通过将技术商业化。例如,Internet 网络是由美国高级防御研究计划局(DARPA)的科学家们发明的,但是其商业化——在许多风险投资的支持下——却是在 20 世纪 90 年代早期。

Thomas Hellmann 和 ManjuPuri 最先发表了尝试解决这方面具有挑战性问题的论文[2],他们对近期在硅谷成立的 170 家公司进行了研究。作者对风投支持的公司和无风

---

[1] Morris Abramowitz"Resource and Output Trends in the United States since 1870",《美国经济评论》46(1956):5-23;和 Robert Solow"Technical Change and the Aggregate Production Function",《经济和统计学评论》39(1957):312-20.

[2] Thomas Hellmann 和 ManjuPuri"Venture Capital and the Professionalization of Start-Up Firms:Empirical Evidence",《金融学周刊》57(2002):169-97.

投支持的公司都进行了研究。他们根据问卷调查的信息发现，VC 提供融资与创业公司的产品市场策略和成果有关。他们发现那些寻求"创新策略（根据调查回复的内容分析做出的分类）"的公司比那些实行"模仿策略"的公司得到 VC 投资的可能性高 69%，而且这些创新型公司得到投资的速度更快。风投家的出现也与产品上市时间缩短密切相关，尤其是对那些创新型公司来说（可能是因为这些公司可以更多地关注产品创新而不是募集资金）。除此之外，与其他融资活动（例如，银行贷款）相比，这些公司更可能将得到风险投资作为他们在经营周期中的一项里程碑。这也反映了这样一个事实，那就是获得 VC 投资对于这些公司来说不仅是一种融资事件，还是一个获得认可的时刻。这些公司不断对产品创意和团队进行评估，就是希望能够无愧于风投资本的注入以及其提供的建议和帮助。

研究结果表明，VC 除了能够鼓励创新型公司的发展，他们之间的相互关系也非常紧密。但是这也没有明确地回答关于风投家是否引起了技术创新的问题。例如，我们可能会看到人身伤害索赔律师为了能够招徕更多的顾客在事故现场忙于分发名片。但是，我们不能仅仅因为律师在车祸现场就意味着他导致了车祸的发生。同理，还有这样的可能性，那就是更多的创新型公司选择通过 VC 融资，而不是 VC 促使这些公司变得更具有创新性。

Sam Kortum 和 Josh Lerner 也对同样的问题进行了研究。[①] 他们的研究着眼于 VC 对经济总体水平的影响：过去的几十年里，风投家使其投资的行业有更多还是更少创新的出现？可能会有人认为这种分析方法会与上述律师的例子产生同样的问题。换句话说，即使我们看到了风险投资的增加以及技术创新的发展，我们怎么能够确定是其中的一个导致另一个的出现呢？

作者通过回顾该行业的历史来解决这个因果关系的问题。正如我们之前讨论过的，特别是在 20 世纪 70 年代后期，VC 行业近期的历史上发生了一次巨变，当时美国劳工部颁布了《雇员退休收入保障法案》，允许养老金投资于包括 VC 在内的各种高风险资产。这项转变导致投资该类资产类别的基金大幅增加。这种外部政策转变应该可以表明 VC 对创新的影响，因为政策转变（其对创业融资的影响很少有人预计到）不太可能与多少企业会获得融资有关。

Kortum 和 Lerner 的研究结果表明风投基金对技术创新确实有显著的积极影响。值得一提的是，他们发现政策转变似乎引起了大量创新的产生——通过得到专利数量来衡量。他们在回归中得到的估计系数会根据采用的估计方法的不同而不同，但是平均来说，在促进专利方面每一美元风投资本的效用是传统研发费效用的 3～4 倍。因此，上述回归估计结果说明，尽管 1983—1992 年间美国平均的 VC 投资额不足平均的传统研发费的 3%，但其在这期间带来的技术创新却占据那时美国工业创新的较大部分（10%）。

之前分析是针对 VC 和专利之间的关系，而不是针对 VC 和创新之间的关系，这很容易让人产生疑虑。对此可以给出的一种解释是，VC 资本促使企业家用专利而不是商业

[①] Sam Kortum 和 Josh Lerner，"Assessing the Contribution of Venture Capital to Innovation"，《兰德经济学杂志》31(2000)：674-92。

秘密等其他机制来保护他们的知识产权。例如,企业家可能会通过申请更多专利蒙蔽他们的投资人,尽管其中许多专利都不是特别重要。如果真是这样的话,我们可以推断出风投支持的公司的专利质量要低于非风投支持公司的专利。

当然,针对上述问题还需要做更多的考虑。为了解决此问题,我们可以就引用某一特定专利的专利数量进行研究。[①] 正如已被证明的那样,因为高质量的专利将推进行业的发展,所以它们被引用的次数会比那些低质量的专利更多。同样,如果风投支持的公司的专利质量较低,这些公司就不太可能提起专利侵权的诉讼。(因为在专利诉讼方面花费金钱来保护较低质量的专利并没有意义。)

因此,当我们用这些标准来衡量专利质量时会得到怎样的结果呢?非常巧合的是,风投支持的公司的专利更多地被其他专利引用,而且为此提起的诉讼更多;因此,我们可以得出风投支持公司的专利质量更高的结论。此外,风投支持的公司更多地提起商业秘密诉讼,这也表明了这些公司并不只是靠疯狂申请专利实现对商业秘密的保护。上述发现再次证明了这样一个观点,那就是有风投资本支持的公司比那些没有风投资本支持的同类公司更加具有创新性。

Marcos Mollica 和 Luigi Zingales[②] 用对比的方法对区域模式而不是行业模式进行了研究。他们将美国经济分析局划分的 179 个经济区域作为区域单元进行研究,这些区域由环绕都市圈的区县组成。他们通过对不同区域、不同行业以及不同时间的美国风险投资的探究,分析 VC 活动对技术创新和新企业创办的影响。为了解决这里的因果关系问题他们再次用到工具变量:作为风险投资规模的标准,他们使用国家养老基金的资产规模。这个方法是基于国家养老基金容易受到政治压力的影响而将部分资金投资于一些国内的新兴企业。因此,国家养老基金的规模会改变该国现有 VC 投资的供给,这应该会帮助我们发现风险投资活动对创新的影响。

在控制上述那些变量之后,他们发现风险投资对专利产品的生产和新企业的创立都有显著的积极影响。人均 VC 资本每提高一个标准差就会使专利数量增加 4%~15%。风险投资额每增加 10% 会使新企业的总数量增加 2.5%。

然而,Thomas Chemmanur, Karthik Krishnan 和 Debarshi Nandy 考察了另一种衡量技术创新的方法。[③] 他们重点关注的是被经济学家们称为**全要素生产率**(total factor productivity,TFP)的增长,TFP 可以被定义为各种投入(例如,劳动力、材料和能源)的增长对产出变化的影响。换句话说,这种衡量方法关注更有创造性的活动所带来的公司成长,而不是简单的重复性操作带来的成长(生产过程的改进 VS 再增加一班生产)。

一些作者像是 Puri 和 Zarutskie,用美国人口调查局的数据对上市和非上市公司进行

[①] 专利申请者和专利办公室的审核人应该加上对其他相关专利的参考。这与在土地边缘的所有权标记有相似的法律作用。

[②] Marcos Mollica 和 Luigi Zingales,"The impact of venture capital on innovation and the creation of new business",(芝加哥大学工作底稿,2007,未发表)。

[③] Thomas Chemmanur, Karthik Krishnan 和 Debarshi Nandy,"How does venture capital financing improve efficiency in private firms? A look beneath the surface"(工作底稿 No.08-16,美国人口调查局经济研究中心,华盛顿,2008)。

了对比。但是很多公司的生产率都很难衡量,例如,现实中我们该如何衡量一家咨询公司的生产率?因此他们的研究重点关注的是制造类企业。他们使用不同的衡量方法研究发现了一些有趣且与前面结果类似的模式。有风投资本支持的公司在得到风险融资之前的TFP要高于那些没有风投支持的企业,且这种差距在得到融资之后的几年里又被扩大。这些结果表明不仅仅是风投家能够找到并且投资那些更具创新性的公司,他们在对其投资后提供的监管和辅导——公司治理——也产生了很大的作用。

有趣的是,Chemmanur和一些共同作者发现风投家的影响在不同公司中也存在差别。他们将风投公司分成两类,一种是在过去几年募集了大量资本的公司,另一种是募集了相对较少资本的公司(他们认为一般情况下,越成功的基金能够募集的资本应该越多)。他们几乎没有发现这两类风投公司所投资企业的TFP的差别。而且,那些由较为成熟的风投家投资的公司在风投交易之后TFP增长得更高。这里我们得出以下观点:并不是所有的私募股权公司都是一样的,更好的私募股权公司能够使其所投公司有更好的业绩表现,因此进一步提高了私募股权公司的声誉。

并购的影响

过去十年里并购行业的成长在中国、德国、韩国、英国和美国等多个国家的影响引起了人们的担忧。考虑到自20世纪80年代"门口的野蛮人"时期以来公众对并购行业褒贬不一的评价及其近期的活跃程度,对其产生担忧也是合理的。[①]

由于对并购行业的这些担忧,近期对并购投资的影响的研究激增。也许有人会问为什么要对其影响进行研究,毕竟,大量的重要学术研究已经对20世纪80年代的杠杆并购交易进行过仔细的分析了。为了对先前文献的优势和局限有一个清楚的认识,我们可以回顾一下Steve Kaplan的两篇文献,这两篇文献都是那个时期的经典著作。[②]

20世纪80年代并购行业的评估

为了研究公司并购后的运营变化,Kaplan对在1980—1986年间完成的76项大型并购的上市公司样本进行分析。这些并购交易是否增加了公司的价值?例如,通过改进运营管理或是向经理人提供新的激励。或是,相反的,通过掠夺公司现有员工或公众股东手

---

① 指20世纪80年代末期的并购热潮,在KKR并购RJR Nabisco之后达到了顶点,Bryan Burrough和John Helyar在《门口的野蛮人:RJR纳贝斯克的陨落》(纽约:Harper出版社,1990年)一书中详细叙述了这一事件。

② Steve N. Kaplan,所写的"The effects of management buyouts on operating performance and value,"载于 *Journal of Financial Economics* 第24期(1989年):217-254页,和Steve Kaplan所写的"Management buyouts: Evidence on taxes as a source of value,"载于 *Journal of Finance* 第44期,no.3(1989年):611-632页(美国金融协会第四十八次年会论文及会议记录,纽约市,纽约州,1988年12月28—30日)。同期的其他著名研究包括F. Lichtenberg和D. Siegel的"The effects of leveraged buyouts on productivity and related aspects of firm behavior,"载于 *Journal of Financial Economics* 第27期(1990年):165-194页;Chris J. Muscarella和Michael R. Vetsuypens的"Efficiency and organizational structure: A study of reverse LBOs,"载于 *Journal of Finance* 第45期(1990年):1389-1413页;和Abbie J. Smith的"Corporate ownership structure and performance: The case of management buyouts,"载于 *Journal of Financial Economics* 第27期(1990年):143-164页。

中财富来实现价值积累。为此,他对并购之后公司价值增加与业绩变化之间的关系进行尝试性研究。

通过分析,他发现并购之后公司的经营业绩远好于同行业的其他公司,这一现象在用资产回报率和销售利润率分析时尤为明显。更重要的是,公司在并购交易之后的三年里资本性支出会减少,至少与同行业的其他公司相比并购后公司的资本性支出会明显减少。我们可以从两方面来解释上述结论:这可能反映出管理团队在新的激励机制下削减浪费性支出,或者是沉重债务负担所产生的严重影响。并购之后,这些公司的运营现金流也出现大幅度的增长。

在一篇高度相关的论文中,Kaplan探讨了这样一种可能性:并购之后公司业绩的改善也可能仅仅是由于债务利息带来的税收优惠造成,这正如我们前面所讨论的那样。并购公司在表面上大部分的业绩改善是否只是因为简单得到了税收减免?[①] Kaplan再次对这些大规模的公开并购进行观察后指出,虽然这些公司在并购之后的两年内只需要缴纳少量联邦税,但是从第三年就开始需要缴税了。为了进行分析,他将并购带来的税收优惠与市场认为并购所创造的价值进行比较,他认为交易所创造的价值是用并购发生之前支付给股东的市场溢价来衡量的(例如,实际交易价格和并购前估值的差)。这种溢价平均为公司并购前市场价格的40%。[②] 税收优惠占收购公司支付的市场溢价的21%～143%。虽然税收优惠是价值的一项重要来源,但是Kaplan认为它并不是并购交易所创造价值的唯一来源。简而言之,Kaplan认为这些证据支持了之前的论点,那就是并购交易有利于运营效率的提高或/和公司激励机制的改进。

但是上述研究以及许多那个时期的著作都有一些非常重要的局限。首先,多数早期的研究关注的涉及之前在美国上市公司的并购交易数量相对较少。而上市公司私有化交易仅仅代表了所有并购交易中的一小部分。早期研究的第二个局限则和自20世纪80年代以来私募行业已经发生了巨大变化这一事实有关,正如我们在第一章中讲的一样。

对近期发生的并购交易的评估

最近的研究试图通过更全面和更具全球性的样本对并购投资的影响进行评估。每项研究都是对并购投资过程中的某一具体的影响进行分析。

首先,Per Stromberg对1970—2007年间全球范围内的21 397笔私募股权投资的性质和结果进行了分析。[③] 作者试图从这些投资交易的最直接的可能结果中,简单地理解其产生的影响。由此得出的主要结论如下:

- 在过去几年里,私募股权投资的持有期变长而非缩短。超过一半——58%——的并购基金至少在初始投资后五年才会退出。所谓的快速退出基金(即在两年之内退

---

① Steve Kaplan 所写的 "Management buyouts: Evidence on taxes as a source of value," *Journal of Finance* 44期, no.3(1989年): 611-632页。

② Steve Kaplan 的 "The effects of management buyouts on operating performance and value"。

③ Per Strömberg 的 "The new demography of private equity," 载于A. Gurung和J. Lerner主编的 *Globalization of Alternative Investments Working Papers Volume 1: Global Economic Impact of Private Equity* 2008(纽约:美国世界经济论坛,2008年),3-26页。

- 以 IPO 方式退出的基金只占所有私募股权基金的 13%，且这种退出方式的重要性似乎随着时间在逐渐降低。目前，最常见的私募股权投资退出方式是将股权出售给另外一家公司，这种方式占所有退出方式的 38%。第二种最常见的退出方式是二次并购（24%），在过去十年间这种退出方式的重要性不断提高，这与坊间证据相一致。
- 如表 10.2 所示，在所有已完成退出的并购交易中，只有 6% 的公司最后破产或是进行财务重组，这意味着并购企业的破产率或发生重大财务危机的比率为每年 1.2%。这个比率要低于美国发行债券的公司 1.6% 的平均年坏账率。

表 10.2 1970—2007 年间的杠杆并购交易的退出

投资合伙人	退出数量	占总数百分比/%
破产	552	6
IPO	1 110	13
财务买家	3 366	39
LBO 支持的实业买家	2 106	24
出售给管理层	446	5
战略买家	130	2
其他/未知	948	11
没有退出	12 739	60
退出总计	8 658	40

数据来源：摘自 Per Strömberg 的"The new demography of private equity,"载于 A. Gurung 和 J. Lerner 主编的 *Globalization of Alternative Investments Working Papers Volume 1: Global Economic Impact of Private Equity 2008*（纽约：美国世界经济论坛，2008），3-26 页。可参考以下网址：www.weforum.org/pdf/cgi/pe/Full_Report.pdf。

当然，Per Strömberg 的这项研究只分析了并购交易所可能造成影响的一小部分，却没能回答大多数公司由于并购交易会表现更好还是更差的问题。另外，还需要注意的是，文中数据是以交易笔数而不是以交易金额计算得到。由于最大的并购交易倾向于在市场高峰期集中发生，而且其中较高比例的交易更容易出现问题（稍后还会更多讨论这个问题），因此，其结果可能会由于使用更广泛的样本而不同。

Nick Bloom，RaffaellaSadun 和 John Van Reenen[①]，对来自亚洲、欧洲和美国的中等规模的 4 000 家制造类公司的管理实践进行调查，并通过使用独特的双盲管理层调查，从 18 个维度对这些由私募股权所有的公司和其他公司进行评分。这项研究的主要目标是判断私募股权与其他所有权形式相比，是否是通过引进新的经理人和更好的商业规范，进而改善了公司的内部管理实践。

如图 10.1 所示，作者发现私募股权投资的公司通常都拥有最佳的管理。这些公司在广泛的管理实践方面表现显著好于政府、家族及私人所有的公司。即使是在控制了一系

---

① Nick Bloom，RaffaellaSadun 和 John Van Reenen 的"Do private equity-owned firms have better management practices?"载于 A. Gurung 和 J. Lerner 主编的 *Globalization of Alternative Investments Working Papers Volume 2: Global Economic Impact of Private Equity 2009*，（纽约：美国世界经济论坛，2009 年），1-23 页。

列其他的企业特征包括国家、行业、规模以及员工技能等变量时,上述结论仍然成立。私募股权投资的公司特别擅长运营管理实践,比如,采用现代化的精益生产方式并坚持质量持续改进原则以及使用综合业绩文档管理程序。但是由于调查只是针对私募投资的公司现况进行的,作者并不能判断出是私募股权公司改善了这些公司的管理,还是因为他们在最开始就选择了管理能力较好的公司。即使最初这些公司就拥有较好的管理,值得注意的是,私募股权公司至少没有使其管理水平降低。

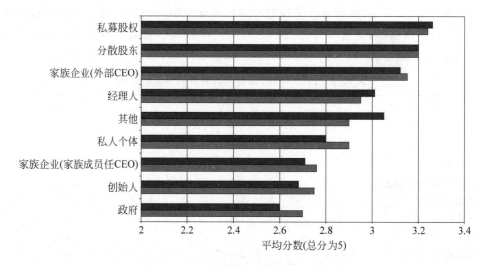

图 10.1　18 个管理实践问题的平均分数

数据来源:Nick Bloom,Raffaella Sadun 和 John Van Reenen 的"Do private equity-owned firms have better management practices?",载于 A. Gurung 和 J. Lerner 主编 *Globalization of Alternative Investments Working Papers Volume 2*;*Global Economic Impact of Private Equity* 2009(纽约:美国世界经济论坛,2009 年)。

关于私募股权所有权的另外一个问题涉及私募股权公司实施调整的时期。一些人认为,由于公司是私人所有使得管理者可以实施具有挑战性的重组计划,因为公司老板不用为了季度利润的稳步增长去迎合市场需求只关注于短期的投资。另外一些人用分配给股权投资人的特别股利,质疑私募股权投资的公司是否真的具有比其他同类上市公司更为长远的战略眼光。为了回答这个问题,Josh Lerner、Morten Sorensen 和 Per Strömberg 对私募股权投资的公司的长期投资进行了分析。①

这项研究分析了长期投资的一种形式:对创新的投资。由于多种因素的影响,创新为上面所讨论的问题提供了非常好的试验场。这些因素包括研发支出的长期性以及它们对公司健康的重要性。除此之外,很多经济学文献都提到过,专利的特征可以被用来评估上市公司和私营公司的技术创新性。

此研究最主要的发现就是,公司的专利水平在并购前后大体上没有什么变化。不过,经历并购交易后的公司追求经济上更重要的创新,这通过私募股权投资后年份的专利引用数来衡量。私募股权投资的公司拥有的专利被引用的次数增加了很多——大约有

---

① Josh Lerner、Morten Sorensen 和 Per Stromberg 的"Private equity and long-run investment:The case of innovation"(载于 Working Paper No.14623,国家经济研究局,剑桥,马萨诸塞州,2009 年)。

25%。这意味着这些公司加强了对以往目标技术的关注,且提高了他们所进行研究的质量。值得注意的是,由 Lion Capital 和黑石集团共同拥有的 Orangina 启动了一系列包括其同名饮料低热量版的研发项目。而 Orangina 之前的母公司 Cadbury 更多关注的是作为其支柱业务的巧克力和饼干业务,造成其软饮业务的研发经费缺乏。

当然,很多人最开始关注并购则是因为担心并购会导致一部分人失去工作。20 世纪 80 年代的电影《别人的钱》(Other People's Money)和《华尔街》(Wall Street)使人们意识到这样一个问题——并购意味着大幅裁员和公司倒闭。就在近期,一个德国政治家公开谴责并购公司是蝗虫。批评家声称并购导致了工作机会大规模的减少,然而私募股权协会和一些其他组织发布的最近研究表明,并购活动对工作机会具有正面影响。甚至许多学术研究也有严重的局限,例如,所依赖调查中的反馈并不完整,无法控制可比公司雇佣人数的变化,无法明确区分由不同类型私募股权投资的公司雇佣人数变化间的差异,以及无法确定国内就业机会的增减状况。

Steve Davis 和共同作者在一系列近期的文献中,研究了并购投资对就业和生产力的影响。[①] 为了克服前面提到的那些局限,同时为了涵盖更多的公司和私募股权交易,作者建立了数据集进行研究分析。研究以 LBD 为基础,LBD 已经在前面提到的两篇关于风投研究的文献中被使用。借助于 LBD,作者能够在公司和单位层面上对就业情况进行分析。此处"单位"指具体的工厂、办公室、零售店和其他进行商业活动的物理场所。这里的 LBD 涵盖了所有非农私营公司,还包括大约 500 万家公司和 600 万个单位的人事任用和工资的年度数据。其中共有 5 000 家美国公司在 1980—2005 年间被并购("目标公司"),且在私募股权交易时,这些被并购的公司在美国大约经营着 30 万个单位("目标单位")。

这些主要的研究结果非常有趣:

- 在并购交易之前的五年中,目标公司的雇用人数的增长率比对照组公司多 2%。在并购交易发生当年,这个差值升至 2.25%,这可能是由于管理层想尝试通过扩大生产来避免被并购或是通过雇用更多的员工以弥补资本支出不足。也就是说,相对于其他公司,这些经历过并购的公司在交易之前其雇用人数就呈现出增长的态势。
- 如图 10.2 所示,在私募股权交易之后,被并购单位的雇用人数要比对照组单位下降得快,且这种状态一直保持到样本观察的年份。在并购交易之后的五年里,私募股权所有的单位雇用人数与对照组单位相比降低了大概 6%,这一值远大于每年 1%的平均值,这种现象在上市公司私有化交易中极为明显。
- 但是在未经报告的计算中,由私募股权投资的公司在并购交易之后的五年里创造的"新增就业机会"——在美国新建的设施中创造的就业机会——比对照组要高 5%。因此,并购后公司的现有单位减少的工作机会,看起来大部分会被这些公司新创造的更多的就业机会抵消。

---

① Steve Davis、John Haltiwanger、Ron Jarmin、Josh Lerner 和 Javier Miranda 的"Private equity and employment",载于 *Globalization of Alternative Investments Working Papers Volume 1*:*Global Economic Impact of Private Equity* 2008,43-64 页;和"Private equity, jobs and productivity",载于 *Globalization of Alternative Investments Working Papers Volume 2*:*Global Economic Impact of Private Equity* 2009,25-44 页。

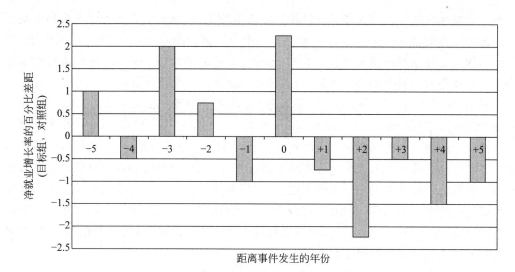

图 10.2 净增长率——目标组和对照组的区别

数据来源：Steve Davis，John Haltiwanger，Ron Jarmin，Josh Lerner 和 Javier Miranda 的"Private equity and employment"，载于 A. Gurung 和 J. Lerner 主编的 *Globalization of Alternative Investments Working Papers Volume 1：Global Economic Impact of Private Equity* 2008(纽约：美国世界经济论坛，2008 年)，57 页。可参考以下网址：www.weforum.org/pdf/cgi/pe/Full_Report.pdf。

他们的后续研究关注的是 1980—2005 年间并购交易的目标公司——美国制造类公司——的生产率是否以及如何变化。作者发现私募股权机构刚并购时，这些目标公司的生产率要比同类公司高(大概 4%)，但是在并购后两年里这些公司生产率的增长要比同类公司高 2%。并购交易后生产率的增长差距中大约有 72% 是通过对公司现有设施的更有效管理实现的，而不是通过关闭或开设设施实现。(注意：私募股权投资者很可能关闭那些按照生产率衡量业绩表现不佳的公司。)并购交易之后，目标公司与对照组的生产率的差距并没有变小，且以每年 1% 的速度增加，这或许表明了目标公司被投资后仍保留着良好的"习惯"。

由于私募股权已经发展到了全世界，其他一些国家地区也对私募股权的影响进行了仔细的分析。其中最重要的文献就来自英国：

- 在一组研究中，Kevin Amess 在各个维度比较了 78 家被并购公司与 156 家相似对照组公司的生产率增长。[①] 所有的公司都是中、小型机械设备的生产商。Kevin 使用多种方法衡量生产率，最后研究指出被并购公司在并购交易后的生产率似乎有所提高。
- Richard Harris、Donald Siegel 和 Mike Wright 评估了一个大得多的样本——管

[①] Kevin Amess 的"The effect of management buyouts on firm-level technical inefficiency：Evidence from a panel of UK machinery and equipment manufacturers"，载于 *Journal of Industrial Economics* 第 51 期(2003 年)：35-44 页；和"Management buyouts and firm-level productivity：Evidence from a panel of UK manufacturing firms"，载于 *Scottish Journal of Political Economy* 第 49 期(2002 年)：304-317 页。

理层并购前后的35 000多个制造单位——的全要素生产率。[①] 他们发现在并购之前这些企业的生产率低于对照组企业,但是在并购交易之后它们的生产率有了极大的提高。作者认为这些企业生产率的提高看起来是由于新股东采取了降低劳动密度的生产措施,特别是他们越来越多地将生产过程中的各种投入进行外包。

- Kevin Amess和Mike Wright接着分析了杠杆并购对就业的影响。[②] 他们对代表英国并购交易的1350笔LBO构成的样本进行研究。他们发现并购交易对就业增长的影响不是很明显,但是,这些公司里员工工资的增长相对对照组公司较慢。

在美国和英国之外,关于私募股权影响的研究少之又少。唯一一个例外就是法国的一项研究,该研究关注了1994—2004年法国的并购交易是如何影响企业成长的。(注意:在21世纪头10年的中期之前,大型的高杠杆交易在法国并不常见。)在这一期间,法国的私募股权基金似乎成为了中小企业成长的助推器。杠杆并购之后,这些并购公司的就业、生产率、销售额以及资产总额的增速都要高于对照组公司。这些影响在内部资本不足的行业以及资本市场疲软时期看起来比较明显。

一些重要声明

到目前为止,私募股权和VC行业的影响似乎都是比较积极的。VC和并购看起来一般是通过改善公司内部治理、融资创新以及在不同程度上提高就业增长率和生产率来创造整体的经济价值。我们必须承认,净就业增长只是一个非常粗略的估计量,而失业对于失去工作的那个人来说就是个灾难,即便是生产率因这些人的失业得到了提高。我们不想忽略这些人的感受,而只是泛泛地阐述研究发现。

我们还需要注意到,所有这些研究都具有非常严重的局限性。首先,它们考虑的是这些融资来源的加总影响。我们在本章重复提过多次,同时正如我们在第十三章进行的深入探讨,风投和并购行业都有很强的周期性,基金募集有高度"起伏"的特征,基金募集的高峰仅出现在短短几年中。同时,这几年还具有这样的特征,那就是私募的回报较差以及投资组合公司的破产率较高,这可能意味着该时期私募行业的社会回报并不高。

在进行私募股权方面的研究时,数据的局限性变得极其严重。没有研究能够解释2005—2007年间出现的市场高峰,这三年间私募股权募集的资金(以对通货膨胀进行调整后的美元计价)占1980—2007年间募资总额的34%。[③] 我们只能等待,直到那段狂热时期造成的结果产生影响。

那些对2005—2007年间市场高峰期的并购活动进行的少量研究提出了这样的问题:在资本繁荣时期到底发生了什么?正如我们将在第十三章讨论的,这些时期交易的杠杆

---

① Richard Harris、Donald Siegel和Mike Wright的"Assessing the impact of management buyouts on economic efficiency: plant-level evidence from the united kingdom",载于 *Review of Economics and Statistics* 第87期(2005年):148-153页。

② Kevin Amess和Mike Wright的"The wage and employment effects of leveraged buyouts in the UK",载于 *International Journal of the Economics of Business* 第14期(2007年):179-195页。

③ 这个数字是针对美国在全球的募资总额,这三年间私募股权募集的资本占1980—2007年间总额的34%。

更高——即使这种现象貌似不够合理,同时那些参与交易的公司失败率更高,业务提升更少。但是,那些时期的并购活动在何种程度上对社会产生长期的不利影响,目前仍然是最热议的话题。

政府公共干预的影响

经济危机之后,政府加强了在VC和私募行业的干预。政府采取了两方面措施:一方面,刺激VC和增长型股权是政府为了创业公司的发展采取的广泛措施。另一方面,政府开始关注关于是否以及如何规范包括私募股权基金等在内的另类投资者的问题。在最后的这部分,我们将快速地看一下这两方面措施。

刺激措施

当我们观察世界上正在崛起的伟大的创业活动中枢地区时,如硅谷、新加坡、特拉维加、班加罗尔、广东以及浙江,总是会有政府的身影出现。在建设其中每一个经济地区时,政府的适当干预都起到了关键作用。回顾硅谷的发展史可以发现,政府公共基金帮助建立了企业集群所需的许多关键基础。

但是政府干预都是在经历了数十甚至成百上千次的失败后才有的成功,这就意味着政府为此要付出大量的财政资金。例如,在欧洲、日本和美国的许多州,政府为了促进风险投资和创业融资的发展已经花费了数十亿,却没有得到持久的收益。

上述对政府公共投资结果的分析可能会使读者得出这样的结论:政府部门对创业集群发展的追求就像一个巨大的赌局。有些人可能会认为政府部门是在完全没有成功保证的情况下去下注。因此,也就不能在建立创业中心的成功和失败的经历中吸取经验和教训。

然而,真实情况却不是那样。在很多案例中,政府为了推动风险投资以及创业活动而采取措施导致失败是完全可以预测到的。这些几乎从一开始就注定会失败的措施具有共同的缺陷。在世界的每个角落,从欧洲、美国到新兴的经济体,类似的问题在不断重演。

当然,从一个抽象的角度看,政府投资能够促进风险投资是有一定理由的。这个论点基于两大支撑:

1. 目前技术创新对经济增长的推动作用已被广泛认可。事实上,各国政府的政策声明都强调了技术创新在推动和维持经济增长和繁荣方面的重要性。

2. 正如我们在本章较早部分中所讨论到的,学术研究已经表明了创业者和风险投资对技术创新的促进作用。风投基金及其投资的创业者永远不能取代其他创新的源泉,如充满活力的大学和企业的研究实验室(在一个理想世界,这些机构的成长将会相互促进)。但是,在一个创新的体制下,一个健全的企业部门和风险投资也会是技术创新的重要因素。

如果只就上述观点看,政府干预的优点将会是非常令人信服的。但是政府采取干预措施还基于第三条论点:政府能够有效地促进创业和风险投资。然而,这并不是一个稳健的假设。

当然，创业市场的一些特征使我们能够发现政府在推动创业市场变革中的天然作用。企业就是回报不断增加的一种商业活动。换句话说，如果有十位其他创业者在附近，那么成立一家新的创业公司就容易得多。在很多方面，创业者和风险资本家都受益于他们的同行。例如，如果企业家在资本市场非常活跃，那么投资者、员工、中介机构——律师和数据提供商，以及更为广泛的相关资本市场就会熟悉风险投资过程中所需要的各种策略、融资、支持和退出机制。在一些与创业者和VC相关的商业活动中，任何一方的行动都可能会对他们的相关行业产生正面的影响或是溢出效应。在这种情况下，政府总能够作为催化剂发挥其积极作用。

这个结论得到了大量案例的证实，许多政府干预成功地带动了VC公司的成长。例如，美国的小企业投资公司（SBIC）计划促使大多数现代VC行业雏形的建立。很多早期的VC基金及其行业中领先的中介机构，像是律师行和数据提供商，其业务先是面向SBIC基金，然后逐渐将其业务重心转移至独立的风险资本家。同理，政府公共项目对引发全球主要风投市场的爆发性增长也起到了重要的作用。

但是出于很多方面的原因，我们需要谨慎看待政府干预的效果。特别是能够扰乱政府的规划的两个主要问题：首先，不恰当的基金分配方式可能会影响政府的干预措施，甚至使政府干预产生反作用。很多文献研究对那些能够影响政府干预效果的因素做过一般性的研究，研究指出那些更富裕、有更多元化人口以及基于英国法律传统的国家的政府干预更可能获得成功。

经济学家们也对第二个问题产生了关注，并将其描述为"监管俘获"理论（regulatory capture）。这些著作表明私营和公共部门的实体会创立以获取公共部门提供的直接或间接的补贴。例如，旨在提振新兴企业的项目，可能会相反地最终提升了国家统治者或立法者的权势。政府风险投资项目的统计年鉴中，充满了用这种方式扰乱政府干预措施的例子。

SBIR项目是美国规模最大的公共风投项目，Josh Lerner在分析中对这个问题进行了说明。[①] 我们能够通过比较项目实施公司的业绩与对比组公司的业绩看出公平政策的效果。（见图10.3，比较了SBIR项目的受益公司与对比组的增长。该图说明了这些受益公司的增长比那些同地区同行业的没有受益的公司要快很多。）

可惜，在这些积极的成效后面，还存在着强烈的政治压力和利益冲突。首先，国会议员及其工作人员会向项目经理施压，迫使项目经理将资金分配给其所在州的公司。因此，最近的每个财政年度，几乎所有50个州（实际上在435个国会区中的每一个）中的公司至少得到过一项SBIR津贴。

图10.3也突出显示了这些政治压力的影响。特别是，对于受过SBIR资助公司的员工规模，对比了位于有大量高科技活动（也就是说，在得到SBIR津贴之前的三年里得到过至少一轮独立的VC融资）的地区和其他地区之间的员工规模。数据表明在得到SBIR

---

① Josh Lerner, "The government as venture capitalist: The long-run effects of the SBIR program,"《商业周刊》72 (1999): 285-318。

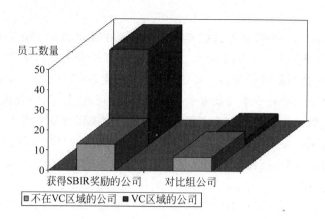

图 10.3 收到 SBIR 奖励公司和未收到 SBIR 奖励公司的员工数量变化

数据来源：Josh Lerner,"The government as venture capitalist: The long-run effects of the SBIR program,"《商业周刊》第 72 期(1999 年)：285-318 页。©商业周刊,芝加哥大学出版社,1999 年。

融资之后的十年中,高科技地区的受赏公司的平均员工数量增长了 47％,数量上增长了 1 倍。其他受赏公司(位于不具有高科技特征的地区)的员工数量只增长了 13％。尽管获得 SBIR 津贴的公司比对比组公司的增长速度快很多,但是这种通过就业增长量(以及销售额和其他指标)衡量得出的优越业绩只限于某些地区(已经存在私募股权活动)的受赏公司。迫于政治压力,SBIR 以地域"多样性"的名义不得不向那些发展前景堪忧的公司融资。

除了这些地域的政治压力,还有一些特殊的公司获得了不成比例的津贴。这些"SBIR 作坊"通常会专门安排一部分员工在华盛顿只关注申请津贴的机会。由于这些 SBIR 作坊的员工都是积极的、智谋多端的政治说客,这个现象被证明很难消除。如果这些 SBIR 作坊在创新方面是更有效率的,那我们还是能够接受这种现象的存在,虽然这从理论上看着有些令人困惑。可惜的是,它们的创新并非更有效率;与那些只得到一项 SBIR 津贴的公司相比,SBIR 作坊公司创新项目少之又少。尽管单独一项 SBIR 补助似乎就可以提高受赏公司的业绩,然而 SBIR 项目在根除浪费和类似以上歪曲现象方面仍然有很多工作要做。

Jim Brander,Qianqian Du 和 Thomas Hellmann 在一篇文章中针对这些问题进行了更加系统化的研究。[①] 文章对政府通过三种方式支持 VC 的情况进行了评估：

1. 通过政府拥有的 VC 基金直接提供资本的 VC。
2. 政府投资于独立管理且依靠私人投资者的 VC 基金。
3. 政府向风险资本家提供的补贴或税收减免。

研究人员分析了在 2000—2008 年间得到 VC 融资的 28 800 多家企业(来自 126 个不

---

① Jim Brander, Qianqian Du 和 Thomas Hellmann 所著的"Governments as venture capitalists: Striking the right balance,"载于 *Globalization of Alternative Investments Working Papers Volume 3: Global Economics Impact of Private Equity 2008*, A. Gurung 和 J. Lerner 主编(纽约：美国世界经济论坛,2009 年),25-52 页。

同的国家)。这些企业涵盖多个行业,但是以高科技公司为主。研究对比了以政府VC支持的企业和由私人风险资本家支持的企业的业绩,由此来判断政府的公开参与对企业业绩的影响。

研究发现主要表明:
- 无论以价值创造还是以专利创造的标准来看,拥有适中的政府VC融资的创业企业的业绩要好于那些只有私人VC支持的公司或是那些得到大量政府融资的公司。
- 不同政府VC的投资业绩似乎有非常显著的差异;国家政府和国际性机构的公共基金业绩比地方政府(例如,州和省)的基金业绩要好很多。这种现象产生的原因是,更为宽泛的政府要求允许投资公司可以从众多的投资机会中选择最有可能成功的那一个。
- 结合了政府和私人融资支持的风险基金以及得到了间接政府补贴的基金与那些由政府独自拥有的基金相比表现出了更好的业绩。

综上考虑,所有这些分析结果表明,政府基金在提供各种支持,包括财务支持等方面可能会有一定的作用。而当政府能够实际控制商业决策时,政府基金可能就没那么有用了,这可能是由于政治腐败现象的蔓延。只有当政府VC受到私人基金的约束时,它的效用才可能会达到最大。

监管措施

作为对始于2007年全球金融危机的回应,2009年,世界各国政府开始反思他们对金融机构的监管举措。从广义上讲,提议的监管改革采取了两种形式:

1. 重塑监管机构,避免不同监管机构监管发挥相似经济作用的公司。
2. 扩大监管范围,监管对象要包含会对经济构成严重威胁但未被监管(或者较少监管)的金融机构。

这些提议引发的争论成为2010年的主要议题。

同众多金融机构一样,私募股权基金公司也一直受到监管当局的注意。传统上讲,这些股权基金公司受到的审查并不严格。举例来说,在美国,如果基金只有少数几个"经验丰富"(比如,足够富裕的)的投资者,就不受1940年颁布的《投资公司法》中条例所规定的全面报告要求的制约。在很多情况下,这些例外的出现,不是源于慎重的政策决定,而是出于历史的偶然:当私募股权基金还在襁褓中时,许多国家的金融监管架构已经设计好了。

但在金融危机爆发之后,很多政策制定者开始进一步审视对私募股权基金的监管。在很多情况下,对私募股权基金会给国家经济增加波动性和风险的担忧是政策制定者对其重新审视的初衷。例如,欧盟委员会宣布:[①]

> 除了金融投资固有的投资风险之外,AIFM(另类投资基金经理)的活动还给AIF投资者带来交易对手风险、金融市场风险以及更为广泛的经济风险……不利的

---

① 欧盟委员会,Commission Staff Working Document Accompanying the Proposal for a Directive of the European Parliament and of the Council on Alternative Investment Fund Managers and Amending Directives 2004/39/EC and 2009/…/EC: Impact Assessment,COM(2009)207/SEC(2009)577(布鲁塞尔,欧盟委员会,2009年)。

市场环境严重地影响了整个投资行业,并且为 AIFM 具有加剧市场态势恶化的作用提供了证据。

总之,政策制定者试图提出一些系统化的建议,以提高对金融机构的监管审查。其中影响最深和范围最广的就是 2009 年 4 月由欧盟委员会提出,2010 年 11 月在欧洲议会通过的"另类投资基金经理人监管指令的提案"。

尽管人们对这个问题有很强烈的兴趣,却没有人研究私募股权是否提高了经济风险。Shai Bernstein 和共同作者在近期世界经济论坛上发表的一篇文章中试图对这个问题进行解答,他们研究了 1991—2007 年间,26 个主要国家涵盖 20 个行业的私募股权投资的影响。[①] 文章重点研究了私募股权投资是否会对某一行业的增长和周期性产生影响。在全文分析中,某一特定行业的增长率,是通过与不同国家在同一年的平均增长率比较进行衡量的。此外,分析采用了国家和行业的固定效应模型,以确保对私募股权活动的影响是在某一给定的国家、行业和年份中的平均经济表现下进行比较衡量的。例如,如果瑞典的钢铁行业比芬兰的拥有更多私募股权投资,文章就会分析随着时间推移这两个国家的钢铁行业的收益与样本中各个国家钢铁行业的平均收益相比是更好还是更差,以及行业周期内这两个国家钢铁行业收益的变化是否更显著。

总之,分析中并无法找出支持私募股权投资对行业产生不利影响的证据。

- 不管是用总产出、增加值还是就业进行衡量,私募股权基金参与较多的几个行业在过去五年的增长速度都快于其他行业。而且,只要是有私募参与投资的行业,不管私募投资活动水平的高低,这些行业的增长速度差距都不大。
- 有私募股权支持的行业,其行业周期的波动性并不比其他行业大,有时候甚至小于其他行业。特别是按照员工数量比较,能够明显地看出私募投资活动降低了行业的周期性波动。
- 这些结果看起来不太可能由反向的因果关系驱动,即私募股权基金选择投资行业中增长较快和/或是波动性较低的公司。即使是在控制了——并非完全控制——能引起更多私募股权投资的因素之后,其结果仍然成立。

当然,经济增长及其波动性只是监管者在评估私募投资影响时必须面对的众多问题中的两个。对 2008 年和 2009 年经济状况的影响进行分析还为时过早,在这一时期,私募股权投资额下降,由私募股权投资所产生的不良资产总量比前几年的增长更为迅速。但是上述研究发现确实提出了一些有关私募股权行业的问题,有些人声称私募股权行业会对经济整体产生不利的影响,这已经引起政府关注并采取了相应的监管措施。

总结

评估风险投资以及私募股权行业的整体影响是一件有难度的事情。目前为止,私募股权基金已经完成了成千上万的交易,其中一些交易为投资者们树立了正面的形象,还有

---

① Shai Bernstein, Josh Lerner Morten Sorensen 和 Per Stromberg 所著的"Private equity and industry performance,"载于 *Globalization of Alternative Investments Working Papers Volume 2：Global Economic Impact of Private Equity* 2010,A. Gurung 和 J. Lerner 主编(纽约:美国世界经济论坛,2010 年)。

一些则恰恰相反。大样本研究难点在于寻求衡量经济效应的方法以及数据获取时的局限性。即使有完善的方法,若没有风险投资和并购投资的相关数据,研究也将会是一个很大的挑战。

尽管面临重重困难,通过之前的分析,我们依然能够得出一些明确的结论。

- VC和私募股权投资行业对其投资的公司乃至整个经济所产生的总的影响——在某种程度上可测量得到——都是非常正面的。
- 私募行业极端的周期性似乎导致显著的影响。许多在正常时期存在的关系在令人兴奋的市场高峰期间可能并不能持续,而投资者对其投资组合公司的影响可能远不那么积极。
- 据我们所知,政府很难找到一个令人信服的理由对私募股权投资行业进行更多的监管干预。
- 2005—2009年间经济形势发生如此之大的变化,以至于可能会改变我们之前对私募股权投资行业影响的一些结论。我们在今后几年时间内都无法确切地对该时期的影响给予评估。

思考题

1. 为什么文中一直强调使成功获风险投资支持的公司上市?
2. 风投公司结构中的哪一点能够解释 Puri 和 Zarutskie 所观察到的模式?Hochberg 的发现以何种方式支持或者反驳了 Davis 等人的发现?
3. 为什么你认为私募股权投资公司有助于其投资组合公司创造良好的治理效果?
4. 是什么使得拥有良好治理结构的由私募股权所控股的公司持续发展?
5. 为什么精确地判断风险投资在创新方面的影响如此困难?
6. 为什么认为风投资本支持的公司能够比没有风投支持的公司产生更多以及质量更高的专利?
7. 为什么获得更成熟的风投公司支持的公司全要素生产率的提高较多?
8. 你认为是什么造成了这样的事实:并购的失败率低于公司债券的违约率?
9. 什么能够解释 Lerner 等人的发现:被并购的公司往往在更经济的重要的创新方面表现出更强的追求力度?
10. 你认为什么能够解释被并购公司相对于其他同类公司的雇佣模式的不同?
11. 政府基金应该怎样帮助建立私募股权行业?
12. 政府基金可能会出现偏差的三种主要方式是什么?
13. 各级地方政府(州,省等)都遭遇了哪些具体的挑战,使得他们更难创造成功的私募股权投资行业?
14. SBIR 的就业数据对你的回答有什么影响?
15. 乌托邦国家的统治者设立了政府计划来启动目前微乎其微的私募股权行业,他们找你推荐三个执行计划需要遵循的原则。该国拥有一个健全的金融体系,强大的创业传统,以及由世界一流的大学研究机构所带动的健康的高新技术行业。你的建议是什么?

第十一章

员工、职位和企业文化——私募股权公司的管理

到目前为止,我们一直在讨论合伙企业和普通合伙人(GP),对投资经理或分析师却只是偶尔提及,仿佛他们只是随意地进入公司然后到达这样一个职位。在本章中,我们将更仔细地探讨私募股权公司的内部运作,包括公司里员工的特点和进入公司可能的方式,以及这些公司是如何管理的。私募股权公司在规模上有很大的不同,New Enterprise Associates(NEA),美国最初的风投(VC)公司之一,拥有13名普通合伙人、12名合伙人、7名主管、8名经理、16名投资合伙人、3名董事总经理或执行董事、3名副总裁、3名顾问或特殊合伙人、2名法律顾问和一名CFO,这些人员在三个国家的四个办事处工作。[①] Founder Collective,成立于本书写作的一年内,有两名管理合伙人和5名创始合伙人。[②] NEA在1977年成立时,最初只有三个合伙人,比Founder Collective还小。截至2010年,并购公司黑石的员工超过1440名,且大部分是专业人员,然而与其核心业务一样的Brazos,却只拥有二十几名员工。

加入私募股权公司的人的背景也有很大不同。戴维·布利第(David Blitzer),黑石集团的一名高级董事总经理,毕业于宾夕法尼亚大学,有沃顿商学院学士学位,1991年毕业后即加入该公司。2002年,他建立了黑石的伦敦办事处。[③] 肖恩·克利姆扎克(Sean Klimczak)在2005年加入黑石,任职高级经理。他当时有圣母大学(Notre Dame)的学士学位而且有管理Madison Dearborn欧洲业务的多年经验,还是哈佛商学院优秀(MBA)毕业生。到2010年,他已经参与了包括Weather Channel收购交易在内的一系列交易,

---

[①] http://www.nea.com/Team/Default.aspx,访问于2010年8月25日。

[②] http://foundercollective.com/people,访问于2010年8月25日。

[③] Felda Hardymon、Josh Lerner和Ann Leamon所写的"Lion Capital and The Blackstone Group: The Orangina Deal",哈佛商学院案例No. 807-005(波士顿:哈佛商学院出版社,2007年),22页。

并被提升为董事总经理。① 格雷厄姆·加德纳(Graham Gardner)是一名经过认证的心脏病专家同时也有 MBA 学位,以董事身份加入了高原资本的健康投资部门。② 柏尚风险投资公司的副总裁肯特·贝内特(Kent Bennett),在获得 MBA 学位之前,曾是一名好莱坞银幕作家和贝恩咨询公司的顾问。③ 约瑟夫·凯西(Joseph Casey)具有 MBA 学位,在施乐公司做过销售,并有在英特尔工作的经验,他在 Venrock 开始私募投资的职业生涯,并在那儿成为一名 GP,之后跳槽至 Boston Partners 做合伙人,然后在 Denham Capital 担任战略和发展部的董事总经理。④ 莱拉·帕特里奇(Laila Partridge)主修工作室艺术,后来获得了 MBA 学位,然后加入英特尔,在那里她成为英特尔资本 IA-64 基金的基金经理,IA-64 基金是规模 2 亿美元的风险基金,专注于应用英特尔半导体全部性能的产品和服务。⑤

显然,上述大部分的私募股权投资者都拥有相关投资背景。这让我们对以下问题产生了疑问:一个优秀的私募股权投资者应该拥有什么样的特质?MBA 学位似乎有用,却又并不是最重要的。经营、咨询、金融背景看起来使上述提及的那些人在私募股权投资公司获得吸引力和成功。一个有抱负的私募股权投资者怎么找到一家合适的公司呢?公司除了在规模和投资战略上有明显的不同,还有什么不同?在松散的合伙关系下,由背景差异很大的人员组成的公司是如何运转的?我们可以基于公司的规模大小对公司文化做出归纳吗?

在这一章,我们会回答上述这些问题。因为私募股权是一个不断发展的行业,我们虽不能对此给出明确答案,但至少可以给出一些基本的回答。首先,我们熟悉一下私募股权公司的基本结构,包括公司中各种职能团队及其相应职责。然后我们看一下薪酬和随着职位的升迁薪酬如何变化。接下来,我们探讨一下公司文化问题以及它如何影响公司招聘员工的类型和成功员工的类型,以及公司可能的组织架构和管理方式。最后,我们来看一些其他结构,特别是一些附属机构——如企业的 VC 部门——所面临的挑战。

 私募股权职业——它们是什么,你如何谋求一职?

正如在第二章介绍的,几乎所有的私募股权公司设立的基金,如风险投资、成长型资本、夹层资本或杠杆收购等,都是有限合伙制。那些不以此方式成立的基金,比如公司制私募股权公司英特尔资本、微软的 IP Ventures 和 In-Q-Tel,几乎都有和有限合伙制中相似的职位。因此,本文将假定我们讨论的私募股权公司是有限合伙制。

---

① http://www.blackstone.com/cps/rde/xchg/bxcom/hs/firm_ourpeople_sean_klimczak.htm,访问于 2011 年 7 月 31 日。

② http://www.hcp.com/graham_gardner,访问于 2010 年 8 月 24 日。Gardner 曾经创建过两家健康创业企业,后来成为高原资本的投资合伙人。

③ http://www.bvp.com/team/kent-bennett.aspx,访问于 2010 年 8 月 24 日。

④ http://www.denhamcapital.com/Team/TeamMembers.aspx?viewType1/4&id1/4 42,访问于 2010 年 8 月 24 日。

⑤ Felda Hardymon 和 Ann Leamon 所写的"The IA-64 Fund",哈佛商学院案例 No. 800-351(波士顿:哈佛商学院出版社,2000 年)。

如图 11.1 所示,尽管在过去的几年里整体经济处于波动状态,私募股权公司在全球范围内的数量却有很大的增长。研究机构 Preqin 估计,截至 2009 年,私募股权公司创造了 69 100 个就业机会,这些公司的总部绝大多数设在美国。① 而且,现在总部设在美国的私募股权公司在其他国家开设办公室的现象越来越多,这些办公室大多选择在印度和中国设立,还有一些设在以色列和欧洲,欧洲地区的办公室一般是在伦敦。这种向其他国家的转移对公司的后勤和组织造成了一定挑战,我们稍后会对此进行讨论。

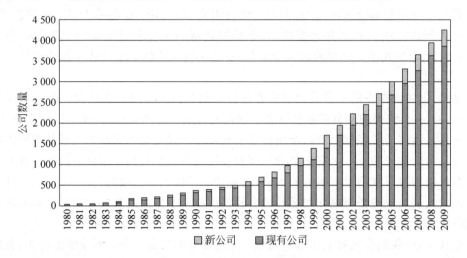

图 11.1 私募股权公司的增长

数据来源:Preqin 的 *The 2010 Preqin Private Equity Compensation and Employment Review*,http://www.preqin.com/docs/samples/Preqin_Compensation_Review_Sample_Pages.pdf? md1/4 1, p. 4;访问于 2010 年 9 月 3 日。经授权使用。

如图 11.2 所示,在有限合伙企业内,私募股权公司的组织形式通常是一个金字塔结构,大量的初级员工支撑着数量较少的公司管理的决策者。这样的形式在许多专业服务公司很典型,如律师事务所和咨询机构。我们将使用最常见的职务名称命名这些职位,注意,虽然大多数私募股权公司都有这些职位,但它们有时被冠以不同的名称,甚至会与某些特殊的职称混淆。公司的一名分析师可能在另外一家公司被称作经理;一名投资合伙人也可能被称作特殊合伙人或合伙人;在一家公司的董事在别处可能只是一名初级合伙人。至此,我们现在分析公司每个级别的职位,首先要从入门级别的分析师开始说起。

分析师

分析师是私募股权公司中资历最浅的员工。② 在目前的资本市场上,分析师的职位通常是"pre-MBA"(工商管理硕士预科),即教育背景是本科学位。从分析师的职位上晋

---

① 见 Preqin 的 *The 2010 Preqin Private Equity Compensation and Employment Review*,http://www.preqin.com/docs/samples/ Preqin_Compensation_Review_Sample_Pages.pdf? rnd1/4 1, p. 4,访问于 2010 年 9 月 3 日。

② 通常情况下,分析师和经理是同一个人;或者我们称经理为分析师,反之亦然。如果你正在寻找一个初级的私募股权工作,一定要了解你所申请的公司是怎样命名职位名称的。

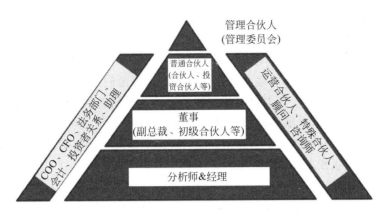

图 11.2 典型私募股权公司的结构

升,一般需要 2~3 年的时间,否则人们会选择进一步学习,去取得研究生的学历,或者去从事新的工作,或者——相对不太典型——晋升为经理。MBA 毕业后的人则以学徒的身份从事经理工作,其主要职责是帮 GP 做一些辅助性的工作,与此同时他们也会积累一些投资技能,也许会由此开始走上向合伙人晋升的道路。

私募股权分析师进行两种分析:财务分析和商业分析。人们可以将私募股权分析师当成擅长做财务模型的投资银行分析师和在战略咨询公司麦肯锡或波士顿咨询集团做商业分析的分析师。当然,没有人一毕业就能做好这些工作,因此分析师需要像所有新进入的私募股权从业人员一样,以类似学徒的身份在工作中学习。私募股权公司寻找那些擅长数学和分析过程的品学兼优者。因此,私募股权公司常常在初级职位上聘用工程、科学、市场营销、经济学专业的学生。

然而,工作经验几乎总是胜过学历。私募股权公司在招聘应届本科生时要根据他们实习和暑期工作情况来选拔。那些能够显示出应聘者擅长数学的工作经验显得尤为重要。如果应聘者已经毕业数年,其在第一份工作积累的经验将会被仔细核实。在投资银行或咨询公司担任分析师的出色工作经验可能说明应聘者在私募股权公司成为一名分析师或者经理的潜力很大。

除了数学的天赋,分析师还必须能够对获得的信息进行研究分析。在私募股权公司中,工作团队之间的沟通方式有很多,从小公司中非正式的口头交流到重视书面报告的大公司中更正式的文件沟通。所有公司的决策最终都需要以文字形式呈现,而其中大多数文案工作往往落在分析师和经理身上。作为面试的一个步骤,申请材料中都需要包括文案样本。

对应聘者财务和商业分析技能的测试难度更高。许多公司会把商业案例分析作为面试的一部分。商业案例会概述一个潜在的投资主题,应聘者必须说明他们将如何验证和分析案例中的关键要素。面试的时候,这些案例通常会以口头方式说明,尽管有少数公司会以书面形式说明。这些案例差别很大且通常源于公司和面试官的亲身经历。例如,某商业案例假定一家食品加工企业的利润率可通过对分销进行一定变革获得增长,面试官会问应聘者如何对此做出验证。另外,应聘者要正确分析商业案例可能需要对公司竞争有深刻的理解。应聘者会通过阐明他们将如何查找数据及分析公司所处的行业竞争格局来进行回答。财务分析方面,案例和问题可能涉及这样的题目:比如某公司的现金流分析及其债务结构,用一些高杠杆收购(LBO)的数学计算来测试候选人对息税折旧和摊销前利润(EBITDA)与杠杆的相互作用的理解。

在上述情况下,应聘者的思维方式和分析过程以及他们对此表现出的信心比那些具体的答案更加重要。面试主要考察的是应聘者解决主要问题的能力和提出的解决方法,以及他们避免无关干扰(即那些看起来似乎很重要却实质并无大碍的问题)的能力。公司想了解应聘者能否对好的商业机会作出判断。应聘者能描述特定情况下某项业务有吸引力的特性吗?他们能发现某项业务不良业绩的警示信号吗?

公司想了解应聘者是否能够很快掌握新的知识以及是否有自信心和自制力。潜在的分析师最重要的是能够接受新的挑战,而不只是做一些他之前就能胜任的工作。

鉴于VC公司特别重视员工的求知欲,因此招聘公司往往会要求应聘者谈论他们阅读过的博客和他们关于热门商机的想法。能够对新产业、新技术以及其他VC市场感兴趣的业务方向有一定了解被认为是进入VC行业的一个基本要求。应聘者具有初创企业或就职于初创企业的经验——即使是失败的——也会得到面试官的认可。

私募公司除了注重应聘者的分析和沟通能力之外,应聘者的个性是第三个重要考察因素。因为公司希望分析师能作为团队的一部分。他们不仅面对着大额资金和紧张的交易期限带来的压力,还需要协调公司外部的专家,如管理层、律师、银行家、会计师、顾问等,这说明私募股权投资团队为了完成一个项目往往需要连续数周内每天长时间工作在一起。因此当考虑应聘者时,如下问题是重要的:你希望和这个人夜以继日地进行团队合作吗?他是否太令人为难了?还是过于激进?或者没有团队精神?他能否对所做工作有足够的信心,而又不会因为自负招人讨厌?

对一个人个性的判断是完全主观的。私募股权公司的面试官往往会将应聘者应该具有的品质一一列出,并依此在面试过程中根据应聘者的描述发现其个性。一个面试官希望应聘者具有的品质可能包括:①

- 领导力
- 积极主动性
- 团队精神
- 整合资源的能力
- 能够说服别人接受其想法的能力
- 压力下保持镇定和风度
- 形成并坚守信念的能力

工作一旦启动,其性质可能会发生改变。拥有大量分析师的大公司,经常会在任务逐项分配的基础上使用一种在项目之间共享分析师的系统。在这样的公司中,一名分析师可能会在同一时间在来自于几个不同投资人员的多个任务上工作。

通常,分析师工作对项目执行的某一方面负有具体责任。有些公司会通过打电话给潜在投资对象列表中的公司创建项目流,比如 Summit Partners 和 TA Associates(见第

---

① 根据许多私募公司高管招聘的密访总结得出。

三章),经常会指派分析师研究一个行业并"打电话找项目"。分析师也可能被分配去监控现有的投资组合公司的某些方面,并以固定格式的文件形式汇报给合伙企业的其他人。但在一般情况下,分析师工作是私募股权职业生涯的第一步,而且该工作的特点是需要通过查找和分析数据来解决某些具体的财务和商业问题。

分析师职位晋升的关键是能够针对某一投资的尽职调查过程中遇到的问题提出有效的解决方法。对于投资决策前必须解决的重要问题,成功的分析师并不需要一种特定的方法去找到和解决。分析师可以重新定义模糊的问题,并在有限的监督下逐步解决问题。一名成功的分析师具备的最重要素质是:注重细节。无论是定义交易有关的问题、研究解决方案还是与交易团队沟通结果,粗心大意都会削弱整个投资分析的可信度。注重细节往往是成功的分析师和那些在合同期结束后就被解雇的分析师间最大的区别。

经理

不同公司对经理工作的具体安排可以有很大不同。一般情况下,经理是项目执行的实操人员。他们除了解答分析师会面临的问题,还要将材料整合成交易所需要的形式,通常他们还会深入参与到交易管理中。在大多数公司里,经理的工作被认为是向合伙人晋升的必经之路,经理有望在一段时间内(通常为2~4年)获得提拔或离职。除了商业和财务分析,经理经常参与估值分析、制订谈判方案以及开发潜在融资方案。此外,经理往往还要完成投资备忘录的第一稿。

经理的核心工作是做尽职调查(见第三章)。成功的经理有良好的面谈和记录能力,因此他们做事总是会有条不紊。因为尽职调查工作经常会有很大的时间压力,对那些更值得关注(所谓的**实质性**,materiality)问题的把握是成功的经理拥有的一项重要能力。独立、创新并有前瞻性地找到更深入挖掘尽职调查中遇到问题的方式,是经理能够提供的最好帮助。

我们此前讨论过的员工的个性品质在这时变得尤为重要。经理需要成为最重要的团队成员,他们要预测团队的需要,并随着团队的发展壮大传递来自团队中不同成员的信息,还要对数据和分析报告进行整合。因此,经理的求知欲和积极参与,成为公司的一笔巨大财富。例如,尽职调查访谈时,当访谈对象与访谈人有真正互动时才会产生更多有用的信息。好的经理有求知欲,可以提出目前业务层面所面临的重要问题。而访谈对象会为那些他们喜欢的以及与其产生共鸣的人提供更多更好的信息。

经理一般负责构建私募股权公司潜在项目的财务模型,并确保其对公司效益有正确的估计。正如我们前面提到的,主动投资者会在对预期收益有明确了解的基础上做出投资。这比某些投资公司只是根据同类公司的上限和底限估计预期收益要超越很多。通常情况下,在晚期投资中使用的财务模型是"自下而上"进行的,会考虑:产品线未来的利润率、详细的销售和分销渠道的营销成本;在最基层的销售成本;管理费用等。(显然,这些成本-收益数据对非常早期的项目几乎是不可能得到的,因此对于早期项目,经理更多关注的是新技术和潜在市场接受方式的可行性评估。)应用这一财务模型需要很强的电子表格操作技能以及对大量信息(会计、销售和市场营销等)的解读能力。通常情况下,是经理将分散的分析师、律师、银行家和顾问的单独分析整合到具体的交易模型中。

即使在交易完成之后，财务模型也在不断改进——事实上，它形成了创造价值的公司治理的标杆，正如在第六章中介绍到的。经理通常是这些模型的负责人。在对公司投资之后，经理经常收集其数据对其进行监督。其中最重要的是，比较公司业绩数据和在模型中设定的预期值，并更新和完善模型以反映出对公司的新见解和公司业务的变化。在咨询公司学到的技巧可以在私募股权公司得到很好的发挥，特别是在投资后期。

在一些公司，经理筛选项目、和项目公司进行首次会面并在投资银行项目清单中挑选项目，以找到公司应该争取的最有前景的项目。另一方面，许多公司却认为，如果把这种责任完全放在经理身上，会产生不理想的结果，因为所有的项目都和当时的环境相关。也就是说，一个项目的吸引力和当时该私募股权公司正在操作的项目有关，同时也在于所考虑投资机会的特点。如第三章中提到的，私募股权公司自身的许多独特之处影响对项目的兴趣。该私募股权公司是否有能力进行这项特定的交易？这项交易是否满足 LP 对投资阶段、行业和地域的预期？公司里谁有能力进行这项交易，以及她和这项交易有关的能力如何？这项交易会使公司在私募股权行业内相对其他公司的定位发生怎样的变化？可能的投资持有期如何与下一轮融资匹配？在经理这个位置上很少能对所有这些问题做到心中有数。

分析师往往同时关注多个项目，经理与其不同，经理通常只负责某一个活跃的投资项目。经理升职的关键是日常运作项目的能力。随着时间的推移，经理担负的责任越来越多。显然在某种程度上，经理可以处理交易过程中所有有关的项目管理工作。分析师只需要证明他可以在不需要很多监督的情况下对问题进行分解并找到答案，而经理必须在做到这一点的同时还需表明其能够管理一个项目。项目管理和沟通技巧决定了经理是否可以顺利晋升为董事。

在私募股权行业找到一份工作

即使在有计划、有组织的准备情况下，在私募股权行业找到一份工作也可能是非常困难的。这部分是因为私募股权行业中，小公司要比大公司多很多，而这些小公司进行的招聘一般都是偶发和缺乏系统性的。这里给出一些应聘私募股权行业工作的建议。

1. 准备充分。在私募股权行业找到一份工作通常需要很长的时间，要提前规划，有办法养活你自己并支撑自己长时间地寻找工作。

2. 了解自己和将要应聘的公司。了解公司如何判断聘用到错误人选的风险，以及如何采取相应措施。对相应领域做些研究，只寻找那些适合自己的公司。例如，Adams Capital 正在招聘经理，而他们只招聘有工科背景的人。如果你没有工科背景也不适合担任经理以上级别，那么 Adams Capital 就不应该在你的目标清单上。

3. 跟随资金。了解各目标公司所处的募资阶段。刚成功募集完成了一只新基金的公司更可能处在扩张阶段；而一家基金存续期快结束，且募资环境并不好的公司就不是一家好的目标公司。

4. 实践。 如果你想应聘规模较大的公司,这些公司在招聘的面试过程中很可能会包括完成商业案例,对此你需要找一个方法提前进行练习。最好的方法之一是找一个有相关经验的朋友进行咨询(如果你在商学院学习,你的同学中某些人很可能已经是私募股权公司、咨询公司或投资银行的分析师;如果你还是个大学生,那就想办法找一个有过类似实习经验或暑期工作经验的同学并向她咨询相关经验)。可以问她所遇到的一些典型场景(不违反其保密义务情况下),这样就能让你对在面试中可能碰到的情况有一些感觉。

5. 关系网。 尽力去认识公司的合伙人并与他们建立一定的关系。由于私募股权公司的GP一般没有兴趣在你身上花费很长时间,尤其是当他们可能对招人没有迫切需要的时候,你必须通过涉及他们业务领域的话题来引起他们的注意力。对于在找工作的应届生来说,在能为私募股权公司带来有价值信息的项目上寻求他们的帮助也是方法之一。另一种方法,就是在私募股权公司所投资的公司中工作。还有一种方式就是让你认识的那些私募股权公司的人向公司引荐你。对于小公司来说,招聘的风险很高,所以他们对你的了解越多,聘用你的风险就越低。

6. 备用计划。 必要的话,可以采取分步走的方法。首先,找到一份可以和私募股权公司合伙人一起工作的工作,而你可能适合这家私募股权公司。从事咨询工作或在私募股权公司所投资的公司里工作就是两个很好的例子。有很多成功的私募股权合伙人在私募行业找到第一份工作前都经历了多年的尝试。

作为一个求职者,你应该想象到,这个世界有很多通向私募股权公司的大门,同时也有很多人都尝试进入其中。那些每个公司都熟知的人才"距离大门最近"——在这个圈子里,如果几家公司都熟悉某个人,并且这个人是这些公司合适的应聘者,那么他距离这几个"门"就会比较近。这些"门"只会偶发性地接纳某些人,而这些人被合伙人认为是风险最小的——通常通过他们认为最熟知的人来衡量。你的目标应当是让自己尽可能多地靠近这些"门",坚持下去直到接近你的那扇门打开。如果你想找到一份工作,那么私募股权行业的工作是世界上最具有挑战性的工作之一,一定要耐心和坚持。

董事

在大多数私募股权公司中,成功的经理下一步会晋升为董事。[①] 董事有一定执行项目的责任,但一般来说他们在公司的投资决策中作用有限,也不参与管理公司的决策。相反,董事通常负责公司旗下的一些投资组合公司,他们甚至会作为投资组合公司的董事会成员对其提出投资建议。通常,董事不会获得整个投资组合的收益分成;但像后面将要

[①] 在一些私募股权公司,经理要先晋升为高级经理,然后是副总裁,最后才是董事。这些不同职务之间最大不同是其薪酬与就职年限,而并没有显著不同的工作职责。董事职务本身也可能会有几个级别与头衔(例如,副总裁、董事总经理)。

描述的投资合伙人一样,他们会有其负责的公司的收益分成。董事作为项目执行人,可以寻找、管理并完成项目。董事职位是晋升为合伙人的最后一步。董事晋升为合伙人的关键是其以往的业绩记录——她能赚钱吗？和发现和发起交易的能力——他是一名干将吗？

特殊合伙人

在一些私募股权公司中存着许多其他专业人员。例如,运营合伙人,这类合伙人通常并不承担项目执行责任,但他们帮助私募股权公司管理其投资组合中的投资。运营合伙人在公司中的作用视情况而定,他们可能是公司的顾问、董事会成员或临时管理层。他们的固定工资一般由私募股权公司支付,而他们的补充薪酬一般是来自于他们所参与管理投资组合公司的股份。他们偶尔也会从其所工作的私募股权公司获得收益分成。最著名的运营合伙人之一是杰克·韦尔奇,他曾长期担任通用电气(GE)的 CEO。从 GE 退休后,他作为运营合伙人加盟私募股权公司 Clayton, Dubilier & Rice。[①] 担任公司的运营合伙人期间(韦尔奇先生被称为"特殊合伙人"),他向公司提出了很多建议,包括改变投资组合公司企业文化、最佳管理实践、公司治理以及业绩提升计划等。但他并未进行任何投资。

投资合伙人承担项目执行的责任,但他们只能从自己负责的项目中获得收益分成。一般来说,私募股权公司有意将投资合伙人培养成为公司的高级员工；这种安排使得公司可以测试投资合伙人是否会成为一名成功的项目执行人员,更重要的是,看看投资合伙人是否能融入公司。在某些情况下,私募股权公司将投资合伙人作为从经理晋升至 GP 的一个阶段。尝试从日常工作中淡出的高级 GP 也有可能成为投资合伙人。通过只获取自己所负责项目的收益分成来减少收益分成,标志着减少其责任范围。通过释放收益分成,用以奖励给更年轻、产出更多的合伙人,有助于在公司内部形成一个明确的代际转换阶段。

普通合伙人(GP)

私募股权公司中的最高级别是 GP。[②] 谨慎投资 LP 的资金并遵守合伙协议章程是 GP 的受托责任。他们会获得公司全部投资组合的收益分成。GP 是靠后天不是靠天生,因此他们的主要资历来自于他们成功投资的业绩记录。

此外,GP 对合伙企业有运营责任。GP 做出的最重要决定也许是通过分配公司的资源来进行一项投资——在很多情况下,资源配置的决策甚至远重要于投资决策。任何一家私募股权公司最稀缺的资源并不是资金,而是人力资源。

然而,除了配置资源,GP 必须考虑很多关于公司运营和企业整体文化的问题——比如,招聘什么样的人？什么时候招聘？为了达成一项交易,是以团队形式,还是由个人主

[①] 参见 http://www.prnewswire.co.uk/cgi/news/release?id1/4 74354,2001 年 10 月 2 日,访问于 2010 年 8 月 25 日。

[②] GP 可能会被称为管理合伙人或创始合伙人。

导其他人来辅助的形式进行？如果选择团队形式，那么这个团队是专为某个项目而成立，还是继续待在一起，执行一系列的这类项目？投资组合由谁监管？项目执行人是谁——需要一名合伙人，还是可以授权一名非合伙人执行项目？报酬如何进行分配？是否有分红计划？收益分成如何分配？谁去和 LP 进行沟通？公司应当向 LP 汇报什么内容？公司何时募集下一只基金？每笔交易应当保留多少储备资金？公司的投资战略是什么——合伙人不考虑哪些交易？相关的问题可以继续列下去。

普通合伙人成为 GP 并不是因为他们可以很好地管理这些公司层面的运营问题，而是因为他们的投资业绩记录。他们需要依靠其投资业绩记录才能为公司筹集到资金（见第二章），而且他们可以凭借投资业绩记录获得公司全部经营权。一个恰当的类比是考虑这样一个问题：最好的足球运动员是否能成为最好的足球经理人或足球教练。由此来讲，如果是最好的投资者在经营公司，是否充分地发挥了他们的才能呢？

这个难题的解决方案是设置一个管理 GP 的职位。有一些私募股权公司是由包括 GP 在内的合伙人委员会管理的，这些 GP 的工作不是执行项目，而是管理公司并通盘考虑投资组合。其他一些公司则将管理权集中在某名高级 GP 身上，指定他们担任公司的管理合伙人、CEO、董事长之类的职位。在一般情况下，即使公司只有一个名义上的领导，他的主要工作通常也是委派合伙人到委员会中做管理工作。不同公司对这个问题有不同的解决方法：NEA 设有一名管理 GP；Flagship Ventures 和 General Atlantic 公司有两名管理 GP，分别被称为 CEO 和 COO。Vitruvian Partners 有三名管理 GP；Blackstone 的管理委员会则是由四名管理 GP 组成的（有类似公司中的头衔）；柏尚风险投资公司的管理委员会则由五名管理 GP 组成。还有一些公司管理权比较分散，例如，Warburg Pincus 是由一个大约 20 名合伙人组成的团队共同管理。

由此可见，在私募股权公司中，大多数的职位都是围绕主要的 GP 投资人员设置的。除了那些负责投资业务的人员外，每个公司都还有运营人员，这些人员可能是一名办公室经理或者某些重要和高薪的专业人员，他们的作用是辅助公司的运营，但不是公司实际的投资者。

其他专业人员

根据公司的规模，可能会有很多运营人员，通常包括许多会计专家，以及税务和法律专业人士。他们主要是处理完成交易、基金和公司会计以及与 LP 沟通的辅助工作。

私募股权公司的会计需要特别专业。不论公司规模如何，私募股权公司都需要提供该公司投资组合的市场估值（见第四章就 FAS 157 进行的讨论）。这一方面涉及审计问题，另一方面也涉及 LP 的信心。因此，即便是最小的 VC 公司也一定会招聘能够理解投资组合和合伙企业会计情况的会计师。审计私募股权公司的外部会计师事务所，通常有协助公司内部会计人员的专门部门。

一些规模较大的公司有自己的专职法律顾问，他们会针对具体问题提供法律建议。一般情况下，这些法律顾问会管理受聘的负责具体交易的外部律师事务所；他们自己基本不会负责起草收购协议。专职法律顾问在基金募资时是非常重要的，这时他们经常要负责管理完成与许多 LP 的不同轮次的融资，面对每个 LP 时的问题都会有所不同。他们还可以协助设立基金,如果资产分布在有不同税收协定的各个国家,LP 也多元化时,这个过程就会变得极为复杂。

管理与其 LP 之间的关系是公司中最消耗时间,但又是最重要的管理工作之一。在规模较小的公司,这项工作通常交给最资深的合伙人负责,因为正是他们定期向这些 LP 募集资金。一位 GP 提到,与 LP 的沟通时间几乎占据了高级合伙人全部工作时间的 25%,这对小公司来说是一个大负担。在大公司里有专司投资者关系的人员,负责管理募资和维持与 LP 的密切沟通,满足投资者对其投资监督和负责的需要。由于 LP 对私募股权公司正在做的事情有准确的认知非常重要,对私募股权公司来说满足其对资金来源的需求也非常重要,负责投资者关系的高级员工会向公司的高层直接进行汇报,并在公司最重要的管理委员会中有席位。例如,黑石集团负责公司资源分配的管理委员会,由董事长、CEO、CFO 和投资者关系高级经理组成。①

行政支持在一家私募股权公司中特别重要,因为为一群忙碌、充满好奇心、高度专注并有强烈自我意识的人安排行程并提供支持本身就是一件需要天赋的事情。在私募股权公司的运营人员一般会比在其他服务公司获得高得多的报酬。这是因为他们在紧张的时间压力下工作,工作时间长,同时由于工作中要处理敏感信息,他们还需要时时保持谨慎。

风险投资行业的特殊情况

尽管上文所描述的职位在风险投资行业中都有,但是风险投资工作所需技能相比上述工作会有不同的侧重点。这是由于两方面的因素:(1)风险投资者投资的公司只有少量——往往是无形——资产;(2)风险投资几乎总是**少数股权投资**(minority investing)(比如:VC 投资股权份额几乎总是低于公司的 50%,往往还有一些跟投方)。夹层投资和成长投资也是少数股权投资,但却有大量有价值的资产和财务结构来降低风险和保证回报(见第五章)。但是在 VC 行业中,财务结构的重要性不如与创业者建立起密切的合作关系以及帮助初创公司建立公司治理来应对艰难和少走弯路。

因此,从本质上讲,VC 是一项共识业务。风险投资家在与其他同行竞争的同时,还要试着以他们预期的价位去获得创业者的股份。在项目执行时,风险投资家会试图向其合伙人证明该项目的好处,同时还要影响跟投方让其按照他认为最好的方式来执行项目。项目完成后,风险投资家可能拥有 15%、25% 甚至 40% 的公司股份,可能进入或不进入董事会。风险投资家成为众多试图影响公司和董事会的人之一,帮助董事会制定战略、雇佣员工并以他认为的最好方式为企业融资。当有意外发生时——在 VC 项目中总是有意外发生,风投家会试图成为 CEO 或创业者第一个求助的人。一名成功的风投家不仅拥有咨询顾问的商业技能和投资银行家的财务技能,还需要是一名思维敏捷和高效的概念推销员,因为如果他不能做到这一点,那么他所有的业务技能都是没有意义的。

相较于其他主动投资来说,VC 的成功更多是依赖风投家的个人特质。因此 VC 投资有很多投资风格。但正是由于这种个人概念销售的因素,没有哪一种风格会一直有效。要想取得成功,风投家必须找到一个适合他自身及其背景的真实风格。关于非常成功的

---

① http://www.blackstone.com,访问于 2010 年 8 月 29 日。

第十一章 员工、职位和企业文化——私募股权公司的管理

风投家有许多例子,他们尽管采用了非常不同的方式,但都是有效的。斯图尔特·格林菲尔德(Stewart Greenfield)是 Oak Investment Partners 的创始人,他在诸如 Ungermann-Bass(第一家局域网公司)这样公司的董事会上以安静和温和的说话方式被大家所熟知;和他一样成功的弗雷德·奥尔德(Fred Adler)是 Adler & Company 的创始人,在主导对 Data General(首批迷你电脑公司之一)和应用材料(Applied Materials,半导体行业的主要生产资料供应商)投资时,说话却总是直接、急迫,有时甚至有不敬的话语。两种方式都是有效的,两人也都获得了成功,两人都是凭借令他们自己满意的真实风格。

在过去的二十年里,柏尚风险投资公司的合伙人根据他们了解到的成功风投家的特质,编制了一份清单。如图 11.3 所示,列表中很明显并未包括具体技能,而是个人特质,没有一项是可以从简历中看到的。

在所有私募股权投资中,财务技能仅仅是完成交易的工具。私募股权投资的真正成功来自于以下能力:积极影响投资过程、快速纠正问题、保持负责任的管理层以及为了最大化长期利益而坚持原则。一位接受过非常成功的风投家投资的 CEO 提道:"他是最好的。当他看到你的手肘马上就要伸到鳄鱼的嘴里了,还能在跟你谈笑风生的同时帮你解决难题。他让你觉得这是一次伟大的冒险,从而使你笑对明天。"私募股权专业人士首先要是成功和高效的商界人士,其次才是金融家。

```
是什么造就了成功的风投家?
        沟通能力
        号召力
        纪律
        公平感
        同情心
        声誉
        视角
        稳定性
        ……和运气
```

图 11.3 成功风投家所具备的特质

对一名成功的私募股权投资家来说,实际经营经验是必要的——甚至是好的——背景吗?

最常问到的问题,尤其在 VC 投资领域,私募股权投资家要想获得成功,实际经营经验是否是必需的。对毕业后成为私募股权专业人士的哈佛商学院毕业生的一项非正式调查中,Josh Lerner 得到的结果显示私募股权专业人士来自各种各样的背景——

运营、咨询和金融服务(在并购专业人士中拥有金融服务背景的比率略高)。大约一半在毕业后立即加入私募股权行业,其余是在工作之后,有的甚至是在整个职业生涯将要结束时才加入到私募股权行业。统计结果表明,有没有经营背景与在私募股权行业的成功没有直接联系。

不过,很多VC公司还是坚持员工应拥有经营背景——至少公开是这样讲的。有人可能会问,这是否是VC与私募股权之间略有不同的另一点。事实同样证明,经营背景和成功并没有直接联系。1997—2000年期间,出现了迄今为止最大的风投泡沫,这是由开发最终构成互联网的硬件的电信设备公司引发,期间最活跃、最成功的投资者包括Matrix的保罗·费里(Paul Ferri),Greylock的罗杰·埃文斯(Roger Evans),柏尚的戴维·考恩(David Cowan),NEA的迪克·克拉姆利池(Dick Kramlich)和Battery的托德·德格拉斯(Todd Degras)。所有这些人(除了罗杰·埃文斯)基本上都没有经营背景。

那些看重经营背景的观点认为,之前曾经担任过运营经理的人最理解创业者创业过程中的困难,因此能为创业者提供最到位的帮助。而反对观点则认为,之前的方法和解决方案可能并不是正确方式,尤其是对于新兴行业中的创新型公司所面对的问题来说。解决这些问题更重要的是风投家的沟通能力和对创业者的理解并因此影响公司治理。拥有经营背景可能有助于和管理层建立一种强有力和有影响力的联系,但它绝对不是必要的。对于初创公司所处环境的坚实理解才是必要的——如果公司利用有限的资源和时间全身心地创业,公司会如何?

最后,我们必须记住,VC是一种允许各种不同风格并存的业务。合伙人在招聘时,他们关注的两个主要问题通常是(1)我对这个人有多了解?和(2)既然我成功了,这个人和我有多相似?新的风投家往往是从成功的被投公司或某行业中的标杆公司招募而来(如微软、惠普、苹果、谷歌、思科等),这也造成了经营背景错误认识的延续。因此,那些想进入VC行业的人可以在风投的组合公司中开始自己的职业生涯,这样做只是为了消除关于经营背景的异议。

薪酬

薪酬计划是私募股权经营文化的核心,特别是在小型私募股权公司。私募股权公司的现金流来自两个方面:费用(对于LBO公司来说指交易费用)和收益分成。一般来说,费用用于支付工资和奖金,因为公司收取的费用可以预测和做预算。收益分成作为一种长期激励,主要属于公司的所有者(即GP)。

和学徒机制基本一致,GP的工资和奖金结构与所有其他员工差别非常大。图11.4说明了上述观点,并且反映了两个重要原则:(1)即使是较低职位,私募股权行业的薪酬也主要是绩效奖金;(2)从董事晋升为GP后,薪酬的所有组成部分都有了很大的提高。

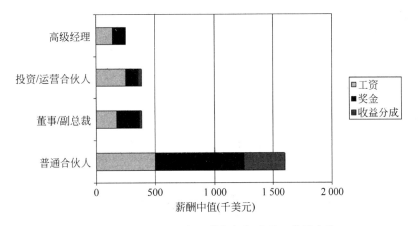

图 11.4 北美 2008 年私募股权行业员工薪酬中值

资料来源：R. Michael Holt，*Dow Jones Private Equity Analyst——Holt Compensation Study*（纽约：道琼斯，2008 年），10。

可以注意到奖金的基数增加了 70% 甚至更多。[①] 这反映了学徒机制的一面——在分享公司真正的利润前，个体必须证明他们的学识和耐力。尽管这样，相比投资银行和咨询等行业的同等职位，私募股权行业的薪酬都要更好，正是由于这一点，私募股权行业吸引着能力极强的个体加入。

图 11.4 还揭示了员工在未达到合伙人级别前，其可以获得的收益分成是多么的微不足道。一个典型的投资经理薪酬构成中，可能有 20 个基点（bps）的收益分成（即，投资经理会获得全部收益分成 20% 的 0.2%——净利润的 0.04%）。[②] 而董事的薪酬则相当于学徒获得成功后，学徒可以尝到一些甜头。

同一研究表明，大型私募股权公司的薪酬要远高于小型公司，尤其是对于 GP 以下级别的岗位。显然，并购业务通常规模较大（如本章稍后和第十二章中所讨论到的），加之从交易费用中获得的额外现金流，使得并购公司员工的薪酬更高。此外，由于竞争获得项目的时间压力，并购业务需要更多的分析师、经理和董事提供的支持。所以对一家大型并购公司的合伙人来说，向非合伙人级别的员工支付高工资但他们不会分享太多收益分成，是一个合理的折中方案。

在大多数 VC 公司，（至少）低于董事级别的员工不会获得收益分成，大多数公司直到风投家达到合伙人级别才会有这项收入。这种做法反映了这样一种事实：风险投资收益往往会集中出现；可以想象，一名投资经理尽管只有很少的收益分成份额，却可能获得大量的收益分成分配，就是因为她在合适的时间留在了公司，而其他投资经理待在公司时，公司却没有什么投资退出，就可能拿不到什么收益分成。

在合伙人之间分配收益分成有两种基本机制，我们称之为版税模型和保险模型。在

[①] 数据来源于 Jennifer Rossa、R. Michael Holt 和 David Smagalla 等所编写的 *Dow Jones Private Equity Analyst——Holt Compensation Study*，2008 年，（泽西城，新泽西：道琼斯公司，2008 年）。

[②] Felda Hardymon、Josh Lerner、Ann Leamon 和 Sean Klimczak 所编写的"Tad O'Malley：December 2004"，哈佛商学院案例 No. 806-024（波士顿：哈佛商学院出版社，2004 年）。

版税模型中,基于高级合伙人的投资业绩记录,基金获得了募集,他们因此持有大部分收益分成。原因可能是这样,"如果不是我,就没有可以投资的资金,所以我获得的收益分成份额应该体现这个事实"。在私募股权投资作为一个规范化的产业之前,这种分配收益分成的方式占据主导地位。有这样一个著名的故事,一家非常早期的硅谷风投公司有四名合伙人。公司有20%的收益分成,四名合伙人按照17∶1∶1∶1的比例进行分配。其中一位高级合伙人说服几家保险公司作为LP进行投资,他因此获得了更多的收益份额。在那个时期,投资于风投基金的LP少之又少,所以这种分配方式在当时是可以理解的。该公司做得非常成功;一位合伙人基于其获得的投资业绩记录,离开公司并建立了自己的公司。在他离开后,收益分成按照18∶1∶1重新分割。并不意外的是,剩下的两位只持有1%收益分成份额的合伙人,基于他们自己的投资业绩记录,也都选择离开并成立自己的公司。这个故事解释了为什么在20世纪七八十年代期间,风险投资公司往往规模都较小并产生出大量其他风投公司,那时候LP刚刚将VC当作一种资产类别,只有有足够好的业绩记录,资金才愿意投资。

在保险模型下,收益分成往往是差不多平均地在合伙人间进行分配,尽管可能会给在公司长期工作的合伙人多一点份额。这种分配模型反映了私募股权投资具有高度周期性并且收益集中实现。因此,高级合伙人愿意放弃一些他的收益分成,以避免在下一个周期中其业绩不佳造成其收益分成减少的可能性。并且,在这种分配模型下,只要团队中一些成员有一段时期保持成功投资,公司就能长期不断成长并提供更好的薪酬。"今天运气好,明天可能就滑铁卢"可以被视为对该分配模型的诠释。显然,该分配机制的前提假定是公司持续经营并继续筹集资金——在LP已经投入私募股权行业将近40多年后,这种假设在2010年比20世纪70年代时候更现实,在那时,向私募股权行业分配资金仅仅是一个新概念。

这两种分配收益分成的方式和私募股权公司的两大特征不谋而合。广义上讲,私募股权公司可以划分为两类,一类公司是鼓励并依靠"明星系统"获得发展——这类公司都会有一名(或几名)伟大的投资家,整个公司都为其提供支持;另一类公司则推崇团队精神。几乎所有新成立的私募股权公司一开始都采用明星系统,因为初始资金的募集都有赖于之前的投资业绩记录。这个特征在风险投资公司身上体现得尤为明显,对LBO公司来说也是适用的,这些公司里会有一名特定的投资家(或几名投资家)作为公司的核心人物。这些核心合伙人一开始就作为公司的明星,至少在公司刚起步时,公司的一切都以他们为核心。随着公司的发展,一些公司有意识地把明星系统发展为团队系统,打造一家持续经营的机构,以培养新成长起来的投资家,这样在合伙人退休离开时公司还可以继续发展。

选择哪种分配机制和风投家的个体性格有关——而不是哪种机制更好。让我们来看这样一个例子:阿瑟·罗克(Arthur Rock)和迪克·克拉姆利池(Dick Kramlich)于1969年成立了Arthur Rock and Associates。罗克可能是有史以来最伟大的个人风险投资家,他的早期投资包括仙童半导体、Teledyne、英特尔、苹果和许多其他高科技公司。[①] 罗克

---

① http://www.hbs.edu/entrepreneurs/pdf/arthurrock.pdf,访问于2011年7月15日。

从非常少的资金开始持续进行投资,几十年来基本上他都是自己一个人运作。克拉姆利池创立了 NEA,迄今最大最成功的风投公司之一,该公司管理着超过 110 亿美元的资金,拥有数十名高级合伙人。NEA 是通过团队协作和让新投资家成长而获得成功的典范。其实 NEA 本身已经规范化并建立了一个可以世代相传的平台。

综上所述,典型的现代薪酬机制建立了私募股权行业的运营文化。虽然非合伙人员工的薪酬都与其业绩高度挂钩且奖金所占份额很高,但与合伙人相比,薪酬还是低了不少。此外,在大多数情况下,公司会强调整体投资组合业绩,而不是个人业绩,通过长期薪酬的分配来鼓励团队精神。总之,私募股权行业的薪酬建立了一种高度基于业绩的文化。

管理私募股权公司

由于我们已经讨论了私募股权公司中的岗位以及这些岗位所需人员的特点,接下来我们探讨一下公司的管理问题。私募股权公司是一种合伙企业,由高水平、高收入、具有强烈自主意识的专业人员组成,是什么能够让他们走到一起共同工作?为了本节的讨论,我们会按照规模对私募股权公司进行划分,因为规模很大程度上决定了私募股权公司的经营文化。

我们按照以下参数对私募股权公司的规模进行划分:管理金额、地域分散度、单笔交易金额、投资速度(即每年的投资项目数量)以及合伙人和其他专业人员数量。无论这家公司是并购公司还是 VC 公司,规模是决定公司文化和组织架构的关键因素。规模越大,越需要规范化的管理,比如正式报告、固定流程、层级组织等,和支持规范化的管理人员。第十二章会讨论规模问题,特别是关于业绩。在这里,我们只关注规模对公司管理的意义。

小型公司

小型私募股权公司①的结构一般是扁平化的。事实上,在许多小公司里唯一的专业员工就是 GP;所有重大决策,无论是人事、投资、战略或募资,都是通过合伙人之间的讨论做出的,而且大多是非正式的讨论。这类公司的文化是高度个性化的,基于合伙人之间的紧密关系。一家小型公司招聘的问题,事实上就是合伙人找一个可以信任到能放心地把支票簿交给对方来使用的人。这种小型和扁平化结构的公司在 20 世纪六七十年代的私募股权行业占主导地位,直至今天,在 VC 行业中仍占主导地位。这些公司的管理原则如下:

- 决策非正式,小型公司合伙人的工作彼此非常独立,并取决于小型公司所允许的沟通频率。在第三章中所描述的决策步骤在这些公司中会模糊化,因为这些步骤往往会混在一起。将公司资源集中到某个项目的决策可能只是因为 GP 对该项目有兴趣;投资的审批流程也并不是那么规范,经常是合伙人在跑步时的一次谈话就能将投资确定下来。事实上,在这类公司,将投资决策的理由记录下来可

---

① 一般情况下,文中指的小型公司是合伙人只有十多个甚至更少的公司。

能存在问题;很多小型公司对为什么会做出某些投资缺乏规范的记录。
- 投资策略受制于规模和 GP 的特定专长与兴趣。因此,在小型公司的 GP 更可能成为通才。在一家只有几名专业员工的小型公司里最能体现"你雇佣的员工决定了你的投资战略"这句名言。让我们看一家专门从事银行并购的小型私募股权公司。当银行并购市场不好时,合伙人必须做一个选择:要么关门大吉,要么重新构建投资能力在其他领域开展业务。在 20 世纪 90 年代末的互联网/电信行业泡沫期间,许多 VC 公司减少了对健康/生命科学领域的投资只为了投资那时繁荣的 IT 行业,而在 21 世纪初期 IT 行业泡沫破裂时,这些公司又重拾健康领域的投资。一位曾负责过这两个行业的 VC 公司的 GP 说过:"我们 IT 人曾经想消灭生命科学那些人,我们不知道现在(2004 年)他们为什么不消灭我们。"因为主动投资需要专业领域的知识,小型私募股权公司的战略转变会需要很长的时间。此外,小型公司也无法执行地域多元化的投资策略。因为公司不仅必须管理各地办公室之间的沟通,而且每个办公室可能只有一两个合伙人。共识决策优于个体决策[1],而且每个小办公室的合伙人缺乏一个由专业人员组成的团队。此外,新办公室的一个小团队的成员可能会觉得他们必须"自食其力",会试图投资一些并不是最好的项目来让自己看起来很忙。
- 小型公司的投资组合管理由个体合伙人的项目机会和公司处理每个项目能力之间的平衡决定。小型公司的整体投资组合很少由某一个人负责。一名不太成功的合伙人[2]提出一个不太有前景的项目,但他正好有更多的时间,另一名比较成功的合伙人提出一个项目,但他却没有什么闲暇时间,那么支持哪个项目呢?类似这样的问题在公司内部爆发地盘之争并不鲜见。这是一个在小型公司里特有的问题,在这类公司里每个投资领域可能会由不同的合伙人负责。当某些投资领域热火朝天而其他投资领域冷清的时候,实质上公司可能会通过不鼓励(负责不那么火热投资领域的)某些合伙人继续投资新项目的方式管理投资组合。正如我们在第十二章中描述的关于 Brentwood Venture Partners 和 Institutional Venture Partners 的例子,小型公司会随不同的业务周期就不同领域的投资问题发生分拆。当然,具有讽刺意味的是,通过不同领域的多元化投资,理论上在更广泛的商业环境下应该可以自然对冲周期带来的影响;但对于小型私募股权公司,战略和投资组合管理系于个别 GP,这样在实操中执行对冲是非常困难的,因为这就要求一种能接受合伙人差异化工作负荷的文化。

小型公司往往由较少的不同岗位构成,从概念上讲,像一个倒置的三角形;也就是

---

[1] Alan S. Blinder 和 John Morgan 所写的 "Are Two Heads Better Than One? An Experimental Analysis of Group vs. Individual Decisionmaking" (NBER Working Paper No. W7909, 2000 年 9 月),参见 SSRN: http://ssrn.com/abstract=242143;和 Alan S. Blinder 和 John Morgan 所写的 "Are Two Heads Better Than One? Monetary Policy by Committee", *Journal of Money, Credit, and Banking* 37,第 5 期(2005 年): 第 798-811 页。

[2] 问题的一部分还在于,是否合伙人缺少成功导致其不太可能判断出项目的前景。

说，他们在高层的人员比例要高于大型公司。① 小型公司的投资经理通常会被配置给一名或者共同工作的几名合伙人。当投资经理逐步具备相关能力时，她就可以更熟练地提升与她共同工作的那名合伙人处理项目的能力。小型公司通常不会有太多可以在不同项目间交换工作的投资经理；但是就像他们支持的公司合伙人一样，投资经理会按照地域、行业和项目类型划分。小型公司里投资经理的上升空间确实很窄，这会阻碍他们成功的私募股权职业生涯。小型公司的投资经理如果想最终成功成为某家私募股权公司的合伙人，就必须投身于一家好公司，和一名好的合伙人工作，并在一个好的投资领域耕耘。在这里我们又一次遇到了永恒的话题，一名从知名公司出来的投资经理应聘私募股权行业的职位，比一名在一家不知名公司出来的投资经理应聘这个职位要容易得多。投资经理选择离职的原因有很多；如果他们从一家知名公司离职，那么新公司会认为他们有过良好的培训并且已经养成了良好的工作习惯。

在一家典型的小型公司，GP 会有一位核心人物，投资经理会有一位干将，有时还有运营或投资合伙人。公司内部的沟通与汇报往往是非正式的，投资组合管理要么是由某位高级合伙人负责，要么是依靠公司协议，在必要时鼓励合伙人负责投资组合的问题。小型公司对员工的招聘和培养都缓慢而谨慎，否则公司就会面临严重错误的风险（在第十二章中，我们讨论了公司规模快速扩张所造成的问题）。

招聘的风险使小公司在招聘新员工时非常谨慎。首先，公司在寻找、核实、聘用和培养新的人才时需要付出大量成本，不仅会花费大量资金，还会占用合伙人大量时间。小公司在招聘时非常看重气场和文化是否相合，以至于只有合伙人才可以真正做招聘，这使得合伙人本可以花在投资上的时间不得不花在招聘上。事实上，大多数公司只有在开展业务遇到人力不足的问题时，才会放弃一些投资活动的时间来做招聘工作。然而，因为一个错误的选择就可以破坏公司文化（导致错误的投资），每个新招聘员工的风险都是非常高的。

因此，小型私募股权公司往往招聘那些他们很了解的人，或是级别较低因此聘用风险也低的人，或上述两种特征都具备的人。这类公司发展新员工一般会有两种途径：一种是通过让其在公司里长期工作来培养，另一种是招聘投资组合公司里的高管担任运营合伙人或者投资合伙人。不管私募股权公司规模大小，合伙人新进或离职都不是那么容易。合伙人持有公司权益，且这些公司由缺乏流动性且难以估值的证券组成。因此，增加一名合伙人，就要对缺乏流动性的证券进行估值，这样新进合伙人才能购买其对应份额，而合伙人离职则需要将其对应份额出售。由于国际合伙企业法律要求 GP 承担财务风险，增加或减少合伙人的行为涉及现金或有全面追索权票据，这就进一步提高了对缺乏流动性证券估值的风险。此外，增加或减少 GP 需要对 LP 公开，必须按照合伙企业向 LP 汇报的价值相同的值进行，这增加了出现错误的风险。因此，所有的私募股权公司特别是小公司在处理人事问题上都是经过深思熟虑的。

小公司的运营程序往往是非正式和灵活的。几乎所有的小公司都有例行的周会（通

---

① Noam Wasserman 所写的 "Revisiting the Strategy, Structure, and Performance Paradigm: The Case of Venture Capital", *Organization Science* 19，第 2 期（2008 年）：第 241-259 页。

常在每周一）；那些在多个地点有办公室的小公司，往往通过视频会议进行这些会议。主要议程包括投资决策和检视投资组合公司的进展。正如第三章中所描述的，投资决策几乎总是通过讨论后达成共识形成的。在此之前，提议某个项目的合伙人已将投资建议书（或投资备忘录）分发给与会人员——这取决于公司文化，建议书可能会有一个标准的格式，或者可能包括特定的主题，比如融资风险、管理层简介、以特定方式表示的预测和相关内容。既然小公司在一项交易上能够投入的人力有限，并且就潜在投资无法收集到足够观点，他们需要把新的投资项目直接交给合伙人。在周一的会上，通常合伙人会听取来自候选投资公司管理层的介绍。

检视投资组合公司进展的方法在不同公司间差别很大。在许多情况下，对投资组合公司的检视只是非正式的讨论，由负责每家公司的合伙人发现值得关注的事情后才进行的讨论。另外，一些公司要求定期提供书面更新报告，涉及某些要求的主题，包括来自董事会会议记录的信息。例如，亚当资本管理公司（Adams Capital Management，ACM）要求每名合伙人从五个方面报告组合公司的进展，这作为监控组合公司系统化方法的一部分，被称为结构化导航。① 这五个方面包括：

1. 完善管理团队的进展
2. 获取企业合作伙伴或者支持
3. 投资银行家的早期接触
4. 产品线的扩展
5. 未履行业务风险的消除

尽管有人针对上述列表提出"一个列表不可能适合所有的早期阶段的公司"的批评，ACM 的合伙人指出，这个列表提出了一种使得一个原本模糊的话题更加明确的通用准则。只要合伙人针对每家投资组合公司就每个话题考察时使用带有灵活性的结构化导航，他们就会从该准则和一系列追踪投资组合进展的标准中受益。

大公司

那么，大公司的管理原则会有多大程度的差异呢？在一般情况下，大公司间各个方面的差异并不亚于小公司之间的差异，但是大公司和小公司之间存在总体上的差异。小公司的运营特点是更不正式，更扁平化，而大公司更规范化，主要是因为要组织管理大量的人员。

下面是大型公司运作的一般特点：
- 大公司的决策是一个正式的过程，有明确定义和清晰记录的步骤。大公司里的项目推介阶段实际上是投入公司资源以获得该项目的决策点。由于大多数大公司

---

① Felda Hardymon 和 Bill Wasick 所写的"Adams Capital：March 1999"，哈佛商学院案例 No. 899-256（波士顿：哈佛商学院出版社，1999 年）。

第十一章　员工、职位和企业文化——私募股权公司的管理

是并购、夹层或成长股权投资公司①,他们的项目会产生非常高的前期成本,包括法务、尽职调查和融资费用(见第三章),特别是在有很大时间压力的竞争情况下。因此,决定争取某项目的决策是运用公司资源的重要一步,公司资源不只包括资本还包括合伙人的宝贵时间。在一些公司如黑石,争取某个项目的决策是由四名高级管理人员组成的中央投资委员会做出的,而真正的投资决策是由委派到该交易的团队做出的(如第三章所述)。这种分段决策的模式反映了早先观点,即如何投入公司的人力资源的决策比如何投入金融资本的决策更重要。

因此,大公司的决策机构几乎总是有一个委员会(有时这个委员会可能只是一名高级管理合伙人)负责批准运用公司资源去争取某项目公司。最终的投资决策可能或可能不是由该委员会做出。就争取某项目得到该委员会的批准只意味着,大公司的合伙人可以作为发起人运用公司资源启动项目。实际上,大公司更注意项目启动时的决策风险,对投资交易过程中的决策就没有那么严格,这可能是更健康的公司文化。因此,大公司往往将启动项目的决策与投资交易的决策分离,以保持客观性和增加对项目启动人员的印象,这些人员可能互相之间都不认识,甚至一般也没有见过对方,他们会就公司资源互相之间展开竞争。

- 大公司的投资战略更少受到限制,因为他们有更多的各类资源,可以更灵活地增加或改变战略。事实上,许多大型私募股权公司已经把自己定义为投资管理人,只是恰好做私募股权。这些公司(黑石、贝恩和KKR,在此只列举三家公司)已经开展了其他基金业务作为众多产品线的一部分。在某些情况下,新业务与私募股权业务具有协同作用[例如,交易抵押贷款债务(CLOS)或咨询业务],而在另外一些情况下,它们之间的关系仅限于他们从同样的LP募集资金(例如,对冲基金的基金)。但是这种投资战略的灵活性需要一个由高级管理人员组成的独立战略部门,该部门不做具体投资,只负责公司资源分配和公司的投资战略。

- 大公司的组合管理就像其投资战略一样,是一个独立的部门。组合管理部门通常是由负责资源分配和投资决策的同一委员会负责。因为大公司的成本非常高,公司会倾向于利用在某个项目中学到的知识,将其应用到同一行业中相似的公司上。例如下面几个例子,总部位于伦敦的Hg Capital做了一系列专注于为中小企业提供业务系统软件的项目。Hg Capital不仅将其在这方面获得的知识用在至少五家这样的公司(Iris Software、Addison Software and Service、Computer Software Group、Visma和Team Systems)身上,Hg Capital还将他们中的两家合

---

① 1999—2000年间,有22家VC公司募集过规模超过10亿美元的基金。到2001年,VC市场放缓,VC公司认识到VC在规模扩张方面的局限性,除了少数几家,所有VC公司都减少了其募集基金的规模。参见Josh Lerner、Felda Hardymon、Frank Angella和Ann Leamon所写的"Grove Street Advisors",哈佛商学院案例No. 804-050(波士顿:哈佛商学院出版社,2004年)。Andrew Metrick在一个关于风险投资风险的研讨会上指出VC基金规模扩张局限性的一个原因(http://www. altassets. com/private-equity-knowledge-bank/learning-curve/article/nz9264. html)。Metrick指出风险投资的商业模式是通过承受高风险去博取高收益。他指出,即使是最大的VC公司也只有少数几名合伙人,这使得每名合伙人在一项高风险投资获得回报后可以赚取高额回报。"它们都是小公司。当公司规模变得太大时,每个人的激励就不是那么清晰了,"Metrick说。"如果有人比他们的合伙人能力更强,他们就会选择离开公司创立自己的公司。"

并出售给另外一家私募股权公司 Hellman and Friedman。[1] Montagu Private Equity 做了三个废物管理项目：在 20 世纪 90 年代的 Lincwaste、2005 年的 Cory 和 2008 年的 Biffa。[2] Apax Partners 两年内在医院运营领域做了三笔投资：瑞典的 Capio、英国的 General Healthcare Group 和印度的 Apollo Hospitals，前两笔发生在 2006 年，而第三笔则在 2007 年。[3]

因为大公司必须通过高薪的（通常是最高薪的）合伙人分别管理投资决策、战略和投资组合管理，它们必须具有相当的规模。为了能支撑这样的组织架构，有足够的现金流使其正常运作，并留住专业人员（因为即使高级管理合伙人并不直接参与交易执行，他们的薪酬水平也必须不低于交易执行人员），大公司必须有大量的交易费进账。私募股权行业，就像橱柜生产行业一样，其运营结构适合小型和大型公司生存，但中型公司却没有经济性。正如橱柜生产老板发现他能够管理公司业务，并可以在不明显占用他自己的生产时间的情况下管理几位帮手一样，小公司的合伙人可以同时进行管理和投资工作。但是一旦橱柜生产规模扩大，老板会很快发现自己不得不增长到一定规模，这样即使他自己不参与橱柜生产，公司业务也能轻松地养活他。同样，一旦私募股权公司有十几个合伙人时，他们要么必须控制公司规模，要么必须达到一个大得多的规模才足以支撑一个有效率的运营结构。公司的规模必须足够大才能养活只负责管理而不做投资的合伙人。

大公司内部的沟通，正如人们所预想的，比小公司正式得多。大公司的投资战略和投资组合管理部门是集权式的，而投资能力则取决于交易团队，他们有不同行业的专业能力，并可能居住在不同国家。而且，对大公司来说，让数十名专业人员定期参加会议，讨论每天的投资细节问题并不现实。因此，大公司必须依靠支持知识共享系统的强大 IT 平台。事实上，私募股权是少数几个未将 IT 视为成本，而是视为竞争优势来源的行业。

这些知识管理系统，许多是建立在业务智能平台基础上，可以让专业人员找到公司范围内的资源，比如以往交易中的顾问、律师、分析师和行业专家等等。这个平台还可以让交易团队及时了解到哪些交易已完成，哪些交易正在争取。由于投资决策一般是由交易团队做出的，强大的知识共享系统是必要的，这样就可以让正在争取一家欧洲金融服务公司并购交易的伦敦团队了解到，孟买的夹层资本团队正在做什么——如果这两个团队可以相互辅助，该系统就显得尤为重要。缺乏这种信息可能导致最终毁掉公司，因为不同的团队可能会觉得他们凭借自己就可以获得成功，他们可能会分立出去募集自己的基金，正如 20 世纪 70 年代非常小的 VC 公司身上发生的事情那样。

 ## 文化和战略

像所有专业服务公司那样，私募股权公司依靠文化建设来完成和传达公司的道德观和质量标准。然而在服务类公司取得理解和共识并不容易，因为这些专业人员——就私

---

[1] http://www.hgcapital.com/en/investments/Pages/Exited.aspx,访问于 2010 年 8 月 31 日；和 Jeremy Kirk 所写的 "Venture Capital Firm Trumps Sage's Offer for Visma", InfoWorld, 2006 年 4 月 19 日, http://www.infoworld.com/t/datamanagement/venture-capital-firm-trumps-sages-offer-visma-144,访问于 2010 年 8 月 31 日。

[2] 与 Chris Masterson 的电子邮件通信，Montagu, 2010 年 8 月 30 日。

[3] http://www.apax.com/sectors/healthcare/our-investments.aspx,访问于 2011 年 7 月 31 日。

募股权公司而言,指交易执行人员——都在忙着做项目。在一家私募股权公司自上而下实施很困难,这就意味着公司要靠文化来达成共识和遵循战略。[1]

文化决定战略,特别是如何执行战略。专注于早期阶段技术投资的 ACM 和红杉资本都是总部设在美国的风险投资公司。ACM 成立于 1996 年,其公司文化是"没有人是不可或缺的"。公司完全是由合伙人级别的工程师组成,没有投资经理,这些人员之间进行团队合作。合伙人用撰写白皮书的方法来预测"下一件伟大的事情"。[2]

红杉则是最老牌也最成功的硅谷投资人之一。这家风投公司成立于 1972 年,由"硅谷风投的祖父级"人物,同时也是苹果和思科的原始投资人唐·瓦伦丁(Don Valentine)建立[3],该公司倡导的文化是:聪明的个人投资者会追随其直觉和商业判断(特别注重潜在市场规模)制造下一个伟大的公司。

虽然这两家公司的整体战略——早期阶段的技术投资——是一致的,但并不奇怪的是,他们的执行由于遵循其公司文化,却非常不同。ACM 持有其所投资公司的大量股份(通常为 50% 或更高),创始人初次创业,地点分散在美国各地。ACM 所投资的公司几乎都是 B2B 的商业模式,销售都是建立在为客户带来的投资回报率(ROI)基础上,这种类型的产品更容易由具有工程背景的风险投资家通过白皮书来进行分析。[4]

红杉所投资的公司则集中于硅谷,创业家通常由来自红杉所投资的其他公司的人员组成,可以被描述为公众形象高调的精干初创公司。红杉已经在 B2C 类的技术公司投资上取得了巨大的成功,比如谷歌和 YouTube。

谈到并购,人们都会想到总部在欧洲的杠杆收购公司 Permira 和 Montagu。Permira 摒弃了 Schroders 的投资银行文化,形成自身的金融和交易特点。这样,Permira 公司的大多数合伙人是金融背景也就不足为奇了。[5] Montagu 最初是汇丰的欧洲私募股权办公室,该公司吸取了米兰银行(Midland Bank)——一家专注于中型企业业务的英国零售银行——的经验。[6] 此外,Montagu 的许多合伙人都来自于在英国公开上市的私募股权公司 3i,该公司主要参与中型企业的投资,重视运营改进。Montagu 的公司文化是建立与管理团队的信任,并相信通过好的管理来提升运营。

尽管这两家公司都是欧洲的杠杆收购公司,他们的日常投资战略却有着显著的不同。Montagu 做中型企业项目,要求净资本规模为 5 000 万~1 亿欧元,不变更管理层,通常为

---

[1] Ashish Nanda 所写的"Strategy and Positioning in Professional Service Firms",哈佛商学院案例 No. 904-060(波士顿:哈佛商学院出版社,2004 年)。

[2] Felda Hardymon、Josh Lerner 和 Ann Leamon 所写的"Adams Capital Management:March 2002",哈佛商学院案例 No. 803-143(波士顿:哈佛商学院出版社,2003 年)。

[3] Alorie Gilbert 所写的"Legendary Venture Capitalist Looks Ahead",CNet News,2004 年 11 月 27 日,http://news.cnet.com/Legendary-venture-capitalist-looks-ahead/2008-1082_3-5466478.html,访问于 2011 年 7 月 15 日。

[4] Hardymon 等人所写的"Adams Capital Management:Fund IV."

[5] Josh Lerner、Kate Bingham 和 Nick Ferguson 所写的"Schroder Ventures:Launch of the Euro Fund",哈佛商学院案例 No. 297-026(波士顿:哈佛商学院出版社,1997 年)。

[6] Felda Hardymon、Josh Lerner 和 Ann Leamon 所写的"Montagu Private Equity (A)",哈佛商学院案例 No. 804-051(波士顿:哈佛商学院出版社,2004 年)。

管理层收购（MBO），杠杆不高，位于西欧，通过专有渠道——一般通过管理层——获得项目。而 Permira 公司的项目一般要经过激烈的竞争获得，这些项目分散在世界各地，规模更大，往往杠杆很高，这样的模式可以加速回报，并对管理层形成显著的激励。Permira 和 Montagu 都有着长期成功的投资业绩记录。显然，这两家公司间的差异大部分可以通过投资战略解释；但投资战略与公司文化和管理密切相关。

特殊情况：企业风险投资和附属基金

最大类型的附属基金是企业 VC 部门，这是企业专门设立的一个部门，负责投资总公司感兴趣的早期阶段公司。设立有 VC 部门的企业包括生命科学公司，比如强生、礼来和辉瑞；技术公司，比如微软、英特尔和西门子；甚至还有迪斯尼这样的传媒公司。银行也可能有私募股权基金，通常是并购基金，一方面为其客户提供配置这类资产的机会，另一方面可以利用和母公司贷款业务的协同效应。虽然这些机构尤其是企业的目标，由于母机构对新技术或某个地域的兴趣，可能不同于典型的私募股权基金，但真正的差异则是附属机构的结构和薪酬。

我们刚刚讨论过一个典型 VC 机构的结构——小而灵活，薪酬与业绩高度挂钩。附属机构经常试图将上述特点整合进等级森严的大公司结构里。如果审批流程涉及和不同层级管理层的多个会议，那么一个没有自主权的机构可能会丢掉项目。此外，如果这些机构并不按照行业标准来支付薪酬，附属机构还面临人员流失的风险。在 2000 年，许多在英特尔资本工作的投资人员离开了公司。原因就是，他们的投资在一个季度内产生了 23 亿美元的收益，而他们的薪酬却没有反映这一点。① GE 在 20 世纪 70 年代后期曾有一项有名的企业风投计划，一位曾在那时任职 GE 的经理人提道："我怎么能够在 VC 部门有这样一名员工呢？他将他的直升机降落在前面草坪上，而 Peoria 工厂的经理一年做 1 亿美金的业务却只拿 6 万美元年薪。"收益分成机制和企业薪酬等级制度很难共存。通常，投资人员收到的奖金反映了投资组合的收益，但却和收益分成不相称。一个例子是施乐公司，该公司在 20 世纪 70～90 年代多次建立企业 VC 部门。施乐公司每一次解散该部门，不是由于成功投资后引发的薪酬问题，就是由于公司重心转移。与工业企业的附属投资部门不同，大多数的银行附属并购部门几乎是完全独立运作，薪酬问题不是那么严峻，因为金融服务机构的薪酬文化可以包容私募股权的收益共享精神。②

---

① VC 行业的标准是收益的 20%。尽管英特尔公司提高了英特尔资本员工的工资和股票收益权，但由于低于 VC 行业的标准，仍有许多员工离开了。见 Paul A. Gompers 和 Josh Lerner 所写的"The Money of Invention"（波士顿：哈佛商学院出版社，2001 年），第 164 页。

② 数据来自与 R. Michael Holt，Holt 私募股权投资顾问的对话，2009 年 9 月 4 日，参考数据来自 2009 年 Private Equity Analyst/Holt Compensation Survey，引用 Josh Lerner, Matthew Rhodes-Kropf, and Ann Leamon, "Iris Running Crane: March 2009," HBS Case No. 810-073 (Boston: HBS Publishing, 2010).

结语

在本章中，我们探讨了私募股权专业人员自身的特点，并审视了在私募股权行业中取得成功的因素。然后，我们研究了私募股权公司的一些问题，以及如何构建对这些专业人员的激励机制。此外，我们也指出 VC 投资者相比其他类型私募股权从业人员所遇到的特殊挑战。

像所有的专业服务公司一样，私募股权公司是一种由表现优异的个体构成的不稳定组合，包括从"共享办公空间和支持的个人英雄"到紧密一体的团队等，他们在个性和流程间谋求一种平衡。公司的核心就是那些有能力的少数 GP，而公司自身的组织架构是为了对他们提供支持。在本章中，我们已经看到公司将薪酬、学徒制和文化结合起来管理招聘、培训、保留和提拔个体等过程。影响一个公司最终形式的关键因素是其规模。一家公司的规模和其成长能力取决于该公司通过明星系统还是团队系统运营，这往往决定了薪酬系统的形式。例如，在 2008 年金融危机期间，一些公司的 GP 只拿很低的奖金甚至一点儿不拿奖金，以确保他们更初级的员工能收到奖金。

在本章中可以明显看到，一家私募股权公司的组织和管理很大程度上依靠非正式的沟通。一定程度上，可以通过定期场外会议、电话会议和知识管理系统实现。然而，在什么情况下这些对于凝聚公司就显得不足了呢？公司可能有一些距离非常远的办公室但却运作良好，其他一些办公室却由于结构太庞大或太难驾驭而最终分崩离析。同时，由于并购活动（VC 较不明显）的全球化，国际触角已变得越来越重要。第十二章会探讨私募股权公司这类小机构，在其自主与合作间的微妙平衡下，解决公司规模带来的限制、风险和困难的方式，以及定量数据告诉了我们什么。

 ## 问题

1. 对于从事私募股权行业的专业人员来说，存在理想的工作背景吗？特别是对于风险资本家呢？对于并购投资人员呢？
2. 当一家私募股权公司对其入门级人选进行评估时，最关键的特质是什么？
3. 描述私募股权公司的典型组织架构。造成这种类型组织架构的主要驱动因素是什么？
4. 分析师应具备的三个主要特质是什么？分析师晋升的关键是什么？
5. 投资经理和分析师的工作有什么不同？投资经理晋升的关键是什么？
6. 董事和投资经理的工作有什么不同？董事晋升的关键是什么？
7. 什么是投资合伙人和运营合伙人？他们在私募股权公司中的作用分别是什么？
8. 除了投资决策，GP 还需要做哪些关键决策？
9. 少数股权投资和控股投资有什么区别？特别是，这两类投资中，投资者的专业能力有何区别？
10. 描述私募股权公司薪酬结构的主要原则。公司的现金流来源如何与薪酬组成挂钩？
11. 私募股权公司各个级别的薪酬有多大区别？何时会拿到收益分成？
12. 在私募股权公司中，分配收益分成的基本原则是什么？这种机制的合理性是什么？
13. 描述小公司的主要运营管理特点。为什么他们选用这种方式？
14. 描述大公司的主要运营管理特点。为什么他们选用这种方式？
15. 描述私募股权公司管理中文化的作用。

第十二章
规模化和制度化

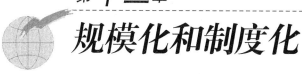

也许,对于运营私募股权公司来说,没什么比管理其规模的增长及随之而来的挑战更具挑战性了。这一观点刚看起来也许会有点奇怪——难道大部分公司由于运营良好不是在增长吗?况且,在过去的几十年里,难道许多知名公司不是在迅速扩大规模吗?让我们来看看下面的案例:

- 在 2001 年至 2007 年间,黑石集团管理的资产(包括私募股权、不动产和对冲基金)从 140 亿美元增长至 880 亿美元,年化增长率达到 41%。[1]
- 经过 10 年的快速增长后,在 2009 年,凯雷集团旗下的 64 支基金共管理 845 亿美元,其在 20 个国家的办公室有将近 500 名投资专业人员。[2]
- 在过去的 10 年中,甚至在风险投资领域也出现了扩张,例如,总部在硅谷的红衫资本通过并购和自身成长,相继在以色列、中国和印度开设了办公室。[3]

然而将这一规模增长过程视为挑战,而不是值得庆祝的事情,可能听起来有点莫名其妙。毕竟,能够募集更多资金对基金来说是一种成功。尽管之前的成功和规模增长之间存在着毋庸置疑的关系,但是这一增长过程可能给私募股权机构带来不少问题。基金规模的增长使得私募股权机构必须从多个维度上进行改变。例如,可能需要他们从原先成功的领域转向其经验通常并不丰富的领域,并改变投资团队选拔和激励模式。如第十一章描述的,私募股权公司在评估、招聘及培训投资团队以及做出投资决策方面存在大量的个人间互动。募集更多资金的能力就一定意味着团队能够利用同样的技能管理基金吗?

---

[1] 黑石集团招股书,2007 年 6 月 25 日,http://files.shareholder.com/downloads/BX/1029469720x0x252012/9eb40a28-196e-4146-a19d-4807d14baebf/prospectusfiledpursuanttorule424.pdf,访问于 2009 年 9 月 5 日。

[2] http://www.carlyle.com/Company/item1676.html,访问于 2009 年 9 月 5 日。

[3] http://www.sequoiacap.com/,访问于 2009 年 9 月 5 日。

这一告诫可以通过很多机构曾经辉煌而如今已被遗忘的经历来说明。很多情况下，虽然各种不利情况导致私募股权公司出现困难，但对规模增长的追求却让公司尤其容易受到损害。例如，总部位于布宜诺斯艾利斯的 Exxel 集团这一案例。①

花旗资深雇员胡安·纳瓦罗（Juan Navarro）于 1991 年成立 Exxel，他曾经率先领导花旗银行将其在阿根廷的问题贷款转换成股权，随后将这些股权的价值最大化。他的首只基金从成熟的投资者那里筹得 4 700 万美元的资金，并将这些资金用于小型并购，例如：用 2200 万美元整合消费类清洁产品公司，买入一家造纸企业价值 1500 万美元的股份，以及其他中等规模的交易。Exxel 于 1995 年募集完成第二只基金，规模 1.5 亿美元，并以同样的方式继续投资。

然而此后不久，Exxel 就开始积极寻求更大规模的交易，包括 Argencard 价值 1.36 亿美元的交易，以及 4.4 亿美元收购了 Norte Supermarkets。Exxel 通过三种方式为这些交易募集资金。首先，Exxel 募集特殊目的基金为单个交易提供股本资金；其次，逐步更大规模和更频繁地募集基金，特别值得一提的是，Exxel 于 1998 年募集完成 8.67 亿美元的 Exxel Capital Partners V 基金；最后，Exxel 从银行和债券市场借入资金。截至 2000 年的四年半时间里，仅股权基金一项，Exxel 就筹集了 7 只合伙制基金，包括特殊目的基金和传统基金在内，总规模超过 20 亿美元。

事后发现，这种无节制募资的时机是有问题的。在 21 世纪初，阿根廷遭受了经济危机：严重的经济崩溃、大幅货币贬值和恶性通货膨胀。这一系列的情况迫使该国许多运营不错的公司破产，只剩下了那些在近期高杠杆交易中被收购的企业。事实上，Exxel 在很多方面对于规模增长的追求都加剧了旗下所投资公司的困难。其中一个问题就是需要通过美元计价的债务为交易募集资金，这就意味着，当比索贬值时，企业负债总额激增，同时旗下所投资公司的规模和复杂程度超出基金管理人的控制能力。很有可能因为急于交易，Exxel 的投资者收购许多旗下所投资公司时出价过高。我们已经不可能知道如果 Exxel 保持更加适度的增长率，Exxel 会做多好，但是我们并不难知道，Exxel 本应该远远超出 -45.4% 的回报率——Preqin 提供的截至 2010 年 9 月 30 日 Exxel Capital Partners V 基金的回报率。

在本章，我们将探讨与管理私募股权基金增长有关的具有挑战性的问题。我们以两种不同的方式对其进行探讨。首先，我们思考定量证据。我们会展示私募股权基金业绩如何随着时间变化的关键事实，以及这种增长可能造成的影响。我们从强调私募股权基金的业绩有明显差别的事实开始，并且该差别比其他金融资产管理人业绩的差别更大。然后我们会说明这些差别不是偶然的：不仅越知名的机构收益率越高，而且其收益率具有持续性；同一机构在后续基金中的表现越来越好。但我们也要指出成功的另一面：募集的基金规模越大，收益率越低。接下来我们去了解为什么有时规模增长反而无益于私

---

① 这基于 Alex Hoye 和 Josh Lerner 所写的"The Exxel Group: September 1995"，哈佛商学院案例 No. 297-068（波士顿：哈佛商学院出版社，1997 年）；Alberto Ballve 和 Josh Lerner 所写的"The Exxel Group: March 2001"，哈佛商学院案例 No. 9-202-053（波士顿：哈佛商学院出版社，2001 年）；http://www.exxelgroup.com/site/index.html，访问于 2009 年 9 月 1 日；以及各种新闻报道。

募股权收益率,同时探讨公司投资团队和投资范围的选择会如何影响基金业绩。

之后我们会考虑通过对私募股权机构的深入访谈和案例分析获得的证据,强调得到的三个教训。首先,基金规模增长会导致极大的负担。如果极大地扩大基金规模或者扩展投资范围,即便是那些有着长期业绩记录的机构也会面临许多压力。其次,制度化与规模化并没有一种正确的方法。那些成功完成这个过程的机构,虽然都存在某些相同的地方,但他们的路径不尽相同。最后,尽管有限合伙人(LP)群体对此有天然的担忧,但制度化和规模化的过程可以通过对各方都有利的方式进行管理。

关于增长和规模化的关键事实:定量证据

在本节,我们将从六个方面看一下私募股权基金规模化和制度化的定量证据。尽管单只基金的业绩之间存在相当大的差异,本节介绍的模式则对基金规模增长对私募股权机构造成的挑战进行了令人信服的说明。这是一项相当新颖并令人兴奋的研究,该研究对这一行业有着深远的影响,因此,通过对目前研究成果的一步一步检视,引出后文我们有关管理规模增长的方法及其影响的讨论。

收益差距

第一个规律是私募股权基金间的业绩非常不一致,这种不一致性远远超出其他类别的资产。

第九章中呈现的证据可能会让人认为私募股权的回报率总体上并没有吸引力。私募股权的平均回报率很少超过二级市场的回报率,并且在二级市场上人们总是可以将股票出售掉。尽管私募股权基金的平均回报率比较一般(尤其是在业绩差的基金因风险或者丢失数据而作出调整时),但是许多私募股权基金却获得了相当好的回报率。造成这种明显矛盾的原因是,与二级市场股票和债券基金管理人相比,私募股权基金间的回报率存在极大的差异:业绩最好的基金和业绩最差的基金之间的差异的确很大。当然,这种差异在平均值上被掩盖了。

通过几张简单的表格可以证明以上论断。图12.1a至图12.1c展示了私募股权基金自成立之日至2003年的业绩分布(为了确保我们检验的是成熟基金的业绩,我们去除了最近成立的基金。正如我们反复强调的,由于估值的会计规定和内在困难,评估不成熟基金的业绩具有挑战性。这组图展示了由Thomson VentureXpert确认的所有美国风投基金、美国并购基金和欧洲私募股权基金的业绩)。

这些数据显示了业绩的区间。让我们看一下美国风险投资基金,业绩处于第75个百分位的基金(即,其业绩优于75%的所有基金)与业绩处于第25个百分位的基金(仅优于四分之一的同类基金)间相差19%(19%比0%)。其他类型私募股权基金之间尽管差异稍小,但仍然不小:对于欧洲和美国的并购基金来说,相对业绩差异是16%。对于美国风险投资基金来说,其业绩差异尤其明显,业绩前10%的基金要远比其同类基金业绩好。但对于世界范围的私募股权行业来说,回报率的巨大差异似乎是其一个明显特征。

与其他类别的投资相比,私募股权回报率上的差异尤其罕见。例如,耶鲁投资办公室

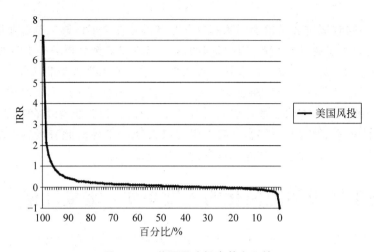

图 12-1a　美国风险投资基金业绩

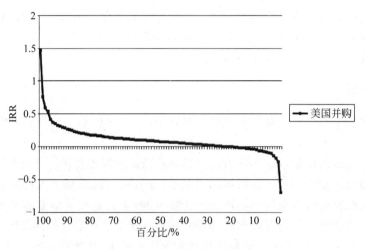

图 12-1b　美国并购基金业绩

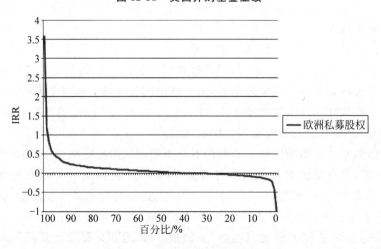

图 12-1c　欧洲私募股权基金业绩

资料来源：数据来自于汤森路透，访问于 2010 年 10 月 15 日。

计算了主动管理型基金管理人在截至 2005 年的十年间的回报率差异(图 12.2 显示了该计算结果)。① 他们发现,绝大多数资产类别的四分位数间距(第 75 个百分位与第 25 个百分位基金管理人之间的区别)要远低于私募股权。例如,美国固定收益基金管理人之间的差异仅有 0.5%,只是私募股权基金的四十分之一。美国和全球股票基金管理人所管理的基金,业绩差异也不是那么大。即便对于一直以投资类型和方法多自称的对冲基金来说,其业绩的差异也只是略高于 7%,大大低于私募股权行业。

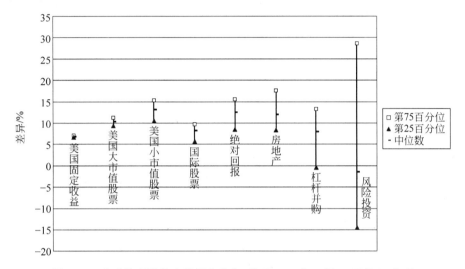

图 12.2　主动管理型基金回报率分布,截至 2005 年 6 月 30 日的 10 年间

资料来源:耶鲁大学投资办公室,The Yale Endowment 2005,http://www.yale.edu/investments/Yale_Endowment_05.pdf,第 36 页。

因此,仅仅因为私募股权基金的平均回报率不高,并不意味着我们应该认为私募股权基金的业绩有问题。基金业绩间的差异如此显著,足以创造机会。无论是创业家寻求风险投资还是养老基金寻求投资于业绩良好的并购基金,选择一家好的公司对于结果来说有巨大差异。正如一直贯穿本书的,资金来源是有区别的。成功是成功之父,如果谁能持续投资于成功基金的话。当然,这是一个大大的"如果"。

成熟度

第二个规律是基金业绩随着时间会改善:首只基金业绩最差,其他基金则相对较好。本质上,私募股权行业也存在学习过程。正如投资者需要经历学徒期一样,运营基金的普通合伙人(GP)们会学习团队合作。

图 12.3 显示了不同基金的业绩表现,对这一规律进行了说明。② 我们对比了第一号

---

① 耶鲁大学投资办公室,The Yale Endowment——2006(纽黑文,康涅狄格州:投资办公室,2007 年)。
② 根据作者的更新,这里的分析以及下文的"扩大规模"和"增加资本强度"章节,都是基于 Josh Lerner 和 Antoinette Schoar 一项未发表的研究。

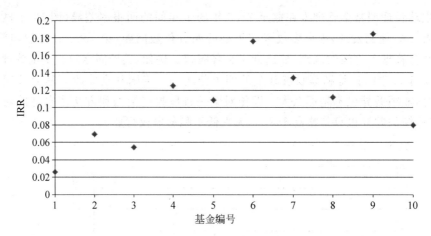

图 12.3　不同编号基金实现的 IRR

资料来源：Josh Lerner 和 Antoinette Schoar 编写的 Preqin 数据分析（未出版），2009 年。

基金、第二号基金和其他编号基金的业绩。① 同样，我们将分析范围限制在成熟基金（那些于 2003 年之前募集的基金），并使用 Preqin 数据库内所有基金的相关信息。可以很清楚地看出，基本的规律是业绩稳定增长，尽管有一些会偏离，比如第八号基金的业绩似乎不佳。然而这种业绩不佳现象可能只是反映了较高编号基金相对较少这一事实。如果大部分第八号基金是在低迷时期筹集并投资，那么这些基金的平均回报率可能会相对较低。

如之前所说，这些结果确实会引发一些思考。这些规律可能是由基金类型或者基金成立时间所驱动。例如，如果编号最大的基金群体是风险投资基金（反映了风险投资家存在时间最长这一事实），编号更大基金的业绩差异可能是由所募集基金的成分变化驱动的，而不是由编号更大基金的内在因素驱动。为解决这一问题，我们进行了回归分析，这样我们可以同时保持基金的多种属性不变。

- 基金类型（风险投资、并购、成长股权等）
- 基金募集年份
- 基金的地理位置（如欧洲或者亚洲）
- 基金规模

图 12.4 显示了"底线"：在保持这些属性不变情况下，基金业绩如何随着基金的成熟度而变化。拟合线代表第二号基金、第三号基金和其他编号基金的平均业绩，所有业绩都是相对第一号基金而言。总体上看，基金的成熟度和业绩间存在明显的关系。虽然这一关系随着拟合线向外延伸而减弱，但是仍保持高度正相关。

不过，该分析不能指明的是为何会出现这一规律。一种可能性是私募股权投资者随着时间的推移变得更加高效——学徒制模型。例如，更多的经历可能让私募股权投资者做出更好的判断，什么会产生有吸引力的投资，或什么会进一步深化与创业家、投资银行家和企业高管的关系，从而构建有吸引力的交易并帮助其投资组合企业。另一种可能，就

---

① 有些机构募集不同类型的基金，这增加了复杂性。我们将机构募集的每种类型的基金视为首只基金；因此，虽然凯雷集团在过去募集了很多只基金，但我们仍将其募集的第一只亚洲基金算作首只基金。

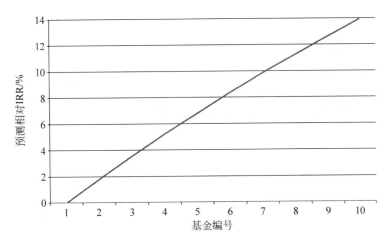

图 12.4　不同编号基金的预测 IRR

资料来源：Josh Lerner 和 Antoinette Schoar 所编写的 Preqin 数据分析(未出版)，2009 年。

是"达尔文"效应可能在起作用。许多无效率的机构无法募集第二号或第三号基金，这种情况对于业绩的提升程度要大于由于生存下来机构的改进而导致的业绩提升程度。

持久性

第三个关键规律是持久性——最优秀的基金管理人一次又一次地胜出。私募股权业绩回报率的一个不寻常的特征是，拥有优秀业绩的私募股权机构会在其一只又一只的基金中不断重复其优秀业绩。几乎不同于任何其他投资，私募股权的持久性程度非常高。

Steve Kaplan 和 Antoinette Schoar 对这一规律进行过记录，他们研究了私募股权基金的优秀业绩在多大程度上预测了后续基金的出色回报率。[①] 在观察了 1980 年至 1994 年间筹集的 746 只基金后，他们发现了一个具有很强持久性的规律：每年业绩超出同类基金 1% 的基金有望在其后续基金中，每年业绩超出同类基金 0.5% 至 0.7%。

我们通过图 12.5 对以上作者的成果进行了解释。在此，他们根据每只私募股权基金的回报率相对于其同类基金是处于前三分之一、中间还是后三分之一划分成三类。这反映在纵轴。然后他们观察该机构下一只基金的回报率相对于其同类基金是处于前三分之一、中间还是后三分之一。如果基金业绩没有持久性，则图中的柱形读数为 33%，且所有柱形读数都相等——不论上一只基金的业绩有多好，优、中、差的概率都一样。而事实上，许多下一只基金的业绩都与目前基金的业绩匹配。之前业绩突出的私募股权机构其下一只基金业绩很有可能（概率为 48%，而不是 33%）也不错——注意"前三分之一"的较长的白色柱形，而业绩落后的基金，平均来看其业绩会持续糟糕（概率为 44%），如图所示最下端一组中较长的方格柱形。

有人可能会认为这一持久性只在风投基金中存在。如我们在第十一章中讨论的，顶级风险投资家有着强大的关系网，这些关系网有助于他们在一只又一只基金中取得突出

---

① Steve Kaplan 和 Antoinette Schoar 所写的 "Private Equity Returns: Persistence and Capital Flows"，载于 *Journal of Finance* 60(2005 年)：第 1791-823 页。

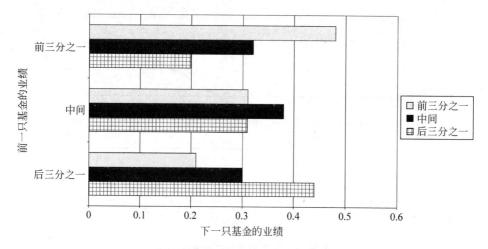

图 12.5 根据目前基金预测下一只基金的业绩

资料来源：改编自 Steve Kaplan 和 Antoinette Schoar 所写的"Private Equity Returns：Persistence and Capital Flows"，载于 *Journal of Finance* 60（2005年）：第1791-1823页。

的业绩。Kaplan 和 Schoar 发现，尽管这些规律在风投基金中表现得最为明显，但这些规律也出现在美国的并购基金中。在后续的研究中发现，类似的规律也存在于美国以外的基金中，甚至在类似房地产私募股权基金这样更专业的基金中也存在。[1]

值得注意的是，这些规律对其他类型的投资资产而言并不常见。有大量文献资料研究了共同基金业绩的持久性——或缺乏持久性。虽然金融经济学家最初认为共同基金经理"手气不错"（即，在某年中业绩不错的基金经理在接下来的年份中可能继续会有优秀的业绩表现），但是更为复杂的分析方法揭示出这只是统计学上的巧合。[2]

即使对于依靠专业分析工具发展的对冲基金来说，金融研究人员也无法发现长期持久性的证据。[3] 按季度分析存在一些持久性的证据；即，在某一季度有出色业绩的对冲基金在下一个季度可能继续其业绩表现，但在半年（两个季度）或一年后则不会有更好的业绩。相比私募股权——当期基金的出色业绩预示着许多年后募集的基金仍然会业绩出色——差别太大了。

扩大规模

之前两节可能意味着识别优秀的私募股权基金是件"容易"的事——人们需要做的事情就是寻找有优秀业绩记录的成熟机构。遗憾的是，由于一项重要的限制，答案不是那么

---

[1] 参见 Christoph Kaserer 和 Christian Diller 所写的"What Drives Private Equity Returns? —Fund Inflows, Skilled GPs, and/or Risk?"（CEFS Working Paper No. 2004-2），http://ssrn.com/abstract=590124，访问于2009年9月1日；以及 Thea C. Hahn、David Geltner 和 Nori Gerardo-Lietz 所写的"Real Estate Opportunity Funds"，载于 *Journal of Portfolio Management* 31, no. 5（2005年）：第143-53页。

[2] Mark Carhart 在"On Persistence in Mutual Fund Performance"中有经典分析，载于 *Journal of Finance* 52（1997年）：第57-82页。

[3] 参见 Stephen J. Brown、William N. Goetzmann 和 Roger G. Ibbotson 所写的"Offshore Hedge Funds：Survival and Performance, 1989-95"，载于 *Journal of Business* 72（1999年）：第91-117页。

直接：过去取得成功的投资者往往过快地扩大其管理下的资本规模。就如我们在介绍中看到的，基金规模的迅速扩大会导致投资回报率的大幅降低。

以下三幅图显示了基金规模与回报率之间的复杂关系。图 12.6 显示了基金规模和内部收益率（IRR）之间的总体关系。让我们再看一下截至 2003 年成立的所有成熟私募股权基金，并保持基金类型和基金募集年份等条件。在其他条件相同的情况下，该图显示了预计回报率随着基金规模的扩大如何发生变化（相对于 1 000 万美元的超小型基金）。其基本关系呈"倒 U"形：中等规模基金业绩优于小规模基金，但规模最大的基金则业绩下滑。分析显示业绩最好的是管理大约 3 亿美元资金的中等规模基金。①

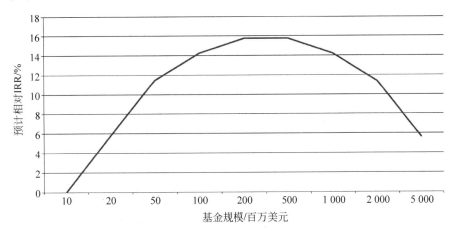

图 12.6　基金规模和预计相对 IRR 间的关系

资料来源：Josh Lerner 和 Antoinette Schoar 所编写的 Preqin 数据分析（未出版），2009 年。

这是否意味着我们应该寻找募集了 3 亿美元的成功机构，然后求着投钱给他们？不完全是这样——反对意见指出，该分析将许多不同类型的基金混为一谈：我们真的可以在同一分析中同时考虑种子风投基金和大型并购基金吗？的确，当我们将风投基金和并购基金分开，并预测每种类型基金中基金规模与业绩间的关系时，我们可以发现似乎基金规模对风险投资机构的影响较之并购机构的影响更大。图 12.7 中，风投基金的"倒 U"形更陡一些，统计上更显著。对于并购基金来说，根据最佳业绩预计的基金规模水平是 12 亿美元，比风投基金的 2.8 亿美元更高。

尽管基金规模对于回报率有显著的影响，但其规模必须适中：例如，规模为 50 亿美元的并购基金，其预计回报率仅为 1.2%，低于规模为 20 亿美元的并购基金。数据显示，持续募集 50 亿美元基金的公司业绩是不错的。根据我们的分析，问题源于基金规模的变化，如图 12.8 所示。在每家公司的特点和能力、基金募集年份和投向这些条件相同的情况下，我们来观察基金规模变化产生的影响。我们发现，规模的增长对回报率有相当大的负面影响：其他条件保持不变，基金规模扩大一倍，会导致 IRR 下降 5.3%。该分析显

---

① 注意，为了获得准确的业绩数据，我们只使用了 2000 年前募集的基金。因此，非常大的基金在我们的样本中并不多。如果这些基金没有代表性，或者私募股权公司变得更善于管理大型基金，这些结果可能就不适用于近期的私募股权行业。

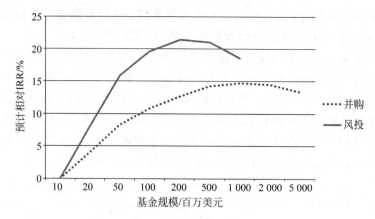

图12.7　基金规模和预计IRR间的关系

资料来源：Josh Lerner 和 Antoinette Schoar 编写的 Preqin 数据分析（未出版），2009年。

示，一家公司的第三只基金规模为10亿美元，IRR为25%，那么如果其下次募集20亿美元的基金，回报率预计低于20%。

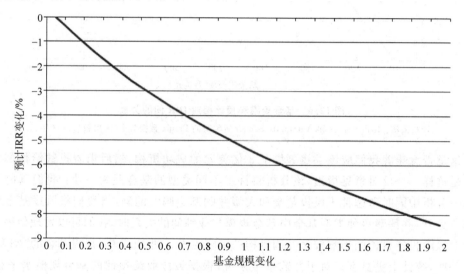

图12.8　基金规模变化和IRR变化间的关系

资料来源：Josh Lerner 和 Antoinette Schoar 编写的 Preqin 数据分析（未出版），2009年。

尽管我们对于这种影响程度的解读必须慎重，但规模增长的影响看起来是明显的。大型基金的业绩未必会比小型基金差太多，但是基金规模扩大的过程看起来与回报率降低之间存在联系。因为规模迅速增长的很多公司在过去的业绩都不错，这一规律限制了Kaplan和Schoar所记录的持久性。如果不是这一趋势，他们可能会发现基金规模与业绩之间存在更强的关系。

人力资源挑战

前一节表明，私募股权基金规模的增长和业绩之间存在着负相关关系，但是却没有解释其产生的原因。通常我们会认为业务扩大是一件好事：规模增长允许我们可以利用规模经济将我们的固定成本分摊到更大范围的业务活动上。为什么私募股权不是这样呢？虽然我们无法明确回答这一问题，但我们可以提供这一关系背后的两条线索，都与私募股权中的人力层面有关。

每个投资者管理更多的资金

私募股权基金规模增长与业绩之间关系的第一条线索与私募股权公司的投资专业人员有关。正如我们反复强调的，私募股权很大程度上是一项"人力业务"，主管合伙人的关系与经验决定着机构的成功与否。在这个行业，规模增长意味着所管理的资金在不断增长，但却由数量增长缓慢的合伙人管理。例如，一家并购公司，其第一只基金规模为2亿美元，由三名合伙人管理，那么其募集的第三只基金规模为10亿美元，并由五名合伙人管理，这样的情况并不少见。鉴于我们在第二章中了解到的基金合伙企业的经济学——如果两种基金有同样的成功水平，第三只基金会从管理费、交易费和收益分成中为每位合伙人产生更多的收益——增加每名合伙人所管理资金的诱惑完全可以理解。但是，正如我们将看到的，这一改变并不符合LP的最佳利益，甚至不符合私募股权机构长期健康运营的最佳利益。

图12.9和图12.10呈现了一种观察合伙人数量与基金规模间关系对回报率影响的方法。第一张图展示了高级专业人员（在此我们将高级专业人员定义为有高级投资专业头衔，比如董事总经理、有运营合伙人职责的高管和基金的董事长）相对最近一只基金规模比率的变化所产生的影响。（在此，我们再次保持基金投向、基金募集年份和其他可能影响基金业绩的因素一致）当我们将基金的高级专业人员与资金比率从0.09提高25%到0.11时，基金的预计业绩上涨1%。同样，当合伙人与基金规模的比率下降时，基金业绩出现下滑。在分析（在此我们并没有谈及）中，我们分别对并购基金和风投基金——以及大型基金与小型基金——进行了研究，发现存在类似的规律。

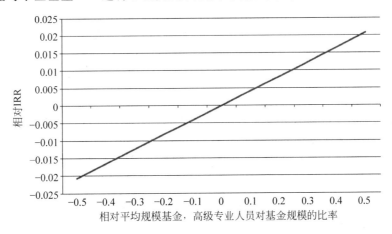

图12.9 高级专业人员相对基金规模的比率

但如果我们研究的是比高级专业人员更低级别的人员，会有什么样的发现呢？毕竟，正如我们在第十一章讨论的，私募股权公司有大量初级投资专业人员甚至运营人员，他们应该会扩展高级合伙人的能力，提升基金业绩。我们也确实探讨了这一问题。总体上，拥有更多的员工是件好事，但是影响却是不均等的。拥有更多高级合伙人的基金其回报率明显较高，而拥有更多初级人员的基金回报率看起来要低得多（统计学上不显著）：两种系数的比率接近30∶1。为了说明这一点，让我们看一下新员工对一家中等规模私募股权机构的影响，该机构目前拥有四名高级专业人员和四名其他员工（比如三名分析师和一名CFO）。增加一名高级专业人员，预期回报率会提高大约2%，但增加一名初级员工则预计IRR只提高0.1%。因此，尽管有更多员工看起来会产生更高的回报率，但是源头的关键部分似乎在于高级投资专业人员的参与。

现实世界中对于这种结果的一些确认来源于20世纪90年代后期到21世纪头10年早期一家领先的风投机构的经验。[①] 20世纪的最后几年，当富有经验的VC基金迅速将各种互联网和通信项目"抛给"了热切的二级市场投资者时，它们在财务上获得了巨大的成功。许多机构更加频繁（有时时间间隔只有十二个月，而不是通常的三到五年）地募集基金并迅速扩大基金规模。自然，许多LP会担心这些机构能否成功管理这种增长。

随着基金规模的增长，许多VC机构通过提高支持员工的级别来对LP的担心作出回应。比如，由领先风投公司之一的查尔斯河风险投资公司成立的CRVelocity。该公司成立于2000年，向查尔斯河风险投资公司旗下的投资组合企业提供多种业务服务，帮助企业解决财务、市场、法律、人力资源和信息技术方面的问题。CRVelocity由二十名新员工组成，即在其各自专业领域（市场、会计和相关领域）经验丰富的专业人员，但他们却不是传统的投资专业人员。其他风投机构，比如Battery、Mayfield和红杉也同时成立了类似机构。

但是，短短两年内查尔斯河风险投资公司和许多其竞争者就放弃了这些努力。首先，这些计划需要投入大量的直接成本，尤其是风投所投资企业的IPO市场在2000年末出现下滑以及风险投资的狂热节奏减缓后。此外，实施这一战略还引发了许多难题，特别是如何定义各方的角色，确保及时准确的信息流，并对每一位参与者提供适当激励。在很多情况下，比如，创业企业想使用其现有的外部法律顾问，或者有特别专业能力的人员，而不是由风投机构聘用的内部律师。这种情况下，尽管增加内部支持员工在刚开始时看起来绝对有意义，但却可能降低LP的回报率。

扩大投资范围

规模增长可能与回报率下降有关的第二个原因是私募股权机构不再专注于某些领域。即便对经验非常丰富的私募股权专业人员和机构来说，将那些让他们在某个领域取得成功的能力转移到另外一个领域，可能并不容易。这样的例子比比皆是，在细分领域（比如替代能源和先进材料）的风险投资家，在进入更广泛的投资领域后却没有获得什么成功。甚至在并购领域，在某一类型交易上已经成名的机构可能会发现，要将其能力转移至其他类型交易上并不容易。

[①] 接下来的三段内容都是基于Paul Gompers、Ann Leamon和Josh Lerner所写的"CRVelocity"，哈佛商学院案例No.201-092（波士顿：哈佛商学院出版社，2001年）。

Hicks, Taste & Furst(HMTF)的经历就是一个具有警示意义的例子。[①] 尽管其之前的业绩记录突出，而且由托马斯·希克斯(Thomas Hicks，一位传奇的私募股权投资者)担当领衔合伙人，但是当基金规模扩张时还是栽了大跟头。

希克斯与罗伯特·哈斯(Robert Haas)合伙设立 Hicks & Haas 并取得成功后成立了 HMTF，该公司于1985年以1亿美元的企业价值收购 Dr Pepper's Texas 灌装业务而闻名。在与随后的被收购企业合并后，1995年该企业以25亿美元出售给了 Cadbury Schweppes。HMTF 使用了当时并不常见的"购买和建造"战略。基金会收购一家运营良好的"平台"企业，通常远离许多并购公司集中的美国东北部，然后收购一些较小规模的企业。对杜邦电子供应商业务(之后更名为 Berg Electronics)的收购说明了该机构这一战略。该机构与管理层合作，在五年时间内进行了八次后续收购。在此期间，该企业的息税折旧摊销前利润(EBITDA)增长了近4倍，同时其股权价值的增长超过13倍。

但是在20世纪90年代后期，HMTF 激进地进入新的业务领域，麻烦也随之而来。首先，HMTF 启动了全球化战略。1998年，该私募股权机构募集了一只拉丁美洲基金，承诺资本达9.6亿美元；1999年，又募集了一只欧洲基金，承诺资本达15亿欧元。尽管欧洲基金成功了，但拉丁美洲基金作出的一系列投资却成为拖累该机构的主要根源。其次，即使在美国本土，其较大的投资规模让公司陷入到遇到困境的其他交易中；最明显的一个例子是其与 Kohlberg, Kravis, Roberts & Co. (KKR)共同对 Regal Cinemas(美国第三大电影院线)进行的投资，该企业最终破产。

但是 HMTF 的大多数麻烦来源于1999年和2000年所做的投资，这些投资不同于其之前所做的投资。特别是该机构向宽带通信和技术服务企业投入了大约12亿美元。不仅投资的行业不同，而且这些投资属于对上市企业的私募股权投资(PIPE)交易，这涉及购买上市企业的少数股权。随着技术市场的滑坡，大多数这类投资的价值迅速下降。这一系列的失误——加上该机构背离之前投向的事实——导致其进行了重大重组，包括关键合伙人的整体替换和所管理资金规模的锐减。

尽管就像私募股权行业中的许多事情一样，这些都只是些趣闻，但我们实际能从中总结出什么呢？Paul Gompers、Anna Kovner 和 Josh Lerner 试图通过研究公司专业化和业绩如何影响 VC 基金的业绩来对这些趣闻进行测试。[②] 与本章早些时候讨论的分析不同的是，作者重点关注个体交易的业绩，而不是基金的整体回报率。将超过800家 VC 机构在2003年前所做的11 000次投资作为数据库，通过研究交易在九个大行业类别中的多样性，他们确定了每家机构的专业化或泛化程度。更为精确的是，他们计算出每家机构和合伙人之前在每一个行业中所有投资所占百分比的平方和。

作者发现通才型公司比专业型公司的业绩要差。通才型公司看起来由于两方面原因失败：他们似乎不太擅长在各行业中合理配置资本(比如，选择"热门"领域进行投资)，同

[①] 接下来的四段内容都是基于 Josh Lerner 所写的"Acme Investment Trust：January 2001"，哈佛商学院案例 No. 9-202-055(波士顿：哈佛商学院出版社，2002年)。

[②] Paul Gompers、Anna Kovner 和 Josh Lerner 所写的"Specialization and Success：Evidence from Venture Capital"，载于 *Journal of Economics and Management Strategy* 18 (2009年)：第817-844页。

时，他们在某一个行业内的投资业绩也不好。不过，重要的一点是，如果在通才型公司中个体风险投资家是行业专家，业绩就远不会那么差。因此，如果一家全部是通才的通才型公司，在某一年中其50%的项目被收购或上市，那么与其对等的拥有更多专业人才的专业型公司，在同一年就会有52.7%的项目被收购或上市。同时，拥有专业人才的专业型公司会产生最多的项目退出，成功率为54.2%。

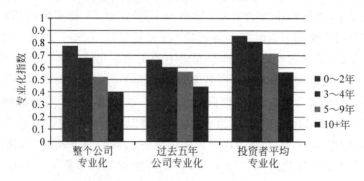

图12.10 随时间变化的风险投资公司专业化程度

资料来源：Paul Gompers、Anna Kovner 和 Josh Lerner 所写的"Specialization and Success: Evidence from Venture Capital"，载于 Journal of Economics and Management Strategy 18(2009年)：第817-844页。

尽管有这一规律，但风投机构往往随着时间变得越来越不专业化，个体合伙人同样如此。图12.10显示了风投机构专业化程度的演进。在0(专业化程度最低)到1的范围内，成立时间在两年以下的典型基金其专业化指数为0.77；同一组中成立时间为10年及以上的基金，其专业化指数为0.4。① 就是说，如果合伙人仅专注投资某个单独行业内的企业，其专业化指数则为1.0；如果合伙人将其投资平等分散到三个行业，则其专业化指数为0.33。当我们观察过去五年内的投资及个体合伙人的专业化时，会发现存在着同样的规律。这一规律可能反映了规模增长的结果——当机构努力投出更多资金时，合伙人则进入超出他们原有专业能力范围的领域、项目类型和交易规模。

 ## 增长和规模化的关键事实：案例研究证据

之前，我们已经关注过统计性证据。我们已经展示了基金业绩之间有巨大差异，而在这种业绩多样化背后存在清晰的规律。更成熟的基金往往业绩更好，尤其是那些之前业绩优秀的成熟基金。但是这一趋势受到增长效应的限制：类似于浮士德交易，如果公司利用其成功的业绩募集规模大得多的基金，其业绩则可能会出现下滑。数据显示这种下滑与每个合伙人所管理的资金数量增长及基金投向不再专注有关。

但是这种统计性证明只能告诉我们大概的规律。如果是这样，公司会做何反应呢？为更好理解机构如何高效管理增长，我们需要转向"现实世界"。尽管我们必须参考案例研究而不是统计性证明，但后者能让我们更好了解规模化和制度化间的权衡。

---

① 这些指数是之前描述过的各行业投资所占份额的平方和(更专业的说法称之为赫芬达尔指数)。不论是研究基金的所有投资还是仅研究他们最近所进行的投资，这个规律都存在。

在研究过许多机构的经历后,可以总结出三个明显的教训:

1. 增长会给机构带来严重的压力,即使机构内各成员间之前的合作很成功。

2. 尽管成功的私募股权机构都有同样的最佳实践,但成功执行这种实践却有许多种不同的方法。

3. 尽管 LP 有担心,但是制度化和增长的过程可以通过一种对各方都有利的方式进行管理。

增长会导致局势紧张

为什么会发生和更多资金有关的成本调整呢?一种可能性是,频繁的规模增长导致私募股权机构投资资金方式的变化,会对回报率有不利影响;另一种可能性是规模增长让机构不堪重负。

首先,考虑一下快速增长给私募股权投资过程带来的压力类型。规模快速增长的 VC 和并购机构通常会增加其平均投资规模,而不是投资更多项目。这样,同样数量的合伙人就可以管理更多数量的资金,而不必增加投资组合公司的数量(每位合伙人都需要在这些公司的董事会中)。但正如在导论部分的 Exxel 案例所指出的,当机构远离拥有最多交易机会和增值能力的"最佳位置"时,这种变化会带来大量成本。

投资规模的变大往往也伴随着交易结构的变化。例如,许多 VC 机构急于将资金更快地投入企业,对企业作出更多的预付资本承诺,而非分阶段投资。这一变化可能会潜在降低投资者控制公司使用分期资本承诺的能力。同样,在规模快速增长时期,风投公司一般很少与其同行联合投资企业,这样风投机构就可以在企业身上投入更多资金,从而实现资金的快速投放。作为个体投资者,每名合伙人可以投入更多资金,同时却可以将其负责的企业数量控制在一个可管理的水平内。不过,就像我们在第三章中看到的,和其他公司共享项目(辛迪加)存在很多优点,比如通过提供不同意见有助于减少代价高昂的投资失误的风险,还可以扩大企业可以接触到的人脉网络。通过增加独立投资的数量,公司和某个投资组合公司则失去了这些优势。

和增长有关的其他矛盾与机构所面临的压力有关。有限合伙人和普通合伙人可能低估了扩大基金规模(和投资范围)的后果。VC 和并购机构的基本特征通常指决策速度及同时调动 LP 和 GP 积极性的平行激励机制。扩大基金规模会弱化将合伙企业联系为一个有机整体的纽带。如果私募股权机构扩张进入不同产品线,比如夹层基金、对冲基金或者房地产投资,问题可能会非常严重。各种资产类别的薪酬设计、项目评估、审批流程和时间节点可能会非常不同,这增加了管理投资机构面临的挑战。

这些挑战的最显著证明就是 Schroder Ventures 的经历。① Schroder 的私募股权投资始于 1985 年,并专注于英国的 VC 和并购投资。但是,随着时间发展,该公司增加了专注于其他市场的基金,比如法国和德国,并增加了在特定技术领域的基金,比如生命科学。风险投资家——和对他们进行投资的机构投资者们——认识到在这些其他市场充满了大

---

① 来自 Kate Bingham、Nick Ferguson 和 Josh Lerner 所写的"Schroder Ventures: Launch of the Euro Fund",哈佛商学院案例 No. 9-297-026(波士顿:哈佛商学院出版社,1996 年),以及各类新闻报道。

量机遇。

但是随着该基金规模的不断增长,大量管理问题随之出现。尤其是,对每只基金投资活动的监控变得越来越困难。这是一个真正的问题,因为母机构在每只基金中担任 GP,因此对任何损失最终负有责任。每只基金都将其视为自主实体,在一些情况下会拒绝和其他基金合作(和分享资本利得)。随着许多新员工的加入以及业务节奏减弱了人际间的互动,公司发展早期将合伙人结合在一起的非正式关系开始出现松动。尽管该机构最终进行了重组,并为全欧洲募集了一只单独的基金,但是这种改变过程是缓慢而痛苦的。

这些矛盾决不仅局限于国际私募股权机构。非常类似的矛盾已经出现在美国那些快速增长的机构中,如擅长不同行业的 GP 之间——生命科学和信息技术,甚至位于不同地区的 GP 之间。在某些情况下,这些机构中的某个 GP 已经深信其他 GP 获得了与其业绩不相称的回报。在其他情况下,协调和监督投资活动变得越来越困难。如本书之前指出的,能在多大程度上容忍这种回报的差异,取决于公司采用第十一章中所描述的版税模型还是保险模型来分享收益分成。

在某些情况下,这些矛盾会造成机构分家。比如,1999 年 8 月,Institutional Venture Partners 和 Brentwood Venture Capital——这两只风投基金均采用了生命科学和信息技术的双行业投资战略,在过去的几十年中均分别投资了约 10 亿美元——宣布了其重组计划。来自每家公司的信息技术和生命科学的风险投资家将相互加入对方公司,形成两家新的 VC 机构。Palladium Venture Capital 将专门进行医疗保健领域的投资,而红点投资(Redpoint Ventures)则专注于互联网和宽带基础设施领域的投资。新闻报道认为这一决定主要是公司某些信息技术合伙人的不满造成的,他们认为其出色的业绩并未获得合理的认可。[1]

在其他一些情况下,一名主要合伙人——往往对其角色或薪酬不满意——从风投或并购机构离职,会对原有机构造成严重影响。通常,这种离职会触发 LP 和 GP 之间协议中的"关键人"条款。由此导致的谈判会促使留下的 GP 对 LP 作出让步(比如,降低管理费),以缓解 LP 对基金按照募资备忘录(PPM)实现承诺业绩能力的担心。在某些情况下,投资者们可能会成功让基金返还其资金并停止投资。例如,在 1998 年,福斯特资本管理公司(Foster Capital Management)在其几名初级合伙人离职后,向投资者们返还了 2 亿美元。[2] 在其他情况下,合伙人离职后机构也可以继续存续——但只能是在紧张时期之后,比如 2009 年乔恩·莫尔顿(Jon Moulton)离开 Alchemy Capital 时。在成立 Alchmy 之前,他还曾在限制离职时期离开了 Apax、CVC 和 Permira。在致 LP 的一封信中,默尔顿宣布其计划提前 13 个月辞职的想法,并要求他们不要支持其亲手挑选的继承人,并要求他们关闭其于 1997 年建立的公司。[3]

---

[1] David G. Barry 和 David M. Toll 所写的"Brentwood, IVP Find Health Care, High Tech Don't Mix",载于 *Private Equity Analyst* 9(1999 年):1,第 29-32 页。

[2] "Foster Management Moves to Dissolve Consolidation Fund",载于 *Private Equity Analyst* 8(1998 年):第 6 页。

[3] James Mawson 和 Marietta Cauchi 所写的"Moulton Resigns from Alchemy Partners",载于 *Wall Street Journal*,2009 年 9 月 4 日。

在很大程度上,这些人事问题反映了这样一个事实:在私募股权行业中,某个人的作用很关键,较之其他专业服务公司来说,这种个人所起的作用更大。比如,你很难想象一两名合伙人离开高盛后可以和其老东家在大多数业务线上进行有效竞争。缺乏高盛这样一家全球投资银行所拥有的大量资本储备、深度研究部门以及其他大量基础设施,会造成太多竞争的障碍。然而在私募股权行业,由于几名项目执行人员就可以对投资过程形成重要影响,因此其离开机构后会很快以强大的竞争者身份出现。

一种基金规模无法"通吃"

第二个关键点是,没有一种正确的方法能够管理制度化这一过程。私募股权机构尝试了大量基金管理的方法,并且成功了。

这种观点不应该被解读为成功的私募股权机构没有共同的特征。纵观本书,我们重点强调了高效运转私募股权机构的特征。高效运转的私募股权机构一般拥有以下四个基本特征:

1. 使命与治理(见第十一章)。机构有清晰定义和明确的使命,并在整个机构内得到沟通与理解。竞争差异化的关键来源得到 LP 和内部的理解;为这些因素设立的执行委员会、投资委员会、项目团队和顾问委员会的角色都进行了清晰的定义。

2. 投资哲学与战略(见第三章)。一种总体哲学驱动投资主题与战略的选择,其不仅影响配置资金的战略性决策,还影响对与此哲学冲突的新投资和现有项目的评估。公司的竞争定位得到广泛的理解和认可,同时建立与创业家、跟投公司和其他方的强大网络。

3. 结构与过程(见第三至第六章)。投资过程具有完全的责任制和透明度;公司有能力利用内部和外部的研究资源;对团队成员的工作量会进行持续监测,并有明确的风险管理角色(不论是定量的还是定性的)。有良好的提供人力资源和信息技术支持的职能部门。

4. 文化和薪酬(见第十一章)。公司寻求发展结合了项目执行和运营能力的人才组合;强有力的激励机制与公司的长期目标相吻合;业绩评估体系有定义清晰和获得认可的晋升标准;公司是一个有团队文化以及诚信和透明的沟通的精英团体。

在这些广泛的指导原则下,仍然存在着多种变化的空间,非常成功的私募股权机构可能最终看起来会非常不一样。

一家公司会变得有多不一样,而同时还非常成功,私募股权公司华平是一个很好的例证。[①] 华平最初源于 E. M. Warburg & Co.(1939 年由 Eric Warburg 建立的一家非常小的私营投资咨询公司),1966 年与 Lionel I. Pincus & Co. 合并。合并后的公司命名为 E. M. Warburt Pincus & Co.,并在 1967 年约翰·沃格尔斯坦(John Vogelstein)加入后,开始将"专业化方法"引入私募股权行业。在 1971 年至 2010 年间,该公司募集了 12 只基金,总规模超过 400 亿美元,其中除了 2 只基金外,所有基金的业绩均超过业绩基准。

华平投资于企业的各个发展阶段,并在 VC、成长资本和并购间大致进行了均等划

---

① 此处讨论选自 Felda Hardymon、Ann Leamon 和 Josh Lerner 所写的"Warburg Pincus and EMGS: The IPO Decision (A)",哈佛商学院案例 9-807-092(波士顿:哈佛商学院出版社,2007 年)。

分。在地域上也呈现多样化,在北京、法兰克福、香港、伦敦、孟买、门洛帕克市、纽约、上海和东京都设立了办公室。目标行业同样多元化,包括房地产、媒体、通信、金融服务、信息技术、医疗保健、能源、工业、消费品及零售。

该公司还发展出与其他成功的"大型机构"明显不同的几个机构特征,特别是其极其扁平的结构。一个由十七名成员组成的执行团队对不同行业和地域的业务活动进行宏观层面的协调。这种方式的目的是利用地缘政治趋势和特定地区的经济增长,从而让公司继续推进有兴趣的项目。

但华平的项目审批过程采用了分散化的方式。特定地区的合伙人监督该地区的投资决策,除非该投资决策困难或者投资规模过大。执行团队会站在很高的层面在项目批准过程的前期对每一笔交易进行讨论,但高级合伙人主要是以顾问的身份参与。尽管项目团队合伙人负责投资决策,他们并不是独立运作的。项目团队会让公司的投资专业人员参与到每件事中,从非正式的"走廊谈话"到与企业见面的正式会议(如认为必要)。只有在投资做出后,投资团队才会向公司其他人员发出详细的投资备忘录,对该投资进行说明并突出其增值潜力和减值风险。对于大多数其他私募股权公司,项目审批过程要集中化得多,并且投资备忘录要在项目获得批准前完成。

华平与同行明显不同的另一个地方是其薪酬结构。该公司从不收取项目费和其他交易费用,其认为这样可以使合伙人的利益与管理团队的利益保持一致。此外,整个机构的薪酬呈现出显著的扁平化结构:合伙人向每只基金而不是单个项目进行投资,收益分成并不是根据所在地域或行业进行支付。相反,收益分成来自于"同一个盘子"。因为其薪酬不可避免地联系在一起,所有合伙人都积极地互相提供帮助。

当然,华平的许多同行认为这一方法对其他公司可能不一定适用。例如,许多机构认为由投资委员会在项目完成前进行正式审查的纪律可以防止出现混乱,通过提供和具体项目挂钩的奖励可以让公司更有效地留住高产出的投资专业人员,并且认为交易费用对于保证基金的经济性是必要的(尽管在第二章显示的证据可能会让我们多少会对最后这一观点有所怀疑)。很明显,华平模式并不适用于每一家成功的机构。但真正的重点是这种模式对于华平来说是有用的。

 ## 尽管有限合伙人有担心,但增长可能还是有帮助的

鉴于这些案例,LP 对私募股权机构扩大基金规模和业务线的计划表示担心也就不足为奇了。通常,GP 如何从这些变化中获利是很清楚的:更多可以管理的资金、更多的费用和更多的收益分成。但对于很多 LP 来说,从这些机构成立的最早期就开始支持他们,这样的变化是对待 LP 的合理方式吗?

许多 LP 的担心都围绕之前部分中强调的机构组织挑战。私募股权机构在扩张中出现了实质性的问题,这可能引起了许多管理方面的注意。鉴于基金的业绩很大程度上由几个人决定,他们由于内斗而导致分心会极大地影响基金的回报率。如果明星投资者将其注意力从投资转向监督,难道这不会降低业绩吗?

第二种担心是增长可能会导致 LP 与 GP 之间甚至更加单方面的关系。正如我们在

第二章和其他章节强调的,许多 LP 认为,尽管 VC 和并购投资可能会产生巨大的价值,但通过这一过程创造的大部分财富最终在 GP 而不是 LP 的手里。如果 LP 默许了这一规模增长过程,则这种不对等会变得更加糟糕。

- 正如我们之前提到的,很多情况下,随着机构的扩张,每名合伙人管理的资金也随之增长。这些额外的基金会让每名合伙人获得更多的费用收入。许多 LP 担心这些增加的收入会使原本用于为整个基金创造价值的收益分成激励被弱化。
- 在某些情况下,LP 觉得他们必须对新的基金产品进行投资,以免影响其投资该机构的旗舰基金。举个例子,耶鲁曾拒绝向顶级风投公司红杉在过去几年成立的一些基金投资,包括 2005 年募集的一只专注投资中国企业的基金。作为回应,根据 2006 年 9 月一份有关捐赠基金私募股权投资组合的内部耶鲁评论,红杉之后"将耶鲁驱逐出其合伙人团队"。① 很多人担心这些压力是加在 LP 身上的额外"税务",会进一步拉低其回报率。
- LP 还担心交叉补贴问题。例如,为了提升专注于后期投资的新基金的业绩,母基金可能会让这只基金以一个非常低的估值投资于由投资早期阶段的基金完成的一些项目。这种交易不仅对投资于早期阶段项目的基金的 LP 不公平,而且可能为合伙企业带来纠纷。

私募股权机构在扩张后的历史业绩记录加剧了 LP 的这些担心。一个经常被谈论的案例是贝恩资本,在其 1984 年成立后的几十年间,创造了辉煌的业绩记录。到 1994 年,该公司管理的基金规模达 5 亿美元,几乎是其首只基金 3 700 万美元的 15 倍。通过 Staples 和剥离 Gartner Group 项目所获得的成功,贝恩宣称公司第一个十年的年回报率超过 50%。四年后,公司在 14 年间实施了 115 个投资项目,平均年化收益率达到了 113%,这些交易中的 60 个项目产生的收益率超过了 200%。基于这样的业绩,贝恩在 1998 年 7 月募集完成了一只 15 亿美元的基金,该基金的收益分成比例是 30%,比行业标准 20% 高出 50%。② 但是随着时间的推移,公司建立了各种各样的子业务。除了在亚洲、欧洲和印度的附属机构外,公司发起的各种基金包括:

- Absolute Return Capital,是贝恩的绝对回报附属机构,管理固定收益、股票以及大宗商品市场中的资产
- Bain Capital Ventures,是贝恩的 VC 分支机构,专注于种子期到后期成长股本的投资
- Brookside Capital,贝恩资本的二级市场股权投资附属机构
- Sankaty Advisors,贝恩资本的固定收益附属机构,同时也是市场领先的高收益债务管理人

---

① Rebecca Buckman 所写的"Venture Firms vs. Investors: Yale and the Like Quietly Cite Pressure to Back Offbeat Funds",载于 *Wall Street Journal*,2007 年 8 月 28 日。
② Erica Copulsky 所写的"Gadzooks! —The Super LBO Players Increasingly are Those That are Expanding Their Reach",载于 *Investment Dealers' Digest*,1998 年 8 月 17 日,第 1 页;和 David D. Kirkpatrick 所写的"Romney's Fortunes Tied to Business Riches",载于 *New York Times*,2007 年 7 月 4 日,http://www.nytimes.com/2007/06/04/us/politics/04bain.html,访问于 2010 年 11 月 26 日。

尽管原因归结总是一件复杂的事情——很多因素都可能导致短期的收益下降，一些评论家将贝恩业绩的下降归因于管理基金过于庞杂而带来的注意力分散。例如，贝恩的9号基金，在2006年4月募集完成80亿美元以及20亿美元的跟投基金，其截至2010年的IRR为－46%，而当年的比较基准是－9.97%；在2009年4月贝恩对该基金投资组合的价值进行减记，较一年前减少46%。贝恩在2008年募集的10号基金规模达到100亿美元，尽管仍在其存续期初期，到2009年4月公司已减计15%的价值。[①]

因此，对私募股权公司多元化发展的担心确实是有依据的。但是同时，关于公司扩张也有令人信服的原因。也许最重要的一点是协同的可能性。例如，对一家有较多物业的企业进行潜在投资时，或者在交易完成后与管理层合作时，黑石的房地产机构可以帮助旗下私募股权机构进行评估。如果得到适当的激励，房地产机构可以提供新的视角，为公司增加价值，还可以提供有价值的人脉资源。更一般地来说，产品类型的扩展可能使得私募股权机构在各种环境下都能将对市场的洞察力转化为积极的投资机会。基金规模的增长也使得公司的规模更大，使其能够在研究和信息技术上进行投资，否则，这些都是无法实现的。

规模扩张还有另外一些理由。一些LP——特别是大型LP——倾向于"一站式商店"，这样他们就可以一举投入一大笔资金。另外一些机构投资者对此有不同的看法；他们将这种方式比喻为"当你只喜欢一种口味时却要在好市多购买各类产品"，并指出他们更喜欢投资于每种资产类型中"最好的"，而不是为了交易的效率去选择次优方案。不过这种交易效率可能会受到创业家的青睐。例如，一家有内部夹层基金或信用贷款的成长资本机构，对于一个管理者来说可能更有吸引力，否则他就不得不和两家独立的机构打交道。私募股权机构扩张的另一个优势是可以解决在第十一章中讨论过的许多人事问题。在一家快速成长的公司，较年轻的合伙人想获得相当份额收益的希望可能会得到满足，而（有望）不会受到来自更高级合伙人的太多阻力。此外，从公司角度看，规模增长后可以容纳更多优秀的员工，而不是培训员工然后其成为竞争对手的一员。最后，如果新基金与已有基金是反周期的（例如，不良债务基金可能会在私募股权基金低迷时期表现得很活跃），可以使私募股权机构在低迷时期避免痛苦的裁员。

不管上述观点孰优孰劣，进行基金产品的扩展都有明确的正确和错误的方式。以下几种方式可以代表最佳实践：

- 当新基金产品自然支持公司的现有产品线时，这种产品扩展是最成功的。在这种情况下，早先强调的协同效应是最可能存在的，并且公司现有业务形成的声誉更可能对新业务产生影响。成功的案例包括投资欧洲大陆和英国的一些英国私募股权机构，和转投二级市场的一些新兴市场成长资本机构。在每个案例中，新旧业务的差异相对不大，而且投资机构能就其已有能力如何帮助其在新领域建立竞争优势做出合理解释。此外，这些基金往往是最容易募集的，因为私募股权机构的现有业务可能表明他们有能力在这个新的投资领域提供价值。
- 应该为那些远离公司现有业务的业务单独设立一只基金。这样不仅可以减少利

---

① 数据来源于Pitchbook，http://www.pitchbook.com，访问于2010年11月26日。

益冲突的风险,并且允许为机构的不同业务量身打造薪酬机制。设立这样的独立基金也允许机构的现有投资者在对新设基金不满意时选择不投入。为了维持公司声誉以及与公司 LP 间的相互信任,这些新设基金应该在不对现有投资者施加压力的情况下募集。

- 基金规模扩大时必须反复研究公司内部结构,以保证公司结构支持扩张过程。
- 并购其他机构是进入其他产品线的一种可行方式。近年来,我们不仅看到大型基金的并购(比如,2010 年黑石并购了 Allied Capital 的 32 亿美元债务基金),也看到大量较小规模交易,包括新兴市场基金进行的许多并购。① 这些交易使投资机构在新领域一开始就有团队、业绩记录和不少 LP,从而可以"立即快马加鞭开展工作"。因此,相比尝试白手起家建立一个新的产品线,这种过程造成的麻烦可能要少很多。
- 伴随私募股权基金扩张,要引入或加强对 LP 友好的合伙企业条款。机构投资者对私募股权机构扩张的担心在本章早些时候已经有过大量讨论。解决这些问题的一个办法就是在业务扩张时增加可能取悦 LP 的条款。这些条款包括被视为对 LP 友好的经济条款,例如,向投资者退还所有交易费和监督费,和更强的追回条款,以保证在投资最后证明是失败的时候可以及时调整 LP 的收益分配(见第二章中的讨论)。公司治理条款也很重要,特别是每只基金要建立经授权的咨询委员会,这样投资者可以在行政会议上会面并获得独立的法律和会计建议。更普遍的是,强调清晰的沟通和问责机制对解除投资者的担心起很大作用。

 结语

在本章,我们关注了 VC 和并购公司增长的过程,以及这些变化对于基金业绩的影响。所出现的情况可以这样描述:增长的过程虽然极具挑战性,但仍然可以通过足够审慎的思考和计划对其进行有效管理。

定量证据描绘出一幅双面图。一方面,个体私募股权基金的业绩呈现出巨大的差异,远远超过其他投资类别。同样不同于其他类别投资的是,同一机构管理的不同基金呈现出很强的持续性:同一家机构往往会在许多年里表现突出(或落后)。此外,在所有其他方面都一样的情况下,成熟机构的业绩往往超越其新成立的同行。

但我们之后又说明了所有其他方面并不一样。许多成功的机构会随着时间在其业绩基础上募集更大规模的基金。规模大不仅对回报率不利——总体上,中等规模的风投和并购基金业绩会优于较大规模和较小规模的同类基金,而且规模的扩大往往伴随着令人失望的业绩:募集规模大得多的基金看起来会造成更低的回报率。基金业绩的恶化很大

---

① Walden Siew 所写的"Blackstone to Take over Some Allied Capital Funds",载于 *Reuters News Service*,2010 年 1 月 21 日。关于新兴市场交易案例,参见"Abraaj Capital to Buy Riyada Ventures, Focus on SME investments",http://www.altassets.com/private-equity-news/by-region/middle-east-israel/middle-east/article/nz17381.html,访问于 2010 年 6 月 7 日。

程度上与快速增长公司中的合伙人试图做得太多有关。当每位合伙人管理更多的资金，以及投资专业人员个体的投资范围扩大时，业绩下滑得尤其严重——这两个规律通常与公司规模增长有关。

在本章，我们还通过讨论及案例分析对 VC 和并购基金的制度化和规模化进行了总结。这些证据表明了在私募股权公司扩张时所出现的非常真实的压力。同时，证据显示还有优化空间：公司可以消除其投资者的担心，并以一种智慧的方式扩张，从而可能大大减少所造成的麻烦。尽管公司扩张没有万能的方法——公司都通过不同方法成功实现了规模增长，但没有经历太大麻烦就能管理好扩张过程的公司确实存在某些共同特征。

扩张决策往往是在快速变化的私募股权市场背景下做出的，这使得这一过程更具挑战性。环境的变化，尤其是因为投资者涌入或退出某些领域而导致私募股权行业起起伏伏，使得管理公司扩张变得尤为困难。这些问题是第十三章的重点。

问题

1. 相对于其他资产类别，为什么私募股权基金的业绩存在极大的差异？
2. 有证据表明首只基金往往是业绩最差的基金，为什么还有人愿意投资于首只基金？
3. 为什么后续基金往往比之前的基金业绩更好？基金业绩与成熟程度有相关性吗？
4. 如果业绩有持续性，为什么还有人向中等业绩或差等业绩的基金投资？
5. 如果你是中等或差等业绩基金的 GP，为了募集基金你会对自己进行怎样的定位？
6. 作为排名较后的基金，你会如何改善业绩？
7. 解释业绩优于其同行的私募股权基金，为什么在其后续基金中更有可能持续其出色业绩。对此，VC 和并购基金有什么不同？
8. 相对于其他资产类别，私募股权基金的业绩更有可预测性吗？对整个资产类别来说有什么不同吗？
9. 增长过快的私募股权公司往往其回报率会降低，原因是什么？
10. 从 LP 角度看，私募股权公司什么时候增长才有意义？
11. 每名合伙人管理下的资产增长时，合伙人薪酬结构（传统的薪酬结构是 2% 的管理费和 20% 的收益分成）会发生什么变化？LP 和 GP 之间的利益分配会发生什么变化？
12. Hicks, Muse, Tate & Furst 扩张时犯的主要错误是什么？其基金业绩如何，其 LP 是如何反应的？
13. 为什么 VC 机构往往会随时间而变得更不专业化？相比其他基金，专注于某些领域的基金是否更容易发生这种情况？
14. 成功的私募股权基金有哪些共同特征？哪一特征你认为最重要？
15. 与其他大型基金相比，华平模式有什么不同？其他公司复制这一模式有哪些困难？
16. 请举例说明如何在私募股权机构的基金间产生协同效应。

第十三章

繁荣与萧条

正如本书第一章中简要介绍到的,繁荣与萧条一直以来都与风险投资(VC)和并购如影随形。很多情况下,这种周期可以被视为私募股权行业的界定元素。本章我们试图理解引起这些周期的因素及其造成的后果,以及对这些变动的合理反应。

简单回顾一下,在美国 20 世纪 60 年代后期、80 年代早期以及 90 年代后期,都曾见证过 VC 的繁荣,尤其是 20 世纪 90 年代后期这一波 VC 的繁荣更是席卷全球。VC 的每一次繁荣都会带来募集资金的迅猛增长,与此同时还会涌入大量新的风投基金并导致活跃的融资活动。每波 VC 热潮之后却是痛苦的调整,导致融资水平大幅下降,大量投资公司关闭以及对风投产业前景的悲观预期。特别是最近,风投在中国和印度这样的市场出现热潮,这很难不让人认为,同样的调整过程会不可避免地随之而来。

并购也有类似的规律,但是由于并购涉及的资金规模大,其风险也要高得多。20 世纪 80 年代,并购在美国和西欧(尤其是英国)的交易量和规模都快速增长;到了 21 世纪前 10 年中期,并购在全球范围内呈现爆炸式增长。最终受经济下滑和并购规模过快增长影响,也经历了痛苦的调整。

Simmons Mattress(一家有百年历史总部位于威斯康星州的床上用品企业)的故事也许能最好说明近期并购潮遗留下的问题。[①] 该企业在过去 20 年中,由一系列私募股权机构持有:最初,在 1986 年,这家企业由 Wesray 收购,并于 1989 年出售给公司员工;后来,在 1991 年,由美林 Capital Partners 以很大的折扣价收购,而后者则于 1996 年又将该企业出售给 Investcorp;1998 年,Simmons 又被 Fenway Partners 收购。随着企业所有权

---

① 此处根据 Julie Creswell 所写的"Profits for Buyout Firms as Company Debt Soared",载于《纽约时报》,2009 年 10 月 4 日,以及 Simmons Mattres 向美国证监会提交的文件。

几易其主,其债务水平也不断提高(参见图13.1)。

但在2003年后,当TH Lee从Fenway以11亿美元的价格(其中包括3.27亿美元股权及剩余债务)并购Simmons以后,企业债务水平急剧增长。在随后几年里,Simmons在业务操作方面有成功也有失误,但其债务负担持续攀升,从并购时的7.5亿美元增长到2008年的12.5亿美元。这一债务水平在当初并购时就引起过相关分析人员的担心。而从这些贷款中获得的收益大多数都进了股东的腰包:在LH Lee是该企业股东期间,LH Lee审核了价值3.75亿美元的特殊股息和近3 000万美元的费用。当时,所有这些交易都是正常的,但正是这些交易最终导致Simmons无力应对经济下行的打击。2008年,在经过大规模裁员后,这家企业最终申请了破产。

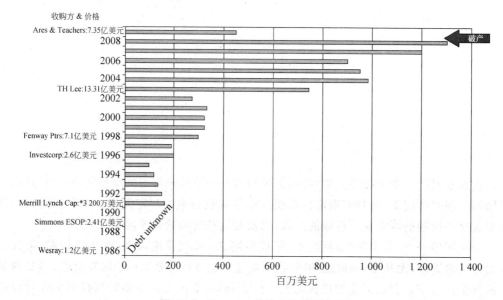

图13.1　Simmons的股东和债务负担

繁荣时期经常会看到投资法则被打破;但对VC行业,互联网泡沫则独树一帜。这一时期,风险投资家会支持更早期的想法,这些想法通常甚至缺乏那么点实际的经济基础。在互联网上以低于市场零售价的优惠价格销售大包的宠物食品,还包邮!在曼哈顿地区还会提供一小时内的书籍、餐点和CD的免费速递——同样是免费的!与此同时,创业家们似乎有意在尽快"烧"风投的钱。

Pixelon也许可以堪称这一时期的典范。① 这家初创企业成立时,声称能够提供让电脑显示器播放高质量视频的技术。该企业迅速与许多互联网企业签订合作关系,同时也吸引了许多风险投资家的注意。该企业提供的技术打动了投资早期企业的投资者。他们的支持足以说服Advanced Equities(一家自封的"风险资本投资银行")为这家新企业融资3 100万美元。

---

① 此处根据Dan Goodin所写的"The Great Internet Con",载于 The Standard,2000年6月26日;Justin Hibbard所写的"And of Course, the Anti-Entrepreneur",载于 Red Herring,2000年8月31日;以及Patricia Jacobus所写的"Pixelon Issues Sweeping Layoffs after Founder's Arrest",载于 CNET News,2000年5月12日。

该企业迅速花掉了1 200万美元,只是为了召开发布会。这可不是一个派对,这是在米高梅豪华酒店举办的长达一个周末的拉斯维加斯盛会,期间邀请谁人乐队(The Who)、南方小鸡(Dixie Chicks)和托尼·贝内特(Tony Bennett)等明星进行了精彩表演。(必须承认,他们通过用Pixelon股票支付这些艺术家,确实节省了一些资金)发布会的宣传,导致企业创始人迈克尔·芬内(Michael Fenne)的真实身份被揭露。此人原名大卫·斯坦利,是西维吉尼亚州的一个骗子,十年前因诈骗他父亲所在浸礼会(Baptist)教堂的教友而一直在潜逃。最终,斯坦利先生还是在监狱中待了很久。不用说,对于Pixelon的股东来说这并不是什么好消息。

在本章,我们会从探讨私募股权产业繁荣和萧条的本质开始。我们认为,这些周期背后的推动因素看起来是非常不一样的:尽管风险投资看起来是随着二级市场的上升而繁荣,特别是对新发行股票市场来说,并购市场则是随着可以获得债务数量的变化而变化。但是在这两种情形下,上升周期看起来都是一样的:投资节奏的加快;更高的估价和(许多情况下)降低的投资标准以及更轻松的基金募集。

然后,我们会考虑一个简单框架来理解这些周期。通过使用熟知的需求与供给概念,我们会说明这些工具如何描述在某个时期内私募股权收益随着经济活动的增长而上下波动。这些简单的工具同时还可以解释,相对于现有机会而言,为什么我们往往可以知道私募股权募资额是"过多"还是"过少"。

最后,我们会转向理解这些周期背后的含义。我们会讨论私募股权投资者和其所支持的创业家在面对这些变化时必须如何调整他们的策略。我们还会探讨这些周期对政府官员和试图影响公共政策人士的意义。

 ## 行业周期的本质

我们讨论问题的起点,很自然的就是私募股权行业周期的本质。已经有文献认为,VC和并购基金中出现的循环至少体现在三大方面:募资金额、投资规模和这些投资的业绩。我们会在本部分探讨这些规律。

周期和募资

当然,正如我们在第八章所探讨的,在全球范围内多种影响因素共同决定私募股权的总体水平。但是在观察风投和并购基金的募资金额波动时,研究人员都会指向一个关键因素:公开市场影响。

认为公开市场会影响私募股权募资水平有几个原因。股票价格猛涨时期与更多的首次公开发行有关,[①]因此,此时私募股权机构带企业上市会更容易。另外,股票价格高,经常会产生上市企业对私营企业的更多收购,一般会利用其股票作为支付手段。这么好的公开市场应该会通过以下三种方式促进私募股权投资:

---

① 关于支持证据,见 Michelle Lowry 和 G. William Schwert 所写的"IPO Market Cycles: Bubbles or Sequential Learning?",载于 *Journal of Finance* 第57期(2002年):第1171-1200页。

1. 有限合伙人（LP）加速其投资率。 如第七章所描述的，通常情况下私募股权机构在首次公开发行（IPO）后不久就会出售新上市企业股票，并将现金返还给其投资者。或者，他们会简单地将新上市企业股票分配给其 LP。因此，在有大量首次公开发行和并购的"火热"时期，LP 会从风投基金获得大量的资金返还。如果机构投资者想将其在私募股权上的资产维持在一个固定的比例（如第二章所讨论的，很多机构投资者都有固定比例目标），他们就需要通过更多的投资以维持在该水平上。因此，LP——机构投资者和个人投资者——必须加速其投资率。

2. 投资者都热衷于同样的"热门"行业。 投资者可能推断（就如我们将看到的，这是错误的）繁荣时期会永远持续下去，于是他们冲进那些之前表现最好的行业。这种趋势逐利——或看后视镜进行投资——看起来是许多机构的长期行为特征，这推动类似印度股票和美国抵押贷款债务等各种资产激增。①

3. 让繁荣时期持续下去！ 如果一家私募股权机构最近有一些退出，并且估值有吸引力，其往往希望利用其不错的业绩记录筹集一只新基金。

另一方面，当股票市场估值下降，反向机制会发生作用。如果一家机构的公共股权投资组合的价值大幅下跌，该机构可能会缩减对私募股权的新增资本投入，以维持其对该资产类别的预设投资比例。这种行为有时称为分母效应，在市场下行时很普遍，因为私募股权机构不愿对其投资组合进行大幅下跌式的重新估值（如我们在第四章和第九章讨论到的）。同样，个别私募股权机构可能也没什么夸耀的，他们可能会选择推迟募资，直到有更好的消息出来。

以上基本关系可以通过图 13.2 的三个部分来反映。图（a）描述了美国 VC 基金募资和纳斯达克指数之间的关系；图（b）描述了美国并购基金募资和标准普尔 500 大市值股票指数之间的关系；而图（c）则描述了欧洲私募股权募资总额和金融时报股票交易所（FTSE）100 指数之间的关系。在每种情形中，明显都存在强正相关关系。

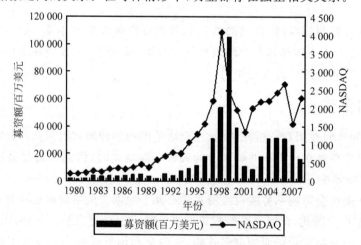

图 13.2-a　美国 VC 募资额与 NASDAQ 指数的关系

---

① 大量文献持这种观点。首先提出该结论（且最具影响力）的是 David S. Scharfstein 和 Jeremy C. Stein 所写的"Herd Behavior and Investment"，载于 *American Economic Review* 第 80 期（1990 年）：第 465-479 页。

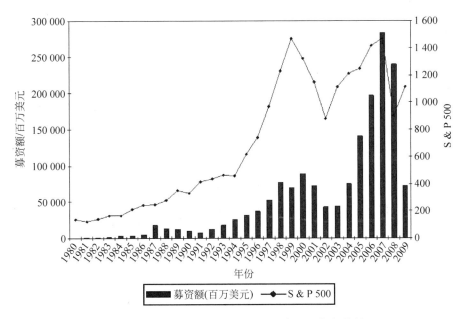

图 13.2-b　美国 LBO 募资额与标准普尔 500 指数的关系

资料来源：数据来自汤森路透 VenturExpert，访问于 2010 年 11 月 6 日，以及 Datastream。

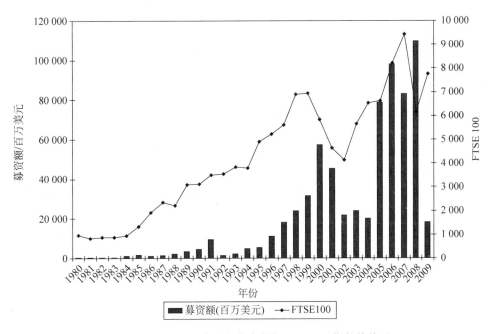

图 13.2-c　欧洲私募股权募资额与 FTSE100 指数的关系

下面我们来看两篇文章，对这些规律进行了研究，并以一种严谨的方式论证了这些关系。第一篇文章的作者是 Paul Gompers 和 Josh Lerner。[①] 该文章只研究了美国的风投

---

① Paul Gompers 和 Josh Lerner 所写的"What Drives Venture Capital Fundraising?"，Brookings Papers on Economic Activity，载于 *Microeconomics*(1998 年 7 月)：第 149-204 页。

基金募集情况,但包括了整体和单个机构两个层面。作者发现,基金业绩——尤其是将企业带上市——是决定风投基金募集新基金的重要因素。在新上市企业中持有较大股票份额的公司更有可能募集到新基金,并且是更大的基金。VC公司在(包括当年和上一年)上市企业中持有的股权价值,会对VC公司募集新基金和所募基金规模都产生正面影响。上一年IPO规模的影响是当年的三倍左右,这可能会反映募集一只新基金所需要的时间(就如我们在第二章中看到的,通常会花许多个月的时间)。

第二篇文章的作者是Steve Kaplan和Antolnette Schoar,有关该文章我们已在上一章中进行过部分讨论。[1] 作者的募资分析只关注首次基金(first-time funels)的成立,并对VC和并购基金都进行了研究。他们研究了每年首次基金募集的数量和募资金额与过去26年里私募股权基金业绩和其他因素之间的关系。在最近回报较高的时期——不论是公开市场指数还是风投和并购基金本身——可能会募集更多首次基金和较大规模的首次基金(debut funels)。

周期和投资水平

另外一项紧密相关的研究是尝试探讨投资周期,这描述了进行早期阶段和较晚阶段投资的投资者在对企业进行投资时的特点。债务市场的盛衰似乎在并购中是关键推动因素,而在风投领域,公开市场对首次公开发行的热情往往是关键的。

我们先从并购领域开始。为研究并购领域周期的本质,一种方法是从图13.3开始,该图描述了1980—2010年AAA和Baa级别企业债券的支付利率之间的差异;即,最安全债务与最低投资级债券(即,比"垃圾债"高一级的债券)之间的差异。数据显示,虽然总体看利率随时间而波动——例如,20世纪80年代的利率远远高于21世纪初,这两类利率的利差变化也很剧烈。在经济繁荣时期,比如20世纪80年代中期以及21世纪前10年中期,这两类利率的利差在正常水平。而在经济不稳定时期,比如20世纪90年代前期的经济萧条时期以及21世纪前10年后期,这个利差确实变得非常大。

并购投资也随时间有很大波动。图13.4显示了在大型美国并购交易中企业价值(收购价格,包括股权和债务)与税息折旧与摊销前盈利(EBITDA)的比率随时间的变化。在20世纪80年代后期和21世纪前10年中期——这也是全球两波主要并购潮的巅峰时期,企业估值的上升是很明显的。

Ulf Axelson和共同作者对这些规律进行了更加仔细的研究,试图记录债务周期影响并购的方式。[2] 作者通过对1985年至2008年全球各大主要并购机构完成的1 157笔交易样本进行研究后发现,杠杆水平主要由债务总体成本决定,而不是由影响上市企业杠杆水平的行业及企业特有因素(比如企业和行业的内在风险)决定。债务成本越低,在并购交易中的使用会越多,完成的交易也会越多。此外,是否能够获得债务融资,似乎和交易中更高的企业估值紧密关联。

---

[1] Steve Kaplan和Antoinette Schoar所写的"Private Equity Returns: Persistence and Capital Flows",载于 *Journal of Finance* 第60期(2005年):第1791-1823页。

[2] Ulf Axelson、Per Strömberg、Tim Jenkinson和Michael Weisbach所写的"Leverage and Pricing in Buyouts: An Empirical Analysis",(工作论文,EFA 2009 Bergen Meetings,2009年2月15日),可参阅http://ssrn.com/abstract=1344023。

图 13.3 最高和最低投资级利率差

资料来源：数据来源于穆迪，Baa 是最低的投资评级。

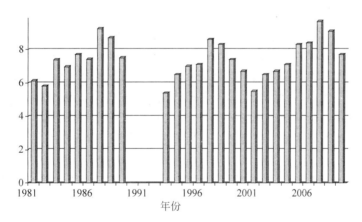

图 13.4 1980—2009 年企业价值与 EBITDA 的比率

注：1981 年的交易包括了 1980 年的。

资料来源：20 世纪 80 年代的数据来自 Steve Kaplan 和 Jeremy Stein 所写的"The Evolution of Buyout Pricing and Financial Structurein the 1980s"，载于 *Quarterly Journal of Economics* 第 108 期 (1993 年)：第 313-357 页；标准普尔的数据只是针对大型并购交易。

图 13.5 反映了上述观点。首先，该图显示了获得债务的能力——用债务与交易的 EBITDA 比率衡量——越强，则交易量越大。其次，企业估值——用企业价值与 EBITDA 比率衡量——几乎与并购机构能够获得的债务融资成一一对应关系。

从金融角度看，这些结果最初令人困惑。为什么利率的变化会促使投资者愿意向企业支付更高价格呢？一种可能的机制是，债务成本越低，并购市场的活动越多，从而导致对交易的更激烈竞争，又进一步导致更高的交易价格。另一种解释是，债务市场对银行贷

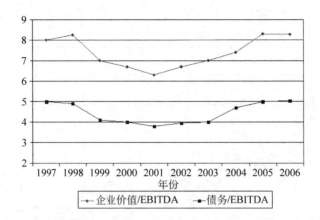

图 13.5 并购中债务与企业价值以及债务和 EBITDA 的关系

数据来源：Ulf Axelson、Per Strömberg、Tim Jenkinson 和 Michael Weisbach 所写的"Leverage and Pricing in Buyouts：An Empirical Analysis",（工作底稿，EFA 2009 Bergen Meetings，2009 年 2 月 15 日），可参阅 http://ssrn.com/abstract=1344023，第 39 页。

款的定价过低。如果并购机构认为债务价值被低估，他们可能会向企业投资更多资金；总之，他们是放弃从低估债务节省出的部分资金，以更高的价格转移给股权投资者。

尽管没有很好的记录，但其他规律也在周期中反复发生。例如，Victoria Ivashina 和 Anna Kovner 的研究指出，并购交易中最重要的条款之一——企业可以承担的债务规模上限（用 EBITDA 的倍数表示）——也有周期性变化的特点。[①] 银行不仅会在繁荣时期贷出更多资金，还放弃了当情况恶化时介入的机会。

可能最能展现并购繁荣期交易结构变化的是实物偿付（PIK）条款的出现，该条款出现在 20 世纪 80 年代和 21 世纪前 10 年并购热潮的巅峰时期。这些条款原则上允许并购机构不用现金方式履行其偿还利息的义务，只要将股权转让给银行就可以。这种慷慨的条款能够极大缓解陷于困境负债经营企业所面临的财务压力，但除了在市场狂热的巅峰时期，很少使用。

不过应该指出，历史并不会机械式地重演。从一个繁荣到下一个繁荣总会学到些东西。例如，就像第五章所指出的，负债的极限水平（在 20 世纪 80 年代并购繁荣时期往往高达资本结构的 90% 到 95%）即使在 21 世纪前 10 年的并购巅峰时期也没有再发生过。

金融市场活跃水平的转变也会深刻影响 VC 投资。因为很少有创业企业有太多债务——这些企业有太多不确定性和风险，无法引起银行的兴趣——债务市场的周期性相对而言不会对该行业产生什么影响。相反，市场对 IPO 的兴趣——就如我们之前讨论过的，与小型成长性股票的估值紧密相关——与风投市场活跃程度紧密相关。

图 13.6 表明在过去一段时间美国市场中的这种关系。该图显示了 1980 年到 2010 年风险融资金额（以 10 亿美金为单位）的时间序列、NASDAQ 股票指数的年度变化以及

---

① Victoria Ivashina 和 Anna Kovner 所写的"The Private Equity Advantage：Leveraged Buyout Firms and Relationship Banking",（2010 年工作论文，未发表）。

创业IPO总数量。① 在市场繁荣时期,有更多企业上市。VC投资看起来也确实在增长,但有些滞后,可能是由于募集和关闭一只基金需要时间造成——在2000年,VC投资额达到顶峰,而IPO数量和NASDAQ指数则跌入低谷。

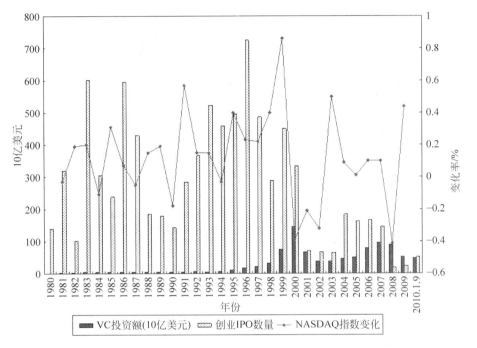

图13.6 VC投资、创业IPO和NASDAQ指数变化

数据来源:数据来自汤森路透私募股权数据库和Datastream。

这种规律还表现在整个行业的交易数量上。图13.7显示了四个行业(互联网与计算机、生物科技与医疗保健、通信和能源)中IPO数量和风险投资额(以百万美元为单位)之间的关系。尽管关系程度随行业不同而有所变化,但看起来还是强正相关关系。

在Paul Gompers和共同作者的研究中,用大篇幅探讨了这些规律。② 作者首先指出这些图的含义:行业层面上的VC投资活跃程度对行业吸引力的公开市场信号非常敏感。为对此进行衡量,他们研究了给定行业所有企业的市净比。如果这一比率高于平均水平,风险投资家会更可能进行投资:市净比从最低的四分之一提高到最高的四分之一,会使VC在该行业投资额增长超过15%。同样,某行业风险投资额也会随着该行业内IPO的增长而增长。

作者之后又研究了哪些风险投资家对公开市场信号反应最敏捷。有趣的是,这一关系主要体现在最有经验的VC公司中——特别是在该行业做项目的经验,这些公司也进

---

① 即,我们从我们的总额中排除了封闭式基金、房地产投资信托基金、外国公司的交叉上市(美国存托凭证)、反向杠杆收购(LBO)以及企业分拆。这些数据来自Thomson's Securities Data Company and Venture Xpert数据库以及Ibbotson Associates。

② Paul Gompers、Anna Kovner、Josh Lerner和David Scharfstein所写的"Venture Capital Investment Cycles: The Impact of Public Markets",载于 *Journal of Financial Economics* 第87期(2008年):第1-23页。

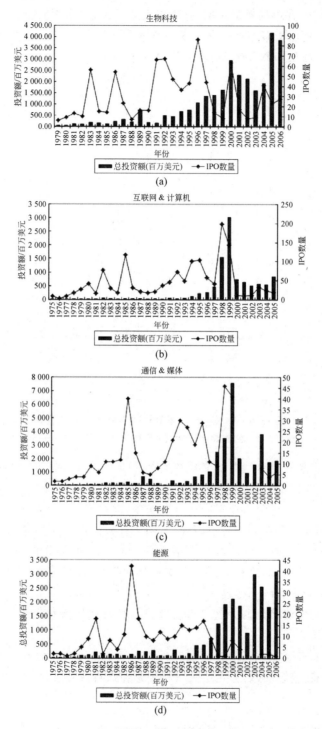

图 13.7 VC 投资与 IPO

资料来源：数据来自 Thomson Venture Economics，访问于 2010 年 10 月 21 日。摘自 Paul Gompers、Anna Kovner、Josh Lerner 和 David Scharfstein 所写的"Venture Capital Investment Cycles：The Impact of Public Markets"，载于 *Journal of Financial Economics* 第 87 期（2008 年）：第 1-23 页。

行了更多交易。可以想象,这些机构无论在理解这些机会还是利用这些机会方面的能力都超过那些经验欠缺的竞争对手(比如:当许多投资者们为他们投资的企业寻求 IPO 时,有经验的投资者会推动投资银行将其所投企业带上市)。总之,他们能更快地意识到转换或者更有效的行动。因此,趋势追随不是局限于非主流基金或没有太多经验基金的游戏,而是最优秀和最成功的基金使用的策略。这进一步强化了一家公司策略的重要性,就如第三章中所指出的,以及第十二章有关专业公司和专业合作伙伴业绩的发现。清楚总体情况有助于公司抓住积极变化所产生的机会。

周期与投资业绩

另一个研究方向则研究了在投资周期不同环节上所做投资的业绩。这里出现一个很强的规律:通常,在市场处于顶峰时进行的投资(无论是在募资还是投资时),看起来其表现都欠佳。无论是看单个交易还是总体上看,这些规律在 VC 和并购领域都能看到。

由于在本章前面进行过讨论,这一结果也许并不意外。如果公司在市场顶峰时使用过高的杠杆完成并购,为交易支付过高价格,我们可以预期进行过大量并购活动的行业会遭遇随之而来更剧烈的下滑,并持续数年。正如我们在 Simmons Mattress 案例中看到的,高负债率的企业会更容易受到宏观经济变动的冲击。此外,如果并购投资让高负债率的企业更加激进地投资并承担更多债务的话,这种过度投资的后果会更加严重。比如,21 世纪前 10 年中期是并购繁荣时期[期间最大的交易之一是 Sam Zell 收购论坛公司(Tribune Corporation)],纽约时报公司的家族股东本已债台高筑,又从公开市场回购了数十亿美元的股权。①[论坛公司于 2008 年 12 月申请破产;纽约时报遭遇要好一点,至少眼下通过从墨西哥亿万富翁卡洛斯·斯利姆(Carlos Slim)那里获得准高利贷而渡过了困境。②]Judith Chevalier 通过一项更系统性的研究发现,20 世纪 80 年代在一些地区,有很多超市获得并购投资,竞争对手们会竞相涌入该地区,扩大其现有门店数量。③ 因此,并购公司最活跃的行业尤其会明显感觉到市场下行,也就不足为奇。

大量有影响力的案例支持这种观点。最明显的可能就是 20 世纪 80 年代后期并购热潮之后的市场崩溃。尽管总体上,并购支持的企业失败率很低——正如之前指出的,Strömberg 的研究显示,全球并购行业的历史上,退出交易中只有 6% 的企业最终申请破产或进行痛苦的重组——而在并购热潮巅峰时期的巨型交易,似乎失败率要高得多。Steve Kaplan 和 Jeremy Stein 的一项研究表明,在 20 世纪 80 年代并购热潮时期(即 1986 年到 1988 年)完成的 66 宗最大交易中,截至 1991 年底,共有 25 家被并购企业(占 38%)遭遇财务危机,这里把"危机"定义为:由于支付困难导致债务违约,或者实际或尝试进行

---

① 关于这段短暂的历史,见 Ed Pilkington 所写的"Turbulent Times",载于《卫报》,2009 年 3 月 2 日,第 7 页。
② Robert Macmillan 所写的"New York Times Falls on Slim's Expensive Loan",路透社,2009 年 1 月 20 日,http://www.reuters.com/article/idUSN2039256320090120,访问于 2010 年 11 月 23 日。
③ Judith Chevalier 所写的"Capital Structure and Product-Market Competition: Empirical Evidence from the Supermarket Industry",载于 *American Economic Review* 第 85 期(1995 年):第 415-435 页。

的债务重组。① 在这些并购中,18家被并购企业(占总量27%)实际发生了债务违约,通常会和破产法案第11章申请一起发生。

同样,Davis和共同作者发现,经历并购的企业(相对对照组),其生产率增长(如我们在第十章中讨论过的)随着行业周期不同而有不同,如图13.8所示。② 在AAA级与BB级企业债券利差高得离谱的时期(比如20世纪90年代初期和21世纪前10年后期),生产率优势会更明显,而利差低时(如21世纪前10年中期的牛市正是这种情形)生产率优势则基本不存在。对于这种规律的一种解读是:并购机构只有在通过其他途径(比如通过举债经营和金融工程)赚钱无望时——在债务市场相对稳定时——才会致力于为其投资组合创造价值。

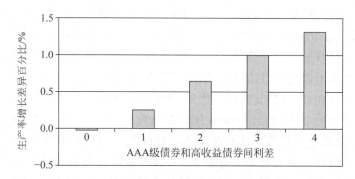

图13.8 私募股权支持的企业和其他企业之间年生产率增长的差异和利率间的关系

资料来源:Steve Davis、John Haltiwanger、Ron Jarmin、Josh Lerner和Javier Miranda所写的"Private Equity, Jobs and Productivity",载于A. Gurung和J. Lerner编撰的 *Globalization of Alternative Investments Working Papers Volume 2:Global Economic Impact of Private Equity 2009*(纽约:美国世界经济论坛,2009年),第25-44页。参阅www.weforum.org/pdf/cgi/pe/Full_Report2.pdf。

进一步研究图13.8有助于解释这个观点。该图根据行业、年代、规模和结构,对比了并购机构持有的企业与那些不是并购机构持有的企业在1990年至2005年间企业生产率的增长。该图水平轴代表高收益债券(并购机构用于为其交易融资的债券)和投资级(AAA)债券间利差的年平均值(相对于整个该期间平均利差而言)。该图显示,当市场变得对并购基金不利时,即当这两种利率之间的差异扩大并且可以获得的债务融资减少时,生产率收益会增加。当两种利率差异不高于平均水平时,生产率即使有增加也很有限。这点可以这么理解:当并购机构投入(债务)成本提高而且无法依靠债务支撑的特殊股息或者"快速翻牌"(即为获得收益而迅速退出到公开市场或其他并购公司)时,公司会投入更多的时间和精力去改善所投资企业的运营。这意味着,并购公司多次声称为企业运营提供增值服务的说法有点讽刺,因为提供增值服务只是"当我们没有任何选择"时才会

---

① Steve Kaplan和Jeremy Stein所写的"The Evolution of Buyout Pricing and Financial Structure in the 1980s",载于 *Quarterly Journal of Economics* 第108期(1993年):第313-357页。

② Steve Davis、John Haltiwanger、Ron Jarmin、Josh Lerner和Javier Miranda所写的"Private Equity, Jobs and Productivity",载于 *Globalization of Alternative Investments Working Papers Volume 2:Global Economic Impact of Private Equity 2009*,由A. Gurung和J. Lerner编撰(纽约:美国世界经济论坛,2009年),第25-44页。

做的。

但是,行业周期的不利影响程度仍然存在争议。最初由 Micheal Jensen 提出的一个对立观点认为,并购交易中存在的高负债率会迫使企业对影响其业务的负面冲击作出更早和更有力的反应。[①] 因此,并购机构支持的企业可能被迫在行业下行前就调整其业务,以便能够平安度过萧条时期。即使有些并购机构支持的企业最终陷入财务困境,其基础业务可能仍会比其同行处于更好的状态,这有助于促进其资本结构的有效重组,降低对经济造成的无谓成本。

与这种观点一致,Gregor Andrade 和 Steven Kaplan 对 20 世纪 80 年代以来的 31 家陷入困境的杠杆并购企业进行研究后发现,企业价值在陷入困境后还略高于并购前。他们认为这意味着过度负债的成本还不算太高,即使受到负面冲击最严重影响的杠杆并购交易,仍创造了一些经济价值。[②]

在繁荣时期所做的 VC 投资,表现似乎更差。观察这一现象的一种方式,是研究个体交易,正如 Paul Gompers 和 Josh Lerner 所做的研究。[③] 在更多的资金流入风投基金时——如我们在上面看到的,这与公开市场的强劲增长有关,风险投资家会更愿意为交易投入更多资金。即便保持被投企业所有关键特征一致(如地理位置和企业所处发展阶段),两者仍然存在强关系:流入风投基金的资金增加一倍时,风险投资家会为交易多付 7% 到 21%。

此外,这些影响并不是均衡的。风险投资流入对提高加州和马萨诸塞州企业估值的影响似乎要大于其他州。这也许反映出,在硅谷和靠近波士顿的 128 号公路这些创业企业集中的地区,风险投资家的表现甚至更加不均衡。

只是较高的估值并不足以证明风险投资业绩不佳。例如,也许这些估值的增长只是反映了该时期获得融资的企业具有更好的发展前景。为了对此进行评估,作者研究了投资的结果。在繁荣时期获得融资的企业既不可能上市(如我们在第七章看到的,这通常是最成功风险投资的退出方式),也不可能以不低于最初投资额两倍的价格被收购。因此,繁荣时期风险投资的一般特点是价格较高,但缺乏依据。

Kaplan 和 Schoar 研究了资本流入新基金是如何影响私募股权基金总收益的。他们发现,一般情况下,在风投和并购基金进入较多的年份,基金回报较低。这一规律即使是在后续年份控制公开市场业绩的情况下仍然成立。这一效应在 VC 行业尤其有意思:经验更丰富的投资公司相对而言不太受新基金进入的影响,而那些成立时间较短的基金则会受到严重的负面影响。此外,很多新的风投机构在这种时期募集到基金后,再也没有募集到下一只基金,这说明他们的业绩并不好。综上,这些规律显示,在繁荣时期看到的各

[①] Michael Jensen 所写的"The Eclipse of the Public Corporation",载于 *Harvard Business Review* 第 67 期(1989 年):第 61-74 页。

[②] Gregor Andrade 和 Steven Kaplan 所写的"How Costly is Financial (Not Economic) Distress? Evidence from Highly Leveraged Transactions That Became Distressed",载于 *Journal of Finance* 第 53 期(1998 年):第 1443-1493 页。

[③] Paul Gompers 和 Josh Lerner 所写的"Money Chasing Deals? The Impact of Fund Inflows on Private Equity Valuations",载于 *Journal of Financial Economics* 第 55 期(2000 年):第 281-325 页。

种问题(例如,基金大量进入且交易价格过高)对经验丰富基金的影响程度,和对其他基金并不一样。

 ## 周期背后是什么?

我们已经证实私募股权受繁荣和萧条周期的影响,并对其规律进行了一些探讨。不过,这些规律到底如何产生的,答案并不明确。在接下来的部分,我们会对此进行一些解释。

简单框架

运用简单的框架进行分析,有助于理解私募股权行业的机制。[①] 理解私募股权募资的两个关键要素很直接:需求曲线和供给曲线。就像石油和半导体这类商品的市场一样,供给与需求的变化会决定私募股权基金筹集的资金数量。供给和需求的变化也会影响投资者在私募股权市场的回报。

私募股权的供给是由LP(投资者)提供资金的意愿决定的。LP的投资意愿又取决于这些投资的预期回报率。而这些投资的预期回报率又与LP期望从其他投资中获得的回报有关。预期回报率越高,则对私募股权供应资金的意愿越强烈。随着LP对风投和并购投资预期的回报率不断增加——即,沿着纵轴向上,投资者供应的资金也随之增加(沿着水平轴向右)。

寻找私募股权投资的创业企业数量决定了对资金的需求。资金需求也可能随着投资者预期回报率的变化而变化。当投资者寻求的最低预期回报率增加时,能够满足该回报率阈值的创业企业数量就会减少。需求曲线一般是向下倾斜:预期回报率越高,可以获得融资的企业就越少,因为可以满足更高阈值的创业项目会减少。

供给与需求会共同决定经济中私募股权的规模,如图13.9所示。VC行业规模应该由两条曲线——供给曲线(S)和需求曲线(D)——的交点决定。换句话说,我们会期望经济中的私募股权数量为Q,而基金平均回报率为R。

我们会很自然地认为供给与需求曲线是平滑曲线,但实际却并不总是这样。例如,在1979年美国劳工部对《雇员退休收入保障法案(ERISA)》中"谨慎人"原则进行澄清前的私募股权市场。在ERISA政策澄清前,投资者提供资金的意愿(供给曲线)本来是被明确限定的:无论私募股权基金的预期回报率有多高,供给都被限制在一个固定数量,如图13.10所示。所以会有供给曲线的垂直部分,只是因为养老金(美国金融市场的一部分,控制着美国大部分的长期储蓄)不能投资到风投和并购基金中。因此,私募股权的供给可能被限定在任何预期回报率。

[①] 分析VC的"供给和需求"框架由James M. Poterba在其所写的"Venture Capital and Capital Gains Taxation"中引入,该文载 *Tax Policy and the Economy*,由Lawrence Summers编撰(剑桥,马萨诸塞州:麻省理工大学出版社,1989年),并由Gompers和Lerner在"What Drives Venture Capital Fundraising?"中进行了改进。

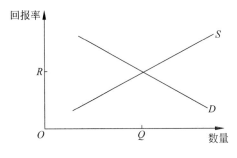
图 13.9　私募股权的稳态水平

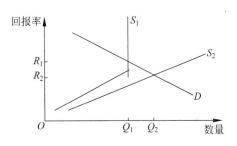
图 13.10　需求冲击的影响

变化的影响

刚才所描述的"供给和需求"曲线并不是固定不变的。例如,ERISA 政策的变化会导致私募股权的资金供给向外移动。同样,重大的科技发现,比如基因工程的发展,会导致对风投资金需求的增长。

但是,所募集的私募股权资金数量和其回报率,往往不会对供给和需求曲线的变化迅速和顺利地做出调整。我们可以通过对比私募股权市场和休闲食品市场来说明。像菲多利(Frito-Lay)和纳贝斯克(Nabisco)这样的企业会严密监控其产品的需求变化,通过超市扫描设备收集的数据每天进行更新。他们会每隔几天就重新布置货架,根据消费者的口味变化调整产品供给。他们可以通过向消费者提供消费券或其他特惠来解决供需的不平衡。

相比较而言,风投和并购市场的资金供给可能不会迅速变化。调整过程往往非常缓慢和不均衡,这可能会导致大幅和持续的供需不平衡。当供给的数量真的作出反应时,变化可能超过理想数量,造成了更多的问题。

这一点同样可以通过使用我们的框架来说明。在此,重要的是区分短期曲线和长期曲线。尽管长期来看曲线可能是平滑向上的斜线,短期曲线却可能非常不一样。长期供给曲线(SL)也许会是向上的斜线,但是如果投资者无法或者不会调整其在 VC 基金上的配置,那么短期内的供给可能基本是固定的,因此短期曲线可能是一条垂直线(SS)。

图 13.11 说明了这一差异,探讨了正向需求冲击的短期和长期影响。例如,新科学方法的发现,比如基因工程,或者类似半导体或互联网等新技术的传播,都可能对 VC 行业产生深远影响。当大企业针对这些新技术努力调整时,大量灵活的小企业可能在寻求利用这个机会。因此,对于投资者要求的任何给定预期回报,现在都可能会有许多更有吸引力的投资机会。

长期来看,VC 投资数量会从 Q_1 上调至 Q_2。回报率也会从 R_1 上升至 R_2。不过,在需求冲击后的几个月甚至几年的时间内,可获得的 VC 投资数量可能基本是固定的。因此,并不会有更多的企业获得融资,而投资者获得的回报可能会急剧上升到 R_3。只有随着时间的推移,回报率才会随着 VC 供给的调整而逐渐降低。

至少有两个因素会导致这种短期的刚性。一个因素是私募股权基金本身的结构,另外一个就是汇报给投资者的业绩信息在时间上滞后。我们会探讨每个因素是如何抑制私募股权供给随需求变化的调整速度的。

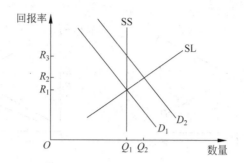

图 13.11 短期和长期需求冲击的影响

私募股权基金的本质

增加对上市股权或债券的资金配置,实现起来很容易。这些市场是"流动的":股份的购买和出售很容易,所持股权比例也容易调整。但是 VC 和并购基金的本质使得这种快速调整要困难得多。

思考这样一个例子,一家大学捐赠基金认为私募股权是一个特别有吸引力的投资类别,并决定增加其对这些投资的配置。从这一新目标确定的那一刻起,到完全执行该政策可能要几年时间。因为风投公司每两年到三年才募集一次基金,即使捐赠基金只是想对其现有基金追加投资,也必须等到下一个募资周期。很多情况下,对新基金的投资额可能也无法像他们期望的那么多。

上述困难是源自这样一个事实,较之资金波动,经验丰富的风险投资家数量往往会调整得更慢。如第十一章所指出的,高效私募股权投资者的许多关键能力无法通过正式授课获得,事实上是通过学徒过程慢慢培养出来的。此外,如我们在第十二章中讨论的,快速增大合伙企业规模给投资机构带来的结构挑战往往是痛苦的,即使投资者的需求大到能轻易募集到数十亿美元资金,许多风投机构都会拒绝这种快速增长。

如果捐赠基金真的决定实施投资新基金的策略,大学捐赠基金会对潜在的私募股权投资管理人进行全面审查。一旦选定投资公司,不会立即进行投资。大学捐赠基金会将所承诺的资金在数年内分阶段注入。如果捐赠基金想要投资特定的一小类公司,在可以配置足量资金前,可能必须经历好几轮募资周期才行。

同样的逻辑反之亦有效。缩减对私募股权的投入一般同样需要几年时间。这种滞后性可以从 1987 年股票市场调整后看到。许多投资者在注意到股票市场的波动和高科技小盘股的糟糕表现后,寻求缩减对 VC 的资金配置。尽管市场在调整,流入 VC 基金的资金还是持续增加,直到 1989 年最后一个季度达到顶峰。[①]

另一影响因素是私募股权基金的自变现特性。当投资公司退出某笔投资时,不会把退出获得的资金进行再投资,而是把资金返还给其投资者。资金分配的速度会根据投资公司变现其所持股份速度的变化而变化。在这段"寒冷"时期,当投资者最希望减少对这

---

① 这种说法是根据对一项未发表的创业经济学数据库的分析,有限合伙人可以在二级市场上出售他们的股份,但通常是一个很大的折扣,尤其是在他们可能急于出售手中股份的时候(例如在 2008 年末和 2009 年初)。

类资产的配置时,他们却只能收到很少的资金分配。因此,在市场快速变化时期,私募股权一般很难实现他们理想的在私募股权中的配置。

信息滞后的作用

造成私募股权供给滞后性的第二个因素,是在任何特定时间判断私募股权市场当时状态的困难性。尽管共同基金和对冲基金持有的是上市证券,每天会按"市价调整",但是风险投资从介入到发现其质量确实需要很长时间。

信息滞后可以产生深远的影响。例如,当投资环境变得非常有吸引力,市场可能需要数年时间才能完全意识到这一事实。尽管20世纪90年代中期对互联网相关证券的投资获得了极高的回报,但是大多数机构投资者在多年后才意识到这个巨大机会。同样,当投资环境的吸引力大幅下降时,就像2000年春季和2007年夏季发生的那样,投资者们往往却还在往基金里砸钱。[1]

有些信息滞后问题源于投资公司本身。吸引私募股权投资的企业存在大量不确定性和信息不对称——实际上,该行业中的信息鸿沟(或信息不对称)的作用一直是本书持续的主题。但是,基金业绩通常的汇报方式却加重了这些无法避免的困难,正如我们在第九章中讨论的。

缓慢调整例证

目前为止有关供给和需求调整的讨论,忽略了很多复杂的制度现实,这些现实尤其对VC募资的动向有影响。但即使是像"供给和需求"图形这样简单的工具,都会非常有助于我们理解VC活动的总体变化,这一点通过VC行业最近的历史可以佐证。

如之前讨论的,风投资金的供给在20世纪90年代中期开始迅速增长。当时许多从业者对此持悲观态度,他们认为风投活动的增加必定不可避免地导致投资回报下降。但是这一时期的投资却获得了极大的成功。这些经验丰富的从业者为何会犯这样的错呢?

原因是,那些年可供VC投资者利用的机会发生了巨大的变化。互联网连接的迅速传播和伴随的万维网发展开创了美国经济的一个超乎寻常的时期。用一种快速和互动的方式传递可视和文本信息的能力,是一种强大的工具,这一工具会改造零售活动和企业的内部管理。

这种变化导致对VC融资需求的增长。因此,对于投资者要求的任何水平的回报率,应该都有多得多的投资机会。因此,风险投资的回报率不仅没有下降,实际上是在上升。这种回报率的增长很大程度上反映了,有效和可靠风投机构的供给只能缓慢调整。所以,在这一时期,在市场中活跃的投资公司获得了巨大成功。

---

[1] 例如,参见Laura Kreutzer所写的"Many LPs Expect to Commit Less to Private Equity",载于 *Private Equity Analyst* 第11期(2001年):第1页和第85-86页;和AltAssets所写的"LPs Shun Large Buyout Funds ...",载于AltAssets.com,2009年1月20日,http://www.altassets.com/private-equity-news/article/nz15074.html,访问于2010年11月23日。

私募股权市场为何反应过度?

另一个经常讨论的私募股权市场问题是同一枚硬币的另外一面。当市场对需求情况的变化确实做出调整时,往往会调整过度。为了抓住增加的机会,VC 和并购基金的供给最终会增加,但是供给增加的幅度往往太大。为了不错的市场机会,募集的资金数量可能太多。短期供给曲线可能会移动到过高的水平,而不是移动到一个新的稳态水平。

反过来,也会产生同样的问题。需求的下移会引起 LP 从私募股权行业大批退出。这会引起投资回报大幅上升。虽然这种过度反应不会一直持续下去——最终,VC 和并购基金的供给会上升到足以满足需求的水平,在此期间,前景不错的企业也许无法吸引融资。在这一部分,我们会探讨这一现象的两种可能解释。

一种可能解释是,机构投资者和私募股权投资者可能过高估计了所发生的变化。他们可能认为有大量的新机会,因此改变私募股权的供给以满足表观需求。

这个观点可以从图 13.12 看出。对私募股权的需求受到正向冲击,使得需求曲线从 D_1 移动到 D_2。但是,有限合伙人和普通合伙人却错误地认为需求曲线已经移动到 D_3。短期供给曲线因此从 SS_1 移动到 SS_3,造成后续的过度投资和低回报率。

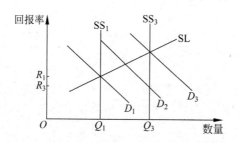

图 13.12 过度反应

公开市场的误导性信息可能会造成这种错误。私募股权投资者在新领域进行大量投资的案例非常多,这些投资至少部分是对新领域高估值所产生的刺激作出的反应。公开市场对某些特定领域的估值过高,原因仍然有点神秘。当然,在某些情况下似乎却是投资者未能考虑到竞争对手的影响:对这些企业进行估值时,就好像这些企业是其所在领域唯一活跃的企业一样,对竞争对手给收入和利润率带来的影响却没有充分估计。

不论是什么原因造成估值错误,历史上的例证比比皆是。最著名的一个例子发生在 20 世纪 80 年代早期,当时有 19 家磁盘驱动企业获得了 VC 投资。[①] 这些投资有 2/3 是在 1982 年和 1983 年完成,当时公开交易的电脑硬盘企业估值猛涨。许多磁盘驱动企业也在此期间上市。尽管该行业在这一时期迅速增长(销售额从 1978 年的 2 700 万美元增长到 1983 年的 13 亿美元),考虑到合理的产业增长预期和未来经济趋势,投资规模是否合理在当时备受质疑。事实上,从 1983 年 10 月到 1984 年 12 月,磁盘驱动上市企业的市

---

① 有关详细内容,参见 Josh Lerner 所写的 "An Empirical Exploration of a Technology Race",载于 *Rand Journal of Economics* 第 28 期(1997 年):第 228-247 页;和 William A. Sahlman 与 Howard Stevenson 所写的 "Capital Market Myopia",载于 *Journal of Business Venturing* 第 1 期(1986 年):第 7-30 页。

值平均缩水了68%。大量磁盘驱动生产商,还没有上市就倒闭了,风险投资家也不再愿意投资电脑硬盘企业。

对于反应过度现象的另一种解释是,私募股权投资者没有考虑到他们投资活动的增加所造成的调整成本。如我们在第十二章看到的,所管理私募股权规模的扩大,可能会造成专注度下降,并引发组织内的矛盾。即使需求已经扩大,风投或并购机构——或者整个行业——所能利用机会的数量起初可能也是有限的。快速增长会给私募股权公司带来极大压力。即使问题不会造成类似机构解散(在某些情况下已经发生了)这样极端的结果,解决这样的问题也需要花费合伙人大量的时间。因此,在快速增长时期,VC和并购机构应该正确地认识到,会有更多的机会进行投资。而为了抓住这些机会而快速地扩张,可能会适得其反,导致较低的回报率。

有效管理周期

那么该如何解决这些周期问题呢?当然,私募股权行业的许多次繁荣与萧条都是在全球范围内发生的。这通常已经超出任何一个政府的控制能力,更不用说单个创业家或私募股权机构。但这并不意味着私募股权机构和政策制定者对此无能为力,也不代表他们无法对市场周期作出有效反应。在本章最后一部分,我们会回顾周期对私募股权基金投资的企业、投资机构和政策制定者的意义。

对私募股权机构的意义

投资周期的存在对许多私募股权机构来说是一个巨大的挑战。为了突出投资周期对基金的影响,想一下近期发生的持久繁荣,比如20世纪90年代后期的互联网投资和21世纪前10年中期的信用泡沫。大潮退去后那些在裸泳的机构——他们持有的投资组合估值过高,并且难以变现——可能都在马后炮,希望他们从来没有参与这场游戏。或许他们本就应该缺席这波狂热!

当然,选择缺席通常不是一个可选项。因为这会使得私募股权机构的投资回报在很长一段时间内落后于竞争对手。业绩欠佳会削弱机构募集新基金的能力,还可能促使关键投资人员投奔竞争对手。在面对这些压力时,很少有机构会坚守逆向投资策略的准则。此外,抵制这些趋势可能甚至不符合公司投资者的最大利益。正如我们在本章早先所讨论的,成熟机构在对繁荣快速反应方面和投资于公开市场所青睐的领域方面,其实是最激进的。

因此,忽视火热市场给募资和退出投资所带来的机会,是自取灭亡。同时,忽视"上去必定会下来"这一老规律也会通向灾难。因此,私募股权机构必须遵循平衡法则。但是,采取多种措施——从哲学原理到具体战术——可以限制周期特别是衰退所带来的不利影响。

对此,我们首先想到的应该是某种信念或者态度,而不是其他什么东西。"逆向管理力量"是很有道理的。有必要保持对周期普遍性的持续关注以及对必然"趋势"和"新模式"持一般怀疑态度。换句话说,在过高估值和过度热情为退出投资提供有吸引力估值时，避免假设这种趋势会永远持续下去并进行过度投资，这点也很有必要。

逆向投资哲学对基金策略有非常现实的意义。这可以解释为分阶段投资，这样，在市场情况急剧变化时，基金可以选择放弃某一特定策略，多样化投资组合，限制在某一领域、投资阶段或地域的风险。同样，鼓励投资组合企业保持多样选择和备选战略路线是对过热市场的合理应对。换句话说，重要的是思考怎样会出错，而不仅是思考怎样才正确。

与之相关的兼具哲理和实用性的原则是，认真考虑激励机制，及其可能如何影响基金、管理人和其他方面。虽然激励的力量已经在经济学、心理学和通俗文学中有过大篇幅的讨论，但其作用仍然容易被低估。正如沃伦·巴菲特的长期合伙人查理·芒格观察到的："我一生中都试图理解激励的力量，而它一直都被我低估了。每一年，我都有一些惊喜，从而让我的极限一点点提高。"①当投资业绩与薪酬没有关联时，或者当普通合伙人(GP)和LP之间或在GP和创业家之间有冲突时，敏锐地察觉这些情况（并作出反应）尤其重要。当为了得到短期回报而忽视风险和长期价值创造时，会导致灾难的发生。

投资周期还对融资选择有多种意义。也许其中最重要的要数"饼干罐"需求哲学：当饼干罐传给你的时候，不论你饥饿与否，你都应该从罐子里拿一些饼干出来，因为你永远不知道当罐子再次传给你的时候里面是否还有饼干。最需要资金的时候，也是最难募集资金的时候，因此投资者们应该利用可以遇到的融资机会，而不是拖延融资，期待在未来某一时间为投资组合企业获得更高的估值。

还有一个相关问题是融资类型。在2008年到2009年金融危机期间，暴露出许多机构——从投资组合企业到机构投资者——完完全全的过度杠杆化。企业和机构的债务风险到底是什么类型，以及他们如何应对经济形势的突变，认真思考一下这些很重要。这是因为某家银行会向投资组合企业借出大量债务并不代表这样做就是合理的。对没有在资产负债表上体现出来，但却代表真实负债的"隐藏"债务风险的思考，也很重要。②

饼干罐原则对退出投资也同样具有意义。通常，投资机构会由于进一步上行的可能性而试图紧紧抓住投资。不过，抓住机会在获利时就退出，尤其是在市场表现出泡沫和不确定性时，有很多需要注意的地方。放弃一些潜在的未来收益，可能是为避免灾难性损失所支付的一个合理成本。从最初投资那天开始就认真思考退出，这样的忧患意识有助于确保不会错失机会，从而可以在价格有吸引力时出售股份。

最后，投资周期的意义和关于市场情况的沟通有关。当市场繁荣时，私募股权机构往往简单地将繁荣归功于他们投资的成功。当形势急转直下时，LP会怀疑并指责市场情况也就不足为奇。传达私募股权基金认为其在周期中所处位置以及公司会如何应对的信息，是一个重要的成功因素。即使当市场形势确实急转直下导致公司投资亏损，由于LP参与并默许激进投资决策这个事实，也可以把对公司声誉造成的损失限制在一定程度内。

---

① 芒格在哈佛法学院就人类误判心理发表的演讲：http://www.intelligentinvestor.com.au/articles/233/The-power-of-incentives.cfm，访问于2010年5月29日。

② 隐性债务是很多LP关心的问题，例如，在2008年金融危机之后，很多捐赠基金发现他们自己面临严峻的财务压力。他们的很多问题在于他们对太多私募股权和房地产基金承诺投资，并相信这些基金会持续返还现金流，可以用于未来的承诺出资。一旦私募股权基金无法持续返还给捐赠基金资金，学校不得不慌忙兑现他们的承诺出资。这些出资承诺并不作为学校资产负债表上的负债，因此，投资委员会对他们所面对的隐性负债感到意外。

对公共政策的意义

剧烈的投资周期也对政策制定者有意义。政策制定者总是通过干预来促进 VC 融资。(鉴于并购更复杂的影响力,政策制定者鼓励并购的做法已经少得多了。)但是这些鼓励风投活动的努力往往恰好发生在错误的时间,恶化了过热的市场。

政府官员和政策顾问自然对促进创新很关心。鼓励 VC 融资成为完成这个目标越来越流行的途径:在亚洲、欧洲和美洲,很多国家为激励这些风险投资者作出了许多努力。但是这些努力往往忽略了本章讨论的周期问题。

正如我们强调过的,VC 是一个强周期行业。此外,我们也讨论了 VC 的影响是如何变化的:在巅峰时期,很多投资似乎都是重复的,远不可能对创新产生有利影响。然而当 VC 基金处于最活跃的时期时,政府项目通常却投入最多资金,而这些政府项目的目标领域往往与风险投资者偏好的领域是一样的。

这种行为方式反映了这些政策项目被频繁评估和奖励的方式。一个成功政府项目的表面总是比促进创新的实际成功更重要。例如,许多"公共风险投资"项目的管理者会准备光鲜亮丽的宣传册,里面充斥特定企业的"成功故事"。这种做法可能会让项目经理决定对一个"热门"行业中一家成功前景可能更光明的企业投资,即使风险投资者在该领域已经进行了大量投资(并且更多资金投入对创新的影响是非常一般的)。举个例子,当风投资金大量涌入基因和互联网工具领域时,美国的先进技术项目(Advanced Technology Program)在这些领域也投入大量资金。[①]

一个更为成功的方法是解决风险融资过程所没有涉及的领域。如先前所指出的,风险投资往往非常专注于他们认为最有潜力的几个技术领域。VC 基金募资的增加——由像资本利得税变化这样的因素驱动——看起来更可能导致对现有技术领域内交易的更激烈竞争,而不是更加多元化被投资企业的类型。政策制定者为应对这些行业形势,可能希望专注于还不受风险投资者欢迎的技术领域,或者在风投资金流入下降时期,向那些风险投资者投资过的企业提供后续资金。

另外两个美国项目在执行这些政策方面似乎做得更好。美国中央情报局的 In-Q-Tel 基金通过将重点放在寻找解决中央情报局特殊需求的技术从而更有效地覆盖了传统风投融资所无法涉及的领域。[②] 与此形成鲜明对比的案例是小企业创新研究项目。[③] 对哪家企业进行投资的决策权并不在集权主体,在许多机构是下放给寻求解决特定技术需要的项目经理(比如,希望鼓励开发新复合材料的空军研究管理人员)。因此,这一项目对许多

[①] Paul Gompers 和 Josh Lerner 所著的 *Capital Market Imperfections in Venture Markets:A Report to the Advanced Technology Program*(华盛顿:先进技术项目,美国商务部,1999 年)。

[②] Business Executives for National Security(BENS)编著的 *Accelerating the Acquisition and Implementation of New Technologies for Intelligence:The Report of the Independent Panel on the CIA In-Q-Tel Venture*(华盛顿:Business Executives for National Security,2001 年);和 Kevin Book、Felda Hardymon、Ann Leamon 和 Josh Lerner 所写的"In-Q-Tel",哈佛商学院案例编号 9-804-146(波士顿:哈佛商学院出版社,2004 年)。

[③] 关于支持 SBIR 奖励项目正面影响的证明,参见 Josh Lerner 所写的"The Government as Venture Capitalist:The Long-Run Effects of the SBIR Program",载于 *Journal of Business* 第 72 期(1999 年):第 285-318 页。

无法引起传统风险投资者兴趣的非传统技术进行了投资。

当然,如果公共项目规模太大,以至于超过市场容纳的限度,也会造成风投市场过热。这些项目不仅会导致我们上述讨论的问题,而且如果公共项目规模过大,甚至会挤出或阻碍私人资金。公共基金可能会变得规模太大,以至于阻碍风险投资家对某一特定市场进行投资,因为所有有吸引力的机会都已经得到了公共基金的投资。

20 世纪 90 年代加拿大劳工基金项目就是后一问题的很好证明。[①] 当时许多省级政府为了鼓励风险投资,在 20 世纪 80 年代至 90 年代期间设立了这些基金。但是在这个过程中他们采用了一些非常奇特的元素,比如投资决策由工会管理。可以想象,工会并不熟悉风险投资过程,导致"寻租工会"情况——外部人讨好工会以便让工会允许其运营他们的基金。不出所料,工会往往让其亲信和投机经营者而不是经验丰富的投资者去管理其基金。但最让人担心的是,投资者投入劳工基金的资金数量急速增长:基金规模从 1992 年的 8 亿加元增长到 2001 年的 72 亿加元,而同期私人独立基金规模才从 15 亿加元增长到 44 亿加元(所有数据以 1992 年的 10 亿加元计)。并不意外的是,成立的基金和募集的资金远没有起到促进作用,实际上这一项目反而让行业产生了倒退。

一般来说,对于 VC 的最大帮助可能是来自于寻求增加对基金需求的政府项目,而不是来自政府资金的供给。这样的例子包括为促进早期技术商业化的努力,如 1980 年的《贝耶-多尔(Bayh-Dole)法案》和 1986 年的《联邦技术转让法》,两者都是为了提高创业家接触早期研究的能力,特别是对那些由政府资助在大学和其他研究机构开展的研究。同样,通过税收政策(例如,相对一般收益,政府会降低资本利得税率)让创业更有吸引力的努力,可能对 VC 投资额和这些投资可能产生的回报有重大影响。这些不那么直接的政策在确保风投行业在最近的动荡时期生存下来可能是最成功的。

简言之,尽管一些以促进 VC 和创业创新为目标的政府项目可能获得了正面社会回报,但是最有效的似乎是那些为有效私人投资奠定基础的项目和政策。我们分析认为,VC 市场可能受制于大量的"缺陷",而且这些缺陷可能很大程度上降低了风险投资实现的社会总收益。考虑到在过去几十年间 VC 经历的超高增长率(现在有些降低),最有效的政策可能是那些注重长期提高私人市场效率的投资,而不是在目前转型时期提供短期资金帮助的投资。

公共干预的另一面是倾向于在衰退导致低回报以及私募股权公司投资的企业高调破产时期,试图通过有问题的法规"修复"行业的缺陷。公共干预看起来通常是由衰退导致的不满引起,但最后却反而加重了衰退。

私募股权基金,特别是并购基金已纳入由监管机构监督的金融机构行列。传统上,这些基金受到的审查比较宽松。例如在美国,其投资者为少量"成熟"(例如,足够富有)投资者的基金可以豁免于 1940 年的《投资公司法案》。很多情况下,这些豁免并不是源于深思

[①] 此处是根据加拿大汽车工人协会(CAW)编著的 *Labour-Sponsored Funds: Examining the Evidence*(多伦多: CAW 研究部,1999 年);Douglas Cummings 和 Jeffrey MacIntosh 所写的"Crowding Out Private Equity: Canadian Evidence",载于 *Journal of Business Venturing* 第 21 期(2006 年):第 569-609 页;和 Katrina Onstad 所写的"Nothing Ventured, Tax Break Gained",载于 *Canadian Business* 第 70 期,(1997 年第 11 期):第 47-52 页。

熟虑的政策决定,而是源于历史原因:许多国家的金融监管架构是在私募股权行业刚开始发展的时候设计的。

但在全球金融危机后,许多政策制定者更仔细地审查了有关私募股权的法规。许多情况下,驱动这些复审的原因是,担心这些基金增加经济的波动和风险,例如,欧盟宣布[①]:

> 在金融投资内在的投资风险之外,AIFM(另类投资基金管理人)的活动给 AIF 投资者、交易对手、金融市场以及更广泛的经济带来了更多的风险……不利的市场情况已经严重影响了该行业并且有证据证明了 AIFM 在恶化市场形势中的作用。

由于上述观点,已经有几项提案寻求系统化并增加对这些机构的监管。这项法律——由欧洲议会于 2010 年提出——要求进行多项改变,比如在欧盟,任何私募股权公司投资(甚至募资)要限制杠杆率并进行披露。

虽然这些措施可能是善意的,但却存在两个基本问题。首先,在其他人——从像理查德·布兰森(Richard Branson)这样的个人投资者到主权财富基金甚至企业自身——对企业做类似投资不做限制的情况下,却针对并购基金限制杠杆率并有披露要求,这很难说是合理的。这些规定似乎只是"倾斜台面"取悦某些投资者和阻碍并购基金。此外,立法者似乎只是被关于私募股权不利影响的武断说法绑架,而这些说法——如我们在第十章中看到的——并没有真正的依据。尽管政策制定者在衰退时期渴望"有所作为"是可以理解的,但他们的反应可能并不总是合理的。

总结

私募股权是一个周期性行业。繁荣和萧条是从行业早期开始就一直具有的特点,并且该特点没有消失的迹象。为了更有效,风投和并购机构必须利用这种波动,并限制这种波动所产生的风险。

在本章,我们探讨了这一重要又有挑战性的领域。我们认为,在风投和并购市场,密集募资和投资的时期不足为奇。虽然风投的繁荣似乎与繁荣的公开市场——特别是 IPO 市场——有联系,驱动并购市场繁荣的重要因素似乎是这些交易可以获得有利条款的债务融资。

在通过供给和需求分析试图理解这些周期后,我们将视角转向投资周期对私募股权机构和私募股权所支持企业的意义。我们认为,利用周期所带来的机会很重要,但同时要将自己保护好,避免陷入必然的下跌泥潭中。我们还讨论了这些周期给政策制定者带来的挑战,以及政策干预尽管出于良好动机,实际却加剧这些周期的频率。周期是私募股权行业中一个不可避免的事实。读者朋友们,忽略周期你会有风险的。

---

① 欧盟编著的 *Commission Staff Working Document Accompanying the Proposal for a Directive of the European Parliament and of the Council on Alternative Investment Fund Managers and Amending Directives* 2004/39/EC and 2009/…/EC: *Impact Assessment*, COM(2009)207/SEC(2009) 577(布鲁塞尔:欧盟,2009 年)。

问题

1. 风险投资和并购的周期有何区别?
2. 私募股权的募资水平和公开市场存在什么关系?为什么存在这种关系?
3. AAA级和B级企业债券间的利差是如何随时间变化而变化的?这些利差对并购活动有哪些影响?
4. 在公开市场有吸引力时期,为什么经验丰富的VC和并购公司比那些经验较少的同行更活跃?
5. 在什么样的市场周期中,"净卖方"或"净买方"是有利的?
6. 为什么在繁荣时期,私募股权公司在企业不可能上市或以更高估值出售时,却愿意向企业支付比在其他时期收购时更高的价格?为什么不坐等估值预期下降?
7. 画出私募股权资金供求在此期间的变化:从2007年繁荣时期的顶峰,经历随后2008年的衰退,再到2009年复苏。
8. 虽然私募股权基金在过去数年里业绩不佳,为什么一些捐赠基金和养老金仍提高私募股权在其资产类别中的配置。
9. 你如何评价私募股权基金每年投资其20%资本这一策略(假设投资期为5年)?这种投资策略的优势和劣势是什么?
10. 在利用具有吸引力的融资市场的同时,又不让投资组合企业过度杠杆化,如何平衡?有避免过度杠杆化的控制方法吗?
11. 公共资金更好解决风险投资无法涉及领域的方法有哪些?举例说明。
12. 你对欧盟所宣称的"不利的市场情况已经严重影响了该行业并且有证据证明了另类投资基金管理人在恶化市场形势中的作用"这一观点怎么看?

第十四章

结语

本书旨在了解今天私募股权行业的运作情况。因为我们采用的大量样本研究和案例是研究过去的事件，对于私募股权行业的未来，这也许并不能为我们提供如我们所想象的那么多指导。

风投和并购行业在接下来的十年如何发展，是一个特别关键的问题，因为其近年来的增长惊人，其衰退也很剧烈，该行业对于整个经济的影响也是深远的。我们很自然就会问，该行业在过去几十年的增长是继续保持，还是会加入到曾经昙花一现的金融风尚——从投资组合保险到证券化次级债——长名单中呢？

这一系列相关的问题与风险投资（VC）和私募股权业务的地理位置有关。如我们在第一章和第八章所看到的，这个最初专注于美国和英国的行业正在不断全球化。私募股权模式在海外会发展到什么程度仍然是一个未知数。当然，除了少数几个地区，VC在全球并不怎么成功：平均来看，位于美国之外的绝大多数基金的业绩都远远落后于美国本土基金。即使在很多区域已经有成功的后期阶段交易，鉴于该行业在这些地区还处于早期，风投模式在这些国家是否能持续发挥作用还不确定。

随着2007年中期开始的经济危机的发展，私募股权行业经历了痛苦的变化，我们的担心也进一步加剧：

- 21世纪前10年中期繁荣时期一些最受瞩目的交易已经破产或者进行了艰难重组，其中包括克莱斯勒、Extended Stay America、Linens'n Things和读者文摘。
- 许多曾经欢迎私募股权投资的投资者，包括耶鲁和哈佛大学的捐赠基金，在2009财年都获得了非常负的回报。而且，另类投资在他们的投资组合中占比过高，无法轻易出售，当这些大学有财务压力时，就造成了严重的流动性危机。
- 许多私募股权机构由于经济衰退被迫裁员和减少投资活动。

这些都是合理的问题。考虑到私募股权行业前所未有的变化,我们很自然地会问,本书中描述的私募股权行业是会幸存下来,还是转型为完全不同的形式?

在本章,我们会就这些问题进行探讨。我们从考虑四种情景开始,私募股权行业会在其主要市场中沿着这些情景发展。然后我们会探讨私募股权基金在新兴市场中面对的特殊挑战。

 情景

考虑到今天私募股权行业的不确定性,很难预测其未来。不过,我们会设想一系列可能的情景,每种情景看起来都是合理的。

组织这些情景的一种方法——以一种可靠的商学院方式——是如图14.1所描述的2×2矩阵。在水平轴上,我们对比两种情况,一是投资者基础——有限合伙人(LP)——基本上一样,二是投资者基础剧烈变化。在垂直轴上,我们对比两种情况,一是私募股权基金回报合理——即与投资者承担的风险匹配,二是回报令人失望。[①]

复苏

表14.1中的情景,我们称之为"复苏",设想过去二十年行业特征下的回报率。

表14.1 风险投资和私募股权行业的未来情景

	稳定的投资者基础	变化的投资者基础
"合理"回报	情景1:复苏	情景2:回到未来
令人失望的回报	情景3:行业被破坏	情景4:LP离开

如我们在第十三章中强调的,自私募股权行业开创伊始,VC和私募股权投资的供给或需求的短期变化就一直是这个行业的特点。而且这些变化可以产生巨大的影响。例如,在出资承诺快速增长时期,会导致对私募股权投资者的更少限制、对投资组合企业的更大规模投资、对这些投资的更高估值以及造成投资者回报的下降。回报下降打消了投资者的积极性,它们转而向其他领域投资;对投资组合企业的投资则数量更少,规模也更小。实际上,第十章中讨论的一些证据显示,市场低迷时期私募股权投资者在增加企业价值方面做得更好,这会再次使市场复苏。最终回报会上升,周期继续向前。

这些规律让许多从业者认为,行业有其固有的周期性。简而言之,这种观点意味着,快速增长时期会产生大量问题,也意味着紧缩时期必将来临。私募股权机构间的激烈竞争导致他们愿意为某种类型的企业支付溢价。长期来看这是不可持续的:坚持这种策略的私募股权机构只会赚取低回报,最终无力募集后续基金。21世纪前10年中发生的事件可以被视为典型的繁荣衰退周期,只是在形式上较之前更为剧烈。

与此同时,我们不仅要考虑短期影响,考虑私募股权水平的长期决定因素也同样重要。如我们强调过的,短期来看,回报率的起伏、公开市场和债务市场的状态可能是关键

[①] 当然,就如我们在第九章中讨论的,究竟什么是合理回报是有争议的。

因素。但是决定私募股权在经济中的长期稳定供给的因素才是更重要的。

这些长期因素可能包括：经济活力程度（不论是新的创新还是企业重组），经济有活力就会创造投资机会；风投和并购投资者为投资组合企业增加价值的能力；能力很强的经理人和工程师在创业环境中工作的意愿；私募股权投资者可以出售其投资的具有流动性的竞争性市场（股票发行或收购市场）的存在。尽管短期调整很痛苦，这些更基本的因素可能对于达到私募股权活动的长期水平来说很关键。表14.2突出了短期和长期驱动因素间的区别。

表14.2 风险投资和私募股权活动的驱动因素

	短 期	长 期
供给	资产配置	项目获取策略
	其他资产价值的变化	为投资组合企业增加的价值
	分配	激励机制
	业绩记录	解决代际转换
需求	投资策略	创新
	团队组合	管理层和劳动力供给
	机构对增长和声誉的担心	经济活力
		监管环境

在研究这些更基本的因素时，过去十年在许多方面已经发生了向好的重要变化。我们已经在第十章中讨论了私募股权机构对所投资企业的影响的证据。其他更有利的指标包括，董事会——甚至在几年前一般会将私募股权机构视为"野蛮人"——更加愿意考虑将业绩不佳的部门甚至整家企业出售给私募股权基金。熟悉并适应由私募股权支持企业（比如非常倚赖股票期权）提供的就业安排的专业人员和经理人数量不断增长，这也是一个主要的变化。专利申请和奖励数量在增长，尽管部分是由于专利政策变化，但表明风险投资家可以投资的创新不太可能用尽。另外，即使面对目前的衰退，私募股权基金的潜在投资者类型在不断扩展，已经超出了美国捐赠基金和养老金的小圈子，这两股力量曾经在20世纪八九十年代推动大量的私募股权活动。最后，私募股权过程的效率已经借由熟悉其运作模式的其他中介机构得到大大提高。这些律师、会计师、管理人和其他专业人士——甚至地产经纪人——的存在，已经大大降低了建立和投资新企业或重组现有企业的交易成本。

简言之，对私募股权过程熟悉程度的不断上升，已经让这些投资的长期前景具有吸引力，甚至比之前都更具吸引力。同样值得强调的是，尽管私募股权规模在增长，但如今其规模仍然相对较小。在2009年底，对于美国机构投资者投资组合来说，对每1美元私募股权，就有将近6美元公开交易的股票。① 对于海外机构来说这一比率更不均衡。同时，国外私募股权规模相对美国本土来说要小得多。这种差异可以通过对比私募股权投资与经济规模（国内生产总值）的比率来说明。在2008年，美国的这一比率比中国的高出约

---

① 数据来自联邦储备委员会和VentureXpert。

6.8倍,比西欧要高出3.3倍。① 至少对于非正式观察人士来说,与发达经济体中的新企业、产品和工艺流程的经济作用相比,这一比率似乎是适中的。

综上,这些事实说明了第一种情景:私募股权水平在接下来的几年里可能会出现反弹。私募股权行业在近年来经历了繁荣与萧条时期这一事实,并不是新鲜事物,是普遍规律而不是例外情况。私募股权模式有许多内在优势,近期市场下跌造成的破坏不太可能一直持续。

回归未来

另一种可能性是表14.1中的情景2,源于第九章讨论过的VC和私募股权回报的不对等。正如我们强调过的,不同类别私募股权投资者获得的回报是高度不均衡的;大部分"成果"都去了捐赠基金,尤其是业绩的前三分之一。此外,如第九章提到的,私募股权整体业绩比公开股权投资没有好多少,或者可能还略微差一点。总的来说,这两个事实表明,对绝大多数投资者来说,私募股权——如果合理衡量业绩的话——是输钱的游戏。

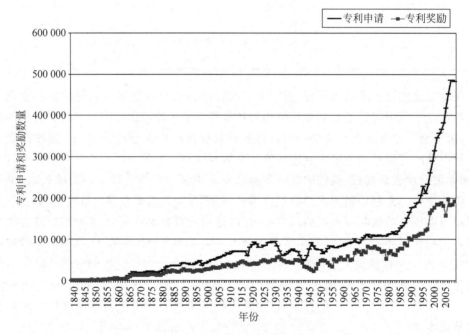

图14.1 美国专利申请和奖励

资料来源:美国专利办公室数据,访问于**2011**年**11**月**6**日。

大多数投资者在私募股权上的回报较差,这一情况可能多年来一直是这样,但是对这一情况的认识也许只是最近才得到越来越多的关注。许多LP最初也许会愿意将不佳回报,归咎于项目时间还不长而不是归咎于私募股权项目本身。一般来说,随着金融危机开

---

① 我们使用2008年进行对比,因为2009年对于私募股权投资来说是一个异常年份。这些统计来自欧洲风险投资协会编写的 *EVCA Yearbook* 2009(扎芬特姆,比利时;欧洲风险投资协会,2009年);清科编写的《中国风险投资报告,2009年》;和汤森路透私募股权数据库。

始,许多LP会用怀疑的眼光去看待整个金融界,并开始怀疑过去几十年内所宣称的出色业绩是不是假象。因此,近期在许多投资委员会上对私募股权适当性的争论,也就不足为奇了。

这种情景表明,许多这类对话会说服投资者退出私募股权投资。我们可能希望这种兴趣上的衰退不是普遍的:有较好回报的LP也许仍会留在该行业,而其他LP可能会认为这种投资项目产生的回报还不够管理这些麻烦事。

此外,我们可能认为,最大和最小的投资者最有可能退出这个投资领域。小基金可能认为,他们没有足够的规模进行这些投资,因为其所需的时间和精力实在太多了。而规模最大的基金可能认为他们的选择太少——鉴于他们需要运用的资金数量和评估私募股权机构的复杂性,他们只能投资少量非常大的机构。

另外一种情景是,想象一下20世纪80年代的回报,当时私募股权投资由那些中等规模的老练投资者主导,比如企业养老金和捐赠基金。大量其他投资者的退出,对于那些仍然留在私募股权中的投资者来说是个好消息:就投资顶级基金来看,来自其他LP的竞争会更少,考虑到其竞争者在募资上变得困难,这些顶级基金在投资时面对的竞争也会更少。这反映了我们在第十三章中讨论的机制,这样的环境中应该能看到生存下来的基金和机构投资者会有出色的业绩。

有限合伙人的离开

来自表14.1的第二组情景,预计VC和私募股权基金没有获得投资者所期望的回报率——表现出灰暗的前景。在情景3中,我们预计持续的低回报和存在问题的组织结构可能会让许多投资者离开。

正如情景2指出的,为什么许多LP的退出不会引起回报的上升?一种可能性是由管理费引起的总回报和净回报之间的差距太大,无法克服。如第二章讨论的,尽管基金规模扩大了好多倍,但现在的费用结构与行业早期的费用结构却是一样的。因此,即使私募股权行业规模缩小会导致总回报明显上升,但是LP获得的净回报可能仍然不太令人满意。

值得指出的是,过去LP一直寻求解决费用水平高这一问题,却没有成功。在20世纪90年代早期私募股权行业下滑之后,九家大型公共养老金委托William M. Mercer, Inc.这家咨询公司进行了一项研究。在1996年11月发布的报告中指出,到目前为止这些投资者经历的不佳业绩是由私募股权薪酬条款引起的。该报告建议减少管理费,并以实际支出为基础;收益分成改为低于20%;普通合伙人(GP)向其管理的基金注入更多资金。但是这些建议"胎死腹中",GP从来没有认真对待过。早先英国的LP的类似努力也同样付之东流。

悲观主义者也许会认为这些努力之所以没有成功不仅是因为时机不对或者观点不合适,而是因为私募投资投资者的薪酬问题可能基本上无法解决——在某种程度上说,这是无法独立解决的。LP群体分布在不同地区的不同类型机构中。LP有多拥护团结,他们之间对参与顶级基金的竞争就有多激烈:如我们在第九章中看到的,业绩的极端扭曲使得参与合适的基金成为成功的关键。此外,当关键领袖频繁地跳到基金之基金或私募股权机构薪水更高的位置上时,保持 LP 群体内部的凝聚力就变得很困难。

所有这些因素可能导致有限合伙人数量的急剧缩减。普通合伙人可能被迫退出业务或者募集规模小得多的基金。初创企业或者成长型企业的高管可能被迫逐渐从非正式资金来源(比如,家族成员或天使投资机构)融资。

恐怕读者会认为这种情景过于牵强,但是确实存在历史先例。举个例子,在 20 世纪七八十年代,石油和天然气基金的 LP 在捐赠基金和其他具有前瞻眼光的 LP 中很受欢迎。但是当这类基金失去了税收方面的优势并且原油价格下跌时,收益及股息都急剧下降,投资者大失所望并削减他们对这类基金的承诺出资。私募股权行业发生了巨变,只有保守的合伙企业生存下来,产生的回报也和债券类似,吸引的也大部分是零售投资者。[①]

行业被破坏

最后一种可能性情景 4 表明,尽管 VC 和私募股权基金的回报让人失望,但是该领域可能会继续聚集大量的资金。由于第九章中所强调的一些衡量问题以及组织机制,可能会让很多大型机构投资者中的私募股权专家不情愿去建议放弃自己的专长领域,这些机构可能会继续募资,即使没有什么回报率。这一状态可能持续十年或更长时间。

心存疑虑的读者也许又会质疑,这种情景是否真的会发生——毕竟,这种情景与市场效率的标准概念差异太大。但是近年的历史却表明,这种情景并不是完全不可能。美国风险投资行业近期的历史就是一个证明。

图 14.2 显示了成立年份不同的风投基金(我们并未将最近成立的风投基金包含在内:鉴于风险投资的长期性,如我们在第六和第七章讨论的,期望这些基金通过向其投资者实际返还资金的方式产生大量回报是不合理的)分配资本与实收资本的比率——支付给 LP 的资金与收到资金之间的比率。[②] 给定年份的比率数值为 2,表明平均(或中值)风投基金的投资者获得的资金是其最初投入资金的两倍。从 2009 年后期的获利点来看,投资者在平均和中值风投基金中的资金被返还的最早的基金年份是 1997 年,整整 12 年前。在后续年度中,典型投资者的这一比率低于 1。尽管这些投资组合中可能还有投资没有进入收获期,这些投资可能仍然可以有收益地退出,从而扩大分配资本和实收资本的比率,但是投资者确实已经为他们的回报等了太久。

从图 14.3a 和图 14.3b 中,我们能看出这个问题的一个可能原因,这两幅图显示了美国风投基金的月度投资和退出的资金。[③] 如果我们忽略 1998 年到 2000 年这些泡沫年份,我们会发现在泡沫产生前几年投资率的剧烈变化。投资率增长了大概十倍:从年投资约 20 亿美元到 200 亿美元以上。当我们观察退出率时,我们会发现除了几个例外月份(比如 2004 年 8 月,谷歌的 IPO 月份;2007 年上半年,风投支持的 IPO 全面开花),基本

---

① James J. Murchie 所写的 "Master Limited Partnerships—Lessons from History",载于 *Investment Management Association*,2008 年 3 月/4 月,http://www.imca.org/cms_images/file_462.pdf,访问于 2010 年 11 月 24 日。

② 这些数据来自不同的汤森路透私募股权数据库。

③ 这些数据来自咨询公司 Sand Hill Econometrics 的记录。使用企业上市日期作为从风险投资家投资组合中退出的日期,而不是股份被分配给投资者或在公开市场出售的日期(参见第七章中关于退出的讨论)。

没有变化。尽管投资快速增长,首次公开发行和收购却基本维持在同样数量。这造成了低实现回报率和投资者的不满。①

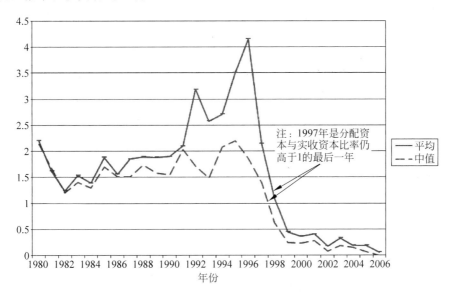

图 14.2　不同成立年份美国风投基金的分配资本和实收资本的比率
资料来源:数据来自汤森路透私募股权数据库,访问于 2010 年 10 月 15 日。

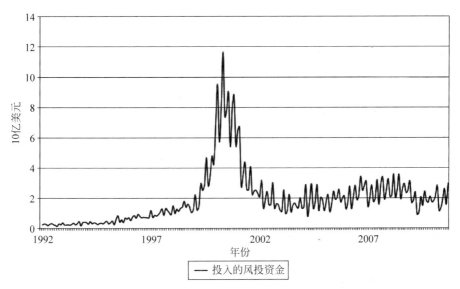

图 14.3a　1991 年 12 月到 2010 年 6 月之间投入的风投资金
资料来源:数据来自 Sand Hill Econometrics。使用经过授权。

---

① 当然,在后泡沫时期,公开市场也在萎缩。如果和公开市场标杆比,风险投资这一时期的回报看起来要问题小得多。

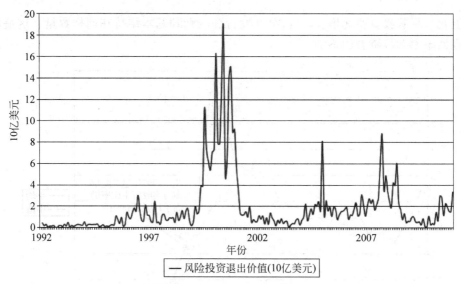

图14.3b 1991年12月到2010年6月之间的风投退出

资料来源：数据来自Sand Hill Econometrics。使用经过授权。

这种情景产生一种非常不愉快的结果。LP会继续向风投和并购基金投资，无论是出于固执、自身兴趣还是误导性数据，但却不会有回报，尽管这对于GP来说可能是个好消息，因为这样他们可以继续运营，但却很难认为社会整体上从这种结果中得到了好处。

总结

区别以上所展示的四种情景具有挑战性。每种情景都有其合理原因。我们往往会看到第一种和第二种情景发生的可能性更大，但也许我们只是乐观主义者。

 ## 一些具体预测

不管私募股权行业的整体走势看起来如何，我们认为对其进行一些更具体的预测是有可能的，不论该行业如何演变，这些所预测的情况都是可能发生的。在本章这一部分，我们会考察一些要点。

越来越重要的新兴市场

在未来几年，VC和私募股权活动增长可能会在发展中国家大量发生。如我们在第八章看到的，从21世纪初开始，对于新兴经济体的兴趣不断增强，这种趋势是很明显的。我们认为，尽管2008年金融危机和随之而来的经济衰退对每个地方的私募股权基金都有负面影响，但可能会加速这一趋势。

我们的预测基于几个原因。某种程度上，这反映了发展中国家自身的内部状况：经济危机时经历了大量阵痛；但是很明显，在先进的新兴市场，恢复速度会更快。此外，考虑到在相当长一段时期内可能都无法获得债务融资，发展中国家VC的成长型股权交易可能会特别普遍。最后，对于风投和私募股权投资者可以提供的帮助的需求——我们在

第二章到第六章探讨的机制——在许多新兴经济体中明显是最强烈的,在这些经济体中(通常是运营不正规的)家族业务主导着经济。

与此同时,在 VC 和私募股权向发展中国家转移的过程中,必须承认所存在的挑战。许多先驱基金的低回报率支持这一观点。例如,在发展中世界,在此定义为加拿大、美国、西欧、澳大利亚、日本和新西兰之外的国家和地区,活跃的风投、成长型和私募股权基金在过去二十年的回报让人失望。如果我们看一下这些基金的简单平均回报率,他们的年化回报率只有 3.8%,[①] 加权平均回报率(即,当我们给更大规模的基金分配更多权重时)则更低,负的 1.5%。这些回报率低于持有最安全的国债所获得的回报率,比持有公开发行股票的回报则要低得多。

对这些规律很自然的一个解释是:他们反映了在像中国和俄罗斯这样的市场,要进行成功的投资面临不少挑战,包括监管的不确定性、缺乏经验的创业家以及存在问题的司法制度。事实上,美国 VC 行业早期的回报率也是类似的。尽管先驱 VC 基金美国研究与发展公司(ARDC)从投资数字设备这家企业获得了非常高的回报,其年化回报率也只有 14.7%。[②] 这一数据可能看似体面,但我们必须知道这仅仅是其中一只基金,而我们要和平均值去比较。在 ARDC 活跃时期,市场上曾经有数十只基金,而如今其中的绝大多数已经被遗忘了。考虑到这些消失的基金多半比 ARDC 要差得远,美国 VC 行业在其早期时的回报与新兴市场基金在其早期时的回报相比,可能也好不到哪里去。这一规律表明,无论创业活动的最终回报是多么有前景,VC 市场早期的回报可能还是很低。在美国 VC 行业早期,有太多基金规模都太小,并且都由缺乏经验的投资者管理。在其他情况下,市场只是过于不发达——招聘员工或保护初创企业的创意很困难。

同样,我们不应该指望新兴市场的 VC 会一帆风顺。即使不发生金融危机,缺乏经验的机构和那些在不成熟市场中运营的机构也会遇到许多挑战。尽管有这些不如意并且需要保持谨慎,但要对许多新兴市场(从土耳其到拉丁美洲到非洲)中 VC 的长期前景不乐观都很难。另外,我们认为,成长型股权可以利用其向较大企业的风险型扩张投资的能力,而并购则会帮助企业集团合理化或帮助家族企业实现代际转换,这两类基金也会发现他们在这些市场中的立足之地并体现他们的重要性。

对激励的重新思考

另一个开放性问题与私募股权公司的治理有关。LP 的宽松治理模式(依靠薪酬激励来确保 GP"做正确的事")也许走到了尽头。如今,LP 基础在变化并且更加广泛,可能更需要保证其资金得到谨慎的管理。20 世纪 90 年代后期和 21 世纪前 10 年中期的泡沫破灭引发了尖锐的问题。私募股权专业人员的数量也迅速扩大,而他们却不具备众多行业先驱所具备的历史与文化。如之前指出的,习惯于将上市企业纳入详细治理结构之下

---

① 这些计算是作者进行的。这些计算是基于 Josh Lerner、Antoinette Schoar 和 Wan Wongsunwai 在其写的 "Smart Institutions, Foolish Choices: The Limited Partner Performance Puzzle"中所描述到数据库的更新版本,该文载于 *Journal of Finance* 第 62 期(2007 年):第 731-764 页。

② Patrick R. Liles 编著的 *Sustaining the Venture Capital Firm* (剑桥,马萨诸塞州:管理分析中心,1978 年),第 83 页。

的监管机构,对私募股权越来越感兴趣。

所有这些因素都指向对私募股权机构治理方式的不断增加的关注,也许是对治理方式根本上的重新思考。令人忧虑的是,尽管就治理而言,私募股权所投资企业的评价最高,但由于总体上缺乏透明度,私募股权机构本身治理的评价必然很低。如我们在本章先前指出的,强大的势力使得改变私募股权和风投机构的薪酬方式很困难。但是我们希望——也谨慎地预测——这个行业至少在两个维度上会看到变化:

1. GP获得的薪酬总水平可能保持不变,但是其获得薪酬的方式有望改变。对交易和差旅费不断增加的关注,可能转化为激励薪酬方面的更广泛变化。如今,并购基金几乎普遍获得利润的20%,而风投基金则获得利润的20%到30%,就如我们在第二章中看到的。也许有人觉得奇怪,为什么我们把更高的收益分成率——会明显减少LP获得的支付——视为一件好事。我们认为,将管理费转变为收益分成会让LP与GP之间的利益更加一致,而行业作为整体会因此而受益。

2. 如我们在本书第七章和其他章节所讨论的,募集新基金的需求会极度扭曲私募股权基金的行为,导致其在募资时采取多种措施让其投资看起来漂亮,即使这些措施长期来看会影响其业绩。募资很明显是这一过程中的重要一环。但是如果基金转变为像General Atlantic——每年轮流从其合伙人中募集资金(本质上是一系列小型基金,而不是一只大型基金),而不是每隔几年就募集一只大型基金——那样的模式时,可以减少这些扭曲。

就像我们已经认识到的,探索出一套适合私募股权基金的薪酬机制对该行业来说是一个很大的挑战。但是我们确定,与沿用至今的方法相比,有更好的方法奖励投资者,我们对该行业朝这个方向发展持谨慎乐观态度。

公共领域的影响不断增强

如我们在第十章中强调的,公共领域可能决定VC和私募股权行业在未来的发展方向。考虑到另类投资基金在经济中的规模和发挥的作用不断增大,某种程度上,这一趋势可能已无法避免。但显而易见的是,21世纪前10年后期发生的金融危机让政府更多地参与到经济活动中,并且参与程度是过去几十年所未有的。

政府参与可能有其两面性。一方面,VC行业在全球许多国家和地区可能面临的持续挑战,除了会导致对创业家的直接融资不断增加外,还会导致对风投基金的补贴不断增加;另一方面,由于认识到有必要防止另外一场金融危机——并且在许多国家缺乏对私募股权行业的政府支持,会增加对并购基金的监管。

这些尝试的结果现在还很难预测。如我们之前强调的,政府试图鼓励风险投资而造成的后遗症是复杂的。最近的政府项目多种多样,有的项目是有想法的尝试,其他则只是简单重复过去的错误。我们希望政府能够学习并分享这些成功,逐步提高这些项目的影响力。

监管风潮可能会席卷一些国家的并购基金甚至风投基金,其造成的结果同样难以预测。就限制我们在第十三章中讨论的极端周期而言,透明度增加可能确实对行业有利。但是金融监管的历史充斥了严苛的政策,产生了无意的后果,在某些情况下,政府官员试图通过监管关闭某些行业。一个结论是显而易见的：在向监管者和官僚解释其经济作用方面，以及其对社会贡献的重要性方面，私募股权行业需要做得更好。

制度化挑战

我们认为，在第十一章特别是第十二章中讨论的行业制度化，会继续成为争议和讨论的焦点。随着资产的集中和投资组合的增长，私募股权中投资组合的管理会变得越来越重要。这是一个有更多竞争、透明度、培训和知识的更有效率市场的自然结果。

这一趋势可能会与行业的快速全球化相互影响。但是考虑到经验丰富个人亲自参与的重要性，各地区的制度化过程不太可能一帆风顺。积极投资是行业回报的关键，但是在全球不同地区，积极投资到底意味着什么并没有明确的样板。美国模式在海外将会传播到什么程度，这个过程中美国模式会在多大程度上被成功采用，是令人特别感兴趣的问题。在未来的十年，私募股权管理人必须确定什么是可以全球化的，什么是可以本土化的。

私募股权公司的规模化是增长和全球化的自然结果。但是资金的注入先于公司的组织发展，公司已经在挑战组织投资其资产的极限。在风险投资行业，风险投资的规模化极限在21世纪初得到了很好的证明：22家在其单只基金中募集了超过10亿美元的VC公司，有19家缩减了他们基金的规模。在未来，最大的并购基金面临同样的挑战也不足为奇。解决管理多地域、大量资金和大量独立投资专业人员这些问题，是该行业的首要重点，但是很难找到简单答案。

结语

就如我们从第一章介绍的私募股权简史以及本书许多其他部分看到的，私募股权是一个年轻的行业。在其相对较短的历史中，私募股权往往剧烈变化和大逆转。不稳定和变化成为其主要特征。

尽管这种变化有后遗症，但是我们却很难不认为，我们今天处于一个伟大的变革时期。投资者会质疑关于该行业的很多假设及该行业能产生的回报。行业特有的交易类型也在迅速变化，从巨型交易转向小型成长股权交易，并且许多都发生在新兴市场。相对于几十年前，主导行业的参与者在未来几年可能会有更大的变化。

变化让人不安。但与此同时，不论是对那些准备加入该行业，还是募集新基金，甚至已经在该领域成功投资的人来说，变化也创造了巨大的机会。尽管在未来几年内失望与成功并存，但是有一点是确定的，私募股权行业——无论是风险投资还是并购——都会是一个非常有意思的行业。

问题

1. 为了在一个新地区促进风险投资和创业创新，你会如何设计政府项目？
2. 假设你是一位经验丰富的私募股权专业人员，打算成立你自己的公司。在募集首次基金中,你可能会面临什么样的挑战,你将如何克服?你希望如何构建你的公司,如何吸引人才?

3. 假设你的私募股权公司已成功投资了两只基金,并打算扩张。那么,你的公司增长策略是什么,可能有哪些陷阱?

4. 作为有限合伙人,如果这是你第一次向私募股权和风险投资投资,你会如何构建你的投资组合?该组合随时间会如何变化?

5. 在你看来,私募股权的前景如何,会如何演变?还会有机会获得巨大回报吗?行业中参与者的数量会增加还是减少?私募股权投资者和LP会从失误中吸取教训吗?为什么会或者不会?

6. 你认为充满活力的私募股权行业能够带来的最重要积极影响是什么?将风险投资和并购分开考虑的话,你的答案会发生怎样的变化?

7. 私募股权的最大风险是什么?当你分开考虑风险投资和并购时,你的答案会发生怎样的变化?

术语表

加速（acceleration）在雇佣协议中的一个条款,允许雇员在股份行权时间表允许的时间前执行其全部或部分股票期权,通常会在企业被收购时发生。

可信投资者（accredited investor）在《1940年投资公司法案》下,根据净财富或收入满足某种测试的个人或机构。

调整后现值（adjusted present value,APV）净现值方法中的一个变量,该方法特别适合企业负债水平有变化,或者企业过去曾有运营亏损,可用于抵消纳税义务的情况。

顾问委员会（advisory board）对私募股权机构提供意见的一组有限合伙人或外部人。例如,委员会可以为总体基金战略或在每个财年末对私人持有的企业进行估值的方式提供指导意见。

代理问题（agency problem）在管理人和投资人之间的冲突,或更普遍地说,受托人并没有内在地想按照（雇佣他的）委托人的希望行事。

有限合伙协议（agreement of limited partnership）参见合伙协议。

天使（angel）投资创业企业的富有个人。尽管天使在许多作用方面和风险投资家一样,但他们用自己的资金进行投资,而不是机构和其他个人投资者的资金。

反稀释条款（anti-dilution provision）优先股协议中的一个条款,如果企业以低于现有优先股投资者当时购买股份时的价格进行后续融资,优先股持有人持有的股份数量（或持有企业股份的比例）会向上进行调整。

经转换之后的股份（as-converted basis）假设一家企业可以转换为普通股的所有负债和股权都已经被转换为普通股的情况下,对一家企业流通股份的计算。

资产配置（asset allocation）机构或个人投资者设定其投资组合如何在不同资产类别间进行划分的过程。

资产类别（asset class）许多投资类别——比如债券、房地产和私募股权——中的一种,机构和个人投资者会在进行资产配置时考虑。

经理（associate）私募股权公司中的专业雇员，还不是合伙人。

信息不对称问题（asymmetric information problem）协议的一方由于参加日常经营，因此对企业的了解比另一方更深入，这时所产生的问题。这个问题可以发生于创业家和投资者、战略合作伙伴或客户之间；或发生于企业现有和未来投资者之间；或当地办公室和远距离的总部之间。

银行书（bank book）对一家待出售企业的描述，由负责交易的投资银行准备。也称为机密信息备忘录（CIM）。

基点［basis point，bp or bps］1％的百分之一，或0.01个百分点。利率通常定义为"LIBOR加一定数量的基点"。

选美比赛（beauty contest）私募股权投资者和计划上市企业的管理层选择一家投资银行的过程。投资银行会展示他们的资质、推介企业的想法、他们已经带上市的类似企业、他们对股价的预期以及将提供跟踪研究服务的分析师。

基准（benchmarks）一只基金或一家企业用于和其他类似基金或企业比较的业绩指标。

代销（best efforts）投资银行同意尽其最大努力将一家企业的股票出售给公众，但是并不购买全部股票，因此并不对任何未售出的库存股票负责。

贝塔（beta）度量一家企业的市场价值随整体市场价值指数变化而变化的程度的指标。例如，如果一只股票的贝塔值为0，那么表明这只股票与市场没有相关性，而如果贝塔值为1，则通常表明这只股票反映了市场的变化，而如果贝塔值大于1，则表明当市场变化时，这只股票会有更大变化。

累计投标询价（book building）作为IPO的一部分，一家投资银行发现买方愿意为股票所支付价格的过程。在阅读初步招股说明书后，投资者会提交他们愿意在不同价位上购买股票的数量，本质上会生成股票的需求曲线。

净值市价比（book-to-market ratio）一家企业的股权会计（账面）价值与市场赋予它的股权价值（即，流通股数量和股价的乘积）的比率。

大牌投行（bulge bracket）通常用于指最有影响力和最成熟的顶级投资银行。

并购（buyout）参见杠杆并购。

买入期权（call option）在指定期间以某一价格（或价格区间）购买一只证券的权利，但不是义务。

可赎回证券（callable）证券发行人有权从证券持有人回购的证券。

资本支出（capital expenditure，也称为capax）企业用于升级其业务运营的支出。

资本结构（capital structure）一家企业所募集股权和债务的比例。

管理下的资本（capital under management）参见承诺资本。

收益分成（carried interest）分配给一家私募股权合伙企业普通合伙人的相当比例的利润，通常在20％左右。

可用于偿付债务的现金流（cash flow available for debt service，CFADS）银行在为LBO交易提供融资时考虑的一个会计指标。在有非现金收入或必须为其他用途保留现金的情况下，CFADS不同于EBITDA。

现金的现金回报率（cash-on-cash return）计算回报率的一种简化方法，计算方法为：从投资中收到的资金总额（或返还的现金加上投资组合的目前价值）除以开始承诺的资本金额。如果LP在一只基金中投入5 000万美元,在扣除费用后收到总计为2亿美元的资金,那么现金的现金回报率为4倍。有时也称为回报倍数。

追赶(catch-up) 有限合伙协议中的一个条款,经常和优先回报条款共同使用。该条款允许在有限合伙人收到其资本和优先回报后,普通合伙人收取所有或大部分的分配资本。这种追赶条款一般会保持有效,直到普通合伙人收到合同规定的分配资本份额(例如,20%)。

背书(certification) 一家有影响力的私募股权投资者或其他金融中介为一家企业或个人提供的"认可标志"。

回补(claw back) 有限合伙协议中的一个条款,要求普通合伙人如果收到比合同规定份额更多的分配资本,在基金存续期结束时将资金返还给有限合伙人。

封闭式基金(closed-end fund) 公开交易的共同基金,其份额必须出售给其他投资者(而不是像开放式公募基金那样从发行企业赎回)。许多早期风险投资基金采用这种结构。

募资完成(closing) 一家投资者或一组投资者签署合同,该合同要求他们向一只私募股权基金提供一系列资金。通常,这些资金的一部分会在募资完成时提供。单只基金可能会由多次募资完成。

跟投(co-investment) (a) 私募股权融资轮的辛迪加(参见辛迪加)或者(b)在一轮融资中,单个普通合伙人或有限合伙人和私募股权基金一起投资。

领子期权(collar) 相同数量的买入和卖出期权(执行价格上略有不同)的组合。

商业银行(commercial banker) 零售银行服务(投资银行服务则不同,主要是股票承销和并购建议)提供商,提供核对、储蓄和贷款服务。

承诺资本(committed capital) 承诺向一只私募股权基金提供资本。通常,这些资本不会一次性收到,而是在基金成立后的3年到5年逐步收到。

普通股(common stock) 通常由管理层和创始人持有的股权。一般,在首次公开发行时,所有股权会转换为普通股,该类股票通常没有特殊权利。也称为普通股本。

社区发展风险投资(community development venture capital) 由非营利机构组织的风险投资基金,通常有两个目标:鼓励经济发展和产生财务回报。

伴随基金(companion fund) 通常随一只传统私募股权基金同时募集的一只基金,限定在一家私募股权机构的密切合作伙伴。相比传统基金,这些基金一般会有更友好的条款(比如,降低管理费,没有收益分成)。

合并(consolidation, roll up) 一种私募股权投资策略,将几家小企业合并,利用规模经济或范围经济。

转换比率(conversion ratio) 单位可转换债务或股本可以交换成的股份数量。

可转换股本或债务(convertible equity or debt) 在某种情况下可以转换成另一种证券(通常是普通股)的证券。可转换股份一般有普通股没有的特殊权利。

合作研究和开发协议(cooperative research and development agreement, CRADA) 联邦所有的研究机构和私人企业之间的一种合作协议。这类协议在20世纪80年初首先由美国国会批准。

企业风险投资(corporate venture capital, CVC) 企业设立的一种机构,投资于企业之外的初创企业,或企业内发起的商业概念。这类机构通常以企业子公司的形式组建,而不是有限合伙企业。

企业重组(corporate restructuring)

重新设计一家企业并提高其竞争力的过程。通常发生在杠杆并购中,尽管也可以发生在成长资本投资中。

限制性条款(covenants)协议中的一类条款,规定或限制某种行为。

信用紧缩(credit crunch)由于监管行动或经济情况的变化,可以获得的银行贷款或其他债务融资急剧减少,特别是针对小企业的融资。20世纪90年代初的美国就是这样的。2008年和2009年也是这种时期。

累计可赎回优先股(cumulative redeemable preferred stock)参见可赎回优先股。

折旧(depreciation)(生命周期长而有限的资产的)价值逐渐减少的过程。

稀释(dilution)创始人和现有股东所持有企业的股份比例减少,和一轮新融资有关。

直接投资(direct investment)有限合伙人或基金之基金向一家创业企业或重组企业进行的投资。

支付(disbursement)私募股权基金向企业进行的投资。

不良债务(distressed debt)一种私募股权策略,购买一家财务上处于困境企业的打折债券。不良债务投资者通常会将其持有的债务转换为股权,积极介入处于困境企业的管理。

分配(distribution)将一家(通常是公开交易的)投资组合企业的股份或现金从私募股权基金转给每个有限合伙人和(一般是)每个普通合伙人。

贬值轮(down round)企业估值低于前一轮融资的融资轮。

注资(draw down)参见资金到位。

尽职调查(due diligence)在私募股权投资之前对商业计划书的审核和对管理团队的评估。

息税前盈利(earnings before interest and taxes,EBIT)在对利息支出或纳税义务进行任何调整前的企业盈利能力指标。该指标经常用于比较有不同负债水平的企业。

息税折旧摊销前盈利(earnings before interest, taxes, depreciation, and amortization,EBITDA)在对利息支出、纳税义务或与收购和资本支出有关的非现金支出调整前,企业的盈利能力指标。该指标经常作为自由现金流的近似,用于评估企业偿还债务的能力。

《雇员退休收入保障法案》(employee retirement income security act,ERISA)1974年法案,对企业养老计划进行了立法。参见谨慎人原则。

捐赠基金(endowment)由许多大学、医院、基金会和其他非营利机构持有的长期金融资产。

设备注资进度(equipment takedown schedule)在风险租赁合同中,承租人可以或必须提取资金购买预先批准的设备。

股权附带(equity kicker)一种交易,少量股份或认股权被加到主要是债务融资的交易中。

永续基金(evergreen fund)一种基金,有永久资金池,不需要定期募资。古老的家族理财室的私募股权机构一般都是永续基金,因为家族信托会提供所需资金。

执行价格(exercise price strike price)每一股股票可以(在购买期权下)购买或(在出售期权下)出售的价格。这个价格会在订立协议时设定。因此,雇员股票期权的执行价格,通常会在该雇员加入企业时就确定。为了执行期权,雇员必须以执行价格购买股票,并以市场价出售股票(如果企业已经上市)或出售给另外一家收购方。

扩张资本（expansion capital）参见成长资本。

外部企业风险投资（external corporate venture capital）企业风险投资项目，投资于企业之外的创业企业。这类投资通常会和其他风险投资家的投资一同进行。

融资轮（financing round）私募股权机构向企业提供资本。由于风险投资机构一般分阶段提供资本，一家典型的风投支持的企业会在几年时间中接收几轮融资。

包销（firm commitment）一种承销方式，承销商通过从企业购买证券然后再出售，保证企业能够获得某个购买价格。在现实中，交易直到交易前一天晚上才会最终确定，因此，承销商承担的风险通常非常低。

第一次关闭（first closing）一只基金的首次关闭。在这个时间点上，公司一般可以开始通过新基金进行投资了。

首次收益分成（first dollar carry）有限合伙协议中的一个条款，允许普通合伙人在实际投资的资本已经返还给有限合伙人时，就可以收到收益分成。更传统的方式是，在普通合伙人收到收益分成之前，已投资资本和管理费必须返还给有限合伙人。

首只基金（first fund）私募股权机构募集的首只基金；也称为首次基金。

流通股比例（float）在公开市场情况下，指企业股份在外部投资者手中的比例，和企业内部人持有的股份相对。

后续基金（follow-on fund）私募股权机构首只基金的下一只基金。

后续发行（follow-on offering）参见增发新股。

10-K 表格（form 10k）美国证监会要求每家公开交易企业以及某些私人企业提交的年度文件。这些声明提供关于企业的各类不同总结性数据。

《40 法案》（'40 act）参见《1940 年投资公司法案》。

自由现金流问题（free cash flow problem）运营或投资不需要的现金，试图进行浪费性花费。

"朋友与家庭"基金（"friends and family" fund）参见伴随基金。

完全棘轮反稀释（full ratchet anti-dilution）在后续轮次融资价格低于更早轮次融资的情况下，根据两轮融资价差，补偿更早轮次投资者的一套系统，以保证更早轮次投资者的所有权比例保持不变，就像更早轮次投资者以新的较低价格购买股份一样。

基金（fund）私募股权机构定期募集的一个资金池。私募股权基金通常会以有限合伙形式，一般存续期为十年，尽管也可能会延长几年。

基金之基金（fund of funds，FOF）主要投资于其他私募股权基金的基金，而不是投资于企业，通常由投资顾问或投资银行组建。

看门人（gatekeeper）参见投资顾问。

普通合伙人（general partner，GP）有限合伙企业中的一类合伙人，负责基金日常运营。对于私募股权基金来说，风险投资家或并购专家不是普通合伙人就是作为普通合伙人公司的股东。普通合伙人承担基金债务的所有责任。

《格拉斯-斯蒂格尔法案》（Glass-Steagall act）1933 年的一部法案，限制美国商业银行持有股权和进行承销活动。

逐名问题（grandstanding problem）创立不久的私募股权机构有时会采用的一种策略，为了展示成功的业绩记录，将创立不久的企业推上市，即使企业还没有为上市做好准备。

绿鞋期权（green shoe option）承销协议中的一个条款，允许承销商在发行时出售额外数量（通常是15%）的股份。

成长资本（growth capital）（通常）由私人持有的运营企业（一般是已经盈利的企业）出售其股权，以募集资金，增加产能、提供流动资金或进一步开发产品。风险投资基金和中等规模并购基金都进行成长资本投资。

成长股本（growth equity）参见成长资本。

对冲（hedging）一种证券交易，使得投资者可以限制现有资产或金融债务价值变化而可能引起的损失。例如，一个农户可以通过在收割前同意以某一个价格出售其部分农作物，来对冲农作物价格波动带来的风险。

羊群问题（herding problem）一种情形，在这种情形下，投资者尤其是机构投资者，会进行彼此相似的投资，而不是自己希望的投资。

热点发行市场（hot issue market）对新证券发行（特别是首次公开发行）的需求很高的市场。

最低资本预期回报率（hurdle rate, bogey）(a)设定的一个回报率，有限合伙人在普通合伙人可以开始分享任何分配之前，必须收到的回报率，或(b)基金的净资产在普通合伙人可以开始分享任何分配之前必须达到的水平。

绝对回报率（implicit rate）也称为绝对收益。风险租赁里的绝对回报率是在考虑（作为交易一部分的）认股权影响之前的年回报率。

价内期权（in the money）如果立即执行则有正向价值的期权或认股权。

无意投资公司（inadvertent investment company）碰巧符合《40法案》所定义投资公司类别下的运营公司。

基础设施基金（infrastructure fund）募集后投资于基础设施的基金，这里的基础设施通常指像收费公路、水务系统或港口设施这种回报稳定但不高，而且长期来看低风险的项目。

基础设施投资（infrastructure investment）私募股权公司投资基础设施（参见基础设施基金）的过程。私募股权公司不必募集一只基础设施基金投资于这种资产。

首次公开发行（initial public offering, IPO）将一家还未在公开股票交易所交易的企业股份出售给公众投资者。投资银行通常会承销这些发行。

内部人（insider）董事、高管或至少持有一定比例（通常是10%）企业股本的股东。

无形资产（intangible asset）专利、商业秘密、专有技术、品牌资本或其他非物理资产。

知识产权（intellectual property，IP）创造的（有市场价值的）想法（专利、过程以及类似事物），并可以获得法律上的保护。

内部企业风险投资项目（internal corporate venture capital program）一种企业风险投资项目，投资于企业内部产生的商业想法。

内部回报率（internal rate of return, IRR）投资资本赚取的年化有效复合回报率；投资收益率。对于风险投资和并购公司，资金待在投资中的时间越长，所返还资金相当于初始投资的倍数就越高，以获得合理的IRR。

内部创业（intrapreneuring）一种企业风险投资项目，投资于企业内部产生的商业想法。该术语一般专门应用于企业准备重新收购其新的创业企业时的场景。

投资顾问（investment advisor）一种金融中介，在私募股权和其他金融资产投资中，帮助投资者特别是机构投资者。这种顾问会为其客户评估潜在的新私募股权基金，并监督现有投资的进展。在某些情况下，他们会将其投资者的资金集中于基金之基金。

投资银行（investment bank）一种金融中介，可以承销证券发行、协助兼并收购以及为其自营账户交易证券。

投资银行家（investment banker）在投资银行工作的金融专家，可以承销证券发行、协助兼并收购以及交易证券。

投资委员会（investment committee）通常由私募股权基金普通合伙人组成的一个机构，评审潜在的和已有的投资。该委员会可能还指一组人员，负责建议或监督机构投资者投资人员的行为。有时也指受托委员会。

《1940年投资公司法案》（Investment Company Act of 1940）对共同基金强制披露要求和运营限制的法律。公开交易风投基金的一个主要担心就是避免被划分为该《法案》下定义的投资公司。

投资信托（investment trust）参见封闭式基金。该术语通常在英国使用。

投资者并购（investor buyout，IBO）参见管理层换购。

关键绩效指标（key performance indicators，KPIs）对于企业成功的重要变化的度量指标。

租赁额度（lease line）类似银行信贷额度，根据预先批准的资金到位时间表，允许风险承租方获得一定金额的资金，按需增加设备。

柠檬问题（lemons problem）参见信息不对称问题。

承租方（lessee）租赁协议的一方，在租赁期内，必须按月支付租金，并可以使用设备。

出租方（lessor）租赁协议的一方，在租赁期内，拥有对设备的所有权，授权承租方使用设备，并获得设备租金。

杠杆收购（leveraged buyout，LBO）收购一家企业或其业务单元，通常在成熟行业内，并使用相当数量的债务。之后债务会根据一份严格的时间表进行偿付。

杠杆收购基金（leveraged buyout fund）一种基金，通常结构类似于风险投资基金，专注于杠杆收购投资。这种基金有些也会做风险资本投资。

杠杆性重组（leveraged recapitalization）一种交易，管理团队（而不是LBO情况下的新投资者）会借入资金将其他投资者的权益收购。就像LBO一样，之后要偿付债务。

获许可方（licensee）许可协议中的一方，通过支付，获得技术、产品或品牌名称的使用权。

许可方（licensor）许可协议中的一方，出让技术、产品或品牌名称的使用权并获得收入。

限价指令（limit order）在IPO承销中，个人或机构投资者进行的限定价格的指令。例如，投资者同意购买1万股，前提是发行价格低于12美元每股。

有限合伙人（limited partner，LP）有限合伙企业中的投资者。有限合伙人可以监督有限合伙企业的进展，但是如果要保持有限责任，就不能参与到其日常管理中。

有限合伙企业（limited partnership）一种组织形式，必须有一种在有限合伙人和普通合伙人之间的有限存续期合同安排，并由有限合伙协议管理。

有限合伙协议（limited partnership agreement，LPA）一种书面合同，设定管

理特定基金中有限合伙人和普通合伙人之间关系的条款。

清算（liquidation）出售投资并为基金投资者获得流动性的过程。清算事件可以是正面的，产生利润，也可以是负面的，出现亏损。

清算优先权条款（liquidation preference provision）在优先股协议中的一种条款，保证企业清算时的股息或支付，优先于普通股。

锁定（lock up）投资银行和现有股东间承销协议中的一种条款，禁止企业内部人和私募股权投资者在发行时出售（股份）。

管理层换购（management buy-in，MBI）一种欧洲术语，针对之前和企业没有联系的私募股权机构发起的LBO。

管理层收购（management buyout，MBO）一种欧洲术语，针对现有管理团队发起的LBO，之后会寻求私募股权机构的介入。

管理费（management fee）由私募股权基金向普通合伙人支付的一种费用，用于支付工资和费用，通常是承诺资本或净资产的一个百分比。

执行普通合伙人（managing general partner）最终负责管理基金的普通合伙人（或合伙人）。

强制转换条款（mandatory conversion provision）优先股协议中的一种条款，要求优先股持有人将其股份转换为普通股。通常，在首次公开发行至少达到一定金额和估值时，会要求优先股持有人进行这种转换。

强制回购条款（mandatory redemption provision）优先股协议中的一种条款，要求企业根据设定好的时间表从私募股权投资者购买股份。通常会在可赎回优先股投资中使用。

做市商（market maker）投资银行或经纪商提供的一种服务，保证指定证券交易的流动性。作为其责任的一部分，做市商可能会积累该企业相当数量的股票。

市净率（market-to-book ratio）净值市价比的倒数。

市场风险溢价（market risk premium）公开交易证券组合回报率和无风险收益率（通常指长期政府债券的收益率）间的差值。

重要性（materiality）一个特定问题或细节对即将发生的更大范围问题的影响程度。比如，一名CEO的出生地可能是无关的，但如果这个因素让他在该地区做出情绪化和次优扩张决策时，就是有关的。

巨型基金（mega-fund）一类最大的杠杆收购基金，由承诺资本的金额度量。

兼并收购（merger and acquisition，M&A）一种退出方式，通过一家企业收购另一家企业实现。尽管这两个术语经常合并在一起，每种方法都是不同的：在兼并中，两家企业合并为一家新的实体，并发行新股份；而在收购中，一家企业收购另一家企业，并以现金和/或其股份支付。被收购的企业终止存在，成为新母公司的一个部门。在兼并中，两家企业都终止其作为独立实体的存在，并作为一个合并实体运营。

夹层（融资）（mezzanine）(a)在首次公开发行不久前的私募股权融资轮，或(b)一种使用了次级债务的投资，比银行债务的权利少，但比股本的权利多，并经常会有附带的认股权。

中型企业（mid-market）介于"小型"和"大型"之间的企业，有各种定义方法，包括股权（最常见的是家族所有）、员工、收入（比如，2亿美元到6亿美元之间）、企业价值和股权投资(比如,2500万美元到2亿美元之间)。

进度付款(milestone payment) 在许可协议中,承租方在未来特定时点或当达成某种技术或商业目标时向出租方进行的支付。有些风险资本投资可能也会涉及和达成(投资者和创业家都已经同意的)进度相关联的支付。

少数股权投资(minority position) 投资者购买一家企业少数股权的情形。这种情况多见于风险投资和成长或扩张资本投资中;在收购中较少见。

倍数(multiple) 一个数字与另一个数字的对比。可能是来自一只基金或一家企业的回报(回收的总资金比投入的总资金)或者支付给企业的价款倍数(总价格比EBITDA或收入)。

敞口卖空(naked short) 在证券承销中,承销商出售的股票超过之前同意的数量(在绿鞋期权下允许的数量)。在这种情况下,承销商必须在发行结束后从公开市场上买回股份,以结清卖空头寸。

纳斯达克(NASDAQ) 美国股票交易所,在这里会有许多IPO,并且大多数之前由私募股权投资者支持的企业在这里交易。

净资产价值(net asset value,NAV) 基金持有资产的价值,可能会用一系列估值方法计算。NAV不包括已经承诺但还未到位的资金。

净利润(net income) 企业税后利润。

净经营损失(net operating losses, NOL) 有财务亏损企业形成的免税额度。这些额度只有在企业开始盈利(或恢复盈利)的时候才可以使用。

净现值(net present value,NPVs) 一种估值方法,计算一个或多个未来现金流的预期价值,并以反映资金成本(根据现金流的风险程度而有不同)的比率折现。

经营租赁(operating lease) 在风险租赁中的一种短期租赁,客户会使用设备有效寿命的一部分。持有设备时的义务可以保留在出租方,包括维护、保险和纳税。

期权(option) 在指定期间以一个固定价格(或价格区间)购买或出售证券的权利,而不是义务。

期权池(option pool) 私人企业中的一种股份,划分出来用于未来可能向雇员进行的发放。

价外期权(out of the money) 如果立即执行,则有负向价值的期权或认股权。

参与可转换优先股(participating convertible preferred stock) 参见参与优先股。

参与优先股(participating preferred stock) 一种可转换证券,在某些条件下,如果持有一股参与优先股,则持有人会收到其初始投资的回报以及一股企业股本。

参与(participation) 有参与优先股的能力。

合伙协议(partnership agreement) 一种合同,明确规定了在私募股权基金存续期内的薪酬以及管理投资者(有限合伙人)和风险投资家(普通合伙人)之间关系的条款。有时也用于指普通合伙人之间关于基金内部运营的单独协议。

专利(patent) 政府基于一系列标准,对一个或多个发现授予的在一定时间内的权利。

虚拟股票(phantom stock) 一种薪酬形式,有时用在内部企业风险投资项目,在这种情况下,雇员会收到像持有股票期权(实际并不持有股本)获得收入那样的收入。这种报酬计划通常会产生负的税收和会计结果。

私募顾问(placement agent) 私募股

权机构雇佣的一种金融中介，协助募集新基金。

点（point）私募股权基金利润的一个百分点。私募股权基金的普通合伙人通常会分配到20个点，或者资本利得的20%，这些收益会在各个合伙人之间进行分配。

合并IRR（pooled IRR）一种计算多只基金回报的方法，从所有基金的合并现金流中计算IRR。

合并优先权（pooled preferences）不同投资轮次中所购买优先股的清算优先权按照比例（面值和合并后总清算优先权）计算。

投资组合管理（portfolio management）保证投资组合在一系列不同纬度上都平衡的过程，包括地域、所处阶段、行业和/或合伙人时间要求。

投后估值（post-money valuation）在一轮融资中支付的每股价格，乘以该轮融资后已发行股份的数量。一般来说，投后估值等于投前估值加上所募集的新资金。只有在不发生股票赎回或发行认股权的情况下，这才是成立的。

优先受益（preferred return）有限合伙协议中的一个条款，保证有限合伙人不仅收回其资本，还能根据协议在普通合伙人收到任何收益分成前，获得其基金的规定回报率。

优先股（preferred stock）一种股票，关于任何股息或和企业清算相关的支付，其优先级高于普通股。优先股股东可能也会有更多的权利，比如阻止并购或更换管理层的能力。

投前估值（pre-money valuation）在一轮融资中支付的每股价格，乘以该轮融资前已发行股份的数量。通常指新资金进入前的企业估值。

市盈率（P/E比，price-earnings ratio）企业股价与其每股盈利（净利润除以发行在外的股份数量）的比率。

一级投资（primary investment）有限合伙人或基金之基金对（正在从投资者募资的）私募股权合伙企业进行的投资。

私募股权（private equity）不在公开市场进行交易的企业股份。

私募股权基金（private equity fund）致力于风险投资、杠杆收购、合并、夹层和不良债务投资以及上面各种不同组合（比如风险租赁和风险保理）的机构。

私募（private placement）将没有在美国证监会注册的证券出售给机构投资者或富有个人。这些交易通常在投资银行协助下进行。

私有化（privatization）企业变成私人所有。会以两种不同方式发生：

a. 国有企业被出售。在有些情况下，国有企业被出售给私募股权机构；在其他情况下，在公开交易所上市（就如已经在中国发生的那样）或股份被分配给公民（就如发生在俄罗斯的那样）。

b. 公开交易企业被私人实体收购，通常是一家私募股权公司。在这种情况下，该企业的股份不再在交易所上市。

试算报表（pro forma）对企业利润表或资产负债表未来变化进行预测的财务报表，通常形成不同类型估值分析的基础。

按比例（pro rata）按照现有所有权比例。

招股说明书（prospectus）一份精简并广泛散发的登记书，也会提交给美国证监会。招股说明书提供了企业或基金的各种总结数据。

股东委托书（proxy statement）提交给美国证监会的文件，提供了企业内部人持股量和名字以及其他信息。

谨慎人原则（prudent man rule）在

1979年之前,在《雇员退休收入保障法案》(ERISA)中的一个条款,原则上禁止养老基金将大量资金投资于私募股权或其他高风险资产类别。美国劳工部在当年就该原则的澄清,允许养老基金管理人投资于包括私募股权在内的高风险资产。

公开市场等价(public market equivalent,PME)一种方法学,计算投资于私募股权基金的回报和投资同样金额在公开指数的回报的比率。如果来自私募股权投资的收益和来自公开市场投资收益的比率大于1,优先投资私募股权;如果该比率小于1,则投资于公开市场更好。

公共风险投资(public venture capital)由政府机构或项目发起的风险投资基金,使用公共基金进行类似风险投资的融资。这方面的案例包括"小企业投资公司"和"小企业创新研究"项目。

卖出期权(put option)在指定期间以某一价格(或价格区间)出售一只证券的权利,但不是义务。

可出售证券(putable)一种证券,证券持有人有将其回售给发行人的选择权。

合格投资者(qualified investor)在1996年对《40法案》修订后,根据净资产或收入满足特定测试的个人或机构。达到这种标准的最低金额,高于可信投资者的标准。

资本调整(recapitalization,recap)一种基本消除企业现有资本结构的投资,会重新启动企业,通常投资者都是一系列新投资者,并有一系列优先权,资本结构也会简化。

红鲱鱼(red herring)招股说明书的初级版本,会在证券发行前分发给潜在投资者。红鲱鱼这个名字,来自于封面上的免责声明一般以红色打印。也称为初步或探路者招股说明书。

可赎回优先股(redeemable preferred stock)一种优先股,持有人无权将证券转换为普通股。投资者的回报,就像债券回报一样,包括一系列股息支付以及股份面值的返还,面值会在约定的特定时间(企业必须赎回股份时)进行支付。

注册权条款(registration right provision)优先股协议中的条款,允许私募股权投资者强制企业去上市,或将其部分正在公开发行的股份出售。

上市登记表(registration statement)向美国证监会提交的一种文件(比如,S-1或S-18表格),在企业可以向公众出售股份前,证监会必须对该文件进行审查。这种文件提供了企业的各种总结数据,以及关键法律文件。

残值(residual value)在风险租赁中,租赁设备在租赁期末的公允市价。

限制性股票(restricted stock)无法在美国证监会法规下出售的股票,或者只能出售有限数量的股票。

反向回补(reverse claw back)有限合伙协议中的一种条款,如果在基金存续期末,有限合伙人已经收到超过其合同约定的份额,要求有限合伙人将多出部分返还普通合伙人。

反向杠杆收购(reverse leveraged buyout,RLBO)在杠杆收购中被私有化的企业重返公开市场。

优先购买权(right of first refusal)一种合同条款,赋予一家企业或一只私募股权基金这样一种权利:可以先于其他企业或基金购买、许可或投资和另一家机构有关的所有机会。该条款的一种较弱形式是"优先查看权"。

路演(road show)向潜在投资者推介私募股权基金或公开发行。

轮次(round)参见融资轮。

特许权使用费（royalties）在许可协议中，获许可方向许可方支付的销售或利润的百分比。

99 号规则（rule of 99）《40 法案》中的一个条款，少于 99 个可信投资者的基金被豁免定义为投资公司。在 1996 年对《40 法案》的修订中，该条款被放宽。

10(b)-5 号法案［rule 10(b)-5］美国证监会法案，禁止在任何证券的购买或出售中的欺诈行为。

16(a) 号法案［rule 16(a)］美国证监会法案，要求企业内部人按月披露对企业股票的任何交易。

144 号法案（rule 144）美国证监会法案，禁止在购买限制性股票后一年（原先是两年）内出售这些股票，并限制在购买后第一年和第二年（原先是第二年和第三年）之间出售股票的速度。

全年推算业绩（run rate）按当前期间业绩推算出的全年业绩。对于快速增长的企业这可能是一个有用的方法；如果企业明显是季节性的，并且当前期间对应的是季节性高峰，那么结果可能就有误导性。

增发新股（seasoned equity offering）已经完成首次公开发行并且其股票已经在公开交易的企业进行的股票发行。

二次收购（secondary buyout）由一家收购公司所有的企业被出售给另一家收购公司。也称为"机构间交易"。

二级投资（secondary investment）一家有限合伙人或基金之基金从另一家有限合伙人购买已有的有限合伙企业份额。

二次发行（secondary offering）一种股票发行，由现有股东出售股票，而不是由企业发行。所以，企业并没有从出售这些股票中获得收益。

优先级（seniority）投资者在一家企业资本结构中的位置。在融资轮中有优先级的投资者，会首先从清算事件中获得回报。

服务提供商（service provider）向私募股权基金提供辅助服务的专业人员，可以包括会计师、律师、人力资源专家和其他人员。

流通股数量（shares outstanding）企业已经发行的股份数量。

小企业创新研究（SBIR）项目［small business innovation research (SBIR) program］1982 年开始的联邦项目，将联邦研发预算的一定百分比提供给小型高科技企业。

小企业投资公司（SBIC）项目［small business investment company (SBIR) program］联邦担保的风险投资资金池。这些基金首先于 1958 年由美国国会批准，在 20 世纪 60 年代激增，随后在许多机构遇到管理和激励问题后萎缩。

社会风险投资（social venture capital）社区发展风险投资或公共风险投资（参见各自定义）。

特殊有限合伙人（special limited partner）从基金收到部分收益分成的有限合伙人。在许多情况下，一只新基金的首批投资者会获得特殊有限合伙人地位。

机构间交易（sponsor-to-sponsor transaction）参见二次收购。

分阶段投资（staging）分多次向创业家提供资金，每次融资都以达成特定业务目标为前提条件。该条款有助于保证资金不被浪费在没有盈利前景的项目上。也被称为"分批"投资。

钉住基金（stapled fund）和另一只私募股权基金同时募集的一种基金，这种基金会"按比例"投资另一只私募股权基金下所有交易中的一个（提前定义的）子集。有时，该术语用于指投资于另一只私募股权基金下所有交易的基金,但是这些基金从不同类别的投资者募集(比如,全球有限合伙人)。

股票溢价权(stock appreciation rights)一种虚拟股票薪酬机制。

股票经纪人(stockbroker)一种受监管的专业人员,购买和出售股票和其他证券。

直接优先股(straight preferred stock)参见可赎回优先股。

战略联盟(strategic alliance)私募股权中的一种情形,一家私募股权公司和一家(已经在发展中国家进行了投资的)大企业合作。也可以是(一家或多家由私募股权支持的)企业之间的合作。

次级债务[subordinated(sub) debt]资本结构中优先级排在高级债务后的债务。如果企业被清算,次级债务持有人在高级债务持有人之后获得支付,但会先于股本持有人获得支付。

绝大多数投票权条款(super majority voting provision)优先股协议中的一个条款,要求超过大多数的优先股持有人批准一个特定决策。

辛迪加(syndication)两家或更多家私募股权机构联合购买股份,或者指两家或更多家投资银行联合承销发行。

注资(take down)有限合伙人将部分或全部承诺资本转给私募股权基金。

注资进度(takedown schedule)合同中的文本,描述了私募股权基金如何和何时可以(或必须)从其有限合伙人收到承诺资本。在风险租赁中,指在租赁开始后,承租方可以(或必须)为提前批准要购买的设备提取资金的期间。

有形资产(tangible asset)机器、建筑、土地、库存或其他实物资产。

目标资本结构(target capital structure)企业希望达到的债务和股本比例。如果企业想增加或减少其债务水平,目标资本结构可能会和目前资本结构有很大的不同。

租赁期(term of lease)在风险租赁中,指租赁持续时间,通常是数月时间,在租赁开始时就已经确定。

投资条款清单(term sheet)私募股权合伙企业或股份购买协议结构的初步摘要,一般在正式协议文本谈判前由各关键方达成一致。

终值(terminal value)在某一特定时期末的投资价值。

零时(time zero)一种计算IRR的方法,假设所有投资都在基金的第一年投出,并且所有退出都相应按其相对时间关系提前。

承销公告(tombstone)一种公告,通常在主要业务出版物中,由承销商对其进行承销的发行进行宣传。

全要素生产率(total factor productivity, TFP)(非由投入引起的)导致总产出变化的一种变量,即由于经济的长期技术变革或生命力而引起的增长数量。

转售(trade sale)一种欧式术语,指私募股权机构通过将股份出售给企业,从而退出投资。在美国一般称为兼并或收购。

分批投资(tranched investment)一种投资方式,在企业达成特定目标后将资金投资给企业。参见分阶段投资。

三净全付租赁(triple-net full-payment lease)风险租赁中的一种长期租赁,承租方的租赁支付覆盖所租赁设备的全部成本,并且承租方承担所有权对应的所有责任,包括维护、保险和纳税。

不确定性问题(uncertainty problem)一家企业或一个项目可能结果的阵列。可能结果的分布越宽,不确定性越大。

折价（underpricing）指投资银行家在首次公开发行中出售股份，对预计交易价格的折扣。首个交易日获得很高的正回报，一般会被金融经济学家解读为折价的证据。

承销商（underwriter）承销发行的投资银行。

承销（underwriting）投资银行从一家企业购买发行股票并（一般几乎是立即）转售给投资者。

营业外应税收入（unrelated business taxable income，UBTI）来自（免税机构经常开展的）营业外业务的总收入。如果私募股权合伙企业从债务融资的财产中产生了大量收入，免税的有限合伙人可能会由于 UBTI 条款而面临纳税责任。

前期费用（upfront fees）在许可协议中，指在协议签订时即由获许可方向许可方进行的付款，该付款无法收回。

估值方法（valuation rule）私募股权基金对其投资组合中的公开和私人企业分配价值的算法。

风险投资（venture capital）独立管理的专门资金池，专注于对私人所有的高增长企业进行股权或与股权有联系的投资。不过，许多风险投资基金有时会进行其他类型的私募股权投资。在美国之外，该术语通常和私募股权和/或杠杆收购是同义词。

风险投资方法（venture capital method）一种估值方法，在企业已经成功的假设下，对企业在未来某个时点的价值进行评估，然后再用很高的折现率对这个预计的价值进行折现。

风险投资家（venture capitalist）私募股权机构中的普通合伙人或经理，该机构通常投资于早期企业。

风险贷款（venture debt）对不满足传统银行业对收入和资产要求的企业发放的贷款。风险贷款要求带有利息的标准还款，还可能包括认股权。风险贷款可以用于风投支持的企业，在不进一步稀释股权的情况下增加其现金。

风险保理（venture factoring）一种私募股权投资策略，会涉及购买高风险的早期企业的应收账款。作为交易的一部分，风险保理基金一般还会获得早期企业的认股权。

风险租赁（venture leasing）一种私募股权投资策略，会涉及向高风险的早期企业租赁设备或其他资产。作为交易的一部分，风险租赁基金一般还会获得早期企业的认股权。

风险回报（venture returns）从风险投资公司预期获得的回报区间，通常在 15% 和 20% 之间。预期回报可能和实际产生的回报并没有相关性。

股份行权（vesting）雇佣协议中的一个条款，限制雇员立刻执行其所有或部分股票期权。这些协议通常会包含一个时间表，规定雇员可以随时间执行的股份份额，被称为股份行权计划。

成立年份（vintage year）指一组基金，其首次关闭都是在某一年。

波动率（volatility）围绕回报均值的标准偏差，或者投资组合业绩可能随时间变化的程度。

附认股权租赁（warrant-based lease）风险租赁的一种租赁，要求承租方赋予出租方股权参与权，通常以认股权形式。

认股权（warrants）一种期权，可以在未来以某个价格购买由企业直接发行的股份。

加权平均反稀释（weighted average anti-dilution）一种补偿投资者的方法，指在后续融资轮中，由于价格较低，会根据每一轮按照股份数量加权平均的价格对较早融资轮中的投资者进行补偿。参见完全棘轮反稀释。

加权平均资金成本（weighted average cost of capital，WACC）计算出的企业资金成本，考虑了所有资金来源（债务、普通股、优先股等）的成本并按比例给以权重。

粉饰门面问题（window dressing problem）基金管理人在季度末通过买入已经升值的企业以及出售"错误"的企业，以调整其投资组合的行为。这种行为的驱动原因是，机构投资者可能不只看季度回报，还要看期末持股情况。这也可能发生于私募股权公司中，GP 会买入获得大量媒体关注的后期企业的股份，以此向其 LP 证明他们在热门企业中持有股份。

撤回发行（withdrawn offering）一种交易行为，指上市登记表已提交给美国证监会，但是在登记表生效前，企业向证监会书面要求撤回计划的发行，或者是发行没有在九个月内完成。